# 第十届全国自制教具获奖项目选编

教育部教育技术与资源发展中心（中央电化教育馆） 组编

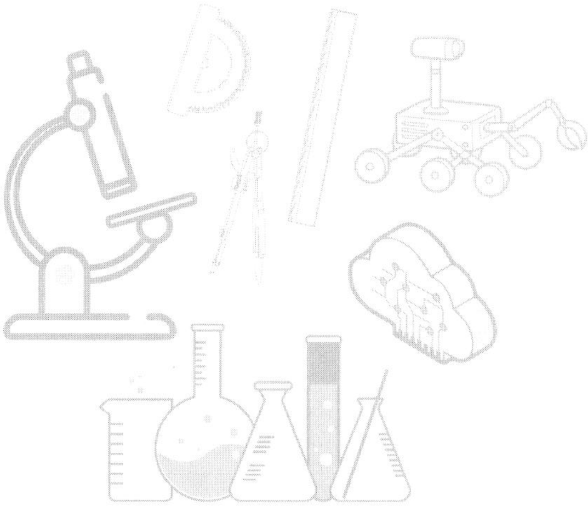

中国经济出版社
CHINA ECONOMIC PUBLISHING HOUSE
·北京·

**图书在版编目(CIP)数据**

第十届全国自制教具获奖项目选编 / 教育部教育技术与资源发展中心（中央电化教育馆）组编. —北京：中国经济出版社，2023.3

ISBN 978-7-5136-7128-6

Ⅰ.①第… Ⅱ.①教… Ⅲ.①自制教具—汇编—中国 Ⅳ.①G484

**中国版本图书馆 CIP 数据核字（2022）第 190022 号**

责任编辑　耿　园
责任印制　马小宾
封面设计　五色空间

**出版发行**　中国经济出版社
**印 刷 者**　北京艾普海德印刷有限公司
**经 销 者**　各地新华书店
**开　　本**　787mm×1092mm　1/16
**印　　张**　35.25
**字　　数**　941 千字
**版　　次**　2023 年 3 月第 1 版
**印　　次**　2023 年 3 月第 1 次
**定　　价**　128.00 元

**中国经济出版社** **网址** www.economyph.com **社址** 北京市东城区安定门外大街 58 号 **邮编** 100011

本版图书如存在印装质量问题，请与本社销售中心联系调换（联系电话：010-57512564）

# 编委会名单

# 序

## 一、自制教具的概念界定

《教育大辞典》对“教具”(teaching aid)的解释是“教学过程中可借以辅助教学活动的用具。传统的有教科书、标本、模型、图表等，现代化的有电影、电视、投影、录音、录像、计算机等设备”①。由此，自制教具可定义为教师自行设计制作的辅助教学活动的用具。相应地，学生自行设计制作的辅助学习活动的用具应称为自制学具。本书涉及的自制教具，既包括教师自制教具，也包括学生自制学具。

自制教具可繁可简。可以是简单的一张纸，折成纸飞机研究机翼模型，折成纸桥做承重实验，叠成纸盒和光屏做小孔成像实验，画上图案、写上文字做成教学卡片，等等。材料信手可得，效果生动活泼②。也可以是功能多样、品种丰富的组合教具，或者是利用新材料、新技术制成的新型仪器，或者是基于智能化、数字化、信息化手段和工具开发的App、教学平台、资源系统等。根据定义，自制教具并不仅用于实验教学，能够在教学中辅助教学活动的自制用具，都属于自制教具的范围。

## 二、自制教具的特点

与商品化的量产教具相比，自制教具的教育性、科学性、创新性、自主性、简易性、多样性等特点比较受大家的关注。

### (一) 教育性

自制教具因为育人特性鲜明、有针对性，被人们称为“立体教材”“实物教材”“形象教材”③。一件好的自制教具，贵在教育适用，教育目的明晰，能够有效传达科学知识、阐述科学原理、诠释科学方法，能够有效培养师生的创新精神、动手能力与实践能力。

### (二) 科学性

一件合格的自制教具需要满足的最基本条件就是科学合理，包括原理符合科学规律、体现科学思想、满足逻辑性，结构适宜、功能合理、安全可靠、绿色环保等。在历届的自制教具评选中，科学性既是自制教具最基本的要素，也是实现创新性最大附加值的关键点。

### (三) 创新性

自制教具历史悠久，又是基于公共知识与资源的创新产品，因此实现较大的创新性有一定难度，现有作品通常从外观样式、结构、功能、操作、材质等各个方面进行创新。优秀的自制教具通常设计新颖、构思巧妙，能够有效解决教学中的重点、难点和尚未解决的问题；或者采用新技术、新材料、新工艺等提升传统教具的功能与性能；或者采用新方法、

---

①顾明远．教育大辞典[M]．上海：上海教育出版社，1990.

②刘济昌．教具理论研究导论[M]．北京：教育科学出版社，2011.

③肖兆权，洪爱军．自制教具的特征及发展研究[J]．中国教育技术装备，2007(11)：39-40.

新形式等实现新的实验活动方案与活动内容。

### （四）自主性

自制教具通常是教师根据教学中发现的问题，自主选题，自行设计、制作并用于教学实践的。教师不仅需要相应的理论素养，也需要很强的动手能力，还涉及对原有教学设计与教学方法的改进，很多时候既是对教师自身能力的一种挑战，也是教学研究与探索的具体表现①。

### （五）简易性

一件优秀的自制教具通常能够“化繁为简”，设计不必复杂，却能够深入浅出地说明实验原理，直观简洁、趣味性强。在国外，自制教具常被称为“low-cost experiment”（低成本实验、廉价实验）或“non-cost experiment”（无成本实验）②。

### （六）多样性

不同于标准化、规范化的教具产品，自制教具的制作材料来源广泛、制作方法不拘一格、结构形式灵活多样、使用场景与使用方式个性化特色明显，总体来说，能够有效实现“教无定法”，具有百花齐放、百家争鸣的特点。

### （七）实践性

“做以致用”“做中教”“做中学”是自制教具制作与使用的基本理念。自制教具被认为是教师创新教学方式方法的重要途径，是教师对教学思想、教学实施产生创新理解并最终呈现的重要手段，更是教师设计能力、物化能力、动手能力等技术创新能力的具体表现，可在一定程度上反映教师的实践创新能力水平③。能研发自制教具，并充分利用到教学实践中，也被认为是对教师教研能力、实践应用能力、教学水平的检验④。

## 三、自制教具的教学地位

### （一）国外情况

联合国教科文组织一直在积极倡导实验教具的改进，自制教具（self-made teaching aids）、低成本实验（low-cost experiments）、动手实验（hands-on experiments）、趣味廉价实验（interesting and inexpensive experiments）等理念得到很多国家的积极响应⑤。特别是现代教育技术水平较高的国家，如日本和欧美国家，非常热衷于对低成本实验的研究，因为他们认识到理科学生动手能力、实践能力和实验技能的培养无法单靠黑板或屏幕来实现。这些教育发达国家充分肯定了自制教具的作用和不可替代性⑥。

在美国，自制教具受到政府和教育界的广泛认可。美国政府把教具模型列为国家自然科学发展重点，并将教具模型的应用编入《国家科学教育标准》大力推广。美国学校十分重视对学生动手能力和创新思维的培养，各学校实验室存有大量老师们历年来精心制作的自制教具，经典的优秀教具可以被保存很久并一直沿用，一些低成本趣味实验还经常出现在

---

①牟洁．自制教具设计与制作［M］．成都：四川科学技术出版社，2012.

②张进学．自制教具在高中物理教学中的实践研究［D］．武汉：华中师范大学，2020.

③郭晓萍，刘强，刘少轩，等．继续提升教师实践创新能力——2021年全国中小学优秀自制教具研究启示［J］．人民教育，2022(21)：54-57.

④庞贺．转变活动主旨促进自制教具发展［J］．教育与装备研究，2021，37(9)：83-85.

⑤马听听．初中科学实验教具改进的研究［D］．杭州：杭州师范大学，2021.

⑥潘晓双．自制教具在初中生物教学中的应用研究［D］．济南：山东师范大学，2016.

电视节目上。教师特别看重自制教具在课堂上的使用，还倾向于与学生一起动手制作教学用具，并且强调要利于学生理解，重在学生自己发现。美国初中科学主流教材“科学探索者”系列丛书中的许多内容，为学生制作教具提供了方法和思路。《美国物理教师》作为美国物理教学的权威杂志，非常看重自制教具对学生心智发展的影响，专门开设“怎么做”(How to Do It)自制教具专栏①②③。

在许多欧洲国家，政府要求学校必须开设手工课程，必须把学生在手工设计课上的作品摆放在教室里，其中大部分作品属于教具类。学生在老师的带领下，把实验课所需的教具进行理论升级，再设计制作。在学生的二次创新中，自制教具设计思路更加巧妙，制作结构更加合理，造价更加低廉④。

英国政府会在许多中学搭建半成品物理实验室。这种实验室里没有完整的实验器材，没有完整的课堂教具，有大量的废旧材料和一些简单工具，有大量与自制教具有关的书籍、幻灯片、录像片和电影。大家根据课程需要查找文字资料，观看视频，自己动手设计自制教具。在英国，物理教师要接受制作和表演低成本实验的技能培训，有的学校甚至从理科师范生开始就进行自制教具的技能培训。例如，华威大学在培训教师时，会鼓励教师根据教材内容自制教具，并定期进行教具制作的比赛展览。英国物理教育界权威教学杂志《物理教育杂志》专门为物理自制教具的发展开设“物理实践设计”专栏⑤⑥⑦。

德国的中小学理科教学热衷于实验演示，教师经常根据教学需要，因地制宜地设计实验，借助自制教具等工具进行实验教学，一般每堂物理课要做2~3个演示实验。德国物理教学界甚至流传着这样一种说法：“没有演示实验的一堂课是不可想象的。”“低成本-高科技动手实验”(low-cost, high tech hands-on experiments)的理念在德国深入人心。凯泽斯劳滕大学的博多·埃克特(Bodo Ecket)认为：“物理课堂不应该用太多的数学原理解释代替实验，在教学活动中必须考虑到学生的日常生活体验。实验应该基于简单的装置和低成本的材料，利用生活中的一些新材料和现代设备来设计出完美的新实验。”⑧⑨

日本在理科教学上侧重对学生观察能力、实验能力和科学探究能力的培养，20世纪80年代就已经兴起了对教材教具的研究热潮。《教具的活用技术》(大隅纪和著)一书针对日本中小学教育存在的问题，在教具的活用研究方面提出了许多见解，尤其是对自制教具的设计、选择、运用技巧等都作了详尽的分析。1991年日本颁布的中学物理教育大纲明确提出了对自制教具的要求，为物理教学指明了方向，几乎全部中学物理教师都投身到自制教具的活动中，一部分教师还组建了开发物理实验的团队，如“山猫学会”(Stray Cats)、“伽利略工作室”(The Galieo Workshop)等。他们倡导实验贴近生活，操作简单但现象明显，拉近

①马听听．初中科学实验教具改进的研究[D]．杭州：杭州师范大学，2021.
②潘晓双．自制教具在初中生物教学中的应用研究[D]．济南：山东师范大学，2016.
③刘江涛．初中物理自制教具教学理论和实践研究[D]．新乡：河南师范大学，2019.
④刘江涛．初中物理自制教具教学理论和实践研究[D]．新乡：河南师范大学，2019.
⑤庞贺．转变活动主旨　促进自制教具发展[J]．教育与装备研究，2021，37(9)：83-85.
⑥马听听．初中科学实验教具改进的研究[D]．杭州：杭州师范大学，2021.
⑦潘晓双．自制教具在初中生物教学中的应用研究[D]．济南：山东师范大学，2016.
⑧李影昭．初中物理力学演示实验中自制教具的设计与应用[D]．杭州：杭州师范大学，2020.
⑨黄仕文．基于核心素养下物理自制教具与应用——以法拉第电磁感应定律为例[D]．广州：广州大学，2021.

学生与物理的距离①②。

综上所述，教育资源丰富的发达国家大力提倡并且积极推崇自制教具，注重自制教具的开发和实践应用，并形成了相应的教学理论，具有很强的借鉴价值。

（二）国内情况

自制教具是人类传承文明的重要手段，具体起源于什么时候，很难给出定论。但是，它古已有之，现如今还在被大量使用，是无可争辩的事实。我国当代物理学的先驱和奠基人叶企荪教授曾讲："重要的实验的关键性仪器有哪件是买来的？最特长的仪器肯定是实验者自制的，因为街上买不到，没有一家行业能生产供应。别人还没有的东西你们有，这样才能做出独创的成果。所以说要自制设备。"③

20世纪五六十年代，我国教育处于发展起步阶段，经济条件落后，大部分地区科学教学实验仪器匮乏，物质基础薄弱，学校实验室仪器设备短缺，实验条件极其艰苦，实验演示常常利用自制教具。教育部颁布的《中学物理教学大纲（草案）》（1952年版）中明确指出，"如果设备不足，教师也必须坚决克服困难，自制简单仪器来进行演示和实验"，还要"指导学生自己准备实验并制作简单仪器"。1972年10月中旬，国务院科教组在北京召开了中小学教学仪器工作会议，认为自制教具是解决当前教具缺乏的主要途径，应该积极扶持。20世纪80年代，教育部提出师资、教材、仪器设备是教育事业的三大基本建设，并于1986年始，委托原国家教委教学仪器研究所组织承办全国优秀自制教具评选。在教学仪器产品缺少的情况下，自制教具主要解决了教学仪器的"有无问题"，有效支撑了实验教学的开展④。

21世纪以来，随着全国中小学教学仪器达标率的不断提升，自制教具的作用和地位也出现了变化，主要表现在以下几个方面：

第一，新时期的自制教具是落实新课程理念、推动教育教学改革的重要抓手。新课程标准的实施，涉及教育思想、人才培养模式和教学方法等各方面的改革，也必然涉及展示手段、展现方式、实验内容、实验模式等方面的改变，对实验教学仪器和器材提出了新的要求。设计制作相应的教学实验设备已成为新课程实施和完成上述改革的必然内容和必要条件，而在这方面，成品教具永远是滞后的⑤。

第二，自制教具的研发和使用是培养学生创新意识、创新精神和创新能力的重要途径。在教学过程中，教师自制教具或指导学生制作教具可以丰富实验内容，拓展实验方法，有利于激发学生的认知兴趣、好奇心和想象力，提高观察、实验、操作等实践能力⑥。教具的研制开发不仅仅是为了解决教学中的难点、重点和不易通过教学展示给学生的部分问题，也不仅仅是为了展示演示和验证的结果，更重要的是培养学生的创新精神、探索精神、实践能力。概念不一定要转变，内涵要转变，教具不仅是为了教，更重要的是为了让学生更

---

①庞贺．转变活动主旨　促进自制教具发展[J]．教育与装备研究，2021，37(9)：83-85.

②李悦．自制创新型教具在高中物理学中的应用研究[D]．哈尔滨：哈尔滨师范大学，2020.

③任伟德．新时期自制教具的原则和特点[J]．教育与装备研究，2016，32(6)：17-22.

④任伟德．新时期自制教具的原则和特点[J]．教育与装备研究，2016，32(6)：17-22.

⑤教育部教学仪器研究所．第七届全国自制教具获奖项目汇编[M]．北京：教育科学出版社，2012.

⑥教育部教学仪器研究所．第七届全国自制教具获奖项目汇编[M]．北京：教育科学出版社，2012.

主动、更生动地学，要用新的教学观念指导教学用具的开发①。

第三，自制教具是提升教师教育教学能力、建设高质量教师队伍的重要手段。自制教具的核心是创新。教师在教学实践中发现问题，并通过自制教具的方式改进实验，是教师对课标、教材和实验的理解创新，是教师实践创新的具体表现。因此，第五届全国自制教具评选活动曾提出："作为教师，自制教具应当是一项基本功，实验操作和教具创作应该成为教师培训的重要内容和优秀教师的条件之一。"此外，教师是教育高质量发展的第一资源，是科技自立自强的有力支撑，是人才队伍建设的重要保障。如果教师都不重视实践创新，就很难保证教师会用创新的理念培养学生创新。因此，在党的二十大对加快建设教育强国、科技强国、人才强国作出全面系统部署的时代背景下，重视教师自制教具能力的建设，具有重要的现实价值和深远的意义。

## 四、自制教具的分类

自制教具品类繁多，表现形式各异，分类方法也具有多样化的特点。为了探索自制教具的规律，有效总结经验和方法，归纳变化及发展趋势，在品种与分类方面开展一些研究也是十分有必要的。

### （一）按学科类别分类

学科类别一般与中小学课程设置相对应，2021 年第十届全国中小学优秀自制教具展评活动将自制教具作品分为语文、数学、外语、科学、音乐、美术、体育、劳动与综合实践、物理、化学、生物、地理、通用技术、信息技术、特殊教育等类别。

### （二）按照教具属性分类

按照自制教具的属性，通常可将其分为通用设备、工具、专用仪器、模型、标本、挂图、软件等类型。近年来，随着信息技术与学科融合发展，还出现了技术学科教师与传统学科教师共同开发的软件、硬件相结合的简单实验系统。

### （三）按照实验技法分类

浙江省在 2021 年全省自制教具展品点评活动中，按照实验技法将自制教具分为强化技法类、替代技法类、嫁接技法类、移用技法类、模拟技法类、组合技法类、逆向技法类、缺点列举法类、希望点列举法类、挖掘潜力法类等。这种分类方法能够较好地指导教师创新教具的思路与方法。

### （四）按创新类型分类

自制教具根据创新类型，可以分为模拟仿制类、外观改进类、功能改进类、结构改进类、创新发明类等。目前自制教具以前四种为主，创新发明类还比较少。

### （五）按设计主体分类

根据设计主体，自制教具可分为教师作品、学生作品、团队作品等。相较于国外教师广泛鼓励学生参与、使用自制教具作品，国内学生自制教具作品活动比较少，第八届全国优秀自制教具评选中曾有学生作品，但后续均为教师作品。

### （六）按照教具原材料分类

按照所选用的原材料，自制教具可分为纸质类、木质类、塑料类、金属类、玻璃类等。从目前全国自制教具展评活动作品来看，纸质类、木制类教具多为数学、美术、外语、语

①教育部教学仪器研究所．第五届全国自制教具获奖项目汇编[M]．北京：教育科学出版社，2009.

文、特教等学科及低龄段学生教学作品，塑料类、金属类教具多为物理、化学、生物、科学等学科作品。

此外，还可以按照学段，分为小学、初中、高中等类型作品，等等。不同的分类方式下，可根据研究需求与管理开展相关探索。

## 五、自制教具的制作流程

自制教具的制作主要分为选题、设计、选材、制作、使用、改进等流程。这些关键环节与步骤需要细致考虑，甚至需要多轮论证与实施。

### （一）选题

自制教具需要在教学实践中完成选题。自制教具的选题一般坚持创新导向或问题导向原则。可以是在教研、教学过程中受课标、教材或其他教学资源的启发，根据教学需求独创一套教具；也可以是坚持问题导向，针对目前实验教学或者器材存在的问题，进行设备与器材的改进。

### （二）设计

自制教具的设计一般遵循针对性、科学性与适宜性原则。针对性，是指自制教具能够有效解决目前教学中存在的问题，有改进或创造的实际价值。科学性，是指自制教具方案设计合理，与预设目标相匹配，无意识形态错误，无安全风险。适宜性，是指自制教具设计与课程改革理念相适宜，与教学实际需求相适宜，与学生认知规律相适宜。

### （三）选材

自制教具的选材环节至关重要，选材过程甚至需要进行大量试验对比，选材要注意安全性、适用性、先进性等原则。传统的自制教具通常采用工业边角料、日常生活用品、废旧物品、陈旧仪器组合加工，随着自制教具教学作用的转变，光敏材料、热敏材料、记忆合金、纳米材料、电子元件等先进原材料逐渐受到教师重视，并被应用到新型自制教具的开发与使用中。

### （四）制作

自制教具的制作过程实际上是将设计方案物化的过程，是其实践性、实用性等特征的具体体现。制作自制教具需要很强的实际动手能力，涉及工具的使用、制作工艺与制作流程的掌握等实践能力。随着现代信息化技术的广泛应用与专业的细化，不少教师也借助跨学科教师合作、企业加工等方式实现自己的创意设计，形成了半产品化的特色教具，提升了自制教具的智能化、信息化、数字化程度，提升了自制教具的质量。

### （五）使用

自制教具的生命力在于其服务教学、创新教学的应用价值，因此，使用是检验自制教具的核心指标。教师利用自制教具进行授课与开展实验活动，听取专家评定、同行评定、学生反馈等，在实践中总结经验，肯定成绩、分析差距，从而形成较为系统的使用评价。

### （六）改进

通常，一件自制教具在使用后都要经过几轮改进，可能是组件微调，也可能是工艺改进、材料改进、结构改进，甚至设计改进。部分自制教具作者经过教学实践和技术赋能，会用多年时间改进完善同一件作品，形成几代作品，甚至实现产业化生产。

## 六、自制教具的制作技术与工具

自制教具制作技术的选用一般“因人制宜”“因地制宜”“因需制宜”，涉及多种设计、加工、制作、测试等技术，本部分仅对前两类技术进行简单介绍。

### （一）设计技术

1. 结构设计。自制教具的结构设计是指将抽象的设计构思转化为具体作品方案的设计过程，具体包括作品的形状设计、尺寸设计、材料设计、工艺设计、公差设计、表面处理以及模具优化等内容。传统自制教具的结构设计图一般为教师手绘，近年来，随着教师信息化技术应用能力的提升，结构设计一般通过计算机辅助设计软件进行。

2. 电路设计。电路设计是基于一定的应用功能目标，按照电子电路规则规律设计出符合使用要求的电路系统。传统自制电路一般为教师绘制，随着电子电路集成化发展和传感器技术的广泛应用，教师们现在多采用计算机辅助电路设计、模块化拼接设计、虚拟现实辅助设计等多种方式进行电路设计。

3. 软件设计。随着系统化自制教具的出现以及信息化技术的发展，部分教师也设计与开发了基于手机 App 的实验教学软件、虚拟仿真实验、开源硬件实验教学系统、图形化编程实验系统等软件与系统，对软件设计提出了新的要求，促进了传统学科与信息技术学科的融合发展。

### （二）加工技术

自制教具在制作过程中通常会用到切割技术、打孔技术、打磨技术、整形技术、拼接技术、造型技术等。为满足实际需求，《初中物理教学装备配置标准》（JY/T 0619—2019）等 6 学科教学装备配置标准配置了大量的加工制作工具，供教师选择。

1. 切割技术。教师一般依据材料和厚度选择切割工具。通常，纸张、布料、薄塑料、金属箔、塑料泡沫等可以用剪刀、美工刀等进行裁剪；木板、硬塑料、薄金属片等可以用手板锯、钢手锯、木工锯、曲线锯、激光切割机等进行切割；较厚的材料可以借助剪床、火焰切割、高压水切割、等离子切割等技术。

2. 打孔技术。自制教具时经常会用到打孔技术。橡胶塞等打孔可采用打孔器和打孔器夹板，木材和薄金属片打孔可以采用手摇钻、电钻。打孔时要注意，钻头应对准预设的孔中心位置，钻具要保持垂直，避免错位与打偏；若打斜孔，最好借助辅助工具，避免打斜打歪。

3. 打磨技术。打磨技术是通过摩擦改变材料表面物理性能的一种加工技术，是表面改性技术的一种。金属、木材、皮革等表面的微处理可以用砂纸、钳工锉、木工锉、什锦锉等，刃具、精密零件的研磨可以用油石。

4. 整形技术。整形技术是改变材料形状的一种加工技术，在自制教具中也经常用到。比如，用酒精灯加热使塑料棒变软，其在受力的情况下可变成想要的形状；用酒精喷灯均匀地加热玻璃管，可将玻璃管弯成不同的角度；用钢丝钳、尖嘴钳等可将金属丝拉直或弯成不同的形状。

5. 拼接技术。拼接技术是将多份材料或部件拼合连接的技术，可采用胶连接、钉连接、榫卯连接、铰链连接等多种方式实现。纸质、皮革、塑料、有机玻璃等材料可采用胶连接的方式，木制材料可采用钉连接、榫卯连接、铰链连接的方式，金属材料可以采用焊接或者胶连接的方式。无论哪种拼接方式，都需要对拼接处进行平整与清洁处理，拼合时要均匀施力①。

---

①牟洁．自制教具设计与制作［M］．成都：四川科学技术出版社，2012.

6. 造型技术。造型技术是一种塑形技术，分为堆叠造型、材料造型、工具造型等多种方式。折纸、纸塑、线塑都是典型的堆叠造型方式。3D 打印技术是典型的快速材料成型技术，近年来教师们越来越多地使用 3D 打印技术制作作品的个性化元器件。纸雕、竹雕、木雕、泥雕、石雕等是典型的工具造型方式，因为专业性强，所以对教师技能的要求比较高。

## 七、全国自制教具展评活动的发展

### (一) 历史发展

早期的教师自制教具活动主要有：

- 1950 年河北保定小学各科教师开始自制教具，先后制作了 3000 多件。
- 1950 年，台湾地区政府开始拨款举办学校教师自制教具比赛。
- 1955 年贵阳市实验小学教师自制教具，被评为全国科技活动先进集体。
- 香港视听教材中心教具制作服务处专为教师自制教具提供资料、器材、设备等。
- 1980 年湖南省衡山县岳云中学教师自制教具“回旋加速投影演示器”获国家一等奖①。
- 1984 年教育部发布的《小学数学、自然教学仪器配备目录》中鼓励师生自制教具。

……

为了鼓励广大教育工作者参与自制教具活动，受教育部委托，原教育部教育装备研究与发展中心(现教育部教育技术与资源发展中心)成功举办了十届全国自制教具评选活动，评选出了一批具有方向性和代表性、水平很高、令人耳目一新的作品，详见表 0-1。

表 0-1　历届全国自制教具展评活动情况

| 时间 | 活动名称 | 举办单位 | 获奖作品情况 |
|---|---|---|---|
| 1986 年 | 第一届全国自制教具评选活动 | 原国家教委(现教育部)主办，原国家教委教学仪器研究所承办 | 共评出一等奖 4 项、二等奖 14 项、三等奖 58 项 |
| 1988 年 | 第二届全国自制教具评选活动 | 原国家教委(现教育部)主办，原国家教委教学仪器研究所承办，联合国教科文组织赞助 | 共评出一等奖 5 项、二等奖 19 项、三等奖 59 项 |
| 1991 年 | 第三届全国自制教具评选活动 | 原国家教委(现教育部)主办，原国家教委教学仪器研究所、人民教育编辑部、北京市智发教学用品厂联合举办 | 共评出一等奖 10 项、二等奖 27 项、三等奖 127 项 |
| 1995 年 | 第四届全国自制教具评选活动 | 原国家教委(现教育部)主办，原国家教委教学仪器研究所承办 | 共评出一等奖 21 项、二等奖 42 项、三等奖 99 项 |
| 2000 年 | 第五届全国自制教具评选活动 | 教育部主办，原教育部教学仪器研究所承办 | 共评出一等奖 31 项、二等奖 68 项、三等奖 142 项、提名奖 425 项 |
| 2006 年 | 第六届全国优秀自制教具评选活动 | 教育部批准，原教育部教学仪器研究所、中国教育学会联合主办 | 共评出一等奖 82 项、二等奖 193 项、三等奖 394 项，组织奖 29 项 |
| 2009 年 | 第七届全国优秀自制教具评选活动 | 教育部批准，原教育部教学仪器研究所主办 | 共评出一等奖 79 项、二等奖 167 项、三等奖 255 项、提名奖 183 项，全国自制教具能手 76 项，组织奖 35 项 |

①顾明远．教育大辞典[M]．上海：上海教育出版社，1990.

续表

| 时间 | 活动名称 | 举办单位 | 获奖作品情况 |
| --- | --- | --- | --- |
| 2012 年 | 第八届全国优秀自制教具展评活动 | 教育部批准，原教育部教学仪器研究所主办 | 共评出一等奖 83 项、二等奖 185 项、三等奖 251 项、提名奖 22 项，全国自制教具能手 88 项，组织奖 28 项 |
| 2016 年 | 第九届全国优秀自制教具展评活动 | 教育部批准，原教育部教育装备研究与发展中心举办 | 共评出全国优秀自制教具 614 项，全国自制教具能手 69 项，组织奖 32 项 |
| 2021 年 | 2021 全国中小学优秀自制教具展评活动 | 教育部批准，原教育部教育装备研究与发展中心主办 | 共评出一等奖 118 项、二等奖 230 项、三等奖 210 项、提名奖 37 项，全国自制教具能手 48 项，组织奖 32 项 |

### （二）本届全国自制教具展评活动情况

1. 基本情况。

2021 年，原教育部教育装备研究与发展中心组织开展了全国中小学优秀自制教具展评活动。本届自制教具展评活动一如既往地得到了各地教育行政部门、教育装备部门和一线教师的广泛重视与大力支持。各参评单位积极参与、认真组织，经层层遴选，30 个省级单位共向活动组委会报送 599 件自制教具作品，推荐 112 位自制教具能手候选人。依据活动组织办法和评选条件，本着公平、公正、公开原则，活动组委会组织专家对报送作品进行了参评资格初审和作品内容终审，共有 595 件作品获得优秀自制教具作品奖，其中一等奖作品 118 件、二等奖作品 230 件、三等奖作品 210 件、提名奖作品 37 件，涉及物理、化学、生物、科学、地理、通用技术、劳动与综合实践、音乐、美术、体育、语文、外语等学科。48 名教师荣获“全国自制教具能手”称号。根据团体总分排名，河北省等 6 省（市）获得团体奖。30 个参评组织单位获得组织奖。各参评单位以自制教具活动为契机，持续推进实验教学改革、促进基础教育高质量发展①。

2. 数据分析②。

本部分对参加 2021 年全国中小学优秀自制教具展评活动的 595 名教师及其作品进行了深入的数据挖掘，分析了本届自制教具作品的水平及其影响因素。首先，采用专家评议的方式，对 595 件自制教具作品进行等级评议。按照创新性、科学性、育人性、安全性等评价指标维度，每件作品均由 5 名专家，采用德尔菲法，按照从一等到十等的等级进行分类，对有分歧的作品进行合议，形成最终评价等级。其次，采用 SPSS 软件对专家评议结果进行频次统计和赋值统计，采用单因素方差分析和卡方检验等方法对区域、学历、年龄、性别、学段、学科等可能影响教师创新能力的因素进行分析。最后，结合典型访谈，验证与完善研究结论，挖掘深层原因，有针对性地提出研究建议。其中，数据分析结果如下：

第一，参赛作品整体水平较高。595 件教师作品的等级分类结果如图 0-1 所示。其中，创新性较强的一～三等级作品共 118 件，占比 20%；创新性一般的四～七等级作品共 396 件，占比最大（66.55%）；创新性较弱的八～十等级的作品共 80 件，占比 13.45%。总的来

①中国教育装备行业协会．中国教育装备行业蓝皮书（2022 版）[M]．北京：中国大百科全书出版社，2022.

②郭晓萍，刘强，刘少轩，等．继续提升教师实践创新能力——2021 年全国中小学优秀自制教具研究启示[J]．人民教育，2022(21)：54-57.

说，创新性较强和创新性一般的作品数量均多于创新性较弱的作品数量，可见参赛作品整体水平较高。

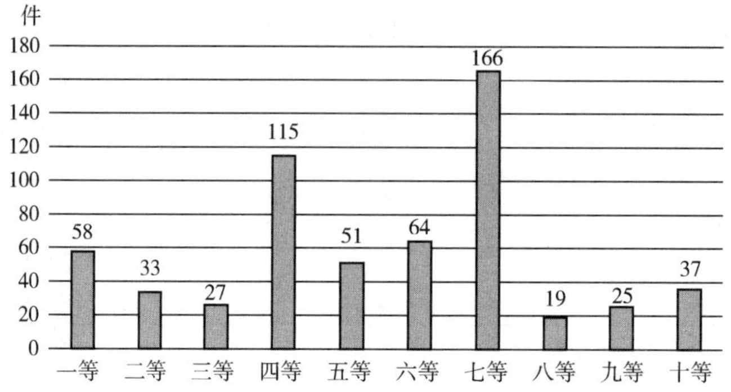


**图 0-1　作品等级分布**

第二，物理和小学科学的作品数量远高于其他学科。本次活动共涉及数学、物理、化学、生物、地理、信息技术、通用技术等 17 个学科，各学科教师提供的作品数量如图 0-2 所示。结果显示，物理和小学科学作品数量远高于其他学科，其中，物理学科作品 137 件，占比 23.03%；小学科学作品 118 件，占比 19.83%。

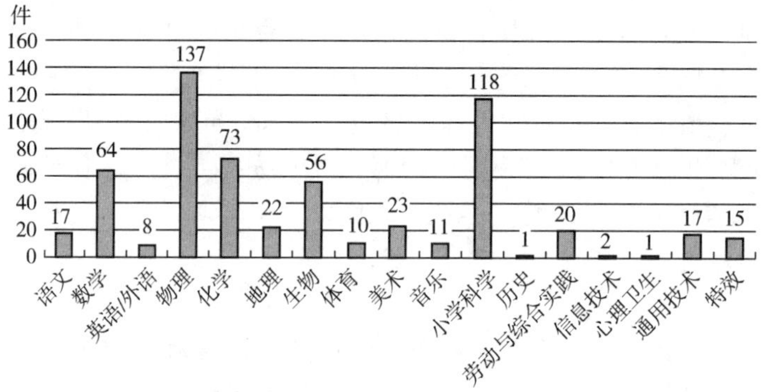


**图 0-2　各学科作品数量统计**

第三，学段之间存在显著差异，高中教师作品的创新性高于其他学段。研究按照小学、初中、高中三个学段对作品等级进行频次统计(不包含特教作品)，结果显示，小学、初中、高中教师作品中，前三等级作品的占比分别为 26.8%、24.3%、46.6%，高中教师创新性较强的作品数量远高于小学、初中，如表 0-2 所示。对作品等级统计结果进行卡方检验，发现学段之间具有显著差异($P=0.0000<0.05$)，高中教师作品质量显著高于其他学段。

**表 0-2　不同学段作品等级统计**　　%

| 学段 | 一等 | 二等 | 三等 | 合计 |
|---|---|---|---|---|
| 小学 | 5.1 | 9.7 | 12.0 | 26.8 |
| 初中 | 4.3 | 6.4 | 13.6 | 24.3 |
| 高中 | 16.8 | 1.4 | 28.4 | 46.6 |

第四，性别、年龄对教师作品创新性均无显著影响。参与本次活动的男教师 275 名，占比 46. 22%；女教师 273 名，占比 45. 88%；性别缺失数据 47 个。不同性别教师作品等级统计结果见表 0-3。经单因素方差分析($P=0.8150>0.05$)和卡方检验($P=0.8818>0.05$)，结果显示，性别对教师作品的创新性无显著影响。

**表 0-3　不同性别教师作品等级统计**　　单位：人

| 性别 | 一等 | 二等 | 三等 | 四等 | 五等 | 六等 | 七等 | 八等 | 九等 | 十等 |
|---|---|---|---|---|---|---|---|---|---|---|
| 男 | 16 | 12 | 6 | 77 | 26 | 22 | 54 | 14 | 19 | 29 |
| 女 | 17 | 12 | 12 | 81 | 30 | 24 | 46 | 11 | 14 | 26 |

参与本次活动教师的最小年龄为 24 岁，最大年龄为 63 岁，平均年龄为 40. 25 岁，教师年龄缺失数据 47 个。对不同年龄教师的作品等级数量进行统计，结果见表 0-4，经卡方检验($P=0.7733>0.05$)，发现年龄对教师作品的创新性无显著影响。

**表 0-4　不同年龄教师作品等级统计**　　单位：件

| 年龄 | 一等 | 二等 | 三等 | 四等 | 五等 | 六等 | 七等 | 八等 | 九等 | 十等 |
|---|---|---|---|---|---|---|---|---|---|---|
| <30 岁 | 2 | 3 | 0 | 15 | 3 | 3 | 4 | 1 | 0 | 8 |
| 30~35 岁 | 5 | 7 | 3 | 26 | 13 | 9 | 23 | 8 | 9 | 8 |
| 36~40 岁 | 8 | 4 | 5 | 34 | 9 | 11 | 26 | 5 | 6 | 15 |
| 41~45 岁 | 6 | 4 | 3 | 38 | 12 | 11 | 24 | 5 | 12 | 12 |
| 46~50 岁 | 7 | 3 | 3 | 16 | 8 | 6 | 14 | 3 | 4 | 7 |
| >50 岁 | 5 | 3 | 4 | 29 | 11 | 6 | 9 | 3 | 2 | 5 |

第五，不同学历之间存在显著差异，硕士学位教师作品创新性高于其他学历。本次活动中，大专及以下学历教师 27 人、本科学历 364 人、研究生及以上学历 66 人，有效数据 457 个，缺失数据 138 个。将所有作品按照创新等级，一~十等依次赋分 10~1 分，然后按照教师学历分组计算平均值，如表 0-5 所示。对统计结果进行单因素方差分析，发现不同学历组的作品等级有显著差异($P=0.03<0.05$)，硕士学位教师的作品创新性(6. 30 分)显著高于本科学历教师(5. 52 分)和大专及以下学历教师(4. 96 分)。

**表 0-5　不同学历教师作品等级情况**

| 学历 | 人数/人 | 分值/分 | 标准差 |
|---|---|---|---|
| 大专及以下 | 27 | 4. 96 | 2. 391 |
| 本科 | 364 | 5. 52 | 2. 585 |
| 硕士 | 66 | 6. 30 | 2. 443 |

第六，不同区域之间存在显著差异，东部地区教师的作品创新性显著高于其他地区。依据国家统计局社会经济统计区域划分方式，将参与教师所在省份划分为东部、中部、西部和东北四个地区。将所有作品按照创新等级，一~十等依次赋分 10~1 分，分别按照区域和省份统计平均值。经卡方检验，不同区域和不同省份之间的作品等级均存在显著差异($P_{区域}=0.0000<0.05$；$P_{省份}=0.000<0.05$)，东部地区教师作品的创新性显著高于其他地区。

3. 本届自制教具作品特色①。

第一，注重系统改进提升，实现作品方案、技术与方法的多维度创新。相较于以往作品的单一创新点，本次参与活动的教师比较注重多角度创新，能够较为系统地拓展设备功能，弥补教材实验的缺陷，拓展学生的创新思维和创新意识。例如，相较教材提供的实验方案，本次获奖作品"光合作用影响因素的探究实验专用装置"实现了实验方法、技术、内容和思路的多角度创新。装置采用多个注射器替代烧杯，缩短了实验时间；采用不同浓度$NaHCO_3$溶液替代$CO_2$气体，增加了实验的可控制性；采用动态摄像技术实时记录实验效果，便于实验效果比对；采用变色光源探究不同光色、不同光强对光合作用强度的影响，大大拓展了实验的深度与广度。本次展评活动前6个等级的348件作品中，单一性创新作品75件(占比21.6%)，多维度综合创新作品273件(占比78.4%)，综合创新作品数量远多于单一性创新作品数量。通过综合性作品的设计与制作，教师有效提升了发现问题、分析问题以及解决复杂问题的能力。

第二，注重利用新技术、新材料与新工艺提升实验效果。项目组汇总创新性强的作品进行分析，发现在这类作品设计过程中，教师能够较好地将新技术、新材料、新工艺整合进自制教具，从而达到优化实验方案、降低实验难度、增加实验直观性、提高实验精度和效率的效果。例如，"带电体在电场中运动的可视化实验装置"利用带石墨烯的小球演示带电粒子在电场中的运动，大大增强了视觉效果；"光影平面打点计时系列实验的改进"利用感光材料显示运动物体的轨迹，大大降低了平抛运动、自由落体、匀加速运动等常规实验的复杂程度，降低了操作难度，减少了实验误差，提高了实验精度；"雾化式几何光学演示仪"利用多支激光笔形成光束效果，在玻璃槽内安装加湿器，使光路清晰可见，增加了几何光学的演示效果。在本次展评活动中，虽然高质量的新技术开发应用作品不是很多，但前6个等级的348件作品中，明确提出利用新技术、新材料与新工艺进行实践创新的作品有212件，占比61%。可见，教师具有一定的技术应用意识与动机，但需要专业培训与指导。

第三，密切联系实际，注重跨学科融合发展。跨学科合作是本次活动中教师实践创新的一个显著特色，特别是技术学科与创客活动，在与常规的物理、化学、生物、科学课程结合后，设计出了不少结构简单、原理清晰的教学两用教具，不仅适合课堂使用，还能够满足家庭实验教学的需要。例如，"运用积木机器人开发系列初中物理实验"整合学校机器人普适性课程和物理课程，用积木机器人开发了用于探究发声体振动的频率对音调高低的影响，探究物体运动快慢的影响因素，探究曲轴、连杆、飞轮的结构原理和作用的教具，配合多气缸完成压缩冲程和排气冲程的原理解释，在学科融合发展的基础上，促进学生深刻理解了技术、生活、社会与物理的联系，充分体现了教具在学科教学不同环节中的作用与价值。在本次展评活动中，跨学科融合作品虽然数量不多(595件作品中有跨学科融合作品47件，占比7.9%)，但均取得了较高的评价等级，可见跨学科发展将是今后教具创新的一个重要突破点。

第四，坚持以人为本，注重提升实验的安全性与环保性。安全、环保、绿色的可持续发展理念是本届作品创新性的重要体现，教师在实验污染物的减排、测量、处理等方面都

---

①郭晓萍，刘强，刘少轩，等．继续提升教师实践创新能力——2021年全国中小学优秀自制教具研究启示[J]．人民教育，2022(21)：54-57.

提出了创新性的设计与方案。例如，“自制新能源微型氢能汽车”将原电池的反应微型化，试剂用量少、无污染，体现了绿色化学的理念；“氯化铵分解产物的分离及检验装置”在一体化实验装置中加入尾气处理、防倒吸等结构，较好地实现了实验过程无污染、无泄漏，保证了师生的安全；“多功能化学实验袋”在实验袋底部容器中放置了各类传感器读取废液数据，再用图形计算器编写程序控制水泵对酸碱性废液进行自动化处理，不仅提高了学生解决实际问题的能力和自主探究的能力，也通过教具的使用增强了学生的环保意识和社会责任感。参加本次展评活动的73件化学作品中，共有59件作品不同程度地涉及安全、环保方面的改进，占比81%，可见安全、环保的绿色发展理念已经得到了教师的广泛认同。

4. 发展建议①。

第一，统筹社会资源，搭建科教研产协同创新的平台。针对教师实践创新能力区域发展不平衡、高新科技应用能力不足和展示交流平台缺乏等问题，建议开展中小学教师实践创新能力提升工程，协调一批适宜的高校、科研机构、高新技术企业等社会力量，与中小学校共同搭建教师实践创新的大平台，在中小学教师实践创新过程中予以技术支持与帮扶。遴选一批学科前沿的科学家、研究员与工程师担任中小学教师实践创新的项目导师，指导中小学教师学习、应用最新的学科技术与资源，通过科技赋能教育、教育再造学科实验技术的方式，有效提升中小学教师创新创造的能力与素养。充分发挥物联网、大平台、大数据等信息化优势，搭建基于科教研产协同实践创新的技术教育大平台，统筹实现高新科技的教育转化以及教师创新成果的跨区域、跨学科、跨学校、跨时空学习、研讨、展示、交流与评价，整体提升教师实践创新能力水平。

第二，强化教研与培训，形成教师实践能力培养的长效机制。针对教师实践创新能力学历差异、学科差异、学段差异显著等问题，建议通过加强专项培训与常规教研等方式强化教师的学科技术认知、增强教师技术应用与技术改造的能力。例如，在国培、省培计划中设立教师实践创新能力培养专项，重点开展基于技术创新的创意、设计、工艺、安全与实施的“实战性”培训，特别应开展高质量的教师创新策略培训，培养教师改进创新教具和实验方案的一般规律和思维视角，启发引导教师有意识、有目的地对问题实验和教具加以研究，避免为了自制而自制、低层次的教具创新。将自制教具、学科技术应用等纳入常规性教研活动中，在日常教学研究中营造用科技、爱动手、善创新的实践氛围。特别要注重通过真实情境教学、项目教学、跨学科教学、学科融合教学等新型教学方式的运用，推动物理、小学科学等传统实验性学科不断推陈出新，实现教具功能和教具性能的创新；促进通用技术、信息科技等技术性学科基于真实的问题情境改进技术、开发工具，实现教具的应用创新与设计创新；推动语文、外语、美术、体育等学科发掘特色、融合技术，弥补自制教具缺乏的短板，实现教具的种类创新与多样化发展，进而实现教师科技素养与人文素养的全面提升，同时降低学历、学科和学段等因素造成的教师实践创新能力的差异。

第三，不断提升中小学实验创新环境，为师生共创共研提供条件保障。针对区域差异显著以及部分学校实验设备更新不及时、实验耗材补充无渠道等问题，建议从保障机制、条件改善、经费投入等角度系统规划，为师生实践创新提供机制与物质条件保障。相关部

①郭晓萍，刘强，刘少轩，等．继续提升教师实践创新能力——2021年全国中小学优秀自制教具研究启示[J]．人民教育，2022(21)：54-57.

门应进一步提高对中小学教师实践创新重要性的认识，设立相关专项经费，按需补充实验耗材，定期更新实验设备，及时改善中小学实验室、功能场室的装备条件与技术环境，为教师开展教具制作、技术改造、技术应用、创新实验等实践性创新活动提供支持。特别是应基于新课改需求，强化组织保障与经费投入保障，为教师基于新理念、新目标、新模式的学科教学实践探索创设条件，鼓励教师带领学生应用新技术、新方法与新手段，开展体验、观察、操作、种植、培养、设计、加工、制作、探究、检验等丰富多样的实验与实践创新，鼓励教师带领学生通过共创共研不断提升学生的创新能力与创新素养，为打造创新型社会和培养创新人才奠定坚实的基础。

# 目　　录

## 1　物理一等奖作品选编

## 2　化学一等奖作品选编



## 3　生物一等奖作品选编



## 4　数学一等奖作品选编

## 5　小学科学一等奖作品选编

## 6 地理一等奖作品选编



## 7 技术与实践一等奖作品选编



## 8 其他一等奖作品选编

# 1 物理一等奖作品选编

# 1.1 一种磁流体推进装置

天津市九十六中学　王富鹏
天津市崇化中学　李春凯

## 一、教具的教学意义和价值

本教具是针对 2019 新人教版高中物理选择性必修 2 第一章第二节“磁场对运动电荷的作用力”设计、制作的。在本节课的第一环节洛伦兹力方向的教学中，可以使用本教具探究洛伦兹力方向与磁场方向、电荷运动方向的关系，继而得出判断洛伦兹力方向的方法(左手定则)。

在本节课的第二环节洛伦兹力大小的教学中，教材设计了思考与讨论，利用一段通电导体所受安培力的表达式结合电流微观表达式进行理论推导，从而得到运动电荷所受洛伦兹力的表达式。主要思想是安培力是洛伦兹力的宏观表现，洛伦兹力是安培力的微观本质。本教具可以在此基础之上进行实验探究，其中被驱动的液体产生的压力就是溶液中所有带电粒子所受洛伦兹力的总和，而根据电流的微观表达可知，电流的大小与带电粒子的速度是成正比的。压力与电流成正比就可以说明洛伦兹力的大小与带电粒子的速度大小成正比。用本教具进行探究实验，与教材的设计完全契合、相得益彰，能够更好地培养学生的学科核心素养。

在教学中，结合教材的环节设置，将本教具与教学深度融合，效果显著。这样的融合，使学生深受启发，激发了学习兴趣，进而达到了理论与实践相结合的效果。本教具的拓展实验更开阔了学生的思维和眼界，有效激发了学生的求知欲望。

## 二、教具装置图

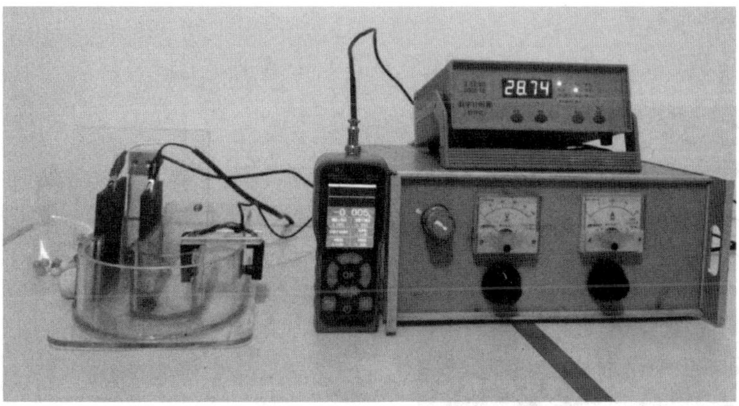

图 1-1-1　装置图

## 三、仪器特点及用途

### (一) 特点

本教具将通电的硫酸钠溶液置于磁场中。硫酸钠溶液中的正、负离子在磁场力的驱动下，带动溶液及漂浮的彩色塑料小球环绕运动，反映出微观带电粒子受到了洛伦兹力。本教具使微观带电粒子受到磁场力的教学直观化、形象化，现象明显、生动有趣，有很强的启发性。

### (二) 用途

本教具可模拟以下微观现象：

1. 演示运动的带电粒子在磁场中受到了洛伦兹力。
2. 探究洛伦兹力方向的判断方法，即左手定则。
3. 探究影响洛伦兹力大小的因素，通过光电门和传感器定性分析洛伦兹力与带电粒子的电荷量 $Q$、速度 $v$ 和磁感应强度 $B$ 的关系。
4. 可以引导学生进行应用拓展，如：应用于海洋船舶的推进；也可以应用于海洋浮油回收船；还可以作为磁流体血液泵，降低了血液驱动过程中对血液生化特性的影响(这种新型血液驱动方式的研究，对人工心脏辅助装置具有重要意义)。

## 四、制作材料

透明有机玻璃板一块(约 1000 mm×500 mm×5 mm)、石墨电极板两块(100 mm×100 mm×5 mm)、强磁铁两块(80 mm×50 mm×20 mm)、开关稳压型可调电源、无水硫酸钠 500 g、白色塑料小球一个(直径 25 mm)、彩色塑料小球若干(直径 10 mm)、红墨水一瓶、光电门一个、数字计时器一台、导线(带铁夹子)若干、压力传感器一套(带显示仪表并可连接计算机)。

## 五、制作方法

1. 将有机玻璃板切割成若干条，将切割好的有机玻璃条通过热弯机弯成椭圆形作为外围立板和内侧立板，使用专用黏合剂将各部分粘在一起，在立板平直处预留放电极板的位置(如图 1-1-2 所示)。

2. 将两块电极板插入水槽立板预留处(如图 1-1-3 所示)。

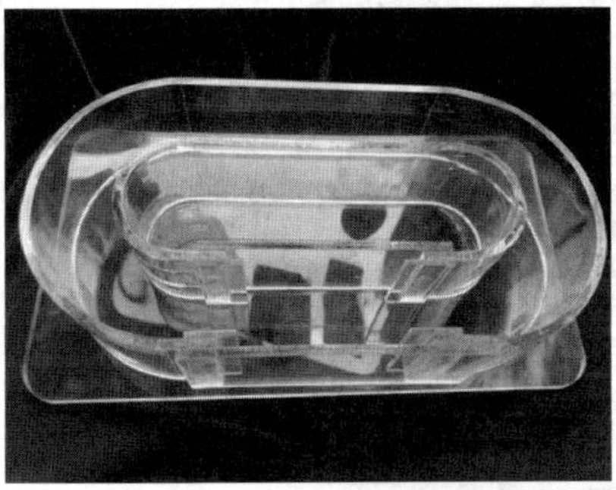

图 1-1-2

图 1-1-3

3. 将压力传感器一侧用螺丝固定在有机玻璃板上，将一小块有机玻璃板用螺丝固定在传感器测量头一侧，作为受力面。将压力传感器(前后两侧固定有机玻璃板)用螺丝固定在椭圆形水槽上(如图 1-1-4 所示)。

4. 将光电门锯开，加长内部导线，重新焊接电路，并将光电门的横梁用铝板搭桥加长、加固，使之正好可以夹在椭圆形水槽(跑道)的两侧，确保小球经过光电门时可以测量其瞬时速度(如图 1-1-5 所示)。

图 1-1-4

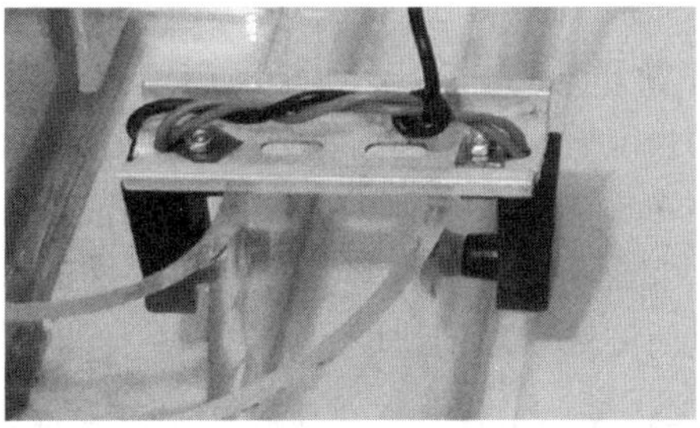

图 1-1-5

5. 配制不同浓度的硫酸钠溶液。

6. 将长方形的强磁铁固定在放有电极板一侧的水槽底部，磁铁平面正对石墨电极板且二者相互垂直。

## 六、使用方法

### (一) 探究洛伦兹力方向的判断方法

1. 将一块强磁铁(N 极朝上)放置在水平桌面上，并将水槽放置在磁铁上(保证电极板预留处的正下方是磁铁)，水槽的另一侧用等高的物体垫上以确保水槽平稳。

2. 在水槽立板侧壁预留处插入两块电极板(如图 1-1-3 所示)。

3. 将配制好的硫酸钠溶液倒入水槽中，深度约为 30 mm。

4. 将若干彩色小球放入溶液中。

5. 将电源的正、负极分别接在两块石墨电极板上(如图 1-1-3 所示)。

6. 接通电源，观察溶液的流动情况，适当调节电压，使彩色小球可以随溶液一起运动。

7. 断开电源，将强磁铁的 S 极朝上，再次接通电源，观察小球运动的方向。

8. 断开电源，调换两个电极的位置，再次接通电源，观察小球运动的方向。

原理如图 1-1-6 所示。

### (二) 探究影响洛伦兹力大小的因素

1. 将改装的光电门夹在椭圆形水槽(跑道)上，调节至测速状态，记录小球经过光电门的瞬时速度 $v$。

2. 将电源电压连续调大，待小球运动稳定后，测得小球经过光电门的速度。

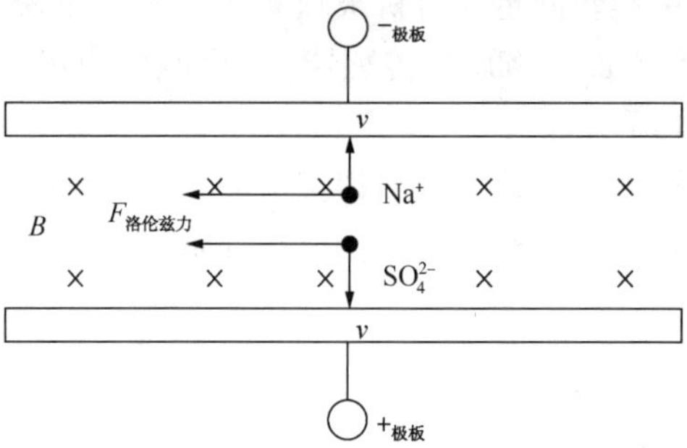


图 1-1-6

3. 断开电源，将电压调整适中，并保持不变，增加磁铁的块数。再次接通电源，待小球运动稳定后，用光电门测量小球的速度。

4. 断开电源，将溶液倒出，将配置好的浓度是原溶液 2 倍的硫酸钠溶液倒入水槽。

5. 接通电源，将电压调整到上一次的数值，再次接通电源，待小球运动稳定后，可以用光电门测量小球的速度。

**（三）分析洛伦兹力大小与带电粒子速度的关系**

1. 将压力传感器固定在椭圆形水槽(跑道)中间，靠近两块石墨电极板。

2. 接通电源，可以观察到两块石墨电极板间的溶液涌向传感器的受力面，待电压稳定后，记录电流表的读数及传感器测量仪表显示的压力。

3. 增大电压，待电压稳定后，记录电流表的读数及传感器测量仪表显示的压力。可以观察到电流变大的时候，传感器测量仪表显示的压力也随之增大。

4. 重复以上操作，将电流表的读数及传感器测量仪表显示的压力全部记录下来。

5. 传感器测量仪表可连接计算机，通过安装的软件生成不同电压下液体流动时产生的压力平均值。

6. 将上述步骤中测量的电流数据和对应液体流动时产生的压力的数据录入数表软件中，拟合出图像。

**（四）分析洛伦兹力大小与带电粒子的电荷量和磁感应强度的关系。**

1. 使用不同浓度的溶液重复实验。每一次通过调节电压，保持电流不变，定量分析压力与溶液浓度的关系。

2. 增加磁铁的块数。确保溶液浓度不变，每一次通过调节电压，保持电流不变，定量分析压力与磁铁块数的关系。

**（五）模拟磁流体血液泵**

断开电源，将小球取出，向溶液里滴几滴红墨水。再次接通电源，调节电压，使溶液旋转流动。

# 1.2　电场线系列演示仪

河北省邯郸市武安市第一中学　朱利涛　张会涛　袁晓光

## 一、教具的教学意义和价值

模拟电场线，让学生认识到各种不同带电体的电场分布特点。彩色电场线使抽象的电场变得更形象具体，实验效果明显，引发了学生的学习兴趣和思考，适于探究式教学，有利于提升学生的观察能力、动手实践能力、创造性思维能力。

## 二、教具装置图

图 1-2-1　尖端放电——避雷针的应用

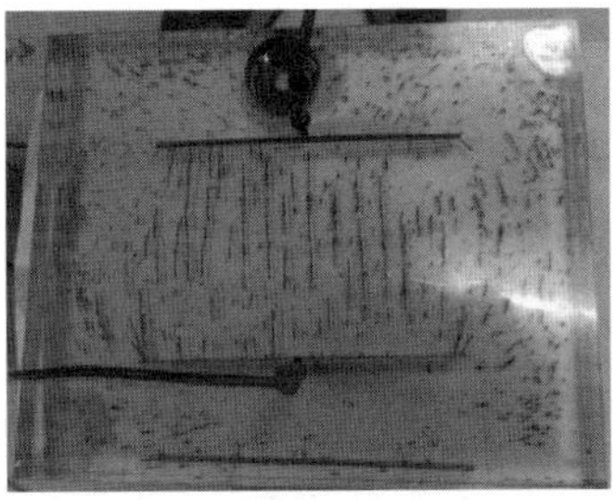

图 1-2-2　平行金属板间电场线

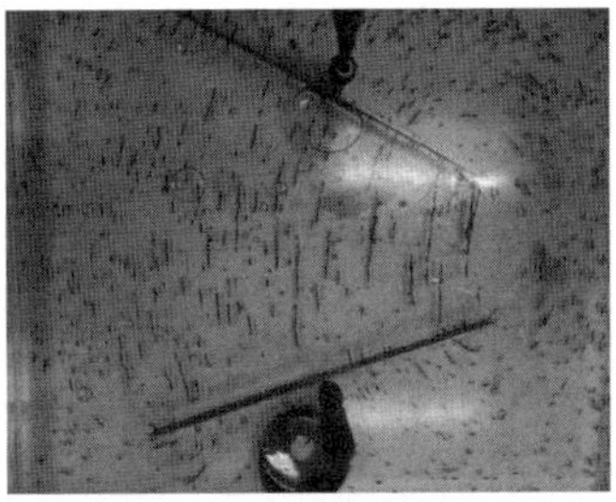

图 1-2-3　不平行金属板间电场线

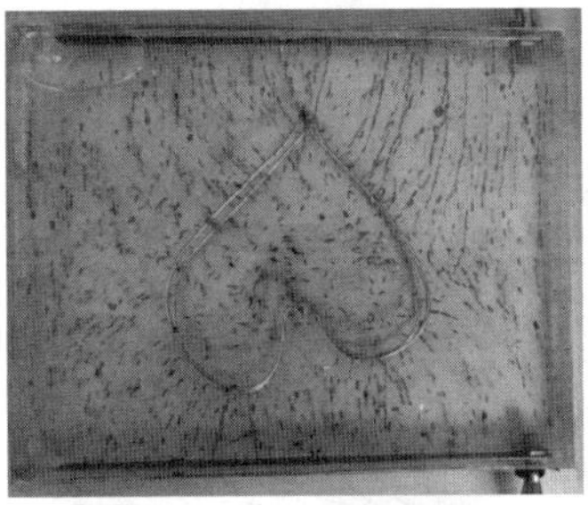

图 1-2-4　静电屏蔽

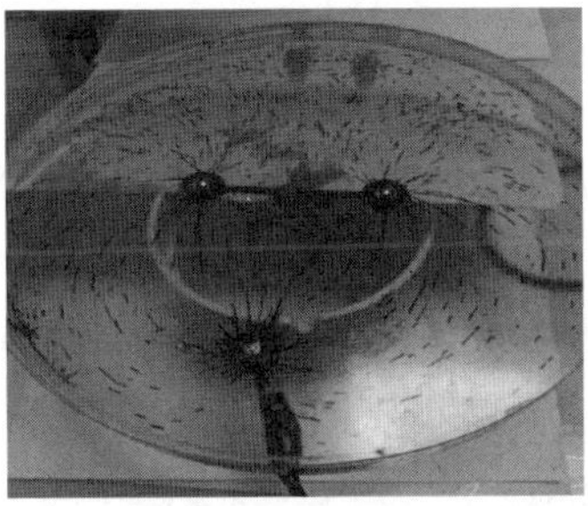

图 1-2-5　三个小球（两同一异）

图 1-2-6　点电荷立体电场线

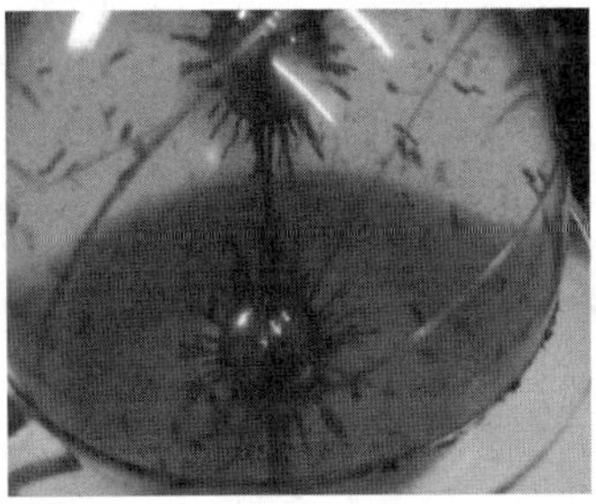

图 1-2-7　等量异种电荷

图 1-2-8　点电荷与圆板

## 三、仪器特点及用途

### （一）特点

1. 应用新材料、新工艺，设计新颖，取材容易，结构简单，外形美观，易于操作和推广。

2. 带电体的可动化设计，更便于学生动手操作。电场线的动态变化，极大地提高了学生的学习兴趣，激发了学生对电场的探究欲望。

### （二）用途

模拟课本上一系列电场线，如点电荷电场、等量异种电荷电场、等量同种电荷电场、点电荷与金属板电场、一般带电体电场、平行板电容器间匀强电场、静电平衡、尖端放电、静电屏蔽(内屏蔽、外屏蔽)。

## 四、制作材料

45 瓶(500 g)蓖麻油；20 多个香蕉电极插头；直流可调高压电源；多种规格钢尺 6 把；亚克力板制成的圆形容器；打孔的金属小钢球 10 个；楼房模型 3 个；多个防漏绝缘堵头；带绝缘夹的导线若干根。

## 五、制作方法

1. 松针经过晾晒干燥后，涂上红色和蓝色等颜色，作为彩色电场线(如图 1-2-9 所示)。

2. 用亚克力板制作出各种尺寸的方形和圆形的封闭容器(如图 1-2-10、图 1-2-11 所示)。

3. 将油和松针混合均匀后，装入封闭容器。

4. 给金属小球打孔，接入导线；细铁丝做成圆形网状接入电极，做成球形立体演示仪(如图 1-2-12、图 1-2-13 所示)。

5. 用钢尺制作平行板，打孔接入电极，并用香蕉插头做成旋转电极，放入可以移动的钢尺和金属桶，做成探究金属板间电场的演示仪(如图 1-2-14 所示)。

图 1-2-9　染色的松针

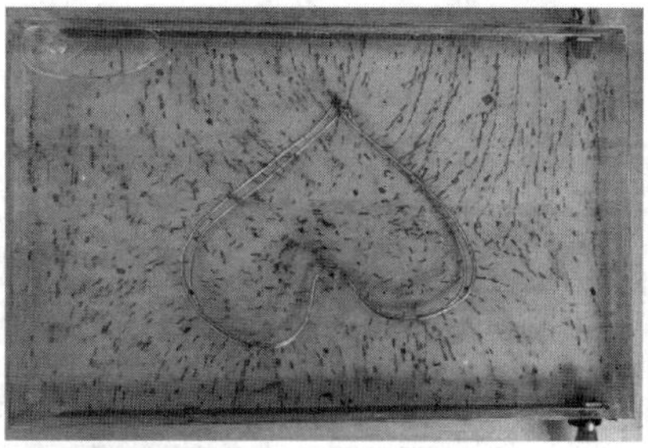

图 1-2-10　方形容器

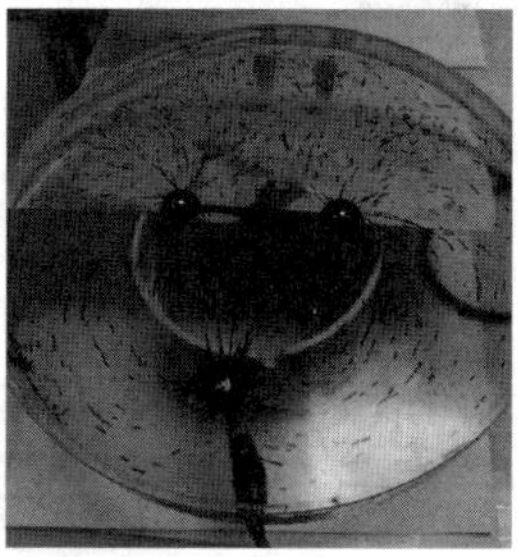

图 1-2-11　圆形容器

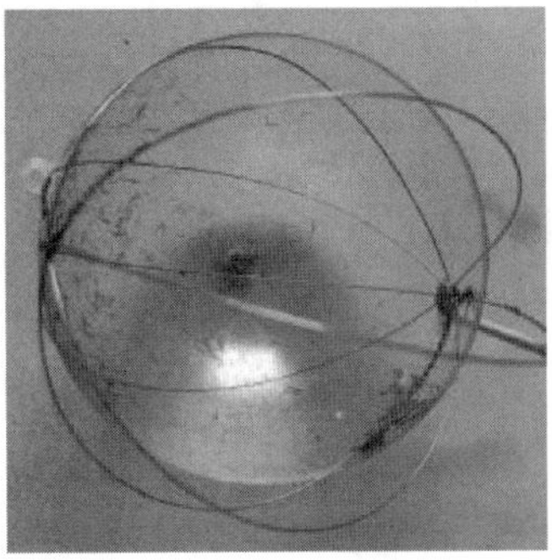

图 1-2-12　金属球网

图 1-2-13　立体球

图 1-2-14　金属板电场

## 六、使用方法

1. 用静电感应起电机或高压直流电源连接电极，使它的周围产生静电场。
2. 松针在电场中极化，受电场力的作用，重新排列起来即显示出电场线的分布。
3. 利用磁铁控制电极的移动，模拟出动态化的电场线。

# 1.3　光子秤及光悬浮实验装置

河北省石家庄市第二十四中学　张士峰　杨　博　孙珺珺

## 一、教具的教学意义和价值

人教版高中物理选择性必修 3 第四章“原子结构和波粒二象性”中，介绍了光子像其他粒子一样具有能量、动量，即 $\varepsilon=h\nu$，$p=h/\lambda=h\nu/c$。教材通过光电效应和康普顿效应证明了光的粒子性，内容比较抽象，实验操作难度较大。为此，笔者设计了光悬浮、光驱风车、光子秤等装置，证明光子可以与宏观物体发生作用，具有粒子性。此外，本教具通过光子秤装置验证了光子的能量(动量)与频率的定量关系。本教具可以帮助学生突破难点，了解与课本相关的光学前沿科学知识，为学生开了一扇窗，使他们树立起科学研究的意识，提升了他们的科学素养。

## 二、教具装置图

图 1-3-1　教具装置图

## 三、仪器特点及用途

### (一) 特点

1. 本教具利用激光技术驱动宏观物体运动，通过光的力学效应证明光具有能量和动量。
2. 设计了光子秤，验证了光子的能量(动量)与频率成正比的定量关系。
3. 为演示光的力学效应，本教具设计了微小阻力风车，采用抽真空的方法克服了空气阻力的影响。

4. 为完成光悬浮实验，本教具选用了超轻石墨烯气凝胶新材料，密度仅 4 mg/cm$^3$。

### （二）用途

本教具可完成以下实验内容：

1. 演示相同激光打在黑色叶片和白色叶片的作用效果不同。

2. 根据光功率公式 $P=nh\nu$（$n$ 表示单位时间内光源发射光子数），在光源频率一定的条件下，通过调整激光输出功率改变单位时间内光源发射光子数，研究单位时间内激光发射光子数与风车转速关系。

3. 利用红色激光（$\lambda_1=635$ nm，$\nu_1=4.72\times10^{14}$ Hz）和蓝色激光（$\lambda_2=450$ nm，$\nu_2=6.67\times10^{14}$ Hz）进行实验。在单位时间内发射光子数相同的条件下，定性观察风车转速与激光频率的关系，从而认识到光子的能量（动量）随频率的升高而增大。

4. 在红、蓝激光器单位时间内发射光子数相同的条件下，将红色激光和蓝色激光照在光子秤的两力臂上，调节激光位置使光子秤平衡，记录对应的力臂，从而验证光子的能量（动量）与频率成正比。

5. 演示在真空中光驱动轻小物体悬浮的现象，说明光子具有动量、能量。

## 四、制作材料

教具使用的主要器材包括：500 mV 红色激光器（635 nm）、500 mV 蓝色激光器（450 nm）、1600 mV 蓝色激光器［450 nm、带脉冲宽度调制（PWM）/TTL 0~5 V］、真空泵等。

使用的主要材料包括：多层石墨烯粉体、超轻石墨烯气凝胶（密度 3~5 mg/cm$^3$）等。

## 五、制作方法

1. 光驱风车叶片的制作。如图 1-3-2 所示，剪取直径 2.0 cm 的铝箔 A、C 两片和直径 2.0 cm 的绝热玻璃纸 B 一片，将 A、B、C 叠在一起并黏结牢靠，制成光驱风车叶片 D。按照同样方法制作 4 个叶片，然后固定在叶片支架 E 上，将支架固定在一段一端封口的玻璃管下端，最后将叶片用石墨烯油漆涂成黑色，晾干（如图 1-3-2 中 G 所示）。

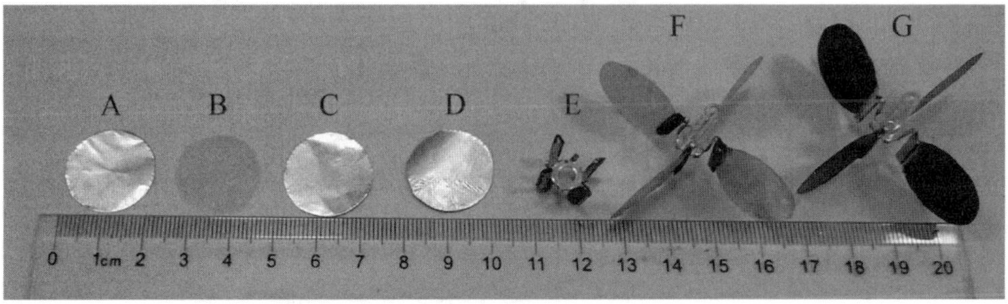


图 1-3-2

2. 光驱风车及光子秤的制作。将涂成黑色的风车支在针尖上，置于 250 mL 集气瓶中，盖上胶塞，胶塞上接软管，用于抽取空气（如图 1-3-3、图 1-3-4 所示）。

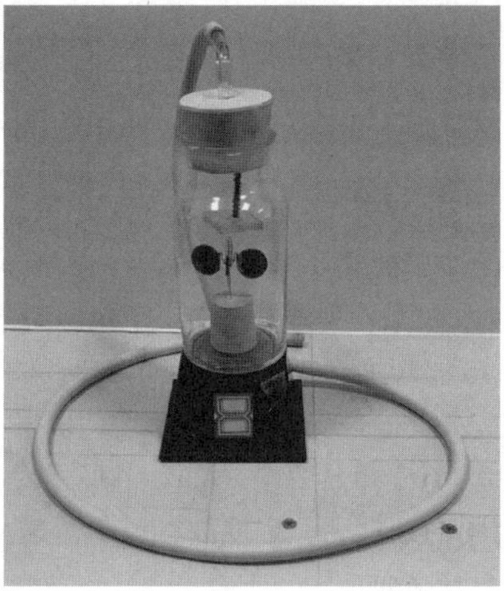

图 1-3-3

图 1-3-4

3. 光子秤平台的制作。首先制作两个可调节水平距离的激光器支架，然后将 3 个滑块穿在光具座上，将两个激光器支架的竖直杆分别穿在左侧两滑块上，在右侧滑块上穿一带竖直杆的有机玻璃板，用于放置光子秤(如图 1-3-5、图 1-3-6 所示)。

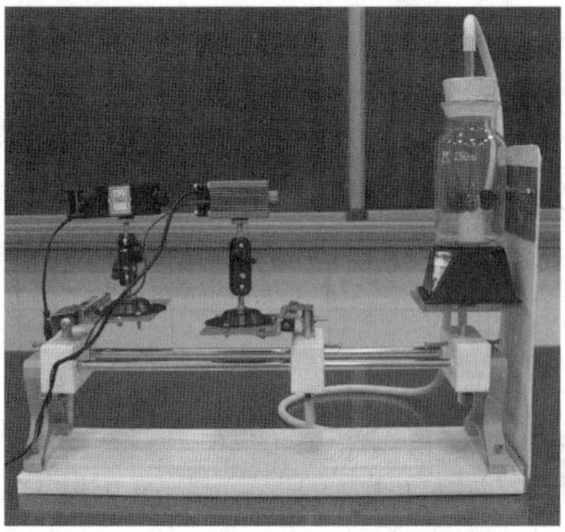

图 1-3-5

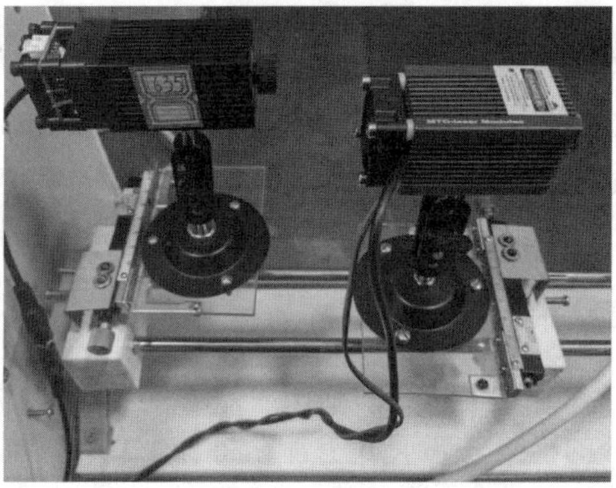

图 1-3-6

4. 光悬浮装置的制作。在两支试管中分别放入石墨烯粉末和超轻石墨烯气凝胶块，盖上胶塞，侧支上接软管，用于抽取空气。两试管固定在支架上(如图 1-3-7 所示)。

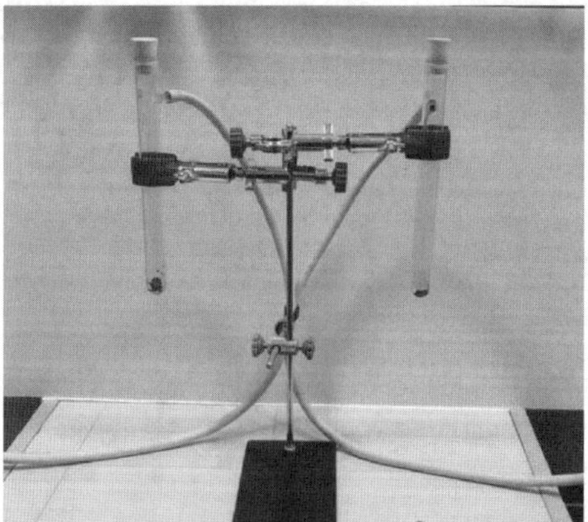

图 1-3-7

5. 主控平台的制作。将气泵、激光器电源、PWN 数控装置装入箱中，并制作相应的控制面板(如图 1-3-8、图 1-3-9 所示)。

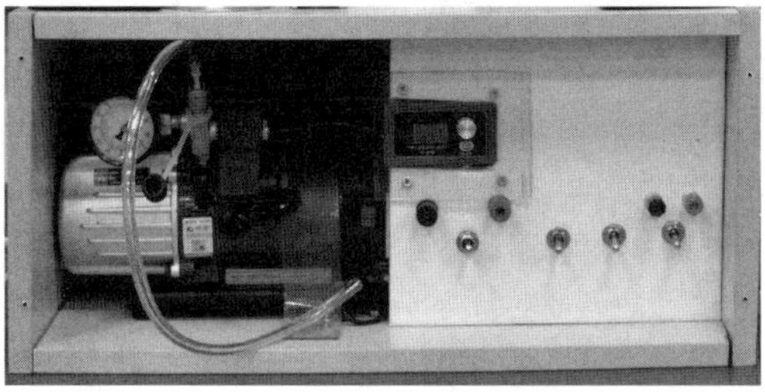

图 1-3-8

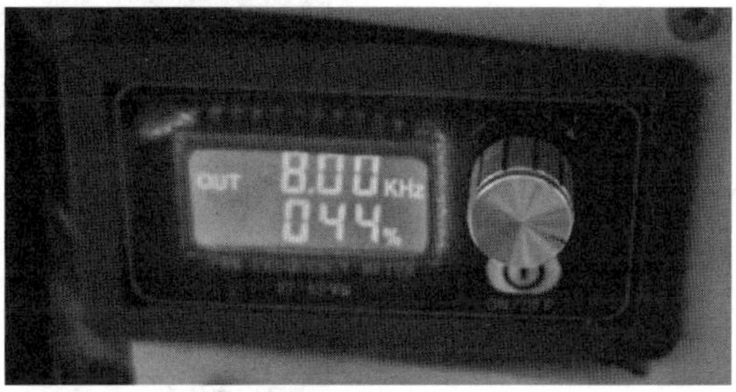


图 1-3-9

## 六、使用方法

### (一) 演示相同激光打在不同叶片上的作用效果

将装有风车的玻璃壳抽成真空，置于演示平台，风车叶片一面涂成黑色，一面涂成白色。将两个完全相同的蓝光激光器 A、B 分别对准风车叶片边缘。打开对准白色叶片的激光器 A，风车快速旋转起来；打开激光器 B，风车转速慢下来，而后向相反方向转动。其原理是“抽成真空”的玻璃壳内仍有少量空气，两叶片在受到相同激光照射时，黑色叶片温度比白色叶片温度升高多一些，黑色叶片附近的空气温度比白色叶片附近的温度高一些，所以黑色叶片附近的气体分子运动速度大一些，分子碰撞黑色叶片的力也大一些，因此叶片从黑色面向白色面旋转。

图 1-3-10

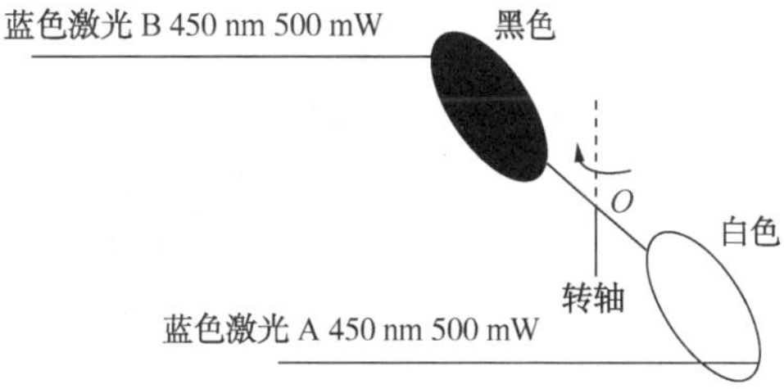


图 1-3-11

### (二) 研究风车转速与单位时间内激光发射光子数的关系

将两面完全涂成黑色的风车置于演示台，利用真空泵将瓶中空气抽出。开启蓝色激光，调整位置，使激光对准风车叶片边缘，可观察到激光驱动风车转动起来；保持蓝色激光位置不变，调节蓝光 PWN 功率输出旋钮，改变单位时间内光源发射光子数，观察到功率越大，风车转速越快，表明单位时间内激光发射光子数越多，风车转速越快。

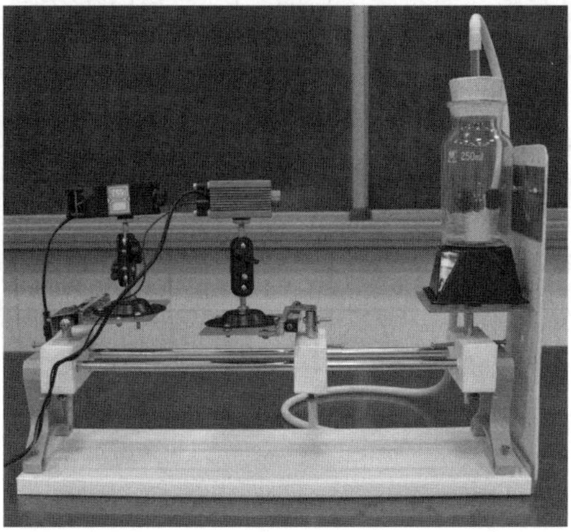

图 1-3-12

**（三）定性观察光子的能量（动量）随频率变化关系**

将风车叶片两面完全涂成黑色，置于光具座上，用真空泵抽出瓶中空气。利用红色激光（$\lambda_1=635$ nm，$\nu_1=4.72\times10^{14}$ Hz）和蓝色激光（$\lambda_2=450$ nm，$\nu_2=6.67\times10^{14}$ Hz）进行实验，若单位时间红、蓝激光器发射的光子数 $n$ 相同，则红色激光器发出红光功率为 $P_1=nh\nu_1$，蓝色激光器发出蓝光功率为 $P_2=nh\nu_2$。$P_1/P_2=\nu_1/\nu_2=1/1.41$，若 $P_1=500$ mW，$P_2=705$ mW。实验中，红色激光器额定功率为 500 mW，蓝色激光器额定功率为 1600 mW，采用 PWM 器调节蓝色激光器输出功率，调节 PWM 占空比为 44.1%时，输出功率为 705 mW。这样两激光单位时间内发射光子数 $n$ 相同。开启真空泵，打开红色激光对准风车边缘，风车转动起来；再打开蓝色激光，对准风车边缘，风车转速减小，而后向相反方向转动起来。实验表明光子的能量（动量）随频率升高而增大。

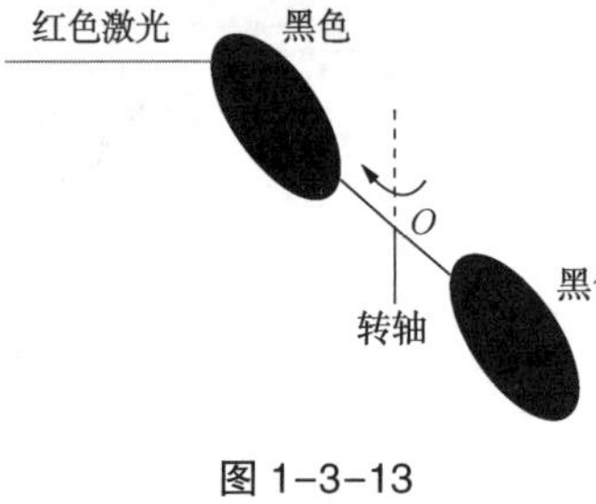


图 1-3-13

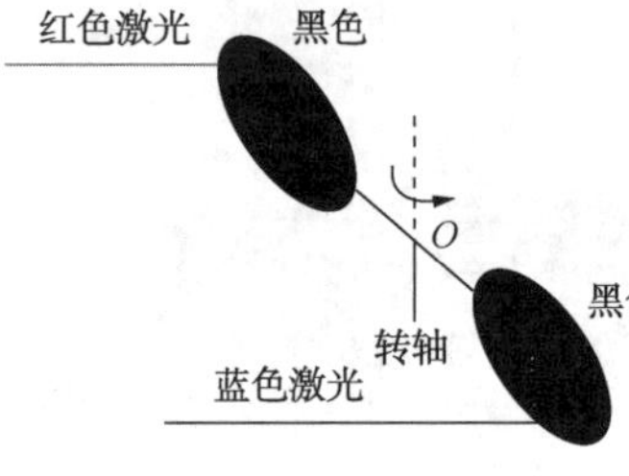


图 1-3-14

**（四）定量验证光子的能量（动量）与频率成正比**

调整蓝色激光的功率为红色激光功率的 1.41 倍，两激光器单位时间内发射光子数 $n$ 相同，调整红色激光位置使其打在风车边缘，调节蓝色激光位置使风车刚好停止转动，保持平衡，记录红、蓝两束激光光点到风车转轴的距离为 $r_1$、$r_2$。红色激光器单位时间发射光子动量为 $p_1=nh/\lambda_1=nh\nu_1/c$，蓝色激光器单位时间发射光子动量为 $p_2=nh/\lambda_2=nh\nu_2/c$，根据动量定理，$F_1\Delta t=\Delta p_1$，$F_2\Delta t=\Delta p_2$，所以，$F_1/F_2=\Delta p_1/\Delta p_2=\nu_1/\nu_2=1/1.41$；当叶片处于平衡状态时，根据力矩平衡，$F_1r_1=F_2r_2$，则 $r_1/r_2=F_2/F_1=\nu_2/\nu_1=1/0.71$，从而验证光子的能量

（动量）与频率成正比。

图 1-3-15

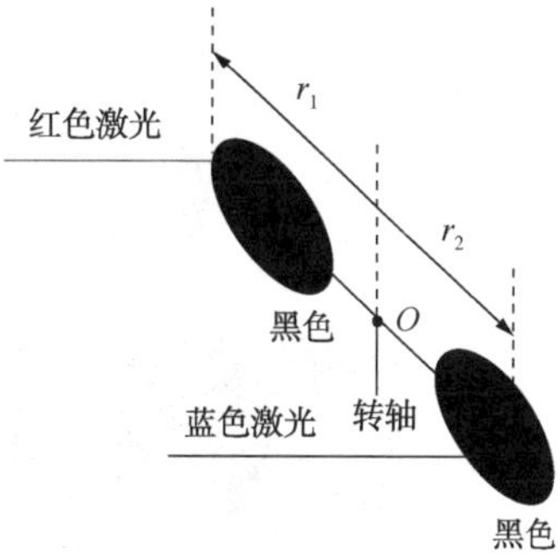


图 1-3-16　光子秤平衡

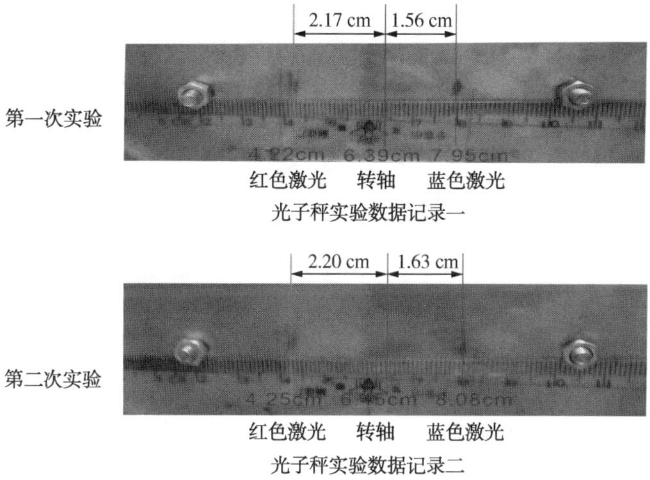


图 1-3-17　定量验证光子的能量（动量）与频率关系实验数据记录

表 1-3-1　定量验证光子的能量（动量）与频率关系实验数据分析

| 激光 | 波长/nm | 频率/Hz | 额定功率/mW | PWM 占空比/% | 实际输出功率/mW | 相对转轴力臂/cm | 光子秤平衡时相对红光力臂比值 $r_2/r_1$（理论值） | 光子秤平衡时相对红光力臂比值 $r_2/r_1$（实验测量值） | 相对误差/% |
|---|---|---|---|---|---|---|---|---|---|
| 红色激光 | 635 | $4.72\times10^{14}$ | 500 | 100 | 500 | $r_1=2.19$ | 0.71 | 0.73 | 2.8 |
| 蓝色激光 | 450 | $6.67\times10^{14}$ | 1600 | 44.1 | 705 | $r_2=1.60$ | | | |

## （五）演示在真空中光驱动轻小物体悬浮的现象

将石墨烯粉末和超轻石墨烯气凝胶块分别放入两支试管，打开激光束，对准样品，可观察到样品不动。打开真空泵抽气，可观察到样品悬浮起来，说明光子具有动量、能量（如图 1-3-18、图 1-3-19 所示）。

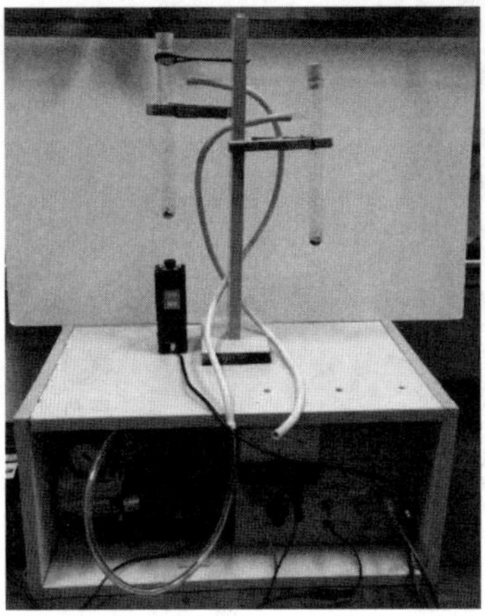

图 1-3-18

图 1-3-19

# 1.4 带电体在电场中运动的可视化实验装置

河北省保定市第二中学 王 毅
河北保定外国语学校 赵 辉
河北省保定市电化教育馆 张志恒

## 一、教具的教学意义和价值

带电粒子在电场中的运动是高中物理的重点内容，但微观粒子的运动难以直接观测，而现有教具通常只能通过激发气体发光来间接显示粒子运动的轨迹，不能直接显示运动的过程，学生理解起来仍然较为困难。因此笔者设计了这个装置，使表面涂有石墨烯的泡沫塑料小球带电，用带电小球代替微观粒子，并进入不同的电场中，进而观察带电小球的运动。变微观为宏观、变不可见为可见。

利用本装置辅助进行“带电粒子在电场中的运动”教学，可以使难以理解的粒子运动可视化，提高了学生学习的兴趣，取得了很好的教学效果。同时，改造身边物体进行科学实验的科技创新思想，进一步引导带动了学生进行多方面的创新探索，切实提升了学生的科学思维和实践能力。

## 二、教具装置图

1. 带电小球发射装置，如图 1-4-1、图 1-4-2、图 1-4-3 所示。

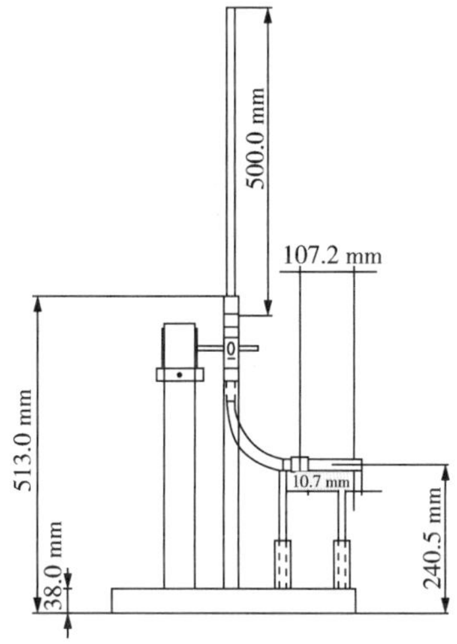


图 1-4-1

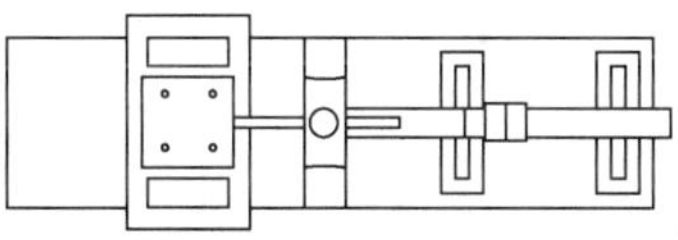

图 1-4-2

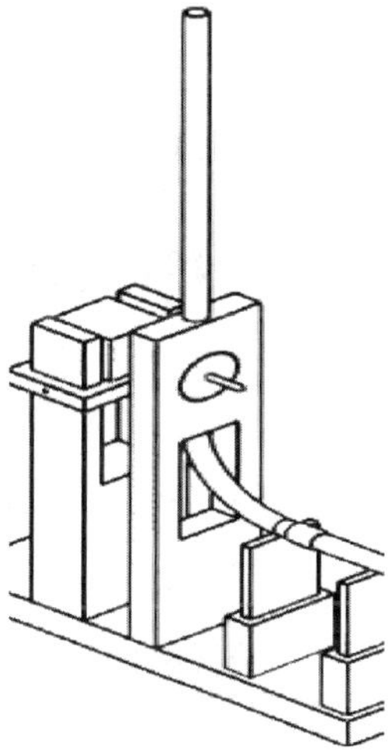

图 1-4-3

2. 水平电场装置，如图 1-4-4、图 1-4-5、图 1-4-6 所示。

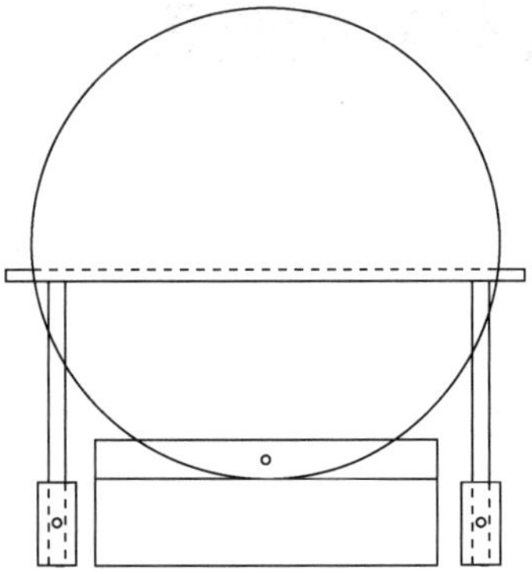
图 1-4-4

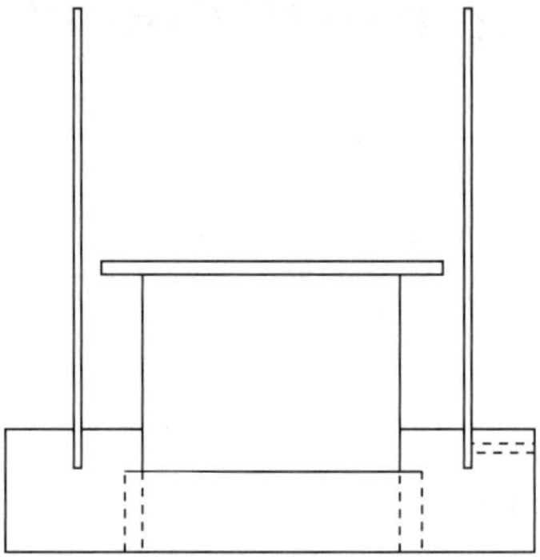
图 1-4-5

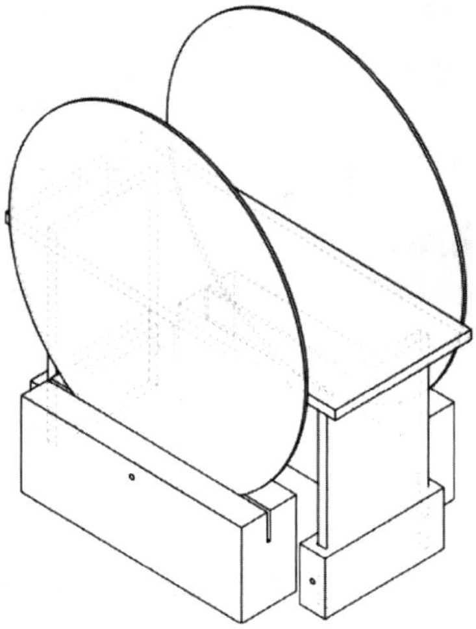
图 1-4-6

3. 竖直电场装置，如图 1-4-7、图 1-4-8、图 1-4-9 所示。

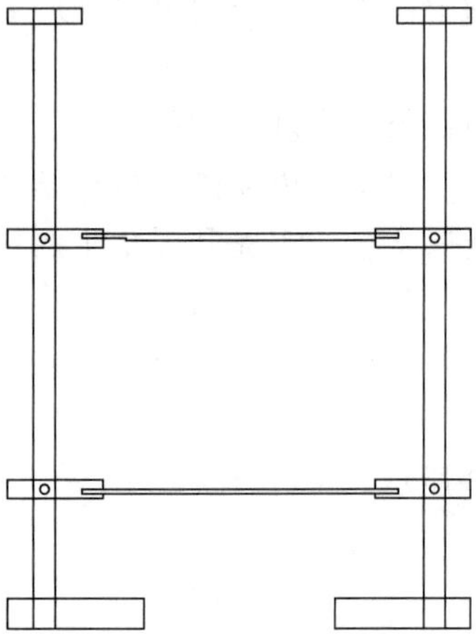
图 1-4-7

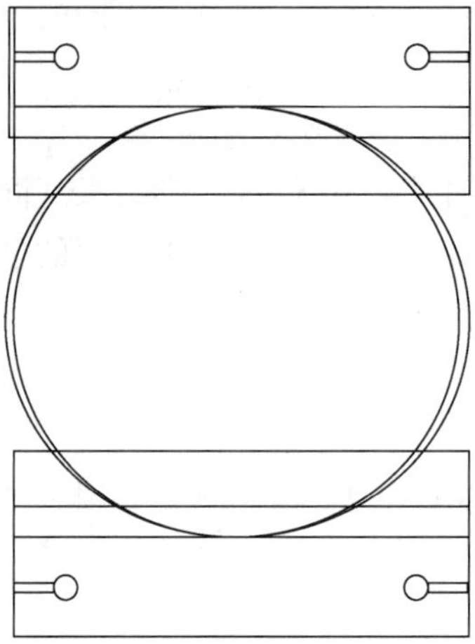
图 1-4-8

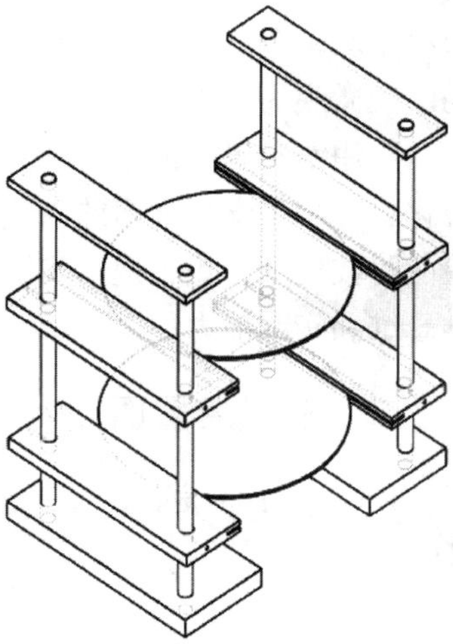
图 1-4-9

## 三、仪器特点及用途

本装置直观地展示出带电小球在电场及复合场中的运动，变微观为宏观，化抽象为具体，有助于化解教学难点、强化教学重点。同时，本装置利用学生熟悉的塑料小球便可以完成精彩的实验，可以让学生感受到科学就在身边，从而激发学生的学习兴趣、激励学生的创新精神。

## 四、制作材料

带电小球发射装置、多对圆形金属平行极板、一对圆柱形金属极板、静电高压电源、涂有石墨烯的泡沫塑料小球、步进电机、控制器、驱动器、石英玻璃管、铜箔、0.5 mm 直径铜丝、绝缘垫等。

## 五、制作方法

1. 制作导电小球。在直径 15 mm 的泡沫塑料小球表面涂上石墨烯导电漆，获得质量轻且带电量大的研究对象。

2. 利用转盘、步进电机、控制器、驱动器、绝缘管道组合体，制作带电小球发射装置。通过改变步进电机的驱动程序，控制释放小球的频率，使小球一个一个出发。调节发射装置的方向和角度以改变小球的发射速度和方向。

3. 制作使小球带电的装置。在带电小球发射装置的尾部、石英玻璃管内壁贴敷铜箔，并给铜箔接高压电源，使小球带电。

4. 制作使小球加速射出的装置。在带电小球发射装置的尾部、石英玻璃管外壁贴敷一组铜箔，并分别接高压电源的正负极，形成加速电场，使带电小球加速射出。通过调节电源电压，可以控制带电小球射出的速度。

5. 设计系列装置以形成不同形式的电场。在亚克力材质的支架上，插入一对圆形金属平行极板，分别接高压电源的正负极，可以形成水平或竖直方向的匀强电场。可以灵活调节极板之间的距离，配合调节高压电源的电压，根据需要改变极板间的电场强度。另外，利用一对圆柱形金属极板，分别接高压电源的正负极，可以形成模拟点电荷的辐射状电场。

6. 制作复合场中的圆锥摆和单摆装置。利用 0. 5 mm 直径的铜丝连接小球，配合滑环、电机等装置，可以使带电小球在重力场和电场的复合场中，做圆锥摆运动或单摆运动。

## 六、使用方法

实验时，使带电小球沿不同方向飞入不同电场，便可直接观察到带电小球在电场中的各类运动。另外，结合圆锥摆和单摆装置，可以演示带电小球在复合场中的圆锥摆运动或单摆运动。利用手机慢动作摄影及投屏功能，可以通过大屏幕将实验现象更清晰地展现给学生。本装置可以完成下列实验：

### （一）带电小球在水平电场中的偏转

使带电小球飞入水平方向的电场中。随着电压的升高，可以清晰地看到小球在做类平抛运动，并且电压越高偏转越剧烈。甚至可以使小球在电场中做类斜抛运动，同样，随着电压的升高可以看到偏转越来越明显（如图 1-4-10 所示）。

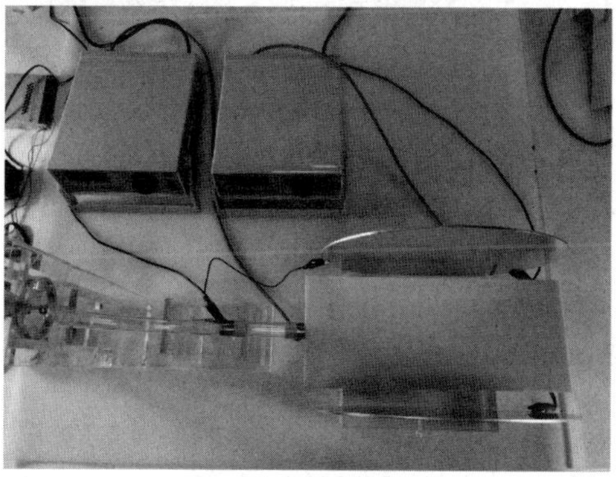

图 1-4-10

### (二) 带电小球在竖直电场中的偏转即复合场中的运动

当带电小球与下极板带同种电荷时，随着电压的升高，小球由向下偏转逐渐变为几乎水平运动，最终向上极板偏转。还可以将发射装置倾斜，使小球斜向下发出，随着电压的升高，可以看到小球仍能向上极板偏转，有助于学生理解复合场中的运动(如图 1-4-11 所示)。

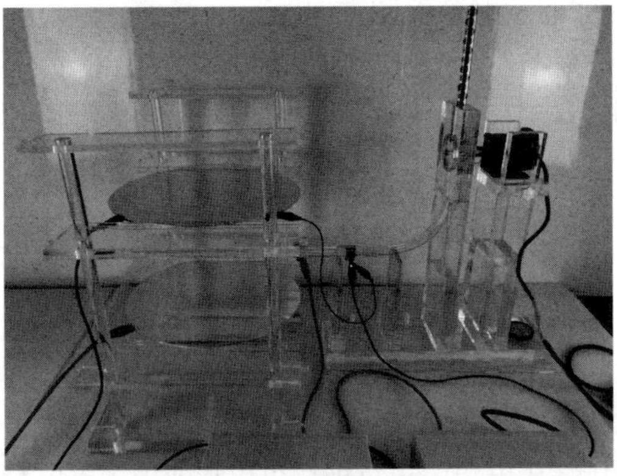

图 1-4-11

### (三) 复合场中的圆锥摆运动

通过细铜丝、滑环等装置可以使小球与下极板带同种电荷，打开电源之后，小球在竖直方向额外受到了一个向上的电场力。随着电压的增大，小球几乎可以在与悬点同一水平面内做圆周运动。电压继续增高，小球可以在悬点以上进行圆周运动。逐渐降低电压，释放电荷后，小球又恢复为普通的圆锥摆运动。该实验有助于学生理解复合场及等效重力的思想(如图 1-4-12 所示)。

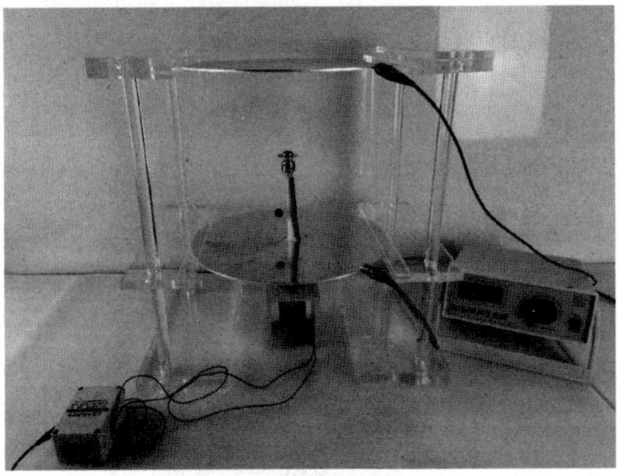

图 1-4-12

### (四) 复合场中的单摆运动

通过细铜丝使小球带电，且处于水平方向的电场中。随着电压的增大，小球会偏转到不同的角度，有助于学生理解重力场和电场的复合场。还可以从某一位置释放小球，做所谓的“歪摆”运动，有助于学生理解等效重力的思想。还可以通过改变释放的位置，展示小球所做的不同的“歪摆”运动(如图 1-4-13 所示)。

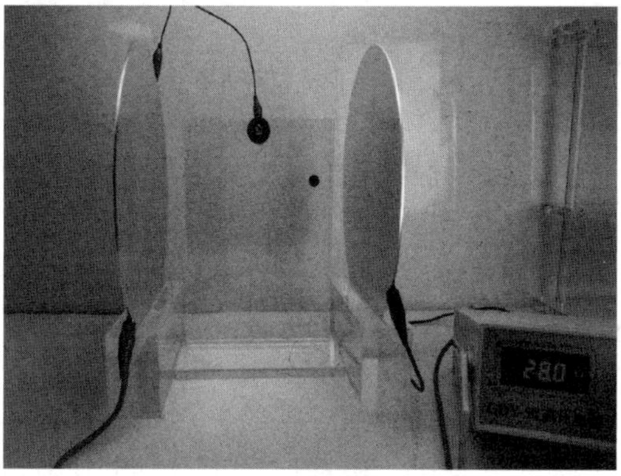


图 1-4-13

**(五) 带电小球在模拟点电荷的电场中的运动**

给两个圆柱形金属极板分别带上正负电荷，打开电源之后，可以看到小球在做沿电场线的运动，有助于学生理解点电荷的电场形式。关闭电源，释放电荷之后，小球立即停止运动(如图 1-4-14 所示)。

图 1-4-14

以上实验中，均可调节电压或极板间距，展示电场强度对带电小球运动的影响，进行更为深入的实验研究。

# 1.5 定量探究库仑定律

辽宁省鞍山市第一中学 梁 珊 蒋 鸣

## 一、教具的教学意义和价值

库仑定律的常规探究实验为“库仑扭秤”，实验原理比较复杂，高中生理解起来有难度，且实验时长较长，数据的采集和处理都比较耗时。本教具的原理和操作更加简单，数据的采集和处理更加省时。本教具的结构、材料都非常简单，制作起来也很方便，可以广泛使用。

## 二、教具装置图

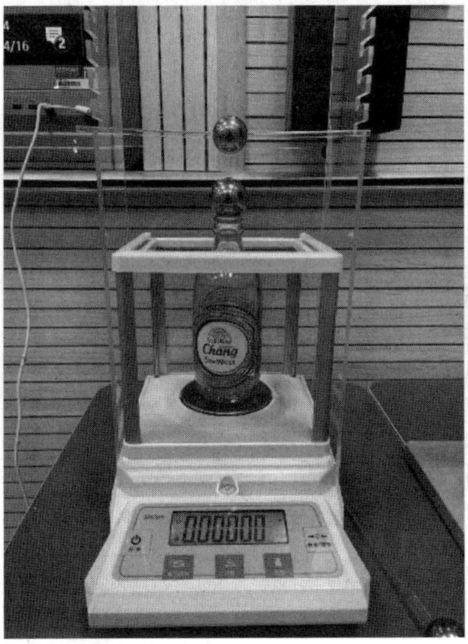

图 1-5-1

## 三、仪器特点及用途

### （一）特点

本教具利用现代高精度电子秤，使带电体间库仑力的测量更加简单形象，实验操作也更加简单省时。

### （二）用途

本教具可探究带电体间的作用力与距离的关系、带电体间的作用力与所带电荷量的关系。

## 四、制作材料

有机玻璃板、有机玻璃棒、铁球、电子秤。

## 五、制作方法

1. 测量尺寸，设计框架并制作（如图 1–5–2～图 1–5–4 所示）。

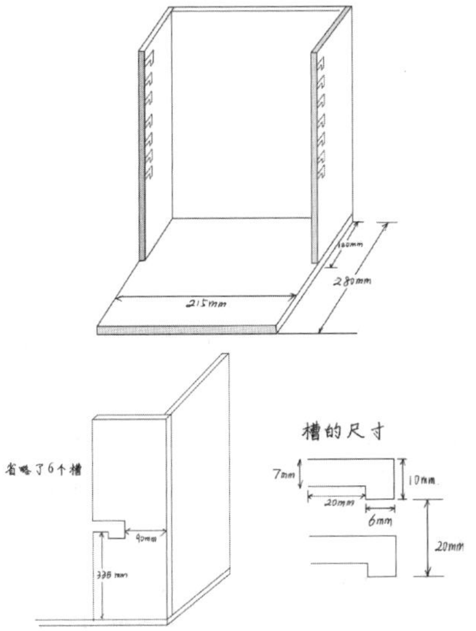


图 1–5–2　设计手稿

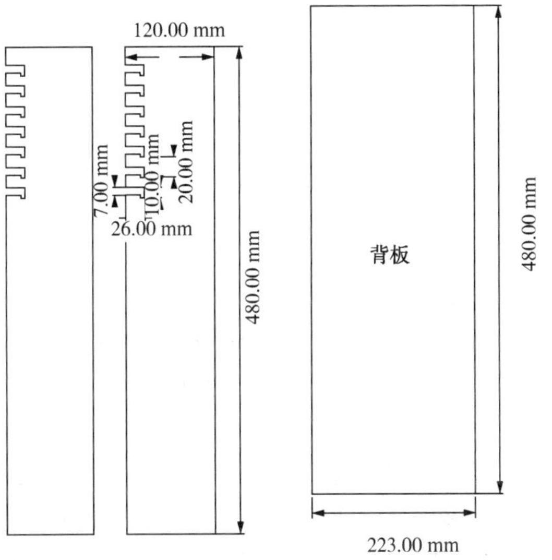


图 1–5–3

图 1–5–4

2. 准备有孔的金属小球，以及孔径一致的有机玻璃棒，将玻璃棒穿过有孔金属小球（如图 1-5-5、图 1-5-6 所示）。

图 1-5-5

图 1-5-6

3. 将框架置于电子秤上方。

## 六、使用方法

1. 将电子秤放在水平桌面上，调平。

2. 将玻璃瓶放在秤上，瓶口处放一颗金属小球。有机玻璃架放在秤的正上方，将另一个穿有金属小球的有机玻璃棒放入支架最下面的槽内。

3. 将秤调零，摇动起电机使其带电，将起电机的同一极与两个小球接触。观察到秤的示数从某一个较大值快速减小，之后减小得越来越慢，等待示数比较稳定后，记下读数。

4. 将架子上的小球向上移动，每次待秤的示数稳定后记录读数。

5. 将得到的数据用 Excel 做出图像，添加趋势线，用乘幂拟合显示公式。

6. 保持两个小球间距不变，用一个不带电的、与架上金属小球完全相同的小球与其接触后分开，观察到秤的示数减半。

# 1.6 家庭电路及触电演示板

吉林省吉林市丰满区教师进修学校 宿迎祯 陈明智

## 一、教具的教学意义和价值

该教具能全面、直观地呈现家庭电路的组成、连接及各元件的功能，突破教学中保险丝熔断现象、接地保护等重难点，还能让学生安全地进行实际操作。该教具可操作性强，现象明显、清晰，可极大激发学生的学习积极性和学习兴趣，提高学习效率，对于培养学生的核心素养、提升教师的实验设计和创新能力有一定的促进作用。通过模拟家庭电路的连接，增强学生安全用电的意识。

## 二、教具装置图

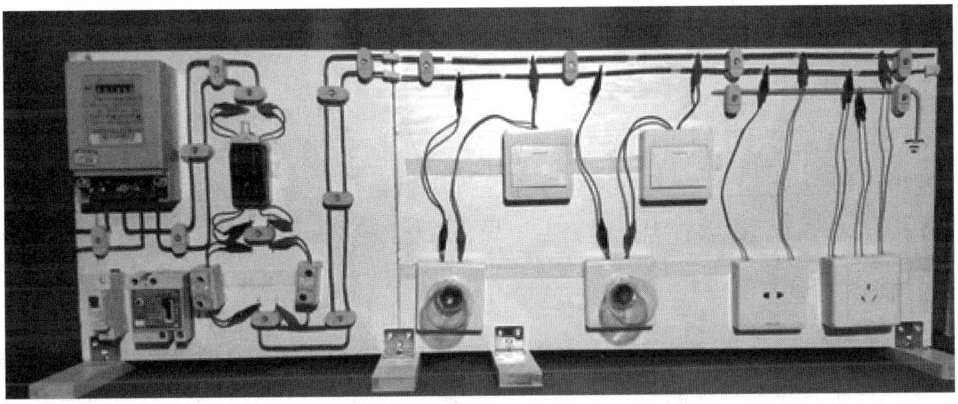

图 1-6-1

图 1-6-2

图 1-6-3

## 三、仪器特点及用途

### （一）特点

1. 家庭电路电压 220 V，实际使用过程中存在安全隐患。利用变压器，将电压由 220 V 转换为 12 V 进行操作，可以保证师生的安全。

2. 演示开关控制火线、讲解接地保护的过程，均可利用自制声光触电器进行演示。

3. 为了讲解电灯的开关必须控制火线这一重要环节，展板上采用两个并列控制开关分别控制火线、零线，使演示过程更加简单易行。通过对比，结合自制触电演示器，凸显开关控制火线的重要性。

4. 在短路保护、过载保护的演示过程中，将保险丝外置，保险丝熔断瞬间声光现象明显。

5. 利用自制电冰箱，演示三线插头、接地线的作用。对比地线接与不接的差异，使学生直观感受到接地线的必要性。

### （二）用途

1. 展示家庭电路全貌，家庭电路各元件的外形以及连接方式等。

2. 演示电灯开关控制火线的必要性，演示短路保护、过载保护、接地保护的必要性。

3. 演示触电的类型。

## 四、制作材料

40 cm×100 cm 木板 1 块，直径 2. 5 mm 铜导线 5 m，电能表，闸刀开关，保险盒，空气开关，漏电保护器，三孔、二孔插座各 1 个，灯座 2 只，开关 2 只，12 V 25 W、12 V 40 W 白炽灯各 1 只，发光二极管若干，蜂鸣器 1 只，变压器 1 只，木盒 1 个。

## 五、制作方法

1. 如图 1-6-4 所示，用瓷夹板绝缘子将火线、零线、地线固定在木板上，将电能表接在电路中，把闸刀开关、保险盒、空气开关、漏电保护器、三孔插座、二孔插座、灯座、开关的导线引出，并在一端安装鳄鱼夹。在闸刀开关、保险盒、空气开关、漏电保护器、三孔插座、二孔插座、灯座、开关的后面粘上魔术贴，在木板的相应位置粘上魔术贴。

图 1-6-4

2. 如图 1-6-5 所示，用曲线锯把木板锯成人形，将发光二极管和蜂鸣器并联在人形的背面，制成声光触电器。

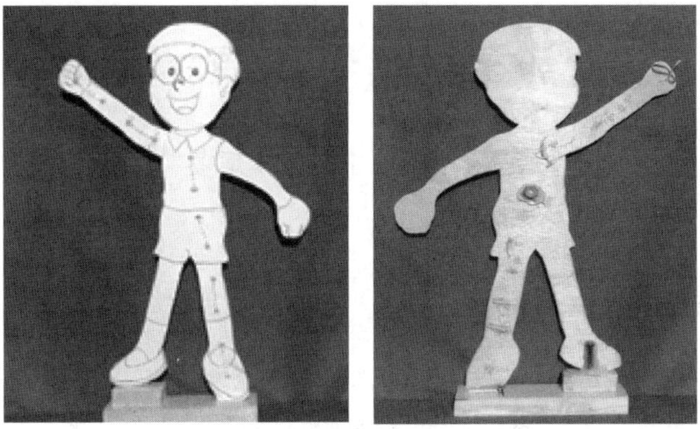

图 1-6-5

3. 如图 1-6-6 所示，用铁皮将木盒的背面包住，开孔装入电源插座，将零线、火线与发光二极管相连，金属外壳与地线相连，从火线处引出一根导线接在金属外壳上，模拟漏电事故。

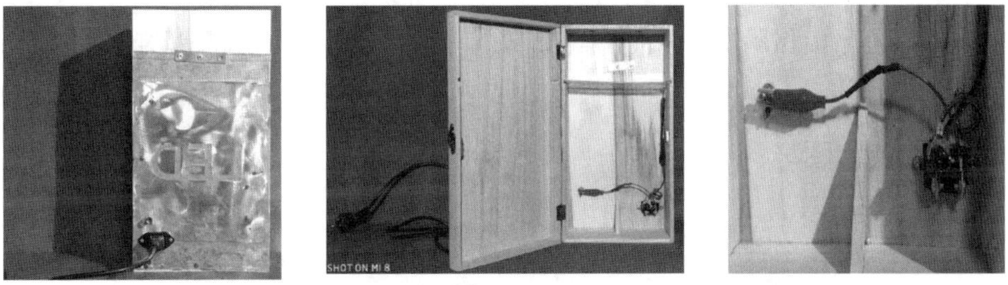


图 1-6-6

## 六、使用方法

1. 从生活实际出发，引导学生自行安装家庭电路，理解安装的顺序要求并分析每一元件的作用。

2. 用声光触电器分别接触火线、零线、地线，演示触电的类型。

3. 在连接电路时分别用开关控制火线和零线，用声光触电器触碰电灯的裸露部分，对比二者的区别，体会开关控制火线的重要性。

4. 演示保险丝的作用。把演示保险丝接入保险盒，用导线使电路短路，保险丝熔断；将大功率用电器接入电路，保险丝熔断。

5. 将自制电冰箱接入电路。不接地，模拟漏电使外壳带电，用声光触电器触碰冰箱金属外壳，发生触电；将冰箱接地，再次用声光触电器触碰金属外壳，没有触电。

# 1.7 声波干涉演示仪

上海市敬业中学 张丽琴

## 一、教具的教学意义和价值

在目前的教学中，驻波和水面波的干涉实验较为成熟，可以用来演示横波的干涉现象。为了说明干涉是所有波的特性，还需要纵波实验。声波是最常见的纵波，但生活中声波的干涉现象很少被观察到。

在以往教学中，展示声波干涉现象通常是用人耳感受声音强弱变化，要求学生在教室内走动，听不同位置的声响。课堂秩序比较混乱，且容易产生干扰实验的杂音。人耳的灵敏度有差异，不是所有学生都能感受到声音强弱的差异，所以效果不是很好。

本实验教具用声传感器代替人耳，能更精准地呈现出不同区域声音强弱的差异，让学生能“看到”声波的干涉。

## 二、教具装置图

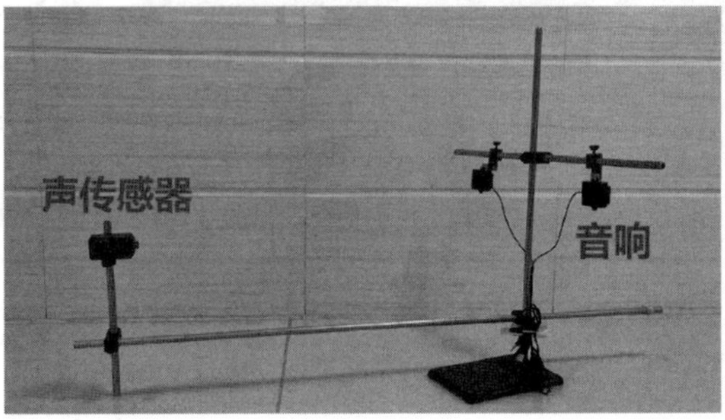


图 1-7-1

## 三、仪器特点及用途

### （一）特点

本教具利用声传感器代替人耳采集相干声波的干涉信号，并以波形图呈现出来。学生通过观察振幅，认识到加强区和减弱区相互间隔、分布稳定的特点。

### （二）用途

演示声波在三维空间的干涉现象。波源的频率为 3 kHz，两个音响的间距为 16 cm。将声传感器转动 180°，可以找到 3 个振动最强点、4 个振动最弱点（如图 1-7-2 所示），符合干涉的原理分析的结果。

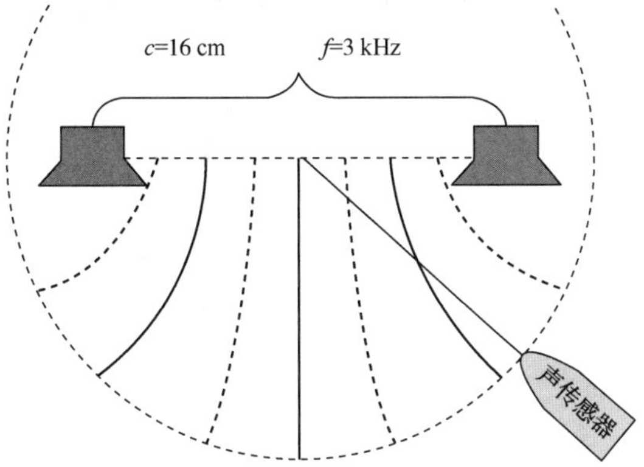


图 1-7-2

改变传感器到转动轴的距离，同样能找到以上“三强四弱”。记录下传感器沿不同半径转动时测得的最强点和最弱点的位置。将这些点依次连起来，就可以得到在同一水平面内的加强区和减弱区。现象与水面波干涉图样类似，体现了横波与纵波干涉现象共性。

改变传感器高度，在另一个水平面重复实验操作，结果亦如是。不同高度各个水平面的加强区和减弱区会构成系列双曲面，仅中垂面为平面。如图 1-7-3，画出一个加强区和两个减弱区。

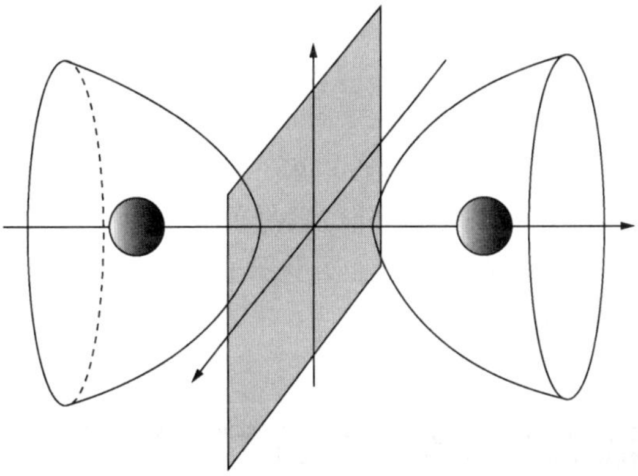

图 1-7-3

改变波源的频率或音响的间距，加强区和减弱区数量会相应发生变化。

对声波空间干涉分布图样感兴趣的学生，可以在课余时间利用这台仪器进行深入探究。

## 四、制作材料

数字化信息系统实验室(声传感器、数据采集器、计算机、“十”字转接器 3 个、A 转接器 2 个、B 转接器 2 个)，声音合成手机 App，音响 1 对，铁架台，空心铝管 3 根(长度分别为 1.2 m、0.5 m、0.3 m)，正方形有机玻璃板 1 块(边长 0.08 m)。

## 五、制作方法

1. A 转接器固定在铁架台下端，上面放一块有机玻璃板(如图 1-7-4 所示)。

2. 把长 1.2 m 的空心铝管固定在“十”字转接器一侧。另一侧穿过铁架，放置在有机玻璃板上。图 1-7-4 中左侧螺丝拧紧与横杆固定，右侧螺丝不拧紧，使横杆能在有机玻璃板上水平转动。

3. 用“十”字转接器将长 0.5 m 的空心铝管固定在铁架台上。用螺丝将 A 转接器和音响相连，再固定在铝管上。两个音响的位置应与横杆的转轴对称(如图 1-7-5 所示)。

4. 用 B 转接器将声传感器固定在长 0.3 m 的竖直空心铝管上，再用“十”字转接器与横杆固定，确保声传感器对准转轴。调节“十”字转接器高度，确保横杆水平(如图 1-7-6 所示)。

5. 音响接电源，输入端和手机相连。声传感器通过数据采集器和计算机相连。

图 1-7-4

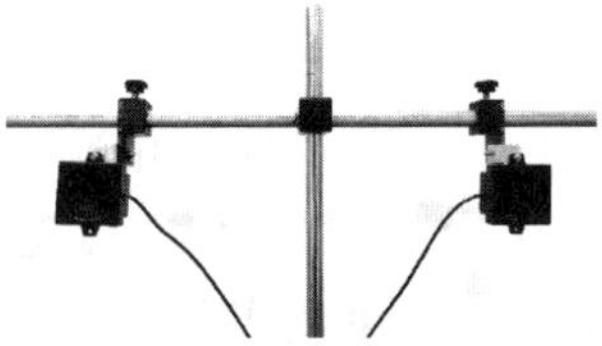

图 1-7-5

图 1-7-6

## 六、使用方法

1. 将本教具放置在水平桌面上，手机 App 软件提供单一频率的正弦信号，使音响发出相干声波。

2. 声传感器通过“十”字转接器和铝管固定在可以在水平转动 180°的横杆上。转动横杆，可以使声传感器采集到同一水平面不同位置处的两个相干波源发出的声信号。

3. 计算机以图像的形式展示传感器所在处声音的振动图像。学生通过观察不同位置处声音振幅的差异来感受到声波的干涉现象。图 1-7-7、图 1-7-8 是利用 DISLab 双屏功能同步拍摄视频的截图。

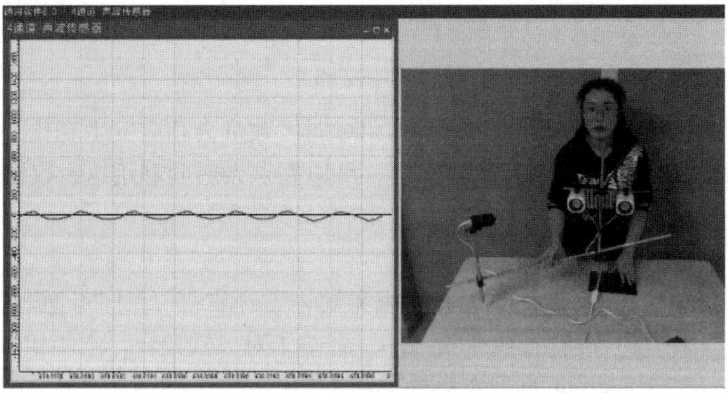

图 1-7-7　减弱区

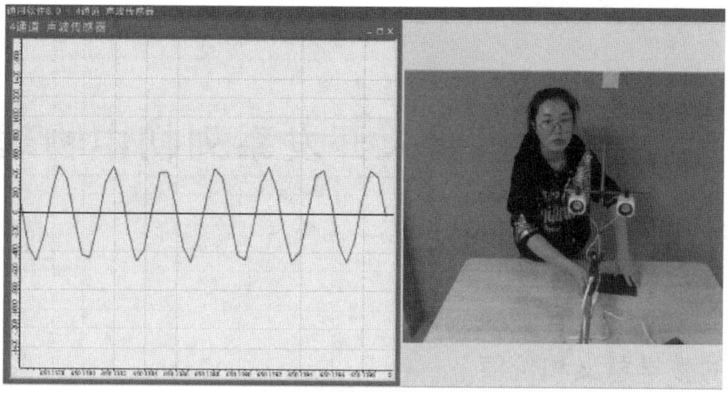


图 1-7-8 加强区

# 1.8 运用积木机器人开发系列初中物理实验

上海市园南中学 沈博维 曾玉琦

## 一、教具的教学意义和价值

本系列教具可用于上教版八年级物理“音调”“速度”“摩擦力”“热机”四节课的实验教学中。“音调”虽非考查重点，但对学生全面了解声现象，培养学生观察、比较、归纳总结问题的能力具有重要作用。相关教具通过简单而明显的实验现象，可以带学生经历从现象到本质的过程，从而深切体会到声音特征与哪些因素有关，更好地培养学生的科学探究精神。在初中物理中，运动与力也是最基础而重要的内容之一。许多实验中要求物体做匀速直线运动，在传统实验中很难实现，往往导致实验出现偏差，给学生留下错误的印象。笔者将机器人材料引入物理课堂相关知识的实验教学上，为的是解决实验中实现物体做匀速直线运动这一难点，同时也能提升学生对严谨科学探究的认识并激发学习兴趣。在“热机”的课堂中，由于汽油机等热机难以接触到，以往只能通过图片、视频和模型来进行教学，对曲轴连杆的作用、飞轮的作用以及多气缸如何协同工作等教学难点，难以实现形象的展示。笔者制作学生实验教具，分步骤引导学生进行思考、拼搭零件，从动手实践中学到物理知识。

用机器人材料制作物理实验教具，也能体现“从物理走向生活”和“物理现象就在我们身边”的特点，让学生做到学以致用。

## 二、教具装置图

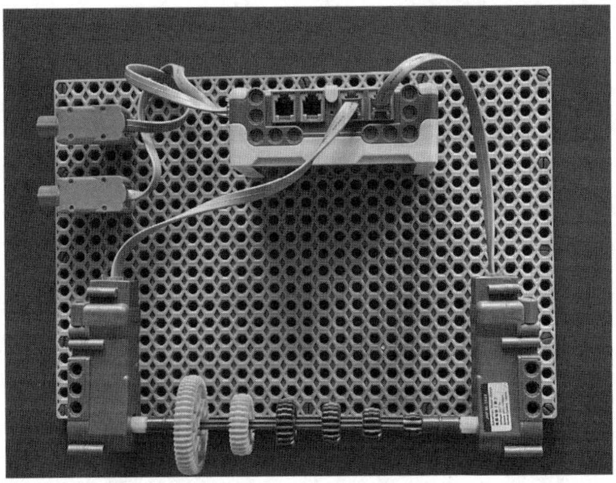

图 1-8-1 “音调”——探究音调高低与哪些因素有关

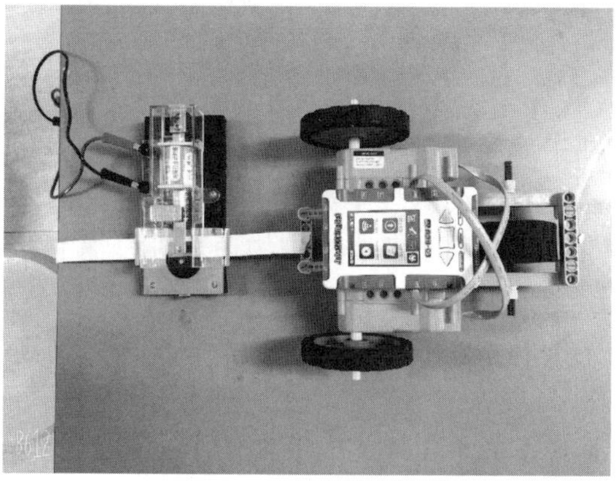

图 1-8-2 “速度”——比较物体运动快慢(教师演示器材)

图 1-8-3 “速度”——比较物体运动快慢(学生实验器材)

图 1-8-4 “摩擦力”——探究影响滑动摩擦力大小的因素(教师演示器材)

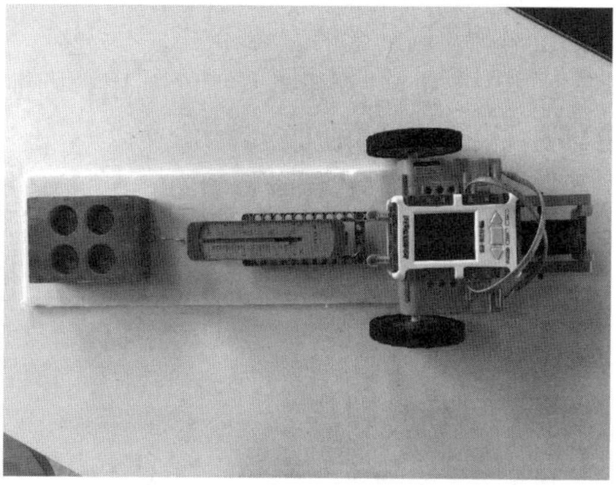

图 1-8-5 “摩擦力”——探究影响滑动摩擦力大小的因素(学生实验器材)

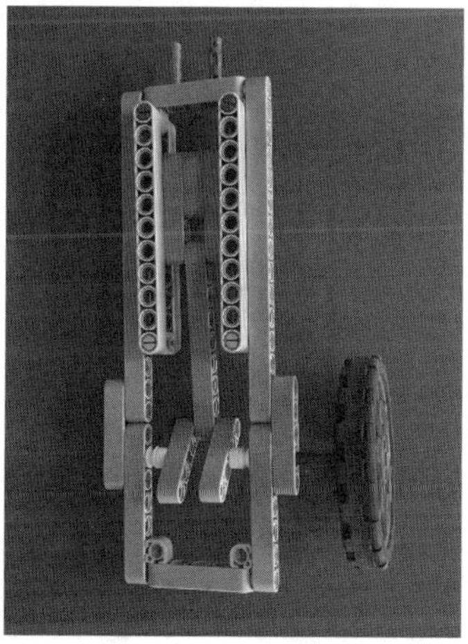

图 1-8-6 “热机”——单气缸热机模型

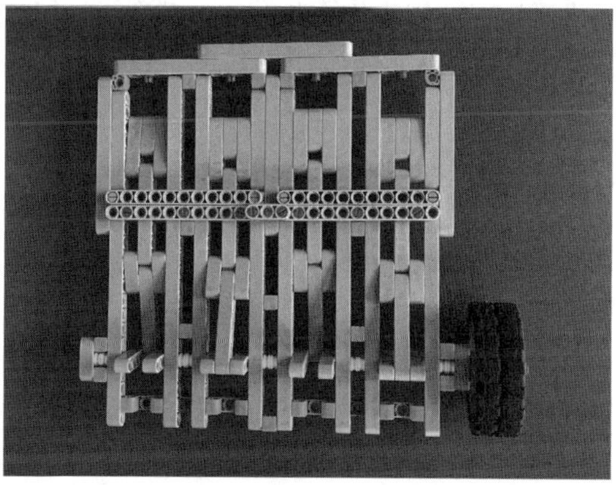

图 1-8-7 “热机”——四气缸热机模型

## 三、仪器特点及用途

### （一）特点

1. 解决了多个初中物理的教学难点：有利于形象地展示发声体音调高低与振动频率的关系；有利于解决初中物理实验中物体做匀速直线运动的教学难点；有利于解决物体所受滑动摩擦力大小与物体速度是否有关的教学难点；有利于解决初中物理热机教学中部分结构的作用难以演示、学生难以感受和体会的教学难点。

2. 机器人材料制作的模型有利于提高学生的学习兴趣，让学生感受到生活与物理的联系，学有所获、学有所思、学有所用。

3. 通过编程控制，可以解放教师的双手，更专注于引导学生进行有针对性的观察。

### （二）用途

1. 用于“音调”课堂教学中，在“探究发声体音调高低与哪些因素有关”中探究发声体振动的频率对音调的影响。

2. 用于“速度”课堂教学中，利用教师演示实验以及学生实验中完成“探究物体运动快慢与哪些因素有关”的实验教学。

3. 用于“摩擦力”课堂教学中，在“物体所受滑动摩擦力大小与哪些因素有关”中探究物体速度对物体所受滑动摩擦力的影响。

4. 用于“热机”课堂教学中，引导学生思考和体会曲轴、连杆、飞轮的结构原理和作用，配合多气缸教具实验完成压缩冲程和排气冲程的原理解释。

## 四、制作材料

机器人积木零件、E3-RCU 控制器、触碰传感器、遥控器、数字信息系统（DIS）设备（力传感器及数据采集器）。

## 五、制作方法

本系列教具设计均采用本校机器人课堂的材料制作，仅详列“音调”和“热机”的搭建步骤；“速度”和“摩擦力”中使用的教具为机器人小车，制作方法仅供参考，搭建步骤不再赘述。

### （一）“音调”

1. 用机器人积木制作教具底板（如图 1-8-8 所示）。

2. 在底板上架起支架，并在支架上固定两个马达（如图 1-8-9 所示）。

图 1-8-8

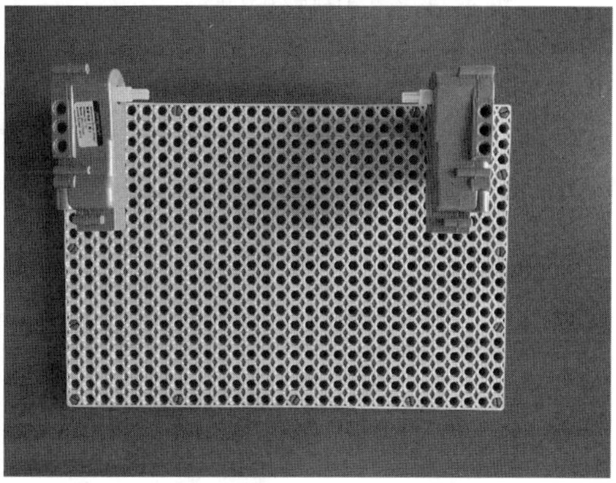

图 1-8-9

3. 将多种规格的齿轮用轴进行连接(如图 1-8-10 所示)。
4. 将用轴连接的齿轮组固定在支架上的马达之间(如图 1-8-11 所示)。

图 1-8-10

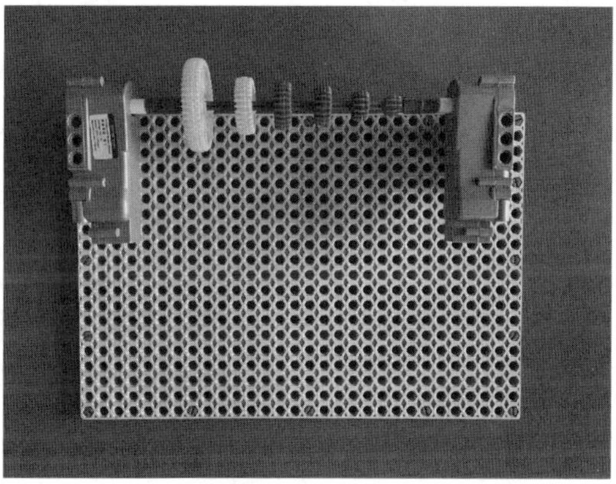

图 1-8-11

5. 用数据线将马达和控制器相连，并将控制器固定在底板上(如图 1-8-12 所示)。
6. 用数据线将触碰传感器与控制器相连(如图 1-8-13 所示)。

图 1-8-12

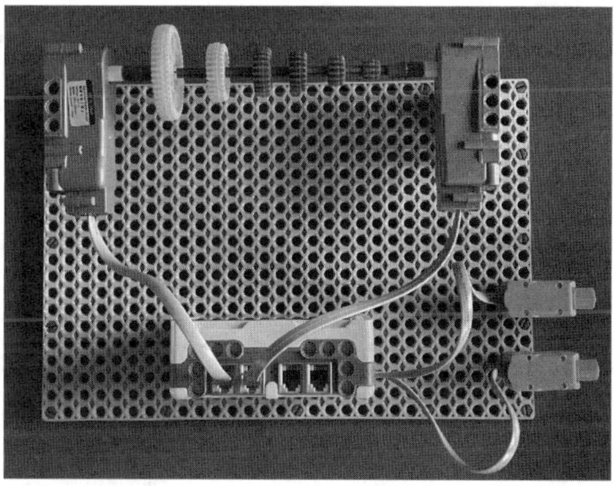

图 1-8-13

7. 编写程序，用触碰传感器来控制马达的转动和停止(如图 1-8-14 所示)。

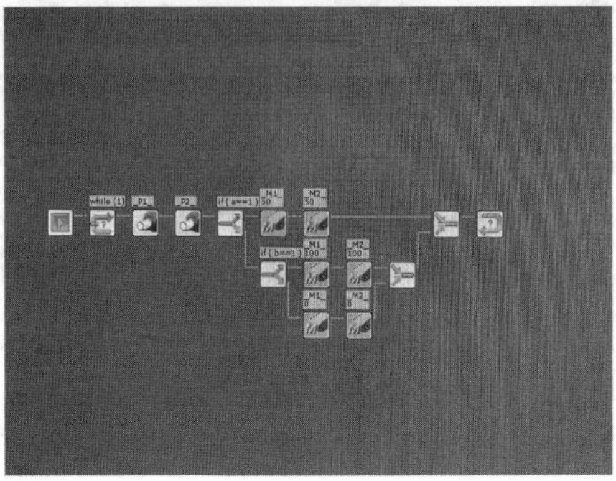

图 1-8-14

(二)“速度”(教师演示器材)

如图 1-8-15 所示。

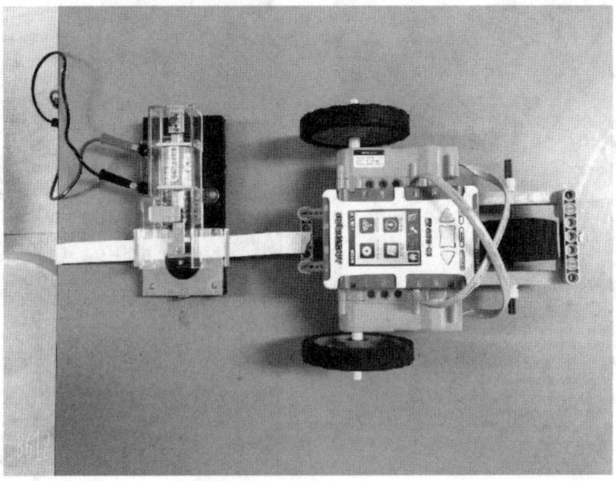

图 1-8-15

(三)“速度”(学生实验器材)

如图 1-8-16 所示。

图 1-8-16

## （四）“摩擦力”（教师演示器材）

如图 1-8-17 所示。

图 1-8-17

## （五）“摩擦力”（学生实验器材）

如图 1-8-18 所示。

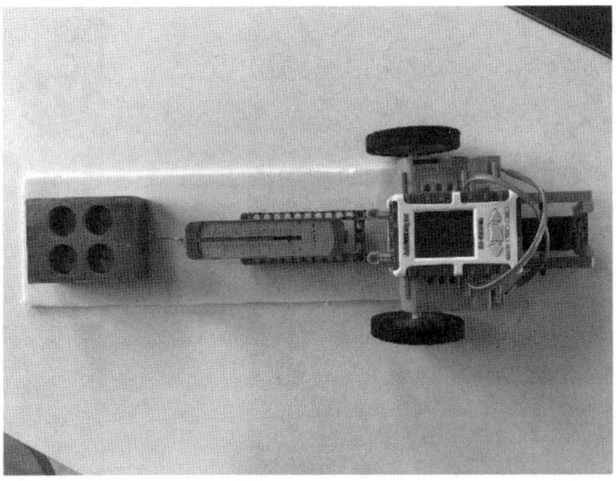

图 1-8-18

## （六）“热机”——单气缸热机模型

1. 用销（红色三格、绿色三格、红色两格、直角）、直梁（三格、五格、七格、十五格）制作气缸框架（如图 1-8-19 所示）。

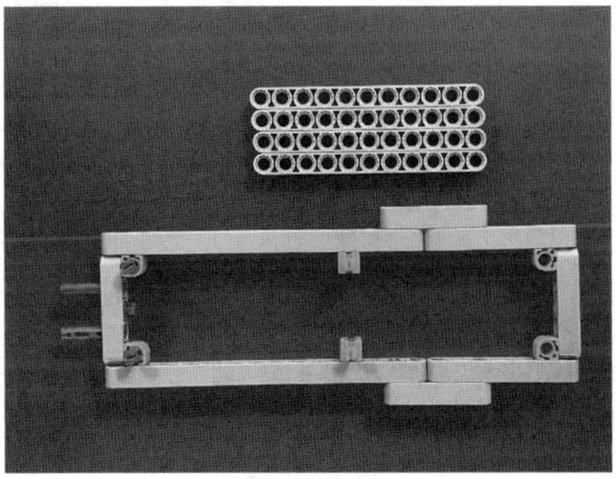

图 1-8-19

2. 用虚销(绿色两格和三格)、梁(三格和五格直梁)制作活塞，并连接连杆和曲轴(如图 1-8-20 所示)。

3. 将活塞、连杆、曲轴安装进气缸(如图 1-8-21 所示)。

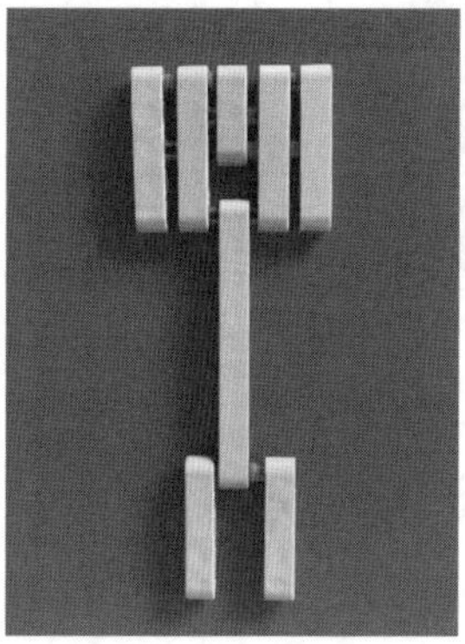

图 1-8-20

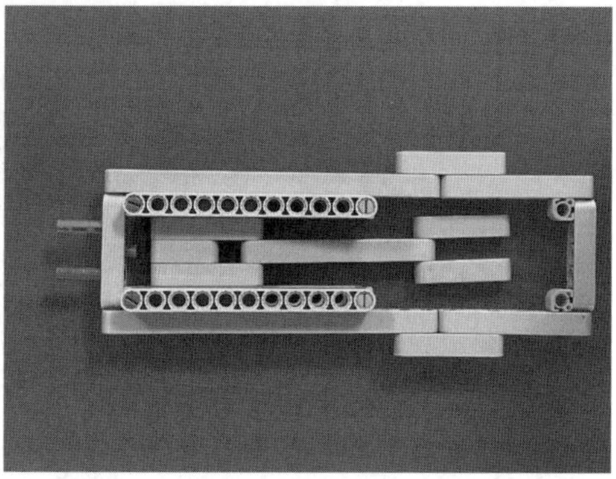

图 1-8-21

4. 用轴固定曲轴(如图 1-8-22 所示)。

5. 安装飞轮(如图 1-8-23 所示)。

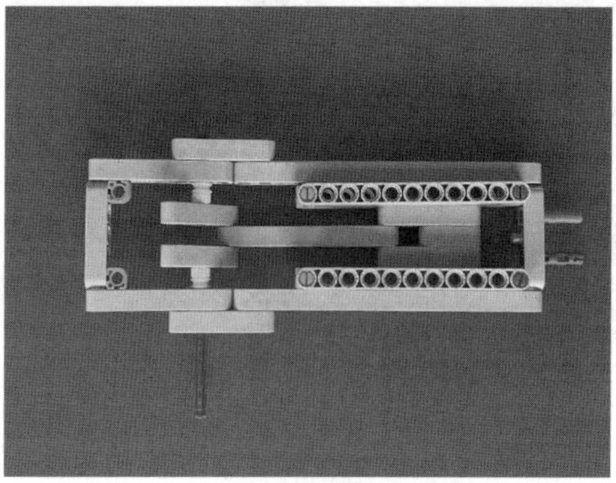

图 1-8-22

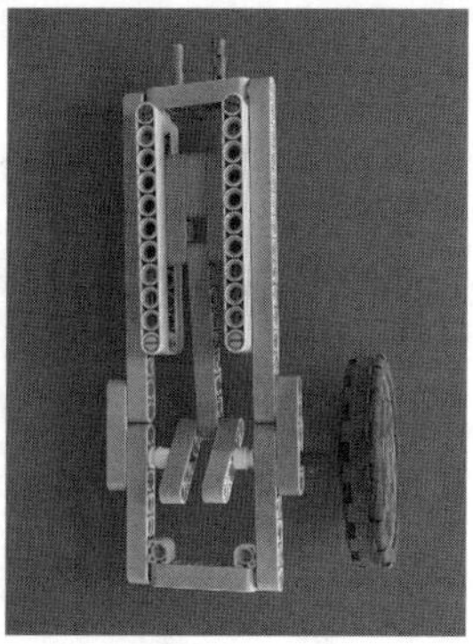

图 1-8-23

### (七)“热机”——四气缸热机模型

如图 1-8-24 所示。

图 1-8-24

## 六、使用方法

### (一)“音调”

1. 将本教具放置在水平桌面上，按动触碰传感器，马达开始转动。

2. 教师/学生用塑料尺接触任意齿轮，注意听发出声音的音调高低。

3. 用塑料尺接触不同齿轮，听音调有何不同。

4. 引导学生观察和思考塑料尺接触不同齿轮发出的声音音调与齿轮的哪个特点(如齿数)有关，从而归纳出发声体振动快慢对音调的影响。

### (二)“速度”(教师演示器材)

1. 将小车放置在水平桌面上，在打点计时器上放置好纸带并连接到机器人小车上，接通打点计时器的电源。

2. 点击控制器屏幕上的运行图标，小车开始往前做近似匀速直线运动。

3. 小车拖动纸带，打点计时器在纸带上打下点。

### (三)“速度”(学生实验器材)

1. 点击控制器上的运行图标，将两辆小车放置在地面跑道上准备起跑。

2. 同时放开小车，比较小车到达终点的用时或比较小车在某一时刻的前后位置。

### (四)“摩擦力”(教师演示器材)

1. 将力传感器安装在机器人小车上，将小车放在水平桌面上，并在力传感器的挂钩上连接小木块。

2. 点击控制器上的运行图标。

3. 通过遥控器控制小车前进、后退，以及以不同速度前进。

4. 观察屏幕上力传感器测得的力的大小。

### (五)“摩擦力”(学生实验器材)

1. 将机器人小车放在水平桌面上。

2. 点击控制器上的运行图标。

3. 观察弹簧测力计测得的力的大小。

### (六)“热机”

1. 安装连杆，引导学生思考如何让活塞向下运动。

2. 安装曲轴，引导学生思考活塞上下运动如何转化成转动。

3. 安装飞轮，引导学生思考如何让活塞持续运动。

4. 让学生观察飞轮转动，引导学生思考活塞往复运动次数与曲轴转动圈数的关系。

5. 展示四气缸热机模型，引导学生思考如何让多气缸协同工作。

# 1.9 光影平面打点计时系列实验的改进

浙江省舟山中学　徐忠岳

## 一、教具的教学意义和价值

应用光影技术，实现了对运动轨迹完全非接触式的无阻力记录，可精准展示运动的细节，突破了一系列实验难点，可广泛应用于一维和二维运动的定量实验研究。光影平面打点计时系列实验教具融合了传统打点计时器、频闪摄影技术和数字化实验的优点，既有传统打点计时器的功能(无须拍照就能看到运动轨迹)，又克服了传统打点计时器纸带牵阻的缺点，而且频率可任意调节，大大拓展了传统打点计时器的实验功能。它又有频闪摄影的功能，且无须在黑暗中进行，可利用画布上的刻度尺直接得到位移数据，能用肉眼观察到频闪效果，具有实时呈现和直接读数的特点。相比基于光电门、红外等传感器的数字化实验设备，本教具操作更加简便，现象更加直观，效率和精度更高。

## 二、教具装置图

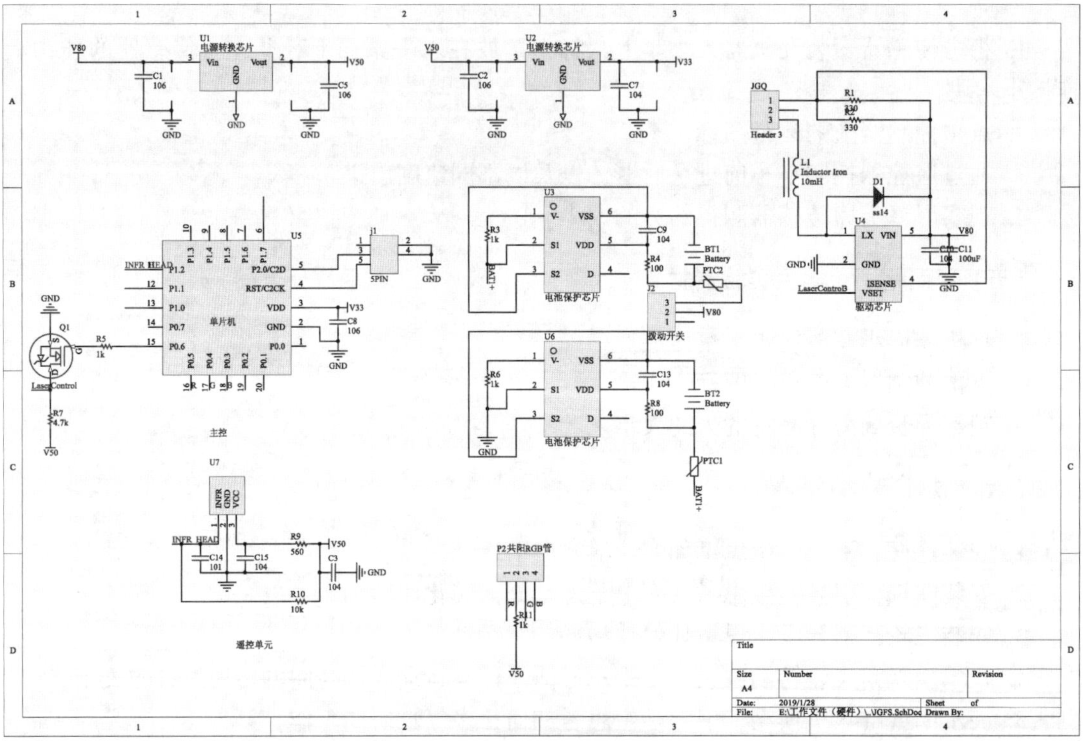


图 1-9-1　频闪光源电路图

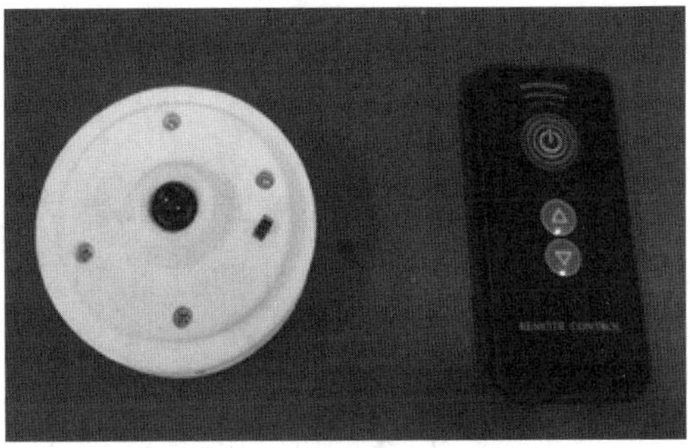

图 1-9-2 频闪光源实物图

## 三、仪器的特点及用途

### (一) 特点

1. 利用单片机制作紫外 LED 频闪光源，频率可以随意调节，且可遥控。
2. 将光影留迹和频闪紫外 LED 技术应用于运动计时，实验现象非常形象直观。
3. 结合了传统频闪摄影技术和打点计时器的优点。

### (二) 用途

可广泛应用于自由落体、平抛运动、圆周运动、运动的合成与分解、牛顿第二定律、动能定理、动量守恒等一维和二维运动规律的定量研究。

## 四、制作材料

光致变色粉[主要成分有稀土钕(Nd)-顺丁烯二酸盐、聚氧亚甲基蜜胺脲、二甲苯等]、磷光粉、香蕉水和木胶水。单片机 1 个，20 m 可调焦紫色激光模组 1 个(4 cm×1.2 cm，波长 405 nm，工作电压 3～5 V)，3.7 V 聚合物锂电池 2 块(800 mAh，蓝牙专用电池)，BD139 三极管 1 个，250 Ω 色环电阻 2 只，10 Ω 电阻 2 只(额定功率 2 W)，DC 电源座 2 只，导线，开关，等等。

## 五、制作方法

### (一) 配制感光涂料

光致变色化合物因其独特的光敏性，在光学镜片、汽车风挡玻璃、服饰和防护包装材料等方面的应用十分广泛。光致变色涂料中加入稀土元素后，产生的吸收光谱谱线很窄，特异性强，因此呈现出的颜色鲜艳纯正。稀土元素属于元素周期表中ⅢB 族，包括钪(Sc)、钇(Y)和镧系元素在内，一共 17 种元素。不同稀土元素在紫光照射下呈现出不同的颜色(如图 1-9-3 所示)。笔者采用的稀土材料中含有钕(Nd)元素，可以使点迹呈现明显的紫红色。

| La | Ce | Pr | Nd | Pm | Sm | Eu | Gd | Tb | Dy | Ho | Er | Tm | Yb | Lu |
|---|---|---|---|---|---|---|---|---|---|---|---|---|---|---|
| 无 | 无 | 苹果绿 | 紫红 | 粉红 | 黄 | 浅红 | 无 | 浅红 | 黄 | 浅黄 | 玫瑰红 | 浅绿 | 无 | 无 |

图 1-9-3　紫光照射下稀土元素的颜色

实验中发现，光致变色材料虽然有比较长的留迹时间，但是点迹不够显眼，而且需要比较大的光照强度。而磷光粉虽然留迹时间只有几秒钟，但对光照强度的要求不高，且留下的光斑非常明亮。因此，笔者将光致变色粉、磷光粉、胶水和溶剂按一定比例配制成感光涂料，发现把光致变色粉和磷光粉按 9∶1 的质量比混合效果最好，产生的点迹既明亮又持久。实验证明，材料的混合并不影响各自的感光性能；环境温度对留迹时间有一定的影响，夏季留迹时间约 90 s，冬季可达 150 s。

### （二）制作频闪光源

光源由单片机、聚光紫色激光模组、三极管、电池和开关等组成。先在计算机中编写控制 LED 闪烁的程序代码，设置好 LED 灯的频闪周期和高、低电平的时间分配。如图 1-9-4 所示，频闪光源的盒子和盒盖可以用圆形小铁盒，也可以用 3D 打印机打印，盒子直径 2.5 cm、高 2.5 cm、壁厚 2 mm。在小铁盒中打 2 个小孔，内壁衬几块厚双面胶，用来固定并保护电池和单片机。把单片机和电池等装入小铁盒中。为了便于调试，不要封死单片机上用于下载程序的针脚。电源由 2 节 3.7 V 的聚合物锂电池串联而成，电阻 $R_1 = 250\ \Omega$，$R_2 = 10\ \Omega$。为了便于充电，电池两极和 DC 电源插座并联。根据实验需要，制作 2 个闪光频率分别为 50 Hz 和 5 Hz 的频闪光源。

根据实验效果调节 LED 灯的频闪周期和高、低电平的时间分配。如图 1-9-5 所示，如果发光延时太短(如 1 ms)，LED 灯的亮度会很暗；如果发光延时太长(如 4 ms)，就会出现明显的拖尾现象。经过反复测试，在一个周期(20 ms)内，高电平延时 1.6 ms、低电平延时 18.4 ms 时，即一个周期内 LED 发光时间和熄灭时间分别为 1.6 ms 和 18.4 ms 时，频闪效果最好。

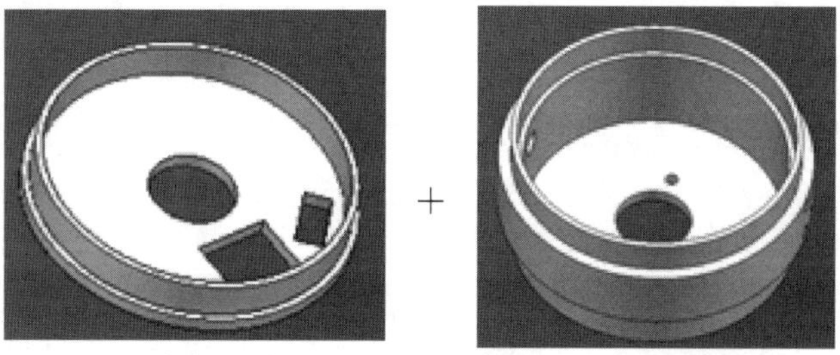


图 1-9-4　3D 打印机打印的盒盖和盒子

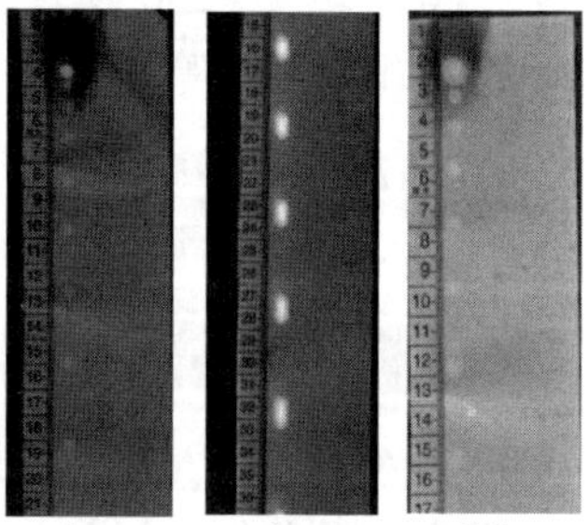


图 1-9-5　设置发光延时时间

## 六、使用方法

### （一）研究自由落体运动

1. 实验操作。

（1）相机辅助实验法。

把感光布竖直贴在电磁铁的下面。把光源吸在电磁铁下，调整 LED 灯与感光布之间的距离，使它们尽量靠近，这样可以得到较小的光斑。拍摄前先把相机设置为连拍模式。一手按下遥控器后，一手马上按下相机快门拍摄。把拍摄的照片拷贝到计算机中，挑选一张最完整、清晰的照片备用。

拍摄照片时要注意以下几点：在拍摄时最好使用三脚架固定相机，尽量保证相机镜头与被摄平面垂直，建议用长焦距拍摄，以减小视角误差和画面变形带来的空间长度测量误差。还要注意拍摄时的环境亮度。光线不能太亮，光线越亮，画布上光斑的停留时间越短。在黑暗的环境中光斑可保留 5 min 左右，但在白天室内环境中只能保留几秒钟，会影响观察效果、增大拍摄难度。光线也不能太暗，因为太暗会看不清刻度。

（2）复写法。

在感光布下依次垫一张大号双面复写纸和一张 A3 打印纸，在点迹消失之前用笔杆按压每个点迹即可在白纸上留下运动的轨迹。也可以在感光布上贴一张透明的塑料纸，在光斑褪去之前用白板笔描点。

2. 分析实验数据。

（1）记录坐标数据。

方法 1：用刻度尺获取位置坐标。可以从光斑旁边的刻度尺上直接读取位置坐标，只是需要在比较暗的环境中进行，白天须拉上窗帘。也可以从复写法得到的轨迹图中获取坐标数据，操作方法与传统纸带分析完全相同。也可以取下描好点的塑料纸，把它铺在一张坐标纸上读取各个点迹的坐标值。

方法 2：用画图软件记录数据。如图 1-9-6 所示，可以利用 Windows 自带的画图软件来读取位置数据。用画图软件打开照片，适当放大后即可直接根据照片中的刻度尺读出每个记录点的位置坐标。如果照片清晰度不够、看不清刻度，可以将鼠标移到照片上的记录点上，软件状态栏上就会以像素为单位显示记录点的水平和竖直坐标，系统默认绘图区的左上角为坐标原点。记录每个点的竖直位置坐标，录入 Excel 表格中。根据照片中两个点之间的实际距离和竖直像素之差，按比例把坐标单位转换成“米”。

方法 3：用轨迹分析软件记录数据。如图 1-9-7 所示，轨迹分析软件和 Excel 绑定，启动软件后点击“载入图片”按钮，打开图片的同时，程序会同时启动 Excel。将鼠标移到某个记录点的中心，单击“读取坐标”按钮，程序便会读取以像素为单位的纵、横坐标值，并传至同步打开的 Excel 电子表格中。采用上述方法把这些坐标数据转化为以“米”为单位的坐标值，和刻度尺上的实际坐标比对，发现两者吻合得非常好。使用轨迹分析软件可以更快捷地记录数据，大大提高了实验效率。

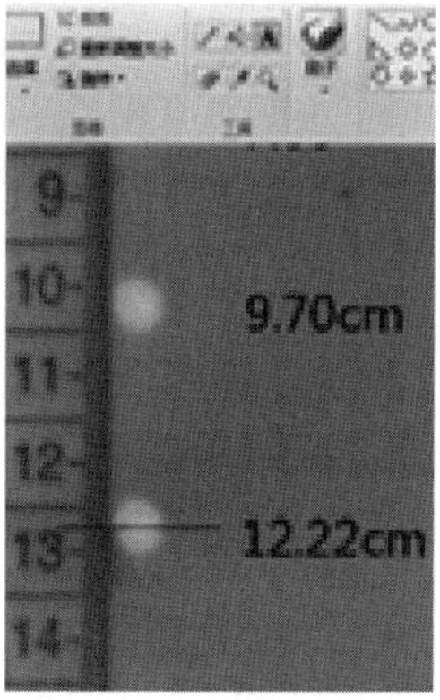


图 1-9-6　记录数据

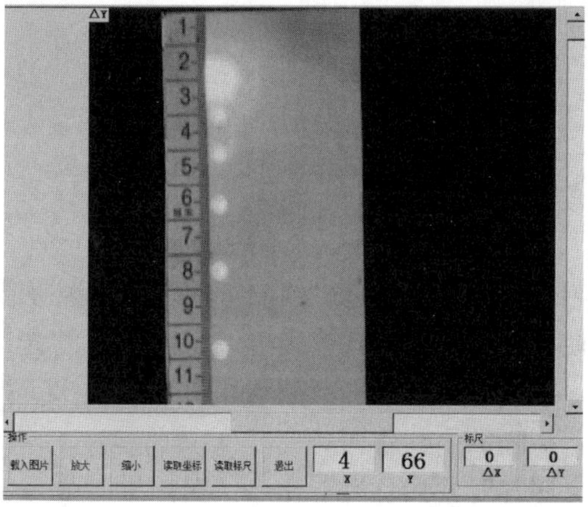


图 1-9-7　使用轨迹分析软件

（2）利用轨迹分析软件处理数据。

如表 1-9-1 所示，标尺两端的像素差为 2696，实际距离为 0.45 m。取第 5 个记录点（$y$=340 像素）为计时起点和坐标原点。把 B2、B3 和 B4 单元格中的时间依次改成 0、0.02 s 和 0.04 s，同时选中这三个单元格，自动填充序列。

表 1-9-1　数据分析

| $f_x$=0.45×(C2−340)/2696 | | | | | |
|---|---|---|---|---|---|
| | A | B | C | D | E |
| 1 | 点序号 | $t$/s | $y$/像素 | $y$/m | $v$/(m·s$^{-1}$) |
| 2 | 5 | 0.00 | 340 | 0 | — |
| 3 | 6 | 0.02 | 455 | 0.019195 | 1.051558 |
| 4 | 7 | 0.04 | 592 | 0.042062 | 1.243509 |
| 5 | 8 | 0.06 | 753 | 0.068935 | 1.439633 |
| 6 | 9 | 0.08 | 937 | 0.099648 | 1.627411 |
| 7 | 10 | 0.10 | 1143 | 0.134032 | 1.823535 |
| 8 | 11 | 0.12 | 1374 | 0.172589 | 2.019659 |
| 9 | 12 | 0.14 | 1627 | 0.214818 | 2.219955 |
| 10 | 13 | 0.16 | 1906 | 0.261387 | 2.420252 |
| 11 | 14 | 0.18 | 2207 | 0.311628 | 2.608030 |
| 12 | 15 | 0.20 | 2531 | 0.365708 | 2.816673 |
| 13 | 16 | 0.22 | 2882 | 0.424295 | — |
| 14 | | | | | |
| 15 | | | | | |
| 16 | | 标尺 | 2686 | 0.42 | |

在 D2 单元格中输入算式“0.45×(C2−340)/2696”，确定后 D2 坐标值变成 0，向下填充

即可得到每个记录点相对于坐标原点的位置坐标。

在 E3 单元格中输入算式“(D4-D2)/0.04”，确定后 E3 单元格中显示出该时刻物体的下落速度(1.051558 m/s)，向下填充即可得到其他记录点对应的速度。

根据表中“$t$/s”“$y$/m”和“$v$/(m · s$^{-1}$)”三列数据，作出位移—时间和速度—时间图像。分别用多项式拟合和线性拟合，在拟合选项中选择显示公式。如图 1-9-8 所示，舍去位移—时间函数的零次项，得到熟悉的匀加速直线运动的位移和速度表达式：$y=4.8987t^2+0.8499t$，$v=9.7923t+0.8499$。根据上述分析，得到自由落体运动确实为匀加速直线运动，当地重力加速度 $g\approx9.79$ m/s$^2$，式中的 0.8499 是物体在计时起点时的初速度。

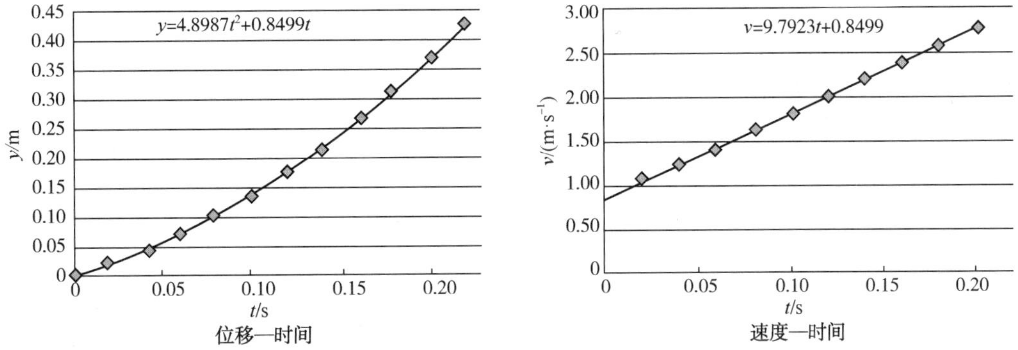


图 1-9-8 自由落体数据分析

3. 实验误差分析。

(1) 用“位置中点”代替“时间中点”对实验的影响。

偶然误差主要在于光斑中心位置的确定上，而且光斑越大中心位置越难定位。比如，一个离开坐标原点 40 cm 的长度为 7.5 mm 的光斑，坐标值的读取存在 1 mm 左右的误差，即相对误差为±0.25%。另外，由于物体下落时速度不断增加，一个亮斑几何中心的位置并非形成这个亮斑所经历时间的中点。那么在 LED 灯发光的 1.6 ms 时间内，前面 0.8 ms 和后面 0.8 ms 内发生的位移差究竟有多大呢？根据 $\Delta h=gT^2$，$\Delta h\approx9.8\ \text{m/s}^2\times(0.8\times10^{-3}\text{s})^2=6.272\times10^{-6}$ m，可见位移差只有 6 μm 左右，即光斑的几何中心只比时间中点的位置低了 3 μm左右，差别很小。另外，由于上述 3 μm 的差距是恒定的，只要在读取坐标值时，每次都把“十”字光标的中心移到光斑的中点位置，就可以排除系统误差，即相邻两个光斑几何中心之间的距离就是时间中点之间的距离。

(2) “画布没有竖直悬挂”和“拍摄画面倾斜”对实验的影响。

本实验中，感光布长 0.5 m，当与竖直方向之间的夹角为 3°时，即可用肉眼发现它出现了明显的倾斜。表 1-9-2 记录了 1°~5°的余弦值，表明实验中画布倾斜引起的高度测量相对误差不会超过 0.01%，可以忽略不计。

表 1-9-2 因画布倾斜引起的高度测量误差

| 角度 | 1° | 2° | 3° | 4° | 5° |
|---|---|---|---|---|---|
| 余弦值 | 0.999985 | 0.999938 | 0.999861 | 0.999753 | 0.999614 |
| 相对误差 | 0.000015 | 0.000062 | 0.000139 | 0.000247 | 0.000386 |

(3) 剩磁对实验的影响。

实验采用吸盘电磁铁(也叫起重式电磁铁)。它的特点是体积虽小，吸附力却非常大，并且行程很短，是本实验的理想选择。经测量，XDA-20 型吸盘式电磁铁能吸起 2.5 kg 的重物，但它却不能吸引 5 mm 外的质量约为 6 g 的 1 元硬币。但是电磁铁都有轻微剩磁，对最初 0.04 s 内物体的下落还是会有一定影响，所以分析数据时应该舍弃最前面 3 个几乎重叠在一起的光斑，系统误差对本实验的影响就可以忽略不计。

本实验的误差主要在于光斑中心位置的确定上，为了减小这一偶然误差，还须舍弃有明显拖尾的光斑。如果用高性能的单反相机进行高速连拍或抓拍，那么光斑的停留时间就不需要很长，就可以缩短程序中高电平的延时(如一个周期内的高、低电平分别延时 1.3 ms 和 18.7 ms)，从而降低拖尾程度，进一步提高实验精度。

### (二) 研究平抛运动

如图 1-9-9 所示，将电磁铁、导轨和感光布(宽 30 cm、高 50 cm，垫有双面复写纸和 A3 打印纸)用双面胶固定在黑板上。释放频闪光源，光源经过画布后马上用相机拍下轨迹图。如果没有相机和计算机，也可以用复写法得到运动轨迹。在 A3 打印纸上建立直角坐标系，测量并记录出每个点的位置坐标，随后即可进行数据分析。

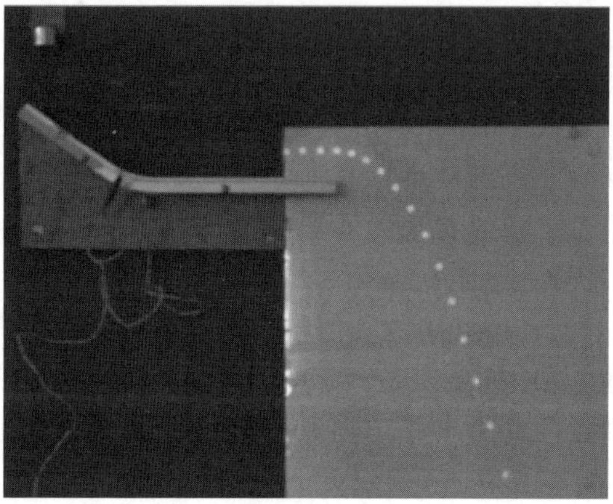

实验装置

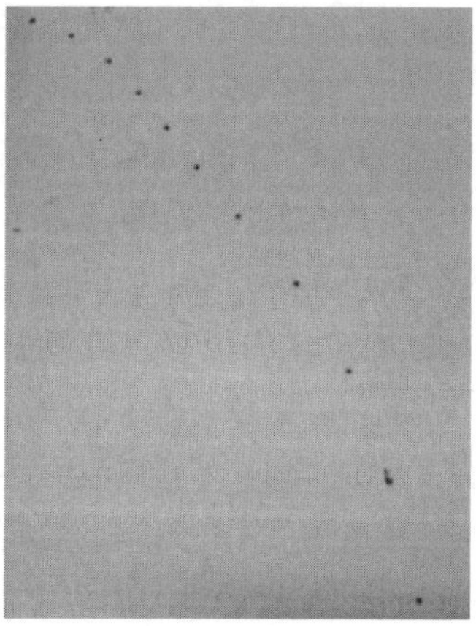

复写法得到的点迹

图 1-9-9 研究平抛运动

图 1-9-10 是利用轨迹分析软件得到的结论：在竖直方向上，$y=4.894t^2+0.0096t+0.0004$，忽略一次和零次项得 $y=4.894t^2$，所以光源在竖直方向上做 $a=g\approx 9.79\ \text{m/s}^2$ 的自由落体运动。在水平方向上，$x=0.7922t+0.0015$，忽略零次项得 $x=0.7922t$，即光源在水平方向上做初速度为 0.7922 m/s 的匀速直线运动。

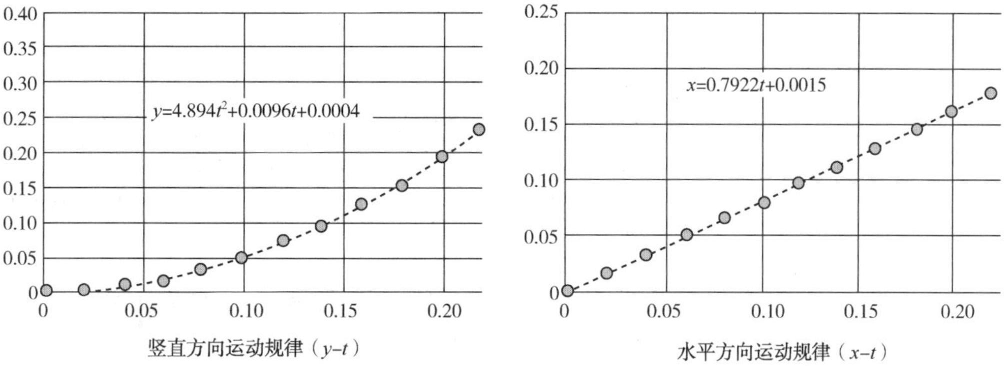


图 1-9-10 平抛运动数据分析

（三）研究单摆的运动

如图 1-9-11 所示，设定光源的闪光频率为 20 Hz，并在光源底部粘一个小螺帽。用抽屉滑轨等制作一个可升降的支架。支架上方打两个小孔用来悬挂摆绳，用一枚铁钉卡住摆绳以调节摆长。将一张感光布粘在一块平直的木板上，把木板固定在支架底部的抽屉滑轨上。

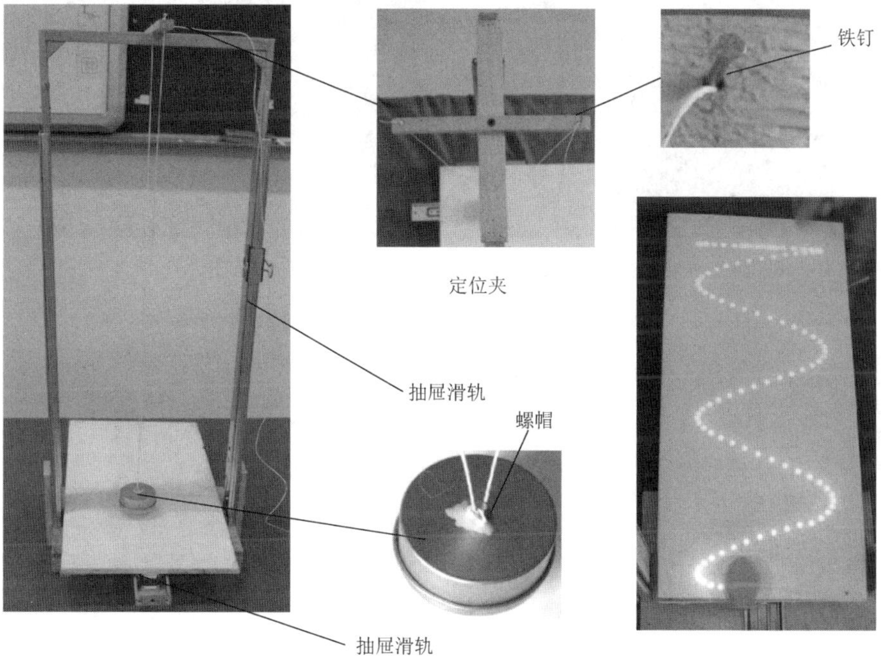


图 1-9-11 研究单摆的运动

在光源摆动的同时拖动木板，画布上就留下了单摆的振动图像。松开支架上的定位夹调节摆长，用相机拍摄不同摆长下的振动图像。数出每个图像中一个周期内的点迹个数，就可以定量研究单摆摆长与振动周期的关系。比如，摆长为 1.00 m 时，一个周期内的点迹个数为 41 个，即周期 $t=40\times0.05\ \text{s}=2.00\ \text{s}$。这种方法相比沙漏、水漏和磁迹法，更为精确、简捷和直观；相比基于光电门的 DIS 数字化实验，更为生动形象。

## （四）其他应用

光影平面打点计时器几乎可以完全取代电磁和电火花打点计时器，还可以用于定量研究牛顿第二运动定律、动量守恒、动能定理、弹簧振子和机械能守恒定律等（如图 1-9-12 所示）。因为它是二维的，可以广泛应用于演示曲线运动的条件、圆周运动中线速度和角速度的关系、二维运动的合成与分解、过山车等实验，大大提高了这些经典实验的精度与效率。

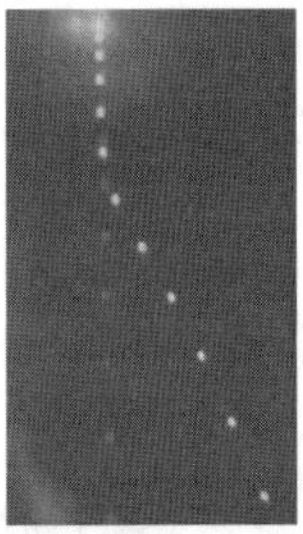

（a）曲线运动的条件

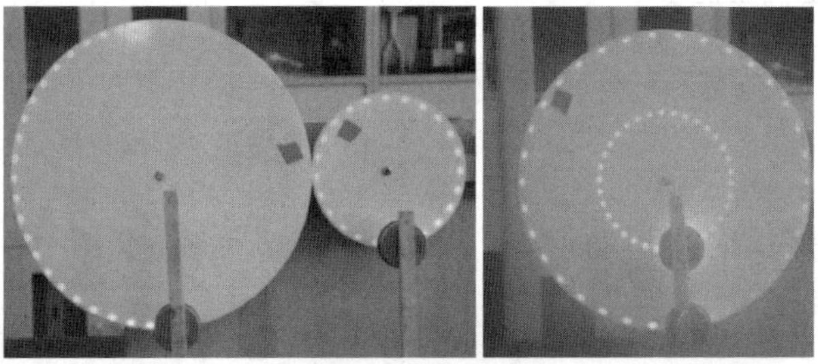

（b）线速度与角速度的关系

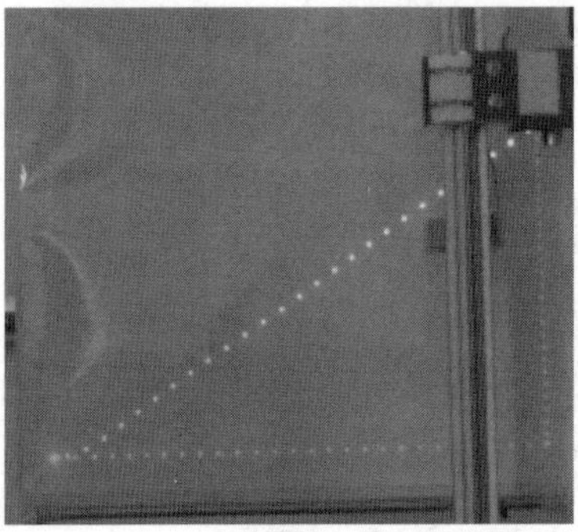

（c）二维运动的合成与分解

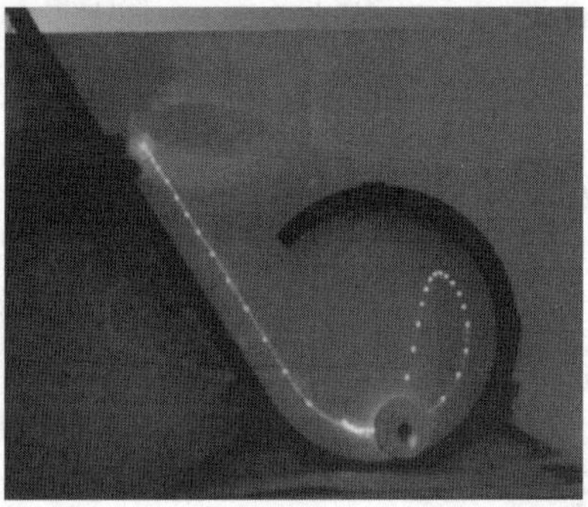

（d）过山车

**图 1-9-12　光影平面计时器的其他应用**

# 1.10 自制云室观察射线的径迹

浙江省湖州市德清县第一中学 梁振华

## 一、教具的教学意义和价值

本装置利用上端恒温加热板和底部制冷片，在温室内建立较大的温差，在短时间快速形成过饱和蒸气层，在强光的照射下可以清晰观察到带电粒子的径迹，克服了威尔逊云室操作复杂、观察时间短且无法连续工作的缺点。使用实际生活中的相关物品作为辐射源，观察射线径迹。整个装置一体化设计，操作时只需加入酒精和辐射源，一键开机后短时间内就可以观察到射线的径迹，并且可以维持长时间观察效果。

利用本装置可以让学生观察到带电粒子射线在云室中的径迹，并分析射线种类和射线在云室中径迹的特点，提高学生对原子物理的学习兴趣，揭开核物理的神秘面纱。

## 二、教具装置图

图 1-10-1 装置实物图

## 三、仪器特点及用途

### (一) 特点

本装置利用温差产生过饱和蒸气，在高温端产生酒精蒸气，在低温端将蒸气冷却到过饱和状态，带电粒子穿过过饱和酒精蒸气空间时，会将酒精蒸气凝结为液滴而被观察到。整个装置操作简单，射线径迹清晰，现象明显。

### (二) 用途

本教具主要观察 $\alpha$ 射线的径迹，也可以观察到 $\beta$ 射线和宇宙射线的径迹。

1. 当云室内放入 $\alpha$ 放射源时，可以观察到直、短、较粗的射线径迹，也可以看到细而弯曲的低速 $\beta$ 射线径迹。

2. 当云室内未放入放射源时，可以观察到一些细长射线径迹，主要是高速 $\beta$ 射线径迹和质子。

## 四、制作材料

厚度 4 mm 的黑色亚克力板、厚度 2 mm 的透明亚克力板、半导体制冷片、散热器、硅胶加热板、智能温度控制器、厚度 5 mm 的黑色铝板、机箱电源。

## 五、制作方法

1. 将半导体制冷片、散热器、黑色铝板组合成冷端(如图 1-10-2 所示)，接触面间涂上导热硅脂，半导体冷面朝上。

图 1-10-2

2. 将 4 块透明亚克力板和薄铝板黏结成长10 cm、宽10 cm、高 20 cm 的长方体云室及观察室，实验时将长方体倒扣在黑色铝板上，形成一个密闭的环境。长方形顶部薄铝板内侧贴上毛毡布用于储存酒精，薄铝板外侧贴上硅胶加热板，提高顶端酒精蒸气温度并加快酒精蒸发。加热板与智能温控模块用可插拔连接线相连，便于拿起长方体云室加注酒精和取放辐射源(如图 1-10-3 所示)。

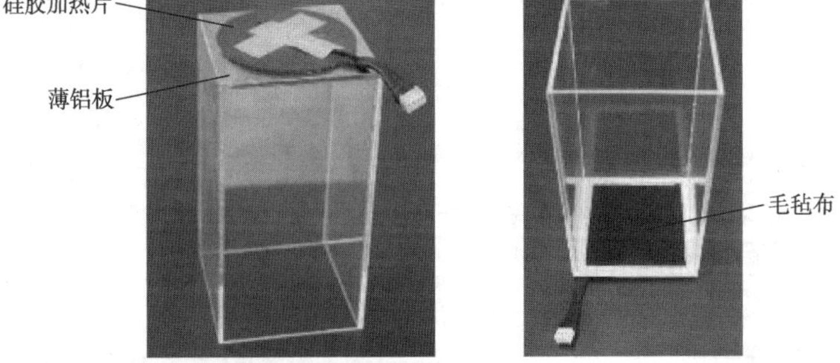


图 1-10-3

3. 使用制图软件根据装置各部分安装尺寸，制作外壳及内部支架图纸，利用激光雕刻机加工厚度 4 mm 的黑色亚克力板，制作外壳及支架，并将电源、光源、冷端等与外壳组装起来（如图 1-10-4 所示）。为了检修方便，主体采用拼插和螺丝组装。

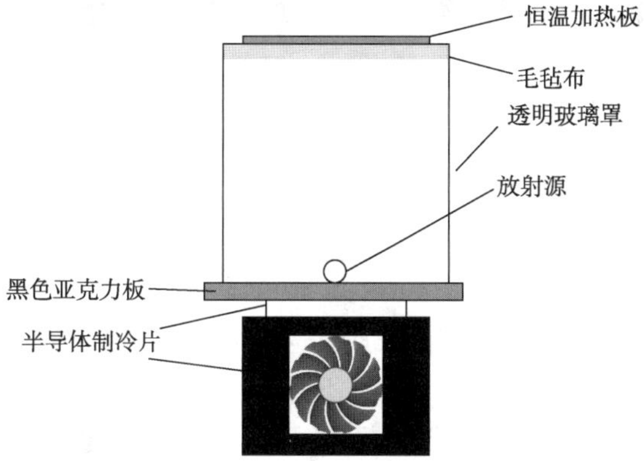


图 1-10-4　装置结构图

## 六、使用方法

1. 将装置放置在水平桌面上，拿起有机玻璃罩，在云室底部黑色铝板上涂上一层酒精液体，并在铝板中间放上辐射源（也可以不放）；在有机玻璃罩顶部的毛毡布上滴 5 mL 酒精；再将有机玻璃罩盖在云室底部铝板上，连接好加热板导线。

2. 打开电源开关，制冷片和加热板开始工作，灯光同时打开；根据室温调节加热板设定温度，一般比室温高 20 ℃左右。

3. 整个装置开始工作后 3～5 min，云室底部会形成稳定的过饱和蒸气区，云室底部附近呈现出明显的白色径迹（若云室内没有放入辐射源，可以看到质子、$\beta$ 射线和宇宙射线等的径迹）。

# 1.11 相机和人眼成像原理演示器

浙江省宁波市宁海县深甽镇初级中学　姜春杰

## 一、教具的教学意义和价值

初中科学的凸透镜成像教学中有关于凸透镜的两个应用：相机原理和人眼成像原理。普通小型相机的内部结构复杂，光路不透明，不适合展示原理，在日常教学中通常由教师口授拍照原理及方法，不会现场演示照片拍摄，学生对相机原理和照片拍摄缺乏实际体验；人眼成像原理通常用水透镜模拟晶状体调节焦距来演示，虽然效果和人眼晶状体类似，但是原理完全不同(人眼晶状体是用肌肉的收缩来控制晶状体的曲度，而水透镜是通过注水控制凸透镜的曲度)，有必要研制模拟人眼晶状体真实工作原理的教具。

本教具利用皮腔调节像距，可以有效地展示调焦过程；利用带快门的相机镜头配合拍立得相机后背可以真实进行照片拍摄，让学生获得真实的体验；用微单数码相机替代拍立得后背装到该装置中，可以演示 CMOS 感光元件拍摄数码照片的原理，相机的 HDMI 高清接口可以连接多媒体设备进行实时投影，获得更好的展示效果；利用高透明柔性硅胶透镜配合数码相机的 CMOS 感光元件模拟视网膜，可以演示人眼成像原理，相比水透镜更加接近真实人眼成像原理。

## 二、教具装置图

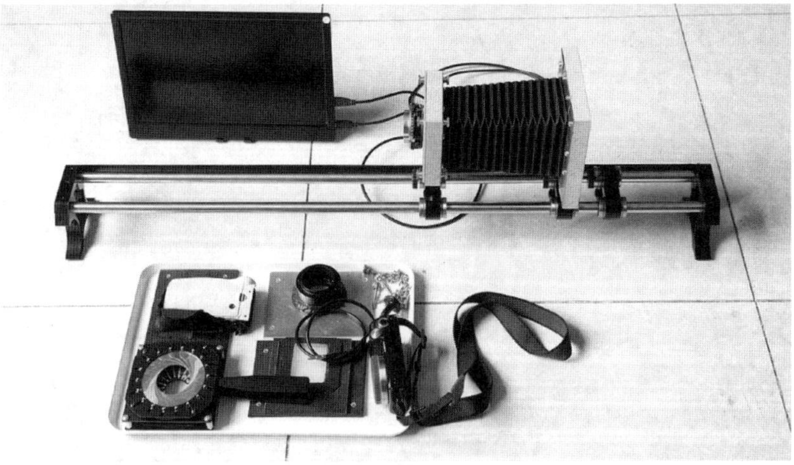

图 1-11-1

## 三、仪器特点及用途

### （一）特点

1. 本教具以装在光具座上的摄影皮腔为主体，配合各类透镜和成像组件演示相机和人眼成像原理，有助于学生将凸透镜成像原理迁移到实际应用中(如图 1-11-2 所示)。150 mm 镜头配合皮腔伸缩的调焦过程相比现代小相机的调焦过程更加形象直观，可以有效地展示相机成像原理。镜头及后背均用螺丝和螺母固定，安装和拆卸方便迅速。

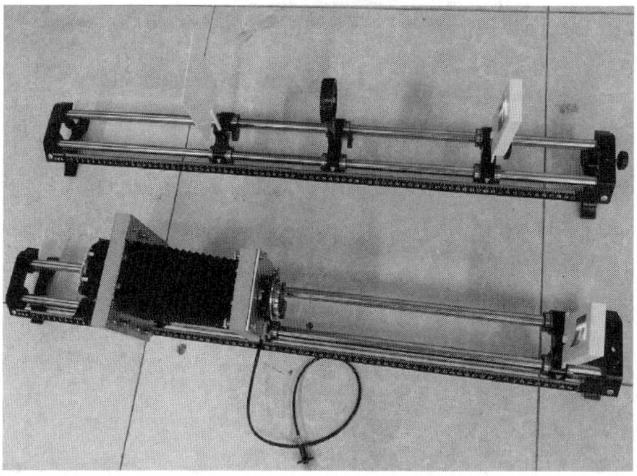

图 1-11-2

2. 将拍立得相机去掉镜头和自动控制部分，装在本装置主体上进行相片拍摄，拍摄后 3~5 分钟即可显影，可以在课堂上演示相片的拍摄(如图 1-11-3 所示)。

图 1-11-3

3. 微单数码相机装在本装置主体上，可以演示数码相片拍摄原理(如图 1-11-4 所示)。相机的 HDMI 高清视频接口可以连接到多媒体投影设备上实时显示，获得更好的展示效果。

图 1-11-4

4. 利用高透明软性硅胶(如图 1-11-5 所示)制作软性凸透镜(如图 1-11-6 所示)模拟晶状体在肌肉作用下的曲度变化，配合光阑演示瞳孔控制进光量，利用数码相机的 CMOS 感光元件模拟视网膜，再利用相机的 HDMI 高清视频信号进行多媒体投影实时显示，演示人眼成像原理。

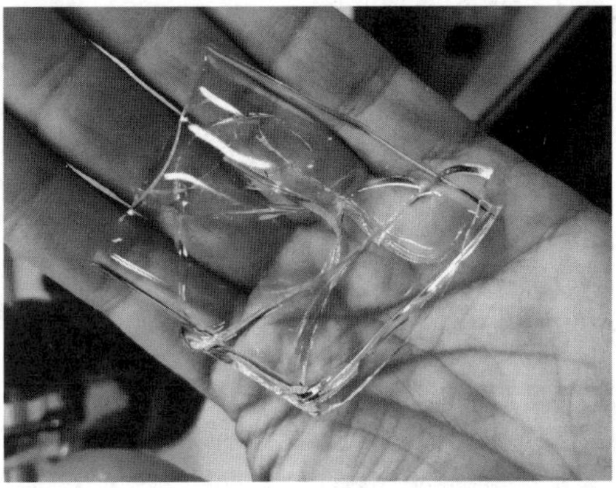

图 1-11-5

图 1-11-6

（二）用途

1. 胶片相机的成像原理演示及实际拍摄。
2. 数码相机的成像原理演示及实际拍摄。
3. 人眼成像原理演示。

## 四、制作材料

摄影皮腔 1 个，150 mm/F6.3 镜头配 0 号快门 1 个，快门线 1 根，拍立得相机 1 个，数码相机 1 个，M42 转 NEX 转接口 1 个，100 mm 光阑组件 2 个，凹透镜($d$=42 mm，$f$=−40 mm)1 个，10 cm×10 cm×2 cm 榉木 1 片，14 cm×14 cm×2 cm 榉木 1 片，14 cm×14 cm×0.5 cm 复合板 3 片，10 cm×10 cm×0.5 cm 铝板 1 片，11 cm×11 cm×0.5 cm 铝板 1 片，14 cm×14 cm×0.5 cm 铝片 1 片，2 cm×14 cm×0.5 cm 铝片 1 片，2 cm×10 cm×0.5 cm 铝片 1 片，1 mm 厚黄铜片 0.1 $m^2$，8 cm×8 cm 毛玻璃片 1 片，704B 硅胶 1 支，502 胶水 1 支，自粘黑绒布 0.25 $m^2$，

黑色亚光喷漆 500 mL，螺丝等五金杂件若干。

## 五、制作方法

### （一）摄影皮腔主体制作

10 cm×10 cm×2 cm 榉木和 14 cm×14 cm×2 cm 榉木分别挖圆孔和方孔，喷黑色亚光漆（如图 1-11-7 所示）。

在 2 cm×14 cm×0. 5 cm 铝片和 2 cm×10 cm×0. 5 cm 铝片中心开直径 3. 2 mm 孔，攻丝 4 mm，安装金属杆，再在侧位开 4 mm 孔 2 个，用 4 mm 自攻螺丝固定到榉木板上（如图 1-11-8 所示）。

图 1-11-7

图 1-11-8

用裁剪好的黄铜片将皮腔固定在图 1-11-8 所示的组件上，效果如图 1-11-9 所示。

将以上装置安装到光具座上，作为本装置的主体部分（如图 1-11-10 所示）。

图 1-11-9

图 1-11-10

### （二）镜头板制作

在 10 cm×10 cm×0. 5 cm 铝板中间开圆孔，用于装镜头，四角（距周边 4. 3 mm）开孔 4 个，以便安装到装置主体上（如图 1-11-11 所示）。

将镜头安装到铝板上（如图 1-11-12 所示）。

图 1-11-11

图 1-11-12

### （三）毛玻璃后背制作

在喷黑漆的 2 块(增加一块，使光程差与拍立得后背一致)5 mm 薄木片上开方窗，形状尺寸与拍立得相纸感光面一致，利用 704B 硅胶将毛玻璃片粘到窗口上，并在薄木片背面粘上自粘黑绒布(厚度与拍立得后背的绒布一致，防止产生光程差)(如图 1-11-13 所示)。

图 1-11-13

### （四）拍立得后背制作

拍立得相机去掉镜头及自动控制部分，留下胶片盒和卷片结构，用 704B 硅胶粘到薄木片上(如图 1-11-14 所示)。

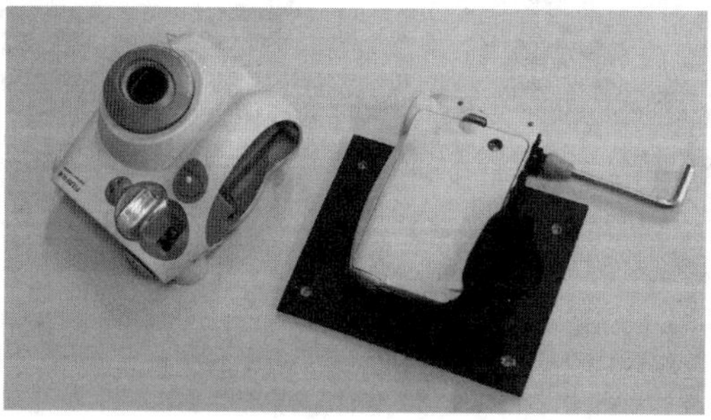

图 1-11-14

### （五）数码后背制作

在 14 cm×10 cm×0. 5 cm 铝板上开窗，开窗周边磨砂提高胶水强度；四角(距周边 4. 3 mm)开孔 4 个，以便安装到装置主体上(如图 1-11-15 所示)。

用 704B 硅胶将 M42 转 NEX 转接口粘到铝板上(如图 1-11-16 所示)。

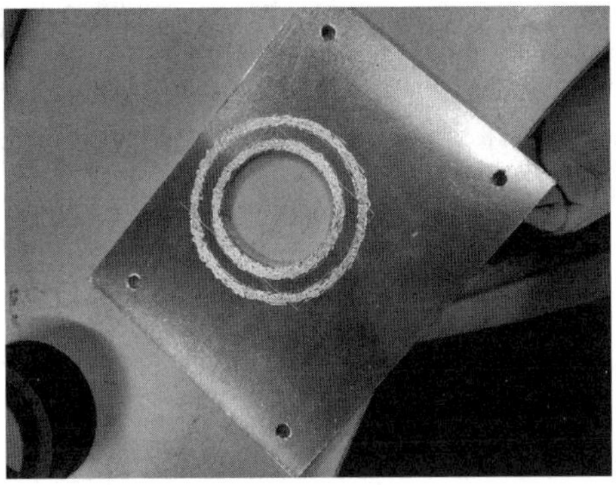

图 1-11-15

图 1-11-16

### (六) 眼球模型组件制作

将硅胶配方组分混合，调制好后倒入凹透镜($d=42$ mm，$f=-40$ mm)凹面内，再将棉线打结后一端浸入硅胶，另一端用 502 胶水固定在光阑连杆上(如图 1-11-17 所示)。

硬化后脱模(如图 1-11-18 所示)。

图 1-11-17

图 1-11-18

用螺柱将光阑和软透镜组件连接起来，用螺丝固定到铝板上(如图 1-11-19 和图 1-11-20 所示)。

图 1-11-19

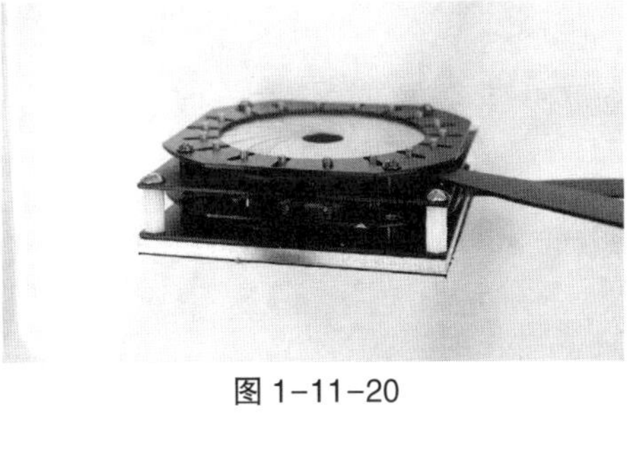

图 1-11-20

## 六、使用方法

1. 将皮腔主体安装到光具座上。

2. 用螺丝将镜头板安装到主体上并固定，光圈全开，用快门线打开 B 门，快门保持常开状态。

3. 将毛玻璃后背装到主体上，调节光具座滑块，待毛玻璃上出现清晰的像后固定。将拍立得胶片盒装到拍立得后背上，卸下毛玻璃后背，装上拍立得后背，相机 B 门关闭。拨动胶片拨杆将保护片推入卷片轴中，转动卷片轴卷出保护片。将快门与光圈调整到合适的值，按下快门拍照，拨动胶片拨杆将胶片推入卷片轴中，转动卷片轴卷出胶片。胶片静置 3~5 min 后即可显影(1 盒拍立得胶片内置 10 张胶片)。

4. 用数码相机后背替换拍立得后背，镜头板上的镜头光圈全开，用快门线打开 B 门，快门保持常开状态(数码相机内置快门，无须使用镜头快门)，即可使用数码相机拍照。用 HDMI 线连接数码相机和多媒体投影设备，可以实时显示拍摄图像。

5. 用眼球模型组件替换镜头板，用数码相机模拟视网膜，调节光阑和软透镜的曲度，演示眼球成像原理。

# 1.12 平面镜成像仪器

浙江省宁波市四眼碶中学 沙琦波

## 一、教具的教学意义和价值

该教具的平面镜由 PC 板贴上汽车贴膜制成，成像清晰，可有效避免重影现象。本教具不仅可以探究像与物相对平面镜的对称性，也能观察到镜中的像与物体在形状上的左右对称性。本教具组装简单，由三个可让固定轴转动的平面组成。侧面有量角器，便于测量两个平面之间夹角的大小。本教具不仅能探究平面镜垂直于纸面时的成像特点，还可以探究物体不与镜面平行，或物体不在镜子正前方时等多种情况下的成像特点，使得探究得到的平面镜成像特点更具普适性，并进一步拓宽了学生的视野及思维。

## 二、教具装置图

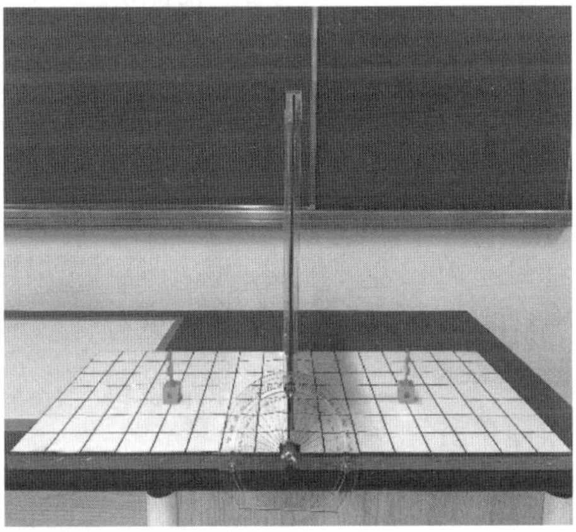

图 1-12-1 一代

图 1-12-2 二代

## 三、仪器特点及用途

### (一) 特点

1. 借助磁体和铁皮，使“F”形物体可以随意移动并固定。
2. “F”形物体左右上下都不对称，可以精准探究像和物的形状关系。
3. 利用 240°的量角器和方格纸，精准确定像和物的位置关系。
4. 薄的 PC 板和汽车贴膜，能有效避免重影现象。
5. 可折叠转动平面，多角度探究成像特点，使平面镜成像在不同条件下得出普遍共同的特点。

6. 用镜面做对比，说明玻璃板代替镜子做成像实验的优点。

7. 用PC板代替一般玻璃，厚度更小。

8. 自制三线点光源，可探究平面镜成像原理。

### （二）用途

本教具可用于平面镜成像探究实验。

## 四、制作材料

35 cm×40 cm密度板两块、方格纸、白铁皮、“F”形塑料块(内含强磁)、量角器、PC板、平面镜、三线点光源。

## 五、制作方法

第一平板和第二平板并行放置，第一平板位于平面镜的前侧，第二平板位于平面镜的后侧，转轴依次穿过第一量角器、平面镜和第二量角器。第一方格纸铺设在第一平板上，第二方格纸铺设在第二平板上，第一量角器设置在平面镜的左侧。平面镜的左端、第一平板的左端和第二平板的左端分别采用可转动方式与第一量角器连接。

量角器上设置有第一弧形滑槽，平面镜的左端通过第一蝶形螺钉固定在第一弧形滑槽内，第一平板的左端通过第二蝶形螺钉固定在第一弧形滑槽内，第一平板的右端通过第二蝶形螺钉固定在第二弧形滑槽内。该结构拆装方便，提高了使用的便捷性。

平面镜/PC板的前端面或者后端面黏上汽车贴膜，可以避免成像体成像时的重影现象，准确地判断像的位置。

成像体包括磁性底座和固定在磁性底座上的“F”形部件。第一方格纸和第一平板之间铺设有第一金属平层，第二方格纸和第二平板之间铺设有第二金属平层。该结构中，采用“F”形部件取代现有的采用棋子实现的成像部件。“F”形部件为非对称型，可以区分像和成像体的左右方向，能判断像和成像体的左右对称性，提高教学质量。“F”形部件通过磁性底座和第一金属平层或第二金属平层实现吸附固定，操作简单且稳定性强。

## 六、使用方法

1. 探究当物体与镜面平行放置，即平面镜垂直于水平面时的成像特点。先将成像物体“F”放于方格纸某一纵横线的交叉点上，可以在平面镜前方看到镜子里的像，然后将另一个“F”放在玻璃板后面的平面上，直到与虚像的位置重合，记录下像的位置和大小。经过多次实验，便可以得出此时的成像特点。

2. 探究当物体的放置不与镜面平行，平面镜与承放物体平面成任意锐角(以60°为例)时的成像特点。借助量角器调节玻璃板使之与承放物体平面成60°，再将成像物体“F”放于方格纸某一纵横线的交叉点上，看到平面镜中的虚像。用另一个“F”放在玻璃板后面的纸面上(这个“F”有磁性，可随意放)，调节第二金属平层和其上的“F”的位置，使“F”与虚像重合。此时可以根据两平面和玻璃板的夹角以及两“F”的位置，得出平面镜成像的特点。

3. 探究当物体不在镜子正前方，平面镜与承放物体平面成任意钝角(以120°为例)时的成像特点。借助量角器调节 PC 板使之与承放物体平面成 120°，再将成像物体“F”放于方格纸某一纵横线的交叉点上，看到平面镜中的虚像。用另一个“F”放在玻璃板后面的纸面上，调节第二金属平层和其上的“F”的位置，使“F”与虚像重合。此时可以根据两平面和 PC 板的夹角以及两“F”的位置，得出平面镜成像的特点。

结合以上几种情况下的成像情况，可以得出平面镜成像的特点。

另外，本教具中间的 PC 板可翻转，转过 180°即是镜子，可以用以比较镜子和 PC 板成像的不同，从而说明为什么要用玻璃板代替平面镜来找成像规律。三线点光源分别放在镜子前面和 PC 板前面，用来说明成像原理，镜子后面并没有光线。PC 板可沿中间分开，说明一块镜子变成两块时的成像情况。

# 1.13 多功能摩擦力方向演示仪

浙江省台州市仙居中学 张招财 陈见封 吴新兵

## 一、教具的教学意义和价值

通过观察尼龙丝的形变方向，直观快捷地判断小车的静止与运动状态，做直线运动与曲线运动等多种情境下的静摩擦力与滑动摩擦力方向，突破教材中摩擦力方向判断的难点，可以在高中物理多个章节使用。

## 二、教具装置图

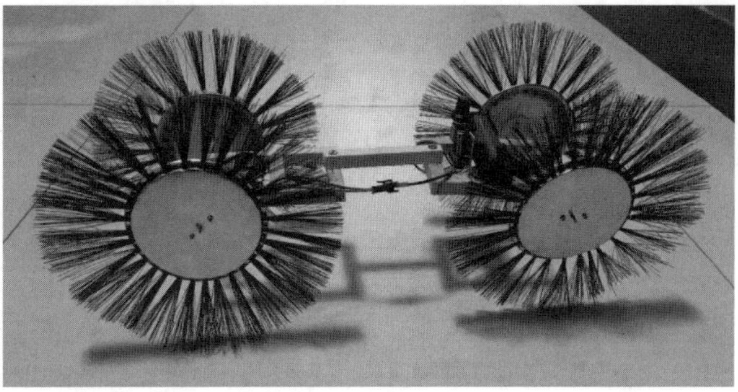

图 1-13-1

图 1-13-2

## 三、仪器特点及用途

### （一）特点

1. 摩擦力方向可视化。通过尼龙丝的形变直观地显示摩擦力的方向，现象明显，教学效果好。

2. 演示仪功能多样化。能演示静止与运动、直线与曲线运动等多种情境下的摩擦力方向，在涉及摩擦力的多个教学环节都能使用，并且更易突破教学难点。

3. 低成本，推广价值高。采用学生熟悉的材料制作，制作简易，操作方便，配合数码投影现象更加直观，适合推广。

### （二）用途

涉及判断摩擦力方向的许多高中动力学内容，都可利用本装置进行教学演示，包括静摩擦力与动摩擦力、静止与运动状态、直线与曲线运动状态等。

1. 物理必修一摩擦力方向教学：从理论上通过相对运动或相对运动趋势判断摩擦力的方向非常困难，且很难从实验角度得到即时的验证。本装置通过尼龙丝的形变能直观快速地显示摩擦力方向，降低学生的理解难度。

2. 物理必修一牛顿运动定律一章关于车前后轮受力教学时：自行车在推、骑时的前后轮摩擦力方向，汽车在前驱、后驱、四驱(前后驱)各种状态下的摩擦力方向，特别是主动轮所受摩擦力与车前进方向一致时，本装置均能演示，可以顺利突破牵引力的教学难点。

3. 物理必修二曲线运动教学：本装置可以演示，水平面内做圆周运动小车，所受摩擦力方向与速度方向有夹角，指向轨迹弯曲内侧。

## 四、制作材料

变速电机 1 个、尼龙丝若干、圆形铁片 4 个、金属转轴 2 根、小木条若干、电池(3.7 V)1 节、螺丝等。

## 五、制作方法

1. 将尼龙丝固定在圆形铁片上制成轮子。

2. 用 2 根金属轮轴连接 4 个轮子并安装在木头车架上，前后轮通过可转动的木条连接，可以起到调节方向的作用(如图 1-13-3 所示)。

3. 将变速电机通过皮带传动轮与其中一个车轴相连，将电池安装在车架上。

4. 在轮轴上安装制动螺丝(如图 1-13-4 所示)，通过松紧螺丝的方法控制车轴的摩擦力大小。

5. 修整车轮大小使车平衡。

图 1-13-3

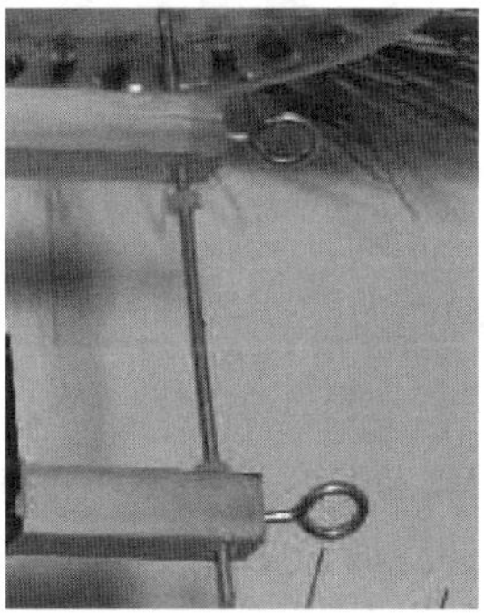

图 1-13-4

## 六、使用方法

### (一) 演示小车静止在斜面上时的静摩擦力方向

关闭电机，拧紧车轴上的螺丝增大车轴与车架间的阻力，使前后轮均处于制动状态。将制动后的小车静置于斜面上，观察尼龙丝的形变方向，判断前后轮所受静摩擦力的方向。

图 1-13-5

## （二）演示小车做水平直线运动时的摩擦力方向

完全松开主动轮车轴上的螺丝，适当松开从动轮车轴上的螺丝。启动电机，将小车置于水平面上使小车做直线运动，观察尼龙丝的形变方向，判断主动轮与从动轮所受摩擦力的方向。通过调节电机的电流方向，改变主动轮的转动方向，将车从前轮驱动变成后轮驱动，再次观察摩擦力的方向。

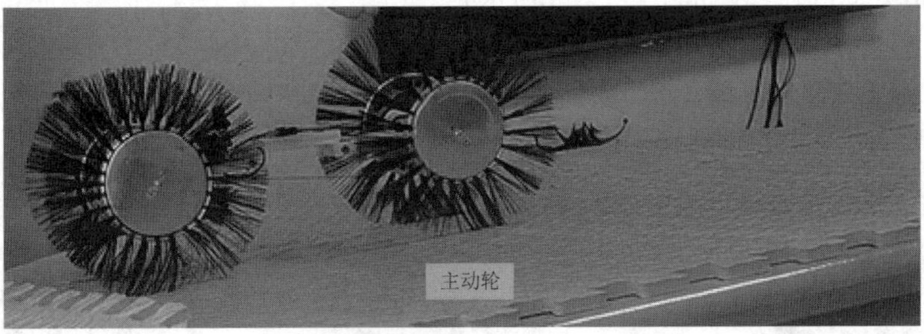


图 1-13-6

## （三）演示小车做圆周运动时的摩擦力方向

完全松开主动轮车轴上的螺丝，适当松开从动轮车轴上的螺丝。启动电机，调节转向装置，将小车置于水平面上做圆周运动，观察尼龙丝的形变方向，判断主动轮与从动轮所受摩擦力的方向。

图 1-13-7

# 1.14 做功改变物体的内能

安徽省淮北市濉溪县南坪中心学校 任 娟

## 一、教具的教学意义和价值

“做功改变物体内能的实验”是人教版九年级物理第十三章第二节“内能”的教学重点。该实验由“对物体做功，使物体内能增加”“物体对外做功，使物体内能减少”两部分组成。本教具把教材中的两个实验合二为一，通过一个装置两个步骤完成实验，既节省了实验器材，又节省了实验时间，提高了学习效率。把两个相反的过程做对比，学生更易理解知识点，可以轻松突破教学难点。

## 二、教具装置图

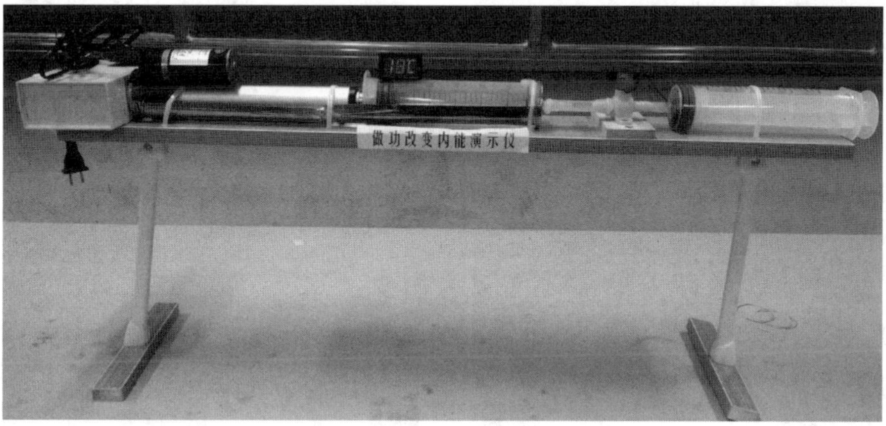


图 1-14-1

## 三、仪器的特点及用途

### (一) 特点

仪器制作简单，操作方便。

### (二) 用途

探究做功改变物体内能。

## 四、制作材料

注射器(2 个)、直通阀、数显温度计、硅胶管(2 根)、电动推杆。

## 五、制作方法

实验器材分为两部分，一是对气体做功，气体内能增大，二是气体对外做功，气体内能减少。具体制作方法如下：

1. 取一个 250 cc 的注射器，在前端开一小孔(如图 01-14-2 所示)。

2. 数显温度计探头由小孔放入，显示屏用热熔胶固定在注射器筒上方，用热熔胶封口(如图 01-14-3 所示)。

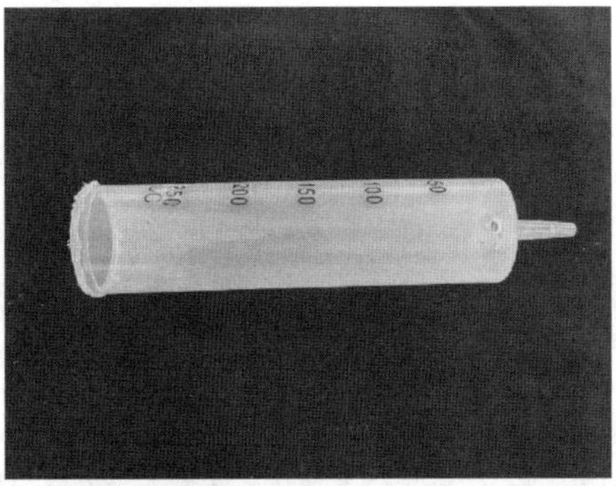

图 01-14-2

图 01-14-3

3. 锯掉注射器推杆，留下活塞头，在活塞头中央植入一螺丝(如图 01-14-4 所示)。

4. 把带有螺丝的活塞头固定在电动推杆顶端(如图 01-14-5 所示)。

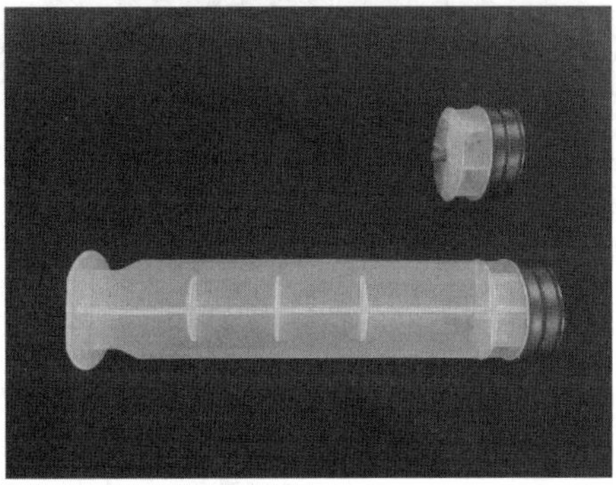

图 01-14-4

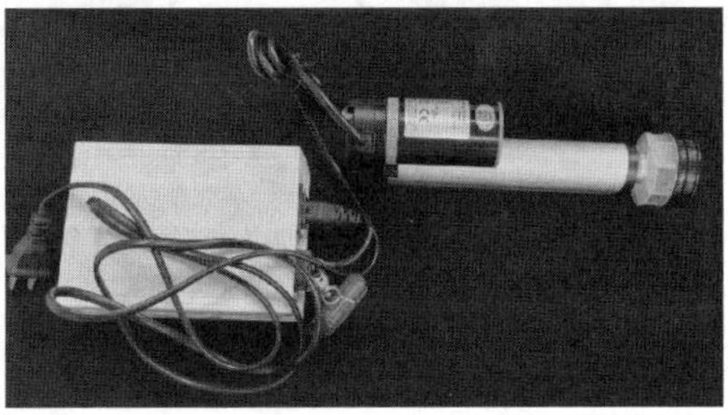

图 01-14-5

5. 将 2 个挤胶枪外壳焊接在一起，做成固定槽。

6. 带有活塞头的电动推杆插入注射器筒中，并放入固定槽中(如图 01-14-6 所示)。

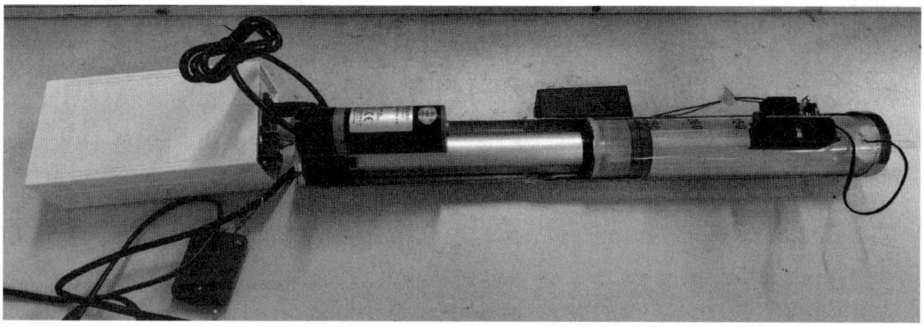

图 01-14-6

7. 用一段硅胶管把空气直通阀和注射器筒相连，并用热熔胶封住，以防漏气(如图 01-14-7 所示)。

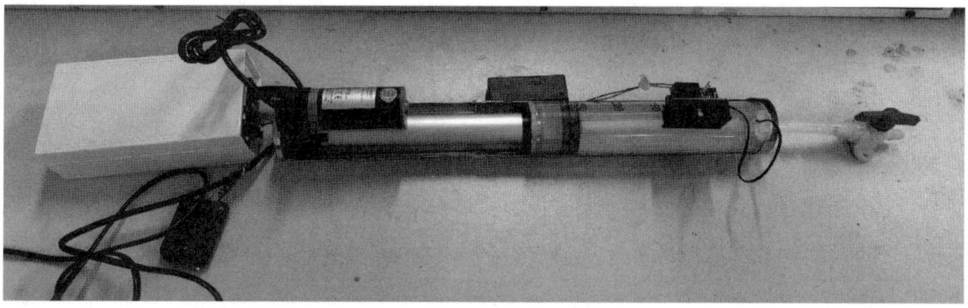

图 01-14-7

8. 在空气阀另一端用硅胶管连接另一注射器，并用热熔胶封闭(如图 01-14-8 所示)。

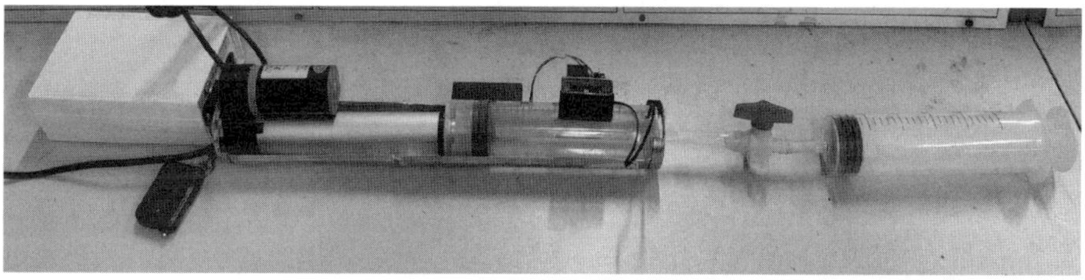

图 01-14-8

9. 组装好的器材用扎丝固定在支架上(如图 01-14-9 所示)。

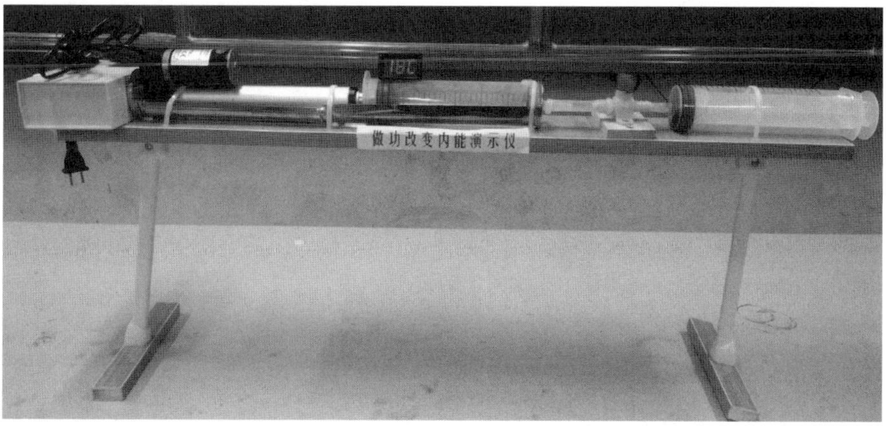


图 01-14-9

## 六、使用方法

组织学生开展“探究做功改变物体内能”分组实验。

1. 提出问题。(1)相邻两组同时启动电动推杆压缩气体时，数显温度计的示数如何变化?(2)压缩后，右边组阀门打开，左边组阀门不打开，右边的注射器活塞如何运动?相邻两组数显温度计示数变化是否相同?

2. 猜想与假设。学生根据生活经验说出自己的猜想。

3. 进行实验。学生分组进行实验，说出观察到的现象。

4. 分析实验。学生充分交流讨论：(1)压缩气体时，气体的温度升高说明了什么?(2)压缩后，阀门不打开，为什么气体的温度会下降?(3)压缩后，阀门打开，为什么气体的温度会下降得更快?

5. 得出结论。(1)对气体做功，气体内能增大。(2)气体对外做功，气体内能减小。

# 1.15 运动的合成与分解实验装置

福建省莆田市第二中学 陈剑峰 林 萍 朱志敏

## 一、教具的教学意义和价值

运动的合成与分解是高中物理的重要内容，研究对象由一维运动升级为二维运动后，学生学习时存在困难。本装置巧妙留痕，用定时继电器控制紫外激光定时照射，让涂有UVC感光变色粉的坐标板每隔相同的时间留下点迹，从而描绘出合运动的轨迹，既可以研究分位移和总位移的大小和方向关系，也可以研究速度、加速度的合成规律。利用STM32模块控制步进电机做匀速直线运动或匀加速直线运动，实验稳定性、成功率高，可探究多种运动的合成与分解。通过特殊设计的可调角度的两轨道，探究任意角度下的运动的合成，实验更灵活。本装置很好地运用了信息技术，将抽象的物理问题形象化，可以有效帮助学生摆脱思维障碍，突破教学难点，培养学生的科学探究能力、实事求是的科学态度和敢于创新的探索精神，促进学生全面发展。

## 二、教具装置图

图 1-15-1 装置整体实物图(正面)

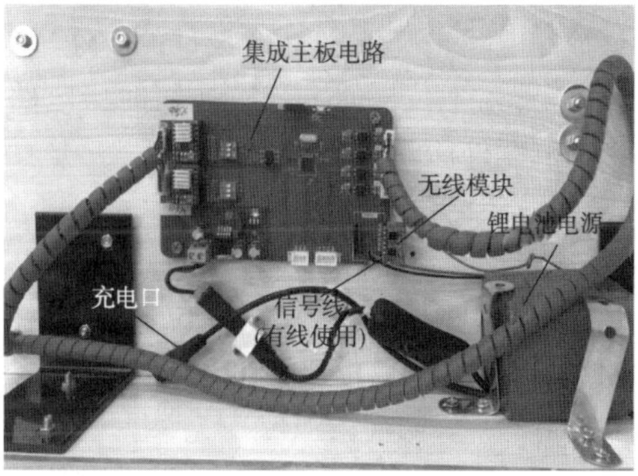


图 1-15-2 装置整体实物图(背面)

## 三、仪器特点及用途

### (一) 特点

设计可调节角度的 $X$、$Y$ 皮带传动杆作为两条独立轨道，利用STM32模块控制步进电机带动滑块做匀速直线运动或匀加速直线运动，可探究任意夹角下多种运动的合成与分解规律。利用定时继电器控制紫外激光笔，定时照射在背面涂有UVC感光变色粉的透明坐标板上，可以留下分运动与合运动的轨迹点，得到位移、速度或加速度(大小和方向)信息。

### (二) 用途

可用来探究互成直角的两匀速直线运动的合成与分解规律、成任意角的两匀速直线运动的合成与分解规律、两初速度为零的匀加速直线运动的合成与分解规律以及匀速直线运动和匀加速直线运动的合成与分解规律。轨道还可拓展应用到滑轮组，模拟平抛、运动状态下物体的惯性，模拟多普勒效应，模拟电梯超失重等实验中。

## 四、制作材料

铝合金轨道(*X* 轨 650 mm、*Y* 轨 550 mm)、42 步进电机、TB6600 步进电机驱动器、带轮滑块、限位器 4 个、YYC-2S 定时继电器控制模块、黑色有机玻璃支架、皮带、导线、STM32 F103 开发板、3D 打印的多功能支架、UVC 感光变色涂料、透明坐标板、透明有机玻璃板、电机控制软件、木板支架、不同规格螺丝等。

## 五、制作方法

### (一) 轨道制作

在铝合金轨道 *Y* 安装一滑块，用皮带连接步进电机，驱动滑块沿 *Y* 轨运动；*X* 铝合金轨道的两端固定两块长方形黑色有机玻璃，*Y* 轨整体固定在 *X* 轨的滑块上，*Y* 轨整体可沿 *X* 轨运动；*X* 轨、*Y* 轨两轨道通过双环连接，可通过调节固定螺丝来调节 *X* 轨、*Y* 轨的夹角。

### (二) 控制电路

控制电路是基于 STM32 设计的，通过上位机可设置两轨道驱动电机的速度(匀速/匀加速)；当点击上位机的“启动”按钮时，电路板信号线输出高电平，触发定时继电器循环工作，控制紫外激光笔定时工作。

### (三) 步进电机控制软件

利用 C++编写电机控制上位机软件，可勾选 *X* 轨、*Y* 轨电机运行(独立运行/同时运行)，可设置电机运行速度(匀速/匀加速)；设置快速返回键，采集好数据后滑块可快速回到 *O* 点(轨道头尾均设限位)。

## 六、使用方法

### (一) 实验方案

设置 *X* 轨、*Y* 轨步进电机的速度(匀速/匀加速)，调节 *X* 轨、*Y* 轨的夹角，采集多种情景下运动合成的实验数据，处理数据，得出结论。

### (二) 实验步骤

1. 组装好设备，打开步进电机控制软件，分别设置 *X* 轨、*Y* 轨步进电机运动的参数。

2. 单独勾选“$X$ 轨”，单击“开始运行”，让 $X$ 轨电机做匀速直线运动，采集滑块单独沿 $X$ 轨做匀速直线运动的实验数据(高速返回 $O$ 点)。

3. 单独勾选“$Y$ 轨”，单击“开始运行”，让 $Y$ 轨电机做匀速直线运动，采集滑块单独沿 $Y$ 轨做匀速直线运动的实验数据(高速返回 $O$ 点)。

4. 同时勾选“$X$ 轨”和“$Y$ 轨”，单击“开始运行”，让 $X$ 轨、$Y$ 轨电机同时做匀速直线运动，采集合运动的实验数据(高速返回 $O$ 点)。

5. 改变速度大小(匀速/匀加速直线运动)或两轨夹角进行多次实验。

6. 覆盖一层薄透明有机玻璃板进行数据处理。

# 1.16　眼球视物原理实验仪

福建省泉州中远学校　郭尧松

## 一、教具的教学意义和价值

该教具主要是针对上海科学技术出版社义务教育教科书《物理》八年级第四章第六节“神奇的眼睛”的第一部分“眼睛的视物原理”和第二部分“视力矫正”设计的。该部分内容一直缺乏实验器材，基本通过讲解和视频达成教学目标，学生很难真正理解视物原理及视力矫正的问题。首先，本教具通过改进器材，让学生通过实实在在的实验，去理解眼球的视物原理、近视远视的成因及矫正，从而更好地达成教学目标；其次，本教具还可以用于生物课堂的眼球教学及近视防控的科普教育。

## 二、教具装置图

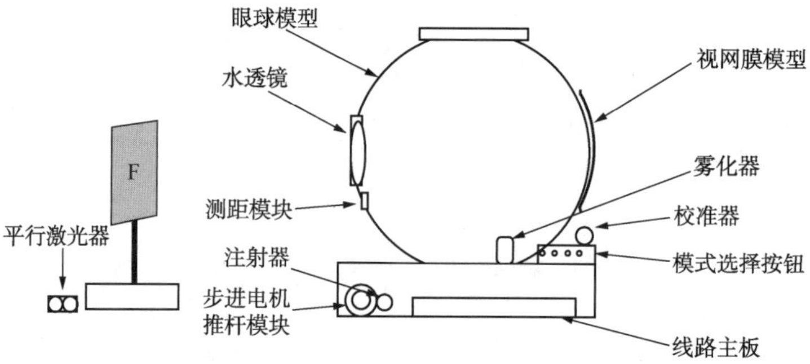


图 1-16-1

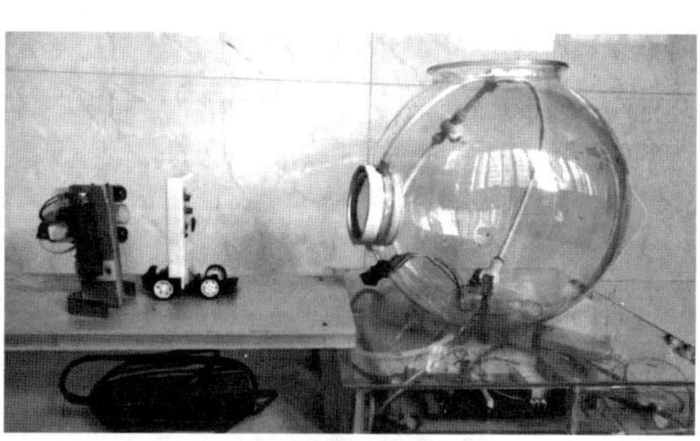

图 1-16-2

## 三、仪器特点及用途

### （一）特点

在移动物体时，可使物体的像始终自动清晰地呈现在视网膜上，真正模拟眼球成像。在探究近视远视模式下，可前后移动光屏找到像的位置，进而说明近视远视时像的位置以及近视远视的成因。平行激光束和雾化器可以反映出光线折射的路径，进而获知晶状体焦距的变化情况，从而得出眼球的视物原理。

### （二）用途

本教具可用于初中物理眼球视物原理的实验探究；还可以用于预防近视的科普教育。

## 四、制作材料

"F"形光源板、平行激光器、鱼缸、硅胶管、导线、波波球、水透镜、激光测距模块、光屏和中控底座。

## 五、制作方法

### （一）眼球模型的制作

准备 10 L 的塑料透明鱼缸(底部直径 16 cm)。在鱼缸肚的中间位置打一个直径 75 mm 的圆孔放晶状体。在圆孔正对面贴一张打湿的纸巾当作视网膜。鱼缸底部打 5 cm×5 cm 的方孔，让硅胶管和导线通过。再用木板或者亚克力板做一个底座。

### （二）晶状体模型的制作

直径 75 mm 的 PVC 管切 30 mm，在中间位置挖直径 9 mm 的孔接硅胶管。扣件用 PVC 管的直接件，两端各切 1. 5 cm。晶状体膜用波波球膜模拟，将 12 寸的波波球切成两瓣，用 PVC 管的直接件将波波球膜扣在 PVC 管上。也可以直接用 3D 打印机打印出来，再贴膜(如图 1-16-3 所示)。

图 1-16-3

### （三）F 光源的制作

F 光源上装上 3 个 50 mW 点状激光器，再安装上开关。为了移动更加顺畅，把 F 光源放到玩具小车的底座上（如图 1-16-4 所示）。

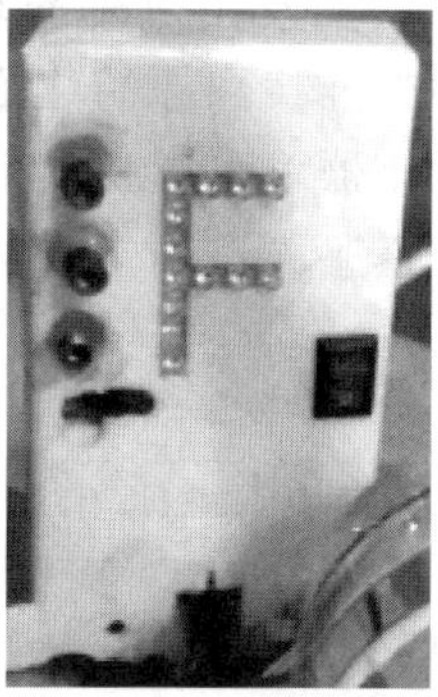

图 1-16-4

### （四）中控部分

主要由激光测距传感器、主板、可编程电动推杆、针管、雾化器、管路、校正针筒、模式选择按钮组成。激光测距模块使用的是摩天（MyAntenna）激光测距离传感器模块（如图 1-16-5 所示），L3-10 型测量距离 0.05～10 m，数据输出类型 rs485（如图 1-16-6 所示）。主板采用的是国碳 CC1140 学习型智能控制模块（如图 1-16-7 所示）。针管为 200 mL 普通针管。雾化器采用 40 W 超声波雾化器（如图 1-16-8 所示）。管路主要由内径 4 mm 的硅胶管、外径 6 mm 的净水器管、三通接头、开关组成。电源采用 24 V 直流电源。激光测距仪获取 F 光源到晶状体的距离数据，将数据传输到单片机主板，通过计算公式进行运算，算完后把数据传输给可编程电动推杆，推杆推动针筒注水或者抽水，从而改变晶状体的曲率，进而改变晶状体的焦距，使像始终清晰地呈现在视网膜上，完成成像过程。由于每次使用时都存在误差，仪器设置了校正功能。打开电源时把 F 光源放在 25 cm 远处，通过校正针筒往晶状体内注水或者抽水使视网膜上能得到清晰的像，完成一次校正。模式选择按钮设置为常规、近视、远视 3 个按钮，按下相应按钮执行相应操作。常规按钮执行正常的视物模式，近视按钮执行物体在 25 cm 以外电动推杆停止工作（离远时无法清晰成像），远视按钮执行 25 cm 以内电动推杆停止工作。

图 1-16-5

图 1-16-6

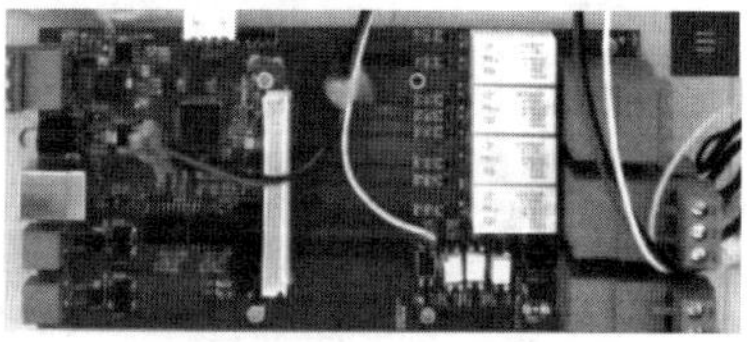

图 1-16-7

图 1-16-8

### （五）数据换算公式的推导

测量出物距为 28 cm，利用公式计算出物距和焦距的关系，再利用逐步注水法计算出注水量与焦距的关系，从而建立起注水量与焦距的关系。这些工作靠手动和观察完成。搜集大量数据后，观察到在一定范围内焦距和注水量成正比关系，建立公式，将公式编译成程序写入单片机：

```
uint32 yfun(uint16 x, uint16 Dx, uint16 Dy)
{
  uint32 val;
  val = ((((x-Dx) * 100)/Dy) * 7);
  return val;
}
uint16 CheckDistanceToRunDistance(uint8 normal, uint8 isyuns, uint16 Distance)
{
  uint16 dis = 0;
  uint8 mode;
  if(normal == 0){
    mode = 1;
  }else{
    if(isyuns == 1)
    {
      mode = 2;
    }else{
      mode = 3;
    }
  }
  if(Distance<DIS1){

  }else if(mode! =3 && Distance>=DIS1 && Distance<DIS2){
    dis = yfun(Distance, DIS1, DY1);
  }else if(mode! =2 && Distance>=DIS2 && Distance<DIS3){
    dis = yfun(Distance, DIS2, DY2)+yfun(DIS2, DIS1, DY1);
  }else if(mode! =2 && Distance>=DIS3 && Distance<DIS4){
     dis = yfun(Distance, DIS3, DY3)+yfun(DIS3, DIS2, DY2)+yfun(DIS2, DIS1,
DY1);
  }else if(mode! =2 && Distance>=DIS4 && Distance<DIS5){
     dis = yfun(Distance, DIS4, DY4)+yfun(DIS4, DIS3, DY3)+yfun(DIS3, DIS2,
DY2)+yfun(DIS2, DIS1, DY1);
  }else{
      }
```

```
    return (dis/100);
}
```

## 六、使用方法

1. 将本教具放置在水平桌面上，打开电源，模式调制正常模式，将 F 光源放置在距离晶状体 25 cm 处，打开校准针筒阀门，抽注水直至 F 光源的像清晰呈现在视网膜上，仪器校准完成。

2. 缓慢前后移动 F 光源，观察像的变化及晶状体的变化情况，并进行记录。

3. 关闭 F 光源，打开平行激光器，打开雾化器，让水雾充满眼球，前后移动平行激光器，观察平行光线汇聚点(焦点)的变化，同时观察晶状体薄厚的变化，对现象进行记录。

4. 将模式调整至近视模式，打开 F 光源，前后移动 F 光源，观察像的变化情况，并记录现象。F 光源移动到较远位置，视网膜上无法清晰呈现像，将光屏放入眼球并找到像的位置，记录位置及晶状体的情况。

5. 将模式调整至远视模式，找到像的位置并记录实验情况。

# 1.17 法拉第电磁感应定律探究装置

江西省新余市第四中学 胡 博

## 一、教具的教学意义和价值

物理学是一门实验科学，物理规律的建立离不开实验。法拉第电磁感应定律是高中物理教学的重要内容。受条件所限，传统教学往往直接给出实验结果，即法拉第电磁感应定律。从学生认知规律以及课程标准中对“科学探究”核心素养的要求来看，有必要对该部分教学内容进行改进。

“重视科学探究能力的培养和信息技术的应用”是2017年版高中物理课程标准中，为了教师在教学中更好地培养学生的核心素养而提出的四个教学建议之一。当今社会，信息技术的发展日新月异，对生活与学习的影响无处不在。将信息技术发展成果与高中物理实验教学进行融合可以解决很多以前难以解决的疑难实验问题。本装置使用控制器作为下位机进行数据采集并输送到计算机，采用程序开发软件作为上位机进行数据处理及实时显示，二者结合，既无须采购昂贵的数据采集卡等硬件设备，又解决了数据实时处理及显示、记录等难题。本装置对解决“法拉第电磁感应定律”一课教学中遇到的困难具有重要意义，同时也为中学物理实验教具的开发提供了有益的参考。

课堂教学实践表明，本装置克服了感应电动势大小难以调节和测量的困难，为定量探究电磁感应规律创造了条件，有利于学生对法拉第电磁感应定律产生更深刻的认识，也可以提升学生的“科学探究”核心素养。

本装置还说明，将控制器和程序开发软件相结合并应用于高中物理实验教学，实现自制教具的开发和实验教学方案的多样化改进，是必要且可行的。一方面，能够很好地完成许多以前难以完成或者完成效果不好的定量实验，另一方面，能够让学生更积极、主动地认识到科学技术的发展对物理学科乃至整个社会的影响。

## 二、教具装置图

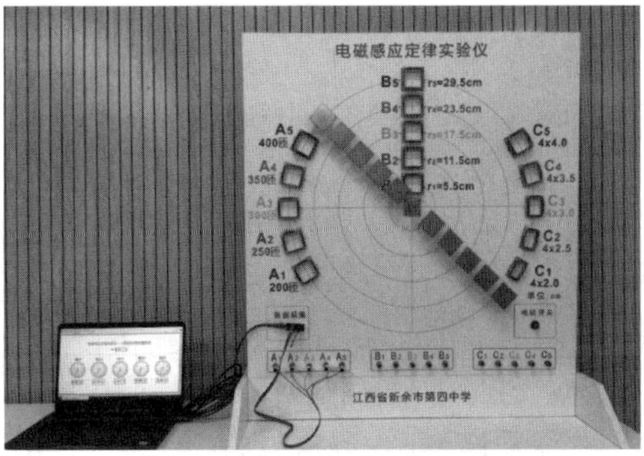


图 1-17-1

## 三、仪器特点及用途

### (一) 特点

以电机带动磁铁在线圈上方平动，产生瞬时的感应电动势，可以通过控制线圈匝数、线圈与转轴距离、线圈面积等因素来改变感应电动势的大小，从而探究感应电动势和这几个因素的定量关系。测量系统部分以控制器为下位机采集瞬时感应电动势的大小，并对数据进行初步的处理后通过串口与计算机进行通信，以程序开发软件为上位机设计了测量系统，将测量结果实时显示在计算机屏幕上。该方案克服了感应电动势大小难以调节和测量的困难，为定量探究电磁感应定律创造了条件。

### (二) 用途

本教具可定量探究法拉第电磁感应定律且误差较小。

1. 探究电动势与匝数的关系。
2. 探究电动势与磁通量变化时间的关系。
3. 探究电动势与磁通量变化量的关系。

## 四、制作材料

电机(含电机电源和开关)；长宽均为 5 mm 的薄片状钕铁硼磁铁；电脑(Windows 系统)；控制器：A、B、C 三组不同的线圈(A 组 5 个线圈均为边长 4.0 cm 的正方形线圈，匝数分别为 200 匝、250 匝、300 匝、350 匝、400 匝；B 组 5 个线圈匝数均为 300 匝，长宽均为 4.0 cm，线圈中心离转轴中心的距离分别是 5.5 cm、11.5 cm、17.5 cm、23.5 cm、29.5 cm；C 组 5 个线圈均为 300 匝，每个线圈长均为 4.0 cm，宽分别是 2.0 cm、2.5 cm、3.0 cm、3.5 cm、4.0 cm)。

## 五、制作方法

实验装置实物如图 1-17-1 所示。整个装置可分为感应电动势产生系统和感应电动势测量系统两部分，下面分别进行介绍。

### (一) 感应电动势产生系统

如图 1-17-2、图 1-17-3 所示，面板上固定有采用同种漆包线绕制而成的 3 组线圈，面板中央的电机输出轴上固定有支架，支架上对称安装有 10 片厚度均为 2 mm、长宽均为 5 mm的薄片状钕铁硼磁铁。面板右下方安装有电机电源开关。当按下开关接通电源时，电机会带动磁铁匀速平动经过这些线圈正上方，线圈中就会产生感应电动势。

A 组、C 组线圈均固定在以转轴中心为圆心的同一圆周上。A 组 5 个线圈边长相同，匝数不同，用于探究感应电动势与匝数的关系。B 组线圈匝数和面积均相同，但线圈中心离转轴中心的距离不同，安装在面板上以转轴中心为圆心的同心圆的同一条半径上，依次向外排开，磁铁转动时 5 片相同的磁铁恰好可以从 5 个线圈的正上方经过。由于磁铁经过的线速度不同，磁通量的变化时间不同，用以研究感应电动势与磁通量变化时间的关系。C

组 5 个线圈匝数相同，长度相同，但宽度不同，长边沿圆弧切线、短边沿半径方向安装，保证同一磁铁经过同一圆弧上的这些线圈时磁通量的变化量不同，但是磁通量的变化时间相同，以便探究感应电动势与磁通量变化量的关系。

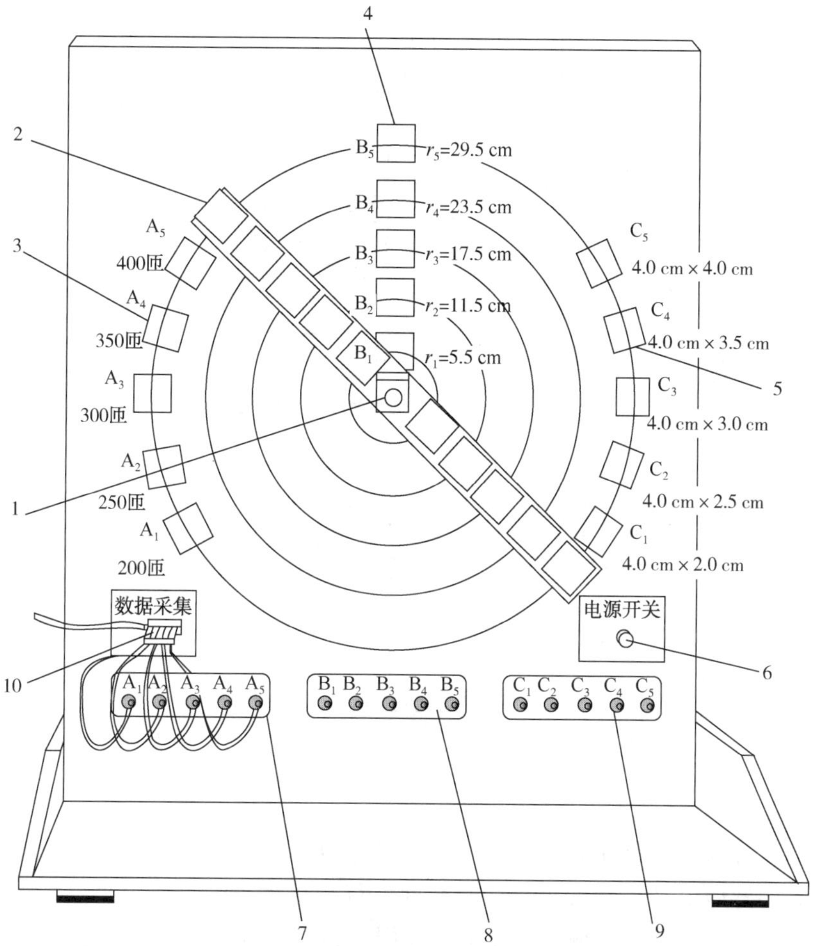


1—电机转轴；2—磁铁；3—A 组线圈；4—B 组线圈；5—C 组线圈；6—电机电源开关；7—A 组线圈接线端；8—B 组线圈接线端；9—C 组线圈接线端；10—控制器。

图 1-17-2

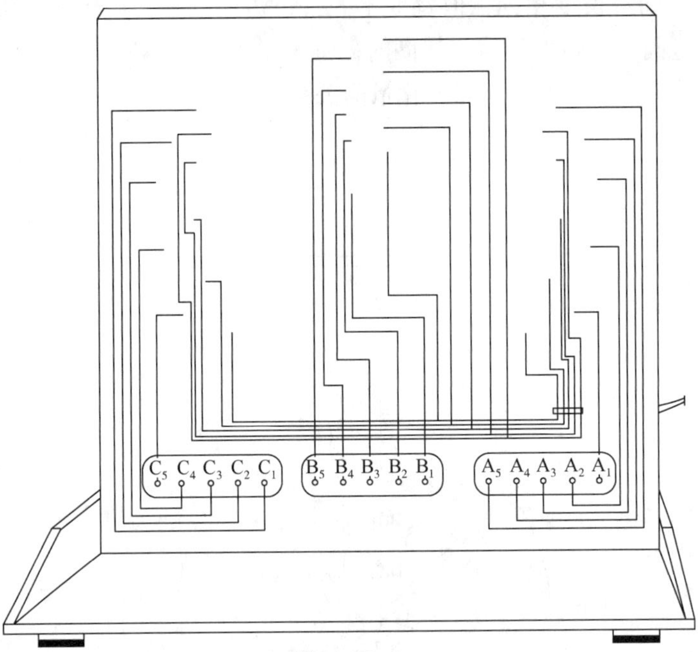


图 1-17-3

## (二) 感应电动势测量系统

测量系统以控制器为下位机采集数据，通过上位机实时显示测量结果(如图 1-17-4 所示)。

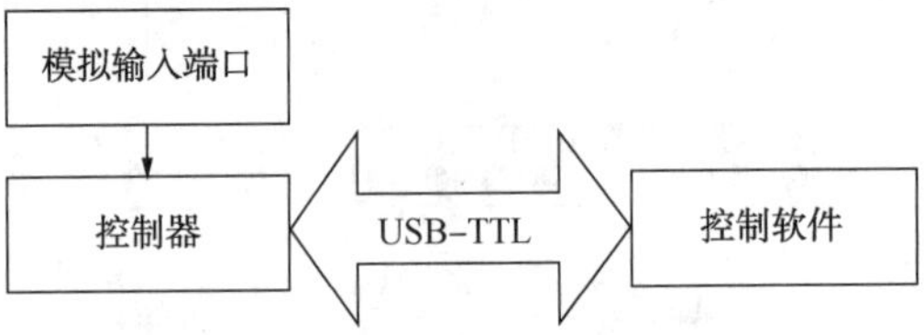


图 1-17-4

首先使用软件编写程序并上传到控制器，使用 A0～A4 共 5 个模拟输入端口实时采集同一组 5 个线圈的感应电动势的大小，并对数据进行初步处理。采用串口通信的方式，在获得计算机的请求后，将数据传输至计算机。使用时只需将线圈导线一头接入控制器的 GND 端口(公共端)，另一头按照对应关系依次接到控制器的 A0～A4 端口(模拟输入端口)。程序部分主要采用 CASE 结构来响应上位机的请求并返回相应端口的数据。

图 1-17-5 控制器

在计算机上使用程序开发软件作为上位机，借助插件与控制器进行串口通信，获得控制器测量到的数据，同时设置好前面板用来实时显示测量到的 5 个线圈的感应电动势的大小。程序开发软件前面板如图 1-17-6 所示，程序开发软件程序框如图 1-17-7 所示。

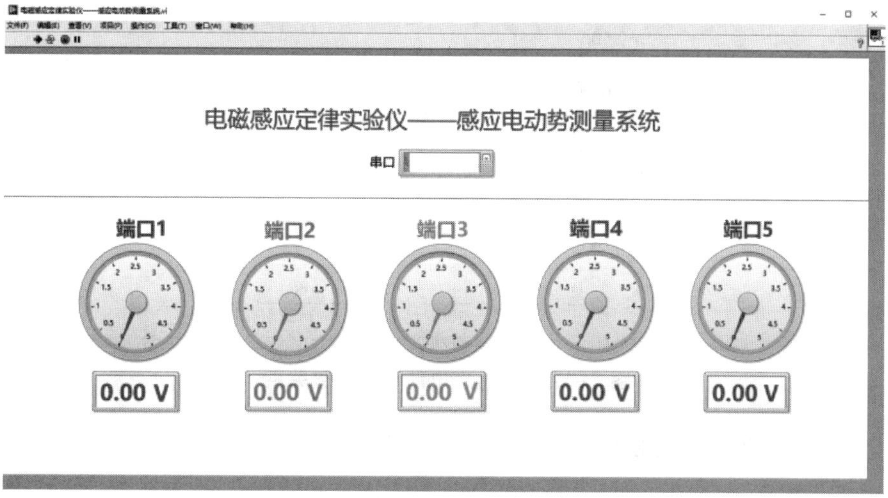


图 1-17-6 程序开发软件上位机前面板

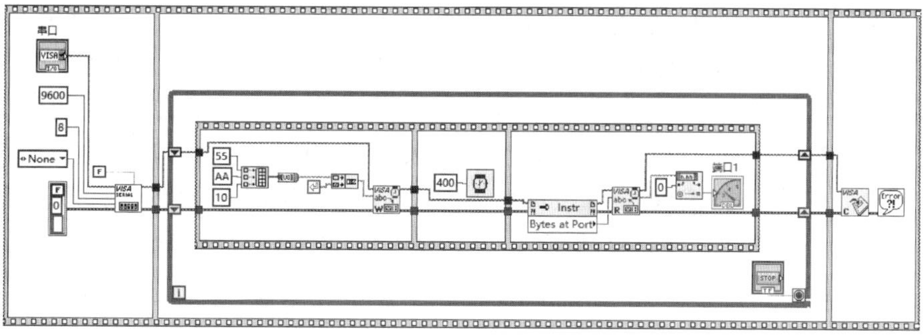


图 1-17-7 端口 1 对应的上位机程序

## 六、使用方法

先用导线将一组 5 个线圈的 5 个接线柱按照顺序与控制器的 A0 ~ A4 模拟输入端口相连。再使用 USB 电缆连接控制器与计算机，然后在计算机上启动程序开发软件，在软件中打开该实验的 VI 文件，选择控制器连接的串口端口。需要进行实验测量的时候，按下面板上的电机电源开关，然后点击程序开发软件菜单中的运行按钮，即可实时测量。

### （一）探究感应电动势与匝数的关系

选择 A 组线圈研究感应电动势与匝数的关系。A 组线圈固定在同一个圆周上，所以最外侧的磁铁做圆周运动经过 A 组 5 个线圈的时间相同。5 个线圈面积相同，磁通量变化量也相同。教学中某次实验测量到的数据如表 1-17-1 所示。使用 Excel 软件以感应电动势为纵轴、匝数为横轴做出散点图，可以看到数据点几乎都在一条过原点的直线上，进行线性拟合得到结果(如图 1-17-8 所示)。可以得出结论：感应电动势大小与匝数成正比。

表 1-17-1

| 线圈匝数/匝 | 200 | 250 | 300 | 350 | 400 |
|---|---|---|---|---|---|
| 感应电动势/V | 0. 82 | 1. 04 | 1. 29 | 1. 50 | 1. 73 |

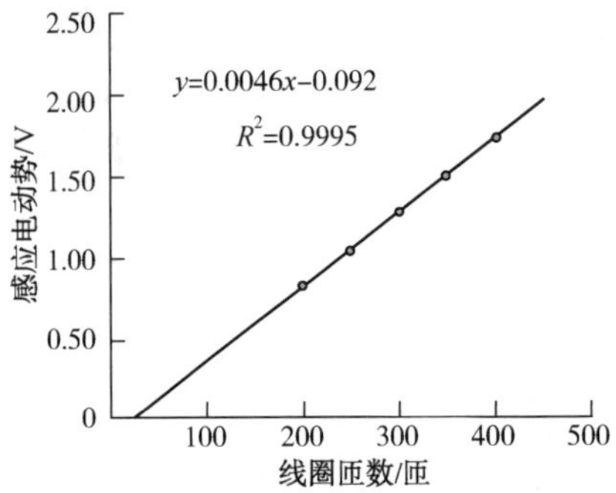


图 1-17-8　感应电动势和匝数关系

## (二) 探究感应电动势与磁通量变化时间的关系

B 组线圈匝数和面积均相同，对应支架上 5 片磁铁也相同，保证了磁通量变化量相同。由于 B 组各线圈到转轴中心的距离不同，支架上对应的磁铁经过时线速度不同，因此时间不同。根据圆周运动的规律，磁通量发生变化的时间 $\Delta t = l/v = l/rw$，式中，$l$ 为转过的弧长，$v$ 为转动的线速度，$r$ 为转动的半径，$w$ 为转动的角速度。磁铁经过时，转过的弧长可以认为近似相等，同轴转动角速度又一样，所以可知 $\Delta t$ 和 $r$(线圈中心到转轴中心的距离)成反比。因此，只要得出了感应电动势与转动半径的关系，就可以知道感应电动势与磁通量变化时间的关系。教学中某次实验测量到的数据如表 1-17-2 所示。以感应电动势为纵轴、转动半径为横轴做出散点图，可以看到数据点几乎都在一条过原点的直线上，进行线性拟合得到结果(如图 1-17-9 所示)。可以得出结论：感应电动势与转动半径成正比，与磁通量变化时间成反比。

表 1-17-2

| 转动半径/cm | 5. 5 | 11. 5 | 17. 5 | 23. 5 | 29. 5 |
|---|---|---|---|---|---|
| 感应电动势/V | 0. 17 | 0. 41 | 0. 67 | 0. 96 | 1. 32 |

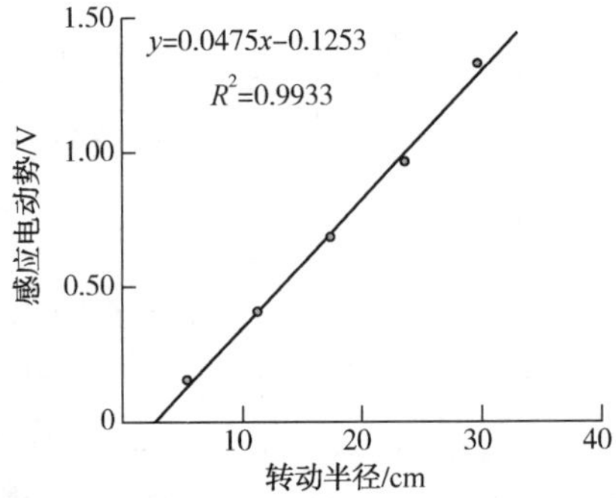


图 1-17-9　感应电动势和转动半径关系

## （三）探究感应电动势与磁通量变化量的关系

C 组线圈匝数相同，固定在同一圆周上，由于线圈沿圆周方向的长度一样，保证了支架上外侧的这片磁铁经过每个线圈时的时间相同，也就是磁通量变化时间相同。但 5 个线圈宽度不同，因此面积不同；又由于磁铁相同，因此磁通量变化量就不同。教学中某次实验测量到的数据如表 1-17-3 所示。以感应电动势为纵轴、线圈面积为横轴做出散点图，可以看到数据点几乎都在一条过原点的直线上，进行线性拟合得到结果(如图 1-17-10 所示)。可以得出结论：感应电动势与线圈面积成正比，与磁通量变化量成正比。

表 1-17-3

| 线圈面积/$cm^2$ | 8 | 10 | 12 | 14 | 16 |
|---|---|---|---|---|---|
| 感应电动势/V | 0.68 | 0.83 | 1.03 | 1.22 | 1.4 |

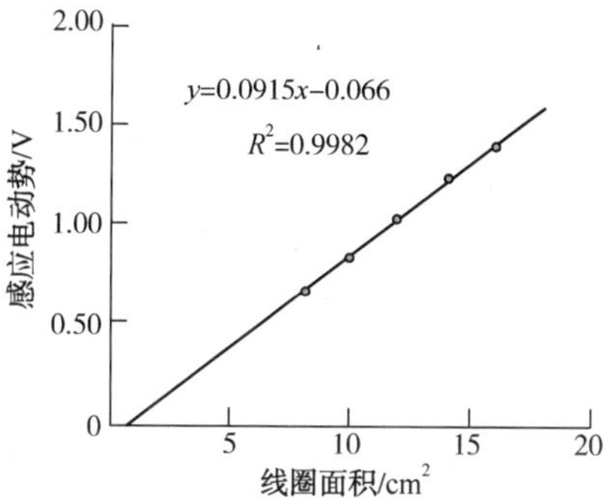


图 1-17-10 感应电动势和线圈面积关系

## （四）小结与误差分析

根据上述分步实验探究的结果，可以总结出法拉第电磁感应定律的完整内容：感应电动势大小与匝数成正比、与磁通量变化时间成反比、与磁通量变化量成正比。磁通量的变化量与变化时间的比值称为磁通量的变化率，因此还可以说，感应电动势的大小除了跟匝数成正比外，还跟穿过这一回路的磁通量的变化率成正比，即 $E \propto \Delta\Phi/\Delta t$。

注意到，线性拟合结果中，个别数据点偏离拟合直线，拟合直线并没有严格地通过坐标系原点，但是各组实验结果的 $R^2$ 均大于 0.99，表示线性关系较好，符合高中物理实验教学的要求。具体分析后发现，产生误差的原因主要有测量系统数据测量有误差、电机转速不够稳定、线圈位置固定不够精准等。

# 1.18 多功能数字动能演示教具

江西省宜春市袁州学校 易宇欢 吴巧琴 万芬丑

## 一、教具的教学意义和价值

动能的影响因素是初中物理能量知识的重要内容，为后面能量的学习打下了理论基础，所以动能影响因素实验尤为重要。本教具解决了现有实验小球和滑块偏离轨迹的问题，解决了小球与接口撞击造成能量损失的问题，避免了学生产生错误认知。除此之外，本教具还可用于探究运动和力的关系。利用小球进行实验，进一步减小摩擦力，将水平轨道加长，使小球在塑料轨道上运动的距离更远，增强实验现象对学生的视觉冲击，有利于学生理解实验，从而更容易推导出“如果没有摩擦力，小球将一直做匀速直线运动”的结论，便于学生从感性和理性的角度理解牛顿第一定律。

## 二、教具装置图

图 1-18-1

## 三、仪器特点及用途

### （一）特点

本教具借用现代数字化教学手段，利用数字测速仪测量出物体运动速度，从而探究动能影响因素；利用光电门传感器和电磁铁自动开关，测量物体运动时的速度变化并自动控制小球运动状态，判断物体能量变化。将无法直接观察的速度和能量转化为传感器数字显示，使实验更为生动有趣。

### （二）用途

本教具可实现数字化、多功能教学。

1. 利用测速仪测量物体速度，定量探究动能的影响因素。
2. 通过对比实验，直观演示动能与速度和质量关系。
3. 演示固体、液体、气体都具有动能。
4. 演示运动与力的关系。

## 四、制作材料

透明亚克力管 4 根，体积相同的铁芯塑料球、铁球各 2 个，颜色相同的圆柱形积木 3 块，PVC 板，红外线语音播报测速仪 3 只，等等。

## 五、制作方法

1. 截取一段长 1.8 m、直径 60 mm 的透明亚克力管，用热弯机在距管口一端 1.5 m 处将直管弯成 45°斜管（如图 1-18-2 所示），并贴上刻度尺和管序号。用手持切割机在斜管、直管中间位置分别切割出高 25 mm，长分别为 0.3 m 和 1.0 m 的切槽。其中 4 号管不做开槽处理（如图 1-18-3 所示）。

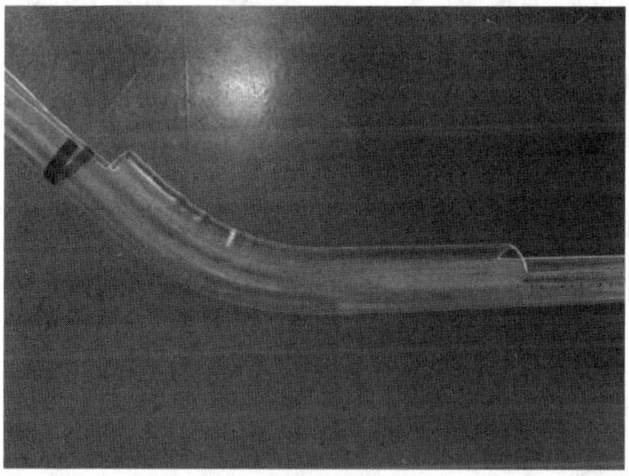

图 1-18-2

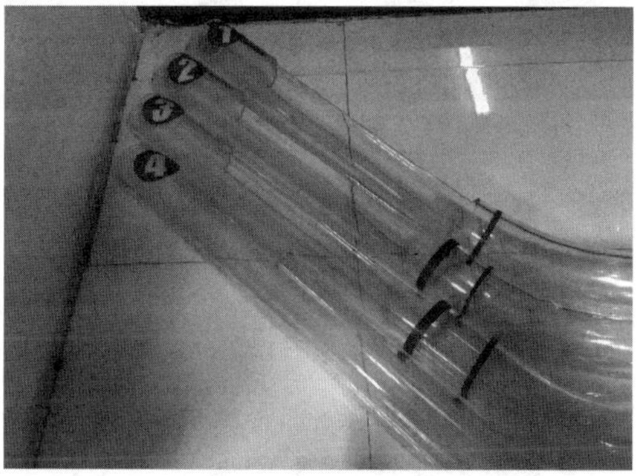


图 1-18-3

2. 利用雕割机床制作长 0.8 m 、宽 0.5 m、高 0.65 m、厚 5 mm 的 PVC 板支架箱各面。在距侧面顶部 0.15 m 处均匀雕出 4 个直径为 62 mm 的圆孔。利用五金合页将 PVC 板组装成可折叠支架箱（如图 1-18-4 所示）。

3. 利用雕割机床制作高 0.8 m、宽 0.5 m、厚 5 mm 的 PVC 板支架，雕出宽为 62 mm 的长方形空格（如图 1-18-5 所示），以支撑支架箱中的 4 根亚克力斜管（如图 1-18-6 所示）。整体组装（如图 1-18-7 所示）。

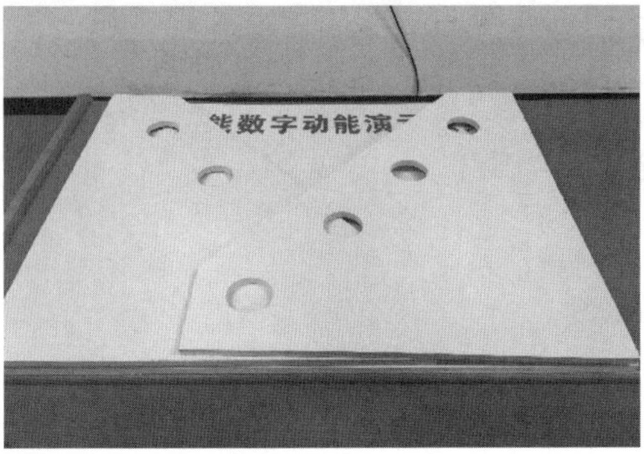


图 1-18-4

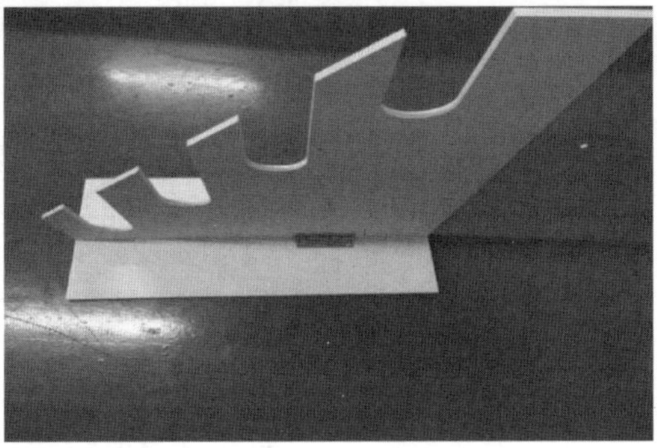

图 1-18-5

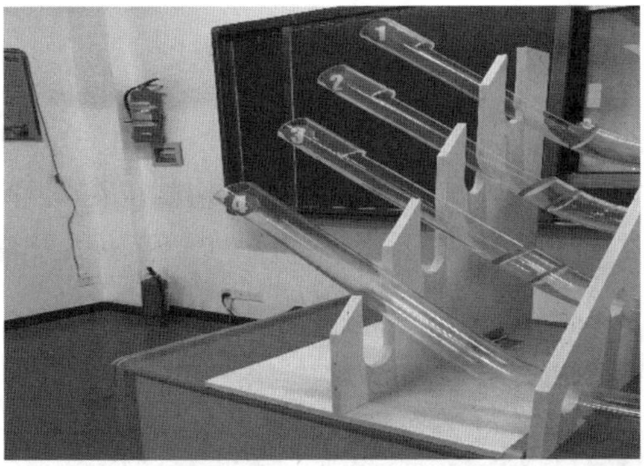

图 1-18-6

图 1-18-7

4. 利用单片机软件，编程制作红外线语音播报测速仪(如图 1-18-8 所示)。当物体从两红外线天线单向经过时，可测量该物体通过时的时间，从而计算出通过时的平均速度，在电子屏显示并语音播报(如图 1-18-9 所示)。

图 1-18-8

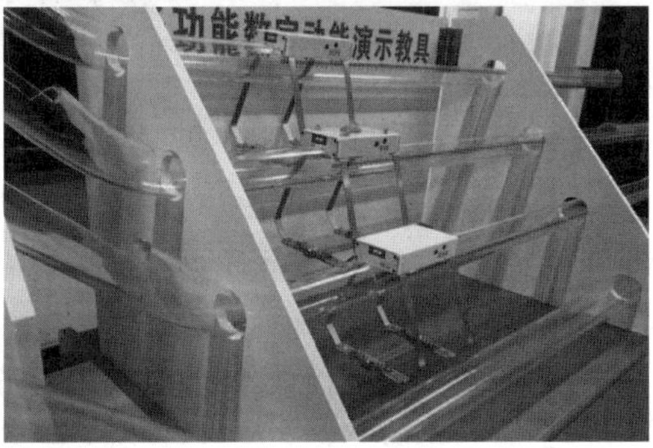


图 1-18-9

5. 将毛巾、棉布紧密贴在长 100 cm、宽 4 cm 的弧形滚槽上(如图 1-18-10 所示)，将滚槽插入平直筒内，方便拿取(如图 1-18-11 所示)。

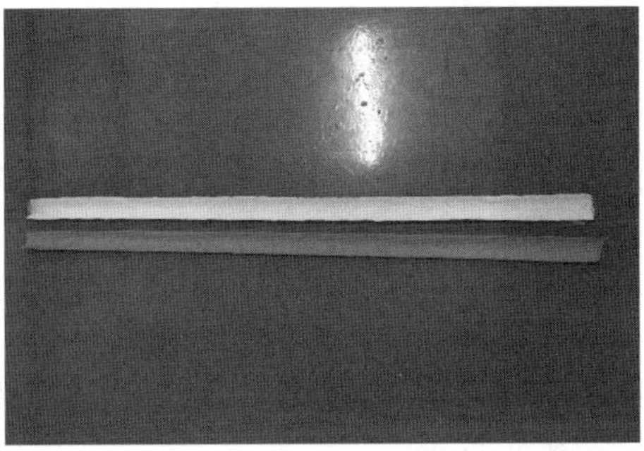

图 1-18-10

图 1-18-11

6. 将厚度为 2 mm 的有机片，制成宽 3 cm、长 80 cm 的弧形滚槽，将其紧贴在亚克力斜管内(如图 1-18-12 所示)，制成小球滑道。

7. 将相同质量、长度、材质的圆柱形木块喷上红漆，制成滑块(如图 1-18-13 所示)；将直径为 16 mm 的铁球和铁芯塑料球各 2 颗，直径为 10 mm 的铁球 3 颗，制成滚珠。

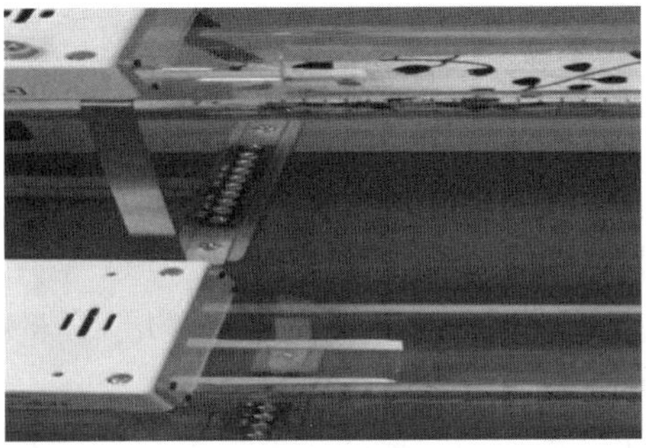

图 1-18-12

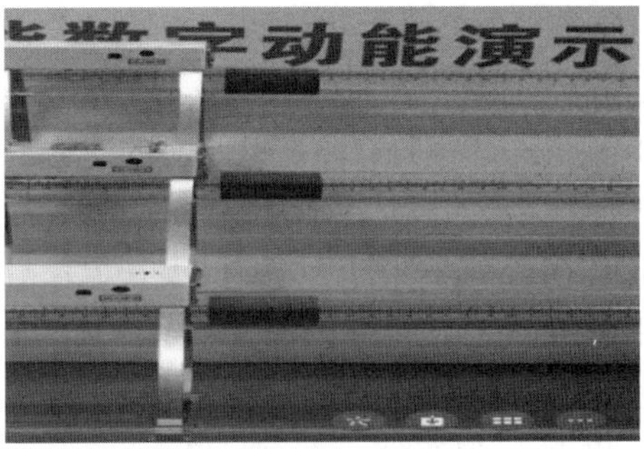


图 1-18-13

## 六、使用方法

### (一) 组装

1. 将可折叠支架箱组装固定(如图 1-18-4 所示)。

2. 将 1 号、2 号、3 号、4 号管从上到下依次组装入支架箱内(如图 1-18-3 所示)；将支架板固定在斜管下方，从而增强 4 根亚克力管的稳定性(如图 1-18-4 所示)。

3. 将水平仪分别放入 1 号、2 号、3 号直管内，调节直管处于水平位置(如图 1-18-14 所示)。

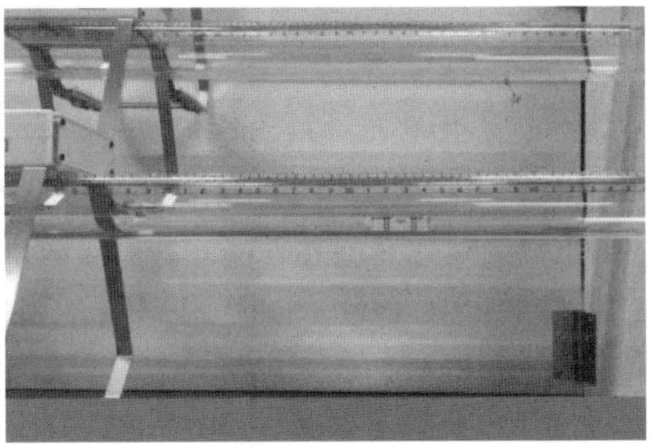

图 1-18-14

### （二）探究动能大小的影响因素

1. 将 3 只红外线语音播报测速仪分别挂在 1 号、2 号、3 号亚克力直管部分的 0 刻度线处，打开使其正常工作；断开电磁铁开关(如图 1-18-15 所示)。让 1 号管中直径为16 mm的铁球在距水平直管高度为 40 cm 处静止释放，听取并记录铁球撞击滑块时的速度，读出并记录滑块移动的距离(如图 1-18-16 所示)。

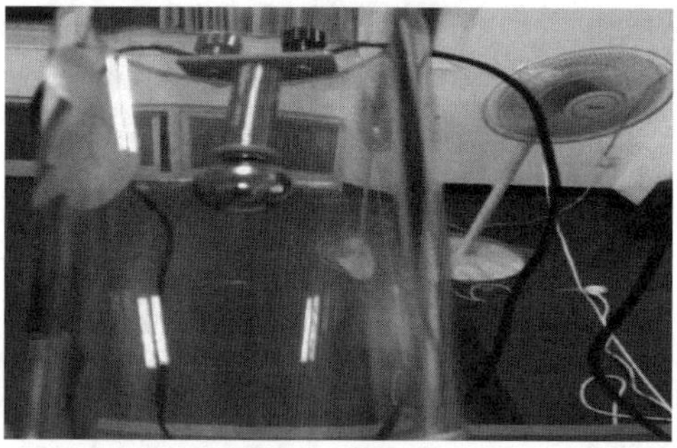
图 1-18-15

图 1-18-16

2. 在 2 号管中让直径为 16 mm 的铁芯塑料球在距水平直管高度为 40 cm 处静止释放，听取并记录铁芯塑料球撞击滑块时的速度，读出并记录滑块移动的距离。

3. 在 3 号管中让直径为 10 mm 的铁球在距水平直管高度为 40 cm 处静止释放，听取并记录铁球撞击滑块时的速度，读出并记录滑块移动的距离。

4. 归纳并整理数据，得出结论：物体的动能跟质量和速度有关，速度越大，质量越大，动能越大；速度对动能的影响比质量大。

5. 将吹风机对准 4 号管口吹气，可冲击滑块移动一段距离，演示气体具有动能(如图 1-18-17 所示)；将红色的水倒入 4 号管，冲击滑块移动一段距离，演示液体具有动能(如图 1-18-18 所示)。

图 1-18-17

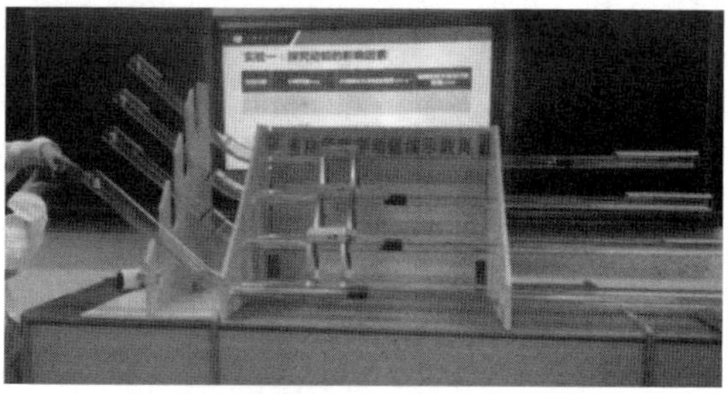
图 1-18-18

### （三）运动与力的关系(牛顿第一定律)

1. 将毛巾条和棉布条分别紧贴在弧形滚槽上(如图 1-18-10 所示)，将槽板插入 1 号、2 号直管内，毛巾槽板和布条槽板的一端对准直管的 0 刻度线(如图 1-18-11 所示)。

2. 将 3 根弧形小球滑道分别紧贴在 1 号、2 号、3 号管的斜管内，滑道一端压在毛巾条、棉布条和直管上(如图 1-18-19 所示)。

图 1-18-19

3. 断开电磁铁开关，让直径为 10 mm 的铁球在 1 号管距水平直管 10 cm 的高度自由释放，听取并记录铁球到达直管 0 刻度线的速度，读出并记录铁球在毛巾上移动的距离。

4. 断开电磁铁开关，让直径为 10 mm 的铁球在 2 号管距水平直管 10 cm 的高度自由释放，听取并记录铁球到达直管 0 刻度线的速度，读出并记录铁球在棉布上移动的距离。

5. 断开电磁铁开关，让直径为 10 mm 的铁球在 3 号管距水平直管 10 cm 的高度自由释放，听取并记录铁球到达直管 0 刻度线的速度，读出并记录铁球在光滑亚克力直管内移动的距离(如图 1-18-20 所示)。

图 1-18-20

6. 归纳并整理数据，得出结论：水平面越光滑，小球受到的摩擦力越小，小球的速度减小得越慢，小球运动的距离越远。假设水平面对小球完全没有摩擦，小球将一直向前做匀速运动。

# 1.19 DIS 多功能力学实验平台

山东省高密市豪迈中学 刘作志 常明泉 宋若刚

## 一、教具的教学意义和价值

实验器材的改进避免了学生在实验时反复拆装器材，使学生有更多的时间关注实验原理、实验现象和实验结论，给学生更大的空间做多种探究性实验；还克服了数据测量的困难，提高了实验数据的精确程度，使实验结论更有说服力。

实验方案的改进提高了课堂效率，拓宽了教学目标，激发了学生的学习兴趣，培养了学生的探究精神，锻炼了学生的探究能力。

与传感器结合实现了传统实验的数字信息化，推动了物理教学的信息化进程，适应了时代技术进步对物理课堂的要求。

## 二、教具装置图

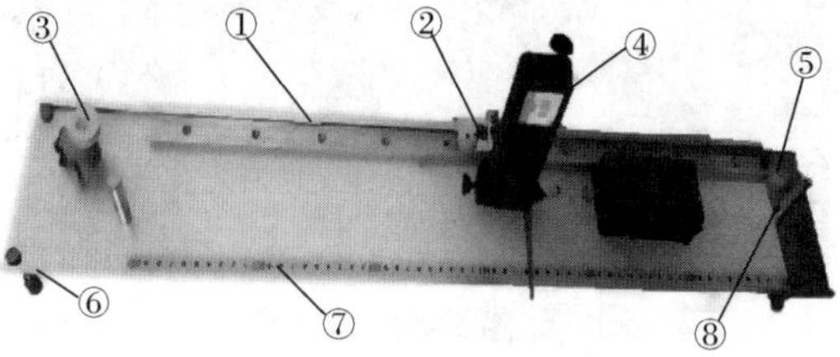


①—双轴导轨；②—滑块；③—步进电机；④—数字传感器及数显模块；
⑤—水平仪；⑥—调平支脚；⑦—标尺；⑧—固定支架。

图 1-19-1

## 三、仪器特点及用途

### （一）特点

本教具整合了双轴导轨的直线运动特征和减速步进电机的匀速特征，解决了力学实验教学中对匀速直线运动物体的测力问题。同时，本教具利用匀速直线运动路程与时间的正比关系，开发了一系列物理量与距离关系的创新性实验，充分挖掘了数字化实验的独特教学价值。

### （二）用途

本教具可以用于以下实验的教学活动。

1. 滑轮组的机械效率及其影响因素探究（包括 $n$ 为偶数的滑轮组及水平滑轮组）。

2. 液体压强与深度的关系探究。
3. 浮力与排开液体体积的关系探究。
4. 斜面机械效率及其影响因素探究。
5. 弹簧拉力与弹簧伸长量的关系探究。
6. 磁场强弱随距离的变化情况探究。
7. 匀速运动中物体的受力平衡探究。
8. 滑动摩擦力及其影响因素的探究。

## 四、制作材料

70 cm×12 cm×0. 5 cm 铝合金插槽型材一块；60 cm×11. 5 cm×0. 3 cm PVC 板材一块；减速步进电机及其驱动套装；60 cm 双轴直线导轨；可粘贴金属标尺一条；支架固件若干。

## 五、制作方法

1. 截取铝合金插槽板一条、PVC 板一条，使 PVC 板能与铝合金板密合(如图 1-19-2 所示)。

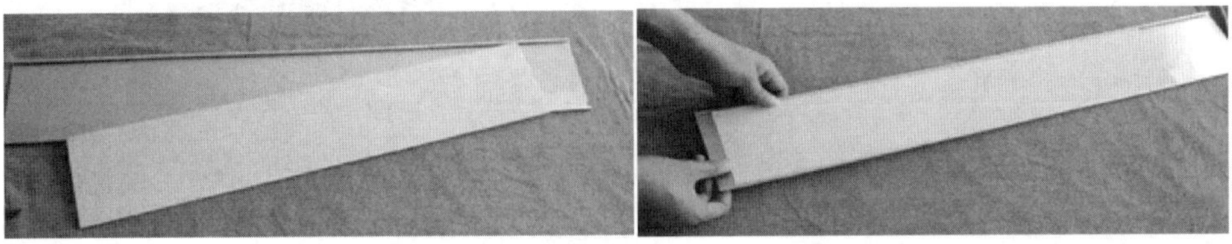

图 1-19-2

2. 在 PVC 板上粘贴金属标尺条，用螺丝固定导轨(如图 1-19-3 所示)。

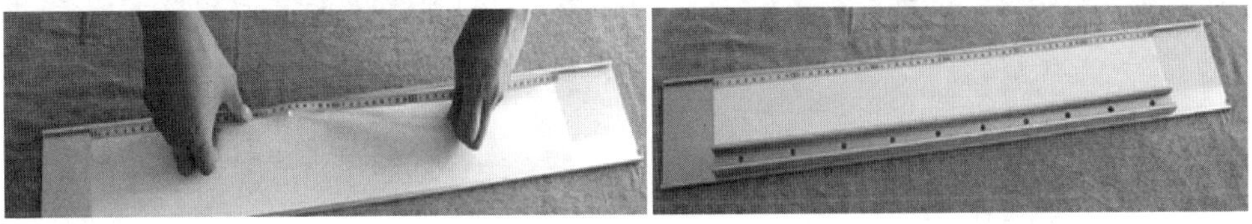

图 1-19-3

3. 在铝合金板背后安装固件，配合万向接头和铁架台，可以在多个方向使用(如图 1-19-4 所示)。

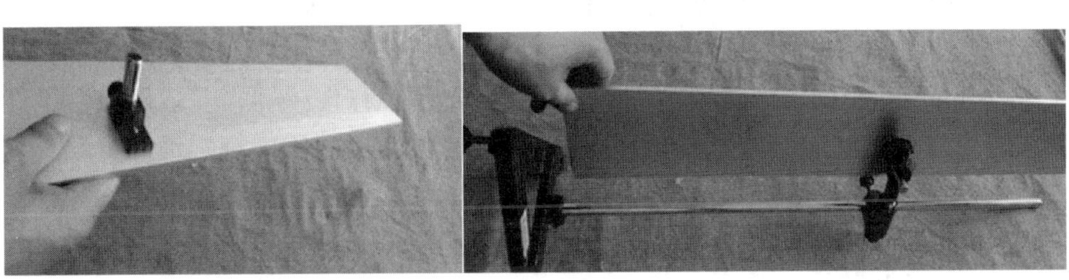

图 1-19-4

4. 根据滑块的位置，确定步进电机的位置并固定(如图 1-19-5 所示)。

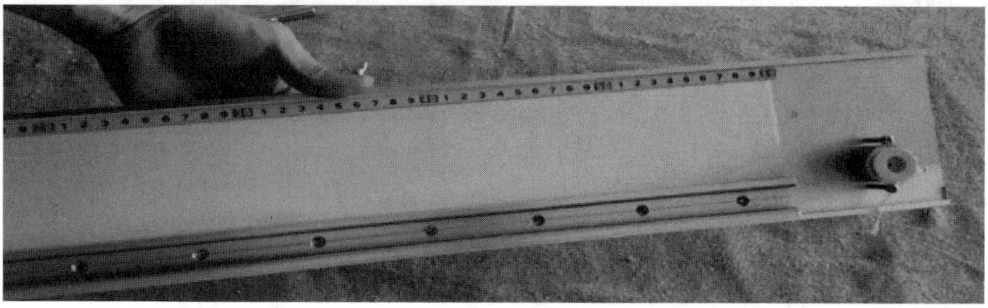

图 1-19-5

5. 在合适的位置钻孔，安装固定支架、量角器、调平支脚、电机控制模块和水平仪（如图 1-19-6 所示）。

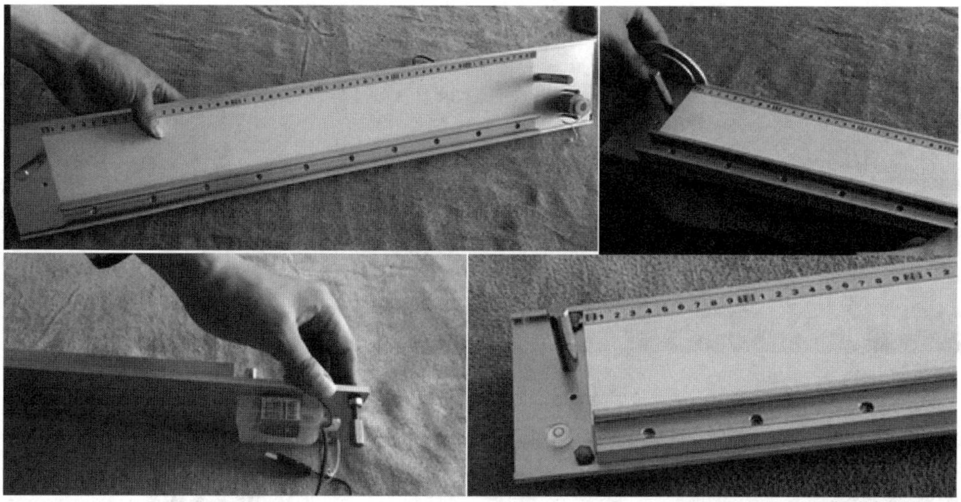

图 1-19-6

## 六、使用方法

### （一）滑轮组的机械效率及其影响因素探究

如图 1-19-7 所示，在固件上组装滑轮组，按下遥控器上的控制开关，使步进电机通过细线拉动组装在滑块上的力传感器，让力传感器在匀速直线运动中测出滑轮组的绳端拉力。在绳的自由端和钩码端分别固定磁吸式指针，以便从标尺上读出拉力移动距离及钩码移动距离，从而测出滑轮组的机械效率，当然也可直接选用位移传感器来获取距离数据。更换动滑轮、绳子、物重及电机转速，以便探究各种可能的影响因素。特别地，本教具可以完成传统器材不能实现的水平滑轮组实验，效果良好。

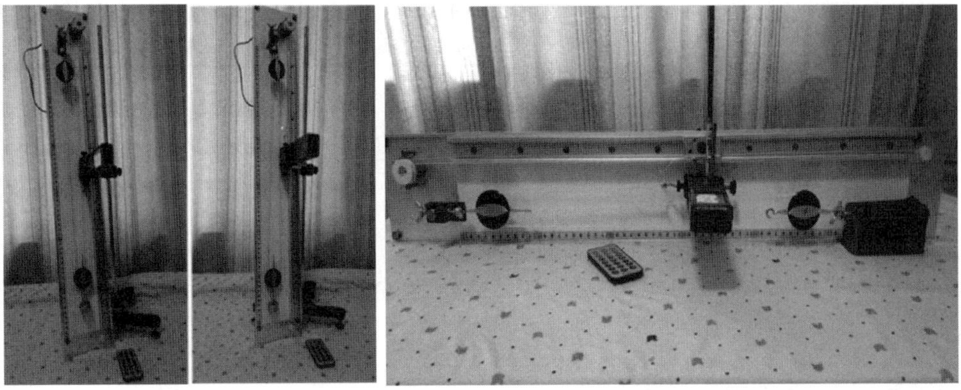

图 1-19-7

### (二) 液体压强与深度的关系探究

如图 1-19-8 所示，在一段外径为 6 mm 的 PU 管中装满水，下端与压强传感器相连，上端装一个阀门并固定在滑块上。按下遥控器上的控制开关，匀速提升水管。计算机根据实时数据绘制出压强随深度变化的图像，得到一条正比例图线，说明液体压强与深度成正比。

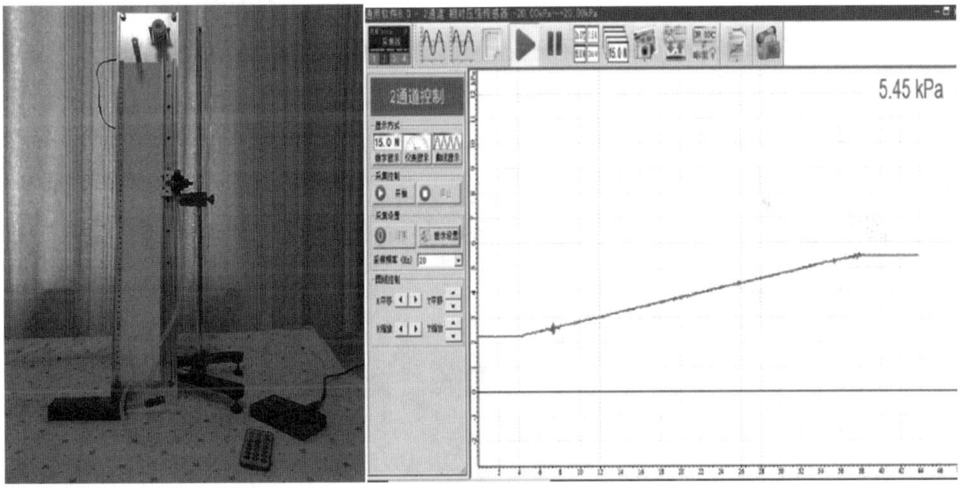


图 1-19-8

### (三) 浮力与排开液体体积的关系探究

如图 1-19-9 所示，在滑块上固定力传感器，在力传感器下方悬挂一块圆柱形金属块，在金属块正下方放一烧杯水。按下遥控器上的控制开关，使金属块匀速下降。计算机根据实时数据绘制出拉力随时间变化的图像，可以看出，金属块由接触水面到浸没，拉力按一次函数关系减小，浸没后拉力不变。

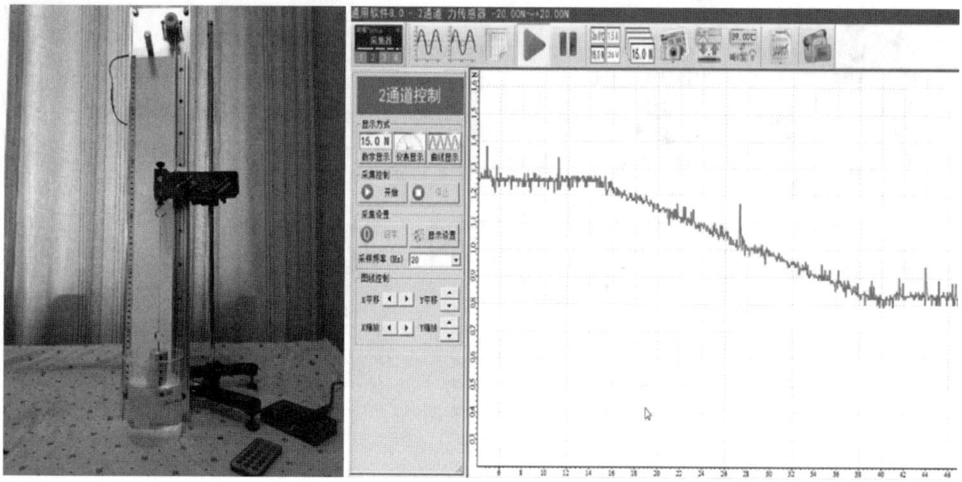


图 1-19-9

### (四) 斜面机械效率及其影响因素探究

在平台底部加装量角器组件，将平台调整为斜面模式(如图 1-19-10 所示)。在滑块上固定力传感器，力传感器的下端挂一个木块或小车。按下遥控器上的开关，使木块沿斜面匀速直线上升。通过数显模块读出力的大小，通过标尺读出运动的距离，可得斜面的机械效率。改变物重、斜面粗糙程度和斜面倾角，探究斜面机械效率的影响因素。

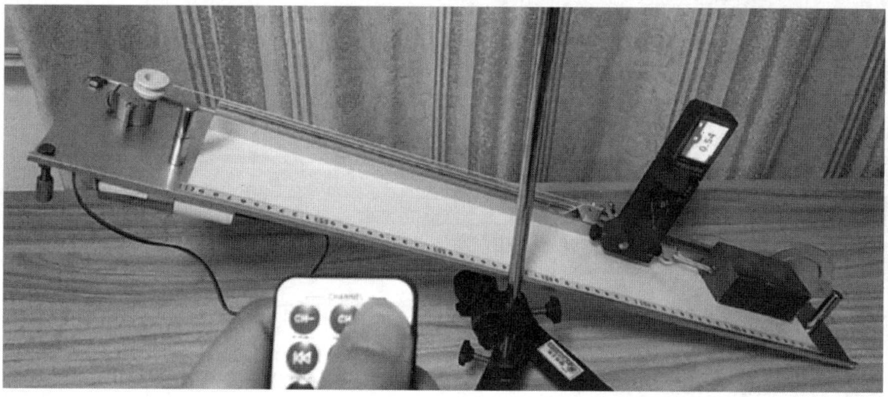

图 1-19-10

### (五) 弹簧拉力与弹簧伸长量的关系探究

如图 1-19-11 所示，在滑块上固定力传感器，在力传感器与支架末端间连接一根弹簧。按下遥控器开关，使滑块匀速运动，弹簧在相同时间间隔内形变量相同，即弹簧随时间均匀地伸长。此时，利用计算机根据实时数据绘制 $F-x$ 图像，得到正比例曲线，胡克定律得证。

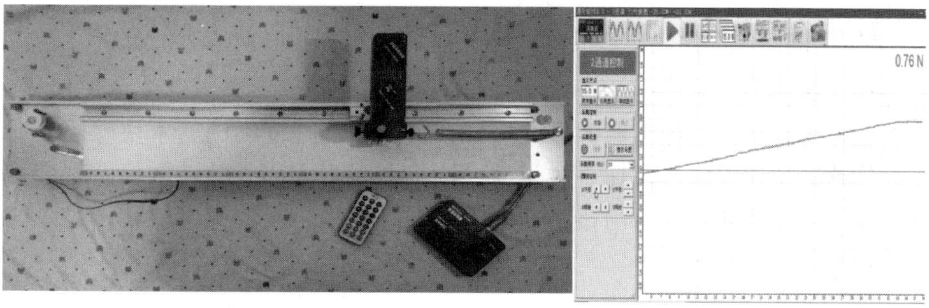


图 1-19-11

（六）磁场强弱随距离的变化情况探究

将平台水平放置，在滑块上固定磁感应强度传感器，平台末端支架固定一块圆柱形钕铁硼磁铁，圆面正对传感器探头。按下遥控器开关，让探头匀速远离磁铁。利用计算机根据实时数据绘制出磁感应强度随距离变化的图像（如图 1-19-12 所示），得出类平方反比图像。

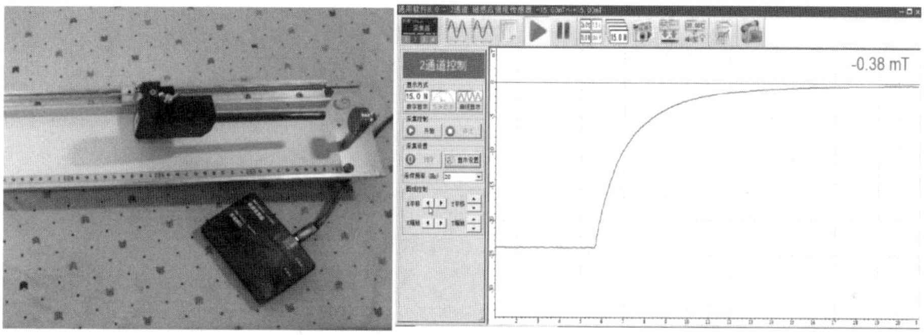


图 1-19-12

（七）匀速运动中物体的受力平衡探究

如图 1-19-13 所示，将平台水平放置，在导轨上安装两块滑块，挂钩相对。在两传感器之间悬挂一片瓦楞纸板。按下遥控器上的按键，控制前方传感器带动纸板和后方传感器一起做匀速直线运动。绘制两传感器 $F-t$ 图像，发现图像关于时间轴对称，证明匀速运动中的纸板受力平衡。

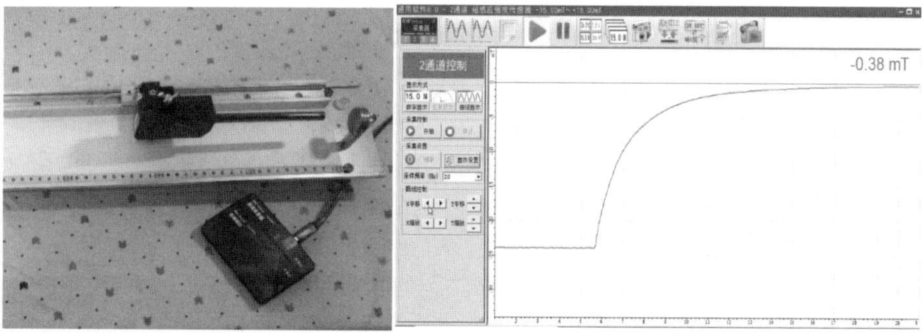


图 1-19-13

### （八）滑动摩擦力及其影响因素探究

如图 1-19-10 所示，将平台从倾斜改为水平放置，调节支脚，直至水平仪显示水平。在滑块上固定力传感器，力传感器的后方挂一个各面粗糙程度不同的木块。按下遥控器上的开关，力传感器拉动木块做匀速直线运动，读出摩擦力大小。翻转木块，改变接触面面积或粗糙程度，探究滑动摩擦力与接触面的关系。特别地，可改变电机转速，看速度对滑动摩擦力是否有影响。

# 1.20 涡流、电磁阻尼和电磁驱动系列教具

湖北省武汉市第三中学 殷玉琪

## 电磁驱动演示仪

### 一、教具的教学意义和价值

通过让学生观察筒装薯片密封盖在磁力搅拌器上转圈的现象，激发学生学习兴趣，引入新课，让学生带着问题进入本节内容的学习，培养自主学习的意识。

### 二、教具装置图

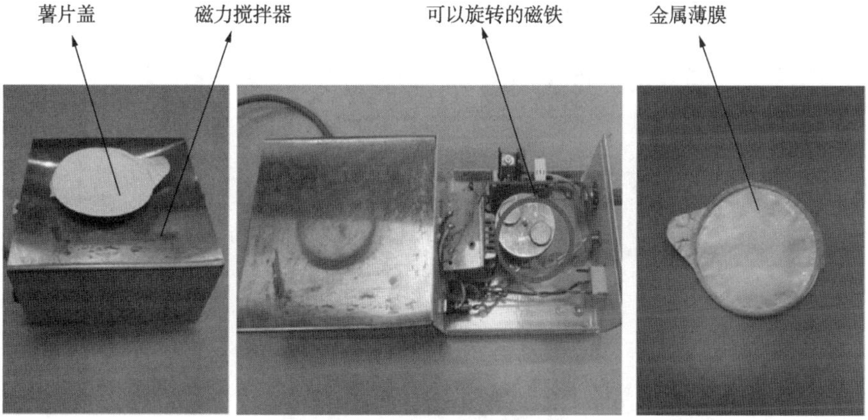


图 1-20-1

### 三、仪器特点及用途

#### （一）特点

本教具利用磁力搅拌器和筒装薯片密封盖，通过电磁驱动模拟现象让物理教学更为生动有趣。

#### （二）用途

本教具可用于引入新课激发学生的学习兴趣，也可用于电磁驱动的应用演示。

## 四、制作材料

磁力搅拌器、筒装薯片密封盖。

## 五、制作方法

1. 准备简易的磁力搅拌器(内部结构由电机和磁铁构成，接通电源后，电机可带动磁铁旋转)。

2. 取下筒装薯片密封盖(反面镀有金属膜)备用。

## 六、使用方法

1. 磁力搅拌器接通电源。
2. 密封盖放在搅拌器上。
3. 看到密封盖旋转的现象。

# 涡流的热效应演示仪

## 一、教具的教学意义和价值

利用涡流的热效应现象推断涡流的产生，通过直观的实验现象感受理论的应用价值。

## 二、教具装置图

图 1-20-2

## 三、仪器特点及用途

### (一) 特点

本教具利用涡流的热效应让铁片发热、烧红，实验简单、操作方便。

### (二) 用途

利用铁片烧红的现象反映涡流的热效应。

## 四、制作材料

ZVS 电路、线圈、铁片、学生电源。

## 五、制作方法

将 ZVS 电路和线圈连接在一起制作成电路板。

## 六、使用方法

1. 学生电源交流电接 ZVS 电路板。
2. 将铁片放入线圈中。
3. 看到铁片烧红的现象。

# 涡流模拟演示仪

## 一、教具的教学意义和价值

利用涡流的热效应来模拟涡流的形状，通过直观的视觉效果加深学生对涡流的认识。

## 二、教具装置图

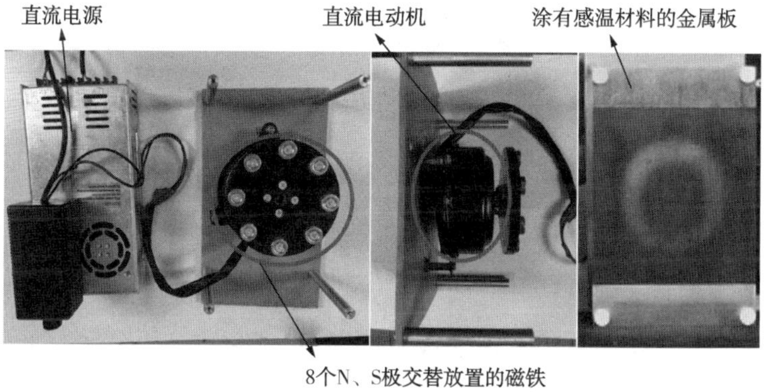


图 1-20-3

## 三、仪器特点及用途

### （一）特点

本教具利用涡流的热效应让涂有感温材料的金属板发热，感温材料颜色变化，实验现象明显、直观。

### （二）用途

利用感温材料变色的部分(红色圆环)来模拟涡流的形状。

## 四、制作材料

直流电源、直流电动机、磁铁、铝板、感温材料。

## 五、制作方法

1. 将感温材料融化抹在铝板上。
2. 将 8 个磁铁做成的转盘连接在直流电动机上。

## 六、使用方法

1. 接通直流电源。
2. 将开关旋至最大，当看到感温材料上的红色圆环后立即关闭电源。

# 电磁阻尼和电磁驱动演示仪

## 一、教具的教学意义和价值

利用铝摆实现对电磁阻尼和电磁驱动两个现象的观察，教会学生辩证地看待问题。

## 二、教具装置图

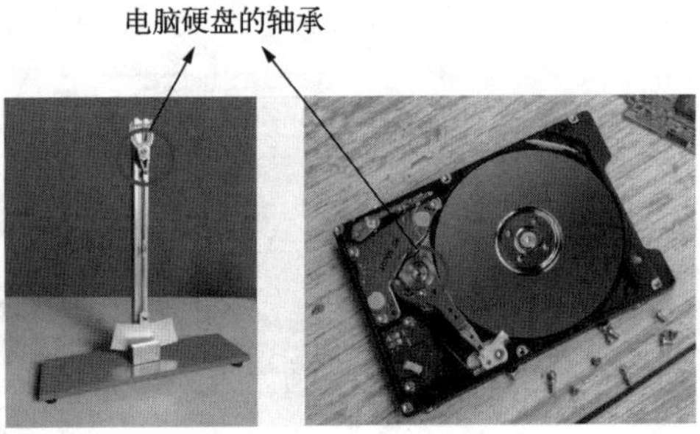


图 1-20-4

## 三、仪器特点及用途

### （一）特点

利用一套仪器实现对电磁阻尼和电磁驱动两个现象的观察。

### （二）用途

观察电磁阻尼和电磁驱动的特点。

## 四、制作材料

铝片、轴承、金属摆臂、固定支架、强磁铁。

## 五、制作方法

按图 1-20-4 组装。

## 六、使用方法

1. 电磁阻尼：将强磁铁放在铝片的正前方，将铝摆拉到某一高度由静止释放，铝摆迅速停下来。

2. 电磁驱动：让铝摆静止，沿着铝片方向左右移动强磁铁，铝片随着动起来。

# 三相交流感应电动机

## 一、教具的教学意义和价值

利用三相交流感应电动机让学生学以致用，了解物理应用于实际、物理与生活息息相关。

## 二、教具装置图

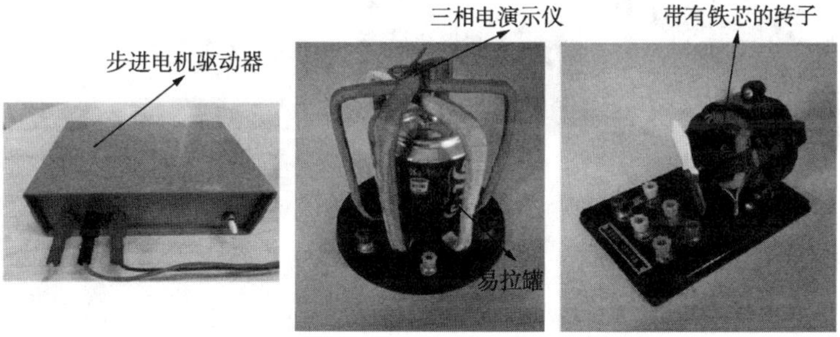


图 1-20-5

## 三、仪器特点及用途

### （一）特点

现象明显。

### （二）用途

利用易拉罐和转子的运动更加深入地了解电磁驱动。

## 四、制作材料

步进电机驱动器、三相电演示仪、易拉罐、带有铁芯的转子、电源。

## 五、制作方法

按图 1-20-5 组装。

## 六、使用方法

1. 将电源连接步进电机驱动器(如图 1-20-5 所示)，将三根导线分别连接上三相电演示仪的三个接线柱，接通电源，即可观察到易拉罐的运动。

2. 再将三根导线接到带有铁芯的转子上，观察转子的运动。

# 涡流测距演示仪

## 一、教具的教学意义和价值

利用涡流测距演示仪让学生学以致用，了解物理可应用于实际、与生活息息相关。

## 二、教具装置图

图 1-20-6

## 三、仪器特点及用途

### (一) 特点

将物理应用于生活。

### (二) 用途

利用涡流测距可以在日常生产中对零件进行精密测量，让学生真切感受到学习物理的意义。

## 四、制作材料

线圈、金属盒、电压表、电源。

## 五、制作方法

按图 1-20-6 组装。

## 六、使用方法

将线圈紧挨金属盒，此时电压表示数为 0，然后让线圈慢慢远离金属盒，观察电压表示数的变化，通过电压的大小反映距离的远近，从而达到测距的目的。

# 1.21 线圈扭转演示器

湖北省应城市实验初级中学 汪水望

## 一、教具的教学意义和价值

该教具解决了“通电线圈在磁场中受力扭转”实验中，蹄形磁铁磁极间距小导致的大线圈不能演示，小线圈演示难度大、效果差的问题。

## 二、教具装置图

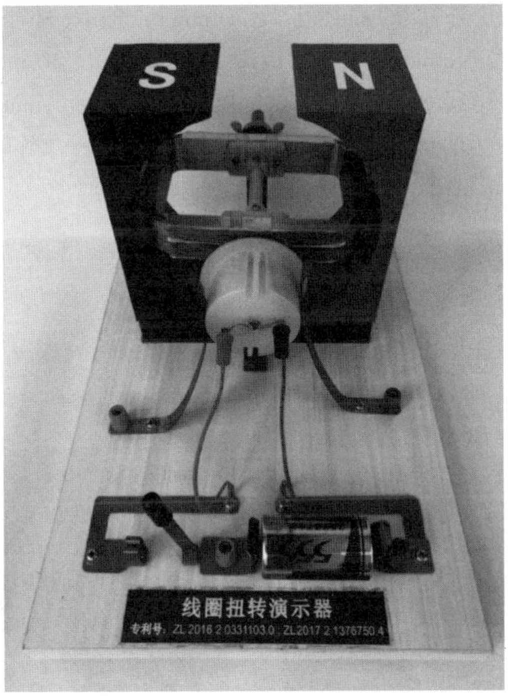


图 1-21-1

## 三、仪器特点及用途

### (一) 特点

本教具体积大，结构简单，只需一节干电池即可驱动，使用简便，效果直观。

敞开式定子、可灵活取放转子的设计，便于讲解结构和受力情况。突破了换向器改变线圈中的电流方向，使线圈从扭转到旋转这一教学难点。

使用空心轴、内引线、外置大型可灵活拆装的换向器设计，便于讲解换向器的结构和连接情况。

配以带发光二极管的活动插板、铜环，可演示多个实验。

### (二) 用途

1. 演示通电线圈在磁场中扭转。
2. 演示通电线圈在磁场中旋转。
3. 演示直流发电机。
4. 演示交流发电机。

## 四、制作材料

铁块(153 mm×132 mm×85 mm)，磁铁(85 mm×65 mm×18 mm)2 块，线圈架 1 个，漆包线(线径 0.47 mm)，空心轴(外径 8 mm)1 根，塑料圆柱体(直径 60 mm、高 33 mm)1 个，铜板(200 mm×30 mm×3 mm 1 块、200 mm×15 mm×0.5 mm 2 块、200 mm×200 mm×0.5 mm 1 块)，铜管(内径 50 mm、外径 56 mm、长度 30 mm)，轴承(外径 24 mm、内径 8 mm、高度 8 mm)2 个，钢板(厚度 6 mm)1 块，插孔(直径 4 mm、长 40 mm)2 个，香蕉插头 2 个，接线柱 4 个，螺栓螺母(直径 8 mm、长 50 mm 2 个，直径 4 mm、长 25 mm 8 个，直径 3 mm、长6 mm 6 个)，亚克力板(5 mm×62 mm×110 mm)1 块，螺钉(直径 4 mm、长 15 mm)4 个，木板(340 mm×240 mm×18 mm)1 块，橡胶底脚 4 个。

## 五、制作方法

1. 空心轴钻孔，如图 1-21-2 所示。

2. “E”形铝合金槽，切口，钻孔，去毛边，弯制线圈架，穿空心轴，绕漆包线(如图 1-21-3 所示)。

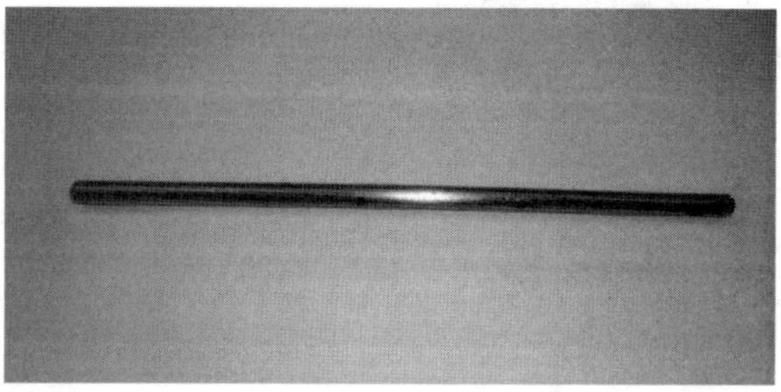

图 1-21-2

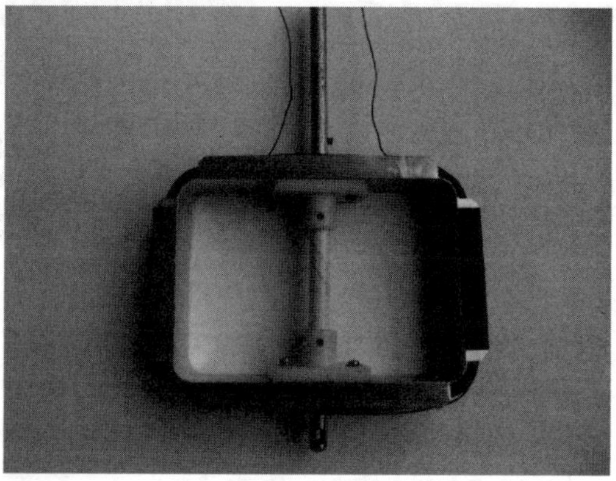

图 1-21-3

3. 如图 1-21-4 所示，把铜板弯成半圆形，两端内勾，制成换向器一对。

4. 如图 1-21-5 所示，把铜管切割成铜环一对。换向器和铜环的大小与换向器座相匹配并且可灵活拆装于换向器座上。

图 1-21-4 换向器

图 1-21-5 铜环

5. 如图 1-21-6 所示，制作换向器座，在尼龙圆柱体的一端切削出稍小的圆柱体，以供套装换向器或铜环；沿轴线钻穿中心孔，以供穿空心轴；在竖直方向边缘铣出四条凹槽，以固定换向器；在水平方向中心孔两侧各钻一个小孔，安装金属插孔(如空心金属铆钉)，以固定漆包线两端；在圆柱体侧面错位钻孔，与小孔相通，镶嵌弹性导电体(如铜片或金属碰珠)，使弹性导电体底端跟金属插孔相连，顶端跟换向器及铜环的内壁相接触(弹性导电体作用是通过金属插孔把漆包线的两端跟换向器或铜环连接起来)。

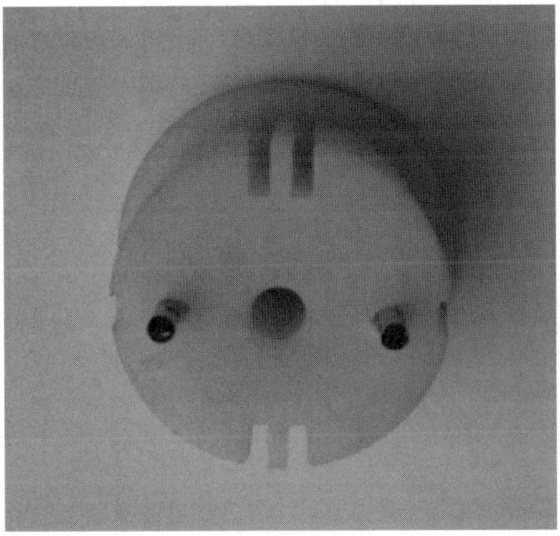

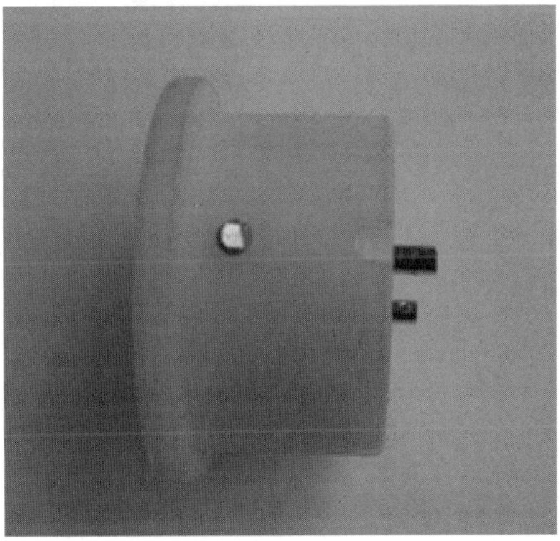

图 1-21-6

6. 漆包线穿入空心轴，引出，用金属插孔固定，装换向器座、换向器和轴承，组装成转子(如图 1-21-7 所示)。

7. 制作磁靴、转子支架，组装成定子(如图 1-21-8 所示)。把铁块加工成磁靴，喷漆，写上字母“S”“N”。把钢板切割成“十”字形，前后侧上弯至竖直位置，其顶端固定有近似“U”形的卡口，制成转子支架，可以灵活取放转子。将磁靴底部吸在磁铁上，磁铁吸在转子支架左右两侧，转子支架固定在底板上，形成敞开式定子结构。

图 1-21-7

图 1-21-8

8. 制作带发光二极管的活动插板(如图 1-21-9 所示)。用亚克力板制作活动插板，活动插板上有两个发光二极管，发光二极管的正负极反向并联，跟包裹固定在活动插板上的铜片相连。发光二极管偏离中线错位安装，离边缘远的一端统一接二极管的正极或者负极，便于识别发光二极管的正负极接在哪一端。活动插板的作用是在演示直流发电机和交流发电机时，替换电池，显示电流方向。

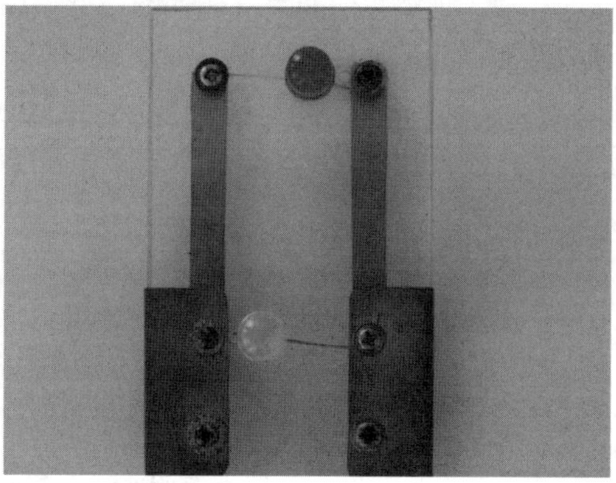

图 1-21-9

9. 制作电刷，底板钻孔，组装成型(如图 1-21-1 所示)。

## 六、使用方法

1. 把线圈放入磁场中，插头插入换向器座上的金属插孔中，闭合开关，演示通电线圈在磁场中扭转。

2. 装上换向器，把插头插入电刷上的金属插孔中，闭合开关，演示通电线圈在磁场中旋转。

3. 用活动插板替换电源，捻轴直接旋转转子，演示直流发电机。

4. 用铜环替换换向器，演示交流发电机。

# 1.22 探究“电流热效应影响因素”与“不同物质吸热能力”多功能实验装置演示仪

广东省湛江市北大附属实验学校 许淑渭

## 一、教具的教学意义和价值

本实验装置涉及的两个内容分别出自人教版初中阶段物理九年级全一册第13章第三节“比热容”以及第18章第四节“焦耳定律”。本装置通过改变电路可以实现两个探究性实验的教师课堂演示以及学生分组实验。

两节课的核心素养目标如表1-22-1、表1-22-2所示。

表1-22-1 探究“电流热效应影响因素”核心素养目标

| | |
|---|---|
| 物理观念 | ①知道电流存在热效应；<br>②知道电流热效应的影响因素；<br>③了解电流热效应的应用与防止 |
| 科学思维 | ①懂得用控制变量法探究电流热效应影响因素；<br>②知道如何利用转换法表征电流通过导体时产生的热量多少 |
| 科学探究 | 经历实验探究以及对实验现象的观察、分析、合作与讨论，得出相应的实验结论 |
| 科学态度与责任 | 培养学生学会判断电流热效应的大小，以及懂得分析电流热效应的利与弊，体验用所学知识解决生活问题带来的喜悦 |

表1-22-2 探究“不同物质吸热能力”核心素养目标

| | |
|---|---|
| 物理观念 | ①理解物质吸热能力；<br>②知道吸热能力与什么因素有关；<br>③能够结合吸、放热能力 |
| 科学思维 | ①懂得用控制变量法探究物质吸热能力；<br>②知道如何用转换法表征物质的吸热能力强弱 |
| 科学探究 | 通过实验探究以及对实验现象的观察、分析、讨论，得出相应的实验结论 |
| 科学态度与责任 | 培养学生学会判断物质吸热能力的异同，以及吸热能力强弱不同造成的不同现象，激发学生学习物理的兴趣，体验探究规律、应用知识的喜悦 |

本装置能清晰演示出电流通过导体时产生热量多少的影响因素；此外，本装置内部电路设计新颖，通过改变开关状态，能够变成探究不同物质吸热能力的装置。使用本装置能够使教师直观地讲解教学中的重难点，使学生加深理解。本装置使用方便，通过6个按钮控制温度计显示器以及加热电路和秒表，学生能够单人操作，方便记录数据，教师做演示实验时也能够解放双手进行讲解。只花费了一个装置的成本，能够进行两种实验演示，既

满足了教学的需要，也节省了人力、物力、财力。

## 二、教具装置图

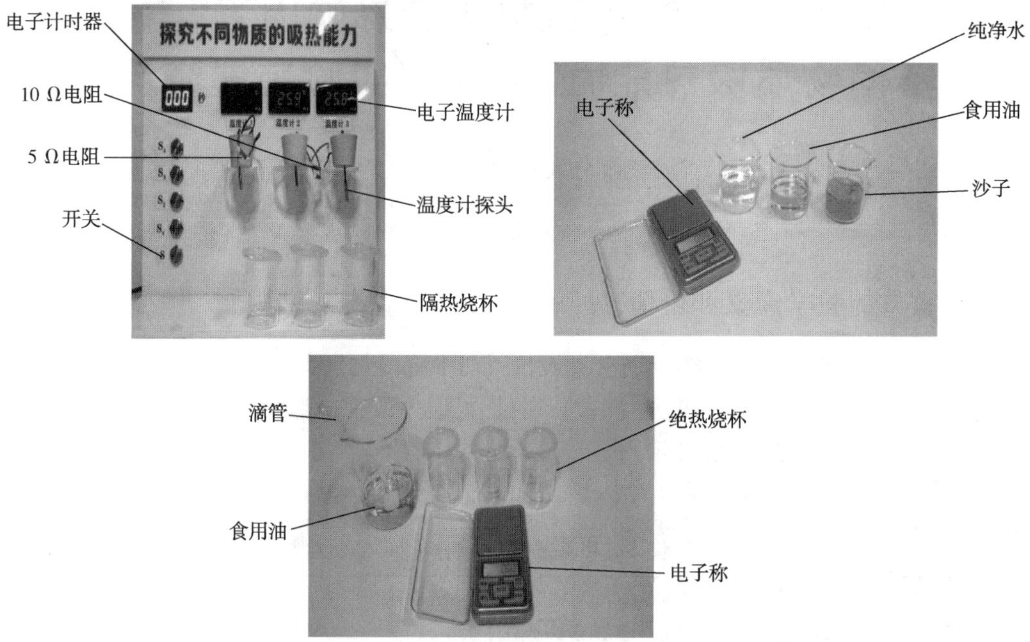


图 1-22-1　装置实物图

## 三、仪器特点及用途

本装置通过创新的电路设计，能够演示两个不同的热学实验，克服了传统演示仪演示单一的局限性。本装置操作简单、实验现象明显，既可以用于教师的演示实验，也可以用于学生的探究实验。

传统的焦耳定律演示仪需要教师手动连接 2 个电路，空气升温快且不均匀，虽易观察现象，但是对装置气密性和压强计气密性要求严苛，难以保证。本装置采用电子显示温度计，学生易于观察，还能通过实验报告锻炼分析、归纳能力。本装置电路内置，可以让学生分析内置电路的特点，应用已有知识，体验控制变量法。

## 四、制作材料

输入电压 220 V、输出电压 12 V 电源适配器(功率 20 W)；带指示灯 5 脚开关 5 个；额定电压 12 V、额定功率 3 W 数显温度计 3 个；额定电压 12 V、额定功率 4 W 数显计时器 1 个；食用油、水、细沙；加热电阻 5 Ω 1 个、10 Ω 4 个(其中一个带散热片)；亚克力板(尺寸按照需求定制，打孔安装实验器材)；烧杯 10 mL 3 个、15 mL 3 个(一大一小烧杯组成一组隔热烧杯)；天平/电子秤。

## 五、制作方法

1. 切割亚克力板作为支架。

2. 将计时器、数显温度计、开关等装在亚克力板上。
3. 按照电路图连接实物电路。
4. 测试各个部分工作稳定。
5. 用大小烧杯制作隔热烧杯 3 个。
6. 将烧杯用定制的固定板固定在教具上。

## 六、使用方法

### (一) 探究“电流热效应影响因素”实验教学内容及使用方法

1. 操作步骤。

(1) 接通电源，温度计、计时器亮起，观察温度计示数是否在误差范围内，计时器是否亮起显示 000 秒；

(2) 用电子秤量取质量相等的食用油，并装在装置上，放置后盖上活塞，调整加热电阻和温度计探头的位置；

(3) 闭合开关 $S$、$S_1$、$S_3$ 和 $S_4$，使电阻 $R_1$、$R_3$、$R_4$ 分别开始对 3 个烧杯中的食用油加热；

(4) 每隔一定的时间把 3 个温度计的示数记录入表格中；

(5) 引导学生分析电阻 $R_1$、$R_3$、$R_4$ 的特点，结合实验数据获得实验最终结论。

2. 数据处理。

表 1-22-3 探究“电流热效应影响因素”实验记录表格

| 序号 | 电阻 $R/\Omega$ | 电流 $I/\mathrm{A}$ | 初始温度 $t_0/℃$ | 60 s 时变化的温度 $\Delta t_1/℃$ | 120 s 时变化的温度 $\Delta t_2/℃$ | 180 s 时变化的温度 $\Delta t_3/℃$ | 240 s 时变化的温度 $\Delta t_4/℃$ | 360 s 时变化的温度 $\Delta t_5/℃$ |
|---|---|---|---|---|---|---|---|---|
| 1 | 5 | 21 | | | | | | |
| 2 | 10 | 21 | | | | | | |
| 3 | 10 | 1 | | | | | | |

3. 实验结论。

结论 1：当电流和电阻相同时，通电时间越长，产生的热量越多。

结论 2：当电流和通电时间相同时，电阻越大，产生的热量越多。

结论 3：当电阻和通电时间相同时，电流越大，产生的热量越多。

4. 注意事项。

一定要先安装已经装好食用油的烧杯再让电阻开始加热，因为“干烧”容易导致电阻发热严重，损坏电阻或者绝缘层。

### (二) 探究“不同物质吸热能力”实验教学内容及使用方法

1. 操作步骤。

(1) 接通电源，温度计、计时器亮起，观察温度计示数是否在误差范围内，计时器是否亮起显示 000 秒；

(2) 用电子秤量取质量相等的食用油、沙子、水，并装在装置上，放置后盖上活塞，调整加热电阻和温度计探头的位置；

(3) 闭合开关 $S$、$S_2$、$S_4$，使电阻 $R_2$、$R_3$、$R_4$ 分别开始对 3 个烧杯中的食用油、沙子、水加热；

(4) 每隔一定的时间把 3 个温度计的示数记录入表格中；

(5) 3 个电阻串联且 3 个电阻阻值相等，相同时间内产生电热相同，升温快的说明吸热能力差，升温慢的说明吸热能力强；

(6) 断开开关 $S$、$S_2$、$S_4$，观察及记录相同时间内食用油、沙子、水温度下降情况。

2. 数据处理。

**表 1-22-4 探究“不同物质吸热能力”实验记录表格**

| 序号 | 材料 | 电阻 $R/\Omega$ | 电流 $I/A$ | 初始温度 $t_0/℃$ | 60 s 时变化的温度 $\Delta t_1/℃$ | 120 s 时变化的温度 $\Delta t_2/℃$ | 180 s 时变化的温度 $\Delta t_3/℃$ | 240 s 时变化的温度 $\Delta t_4/℃$ | 360 s 时变化的温度 $\Delta t_5/℃$ |
|---|---|---|---|---|---|---|---|---|---|
| 1 | 食用油 | 10 | 1 | | | | | | |
| 2 | 沙子 | 10 | 1 | | | | | | |
| 3 | 水 | 10 | 1 | | | | | | |

3. 实验结论。

当加热条件相同时，不同物质的吸热能力不同。在食用油、沙子、水三种物质中，水的比热容较大，升温、降温速度较慢。

4. 注意事项。

实验开始前的初始温度可能不一致，但是引导学生观察 3 种物质的温度变化便可以分析得到相应的实验结论。由于水中有杂质可能会影响加热效果，实验应该使用蒸馏水进行。实验开始前要检查绝缘硅胶是否完好。

# 1.23　洛伦兹力可视化系列教具

广东省广州市执信中学　庄浩丽

## 旋转的液体

### 一、教具的教学意义和价值

洛伦兹力是运动的电荷在磁场中受到的力，其微观抽象性给学生带来较大的认知困难。以往在讲解洛伦兹力的方向时，通常借用阴极射线管来演示。当无阴极射线管时，也可用本教具“旋转的液体”来代替。为了能够让学生直观地看见液体的旋转，本教具巧妙地利用液体来带动“旋转木马”旋转，从而增强了演示效果。本教具的学生版可供学生自己动手观察实验现象，记录结果，从而探究出洛伦兹力的方向。因此，本教具既能作为教师演示实验，也可作为学生探究实验，有效地达到了“通过实验，掌握洛伦兹力方向判断方法”的教学目的。

### 二、教具装置图

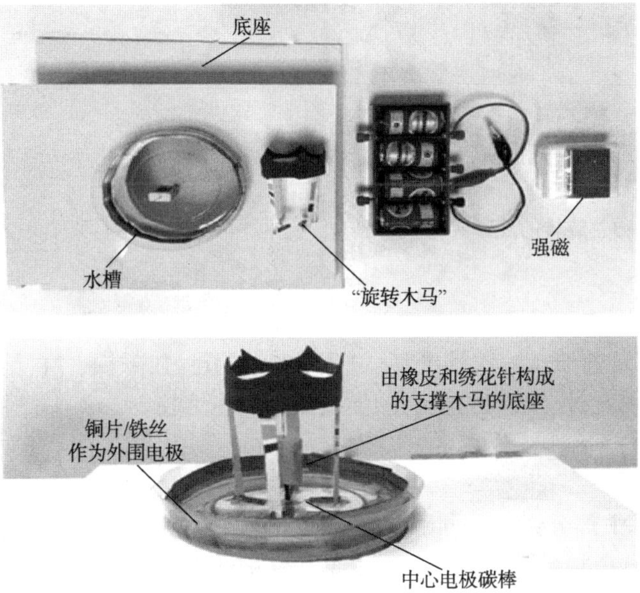


图 1-23-1　教师版“旋转的液体”

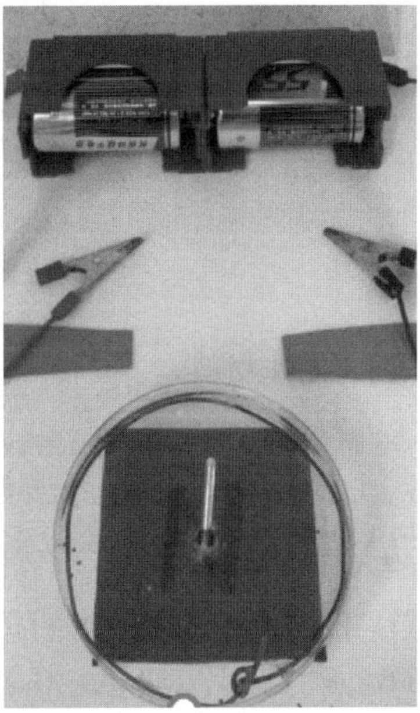

图 1-23-2　学生版“旋转的液体”

## 三、仪器特点及用途

本教具的基本原理是运动的带电粒子在磁场中会受到洛伦兹力。饱和食盐水提供带电粒子，中心电极和外围电极通电时形成一个径向电场，使溶液中的正、负离子在径向电场的作用下获得沿半径方向运动的速度。此时，把磁铁推入水槽正下方，原本沿径向运动的正、负离子在磁场的作用下，受到沿着同心圆的切线方向的洛伦兹力，会使液体旋转起来，从而带动“旋转木马”的转动。

本教具的灵感来源于旧人教版“运动电荷在磁场中受到的力”一节中“做一做”栏目。本教具可作为这一节课的课前导入演示实验，以达到激发兴趣、激疑设疑的目的。例如，在课前创设一个情境，施展“水中旋转木马”的魔术，激发学生的求知欲，并留下悬念：为什么液体会从静止突然旋转起来？

本教具也能在课中考查学生对左手定则的掌握情况。让学生利用左手定则分析溶液中带电粒子的运动情况，从而揭秘课前的魔术。改变以往通过做练习题来巩固提升的形式，达到寓教于乐、学以致用的目的。

本教具的学生版还能让学生自己探究洛伦兹力的方向。通过改变电极或强磁方向来改变正、负离子运动的方向，从而探究不同运动方向和磁场方向下，运动电荷受到的洛伦兹力的方向。

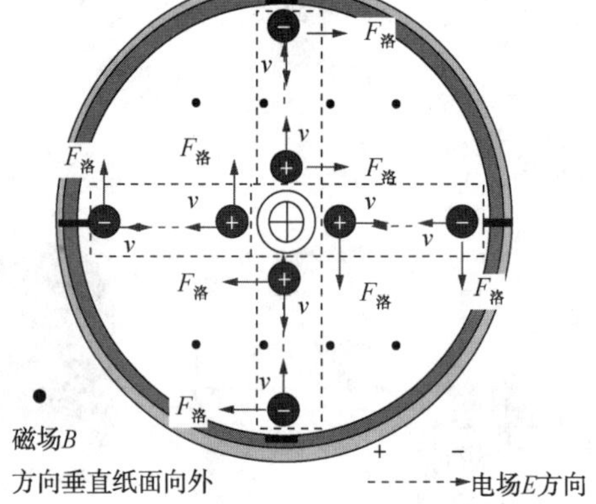


图 1-23-3　旋转的液体实验原理图

## 四、制作材料

木板或 PVC 板、一次性塑料碗、培养皿、一次性纸杯、1 号电池 4 节、强磁铁、2B 铅笔芯、铁丝或铜片、食盐、橡皮擦、绣花针、带有鳄鱼夹的导线 2 条、热熔胶。

## 五、制作方法

1. 用木板或 PVC 板围成底座，其中部分镂空，方便存放电池与磁铁。中间挖出刚好能够放置一次性塑料碗的圆孔。将塑料碗剪掉适当高度，作为水槽放在圆孔上。

2. 取 5 cm 长的 2B 铅笔芯，穿出水槽中心底部约 1 cm 并用热熔胶固定，作为中心电极。将铜片或铁丝绕成比水槽周长稍小的圆，作为外围电极。在中心电极顶端固定一块插有绣花针的橡皮擦，以支撑“旋转木马”。

3. 将4节1.5 V的1号电池串联后放入底座内，其中电源的正、负极分别接中心电极的笔芯或外围电极的铜片或铁丝。

4. 取一次性纸杯，保留相互垂直的4条边，每条边的宽度约0.5 cm，长度以浸入液体不与水槽底部接触为宜，剪去剩余部分。在每条边的底部垂直地插入大小相同的小铜片，以增加与液体切向受力的面积。用彩色卡纸进行简单装饰，即做成“旋转木马”。

5. 学生版“旋转的液体”需将铁丝围成培养皿的大小，作为外围电极；中间用热熔胶将螺丝钉固定于中间，作为中心电极。将培养皿置于固定在白板上的磁铁表面，将电源也固定于白板上，带有鳄鱼夹的导线分别与正、负极相接即可。

## 六、使用方法

1. 演示前，电源的正极与中心电极相连，负极与外围电极相连。向水槽中倒入适量饱和食盐水，将“旋转木马”平稳地放在绣花针上。此时“旋转木马”处于静止状态。

图 1-23-4　演示前将电源与正、负极分别相接

2. 将磁铁推入水槽正下方，针尖上的“旋转木马”在液体的带动下突然从静止旋转起来，旋转的方向可根据左手定则进行判断。

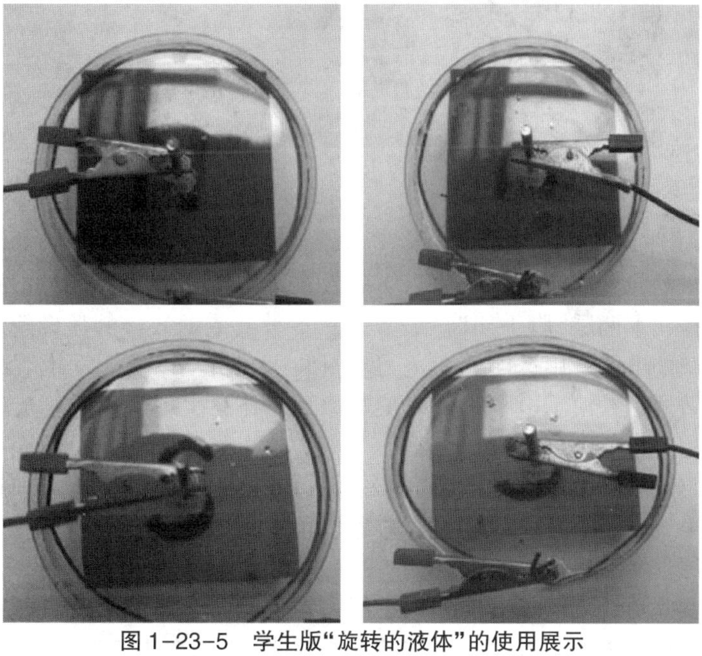

图 1-23-5　学生版“旋转的液体”的使用展示

3. 改变中心电极和外围电极与电源的正、负极的接法，可改变溶液中正、负离子的运动速度和方向；调转磁铁，可改变磁场的方向。通过上述操作，可方便地探究洛伦兹力的方向。

4. 学生版“旋转的液体”使用时可分组实验，改变磁场方向或者电极方向来改变电荷的运动方向，从而探究洛伦兹力的方向。

# 显像管成像原理

## 一、教具的教学意义和价值

在电子束的磁偏转的实际课堂教学中，学生一般只能借助教材上的问题引导，逐步认识其原理，想象显像管成像的过程，缺乏现实的教学用具来辅助突破该难点的学习。本教具能够配合教材上的问题，将抽象的原理直观真实地展示给学生，让学生真实地看见电子束的磁偏转过程，降低学生的认知困难。

## 二、教具装置图

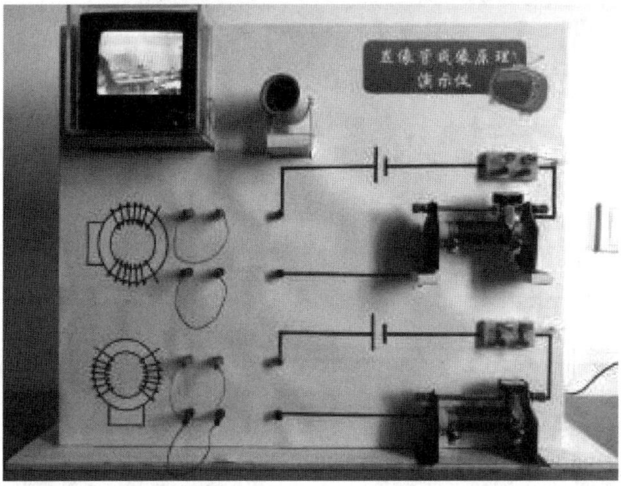

图 1-23-6

## 三、仪器特点及用途

目前尚无关于显像管成像原理的演示实验教具，本教具填补了这一空缺，为学生理解显像管成像原理搭建了两层“脚手架”。一方面，本教具依据教材的显像管成像原理，舍去了电视机其他复杂的电路，用透明的亚克力板封装电视机，以便让学生观察到显像管的实物构造，同时用普通磁铁演示电子束的磁偏转原理，让学生理解显像管成像中的线圈控制电子束磁偏转原理，搭好第一层“脚手架”。另一方面，将原来的两个线圈引接到外部直流电路中，让学生直观看到电流的方向和大小如何控制电子束的磁偏转，理解显像管成像的扫描原理，搭好第二层“脚手架”。因此，本教具能够有效地配合教材中的问题，真实地演示显像管的成像原理，突破该教学难点。

本教具为了实现对线圈磁场方向和大小的人为控制，从而演示光点的移动，将两个竖直和水平线圈分别通过限流法接到同样的外部电路当中(如图 1-23-7、图 1-23-8 所示)。

通过调节滑动变阻器的阻值，实现对磁场大小的控制；通过改变线圈接线柱接到电路中的方向，改变电流方向，即可改变磁场方向。

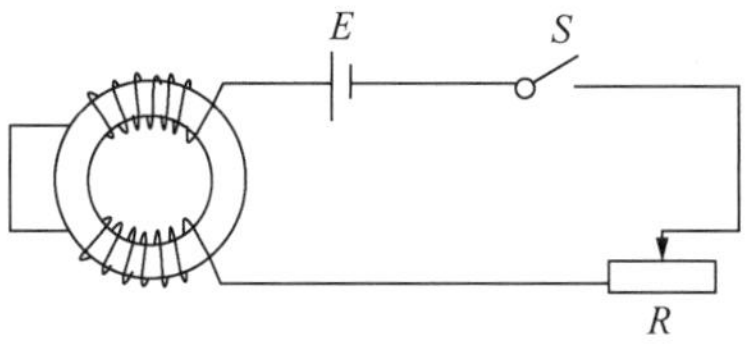


图 1-23-7 竖直线圈电路图

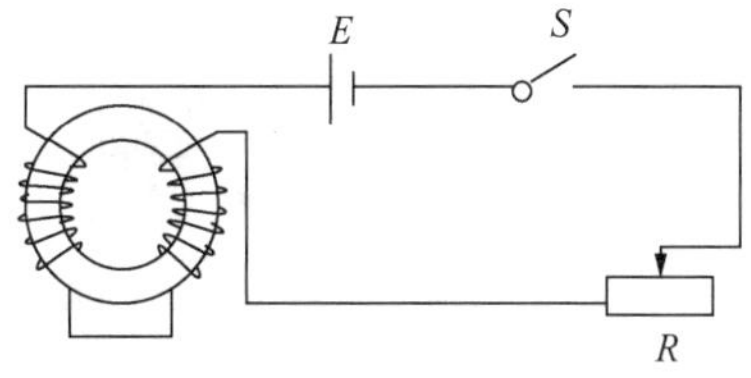


图 1-23-8 水平线圈电路图

## 四、制作材料

CRT 显像管黑白监视器、20 Ω 滑动变阻器 2 个、开关 2 个、1 号电池 4 节、导线若干、双头香蕉插头导线 4 条、木板、电烙铁、焊锡、热熔胶。

## 五、制作方法

1. 用木板作为底板，利用电钻在适当的位置钻好孔，使电线的分布隐藏在背面，同时方便后续用香蕉插头导线来变换电路。

2. 拆开 CRT 监视器的外壳，将原来连接线圈和内部电路的 4 条导线从中间切断。连接 2 个线圈的 4 条导线与中间列(第二列)接线柱相接；连接内部电路的 4 条导线与第一列接线柱相接。将 2 个外部直流控制电路连接好，与第三列接线柱相接。

3. 在木板上粘贴白纸，并画上相应的电学元件和电路图。按照实验原理，将外部直流控制电路连接好，并将开关和滑动变阻器固定在装置正面，方便演示操作。

## 六、使用方法

1. 连接好电路，将面板前的闸刀开关断开，在面板背后装好 4 节 1.5 V 的 1 号电池，将 2 个滑动变阻器的阻值调到最大。将 2 个线圈的接线柱都接在左边对应的内电路接线柱上。

2. 插上电视机的电源插头，按下电视机的开关按钮。此时电视机正常工作，能够看到完整清晰的电视画面。

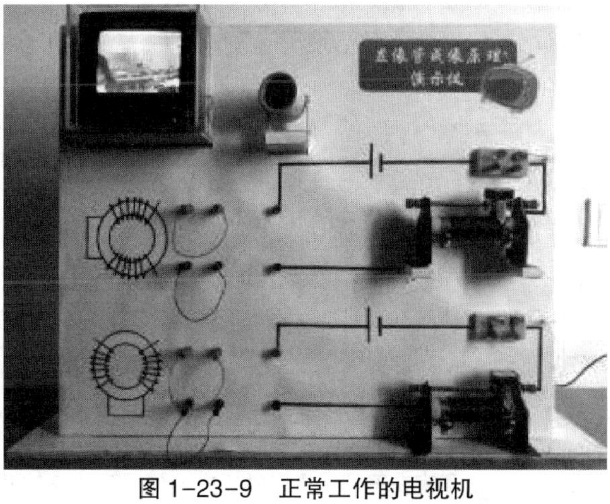

图 1-23-9 正常工作的电视机

3. 将第一个竖直线圈的接线柱改接到上面的外部电路当中(外部电路开关仍断开)。此时原本的画面消失。由于失去了竖直线圈的作用，电子束无法上下偏转，只能在水平方向上移动，从而画面变成一条水平亮线(如图 1-23-10 所示)。

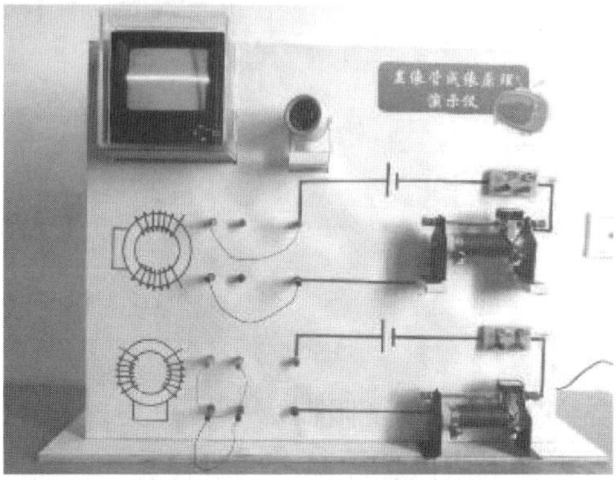

图 1-23-10 断掉控制电子竖直偏转的线圈后

4. 把第二个水平线圈的接线柱也改接到下面的外部电路当中(外部电路开关仍断开)。此时原本的水平亮线消失。由于失去了水平线圈的作用，电子束无法实现左右水平偏转，从而画面变成屏幕正中间的一个光点(如图 1-23-11 所示)。

图 1-23-11 无磁场作用下的电子束

5. 用“U”形磁铁靠近显像管，引导学生利用左手定则，判断电子束的偏转情况。

图 1-23-12 电子束在不同“U”形磁场方向作用下的偏转演示

6. 拿掉“U”形磁铁，闭合上面外部电路的闸刀开关，调节滑动变阻器，可观察到电子束随着阻值的改变而在竖直方向的上半轴移动。当交换线圈接入外部电路的接线柱时，由于流入线圈的电流方向发生改变，磁场反向。同样，调节滑动变阻器的阻值，电子束随着阻值的改变而在竖直方向的下半轴移动。操作完成后断开开关。

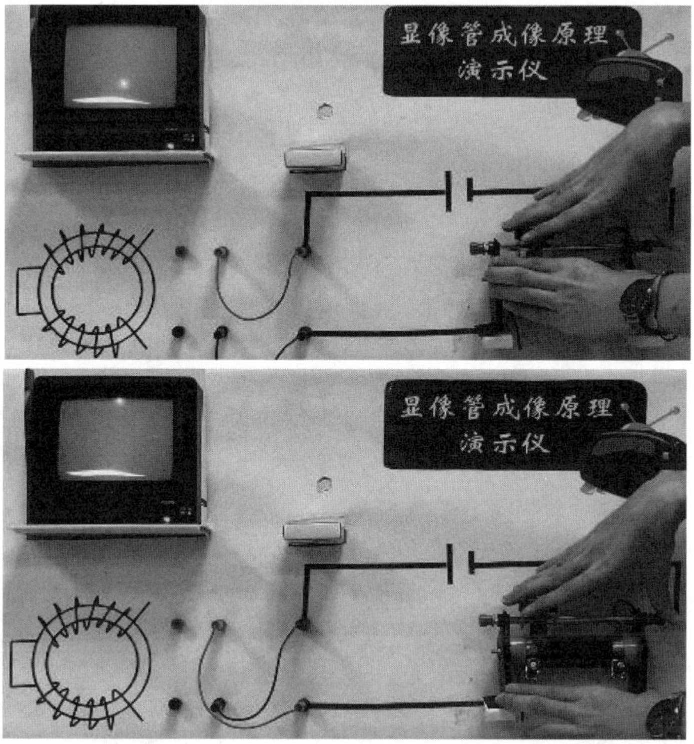


图 1-23-13　电子束在偏转线圈作用下的竖直偏转演示

7. 闭合下面外部电路的闸刀开关，重复进行步骤 6 的操作，可实现电子束水平方向的移动。

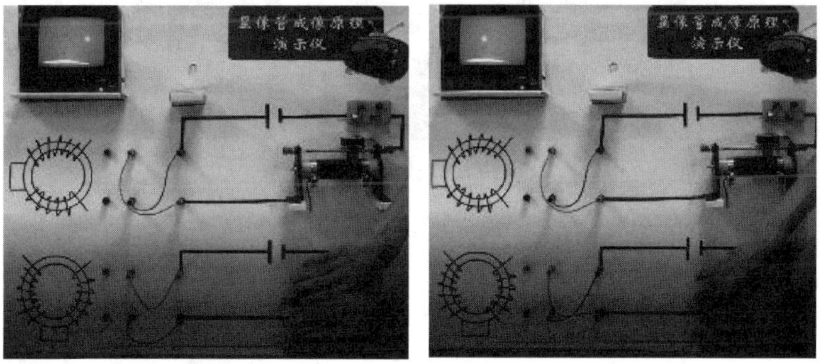

图 1-23-14　电子束在偏转线圈作用下的水平偏转演示

8. 当同时闭合上面和下面的闸刀开关时，任意调节滑动变阻器的阻值，可实现电子束在屏幕任意位置的偏转。

9. 把两个线圈的接线柱再次接回电视机内部电路的接线柱，电视机又重新出现正常的画面。

# 1.24 探究“形杯问题”多功能演示仪

四川省平昌县信义小学 何海军
四川省巴中市教育技术装备中心 李宴华

## 一、教具的教学意义和价值

“形杯问题”是初中物理力学中的学生难以理解的难点之一，在各类考试中经常出现。然而学校实验室中并没有相关仪器可供演示或探究，学生只能依靠抽象的压强和压力计算公式，在理论上枯燥地分析和推导，无法通过实验、实践获得更深刻理解。本教具着眼于“形杯问题”实验，可以帮助学生更直观地理解“形杯问题”，填补了学校实验室仪器设备在这方面的空缺。

## 二、教具装置图

图 1-24-1

## 三、仪器特点及用途

### （一）特点

本教具能直接演示液体压强与深度有关而与质量无关，能对比得到“形杯问题”中液体压强和压力的特点，使教学生动化、数字化，实验现象更直观，实验结论更有效。

### （二）用途

本教具可演示以下实验。

1. 探究液体压强随深度变化的变化。
2. 探究“形杯问题”中，等高液体对容器底部的压强。
3. 探究“形杯问题”中，等高液体容器对桌面的压力。
4. 探究“形杯问题”中，等质量液体对容器底部的压强。
5. 探究“形杯问题”中，等质量液体容器对桌面的压力。
6. 演示连通器原理。

## 四、制作材料

约长 30 cm、宽 10 cm、高 25 cm 的玻璃容器 1 个，长 25 cm、宽 10 cm 的玻璃活动隔板(带密封胶条)4 块，微小压强计 1 只，微型抽水机 1 个，电子秤 1 台，水槽 1 个。

## 五、制作方法

1. 在玻璃容器底部钻一直径 1 cm 的小孔，固定好微小压强计探头。
2. 用胶管将微小压强计探头与“U”形玻璃管连通，将“U”形玻璃管固定在铁架台上。
3. 将玻璃容器放到水平台上的电子秤上。

## 六、使用方法

1. 将本教具放置在水平桌面上，水槽中装一定量的水。此时电子秤可测出教具自身的重量。

2. 用抽水机从水槽中向玻璃容器中加水，微小压强计可显示液体压强随深度的变化，电子秤可测量容器总压力。

3. 将活动隔板插入玻璃容器中，并用抽水机抽出容器两侧部分的水，保留中间柱形部分的水，微小压强计可显示液体压强不变，电子秤可测得容器总压力逐渐减小。

4. 抽出玻璃容器中的活动隔板，水位降低，微小压强计可显示液体压强减小，电子秤可测得容器总压力不变。

5. 抽出玻璃容器中的活动隔板，可演示连通器原理。

# 1.25 百变透镜

四川省宜宾市南溪区南溪一中外国语实验学校 张 超 袁连芬 曹衍萍

## 一、教具的教学意义和价值

本教具可以演示凸透镜对光的汇聚作用、凸透镜的焦距与透镜凸出程度的关系、凹透镜对光的发散作用、近视眼的成因、近视眼的矫正、远视眼的成因、远视眼的矫正等多个实验，提高了实验器材的利用率，突破了透镜中有关焦距与透镜凸出程度的关系、近视眼远视眼的成因及矫正等相关知识难点。

实验现象是动态变化的，能让学生完整地观察变化过程，便于思考和开阔思维。

实验箱上刻度的设计使焦距变化更加直观具体，学生能借助刻度清晰地看到焦距的变化。

实验器材制作简单，方便存放及携带，也可以让学生分组制作，锻炼学生的动手能力，培养学生对物理的兴趣。

## 二、教具装置图

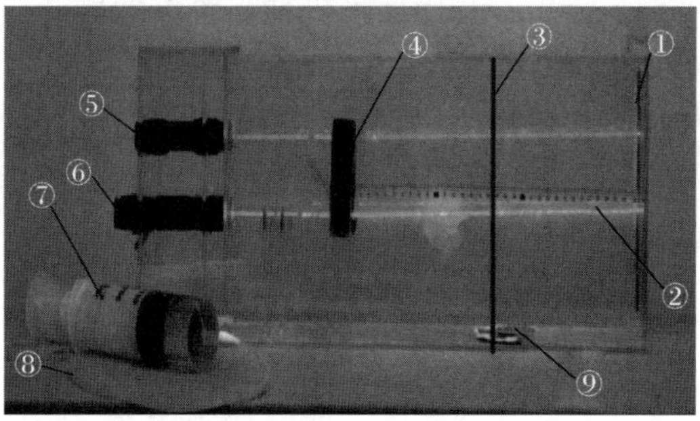


①—有机玻璃箱；②—刻度；③—模拟视网膜；④—可变透镜；⑤—红色激光笔；⑥—绿色激光笔；⑦—注射器；⑧—导管；⑨—檀香。

图 1-25-1

## 三、仪器特点及用途

实验的设计思路是，将生活中常见的物品进行创新改装，使用可见度非常好的激光笔作为光源，让实验现象更加明显，更便于观察。自制透镜可用注射器调节注水量，从而改变凸凹程度，使焦距能动态变化，产生动态的实验现象，便于学生理解知识以及开阔思维。焦距可变使本教具拥有更多可能，可以用一组器材完成多个实验，如凸透镜对光的汇聚作用、凸透镜的焦距与透镜凸出程度的关系、凹透镜对光的发散作用、近视眼的成因、近视眼的矫正、远视眼的成因、远视眼的矫正等。

## 四、制作材料

有机玻璃箱一个、塑料刻度尺胶条、红色激光笔一支、绿色激光笔一支、透明气球、大注射器两个、橡胶导管两根、塑料圆筒两个、电工胶布、檀香。

## 五、制作方法

1. 在塑料圆筒上开一个小孔，把橡胶导管与塑料圆筒相连，做好密封，再连接注射器。
2. 把气球套在塑料圆筒上，用电工胶布把气球压紧，防止漏气。
3. 用注射器多次注水，排尽空气，制成可变透镜——用注射器向透镜里注水和抽水可改变透镜的焦距，操作起来非常方便。
4. 将自制透镜竖直放入有机玻璃箱，安装时要确保透镜轴心与有机玻璃箱上的刻度标尺在同一高度。有机玻璃箱底部放入点燃的檀香，使玻璃箱中充满烟雾，以增强实验的可视性。
5. 将红、绿两支激光笔卡入玻璃箱一侧作为光源。

## 六、使用方法

### （一）凸透镜对光的汇聚作用

打开光源，调节两束光为平行光。用注射器向透镜中注水，形成凸透镜，能观察到光线通过凸透镜后发生了汇聚（如图 1-25-2 所示）。关闭光源，调整透镜。打开红光并改变红光的入射角度，使红光变为非平行光。用注射器向透镜中注水，形成凸透镜，能观察到光线通过凸透镜后也向主光轴方向偏移（如图 1-25-3 所示）。可以得出凸透镜对光线有汇聚作用的结论。

图 1-25-2

图 1-25-3

### （二）凸透镜的焦距与透镜凸出程度的关系

打开光源，往透镜中注水，使透镜变为凸透镜。通过玻璃箱上的刻度，读出此时焦距为 21.00 cm（如图 1-25-4 所示）。继续注水，可以看到凸透镜变得更凸，焦点向透镜方向移动，焦距变短。此时焦距为 16.00 cm（如图 1-25-5 所示）。关闭光源，调整透镜。可以得出凸透镜凸出程度越大，焦距越短的结论。

图 1-25-4

图 1-25-5

### （三）凹透镜对光的发散作用

打开光源，调节两束光为平行光。用注射器往外抽水，使透镜变成一个凹透镜。可观察到光线经凹透镜折射后明显发散（如图 1-25-6 所示）。关闭光源，调整透镜。打开红光并调整红光的入射角度。用注射器往外抽水，使透镜变成一个凹透镜。可观察到非平行光线经凹透镜折射后也明显发散（如图 1-25-7 所示）。可以得出凹透镜对光具有发散作用的结论。

图 1-25-6

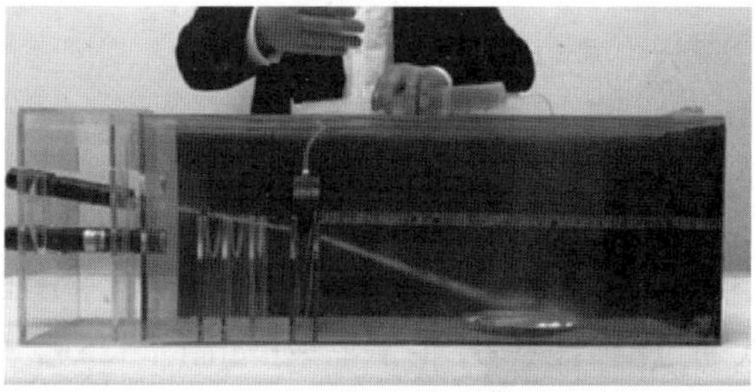

图 1-25-7

### （四）近视眼的成因

在玻璃箱上用两条线来标记视网膜的位置，玻璃箱内的自制透镜用于模拟晶状体。打开光源，先往透镜中注水，远处射来的光刚好汇聚在视网膜上（如图 1-25-8 所示），模拟正常眼的晶状体。再继续注水，模拟晶状体变厚，发现远处射来的光汇聚在视网膜前（如图 1-25-9 所示）。这就是近视眼的成因之一——晶状体太厚，折光能力太强。模拟近视眼成因的实验演示完成。

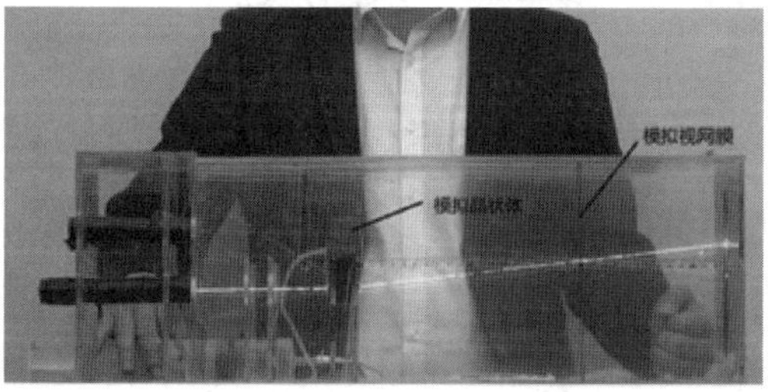


图 1-25-8

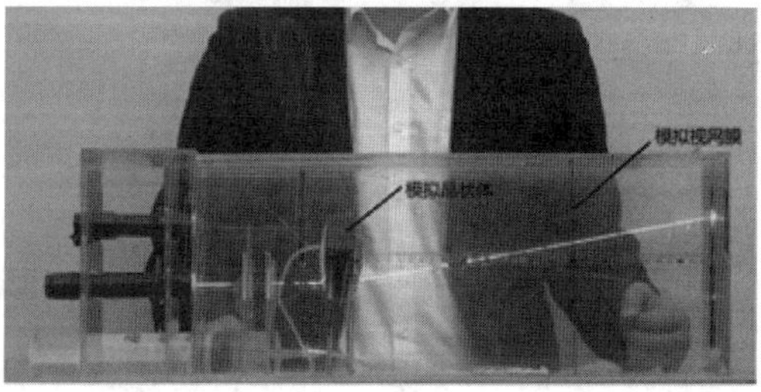


图 1-25-9

### （五）近视眼的矫正

在凸透镜前放一个矫正透镜，调节注水量，使光重新汇聚在视网膜上（如图 1-25-10 所示）。关闭光源，取出矫正透镜，观察到该透镜为凹透镜（如图 1-25-11 所示）。可以得出矫正近视眼应佩戴凹透镜的结论。模拟近视眼矫正的实验演示完成。

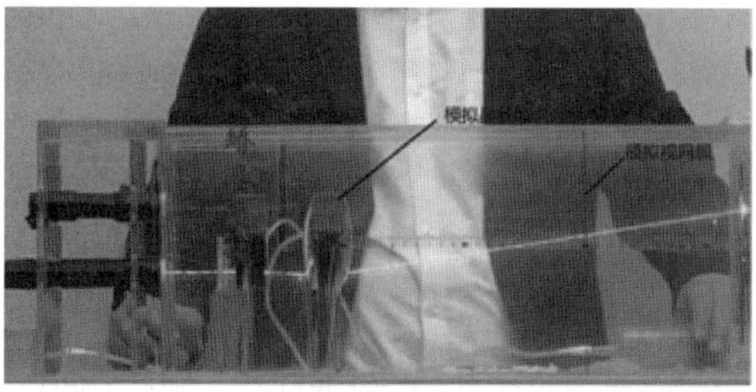

图 1-25-10

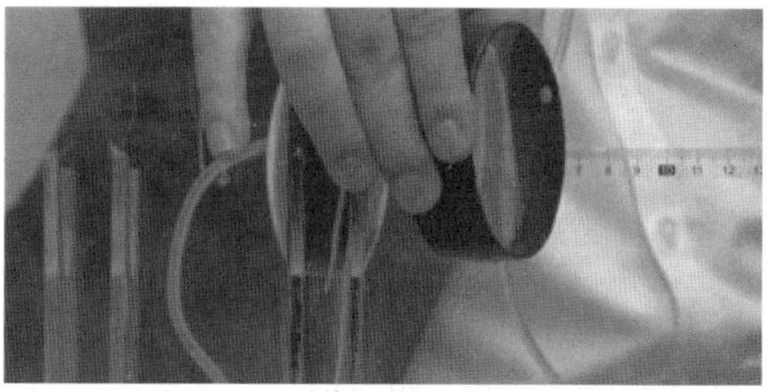
图 1-25-11

### （六）远视眼的成因

打开光源，调节透镜中的注水量，使光汇聚在视网膜上，模拟正常眼的晶状体（如图 1-25-12 所示）。再继续抽水，模拟晶状体变薄，光汇聚在视网膜后（如图 1-25-13 所示）。这就是远视眼的成因之一——晶状体太薄，折光能力太弱。模拟远视眼成因的实验演示完成。

图 1-25-12

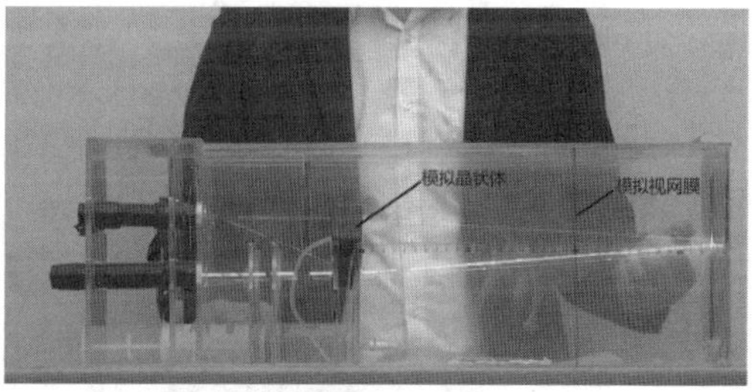

图 1-25-13

### （七）远视眼的矫正

在凸透镜前放一个矫正透镜，调节注水量，使光重新汇聚在视网膜上（如图 1-25-14 所示）。关闭光源，取出矫正透镜，观察到该透镜为凸透镜（如图 1-25-15 所示）。可以得出矫正远视眼应佩戴凸透镜的结论。模拟远视眼矫正的实验演示完成。

图 1-25-14

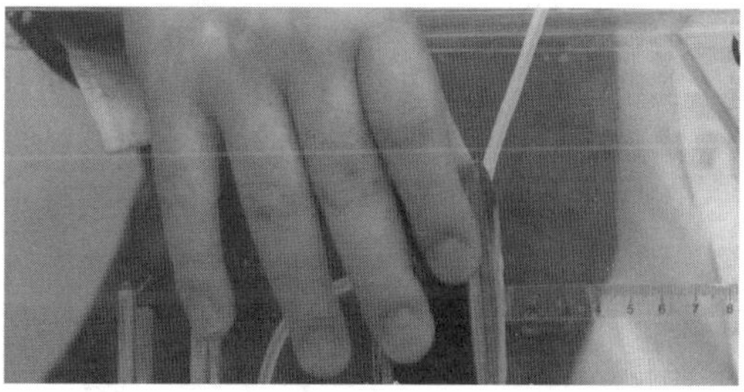
图 1-25-15

# 1.26 雾化式几何光学演示仪

云南省禄劝彝族苗族自治县思源学校 王连友

## 一、教具的教学意义和价值

在初中物理光学部分的教学中，光学演示实验现象不明显是一大问题，部分教师通过播放视频或动画演示的方式进行教学，教学效果不明显。此外，光路显示几乎是平面的，在一定程度上限制了学生的思维发展。

自制旋转光源可以将平面光路显示转换成立体光路显示，通过加湿器喷雾，强化光路显示效果；自制水透镜通过改变其中的水量，可以实现从凸透镜到凹透镜(或从凹透镜到凸透镜)的“无级”转换，不仅视觉冲击力强，能够激起学生兴趣，而且有利于学生思维的发展。教具制作简单，操作容易，实验现象明显，可重复长期使用，适合推广。

## 二、教具装置图

图 1-26-1

## 三、仪器特点及用途

### (一) 特点

1. 自制旋转光源，将传统的平面光路显示改进成立体光路显示，演示现象明显。
2. 自制水透镜，可实现从凸透镜到凹透镜(或从凹透镜到凸透镜)的“无级”变化。
3. 可以使用固定焦距的凸透镜和凹透镜演示立体光路。
4. 使用加湿器喷雾显示光路，现象明显，且环保无污染。
5. 梯形水槽的设计，在不改变激光笔位置的情况下实现了入射光的垂直入射和斜射。
6. 旋转平面镜的应用，可以在一定范围内改变激光射入水中的入射角，实现折射、反射和全反射的连续变化。

7. 使用黑色亚克力板，对比明显，减少了反射光对实验的影响。
8. 激光笔使用带胶头螺丝固定，方便安装和更换。

### （二）用途

1. 演示光沿直线传播。
2. 演示玻璃透镜对平行光的立体光路。
3. 演示玻璃透镜对点光源的立体光路。
4. 演示凸透镜成像的立体光路。
5. 演示水透镜对平行光的立体光路。
6. 演示近视眼的成因及矫正的立体光路。
7. 演示远视眼的成因及矫正的立体光路。
8. 演示光的全反射和折射。

## 四、制作材料

长 95 cm、宽 24 cm、厚 2 cm 的木板 1 块。亚克力板：长 70 cm、宽 20 cm 的 2 块，长 20 cm、宽 20 cm 的 2 块，长 50 cm、宽 15 cm 的 2 块，长 20 cm、宽 6 cm 的 2 块。玻璃固定夹 8 个。长 60 cm 的光具座 1 个。长 11 cm、直径 2 cm 的充电式绿光激光笔 3 支。转速 3500 r/min 的 12 V 直流电机 1 个。12 V、2 A 电源适配器 1 个。内孔径 12 mm 带座轴承 1 对。带宽 10 mm 的 2 GT 同步皮带轮 1 对(20 齿：60 齿)。宽 10 mm、长 240 mm 的皮带 1 条。加湿器 1 个。150 mL 和 200 mL 的针筒各 1 个。直径大于 75 mm 的凸透镜4 个。直径大于 75 mm 的凹透镜 3 个。平面镜 2 块。直径 12 mm 金属棒 1 根。直径 6 mm 铜管 1 根。厚 15 mm 的灰色 PVC 板若干。直径 75 mm PVC 下水管若干。透明橡胶套若干。宽 8 cm、厚 2.5 cm 的方条若干。螺丝若干。

## 五、制作方法

1. 用玻璃夹将亚克力板固定在木板上，制成一个 70 cm×20 cm×20 cm 的箱体；正面两块为透明板，背面两块为黑色板。靠近激光笔的一面中心处开直径为 75 mm 的圆孔(如图 1-26-2 所示)。

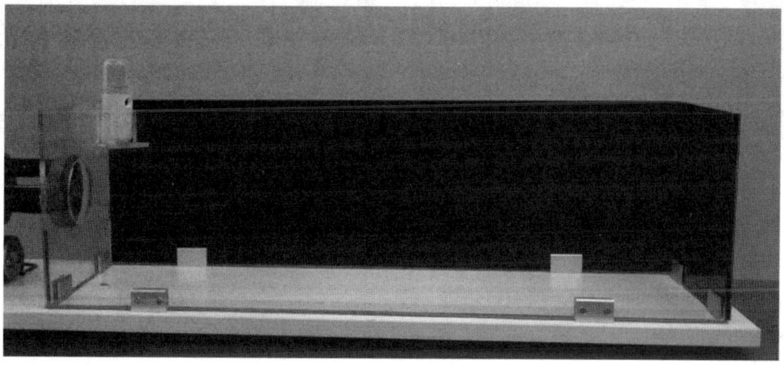

图 1-26-2

2. 用玻璃胶固定亚克力板，粘成 50 cm×15 cm×6 cm 的梯形水槽，与水平面的夹角为

45°(如图 1-26-3 所示)。

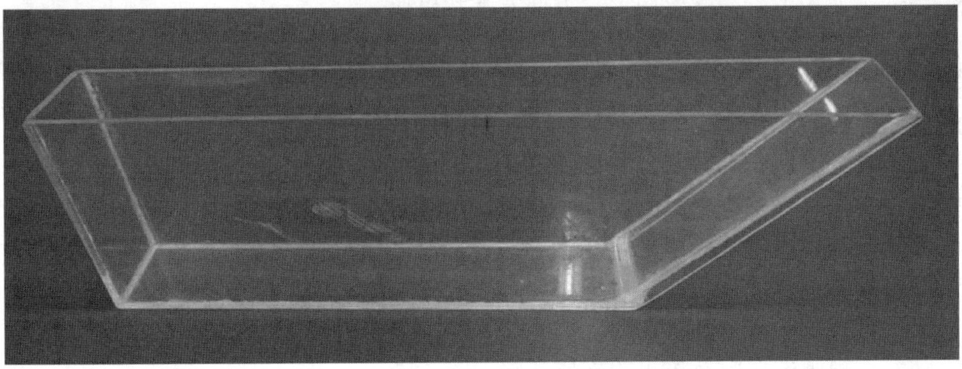

图 1-26-3

3. 将光具座改短为 60 cm 长(如图 1-26-4 所示)。

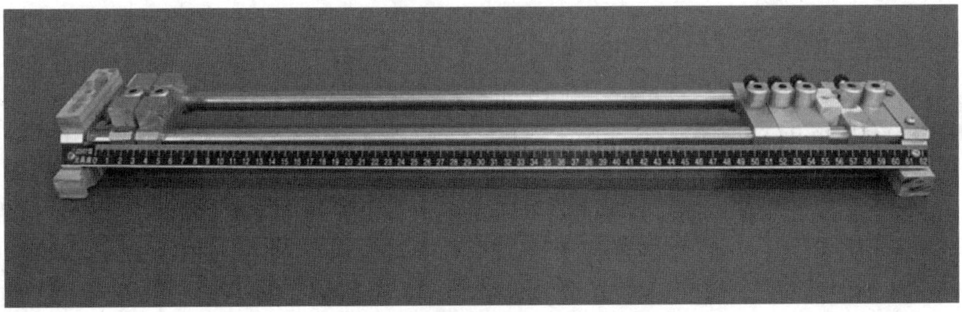

图 1-26-4

4. 制作水透镜。将直径 75 mm 的 PVC 下水管切成宽 12 mm 的环，用胶将直径为 6 mm 的空心铜管固定在两侧，排气孔一端的铜管上套 3~5 cm 长的软管(如图 1-26-5 所示)，再用透明橡胶套绷在 PVC 环上，用细线扎紧(如图 1-26-6 所示)。

图 1-26-5

图 1-26-6

5. 制作可旋转的平面镜支架。用木头做成高 13 cm 的可以旋转的平面镜支架(长 10 cm、宽7 cm)(如图 1-26-7 所示)。

6. 制作光源支架。用宽 2.5 cm、高 8.5 cm 的木块制作出如图 1-26-8 所示的光源支架。用螺丝固定在底座上。

图 1-26-7

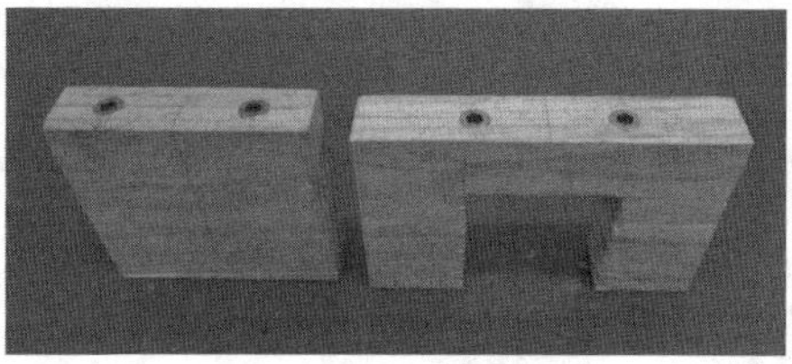

图 1-26-8

7. 制作激光笔固定支架。

(1) 将厚 15 mm 的灰色 PVC 板切成直径为 8 cm 的圆盘，以圆盘中心为圆心，在距圆心 2.5 cm 处开互成 120°、直径为 22 mm 的孔，圆心处开 12 mm 的孔(如图 1-26-9 所示)。圆盘侧面以 22 mm 的孔为圆心，均匀地打 6 个直径为 7 mm 的孔，并用胶把母螺丝杆固定在孔中，如图 1-26-10 所示。

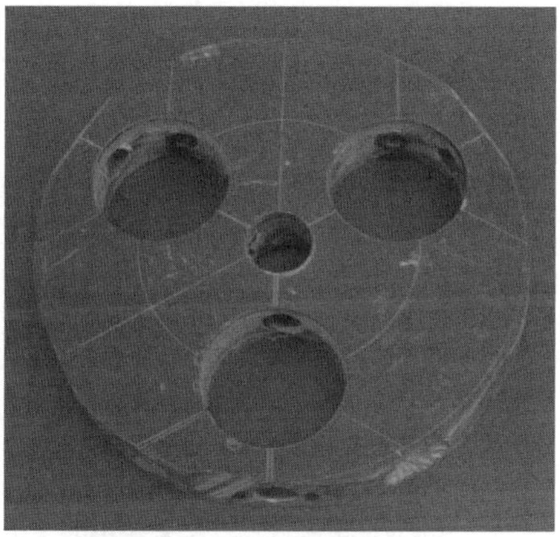

图 1-26-9

图 1-26-10

(2) 将直径 12 mm 的金属棒穿过两个圆盘，用胶固定在一起(如图 1-26-11 所示)。

图 1-26-11

（3）将轴承和 60 齿同步皮带轮轴固定于金属棒上，用 4 mm 带胶头螺丝固定激光笔（如图 1-26-12 所示）。

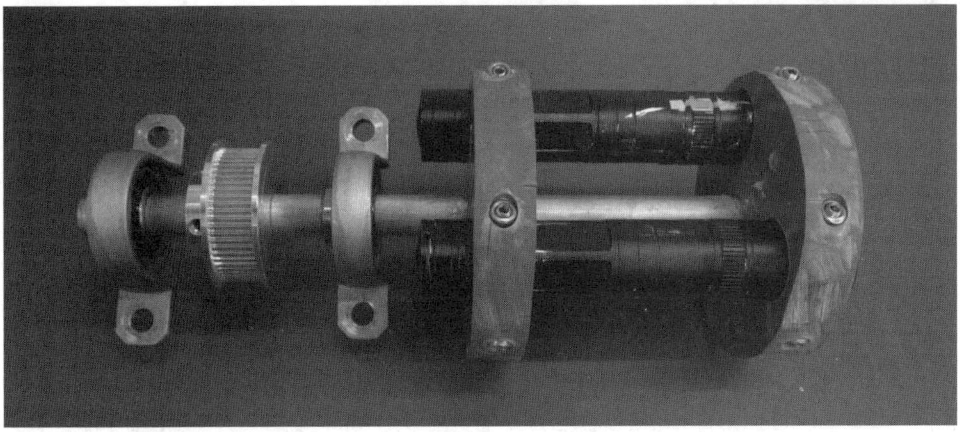

图 1-26-12

8. 安装电动机和开关。用螺丝将 3500 r/min 的 12 V 直流电动机固定在底座上，电动机中心轴与底座中心线对齐。安装船形开关，连接好长 2 m、12 V 的直流电源插头（如图 1-26-13 所示）。

图 1-26-13

## 六、使用方法

### （一）演示光沿直线传播

打开加湿器开关，向箱体内喷雾。打开激光笔，可观察到三束激光在空气中沿直线传播；打开光源旋转开关，可观察到三束激光变成光柱。

把光具座放入箱体中。在梯形水槽内倒入 2/3 的清水，放在光具座上，水槽竖直的一面面对激光源。打开激光笔，可以观察到三束激光在清水中沿直线传播；打开光源旋转开关，可观察到三束激光变成光柱。

用 200 mL 的针筒，把染成红色的浓盐水缓慢地注入梯形水槽中，可观察到激光在不均匀的盐水中发生了偏折。用搅拌器将整槽盐水搅拌均匀，可以观察到激光又沿直线传播。

### （二）演示玻璃透镜对平行光的立体光路

将直径大于 75 cm 的凸透镜和凹透镜安装在光具座上。打开加湿器和激光笔开关，可观察到三束平行光经凸透镜/凹透镜折射后汇聚/发散的光路；打开光源旋转开关，使光源旋转，并移动凸透镜和凹透镜的位置，可观察到光柱经透镜折射后的立体光路。

### （三）演示玻璃透镜对点光源的立体光路

在光具座上安装两个不同焦距的凸透镜，其中一个靠紧激光源。打开加湿器和激光笔开关，用纸板遮挡前部分光路，模拟点光源发出的光。再移动另一个凸透镜位置，可以观察到立体光路变化。

### （四）演示凸透镜成像的立体光路

在光具座上安装两个不同焦距的凸透镜，其中一个靠紧激光源。打开加湿器和激光笔开关，用纸板遮挡前部分光路，制造点光源。移动另一个凸透镜，改变凸透镜与点光源之间的距离，即物距，实现物距从小于 1 倍焦距到大于 2 倍焦距的连续变化，进而实现点光源经凸透镜折射后从发散、平行到汇聚的连续变化，演示 1 倍焦距和 1 倍焦距内不成实像的原因。把发光二极管作为光源，解释凸透镜成倒立放大、倒立等大、倒立缩小的条件。

### （五）演示水透镜对平行光的立体光路

将制作好的水透镜安装在光具座上。打开加湿器、激光笔和光源旋转开关，向水透镜内注水或抽水，改变水透镜中的水量，实现水透镜从凸透镜到凹透镜（或从凹透镜到凸透镜）的“无级”转换。观察光柱经水透镜折射后发散、平行、汇聚的连续变化。

### （六）演示近视眼的成因及矫正的立体光路

将制作好的水透镜和焦距为 26 cm 的凸透镜安装在光具座上。打开加湿器、激光笔和光源旋转开关，用纸板遮挡前部分光路，模拟近处物体发光或反射光。调节水透镜内的水量，使折射光汇聚在光屏上。向水透镜内注入适量的水，可观察到水透镜变厚，折射光汇聚点向前移（解释近视眼的成因）。再将焦距适当的凹透镜放置于水透镜和凸透镜前，可观察到折射光汇聚点又移到光屏上（解释近视眼的矫正）。

### （七）演示远视眼的成因及矫正的立体光路

将制作好的水透镜安装在光具座上。打开加湿器、激光笔和光源旋转开关，调节水透镜内的水量，使折射光汇聚在光屏上。将水透镜内的水抽出一部分，可观察到水透镜变瘪，折射光汇聚点向后移，光屏上的光斑变成了光环（解释远视眼的成因）。再将焦距适当的凸透镜放置于水透镜和凸透镜前，可观察到折射光汇聚点又聚在了光屏上(解释远视眼的矫正)。

**(八) 演示光的全反射和折射**

把光具座放入箱体中。在梯形水槽内倒入 2/3 的清水，放在光具座上，水槽倾斜的一面面对激光源。打开激光笔，可以发现激光斜射入水中，发生了全反射。

再将可旋转的平面镜放到梯形水槽下方。旋转平面镜，改变激光斜射入水的入射角，实现折射、反射和全反射的动态变化，还可以观察到激光在水中发生连续的全反射。

# 1.27 一体化双缝干涉仪

陕西省西安市第八十五中学 倪 侃

## 一、教具的教学意义和价值

第一，节省了实验时间。本仪器不用组装，学生在一节课中有足够的时间去理解本仪器的构造和测量原理，有足够的时间去进行测量和数据的处理。

第二，提高了干涉图样的清晰度。由于发光二极管(LED)的聚光性比小灯泡强得多，且离单缝非常近，本仪器产生的干涉图样比以往白炽灯光源所形成的干涉图样清晰得多，使得测量过程更加轻松，测量数据更加精确。

第三，突破了空间限制，提升了使用功能。仪器实现了一体化，相比原来的仪器，功能得到了提升。原来的仪器只能用于分组实验，且组装调试好后不能移动，本仪器既可以用于分组实验，又可以突破空间限制，拿到教室进行课堂演示。为了课堂演示时全班学生都能看见干涉图样，笔者将测量头安装在干涉仪的测量头上并与多媒体连接，可以直接将干涉图样显示在屏幕上，教学效果非常好。

## 二、教具装置图

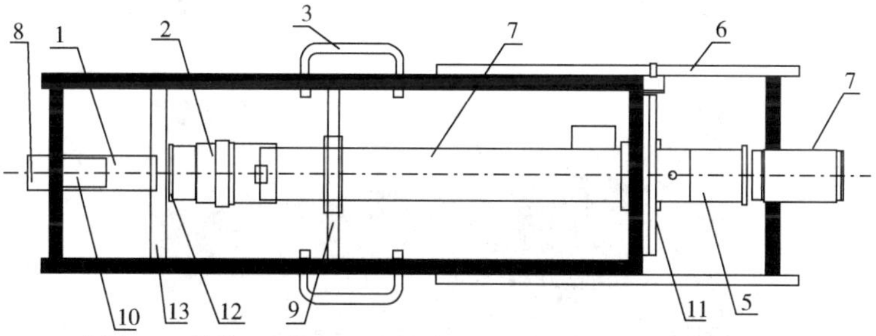


1—LED 光源；2—单缝双缝镜头；3—提手；4—遮光筒；5—测量头；6—固定装置；7—摄像头；8—开关按钮；9—支架；10—电池盒；11—游标卡尺；12—滤光片；13—挡板。

图 1-27-1

## 三、仪器特点及用途

### (一) 特点

1. 解决光源问题。原实验仪器中的光源是 12 V 的小灯泡(用学生电源将 220 V 交流电经稳压降压后为小灯泡供电)，经凸透镜聚光照射到单缝上，亮度差且不好调试。本仪器用发光二极管替代小灯泡，用一节 5 号电池供电，聚光性能好，干涉图样清晰得多，还可以省去学生电源、凸透镜。

2. 解决组装烦琐问题。原实验仪器采用分立式套件布局，占用空间大，使用前的组装调试非常费时费工。鉴于此，笔者缩短遮光筒长度，同时减小双缝间距，使仪器更加轻巧。将光源、单缝、双缝、遮光筒、测量头等部件组装调试好后固化成型，使数据测量得心应手。

3. 解决空间移动问题。原实验仪器组装调试好后不能轻易移动，否则再次测量时就会出现图样消失或变暗的问题。为此，笔者将仪器组装在一个木制盒子里，盒子可以盖住，两边有提手，既可以遮光，又便于搬运。

4. 仪器关键部件可拆卸。本仪器只将测量头、遮光筒、光源固定，关键部件如双缝、单缝、滤光片等都可以拆卸，不影响学生对仪器构造的了解和掌握。

### （二）用途

用双缝干涉仪测光的波长，是人教版高中物理选修 3-4 教材中一个重要的学生分组实验。本仪器既可以用于分组实验，又可以拿到教室进行课堂演示，教学效果更好。

## 四、制作材料

发光二极管、松木盒体、油漆、弹性尼龙塑料、遮光筒支架、密封垫圈、电动工具、三角螺钉、松木支架、J2515 型高精度游标卡尺测量头、5 号干电池、测量筒、电工支架、强力胶、滤光片、单缝、双缝等。

## 五、制作方法

1. 双缝干涉仪去掉学生电源、凸透镜、单缝，用高亮度发光二极管取代小灯泡，用一节 5 号电池供电。

2. 把遮光筒长度由 600 mm 缩短至 250 mm，同时减小双缝间距。

3. 将光源、单缝、双缝、遮光筒、测量头等部件按设计要求组装调试好，固化成型（如图 1-27-2 所示）。

图 1-27-2

4. 将仪器组装在一个木制盒子里，盒子两侧打孔，测量头和电池盒安装在盒子外面，分别通过两侧的孔与盒内的遮光筒和发光二极管相连并固定。发光二极管在盒内正对滤光片和双缝。（如图 1-27-3、图 1-27-4 所示）。

图 1-27-3

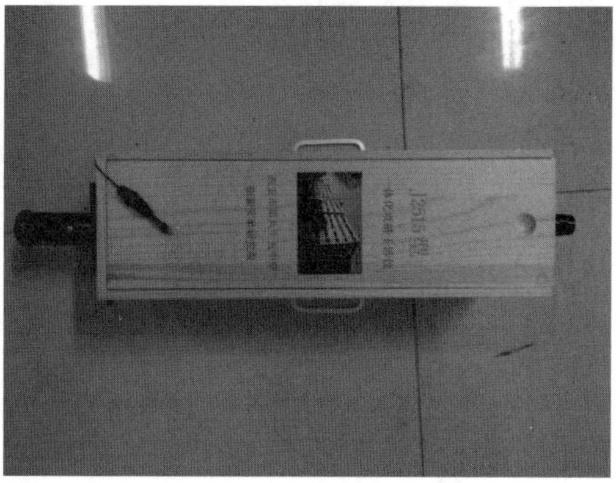

图 1-27-4

5. 将摄像头安装在干涉仪的测量头上，与多媒体连接后可以直接将干涉图样显示在屏幕上(如图 1-27-5 所示)。

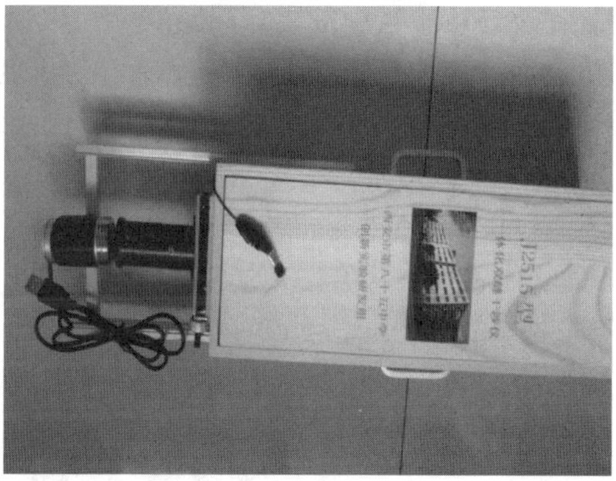

图 1-27-5

## 六、使用方法

把一体化双缝干涉仪放在实验台上，扣上外壳盖子；打开电源开关，用肉眼对着测量头目镜观察，看到干涉条纹；使分划板中心刻线对齐某条亮条纹的中央，记下手轮上的读数 $a_1$；转动测量头，使分划板中心刻线移动，记下移动的条纹数 $n$ 和移动后手轮上的读数 $a_2$，$a_2$ 与 $a_1$ 之差即为 $n$ 条亮纹的间距；重复测量，计算单色光波长的平均值；换用不同滤光片，重新测量。

# 1.28 简易交流异步电动机

新疆维吾尔自治区乌鲁木齐市新疆师范大学附属中学 王理想

## 一、教具的教学意义和价值

本教具能带给学生更强的体验感、新鲜感、成就感，激发学生学习物理的兴趣，培养学生创新精神、实践能力、合作意识。物理课堂生活化是提升中学生物理核心素养的重要实践路径。通过教学实践，科学合理选择材料，利用课堂时间，学生可分组完成电动机的制作，成功率高，课堂教学效果和学生受益最大化。学生因此建立了物理观念，培养了物理思维，能灵活运用物理知识来解决生活中的实际问题。

交流电动机相对直流电动机，实验原理更复杂。交流电动机的制作过程，是学生加深对电磁感应知识的理解并灵活运用的过程，同时拉近了物理与生活的距离，让学生深刻感受到科学的真实性，树立正确的科学态度。

## 二、教具装置图

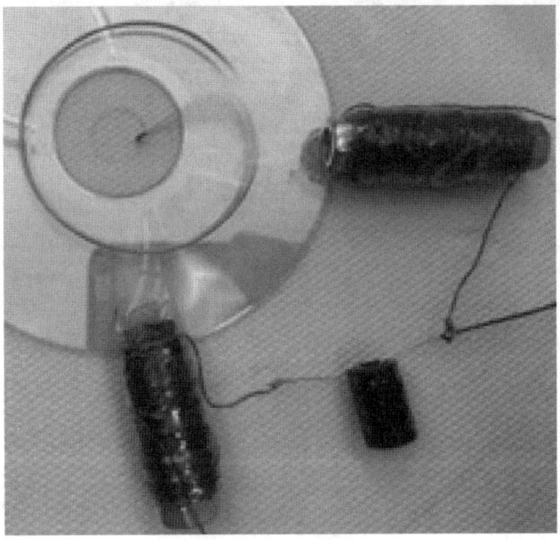

图 1-28-1

## 三、仪器特点及用途

### (一) 特点

本教具的原理是利用电磁驱动。异步电动机工作时，旋转磁场与转子之间存在相对运动，由于电磁感应现象，转子中产生感应电流(涡流)，产生电磁转矩，从而实现电能、磁场能、机械能之间的转换，驱动转子转动。因为转子的转动相对滞后于旋转磁场的转动，所以被称为异步电动机。

### （二）用途

演示交流异步电动机工作原理，帮助学生理解电磁感应。

## 四、制作材料

直径 0. 63 mm 漆包线两条，每条约 15 m；光碟一个；螺栓、螺母各两个，螺栓长约 6 cm；胶枪；学生电源；自制直径约 5 cm 铁丝陀螺一个，铁丝直径约 0. 8 mm、长度约 20 cm；430 微发电容一个。

## 五、制作方法

### （一）工作原理

本教具主要由两个自制电磁线圈和电容器构成。通过电容的移相作用，将单相交流电分离出另一相，形成相位差 90°的两相交流电。两相交流电分别流入两个成近 90°的线圈中，在空间内形成了旋转的磁场。旋转磁场在转子(铁丝陀螺)内产生感应电流(涡流)，涡流导体在旋转磁场中受力，由此转子(铁丝陀螺)被旋转磁场推拉进入旋转状态。

### （二）制作步骤

用直径约 0. 8 mm、长度约 20 cm 的铁丝制作一枚铁丝陀螺，质量相对轴心尽量对称分布，重心与转轴尽量接近同轴且尽量低，支点用锉刀打磨圆滑，减小摩擦力(如图 1-28-2 所示)。

漆包线缠绕在螺母上制作两个电磁线圈，圈数要多，以产生较大的磁力，按图 1-28-3 连接好电路。

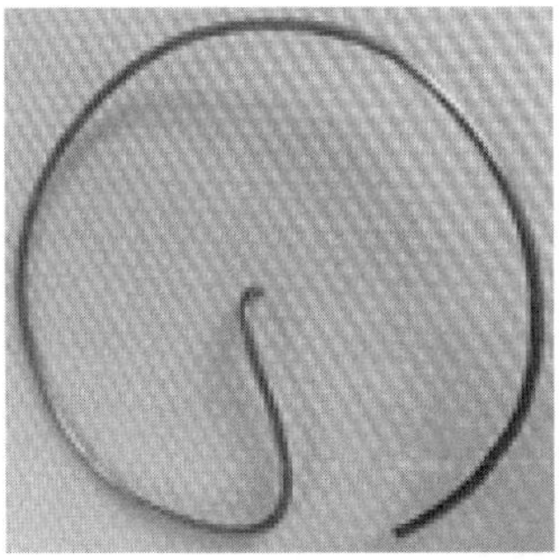

图 1-28-2

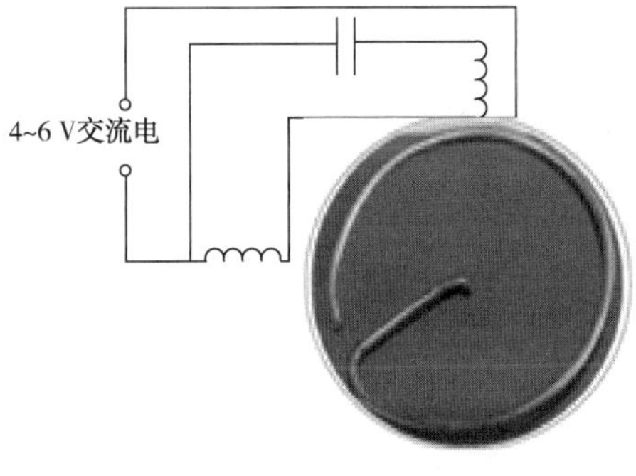


图 1-28-3

## 六、使用方法

将光盘放在平整的面上，铁丝陀螺放在光盘中心的圆孔内。利用光盘中心的圆孔，保证铁丝陀螺转动时不会因受力不均而被线圈吸附。调整好两个电磁线圈的角度及位置，电磁线圈距离铁丝陀螺 1cm 左右，约成 90°。通电调试，铁丝陀螺转动起来，此时用胶枪把线圈粘在光盘上，固定好即可。实物如图 1-28-4 所示。

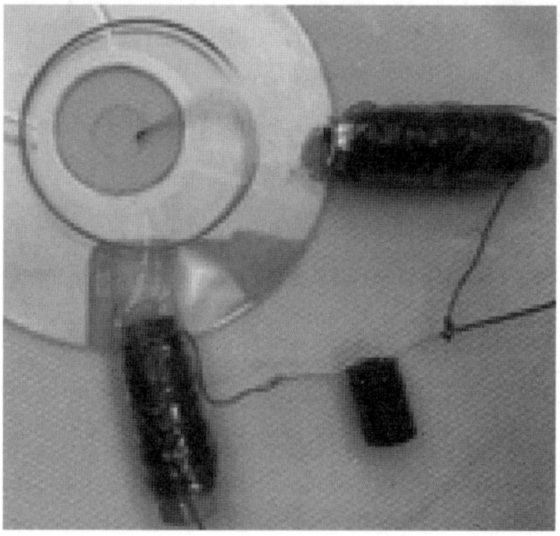

图 1-28-4

# 2 化学一等奖作品选编

# 2.1 电解水实验微观现象直观演示器

天津市滨海新区塘沽滨海中学 魏伯阳 杨路芳 史 懿

## 一、教具的教学意义和价值

学生在高中化学课上学到了电解池的知识后，会知道电解水时，阴极产生 $H_2$，局部 $c(H^+)<c(OH^-)$；阳极产生 $O_2$，局部 $c(H^+)>c(OH^-)$。虽然阴、阳极局部因酸碱性不同产生了不平衡状态，但浓度差产生的相对移动会使这种不平衡恢复。

于是演示实验教学的问题出现了：

1. 如何证明电解水时，在阴、阳极存在局部 $c(H^+)$、$c(OH^-)$不平衡的现象？

2. 如何证明阴、阳极局部浓度偏大的离子是 $H^+$离子，还是 $OH^-$离子？如何证明它们会向浓度小的方向移动？移动的真实过程又是怎样的？

3. 对于其他类型的电解反应体系，是否也能实现微观现象的可视化？

为了解决这些问题，笔者设计了这个教具。

本教具实现了电解水等化学实验微观现象的可视化，突出了化学学科通过宏观现象抽象微观的过程、利用微观机制解释宏观现象的学科特点，降低了学生的理解难度，为通过学科实验培养和形成学生学科核心素养提供了一类实验的具体操作策略，也是化学学科利用实验抓手促进新课程改革的很好案例。此外，本教具设计原理涉及化学电化学、物理电磁学相关基本知识，也是跨学科学习的很好素材。材料易得、制作简单，使得学生实验也很容易实现。

## 二、教具装置图

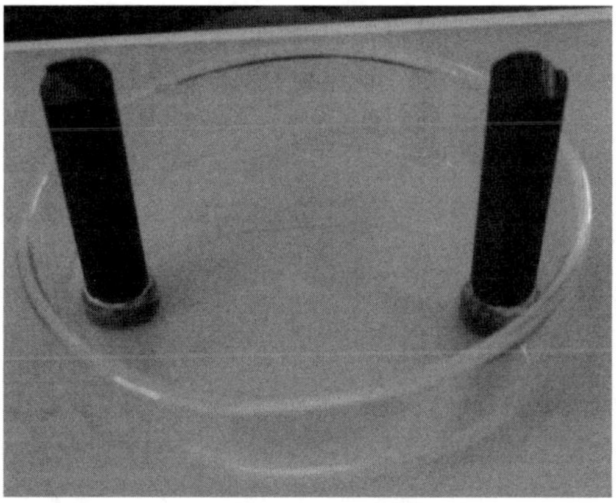

图 2-1-1 装置图

## 三、仪器特点及用途

### （一）特点

制作材料易得，制作简单，使用方便，实验效果明显，教学效果突出，可拓展性强。

### （二）用途

使用本教具演示电解水实验，通过实验现象证明肉眼观察不到的微观事实：

1. 通过指示剂颜色变化，“看到”阴、阳极存在局部 $c(H^+)$、$c(OH^-)$ 不平衡的现象。

2. 通过指示剂颜色变化，“看到”阴极局部浓度偏大的离子是 $H^+$ 离子，阳极局部浓度偏大的离子是 $OH^-$ 离子。

3. 通过指示剂颜色运动的轨迹，证明两种离子会向浓度小的方向扩散运动。若这一过程是在磁场中发生的，其受到的洛伦兹力会促使其向相对应方向偏转移动。

本教具还可在其他类型的电解反应体系中得到类似的应用。

## 四、制作材料

培养皿、导线、电源、钕铁硼强磁铁、胶枪(或白乳胶)、酚酞溶液、$Na_2SO_4$ 水溶液、石墨电极(学生实验可用曲别针代替，效果亦可接受)。

## 五、制作方法

1. 将片状钕铁硼强磁铁粘贴于培养皿底部边缘(如图 2-1-2 所示)。

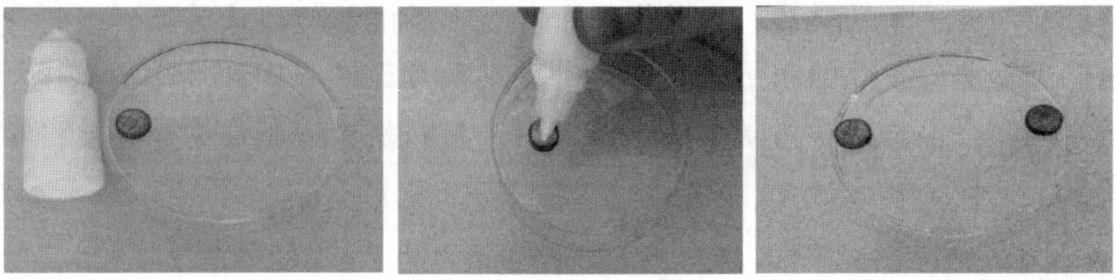

图 2-1-2

2. 在培养内部、磁铁上方粘贴石墨电极(如图 2-1-3 所示)。

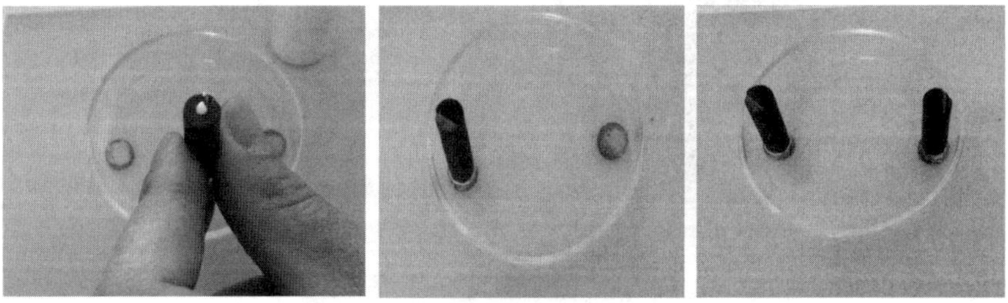

图 2-1-3

## 六、使用方法

1. 装置的主体为培养皿，其直径两端固定有电极，连接直流电源(20 V)。装置阴极正下方固定有一个 N 极朝上的片状钕铁硼磁铁。

2. 将 $Na_2SO_4$ 溶液倒入培养皿，再滴入 3~5 滴酚酞溶液。搅拌均匀并待溶液静止后，打开电源开关进行电解，观察现象。可以发现阴极附近产生了粉红色的物质，并且正按顺时针方向旋转移动至阳极(如图 2-1-4 所示)。

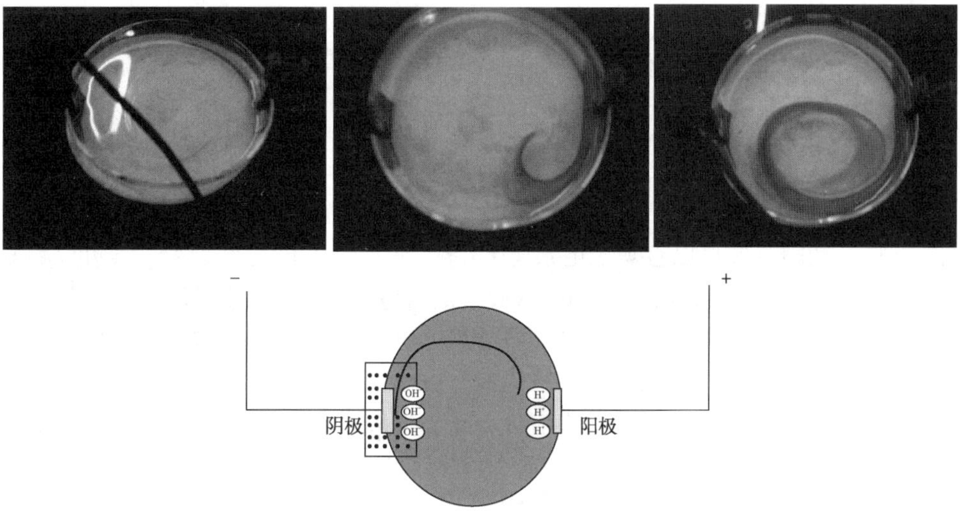


图 2-1-4

3. 若将磁铁改为 S 极朝上，就会得到按逆时针方向旋转至阳极的粉红色漩涡。

4. 可以将酸碱指示剂换为石蕊或溴甲酚紫等显色种类更多的试剂，得到更丰富多彩的变化。

5. 可以由学生根据已学相关化学知识做课外拓展研究，将本教具运用到更多电解实验体系中。

例 1：将磁场放置于圆心，依据不同的磁场方向，可观察到顺/逆时针旋转的显色现象。

例 2：将阳极改为 Cu，指示剂改为氨水($NH_3H_2O$)，其他同上，可观察到阳极放电后形成的 $Cu^{2+}$ 在电解液中与氨水反应，生成了绛蓝色的铜氨络离子。

# 2.2 基于可视化技术的“金属树”标本制作

天津师范大学滨海附属学校 马腾飞

## 一、教具的教学意义和价值

置换反应生成的金属单质呈树枝状，因此被称为“金属树”。为取得更好的视觉效果，本教具采用可折叠高透片改进装置，将盐溶液压缩至薄层与金属片接触，置换反应在类似于平面的空间里进行，肉眼可见金属呈树状生长。用微距镜头可更为清晰地观察到金属枝晶的细节结构，微距录像可以直观地记录“金属树”标本的生长过程。本教具可以巧妙解决“混合金属与盐溶液接触，谁先反应”的课题难点。同时，本教具还可用于电解反应，与传统地观察金属电极颜色的变化相比，肉眼即可见电解反应中阴极沉积金属的枝晶结构及生长过程。本教具制作简单，实验操作简易快捷，可用于课堂实验、家庭实验或课外探究等教学活动，可培养学生模型认识、宏微结合、实验探究、创新意识等核心素养，适合在中学推广。

## 二、教具装置图

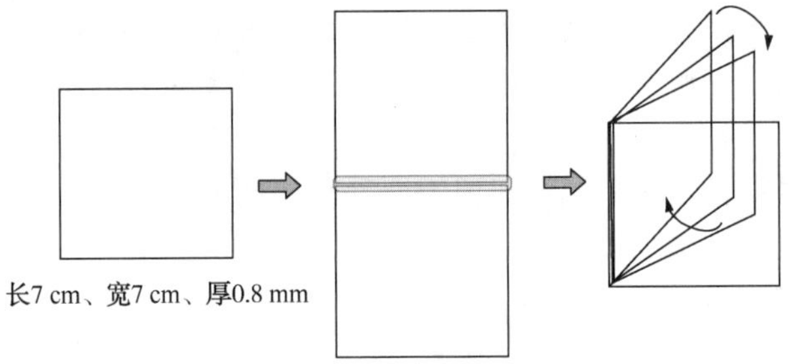


图 2-2-1 可折叠高透片模型图

## 三、仪器特点及用途

### (一) 特点

本教具借助二维平面空间，使各种金属枝晶结构生长时不受干扰，有可预测的生长路径，生长得更快，可用于置换反应学习时的课堂演示和分组实验，也可制成“金属树”标本，保存时间较长。置换反应实验现象形象化、可视化，比传统教材实验更为科学、生动有趣。本教具取材方便，制作简单，课堂上每一位学生都可以按照金属活动性顺序来制备一种金属并直观快速地看到美丽的化学实验现象，实验失败率几乎为零。

### （二）用途

本教具有以下功能。

1. 金属与盐溶液发生置换反应时“金属树”的枝晶生长过程可视化。

2. 获得可长久保存的“金属树”标本。

3. 适用于课堂分组实验，比较探究金属活动性强弱。

4. 可用于探究两种及以上金属与盐溶液混合优先反应原则，培养学生科学探究的能力和素养。

5. 外接电源后还可用于高中化学学习电解精炼金属时的可视化实验。

## 四、制作材料

厚度为0.01 mm的金属片(铜片、锌片等)、硫酸铜溶液、硝酸银溶液、0.8 mm高透明PVC片(高透片)、剪刀、胶带、9 V电池、电池扣(带导线)、120 mm手机微距镜头。

## 五、制作方法

1. 用裁纸机切割两片7 cm×7 cm的高透片，用胶带黏结(如图2-2-2所示)。

图2-2-2　可折叠高透片

2. 以铜作反应金属为例：用于置换反应时，从铜箔上剪下5 mm×10 mm的铜片，放在高透片中间；用于电解反应时，从铜箔上剪下两条7 cm×2 mm的铜条，平行放在高透片上，左端连接导线、电池扣和电池(如图2-2-3所示)。

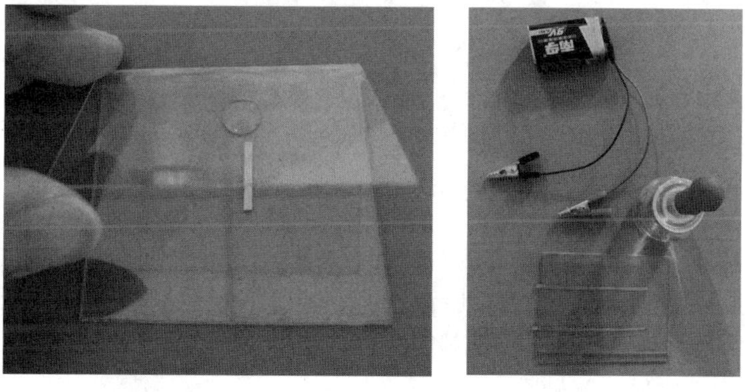

图2-2-3　原电池金属树标本装置图(左)和电沉积金属树标本装置图(右)

## 六、使用方法

### （一）用于置换反应

1. 分别向铜片、锌片上方滴两滴 0.5 mol/L 硝酸银溶液，折叠高透片，溶液被压缩成薄薄一层“溶液膜”与金属片接触。反应开始后，金属树扎根于铜片、锌片，不断向外围生长，不到一分钟就能观察到树状银单质生成。在课堂分组实验时，学生人手一份教具，学习兴趣大涨。用手机微距镜头可放大实验现象（如图 2-2-4 所示），能更加清晰地观察到银树的枝晶结构。将标本搁置到下课时，反应基本结束，实验现象如图 2-2-5 所示。

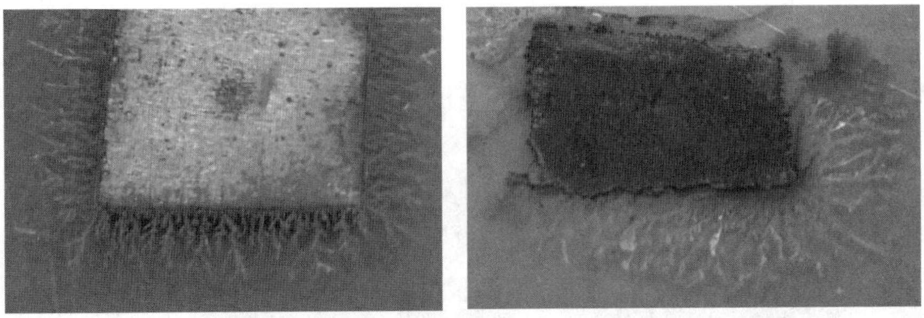

图 2-2-4　铜片周围银树生长状态（左）和锌片周围银树生长状态（右）

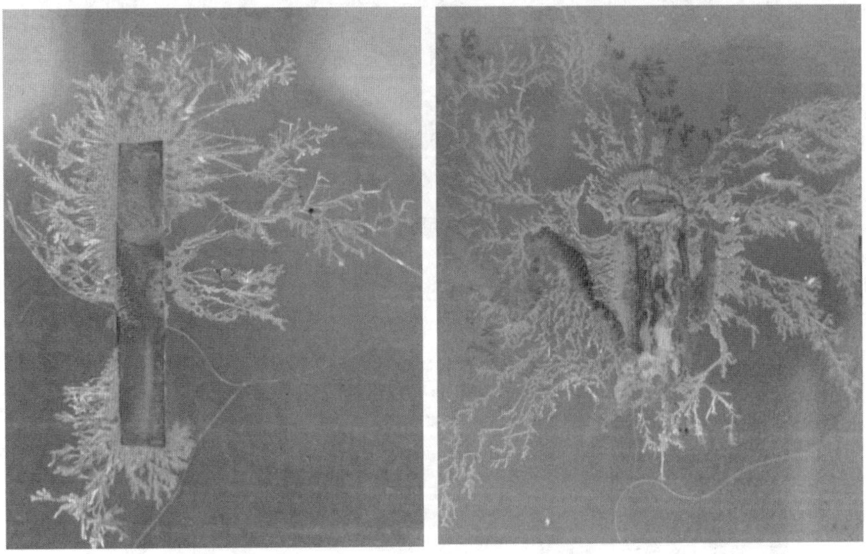

图 2-2-5　30 分钟后铜片周围银树生长状态（左）和锌片周围银树生长状态（右）

2. 向锌片上方滴两滴 0.5 mol/L 硫酸铜溶液，重复上述操作。铜树的生长要缓慢一些，枝干要纤细一些，大约两分钟后能看到锌片周围有暗红色树枝状晶体铜出现。向铜片上方滴两滴 0.5 mol/L 硫酸亚铁溶液，无明显实验现象，因为铁的活动性强于铜，借助本教具可顺利找出金属活动性顺序，突破教学重点。

3. 解决实验探究时提出的“锌、铜与硝酸银溶液混合，谁优先反应”的问题。将铜片、锌片同时放置于同一个可折叠高透片上，在金属片上方各滴一滴浓度相同的硝酸银溶液，盖上另一片高透片。溶液与锌、铜同时接触，反应瞬间能观察到锌片立刻变黑，周边银白色晶枝不断长出，而铜片周围无明显现象。学生在交流反思中按金属活动性顺序对金属进行排序，会发现“远优先”的反应原则，顺利突破探究难点。

**（二）用于电解反应**

将 2 条 7 cm×2 mm 铜条平行放在高透片上，滴 3 滴 0.5 mol/L 硫酸铜溶液，盖上高透片连接导线、电池扣和电池。电解反应开始，很快观察到一排小树状的铜不断在阴极沉积(如图 2-2-6 所示)。

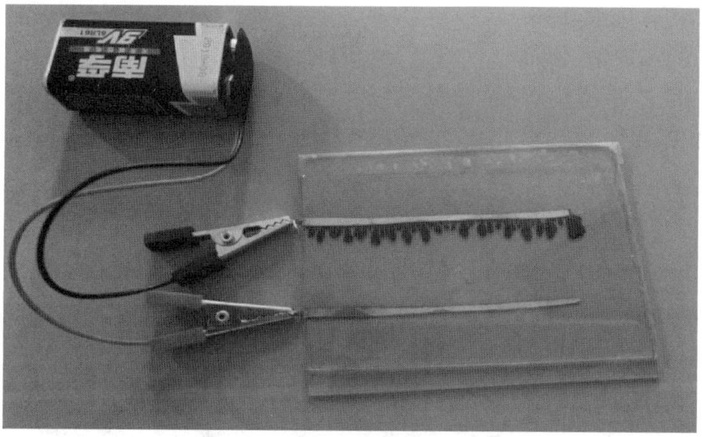

图 2-2-6　电解沉积金属铜

用手机 120 mm 微距镜头对准“金属树”标本拍摄，能观察到放大数倍后的“金属树”的基本形态(如图 2-2-7 所示)。

图 2-2-7　阴极电沉积铜树形态图

将 2 条 7 cm×2 mm 锌条平行放在高透片上，滴 3 滴 0.5 mol/L 的硫酸锌溶液，盖上高透片，连接导线、电池扣和电池。电解反应开始，很快观察到一排小树状的锌不断在阴极沉积(如图 2-2-8 所示)。

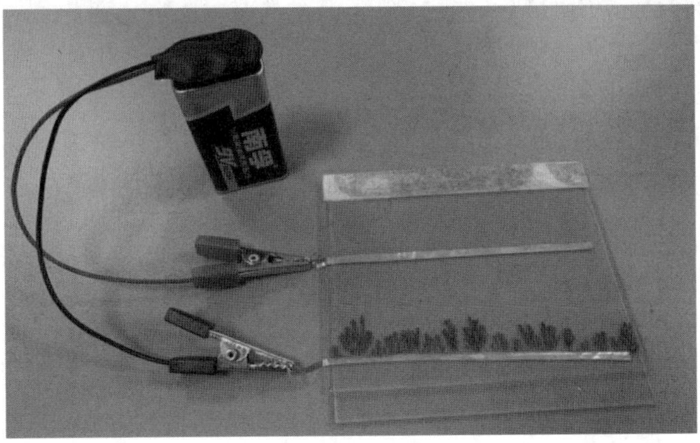

图 2-2-8　电解沉积金属锌

用手机 120 mm 微距镜头对准“金属树”标本拍摄，能观察到放大数倍后的“金属树”的基本形态(如图 2-2-9 所示)。

图 2-2-9　阴极电沉积锌树形态图

# 2.3 氯化铵分解产物的分离及检验装置

河北省石家庄市石家庄自强学校 田海燕 田 巍 董世超

## 一、教具的教学意义和价值

作为一种重要的铵盐，氯化铵具有受热易分解的性质。传统教学中常将氯化铵置于试管中直接加热，可以观察到试管内壁附着大量的白色固体，经检验，该物质就是氯化铵。有学生会质疑：加热时氯化铵固体在试管内的“搬家”现象，是分解与化合的化学变化，还是与碘单质一样，只是一个升华和凝华的物理过程呢？另外，学生在实验中还会闻到刺激性气味，用湿润的 pH 试纸检验会发现试纸变蓝，说明有氨气生成(如图 2-3-1 所示)。针对此现象，学生也会质疑：如果氯化铵的分解产物中同时存在氨气和氯化氢，为什么 pH 试纸只检测到了氨气呢？

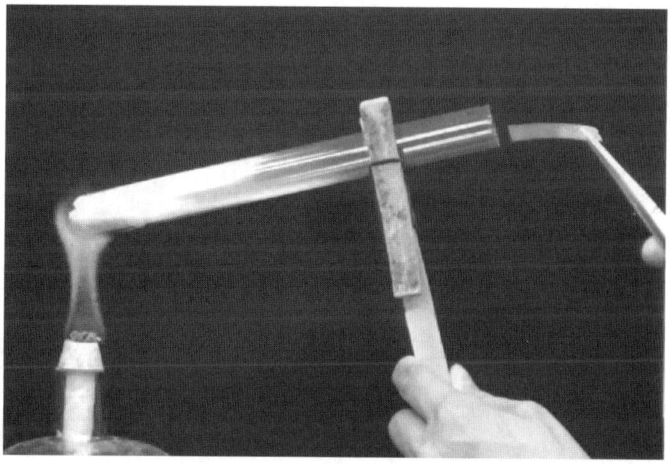

图 2-3-1 加热氯化铵固体

为了消除学生的上述困惑，笔者设计了本装置。本装置搭配合适的吸收剂和指示剂，有力地证明了氯化铵在加热时的确发生了分解，且产物是氨气和氯化氢。除此之外，本装置还可完成氯化铵的合成、尾气处理、防倒吸等实验内容，有效提升了学生的化学核心素养。

不仅如此，利用本装置还能完成中学阶段常见气体的制备及性质检验实验，如氨气的制备与喷泉实验、氨气的制备及催化氧化实验、氯气的制备及漂白性实验、硫化氢与二氧化硫的制备与反应实验等。

本装置省去了传统气体制备实验中，需要先将气体在实验室制备好，储存在集气瓶中，再带到教室进行实验的烦琐过程，特别适用于气体的制备、除杂、干燥、反应、性质检验及尾气处理等一体化实验。本装置具有设计精巧、结构简单、操作方便、现象明显、安全环保、扩展性强等优点，可用于教师课堂演示，也可用于学生分组实验，具有很强的实用意义和推广价值。

## 二、教具装置图

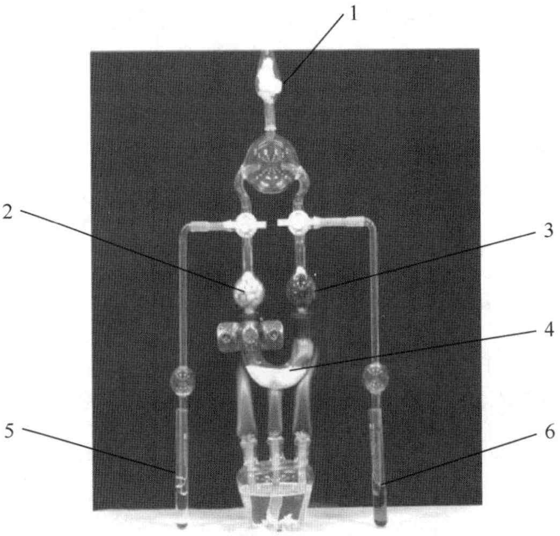


1—润湿的棉花；2—碱石灰；3—五氧化二磷和硅胶；4—氯化铵；5—酚酞试液；6—甲基橙试液。

图 2-3-2　教具装置图

## 三、仪器特点及用途

### （一）特点

本教具实现了氯化铵固体的受热分解、产物分离、产物检验、重新化合、尾气处理等多项实验内容的一体化。

本教具还能完成中学阶段常见气体的制备（包括“液+液”“固+固”“固+液”反应；加热或不加热均可）、除杂、干燥、性质检验及尾气处理等多项实验内容。

### （二）用途

1. 氯化铵分解产物的分离及检验实验。

（1）主反应装置：三头酒精灯+“U”形管，实现氯化铵固体的分解。

（2）产物分离装置：双通道球形干燥管+吸收剂，选择性除杂，实现氨气和氯化氢的分离。

（3）产物检验及防倒吸装置：小试管+防倒吸装置+酸碱指示剂，实现产物的快速检验，对比明显。

（4）产物化合装置：球形反应器，实现产物的相遇化合，便于观察现象。

（5）尾气处理装置：顶端导气管+湿棉花，实现平衡压强、尾气处理。

2. 其他气体的制备及性质实验。

(1) 氨气的喷泉实验(如图 2-3-3 所示)。

制备装置:"U"形管+氯化铵和氢氧化钙+酒精灯,实现氨气的制备。

干燥装置:球形干燥管+碱石灰,实现氨气的干燥。

喷泉发生装置:三通阀+球形反应器,实现氨气的收集和喷泉的发生。

引发喷泉装置:注射器+蒸馏水,形成压强差,引发喷泉。

倒吸装置:锥形瓶+酚酞试液+导气管,实现氨气的检验及喷泉实验的水源供给。

(2) 氨气的催化氧化实验(如图 2-3-4 所示)。

制备装置:"U"形管+氯化铵和氢氧化钙+酒精灯,实现氨气的制备。

干燥装置:球形干燥管+碱石灰,实现氨气的干燥。

反应发生装置:球形反应器+催化剂三氧化二铬,实现氨气的收集与催化氧化实验。由于该反应为放热反应,因此即使不持续加热,也可以观察到火星跳动的美丽景象。

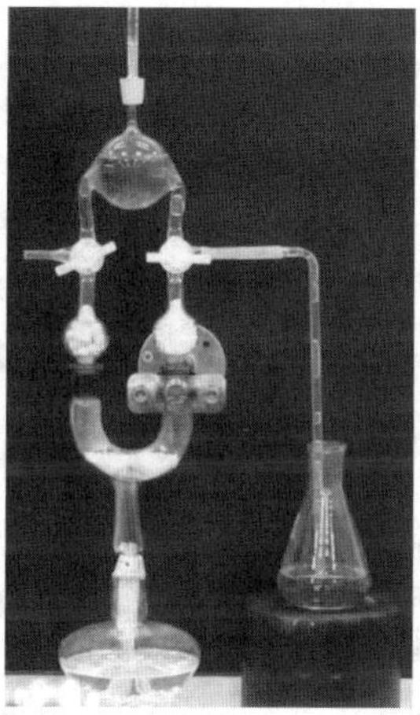

图 2-3-3 氨气的喷泉实验

图 2-3-4 氨气的催化氧化实验

(3) 湿润氯气的漂白性实验(如图 2-3-5 所示)。

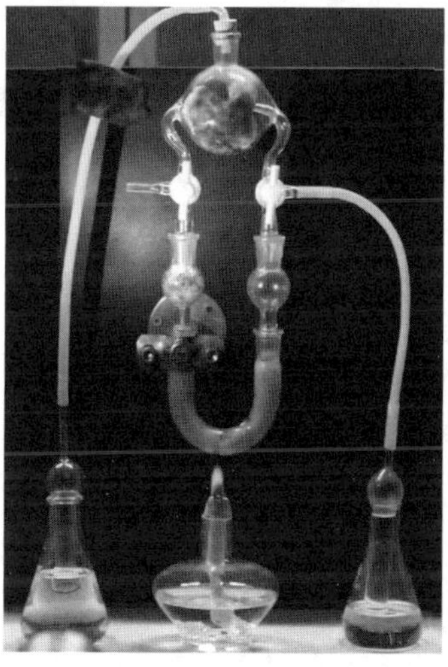

图 2-3-5 湿润氯气的漂白性实验

制备装置："U"形管+软锰矿和浓盐酸+酒精灯，实现氯气的制备。

干燥装置：左侧球形干燥管+变色硅胶，实现氯气的干燥。

检验装置：球形反应器+干燥的有色布条，实现干燥氯气与湿润氯气漂白性的对比。

尾气处理装置：锥形瓶+氢氧化钠溶液+倒置的球形干燥管，实现残余氯气的处理及防倒吸。

(4) 硫化氢与二氧化硫的反应实验(如图 2-3-6 所示)。

制备装置：中间分隔的"U"形管(如图 2-3-7 所示)+硫化亚铁和稀硫酸、亚硫酸钠和稀硫酸+酒精灯，实现硫化氢与二氧化硫的同时制备。

干燥装置：球形干燥管+变色硅胶，实现硫化氢与二氧化硫的干燥。

反应发生装置：球形反应器，实现硫化氢和二氧化硫的存储与反应，可观察到淡黄色物质生成。

尾气处理装置：锥形瓶+氢氧化钠溶液+倒置的球形干燥管，实现残余气体的处理及防倒吸。

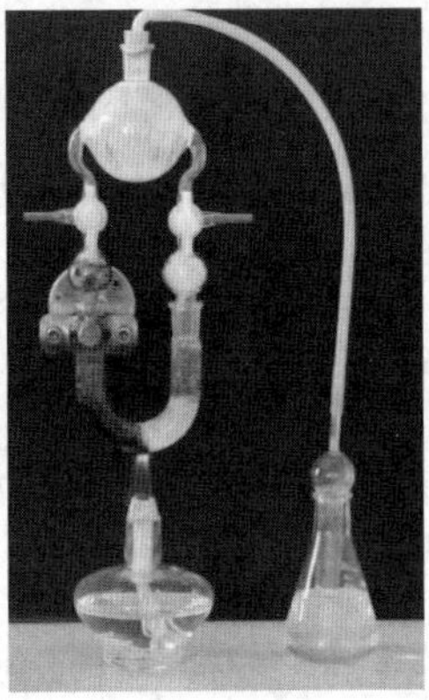

图 2-3-6　硫化氢与二氧化硫的反应实验

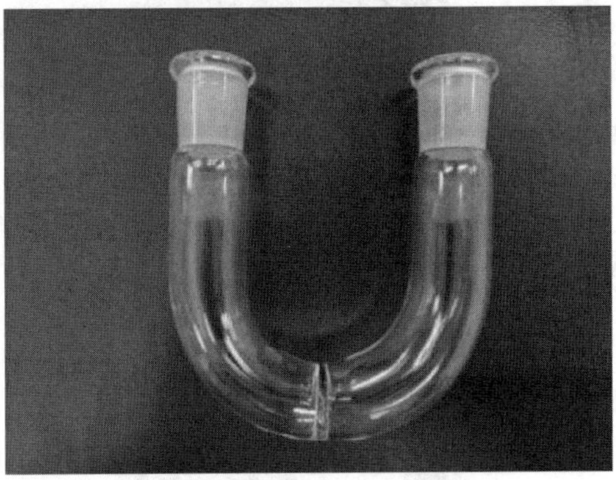

图 2-3-7　中间分隔的"U"形管

## 四、制作材料

磨口"U"形玻璃管：与普通玻璃试管材质相同，可直接加热。分离—检验—发生装置：三通阀为聚四氟乙烯材料，其余为玻璃制品。形状尺寸如图 2-3-8 所示。支架：刨花板、不锈钢管道固定夹。

## 五、制作方法

1. 按照具体的实验需要，绘制设计图纸。
2. 交由仪器制造商生产制作。
3. 组装调试各仪器，并选择合适的药品进行实验。

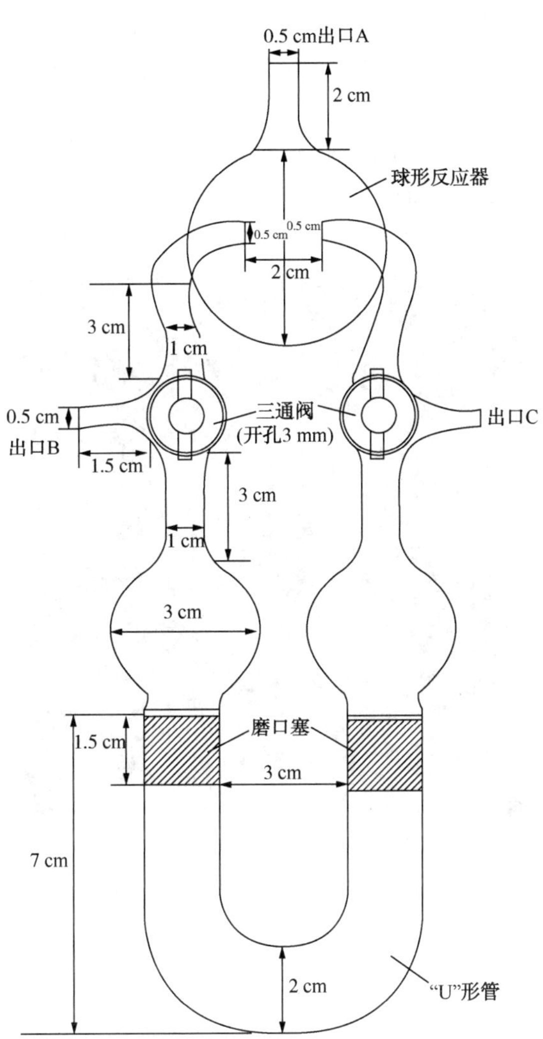


图 2-3-8 装置设计手稿

## 六、使用方法

以氯化铵分解产物的分离及检验实验为例。

1. 安装仪器。将装置固定在支架上，调节两侧三通阀旋钮，使气体从两侧小试管方向流出。

2. 检查气密性。向两只小试管中加水至没过导气管下端，点燃酒精灯，微热"U"形管，观察到有气泡产生。熄灭酒精灯，导管中有一小段水柱倒吸，一段时间内不下降，证明装置的气密性良好。

3. 装填药品。待装置冷却至室温后取下各仪器，称量6.5 g氯化铵于"U"形管中；将适量碱石灰、混有五氧化二磷的硅胶分别填装在左、右两个球形干燥管中；向左、右两只小试管中分别加入适量的酚酞试液和甲基橙试液至没过导气管下端；将浸有蒸馏水的棉花置于球形滴管内，并连接在上端的出口处。

4. 引发反应。点燃酒精灯，加热“U”形管。2~3 min 后，左侧的酚酞试液由无色变为红色，证明有氨气生成；右侧的甲基橙试液由橙色变为红色，证明有氯化氢生成(如图 2-3-9 所示)。

5. 产物的化合。调节两侧三通阀，使气体流向上端的球形反应器，可观察到有大量的白烟生成，证明氨气与氯化氢相遇化合生成了氯化铵(如图 2-3-9 所示)。

6. 实验结束。熄灭酒精灯，待冷却至室温后，拆卸装置，清洗仪器。

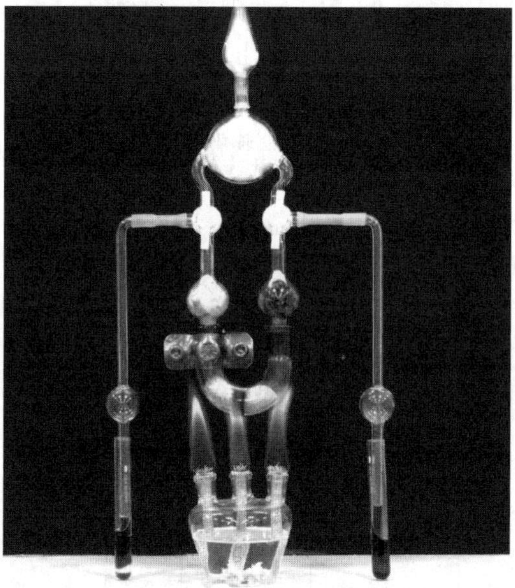

图 2-3-9　氯化铵分解产物的分离及检验实验

# 2.4 演示与探究实验电化学反应器

河北省石家庄市第二十四中学 王 娜 陈小玲 王祎星

## 一、教具的教学意义和价值

本教具可进行多个有关电化学的演示实验和探究实验，操作简单，现象明显。既适用于课堂演示实验，又适用于课下探究实验，便于激发学生学习化学的兴趣，培养他们的创新精神和实践能力，有助于教师落实"素养为本"的教学活动，应用于实际教学，效果理想。

## 二、教具装置图

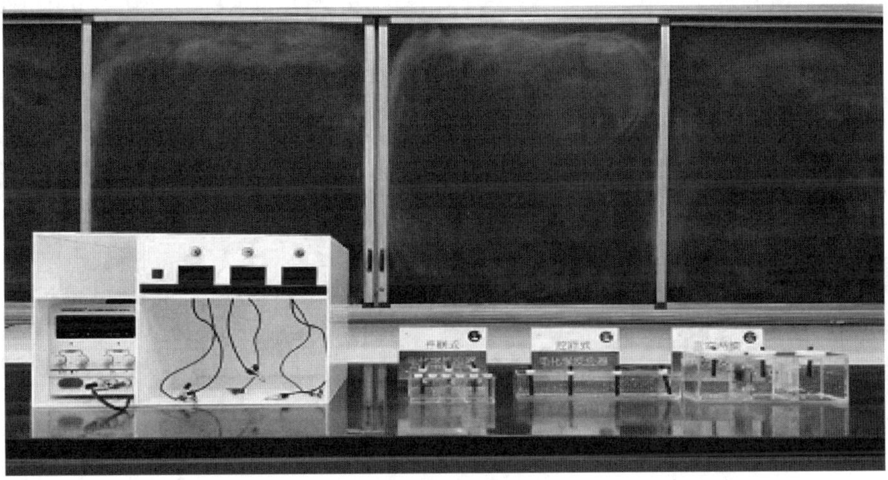

图 2-4-1

## 三、仪器特点及用途

### （一）特点

使用导线和连接器将电源线分成三个并联支路，可以同时进行三组电解实验，高效便捷，尤其适用于对比实验。

亚克力板制作的多功能反应器，坚固耐用，造型多样，适用于不同的演示实验或探究实验。

小灯泡和电流表的接入可以定性和定量地对比电解池的放电情况。

取材方便，设计新颖，美观大方，操作简单，现象明显，用途广泛。

### （二）用途

可用于电化学的多个演示实验和探究实验。

1. 演示实验：阳离子放电对比实验、阴离子放电对比实验、离子交换膜的选择透过性实验等。

2. 探究实验：pH 值不同时铜做阳极电解饱和食盐水放电产物的探究、电极距对电镀效果的影响探究、亚铁离子和氢离子放电顺序与浓度关系的探究等。

## 四、制作材料

亚克力板、导线、接头、可调节电压和电流的数字化电源、各种电极材料、离子交换膜、带螺丝钉的隔板、小灯泡和高精度数字电流表。

## 五、制作方法

1. 用亚克力板制作 400 mm×300 mm×270 mm 的盒子作为电路箱，用于放置电源、导线、小灯泡和电流表（如图 2-4-2 所示）。

2. 用导线、连接器、组装并联电路，支路中接入电流表和小灯泡。其中电流表另装工作电源。一并装入电路箱中，通过小孔通路与外接电源和电极连接线相连（如图 2-4-3 所示）。

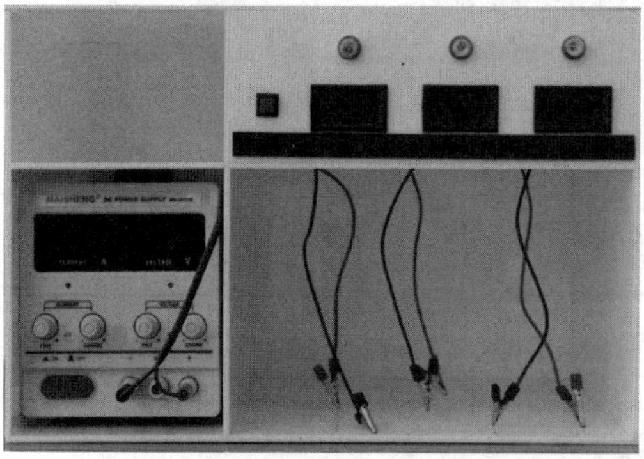

图 2-4-2

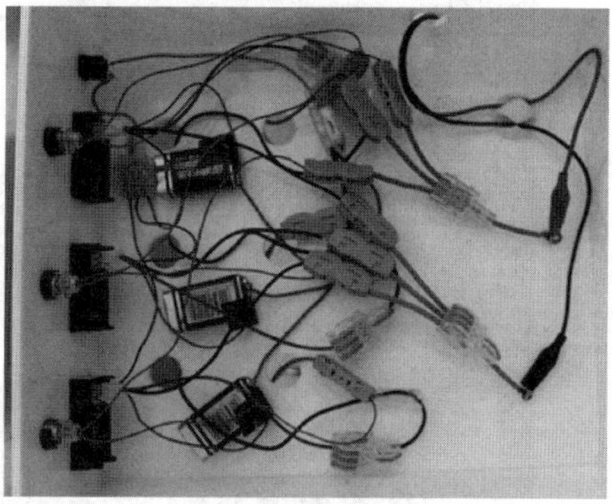

图 2-4-3

3. 用亚克力板制作各种功能反应器（如图 2-4-4 至图 2-4-7 所示）。

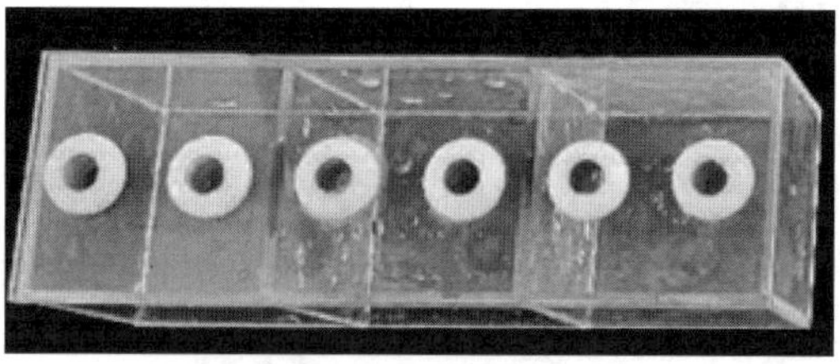

图 2-4-4　电极左右排列并联式反应器（120 mm×40 mm×40 mm）

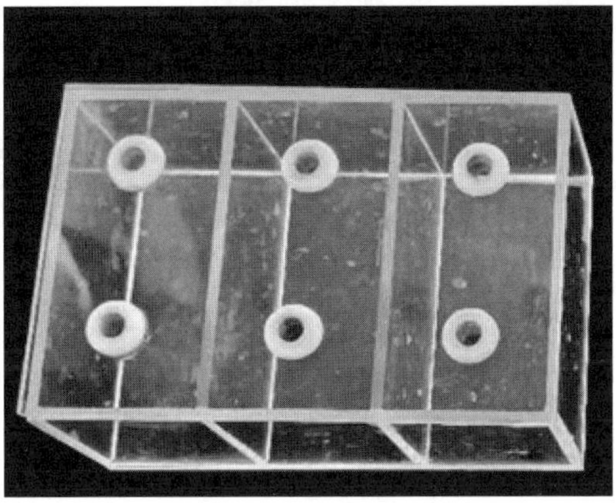

图 2-4-5 电极前后排列并联式反应器(120 mm×80 mm×40 mm)

图 2-4-6 三室两膜反应器(210 mm×70 mm×70 mm)

图 2-4-7 控距式反应器(210 mm×40 mm×40 mm)

## 六、使用方法

1. 选择不同的功能反应器，加装塞子固定电极。如果是三室两膜反应器，则加装隔膜。
2. 将电极与电路中预留接口连接，形成并联电路。
3. 向反应器中加入液体，打开电源开关和电流表，观察反应现象并记录数据。

# 2.5 智能数字化系列教具

河北省石家庄西山学校 闫鹏林 丁亚景 焦利燕

## 一、教具的教学意义和价值

本系列教具实现了实验现象定量化、动态化、数字化，数字化实验平民化，为没有条件开展数字化实验的教师提供了灵感。

## 二、教具装置图

智能数字化系列教具1利用手机光强传感器探究温度、浓度、催化剂对反应速率的影响(如图2-5-1所示)，智能数字化系列教具2利用智能手机外接温度传感器测定中和热(如图2-5-2所示)。

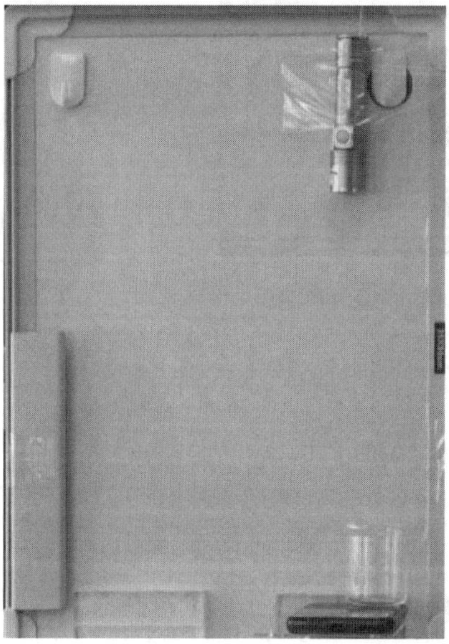

图2-5-1 利用手机光强传感器探究温度、浓度、催化剂对反应速率的影响

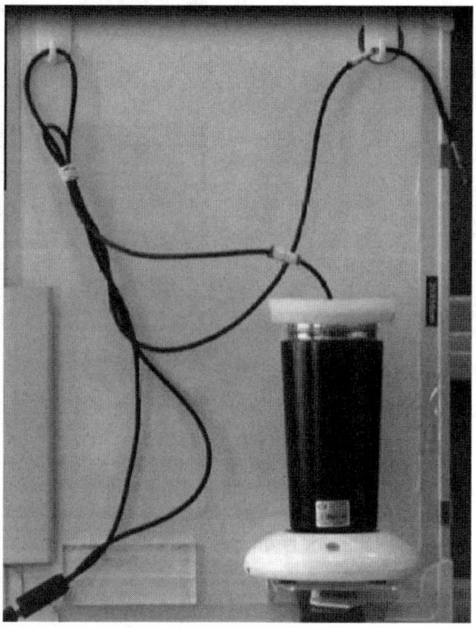

图2-5-2 利用智能手机外接温度传感器测定中和热

## 三、仪器特点及用途

### (一)特点

本教具制作简单，能将不易观测到的数据动态、连续地呈现出来，为教学提供更直观

的数据支撑。

### （二）用途

在探究温度、浓度、催化剂对反应速率的影响的实验中，实时呈现光强—时间变化曲线，可以看出反应速率的快慢及反应速率在整个过程中“先慢后快”的变化，综合分析影响反应速率的因素。在中和热测定实验中，实时显示温度变化曲线，且数据更为精确。

## 四、制作材料

### （一）智能数字化系列教具 1

白板、托盘、智能手机、科学日志 App、手电筒。

### （二）智能数字化系列教具 2

白板、托盘、智能手机、温度检测 App、双探头温度传感器、保温杯、自制保温泡沫杯盖、磁子、磁力搅拌杯底座等。

## 五、制作方法

### （一）智能数字化系列教具 1

在白板上选取合适位置固定好手电筒、托盘，托盘用来放置手机，以保证稳定合适的光强。

### （二）智能数字化系列教具 2

将双探头温度传感器与手机连接即可。

## 六、使用方法

### （一）智能数字化系列教具 1

1. 打开科学日志 App，选择环境光，将 50 mL 烧杯置于手机光强传感器上方，打开手电筒。

2. 向烧杯中加入 8 mL 0.0025 mol/L 高锰酸钾溶液、2 mL 1∶1 硫酸、4 mL 0.2 mol/L 草酸溶液，点击开始按钮，待光强达到最大值且基本稳定时，点击停止按钮，得到光强随时间的变化曲线(如图 2-5-3 所示)。

3. 依次改变草酸浓度、提高溶液温度、使用催化剂，按照上述方法操作，得到对应曲线，分别与初始曲线对比，即可得出增加浓度、升高温度、使用催化剂均可加快反应速率的结论。

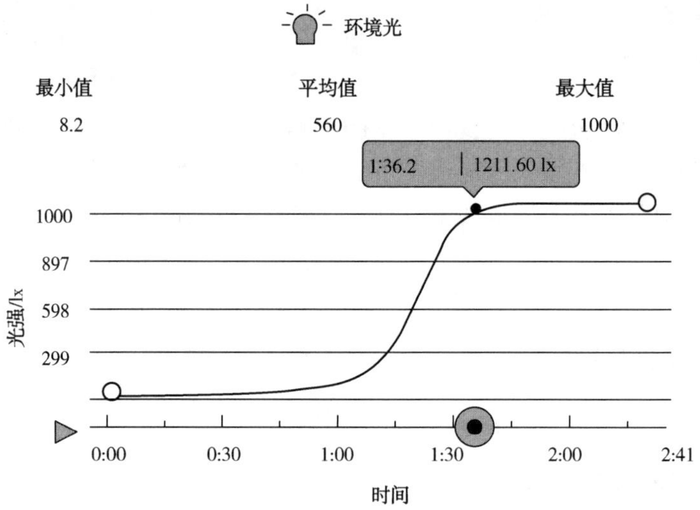


图 2-5-3 光强—时间曲线

## （二）智能数字化系列教具 2

1. 点击温度检测 App 启动按钮。

2. 将 50 mL 0. 5 mol/L 盐酸置于烧杯中，50 mL 0. 55 mol/L 氢氧化钠置于保温杯中。将标记好的双探头分别插入两溶液，开始实时显示溶液的温度，待数据稳定后记录下来。

3. 将盐酸迅速倒入碱液中，盖上保温杯盖，开启磁力搅拌。观察温度曲线，待曲线不再上升后点击停止按钮(如图 2-5-4 所示)。

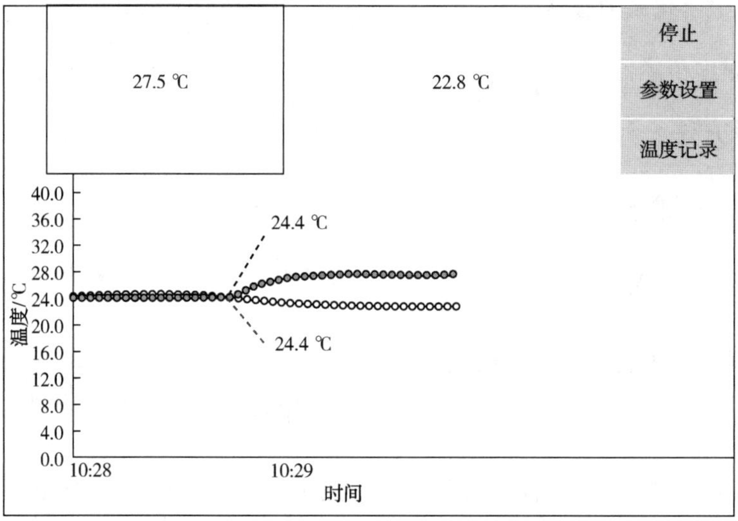


图 2-5-4 温度—时间曲线

4. 重复上述实验 3 次即可。

# 2.6 "π"形四通管

内蒙古自治区呼和浩特市土默特中学 翟秀花

## 一、教具的教学意义和价值

电解原理是中学化学基本理论的重要组成部分，与元素化合物知识密切相关，是前面学习的氧化还原反应、电解质电离、原电池等知识的延续和深化，又是后面学习氯碱工业等应用知识的基础，有着承上启下的作用。而电解氯化铜溶液的实验则是理解电解原理的突破口，也是本节教学的重心，所以应充分发挥该实验在教学中的作用，引导学生通过自己观察去自主学习，最终归纳总结出电解原理。教材上这个实验是在"U"形管中完成的电解，在教学过程中发现有以下不足：药品用量较多；没有尾气处理，时间稍长，教室里氯气味就比较浓，不环保，不适合学生分组实验；没有简易的电极的固定装置和"U"形管的夹持装置；利用投影仪观察演示实验现象的效果一般。

基于以上原因，笔者多次改进该实验，最后设计出本装置。本装置不仅可以电解 $CuCl_2$ 溶液用于引课，以激发学生学习兴趣，自主探究电解原理，还能用于盐酸溶液、NaCl 溶液等其他溶液的微型电解，有推广意义，也能解决诸如"部分离子的放电顺序""在电解后滴有酚酞的阴极区溶液颜色的变化"等问题。该装置的最大优点就是装置简单，现象产生快且明显，两三秒就能出现象，能准确判断出电极反应产物，而且全程都考虑到尾气的处理，非常适合学生分组实验。

## 二、教具装置图

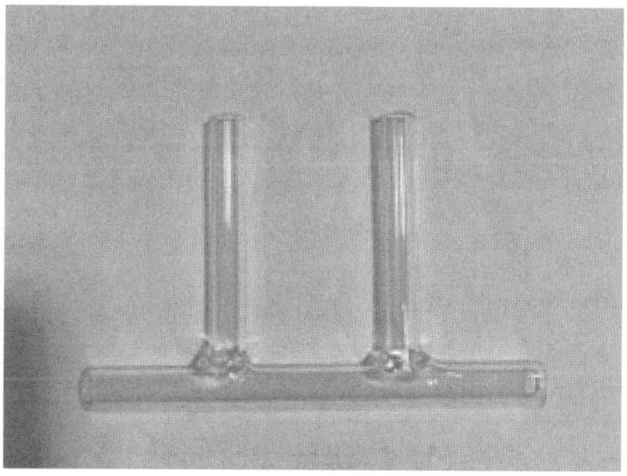

图 2-6-1

## 三、仪器特点及用途

### （一）特点

1. 装置简单，安装便捷，省时高效，可用于多种溶液的微型电解。

2. 药品用量少，加有尾气的处理，过程无污染，符合绿色化学理念。

3. 学生易于操作，适合分组实验，能充分调动学生学习的积极性，提高他们自主探究问题的能力，还能很好地巩固以前学习过的知识，更好地理解、运用电解原理。

### （二）用途

进行微型电解。例如，电解氯化铜溶液，在阳极区溶液中能快速看到气泡，并且能看到该区湿润的淀粉碘化钾试纸迅速变蓝，学生就能准确地判断出该电极产物是氯气；电解结束后，在阴极的电极材料上能看到析出的红色物质，学生就能判断出该电极产物是铜单质。

## 四、制作材料

内径约 0.7 cm 的玻璃管 1 根。

## 五、制作方法

截取玻璃管，按照图 2-6-2 所示高温熔接成“π”形四通管。

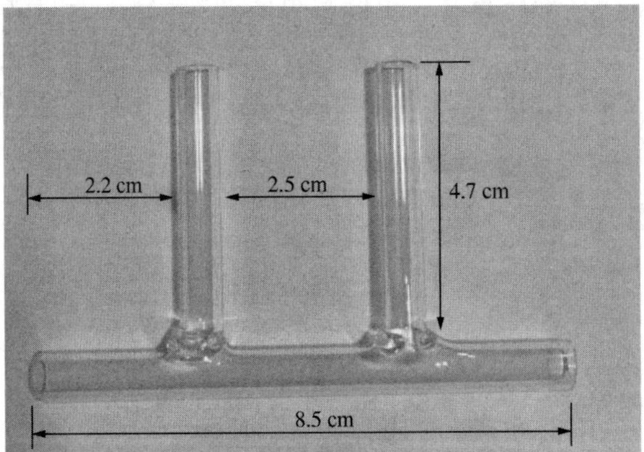


图 2-6-2

## 六、使用方法

以电解氯化铜溶液为例进行说明。

### （一）准备工作

“π”形管的横管内放置蘸有 $CuCl_2$溶液的棉花，每根竖管的中间放置湿润的淀粉碘化钾试纸(为了对比证明氯气是在阳极区产生的)，上方放置蘸有 NaOH 溶液的棉花，阳极区铅笔头上缠有含 NaOH 溶液的棉花(阳极区的 NaOH 溶液均用于吸收尾气)。

### (二)实验过程

在"π"形管内放置好实验用品后，将两根接有直流电源的铅笔平插入"π"形管内接触上 $CuCl_2$溶液，以形成闭合回路(如图 2-6-3 所示)，开始微型电解实验。

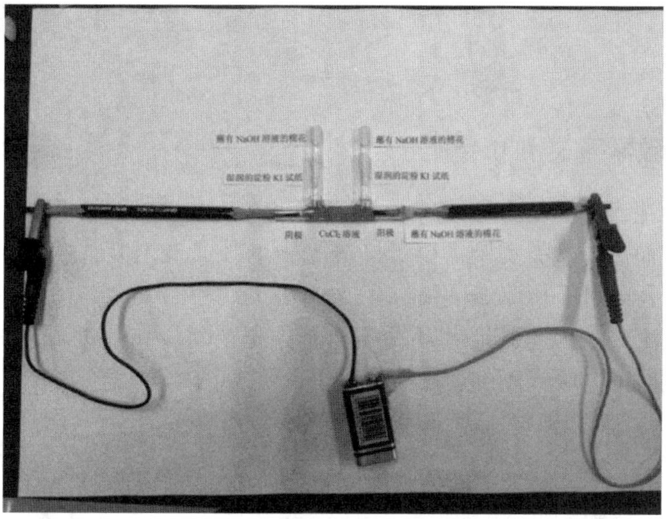

图 2-6-3

### (三)实验现象及结论

两三秒后就能观察到阳极区湿润的淀粉碘化钾试纸变蓝，附近溶液内有气泡，而阴极区的试纸和溶液并没有上面的现象，说明阳极的电极产物是氯气。电解结束后，在阴极的电极材料上看到析出的红色物质，说明阴极的电极产物是铜单质。

# 2.7 掌上分光光度计

上海市五爱高级中学 李 嘉

## 一、教具的教学意义和价值

普通高中化学课程标准2020修订版和上海市高中化学新教材中都明确要求利用比色法测定物质的含量，而进行这类实验需要借助分光光度计或者色度传感器，除了仪器较为昂贵之外，色度传感器的可选检测波段仅有4个（470 nm、560 nm、610 nm、660 nm），往往会造成测量的精度不足。因此，笔者开发了掌上分光光度计和手机App，不仅扩大了检测波段，还可以绘制时间—吸光度的变化曲线。

## 二、教具装置图

图 2-7-1 掌上分光光度计装置图

## 三、仪器特点及用途

### (一) 特点

本装置的智能硬件开发板程序设计非常简单，传感器连接便捷，巧妙利用强磁铁设计出半开放的磁吸式装置，不仅有利于装置的自主搭建，更方便合理利用内置空间，使整个装置非常小巧(8 cm×8 cm×5.2 cm)、便于携带。

首先，与其他简易光度计或自制比色计相比，巧妙利用全彩 RGB 灯珠来模拟不同波长的光，避免了检测不同颜色的透明溶液时需要更换不同颜色的 LED 光源的麻烦。

其次，开发了相应的手机安卓应用程序来进行数据的采集和处理，不仅大大简化了智能硬件开发板程序的复杂度，也简化了数据处理的流程，可以直接得到标准溶液吸光度与浓度关系的标准曲线图，而不是将数据导入 Excel 作进一步处理。这不仅直接在手机 App 上实现了定量检测，还有利于学生随时随地进行一些有趣的化学实验。

### (二) 用途

本装置绘制吸光度与时间关系曲线的功能可以非常便捷地运用到探究浓度对化学平衡的影响实验之中，且实验效果良好。学生无须色度传感器、数据采集器和电脑，仅用手机就可以进行与色度变化有关的化学实验探究。

## 四、制作材料

3D 打印机、可见光谱传感器、智能硬件开发板控制板、HC-06 蓝牙、全彩 LED 灯珠。

## 五、制作方法

利用 3D 打印机完成装置外壳的打印，再利用强磁铁简易连接。智能硬件开发板的线路连接如图 2-7-2 所示，将各个传感器嵌入装置相对应的卡位中，即完成整个装置的连接。

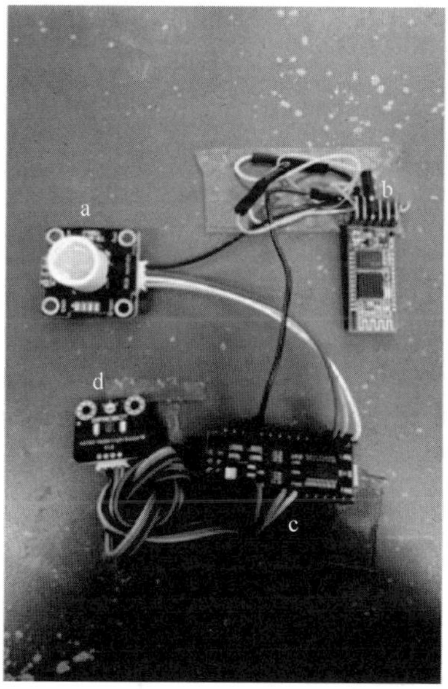


a—LED 灯珠外加聚光透镜；b—蓝牙芯片；c—智能硬件开发板控制板；d—可见光谱传感器。

图 2-7-2　掌上分光光度计的传感器连接示意图

## 六、使用方法

### （一）掌上分光光度计测定菠菜中铁元素的含量

1. 称取硫酸铁铵固体 8.634 g 置于烧杯中，加入 20 mL 的 6 mol/L 盐酸溶液，再加入少量蒸馏水溶解，转移至 1000 mL 的容量瓶中定容至刻度。用移液枪将 20 mL 此溶液转移至 500 mL 容量瓶中并用蒸馏水稀释，定容得到浓度为 40 mg/L 的铁标准溶液。

取 6 只 100 mL 的容量瓶，分别移取 40 mg/L 的铁标准溶液 0 mL、1 mL、2 mL、3 mL、4 mL、5 mL，各加入 10%盐酸羟胺 1 mL、0.15%邻二氮菲溶液 2 mL 和 1 mol/L 的醋酸钠溶液 5 mL，再分别用蒸馏水定容至刻度，摇匀即得到一系列铁的有色配合物标准液。

2. 取一定量的菠菜用蒸馏水大量冲洗后，称取 9.934 g 菠菜样品置于干净的烧杯之中，放入烘箱中 80 ℃烘干。完全干燥之后，用剪刀剪碎，再放入坩埚内加热灰化。完成之后冷却至室温，加入浓硝酸 2 mL、6 mol/L 盐酸 2 mL 和适量蒸馏水溶解、过滤，移液至 100 mL 容量瓶中，加入 10%盐酸羟胺 1 mL、0.15%邻二氮菲溶液 2 mL 和 1 mol/L 的醋酸钠溶液 5 mL，再分别用蒸馏水定容至刻度，摇匀即可得到待测液。

3. 设定检测波长为 505 nm，进行平行实验 3 次，得到的实验数据和标准曲线图如图 2-7-3、图 2-7-4 所示。

图 2-7-3 $Fe^{2+}$标准液与待测液的吸光度

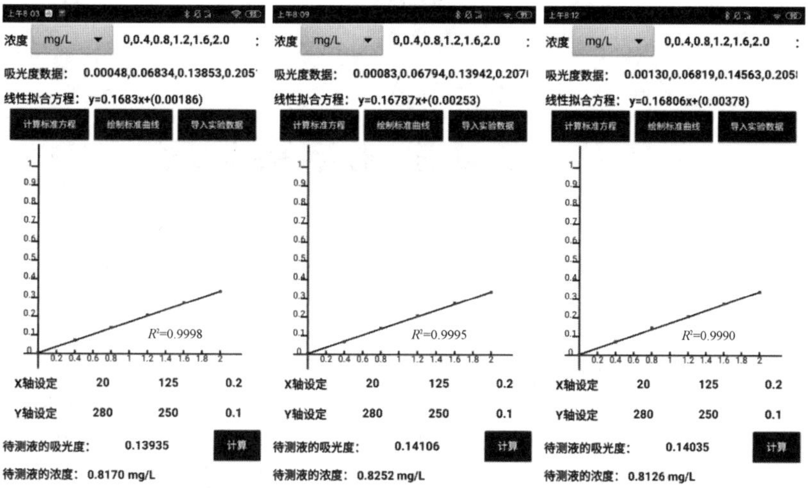


图 2-7-4 $Fe^{2+}$标准液的吸光度与浓度的标准曲线

## （二）掌上分光光度计绘制吸光度与时间关系的曲线

1. 利用移液枪分别配制 0.05 mol/L 的 $NaS_2O_3$溶液、0.1 mol/L 的 $NaS_2O_3$溶液、0.15 mol/L的 $NaS_2O_3$溶液。

2. 打开掌上分光光度计的电源，点击进入掌上分光光度计 App，进入数据采集界面，打开手机网络和蓝牙，设定检测波长为 435 nm，点击“Bluetooth”，选择蓝牙列表中的“Spectrophotometer”进行连接，连接成功之后会显示“蓝牙已连接”。此时放入空白样品的比色皿，并盖上比色皿盖，待 App 的示数稳定之后，点击校正吸光度。取出空白样品的比色皿，设定采样时间为 120 s。放入装有 3 mL 0.05 mol/L $NaS_2O_3$溶液的比色皿，用移液枪加入 1 mL 3 mol/L $H_2SO_4$溶液，盖上比色皿盖并点击采样按钮。待出现采样完成的提示之后，先后点击“绘制曲线”和“保存数据”。选择试样 2 和试样 3 分别绘制 0.1 mol/L $NaS_2O_3$溶液、0.15 mol/L $NaS_2O_3$溶液与 3 mol/L $H_2SO_4$溶液反应的吸光度与时间变化关系曲线并保存数据，所得曲线图如图 2-7-5 所示。

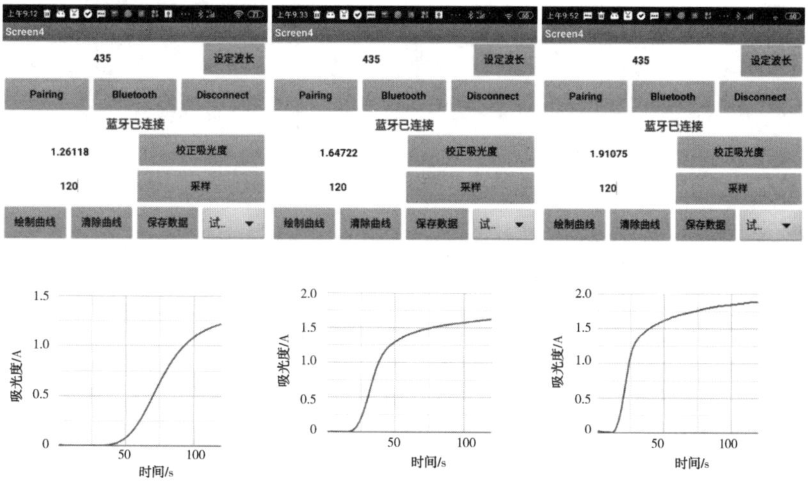


图 2-7-5 不同浓度的硫代硫酸钠与硫酸反应吸光度的变化

# 2.8 多功能化学实验袋

上海外国语大学附属大境中学 马 力

## 一、教具的教学意义和价值

高中化学在探究元素化合物的相关性质时，往往需要通过实验来对氯气、二氧化硫、二氧化氮、一氧化氮、氯化氢、乙烯等气体的性质与制备进行研究与探索。但在实际教学中发现，这些实验通常需要较大的药品用量，气体收集准备时间及气体性质验证实验的时间相对较长，气体收集储存及实验过程中比较容易泄漏、造成空气污染等问题。因此，在长期的教学中，对于该部分气体实验，学生主要是通过教师演示、多媒体课件或以讲代做等方式来学习相关实验技能和操作性知识。即使有机会动手实验，学生也只是按照教材上的实验步骤机械地操作。这不仅不利于培养学生实验的兴趣，更难以培养学生的科学思维和科学素养，学生的实验操作技能和探究创新能力受到抑制，与学生核心素养的培育相悖。

优化和改进化学实验装置是为了更好地体现教与学的关系。鉴于此，本教具从操作简便、现象直观、绿色环保等角度进行设计，适用于各类气体及需要较好密封条件的实验。此外，本教具还具备控制块状固体与液体反应物之间反应的发生与停止、气体收集、干燥、性质探究以及尾气处理等功能，并可以配合各类数字传感器使用。

## 二、教具装置图

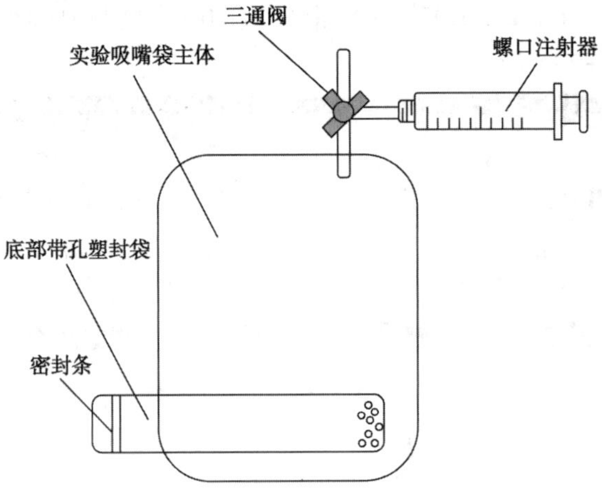


图 2-8-1

## 三、仪器特点及用途

### （一）特点

结构简单、操作方便、通用性强、安全环保、产物纯度高、实验药品用量少、实验整体耗时短、实验现象明显等。

### （二）用途

本教具可完成以下各类实验。

1. 各类气体制取、收集、干燥、除杂、尾气吸收以及相关性质实验：（1）NO、$NO_2$的相关性质实验及 $NO_2$与 $N_2O_4$的平衡移动实验；（2）$Cl_2$、$SO_2$、$H_2S$、HCl、$NH_3$、$C_2H_4$等气体的收集与性质实验；（3）尾气、废液手动或自动化处理实验。

2. 各类需要较好密封条件的实验，如氢氧化亚铁的制取、铜生锈条件的探究等。

## 四、制作材料

底部带孔塑封袋 1 个，实验吸嘴袋主体 1 个，三通阀 1 个，螺口注射器 1~2 个。

## 五、制作方法

1. 将实验吸嘴袋侧面剪开小口，将底部带孔塑封袋从侧面小口伸入袋中，并用热塑封器将其密封（如图 2-8-2 所示）。

2. 将三通阀与螺口注射器及实验吸嘴袋相连（如图 2-8-3 所示）。

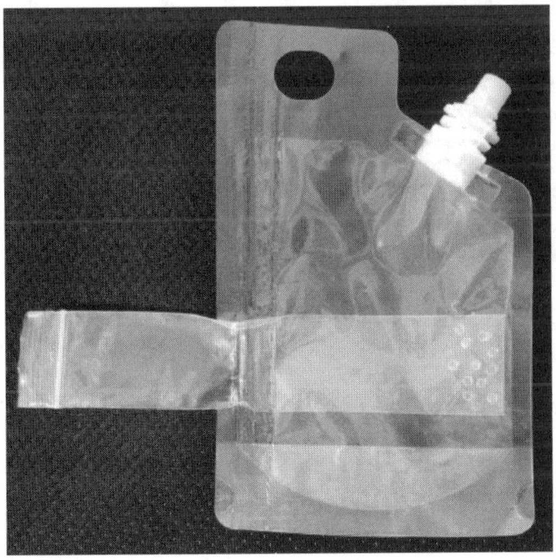

图 2-8-2

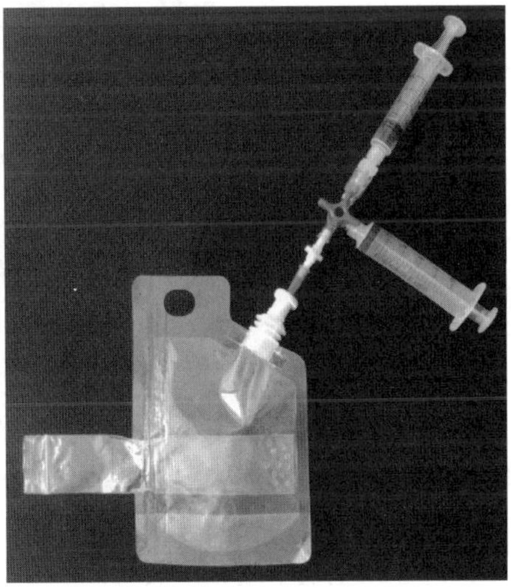

图 2-8-3

## 六、使用方法

### （一）各类气体制取、收集、干燥、除杂、尾气吸收及相关性质实验

1. NO、$NO_2$ 的相关性质实验及 $NO_2$ 与 $N_2O_4$ 的平衡移动实验。通过底部带孔塑封袋向2个实验袋中各加入少量铜片，将实验袋密封，并用螺口注射器抽出实验袋中的空气。将三通阀分别连接吸有约1 mL浓硝酸、2 mL稀硝酸的注射器，旋转三通阀，将浓、稀硝酸分别注入2个实验袋中。可以明显观察到相关实验现象。将加有浓硝酸的实验袋升温，可观察到袋内气体颜色变深。用干冰喷雾对其降温，可观察到气体颜色瞬间变浅。旋转三通阀，用注射器向加有稀硝酸的实验袋中注入空气，可观察到气体变为红棕色。继续用另一注射器注入水，可观察到气体颜色变浅。注入空气和水的实验操作可循环进行。

在进行 $NO_2$与 $N_2O_4$的平衡移动实验探究时，将收集有 $NO_2$的实验袋放入真空密封罐中，通过抽气与注入空气的操作来改变密封罐内的压强，并可借用手机App如“颜色识别器”“TouchColor”等观察到实验袋中气体颜色的相应变化。以“颜色识别器”App为例，对密封罐进行抽气操作时可观察到颜色数值（R值、G值和B值）呈现先变小后逐渐增大的趋势，而向密封罐中重新注入空气后，可观察到R值、G值和B值呈现先变大然后逐渐变小的趋势（如图2-8-4所示）。学生可在实验过程中思考数值变化的原因，培养其辩证思维和分析解决实际问题的能力。

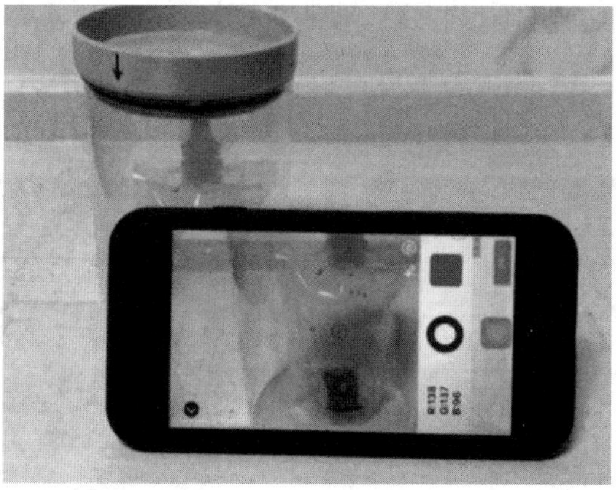

图 2-8-4

该实验把气体的发生装置与性质实验装置合并起来，可以减少实验中有毒气体的外逸，有效地减少对环境的污染。课堂上用上述方法进行铜与稀硝酸、浓硝酸反应的实验，试剂用量少，制取的气体纯净，实验成功率高，且可循环使用。改进后的实验操作简单，现象明显，适合课堂上学生分组实验。

2. $Cl_2$、$SO_2$、$H_2S$、HCl、$NH_3$、$C_2H_4$等气体的收集与性质实验。向本教具实验袋中加入约2 g高锰酸钾粉末，密封并对实验袋进行抽真空处理。随后注入约2 mL浓盐酸，可以观察到实验袋迅速膨胀，产生大量黄绿色气体。整个实验中，氯气控制在“零逸出”的水平。需要取用氯气时，可用注射器抽取所需用量。此外，亦可通过控制三通阀进行氯气性质实验探究。将吸有紫色石蕊试液的螺口注射器连接三通阀另一端，调节三通阀，将吸有氯气

的注射器与吸有石蕊试液的注射器相连，推动注射器，可清楚观察到实验现象。品红溶液、淀粉 KI 溶液、KBr 溶液、$FeCl_2$与 KSCN 混合液等亦可采用上述方法。此外，还可以通过胶圈将湿度传感器、pH 传感器、ORP 传感器等与注射器相连，完成湿度检测、饱和食盐水对氯气除杂后 pH 值和 ORP 值的检测等实验。图 2-8-5 为连接 pH 传感器检测利用饱和食盐水对氯气除杂后 pH 值的变化。

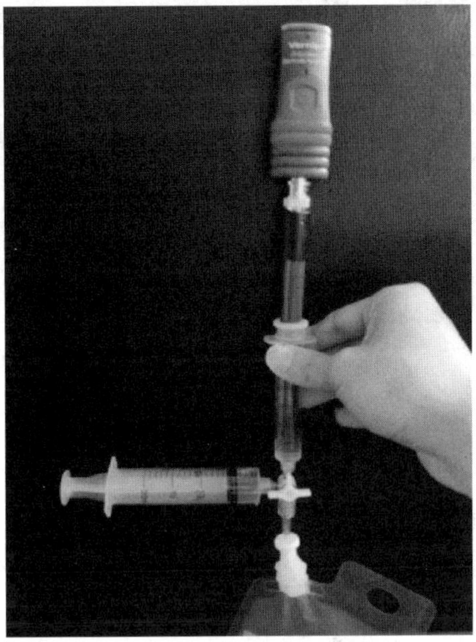

图 2-8-5

利用本装置甚至还可以完成 $Cl_2$、$H_2$混合光照爆炸实验。用热塑封器将实验袋一分为二，分别加入浓盐酸和高锰酸钾、稀盐酸和锌粒，制取少量 $Cl_2$、$H_2$，并用大号塑封袋将装置整体密封。实验中用镁带强光照射，可以观察到内部实验袋三通阀被冲开，并伴随爆炸声和少量白雾，现象明显，也较为安全，而由于外部有大号塑封袋密封，产生的 HCl 气体也没有外逸。

本实验将氯气制备与氯气性质实验整合在密封装置中，有效防止有害气体逸散。学生可全程参与实验，并在较短时间内掌握氯气的制备和性质，培养锻炼学生的实验能力。改进后的实验所用药品和实验次数大大减少，避免了实验过程中的重复，节约了课堂时间。整个反应装置是密闭的，没有氯气逸出，对环境几乎没有污染。中学里其他气体的制取与性质实验也可以参考该思路进行设计，如 $SO_2$、$H_2S$、$C_2H_4$、HCl、$NH_3$气体等。利用本装置亦可完成 HCl 等气体的喷泉实验，最后也可以通过注射器，加入试剂完成尾气处理等。此外，还可借助热成像仪等观察实验袋中各类反应的热效应。

3. 尾气、废液手动或自动化处理实验。实验完成后，可注入相关试液，手动进行尾气或废液处理。亦可将各类传感器通过实验袋底部塑封袋伸入，读取废液数据，用 TI 图形计算器编写程序控制水泵，对酸碱性废液进行自动化处理。传感器采集 pH 值、相关离子浓度及其他相关数据，并将信息及时反馈给 TI 图形计算器。当废液处于程序预设参数临界值以下时，泵自动执行 TI 图形计算器发出的相应程序命令，加入相应调节液对废液进行处理，直至各参数达到预设目标值，场效应管开关自动关闭，对应泵自动停止工作，TI 图形计算器界面显示实验结果。图 2-8-6 为某次程序完成后所显示的结果。实验中对尾气的自动化处理亦可参考上述设计。

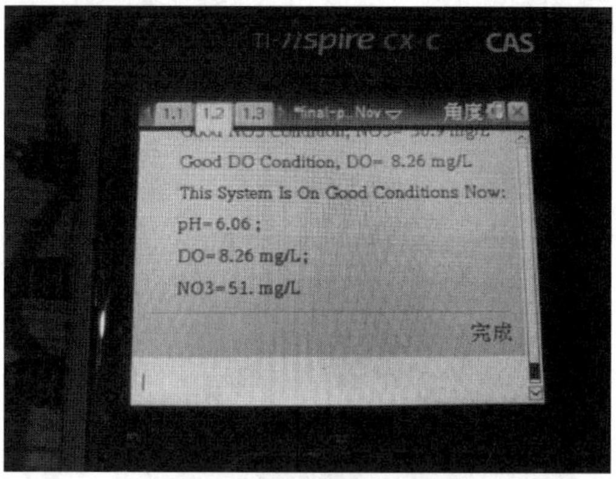


图 2-8-6

## （二）各类需要较好密封条件的实验

将实验袋密封，并通过螺口注射器抽取出实验袋中的空气。将三通阀分别连接吸取有硫酸亚铁溶液、氢氧化钠溶液的注射器，旋转三通阀，将硫酸亚铁溶液、氢氧化钠溶液注入实验袋中，可以观察到产生白色氢氧化亚铁沉淀，且能保持较长时间。通过螺口注射器加入空气，可观察到白色沉淀迅速变为灰绿色，之后变为红褐色。实验解决了学生以往只能观察到灰绿色沉淀的困惑，加深了学生对氢氧化亚铁性质的理解与掌握，也培养了学生实验设计与创新的能力。其他各类需要较好密封条件的实验亦可采用上述方法进行探究。

# 2.9 模拟工业制备盐酸的演示装置

福建省南安市侨光中学 叶永谦

## 一、教具的教学意义和价值

氯碱工业作为高中化学学习化工生产的第一课，涉及较多化学工艺的基本原理，但教材中演示装置存在较多不足。中学化学在介绍硫酸、硝酸等重要工业用酸时，却未介绍盐酸的生产工艺，也缺乏相应的演示装置。笔者在 STEM 理念的指导下，以主体附加组合法为主设计出本装置，仅用一份饱和食盐水，即可在 5 分钟内演示电解饱和食盐水及产物的检验、氢气和氯气的制备、氯化氢的合成和检验、氢气的验纯和尾气处理等多个实验，填补了中学教材缺少盐酸制备演示装置的空白。本装置制作简单、操作便捷、现象可视、过程环保。可用于氯碱工业的演示实验，在课堂上真实呈现盐酸制备的工艺流程，培养学生工艺设计条件控制的理念和节能环保的习惯，强化学生对民族工业重要性的认识，激发学生创新实践的热情。本装置还可作为中学化学仪器创新的典型案例，通过课堂教学及研究性学习、综合实践活动等将主体附加组合法传授给学生，有利于提高学生的创新能力，发展学生的核心素养。

## 二、教具装置图

图 2-9-1 模拟工业制备盐酸的演示装置

## 三、仪器特点及用途

### （一）特点

本教具根据主体附加组合法，设计了电解饱和食盐水装置和氯化氢合成炉装置，并将二者有机结合。可以真实呈现氯碱工业生产工艺及工业制备盐酸过程，且不需要阳离子交换膜即可防止氢气氯气混合爆炸。本装置实现了仪器简约化、操作简捷化、现象可视化、过程环保化的效果，让学生看得清实验现象，看得懂实验原理，放心看、喜欢看实验过程。

### （二）用途

本教具可在5分钟内完成氢气、氯气的制备，氯化氢的合成、吸收和检验，氢气的验纯和尾气处理，氯气的尾气处理等实验。

1. 演示电解饱和食盐水，并对产生的氢气、氯气、氢氧化钠进行检验，现象明显。

2. 演示使用洗洁精水溶液验纯氢气的新方法，安全有效。

3. 演示酚酞颜色随氢氧化钠浓度升高由红色褪为无色的过程，有利于纠正学生酚酞遇碱一定变红的思维定式。

4. 演示氯气在氢气中燃烧生成氯化氢，以及逆流法吸收氯化氢为盐酸的过程，让学生体验工业制备盐酸的过程及注意事项。

5. 演示氢气、氯气的尾气处理过程，培养学生绿色环保的理念。

## 四、制作材料

玻璃管、石墨棒、三角漏斗橡皮塞、直流电源等。直流电源必须能提供5 A的额定电流。

## 五、制作方法

1. 电解部分由规格为250 mL的筒形平底三口烧瓶、两只长度为20 cm的连接管、石墨棒、三角漏斗、橡皮塞组成(如图2-9-2所示)。电解生成的氢气在右连接管中，氯气在左连接管中，产生的氢气、氯气将饱和食盐水压入三角漏斗中，打开活塞即可分别将氢气和氯气导入合成炉模拟装置中。以上仪器均可由玻璃仪器厂定制。

2. 氯化氢合成炉模拟装置由外管、内管、杯形容器和三个玻璃活塞组成(如图2-9-3所示)。其中外管用于通氢气、内管用于通氯气(确保氢气过量，防止氯气污染)、杯形容器中装蒸馏水。通过外管扣上集气瓶使氯化氢气体溶于蒸馏水制备盐酸。右侧外管活塞用于控制氢气的进入，下端内管活塞用于控制氯气的进入，左侧杯形容器活塞用于流出盐酸进行检验。该仪器可由玻璃仪器厂定制。

3. 阳极管的安装：制作一个双孔橡皮塞，一孔插入碳棒，一孔插入氯化氢合成炉下管。将该双孔橡皮塞装入电解装置的阳极管(左连接管)。

4. 阴极管的安装：制作一个三孔橡皮塞，一孔插入碳棒，一孔插入三角漏斗(三角漏斗的下管要长于碳棒，防止氢气进入三角漏斗)，一孔插入中空玻璃管。使用橡皮管将阴极管产生的氢气连接到合成炉外管右侧的支管，再将三孔橡皮塞装入电解装置的阴极管(右连接管)。将直流电源的正极与左连接管的碳棒相连，负极与右连接管的碳棒相连，接通电源，即可开始电解(如图 2-9-4 所示)。

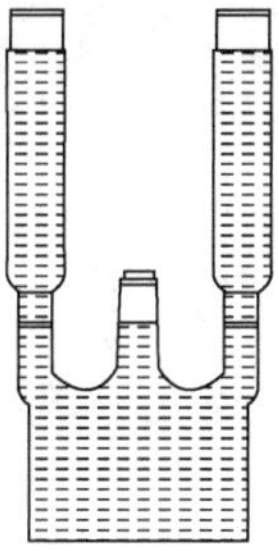

图 2-9-2

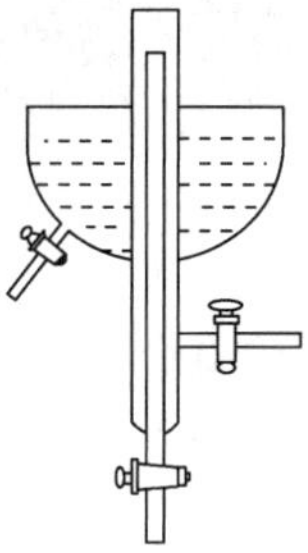

图 2-9-3

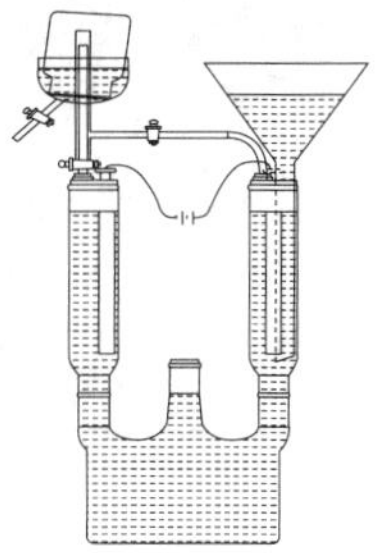

图 2-9-4

## 六、使用方法

### (一) 气密性检验

按图 2-9-4 装配好仪器后，关闭活塞，往三角漏斗中加入蒸馏水。一段时间后，蒸馏水无法流下且三角漏斗内外存在液面高度差且保持不变，说明装置气密性良好。

### (二) 饱和食盐水的配制和注入

配制 1500 mL 饱和食盐水待用。两个电极先插入连接管但橡皮塞不塞紧。打开活塞，往三角漏斗中注入饱和食盐水至液面离两个连接管上管口 1 cm 处。塞紧两个橡皮塞，往三角漏斗中加入少量饱和食盐水，调节液面至充满两个连接管。

### (三) 饱和食盐水的电解

接通可调压直流电源，电压控制为 60 V，开始电解。两极均有明显的气泡冒出。电解一段时间后，右管收集到大量氢气，左管收集到较少氯气，产生的气体将溶液压入三角漏斗中。

### (四) 氢气的验纯及流速的测算

收集到大量氢气后，往三角漏斗中滴几滴酚酞溶液，三角漏斗中溶液变为红色，证明该溶液中含有氢氧化钠。使用注射器吸取 20 mL 红色溶液注入合成炉的杯形容器中，滴入几滴洗洁精，搅拌均匀。在电解过程中，三角漏斗中氢氧化钠的浓度不断升高，酚酞分子结构发生变化，粉红色褪去(如图 2-9-5 所示)。此时应注意引导学生对比实验现象，关注酚酞颜色变化与氢氧化钠浓度变化的关系，培养学生实事求是的科学态度和量变引起质变的科学认知。

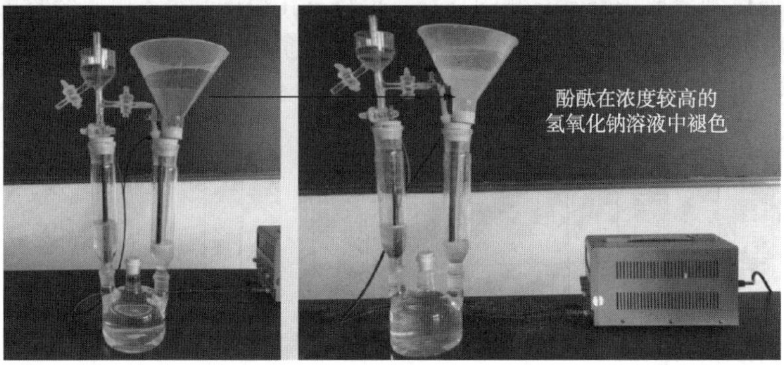


图 2-9-5

### (五) 氢气的验纯

杯形容器中注入氢氧化钠溶液后，往外管上连接一条橡皮管。打开外管右侧活塞，使一定量的氢气进入广口瓶，在瓶外的液面上形成氢气肥皂泡。点火，无明显现象，因排出的首先是广口瓶中的空气。随后排出气泡，计算气泡冒出速度是否达到 2.5 个/秒。点火，有尖锐的爆鸣声，说明所收集氢气不纯，原因在于导管中有空气存在。重复以上步骤，直到听到沉闷的“噗”声，说明合成炉模拟装置中的氢气已经纯净，可以安全燃烧。

### (六) 氯化氢气体的合成及检验(选用步骤)

如果实验的目的是更清楚地观察和检验氯化氢的生成，可选用本步骤。氢气验纯后，取出套在燃烧管外的小广口瓶。打开外管右侧活塞，点燃氢气，氢气在外管口安静地燃烧。再打开底部活塞，氯气进入内管助燃，火焰呈苍白色(如图 2-9-6 所示)。

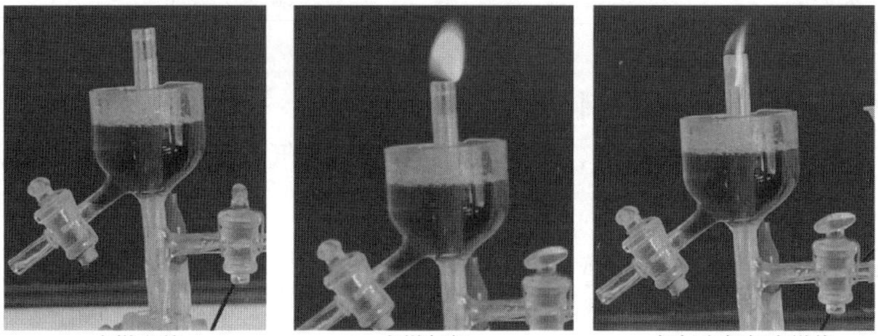

点燃之前　　点燃氢气　　氢气在氯气中燃烧

图 2-9-6

准备好一个用蒸馏水润湿过瓶壁的集气瓶。氯气燃烧后，立即在火焰上方扣上集气瓶并使瓶口没入液体中，有大量白雾出现，火焰熄灭。关闭活塞。摇动广口瓶，使白雾与滴有酚酞的氢氧化钠溶液接触。一段时间后，广口瓶中白雾基本消失，红色褪去(如图 2-9-7 所示)，说明有盐酸生成。摇动中可能有少量氯化氢气体逸出，滴入的洗洁精可以有效将逸出气体“粘住”，防止污染空气。

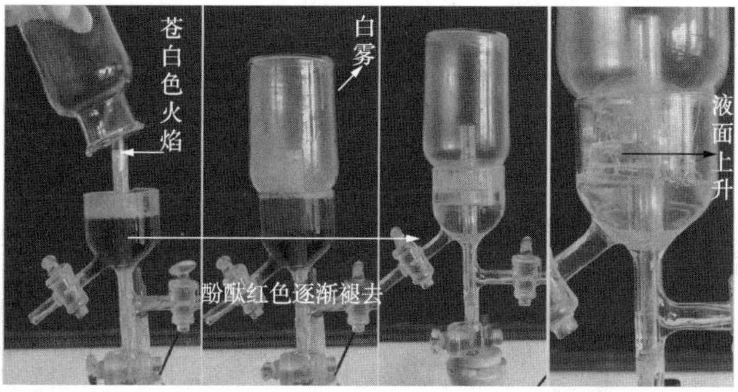


图 2-9-7

### (七) 氯化氢气体的合成及盐酸的收集(选用步骤)

如果要演示收集氯化氢溶于水制得盐酸，可选用本步骤。氢气验纯后，取出套在燃烧管外的小集气瓶。打开杯形容器活塞，将杯形容器中液体倒入烧杯。使用蒸馏水洗涤杯形容器，关闭活塞，往杯形容器中加入 20mL 蒸馏水用于吸收合成后的氯化氢气体以制备盐酸。打开活塞，点燃氢气，氢气在外管口安静地燃烧。再打开另一侧活塞，氯气与氢气接触后燃烧起来，火焰呈苍白色(如图 2-9-8 所示)。

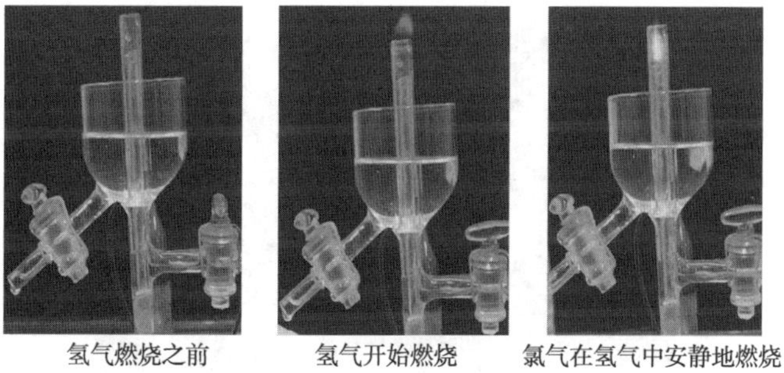


图 2-9-8

将浇水壶与矿泉水瓶上部组合成喷雾器。氯气在氢气中燃烧后，将喷雾器扣在火焰上方，关闭活塞，火焰熄灭。喷雾使生成的大量酸雾与蒸馏水接触，一段时间后，白雾基本消失，杯形容器中得到盐酸。打开杯形容器活塞，用烧杯承接制备得到的盐酸溶液(如图 2-9-9 所示)。

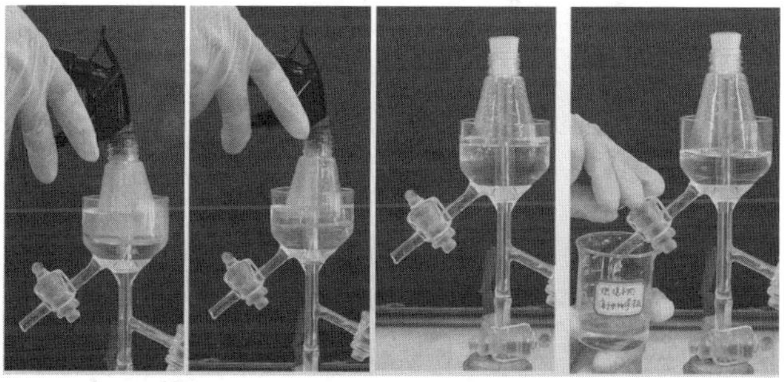

图 2-9-9

## (八) 尾气的处理

1. 氢气尾气的处理。氢气的尾气处理方法与验纯相同。将剩余的氢气通过洗洁精水溶液，形成氢气气泡，燃烧除去(如图 2-9-10 所示)。

图 2-9-10

2. 氯气尾气的处理。燃烧管连接橡皮管，将橡皮管插入右侧氢氧化钠溶液中，打开底部活塞，氯气进入氢氧化钠溶液进行尾气处理，确保无逸出(如图 2-9-11 所示)。

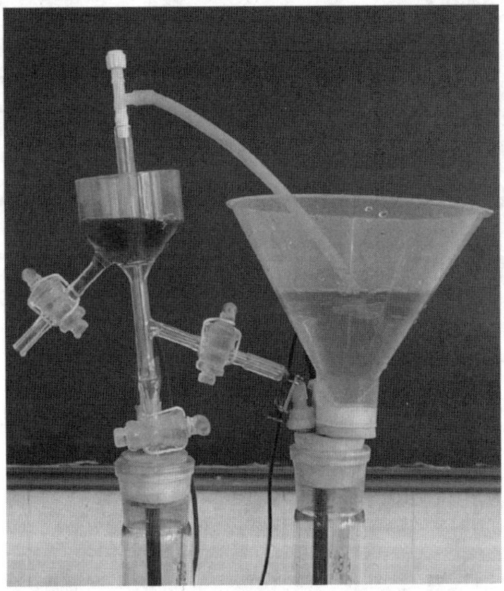

图 2-9-11

# 2.10 分子运动演示仪

河南省平顶山市第六中学 张庆锋
河南省平顶山市第三中学 徐 静

## 一、教具的教学意义和价值

本教具多学科融合，采用了简单的数字化设备，操作更为简便。在实验中体现了工业化学的科技之美。从氨分子运动演示，到最后的尾气回收循环使用，使化学知识回归生产和生活，体现了化学的神奇力量。

## 二、教具装置图

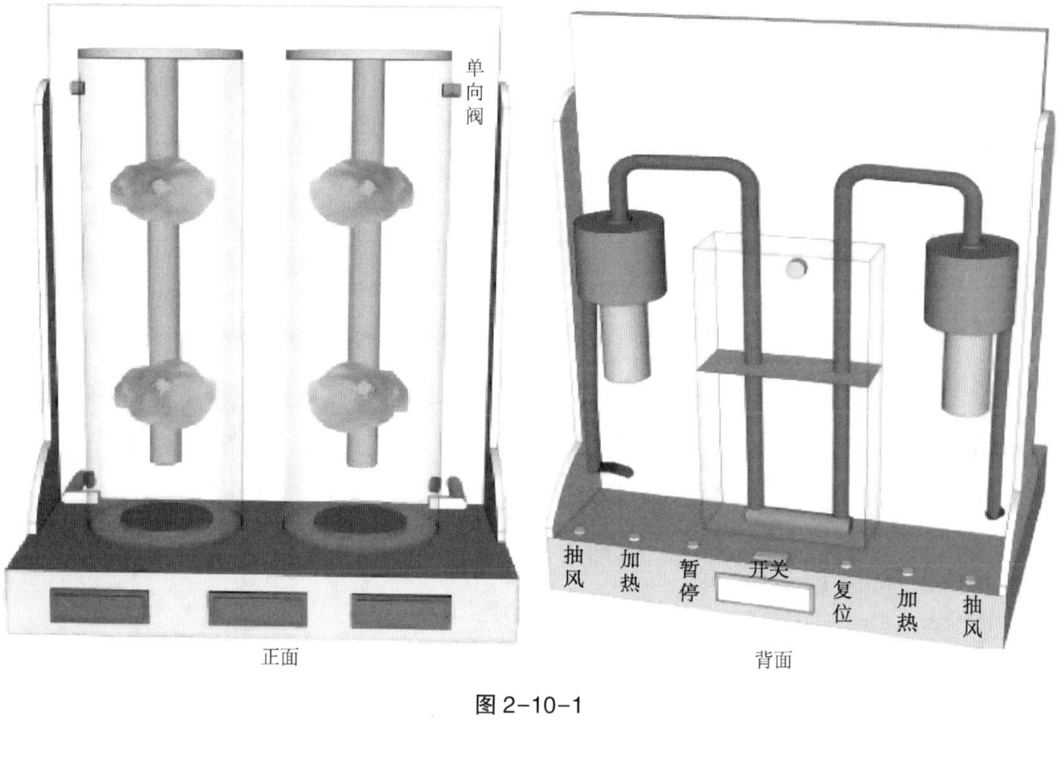


图 2-10-1

## 三、仪器特点及用途

### （一）特点

1. 融入简单的工业技术，使操作更加简单，药品利用率达到了 97.3%。

2. 把知识变成生产力，让学生感受到化学工业的神奇魅力。

3. 简化仪器使用后的清洗工作，能短时间内多次重复实验，具有推广性。

### (二) 用途

探究氨分子运动及温度对运动的影响。

## 四、制作材料

亚克力材料、探头、显示屏、布绢花等。

## 五、制作方法

底座：底座长 0.3 m，宽 0.23 m，高 0.06 m。内含多种电子元件。底座表面有对称的加热圆板一对。

圆柱气室箱：箱身长 0.1 m，直径 0.1 m，正圆心处有一和上盖相连的细柱。细柱上下两处固定被酚酞溶液浸泡过并晾干后的两朵白色布绢花。

前后隔板：高 0.35 m，宽 0.23 m。

尾气处理装置：结合圆柱箱身底部的抽风口、顶部的进风口，对氨气进行对流抽气，并通过多孔技术，通入足量的水中。

电源装置：可充电式锂电池。

整体尺寸：装置总长 0.3 m，宽 0.23 m，高 0.41 m。

## 六、使用方法

| 使用方法 | 示意图 |
| --- | --- |
| 打开总电源，对比侧开启加热操作。<br>对比侧温度大于 60 ℃后，取出双上盖、向布绢花喷水后，复位 | 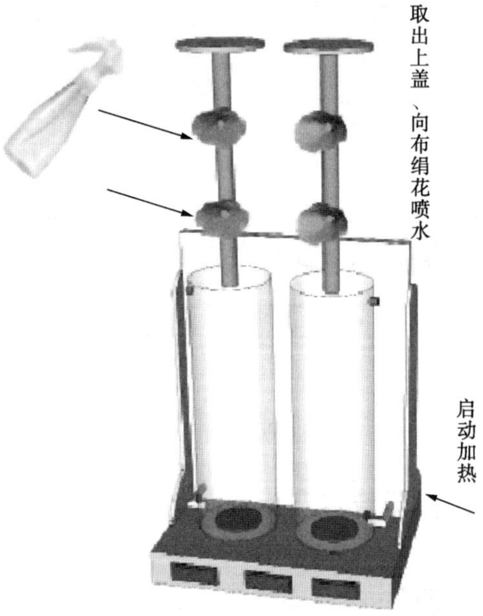<br><br>图 2-10-2 |

续表

| 使用方法 | 示意图 |
| --- | --- |
| 同时注入氨水 | 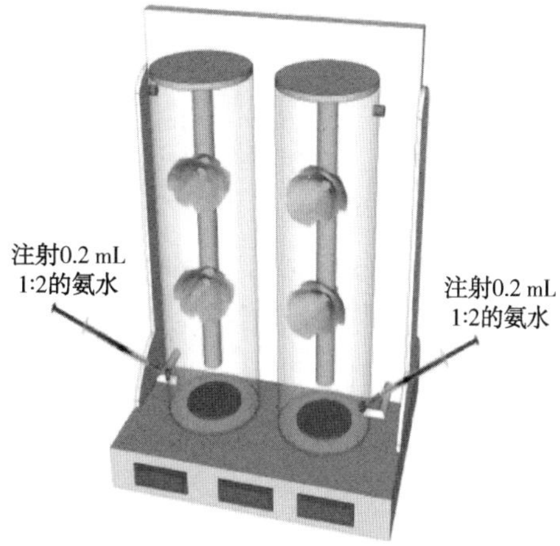<br>图 2-10-3 |
| 加热侧快速自下至上变红 | <br>图 2-10-4 |
| 两侧都变红，但加热侧比另一侧略红 | <br>图 2-10-5 |

续表

| 使用方法 | 示意图 |
| --- | --- |
| 开启双侧抽风+双侧加热(同时打开单向气阀),背后溶液池内出现气泡 | 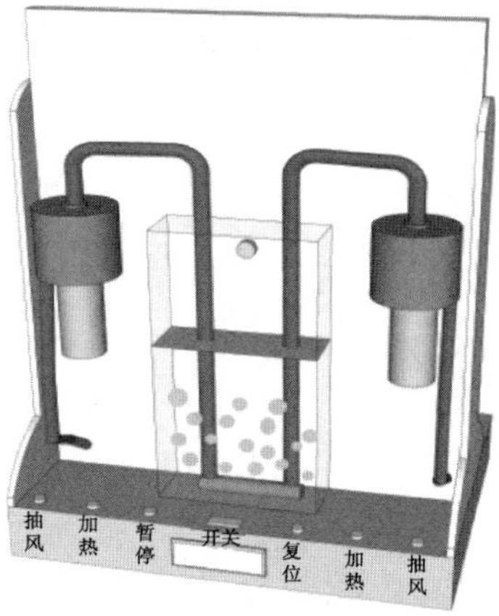  图 2-10-6 |
| 两侧布绢花红色渐褪,呈白色(说明氨气无残留) | 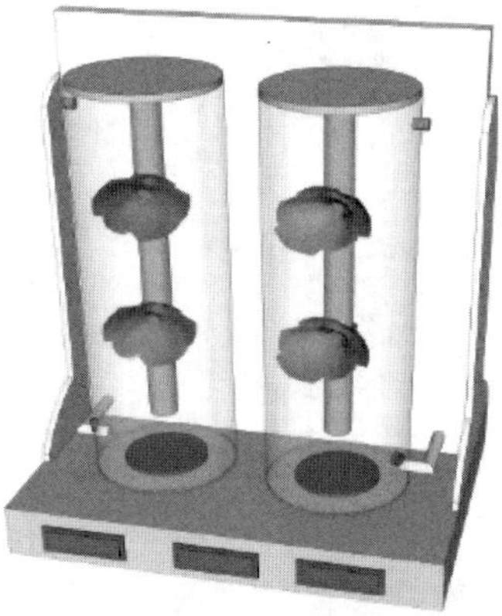 图 2-10-7 |
| 开关复位,关闭总电源,实验结束 | 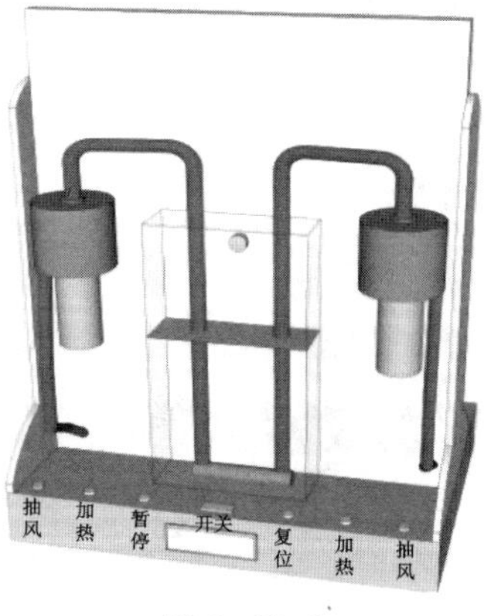  图 2-10-8 |

# 2.11　新型多功能电解仪

湖北省孝感市安陆市第一高级中学　张莉华　刘慧子　范松林

## 一、教具的教学意义和价值

电解池是一个非常重要的高考考点。人教版高中化学选修 4 课本上的常规电解实验装置，用电极插入“U”形管或小水槽，再分别用导线连接直流电源，看似操作简单，在实际操作中却有各种弊端。如专用电解的学生电源过于笨重，不利于携带操作；装置组装烦琐，实验准备过程复杂；常规电解实验不易检验并测量产物气体；电解产生有毒气体不方便尾气处理，污染空气；安全性能差，容易发生氢气和氯气的混合爆炸。由于常规电解实验装置的种种弊端，老师们往往不愿意在课堂上展示该实验。实验的缺失造成学生对电解池概念的理解不透彻。

针对常规电解池的弊端，笔者对电源、装置一体性、产物检验和测量以及尾气处理进行了全方位改进。学生电源替换成一节普通干电池，可以随取随用，电解过程约 1 min，即可看到明显现象。组装电解池零散复杂，改进成一体化装置，还可直接在仪器内部测量气体体积比，并检验气体性质。当产生少量气体时，可以看上面的长颈漏斗，产生大量气体时，可以看下面电极室上的刻度。常规电解装置不能密封，无法解决有毒气体尾气问题。一体化电解仪可将产生的气体密封在装置内部，做完实验只需将尾气吸收剂用注射器注入电解仪。

电极室透明宽敞，方便观察实验现象。近十年的高考中，带膜的电池层出不穷，但学生很少能体会到膜电池的工作过程，导致对题目理解不够。于是笔者设计了可更换离子交换膜的位置，可以根据不同的需求更换离子交换膜，让学生清晰了解了带膜的电池和带膜的原电池。电极可根据需求更换，只需将塞有胶塞的电极拔下即可。

本仪器极大方便了老师在课堂上随时进行电解演示实验。学生实验的准备工作也很简单，具有一定的推广性和实用性。本仪器操作简单，携带便捷，使用方便，绿色无污染，还可一器多用，具有很好的教学意义和价值。

## 二、教具装置图

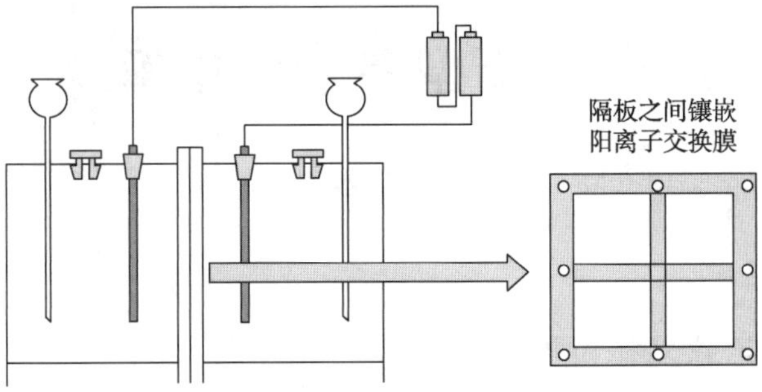


图 2-11-1　装置设计平面图

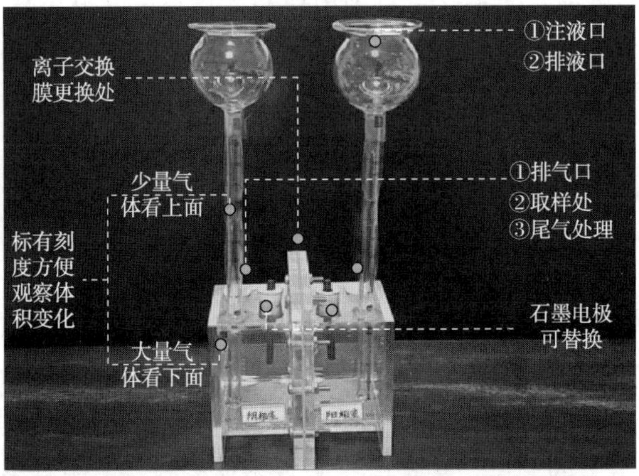


图 2-11-2　装置实物图

## 三、仪器特点及用途

### (一) 特点

1. 装置一体化：本装置采用一体化设计，操作简单，携带方便。

2. 隔膜、电极均可替换：两极区采用拼接式，隔膜槽可打开，方便更换不同电解实验所需的离子交换膜。电极可以拔下来，根据不同需求更换。

3. 产物易检验：本装置不仅能定量测定两极气体体积比，还易定性检验产物性质。

4. 操作无污染：本装置将产生的气体密封在仪器内部，方便气体的后续处理。

5. 一机可通用：本装置具有通用性，可实现高中所有电解实验操作，以及电镀、氢氧燃料电池、电泳、电解质导电能力检测等实验。

### (二) 用途

本教具可以模拟高中阶段所有关于电解的实验：电解各类电解质实验、电镀池、电解质导电能力的比较实验、胶体的电泳实验、燃料电池。

## 四、制作材料

1. 主体材料：亚克力板、电极、导线、开关、干电池、医用胶塞、螺丝。
2. 检验用具：发光二极管、注射器、数显万用表。
3. 测量用具：透明刻度贴。
4. 尾气处理：长颈漏斗、注射器。

## 五、制作方法

1. 切割大小合适的亚克力板(如图 2-11-3 所示)，用专用胶黏合成两电极室(如图 2-11-4 所示)。

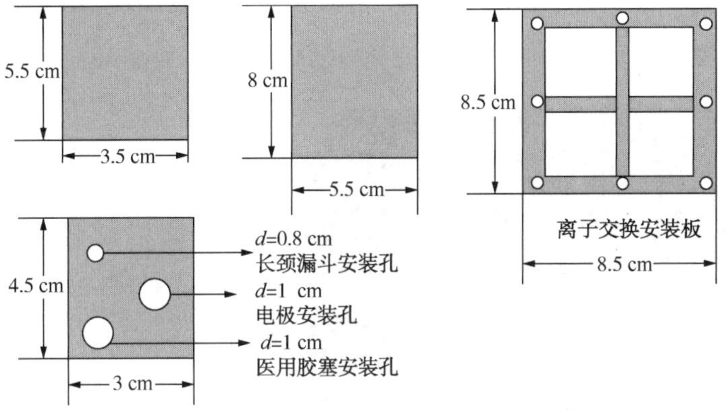


图 2-11-3

图 2-11-4

2. 在两电极室上方用不同型号的钻头打孔(如图 2-11-5 所示)。

图 2-11-5

3. 在两电极室之间插入所需的离子交换膜，并用螺丝固定，连接阴、阳两室(如图 2-11-6所示)。

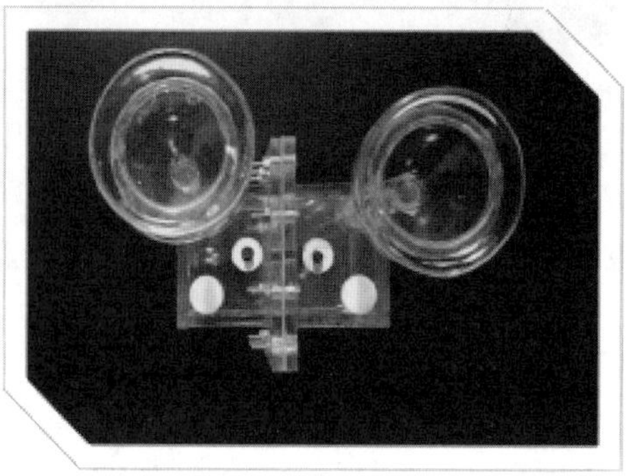

图 2-11-6

4. 在两侧孔中分别装入电极、长颈漏斗和医用胶塞，并贴上透明刻度贴(如图 2-11-7 所示)。

图 2-11-7

## 六、使用方法

### (一) 气密性检查

打开医用胶塞，从长颈漏斗向电极室注水，直至浸没漏斗下端管口。塞上胶塞，继续向长颈漏斗注水，看到漏斗管水柱出现高度差(如图 2-11-8 所示)。一段时间后，水柱不下降，则气密性良好(如图 2-11-9 所示)。

图 2-11-8

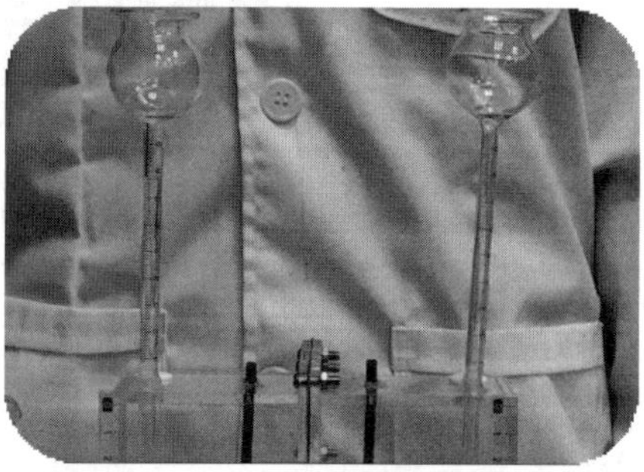

图 2-11-9

（二）电解液装入

将电解仪放在水平桌面，打开排气阀（医用胶塞）。从长颈漏斗向电解仪中注入电解液，稍微倾斜仪器，排走装置中的气泡（如图 2-11-10 所示）。继续加电解液至排气阀有电解液溢出，塞上医用胶塞（如图 2-11-11 所示）。

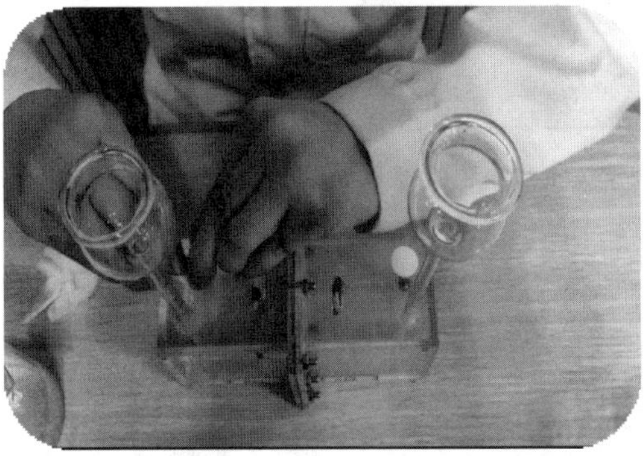

图 2-11-10

图 2-11-11

（三）电解仪通电

电极连接导线，打开电池开关，观察两电极室内现象，产生的气体可将液体压入长颈漏斗（如图 2-11-12 所示）。

图 2-11-12

（四）产物检验测量

可用两电极室侧面贴的刻度测量两端气体体积比（如图 2-11-13 所示）。也可用小型注射器扎入医用胶塞抽取部分气体，用合适的试剂或方法进行产物检验（如图 2-11-14、图 2-11-15 所示）。

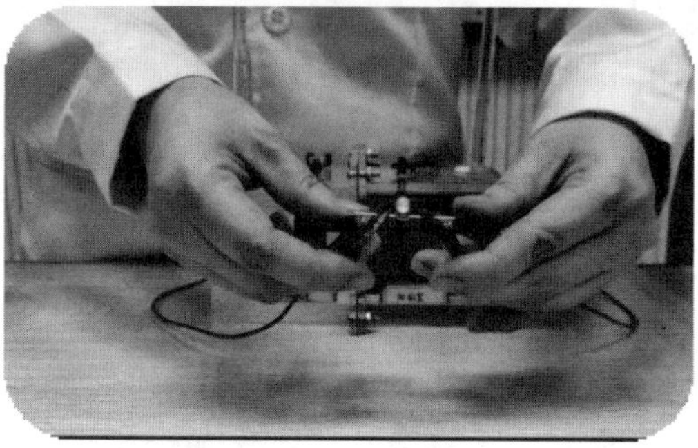

图 2-11-13　电解水实验中测定氢气和氧气的体积比

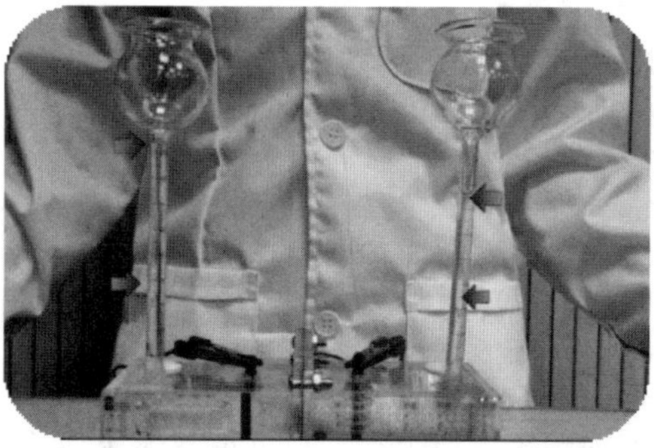

图 2-11-14　电解食盐水检验氢气

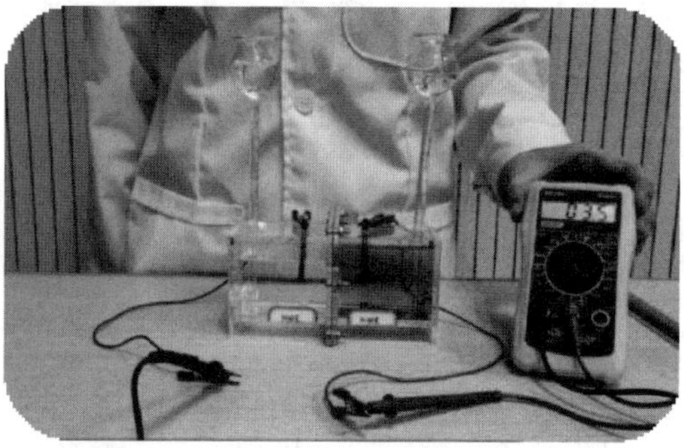

图 2-11-15　电解饱和食盐水检验氯气

（五）尾气安全处理

实验结束后，用注射器将尾气处理液从医用胶塞注入电解池，处理有毒气体产物。待完全吸收后，打开胶塞将废液倒出，将装置洗净、晾干、备用（如图 2-11-16 所示）。

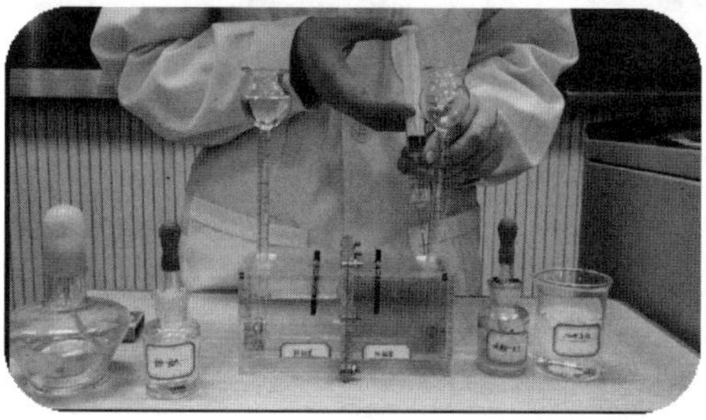

图 2-11-16　注入氢氧化钠溶液处理氯气

# 2.12 电动胶塞打孔器

湖南省娄底市第一中学 周霞辉 谌慧群 林宏刚

## 一、教具的教学意义和价值

化学是一门以实验为基础的科学，实验中经常要给橡胶塞打孔以连接仪器。目前实验室常用的打孔器是手动打孔器和钻床打孔器，但是手动打孔器费力、耗时，钻床打孔器结构复杂、成本较高。基于以上问题，笔者设计了本教具。

## 二、教具装置图

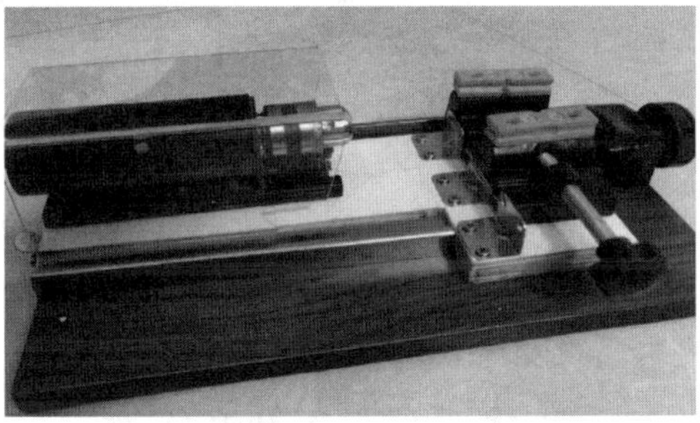

图 2-12-1

## 三、仪器特点及用途

### (一) 特点

1. 两滑动一转动：钻机可横向滑动，使打的孔孔壁光滑、垂直度高；胶塞固定器可纵向滑动，能够对胶塞不同位置打孔；橡胶塞可 360°转动，可打多个孔。

2. 可根据需要更换不同大小的钻头。

3. 防尘防护罩可保安全，防胶屑飞扬。

### (二) 用途

供中小学实验制作中木塞、橡胶塞打孔时使用。

## 四、制作材料

木板、角码 3 个、底座、钻头(1.0~10 mm)、电机固定座、滑轨、防护罩、铝合金槽 2 条、橡胶塞 1 个、锁定螺栓 1 个、胶塞固定器 1 个、“U”形 775 电机 1 个。

## 五、制作方法

1. 取3个角码固定在木板上(如图2-12-2所示)。
2. 插入胶塞固定器，再固定锁定螺栓(如图2-12-3所示)。

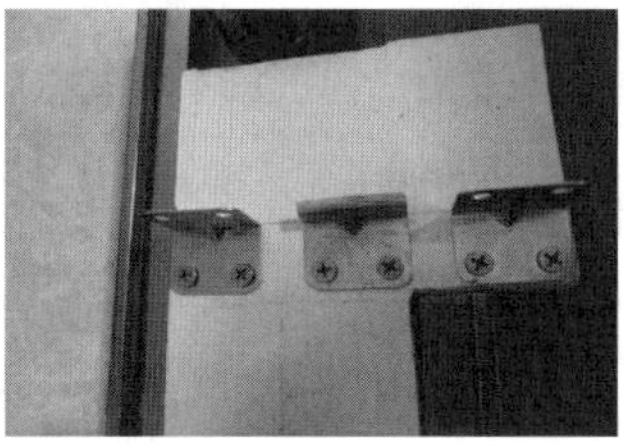

图2-12-2

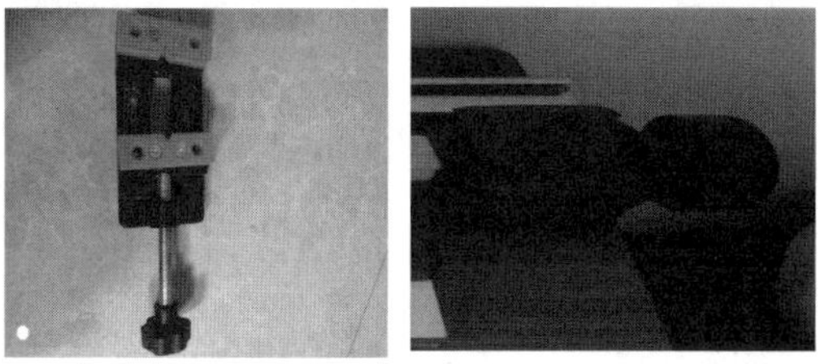

图2-12-3

3. 将“U”形775电机安装在电机固定座上，再整体安装在滑轨上(如图2-12-4所示)。

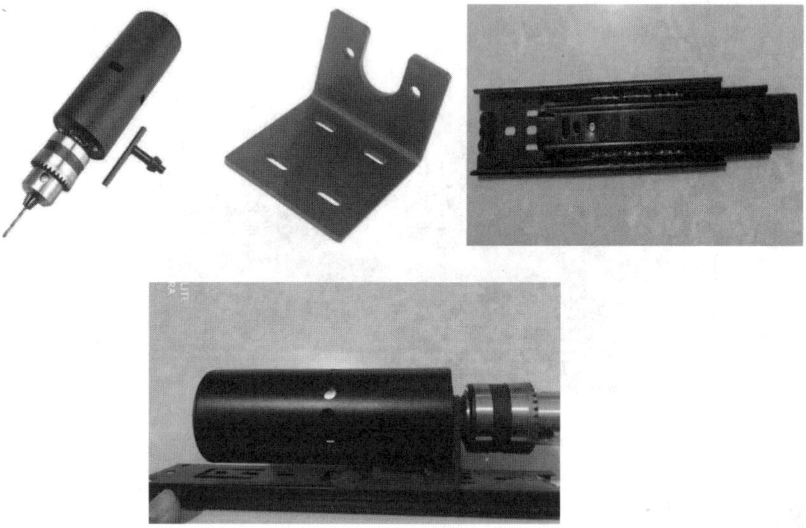

图2-12-4

4. 将滑轨的下端固定在木质底座上(如图2-12-5所示)。
5. 截取两根铝合金槽固定在木板两侧，插入防护罩(如图2-12-6所示)。

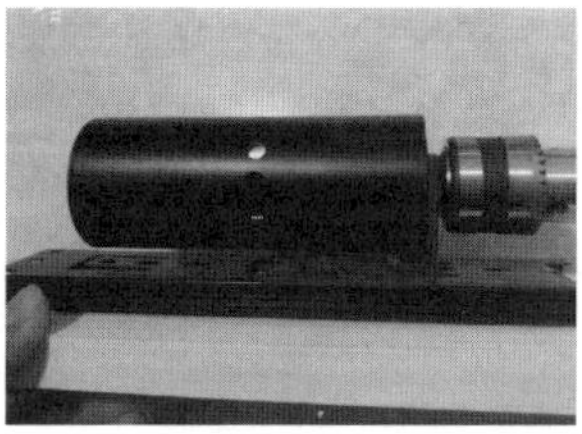

图2-12-5

图2-12-6

## 六、使用方法

1. 将钻头装到钻夹上，固定好钻头。

2. 将橡胶塞放入胶塞固定器中，卡紧，横向滑动胶塞固定器，调好打孔位置后，拧紧锁定螺栓，盖上防护罩。

3. 打开电机电源，调好速度，对准橡胶塞打孔。

4. 关闭电源，取出橡胶塞。

# 2.13 便携式金属元素检测装置

重庆市育才中学校 王文佳 段海龙 李秀成

## 一、教具的教学意义和价值

金属元素焰色反应是一个经典的定性分析法，是某些金属或其化合物在无色火焰中灼烧时使火焰呈现特殊颜色的反应，每种元素都有其特别的光谱。应用焰色反应，人们在烟花中有意识地加入特定金属元素，使焰火更加绚烂多彩。

金属元素焰色反应也是高中教学大纲中要求学生必须掌握的知识，所以焰色反应是高中化学实验中非常重要的内容。在课堂演示实验中，通常采用专用铁丝或者铂丝蘸取金属化合物溶液，再置于酒精灯外焰部位灼烧，就可以看到被检验溶液里所含元素的特征焰色。每次实验后都要用稀盐酸洗净铁丝，才可进行下一次实验。

然而上述焰色反应教学实验因为铁丝蘸取金属化合物溶液有限，特征焰色出现的时间短、范围小、亮度低，且焰色反应效果时有时无，不稳定持久，不利于学生的观察；每进行一种元素的焰色反应前都需要用稀盐酸洗净铁丝，比较烦琐，耗费了大量课堂时间；学生用肉眼观测焰色，只有宏观辨识，未深入微观探析，无法透过现象看本质，对实验本质的认识过于浅显。

针对现有实验的不足，笔者设计了一种结构简单、操作简便、焰色效果亮度高且范围广、焰色反应呈现稳定且时间长、能够进行光谱分析的金属元素焰色反应实验装置。

本教具激发了学生的求知欲和兴趣。本教具在进行构思、制作时，涉及了较多的知识和能力。在课堂上演示教具时，可以把其中涉及的更多相关问题作为扩展问题，让学生自主思考探索，激发其求知欲。漂亮的火龙卷足以吸引学生的注意力，宏观火焰和微观图谱的结合，将引领学生从宏观到微观的探究、从现象到本质的追问，培养学生科学思维和探究能力。

本教具能够显著提高教师的教学水平，优化课堂教育的质量。通过对教具的演示和讲解，教师能更加深入地了解焰色反应的相关知识。本教具在提高学生学习兴趣的同时还能加强学生对知识的理解，使其对知识的掌握更加深刻，有利于教学质量的提高。

本教具培养了学生的科学态度和科学素养。本教具可由学生动手完成、自行制备，有利于培养学生创新能力，实现素质教育。

本教具有利于学科融合，培养学生把理论应用于实践的能力，实现深度学习。本教具利用了物理中的光谱分析、信息技术中的便携式光谱仪软件分析，培养学生利用各学科知识解决生活中实际问题的能力。

## 二、教具装置图

1. 实验箱：实验箱 1 由箱体壳体 1a 和开合壳体 1b 组成。

2. 火龙卷装置：用圆形铁盒作为盛放酒精的容器，在酒精燃烧装置 3 周围错开放置半圆柱状透明罩 4，利用物理剪切应力形成火龙卷，拔高放大火焰。

3. 连续加样装置：在开合壳体中部设置有溶液注射结构，向注射器中注入待测溶液，用点滴管 7 连接注射器 6 和溶液喷射针头 8。溶液喷射针头的喷射端伸入透明罩 4 中，且位于火龙卷装置火焰上方。

4. 火焰分光拍摄装置：将分光镜用手机支撑架 9 固定在手机的后置摄像头上，对准火焰进行拍摄。利用便携式光谱仪手机软件对拍摄到的图像进行分析，即可获得以波长为横坐标、以灰度值为纵坐标的光谱图像。读出波峰处的波长值，再查阅文献，即可知道检测液中的金属元素的种类。

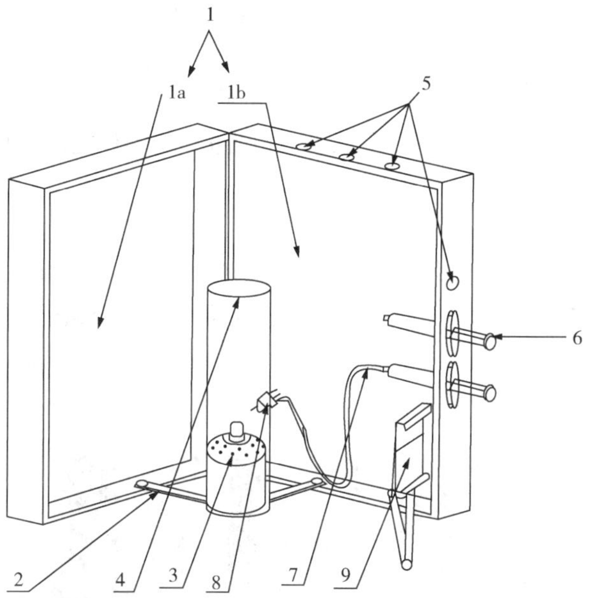


1—实验箱；1a—箱体壳体；1b—开合壳体；2—支撑条；3—酒精燃烧装置；
4—两个半圆柱状透明罩；5—注射器安装孔；6—注射器；7—点滴管；8—溶液喷射针头；9—手机支撑架。

图 2-13-1 主体设计图

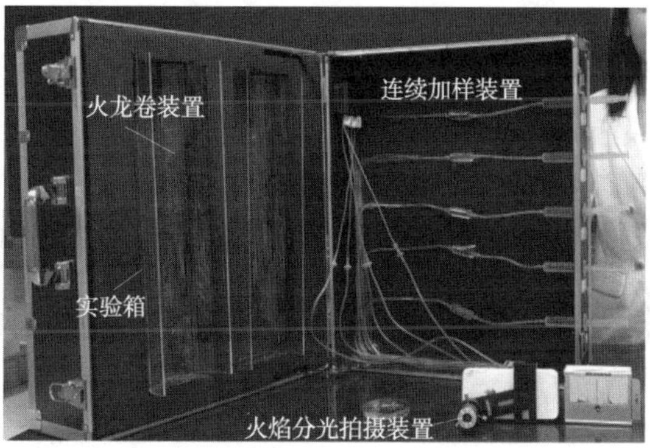


图 2-13-2 实验箱主体

## 三、仪器特点及用途

### （一）特点

1. 焰色反应过程中火焰的亮度大且范围广。火龙卷装置使得火焰亮度更大，同时拔高了火焰的燃烧高度使得观察范围更广。

2. 焰色反应呈现稳定且时间长。在连续加样装置的作用下，可以持续提供焰色反应所需的金属元素溶液。

3. 操作简单，节省课堂时间。不需要用铁丝去蘸取金属元素溶液，进行完一种元素的焰色反应后进行下一种元素的焰色反应时，也无须用稀盐酸洗净铁丝。

4. 直接用支架将分光镜固定在手机的后置摄像头上就能进行影像拍摄，还可直接利用手机软件进行光谱分析，使学生能够透过现象看本质。

5. 收纳方便。实验结束后，可将所有设备收纳进实验箱体之中，便于教师归置。

### （二）用途

本教具展示的焰色反应呈现稳定且时间长，焰色效果亮度大且范围广，更便于学生观察，同时使学生构建了物理光学、力学和化学焰色反应与电子跃迁等核心知识的连接，加深了学生对焰色反应本质的了解。

1. 宏观现象——焰色火龙卷。

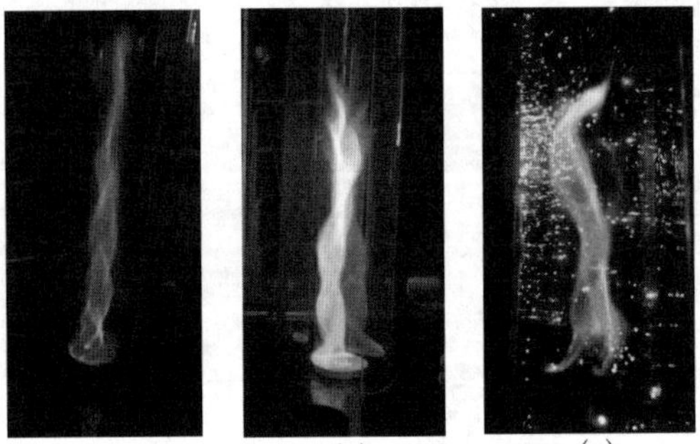
(a) (b) (c)

图 2-13-3 锂(a)和钠(b)的焰色火龙卷以及自制烟花(c)

2. 微观现象——谱线。

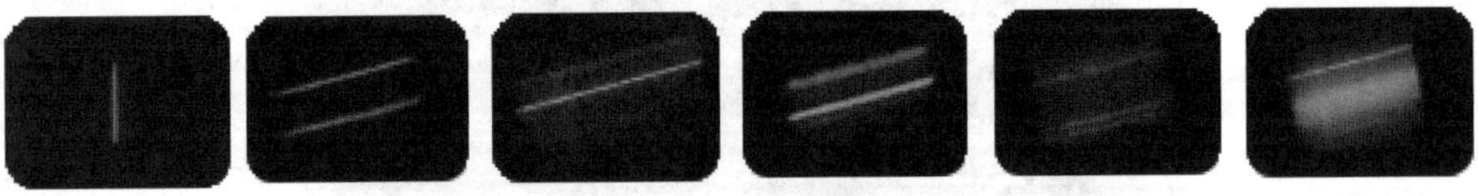
Na Li Ca Sr Ba Cu

图 2-13-4 焰色反应的微观谱线

3. 符号表征——特征谱线波长。

表 2-13-1 碱金属、碱土金属元素特征谱线的波长

| 元素 | 波长/nm | 元素 | 波长/nm |
| --- | --- | --- | --- |
| Li | 670.7844 | Cs | 852.1100 |
| | 610.3642 | | 459.3177 |
| | 323.2610 | Be | 234.8610 |
| Na | 589.5923 | | 313.0416 |
| | 588.9953 | Mg | 285.2129 |
| | 330.2323 | | 279.5530 |
| K | 404.7201 | Ca | 422.0728 |
| | 766.4907 | | 393.3666 |
| | 769.8979 | Sr | 460.7331 |
| Rb | 780.0227 | | 407.7714 |
| | 794.7600 | Ba | 553.5551 |
| | 420.1851 | | 455.4042 |

4. 曲线表征——手机软件光谱分析。

便携式光谱仪软件在使用之前，要用便携式校准光源——汞灯进行校正。先将分光镜用夹具固定在手机的后置摄像头上，将分光镜对准汞灯，打开手机软件，点击“calibrate”，再点击“wavelength initial calibration”。点击“set region”，将 436 nm 的线对准紫线，将 488 nm的线对准蓝线，将 546 nm 的线对准绿线，将 612 nm 的线对准红线，即完成校正(如图 2-13-5 所示)。

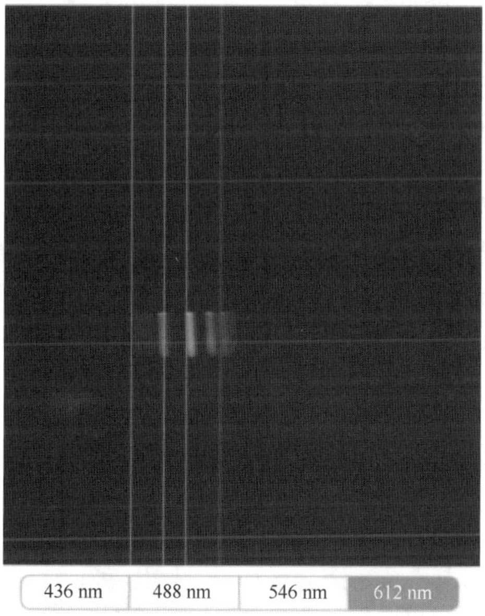


图 2-13-5 便携式光谱仪软件的初始校正

初始校正完成后，将分光镜对准焰色火龙卷。先用手机拍照功能拍摄如图 2-13-10 所示的微观谱线，再打开手机软件，点击“measure”，再点击“autoscale”，即可得到明显出峰的光谱图。再点击“cursor”，将红色“+”光标移动到波峰处，即可显示出波峰的横坐标(如图 2-13-6 所示)。读出特征谱线的波长值，查阅金属元素特征谱线的波长数据，即可实现对金属元素的定性检测。

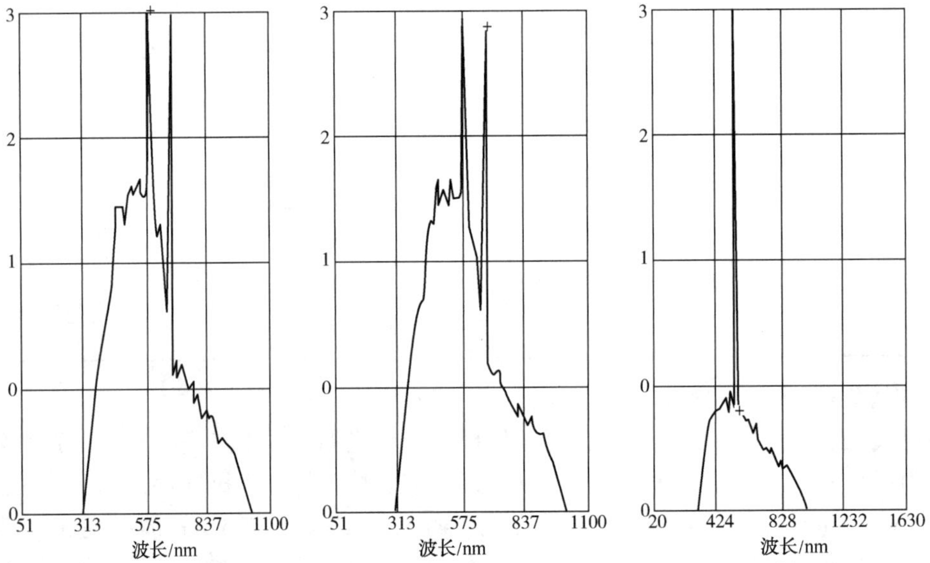


(a) 波长=595 nm　(b) 波长=690 nm　(c) 波长=585 nm

注：图(a)和图(b)为锂、图(c)为钠。

**图 02-13-6 “波长—灰度值”图像**

## 四、制作材料

1. 实验箱：铝制箱体、泡沫棉、打孔器、合页、圆形铁盒。

2. 半圆形柱状透明罩：亚克力材质或钢化玻璃材质，高 50 cm，直径 15 cm，厚 0.5 cm。

3. 连续加样装置：注射器、点滴管、针头、双面胶、热熔胶、502 胶水。

4. 分光镜：(1)光栅式分光镜：黑色卡纸、光盘、双面胶、剪刀；(2)棱镜式分光镜：塑料管体、棱镜、透镜、狭缝；(3)复合式分光镜：透镜、棱镜、衍射光栅、套管。

5. 便携式校准光源：铝板、USB 接口、导线、开关、1.8 mm×71 mm 液晶屏背光灯管、电烙铁、电池。

## 五、制作方法

### (一) 制作实验箱

如图 2-13-1 所示，实验箱由箱体壳体和开合壳体铰接而成。箱体壳体内部底端设置有支撑条，旋转连接在箱体壳体和开合壳体的箱体上。箱体壳体内填充的泡沫板内固定半圆柱状透明罩，透明罩上下两端均为开口。

点火装置为圆形铁盒，内装有酒精。点火后将半圆柱形透明罩错开放置在圆形铁盒周围。

在开合壳体中部设置连续加样装置。注射器安装在箱体侧面的注射器安装孔内。注射器下面贴有标签，注明所装试剂。开合壳体的内表面规整地粘有点滴管，连接注射器。点滴管的开关用热熔胶、502 胶水或双面胶固定在开合壳体的底部边框内。点滴管连接的铁质溶液喷射针头插入粘贴在开合壳体左上侧边框的泡沫内，以防扎伤(如图 2-13-7 所示)。

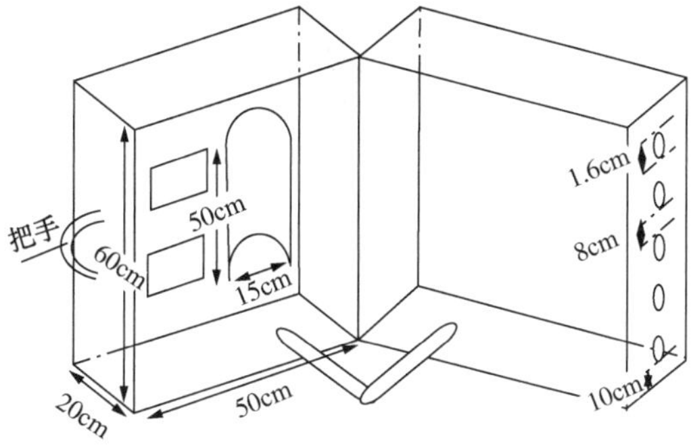


图 2-13-7

## (二) 制作分光镜

1. 光栅式分光镜。

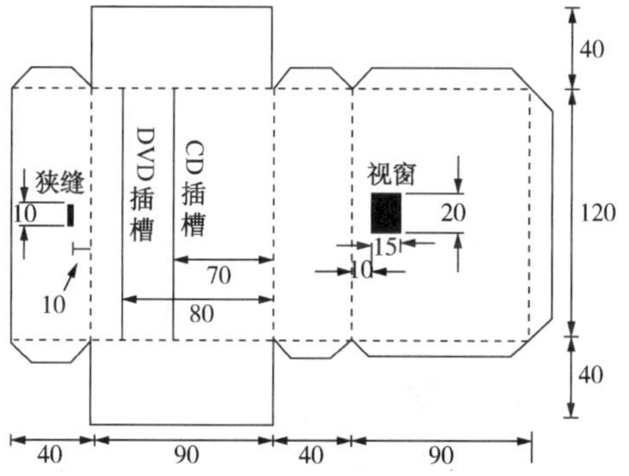


图 2-13-8(单位：cm)

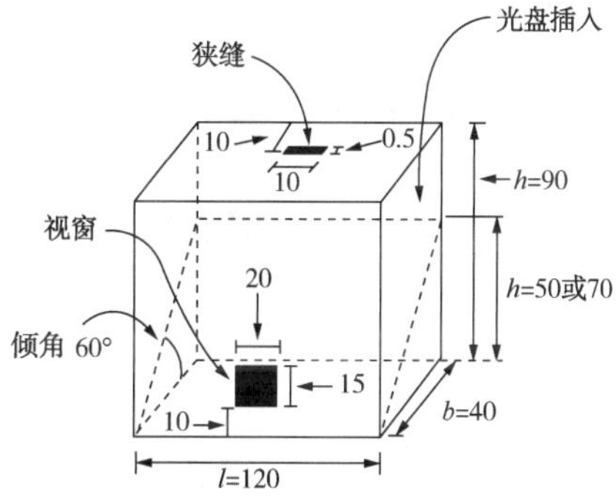


图 2-13-9(单位：cm)

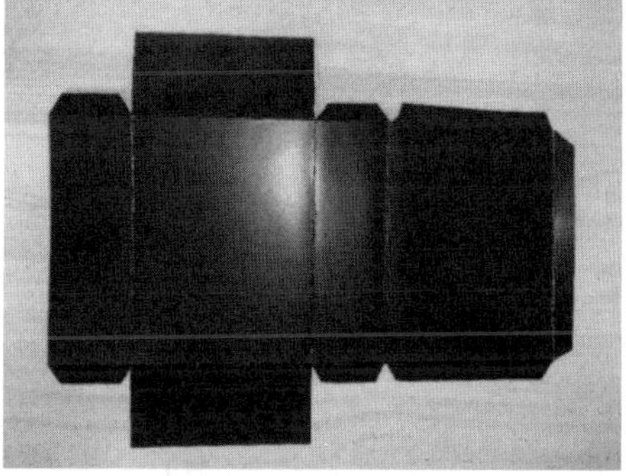

图 2-13-10 光栅式分光镜实物图

2. 棱镜式分光镜。用光学玻璃制成复合棱镜和会聚透镜，将平行光管与棱镜装在一个套管内，镀铬狭缝会与会聚透镜产生平行的光束，透过棱镜，可用肉眼直接观察色散光谱。

图 2-13-11

3. 复合式分光镜。

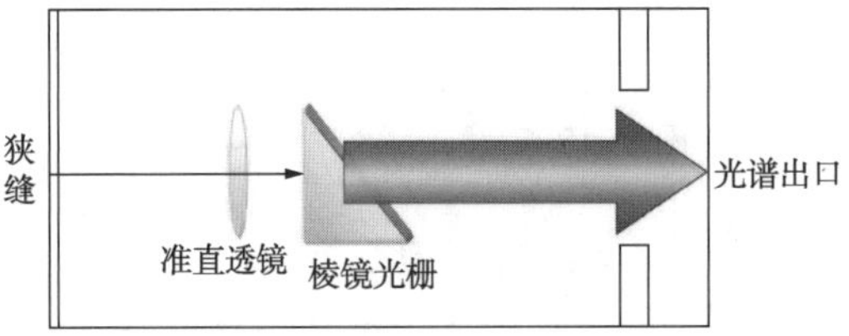


(a)

(b)

图 2-13-12

### (三) 便携式校准光源

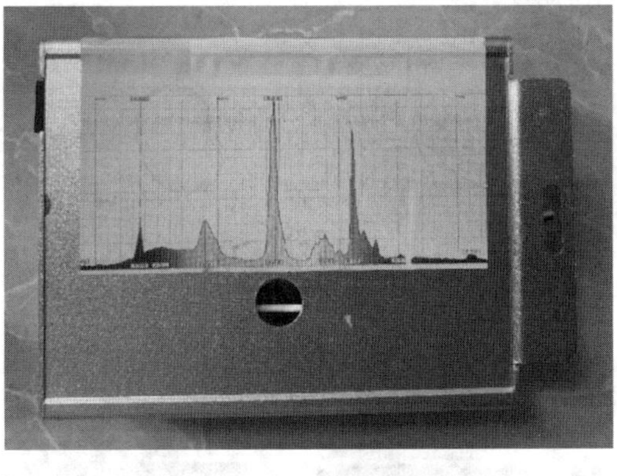

图 2-13-13　便携式校准光源

## 六、使用方法

1. 配制氯化铜、氯化钡、氯化锂、氯化锶、氯化钙、氯化钠的饱和溶液。

2. 向注射器中分别注入含待测金属阳离子的溶液，关闭点滴管的开关。

3. 将分光镜用夹具固定在手机的后置摄像头上，打开便携式光谱仪软件，用便携式校准光源对软件进行校准。

4. 在水平桌面上铺上隔热垫，打开实验箱，将箱体壳体和开合壳体呈直角摆放在实验台上，将两个半圆形透明罩取出，错开放置在装有酒精的圆形铁盒周围。

5. 点燃酒精，将待测液的针头对准酒精灯的火焰。推动注射器，将待测液注射到酒精灯的火焰上，出现焰色火龙卷。

6. 将分光镜对准焰色火龙卷，用普通拍摄模式拍摄谱线。

7. 打开便携式光谱仪软件，将分光镜对准焰色火龙卷，即可得到相应的图像，实现手持技术检测。峰值的横坐标即该金属元素特征谱线的波长。

# 2.14 自制新能源微型氢能汽车

重庆市朝阳中学 李星星 姜凤旭
重庆市教育信息技术与装备中心 黎学东

## 一、教具的教学意义和价值

在低碳经济时代，新能源汽车成为汽车发展的方向。2018 年，“充氢 5 分钟，续航 800 公里”的现代氢能汽车正式亮相智博会，是一种真正意义上“零排放，无污染”的载运工具。而新能源汽车开发的重点在于电池的开发。

本教具是依据 2020 年修订版高中化学课程标准设计的。课标要求“能综合考虑化学变化中的能量变化来分析、解决实际问题，如新型电池的开发”。在教学中运用本教具，能解决和突破 2019 版人教版化学必修 2 第六章第一节“化学反应与能量变化”的原电池知识。这部分知识亦是高考的考点及难点，占据较大分值。

表 2-14-1 2020 年修订版普通高中化学课程标准

| | |
|---|---|
| 内容要求 | 认识化学能与电能相互转化的实际意义及其重要应用；了解原电池及常见化学电源的工作原理 |
| 学业要求 | 能举例说明化学在解决能源危机中的重要作用；能综合考虑化学变化中的能量变化来分析、解决实际问题，如新型电池的开发 |

本教具演示了为小车设计电池的过程，能将形成原电池的条件、微观本质可视化，从而使学生更易理解和掌握化学电源的工作原理，突破教学难点。本教具使学生对电池的认识从理性的认知层面上升到感性的应用层面，让学生思考化学变化中的能量变化，并应用到实际中去解决新型电池的开发问题，培养了学生的变化观念和创新意识，促使学生思考解决能源问题，提高社会责任感。

另外，本教具还采用数字化探究手段，利用电压传感器从定量角度设计电压更大、更稳定的微型电池，增强了学生信息技术素养；本教具涉及生物和物理电学、动力学知识，培养学生从多学科视角分析解决问题的能力和思维。

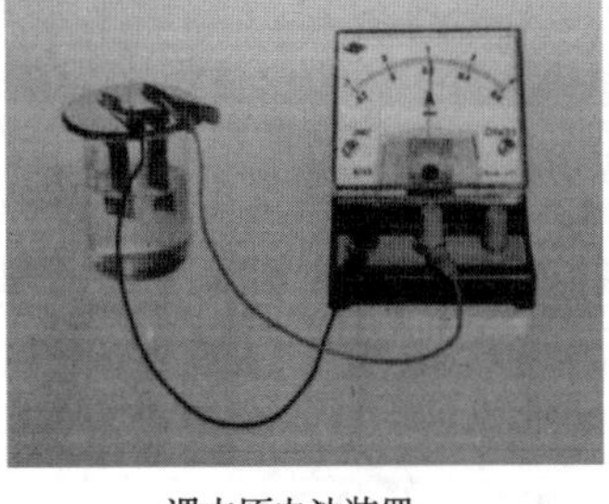

课本原电池装置

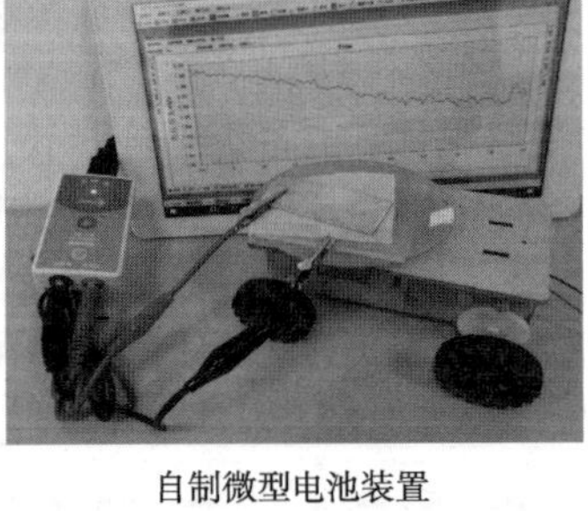

自制微型电池装置

图 2-14-1

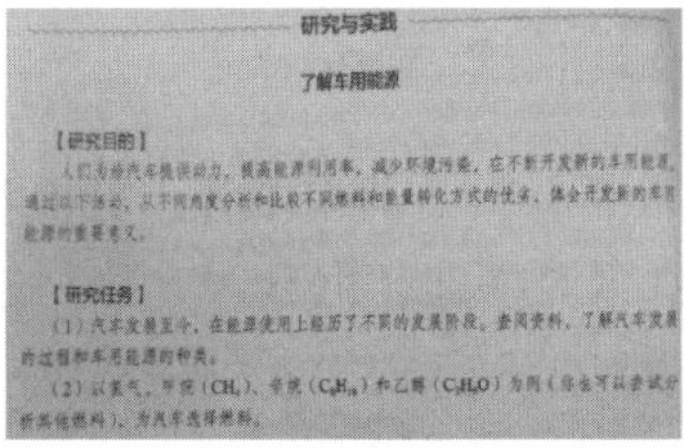

研究与实践

了解车用能源

【研究目的】

人们为给汽车提供动力，提高能源利用率，减少环境污染，在不断开发新的车用能源。通过以下活动，从不同角度分析和比较不同燃料和能量转化方式的优劣，体会开发新的车用能源的重要意义。

【研究任务】

（1）汽车发展至今，在能源使用上经历了不同的发展阶段。查阅资料，了解汽车发展的过程和车用能源的种类。

（2）以氢气、甲烷（$CH_4$）、辛烷（$C_8H_{18}$）和乙醇（$C_2H_6O$）为例（你也可以尝试分析其他燃料），为汽车选择燃料。

课本知识探究内容

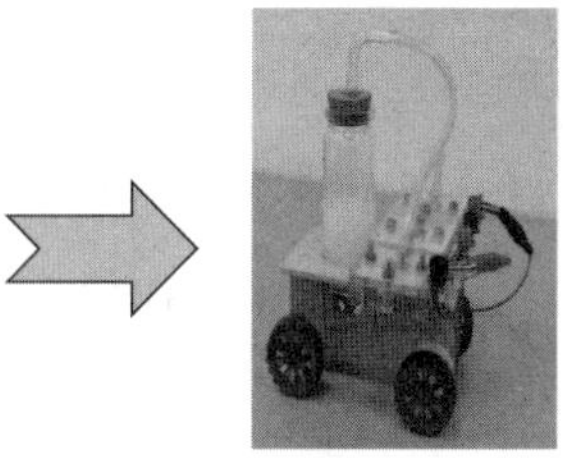

自制微型氢能汽车

图 2-14-2

## 二、教具装置图

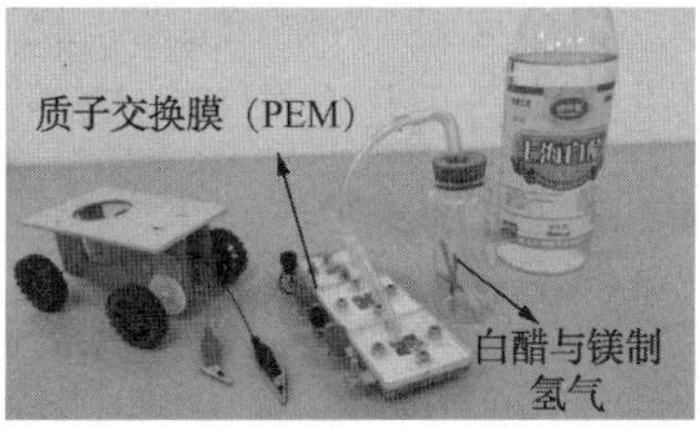


图 2-14-3 自制氢

图 2-14-4 微型电池小车模型

## 三、仪器特点及用途

### （一）特点

绿色化（无污染、用量少）、数字化（电压传感器）、微型化（自制微电池车）、跨学科（跨物、化、生多学科）。

### （二）用途

本教具可以选择各类材料，将化学能转化成电能，设计出很多微型电池，以及开发新型电池；对于教师，是快捷、简便的教具模型，也可以实现学生分组实验。

## 四、制作材料

图 2-14-5 制作材料

## 五、制作方法

本教具所用材料来源于生活以及实验室常见材料，利用木板、交换膜、表面皿、玻璃瓶、齿轮、导线、小马达、滤纸、湿纸巾、口罩等搭建；由导线连接马达再连接齿轮，只需提供自主设计的微型电池就可以使小车开动。

## 六、使用方法

### （一）如何开发新能源，自制微型氢能汽车？

1. 操作过程：按顺序连接制氢瓶—导管—交换膜—电压传感器—电脑，黑色为负极、红色为正极；打开软件，点击开始，采集电压数据；用小电池检测传感器，检测小车；向镁条中加入白醋，制取氢气，塞紧瓶塞；定量测定电压，待电压稳定后，取下电压传感器探针，转换连接小车导线；氢能汽车开动后，测量开动时间及小车跑动距离。

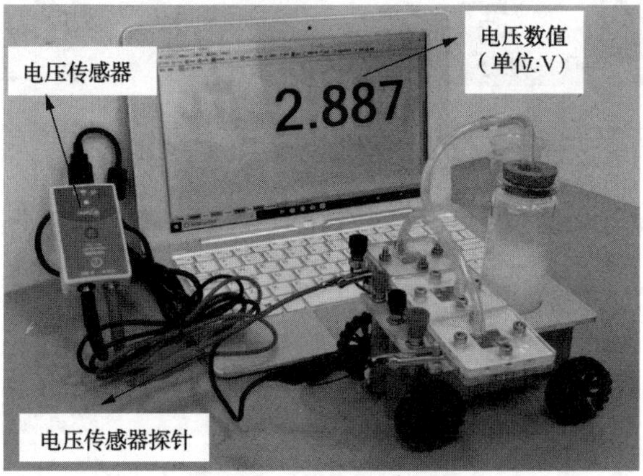


图 2-14-6　微型氢能汽车

2. 教具原理：氢气通过交换膜，与空气中的氧气发生化学反应，将化学能转换成电能；能量转换过程的产物是水，整个过程无碳排放，清洁环保；氢能来源于白醋和金属反应，能达到"充氢 20 分钟，续航 250 米"。

### （二）如何使车跑起来、跑更快、跑更稳？

1. 操作过程：从下往上叠加放置玻璃片—黑色连负极电极—滤纸片—红色连正极电极；两电极不能相互接触，按压使上下材料紧密接触；向滤纸片上滴几滴电解质溶液，驱动小车；选择图 2-14-7 中各类材料，设计成多种微型电池。自制盐桥，将湿纸巾或口罩用饱和氯化钾浸湿；从下往上叠加放置玻璃片—电极—滤纸片—湿纸巾或口罩；向滤纸片上滴几滴电解质溶液，驱动小车；连接电压传感器检测不同类型及不同装置的微型电池的电压。

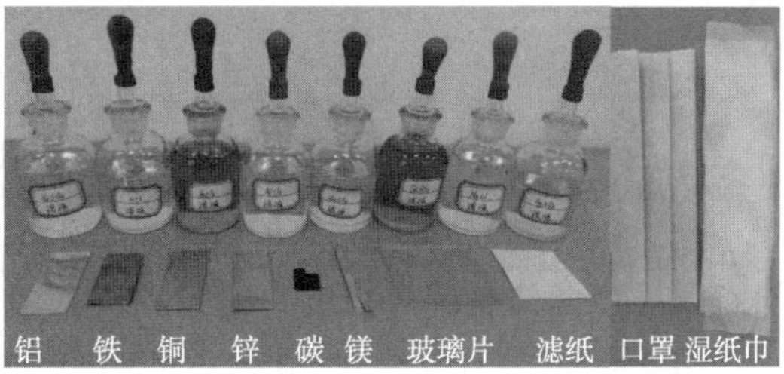


图 2-14-7 各类电极、材料、电解质

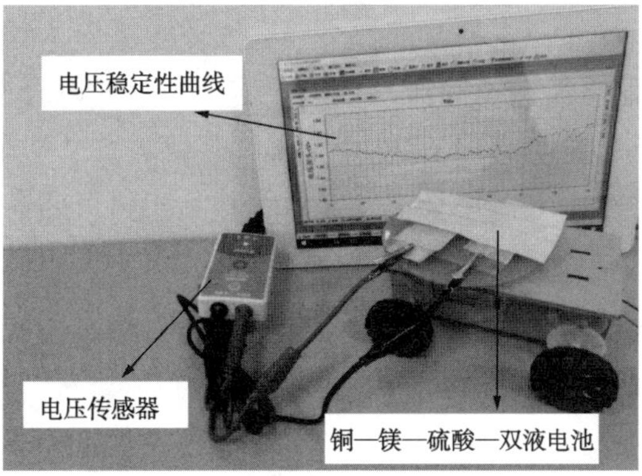


图 2-14-8 双液电池电压稳定性

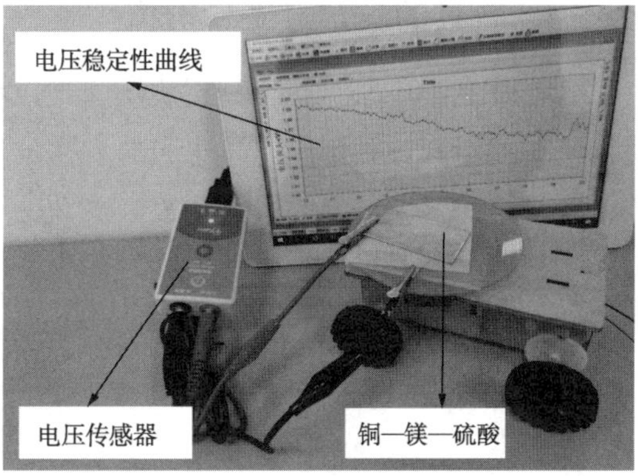


图 2-14-9 单液电池电压稳定性

2. 教具原理：(1) 两个电极之间活性不同，产生电势差；滴有溶液的滤纸片、电极、导线构成闭合回路，发生氧化还原反应，反应中存在电子的转移即电子流动，从而产生电流提供电能，最终将化学能转化成电能，即形成了微型电池驱动小车。(2) 运用双液原电池的原理，利用湿纸巾、口罩自制盐桥，使微型电池产生的电压更稳定。(3) 运用数字化电压传感器，从定量角度设计电压大且稳定的微型电池，使小车跑得更快、更稳。

### (三) 变废为宝新型的微生物燃料电池何以实现?

微生物燃料电池是一种通过微生物代谢物质，将有机物中的化学能直接转变为电能的装置。

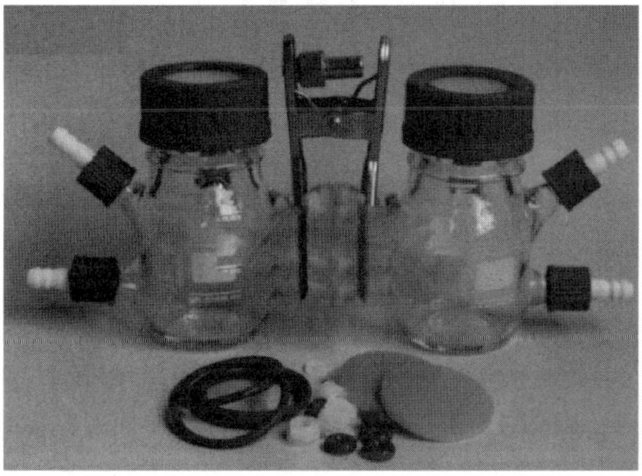

图 2-14-10 微生物反应器

# 2.15 一种双控式乙炔演示实验装置

陕西省商洛市商洛学院 任有良 曹宝月 刘 萍

## 一、教具的教学意义和价值

本教具克服了原实验装置乙炔反应难以控制、易产生泡沫，且气流不平稳、不均匀等缺点。与原实验装置相比，操作简便、安全稳定，且增加了气体利用率。其教学意义和作用主要表现在以下几方面：激发学生学习化学的兴趣，活跃课堂气氛；增强实验演示现象，提高教学效果；启迪学生思维，激励学生创新；学生参与制作，训练技能；培养学生的科学态度和勤俭意识。

## 二、教具装置图

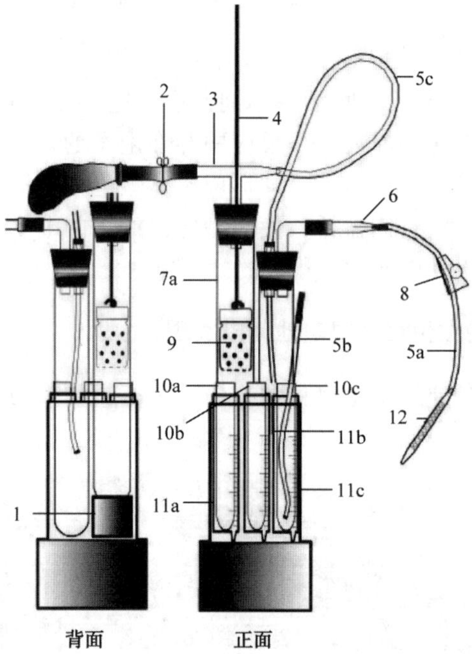


1—小支架；2—水止夹；3—“T”形管；4—细铜丝；5a、5b、5c—塑料软管；6—微孔排气管；7a—大号试管；8—轮式夹；9—塑料小瓶；10a、10b、10c—小号试管；11a、11b、11c—套管；12—特制双向玻璃尖嘴导管。

图 2-15-1 乙炔演示实验装置(平面图)

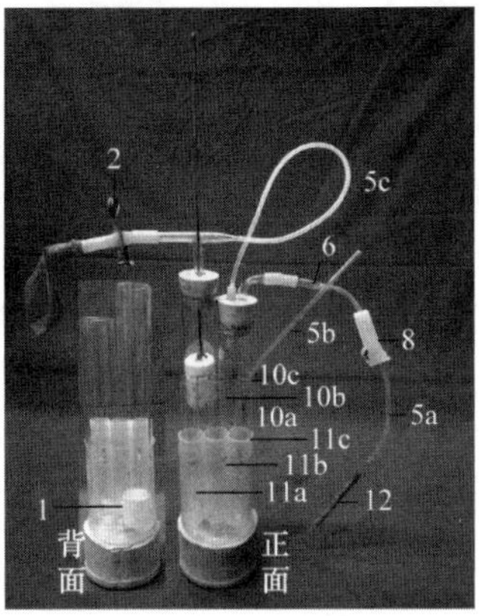

图 2-15-2　乙炔演示实验装置(实物图)

## 三、仪器特点及用途

### (一) 特点

1. 采用微孔的头皮针头导气，可有效控制乙炔气体的流量，真正实现了乙炔气流的平稳性和均匀性。利用电石与稀硫酸溶液的间歇式反应，不仅有效地控制了乙炔的产量，还能避免反应剧烈、连续而生成的泡沫。

2. 集制气、洗气和性质实验于一体。本装置装配简单，操作简便，随关随停，即开即用。多个平行班级连用，尤为方便和快捷。

3. 采用柱状和容积较小的试管作为气体的发生和净化容器，有利于缩短乙炔气体的排空时间，确保实验安全和实验效率。

4. 导气的塑料软管下端口烧封，另在其周围烙上 2 或 3 个微孔，可提高乙炔气体的分散程度，增加乙炔气体与洗液或反应液的接触面积。从而提高乙炔的净化和利用效果。

5. 用自制的内装金属细丝的双向玻璃尖嘴导管点火和微孔的头皮针头导气，即使乙炔气体里含有少量的空气，容器也不会爆炸。因为燃烧的回火难以从密集的金属丝或微孔中通过，故本装置具有双保险功能。

6. 对本装置稍加变更，还可用于其他基于固液反应而发生气体的实验，如氢气、二氧化碳、硫化氢等气体的实验，具有广泛的适用性。

总之，本装置整体性强，功能性强，可作为乙炔演示实验的良好教具。对培养学生学习兴趣，开发学生智力，提高创新意识大有帮助。另外，采用本装置完成乙炔的演示或学生实验时，试剂用量少，实验现象明显；气体洗涤效果好，不污染环境。

### (二) 用途

适用于中学、中专及高中教材中有关乙炔制备和性质的实验教学。

## 四、制作材料

30 mm×200 mm 试管 2 支；15 mm×150 mm 试管 3 支；6#橡胶塞 2 只；“T”形管 1 只；小气球 1 个；尖嘴导管 1 支；双向玻璃尖嘴导管(内充式)1 支；90°玻璃弯管 1 支；输液塑料软管(带轮式夹)2 条；塑料注射器(20 mL)3 支；头皮针头(规格 0.55)1 枚；水止夹 1 只；细铜丝(直径 2 mm，长约 20 cm)1 根；细铜丝(直径 0.5~1 mm)适量；小号塑料药瓶(瓶身直径 25~27 mm)2 只；细塑料管 1 根；无色透明塑料饮料瓶(容积 550 mL 左右)1 只；水泥和细沙子适量；AB 胶适量；凡士林或食用油少许等。

## 五、制作方法

本装置由气体发生器、气体净化装置、固定套管和套槽等部分组成。

### (一) 装配气体发生器

取一支 30 mm×200 mm 的大号试管，配一只双孔(大小各一)6#橡胶塞。小孔(位于橡胶塞的中央，用烧红的细铁丝烧烙，内涂凡士林或食用油)插入一根能上下拉动的细铜丝。大孔插入一只“T”形管。“T”形管的一端事先拉成尖嘴状，以连接塑料软管；另一端借助乳胶管与小气球相连，乳胶管的中间设置一个水止夹。铜丝的下端弯钩并系牢一只烙有多孔的塑料小瓶(瓶底的孔径比瓶壁的稍大，约 3 mm；瓶子带有瓶盖，瓶盖用细丝系在铜丝上)(如图 2-15-3 所示)。

### (二) 装配气体净化装置

另取一支 30 mm×200 mm 的大号试管，配一只双孔 6#橡胶塞。一孔插入一段长约 5 cm 的直形玻璃管，另一孔插入一支直角弯管。直角弯管的另一端借助乳胶管与微孔排气管的粗端连接；微孔排气管的细端(尖嘴状)与一条长约 20 cm 且带有轮式夹的塑料软管相连。塑料软管或与双向玻璃尖嘴导管相连(用于乙炔气体的点燃试验)，或借助细塑料管与另一条长约20 cm的塑料软管(下端口烧封，另在其周围用烧红的针尖烙上 2 个或 3 个微孔)相连(可通入液面下，用于乙炔与高锰酸钾的酸性溶液或溴的四氯化碳溶液反应实验)。将另一条长约 50 cm 的塑料软管(要求下端口烧封另开微孔)通过直形玻璃管插入试管中(微孔端头距试管底约 3 cm)，软管与玻璃管间的端口缝隙依次用少量的脱脂棉、AB 胶固定和粘封(如图 2-15-4 所示)。微孔排气管由一支玻璃尖嘴和一支头皮针头用少许 AB 胶黏结而成。黏结时，针头从尖嘴口处插入(头皮针头需事先削去手柄且磨光)至手柄端头露出尖嘴 1~2 mm 为宜。

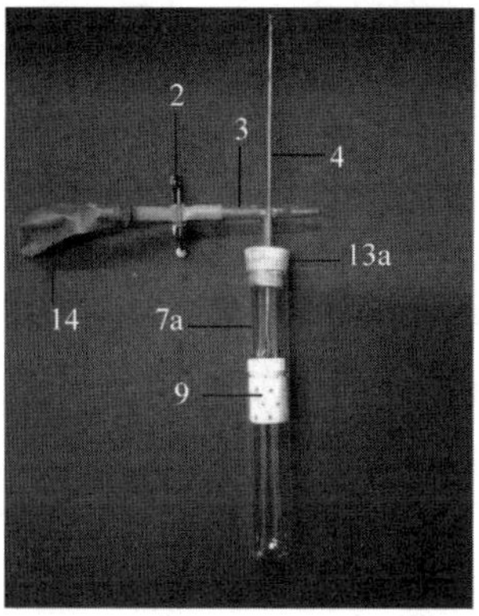


13a—6#橡胶塞；14—小气球。

图 2-15-3　乙炔发生装置

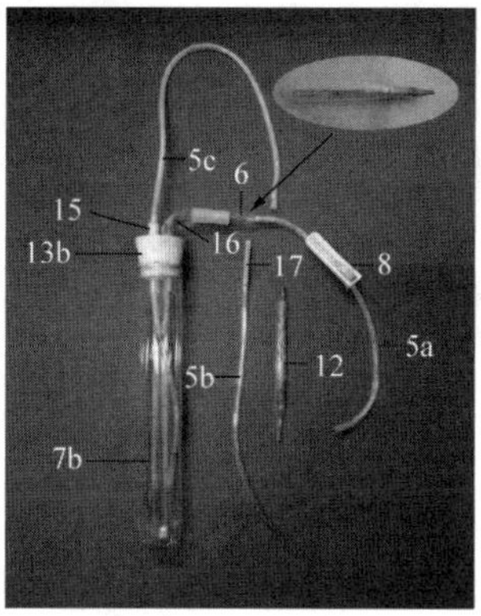


7b—大号试管；15—直形玻璃管；
16—直角弯管；17—细塑料管。

图 2-15-4　乙炔净化装置

## (三) 制作塑料套槽、套管

如图 2-15-5 所示。取一只塑料饮料瓶，剪去上半部，制成一个切口齐整、高 11～12 cm的塑料杯。用水泥混凝土浇筑一个圆形底座(事先用长约 20 cm 的细铁丝一端系牢杯底，另一端绕成螺旋状插入盛放水泥浆的模具中)，或直接用 AB 胶黏结一块方形高密度木板，制成一只稳定性较高、可装入柱状容器的塑料套槽。另取 3 支 20 mL 透明塑料注射器针管，分别拔掉活塞，削去管口棱沿，制成 3 支塑料套管。套管需固定在套槽内，以装入小号试管(装入检验性质实验的液体试剂)。再取一只去盖的小塑料药瓶，剪去瓶颈，制成一只小支架。使用时，端口向上，托住大号试管的底部，可用来支高套槽内的大号试管。

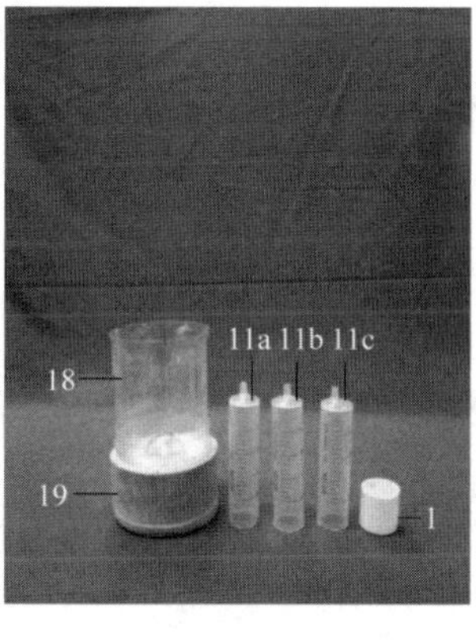


18—塑料杯；19—底座。

图 2-15-5　塑料套槽与套管

## (四) 套装、固定实验仪器

将上述装配好的 2 支大号试管，靠紧插入套槽中(其中 7a 管的底部事先放置一只小支架，以使两管成阶梯状)，并靠向槽壁的一边；将 3 支塑料套管分别慢慢地插入塑料套槽中，且相互拥紧(根据套槽的空间、试管与套管的拥紧程度，插入套管的数量可多可少，以套槽颠倒时试管不会滑落为度)。另将 3 支 15 mm×150 mm 小号试管分别插入 3 支套管中。

最后将塑料软管的端头紧紧地套在“T”形管的尖嘴上。至此，整个装置组合装配完毕(如图 2-15-2 所示)。

## 六、使用方法

### (一) 检查气密性

分别向大号试管、小号试管中注入约 1/3 容积的蒸馏水，并塞紧 2 个橡胶塞。打开轮式夹，慢慢地向塑料杯中注入适量的温水。若能看到均匀小气泡从大号试管、小号试管内水面下冒出(塑料软管需事先插入小号试管内水中)，说明装置不漏气，气密性良好，即可进行乙炔的性质实验。

### (二) 装入试剂

1. 拔掉橡胶塞，倒出大号试管、小号试管和塑料槽中的水；将约 65 mL 稀硫酸溶液(浓硫酸和水的体积比为 1 : 10)和饱和硫酸铜溶液分别注入大号试管中，并将橡胶塞轻轻放入大号试管管口(先不要塞紧)。

2. 拧开瓶盖，取 3~6 g 电石放入多孔塑料小瓶中，拧紧瓶盖，塞紧橡胶塞。

### (三) 制气和取气

下滑细铜丝，将多孔塑料小瓶的底部推入稀硫酸溶液中少许后迅速拉离液面。约过半分钟，待大号试管中的空气排净后打开水止夹，并塞紧橡胶塞。将多孔塑料小瓶全部推入酸液中稍停片刻后拉离液面，可看到大号试管中有大量乙炔气泡从液面下冒出，同时小气球慢慢地鼓起，即可进行乙炔的性质实验。做乙炔的燃烧实验时[如图 2-15-6(a)所示]，塑料软管与双向玻璃尖嘴导管相连。做乙炔与高锰酸钾的酸性溶液或溴的四氯化碳溶液的反应时[如图 2-15-6(b)所示]，塑料软管与塑料软管(借助细塑料管)相连；多微孔端头可分别依次插入装有上述两种溶液的小号试管中(试管备用)。

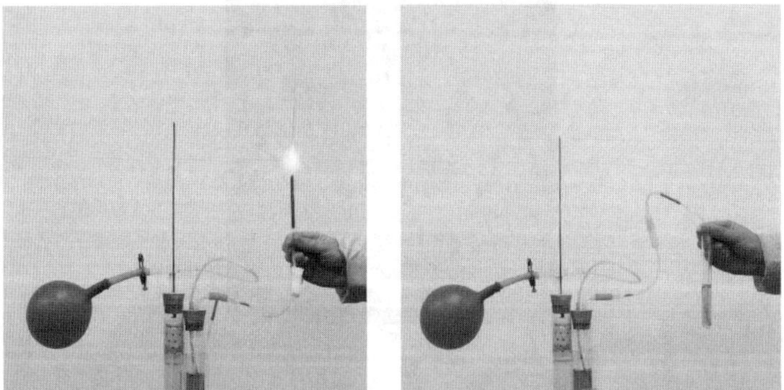

(a) 点燃实验　　(b) 通入溶液中的实验

图 2-15-6　性质实验中的实验装置

如实验中间需要停气，可随时关闭轮式夹；当气球内气体较少时，可重复“多孔塑料小瓶推入酸液中稍停片刻后拉离液面”的操作。

### （四）收场与连做

实验结束后，关闭轮式夹。如需转到下一个教学班进行连做实验，仅需重复“多孔塑料小瓶推入水中稍停片刻后拉离液面”的操作，然后打开轮式夹，即可取气进行乙炔的性质实验。

由上所述，不难看出，本装置对于多个平行班级的教学来说，尤为方便、快捷和安全。其一，大号试管中装入的酸液和硫酸铜溶液充足，不须更换；其二，连做时，整个装置不需排空，导出的乙炔气体一开始即为纯净的乙炔气体。因此，缩短了实验时间，提高了乙炔的利用率，确保了乙炔点燃的安全性。

# 3 生物一等奖作品选编

# 3.1 自制数码多功能显微平台

河北省邢台市第一中学 郝文刚 李卉欣
河北省邢台市普通教育教学研究室 李建雄

## 一、教具的教学意义和价值

传统的显微镜仪器较为笨重，且只能单人使用，观察与讲解不同步。新兴的数码显微镜对教学有很大帮助，但因成本高，普及程度较差。因此，笔者研制了这款自制数码多功能显微平台，可以让教师和学生摆脱传统笨重的显微镜，利用多媒体在教室白板实时观察并教学，全班同时共享。可以观察切片，还可以观察活体微生物；可以室内教学，也可以户外教学。生物、物理、化学等学科均可应用。本教具小巧便携，制作简单，使用方便，实验效果好，有推广价值。

## 二、教具装置图

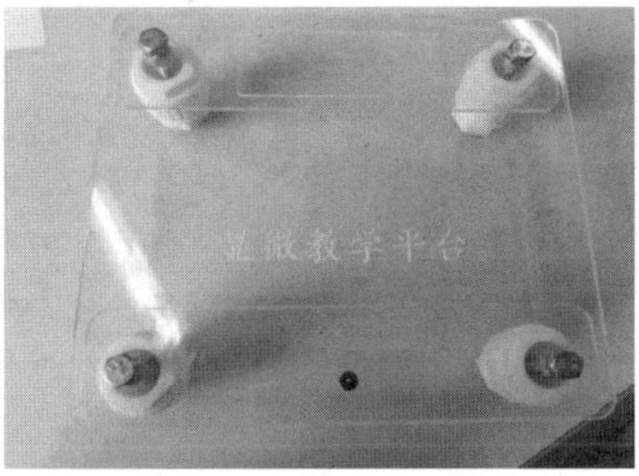


图 3-1-1 简易版

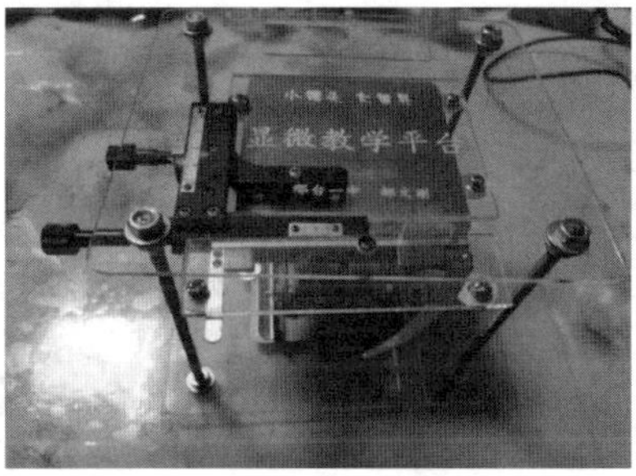


图 3-1-2 精细版

图 3-1-3 高清版

图 3-1-4 移动版

图 3-1-5 遥控版

## 三、仪器特点及用途

### (一) 特点

1. 实时共享：可以实现全班学生同时同步观察，具有直播功能。
2. 用途广泛：可以多学科使用、多年级使用。
3. 经济普适：制作简单，成本低，易推广，实验效果好。

### (二) 用途

1. 生物课堂：观察切片、活体生物和微生物的活动。

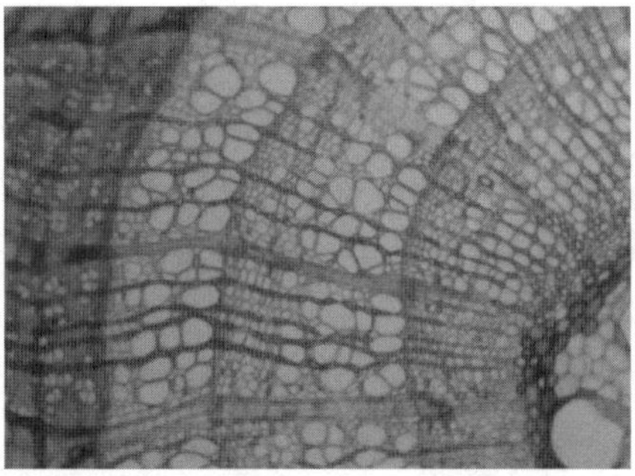

图 3-1-6　植物茎横切

图 3-1-7　花粉

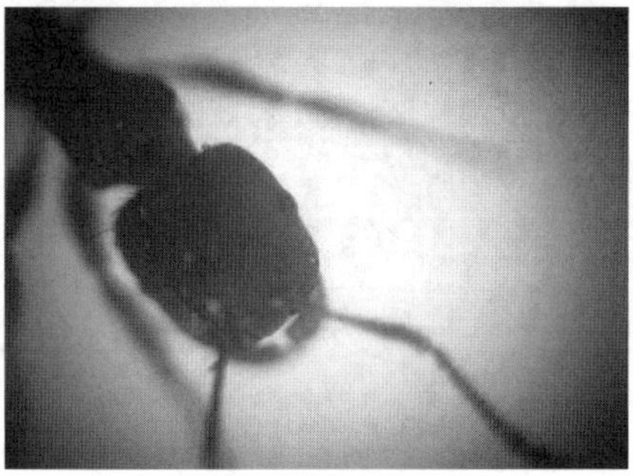

图 3-1-8　活体蚂蚁

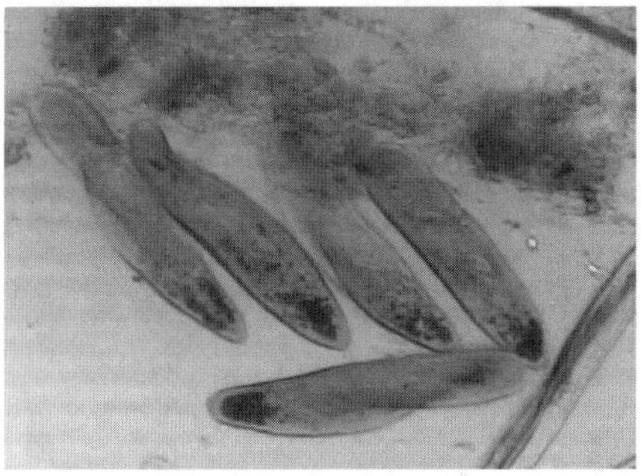

图 3-1-9　草履虫

2. 化学课堂：观察反应过程、晶体析出和晶体结构。

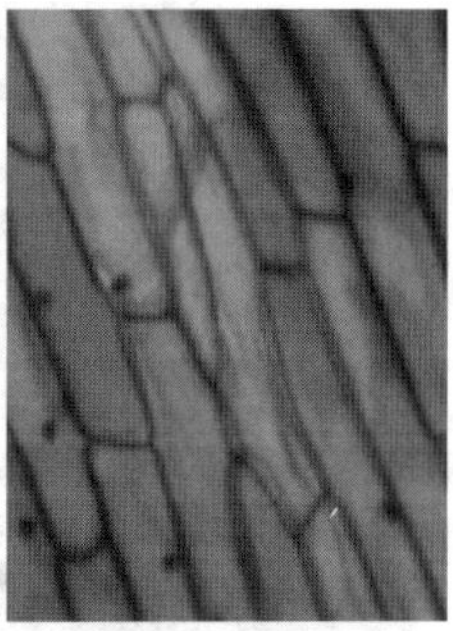

图 3-1-10　洋葱细胞

图 3-1-11　银树(铜置换银)

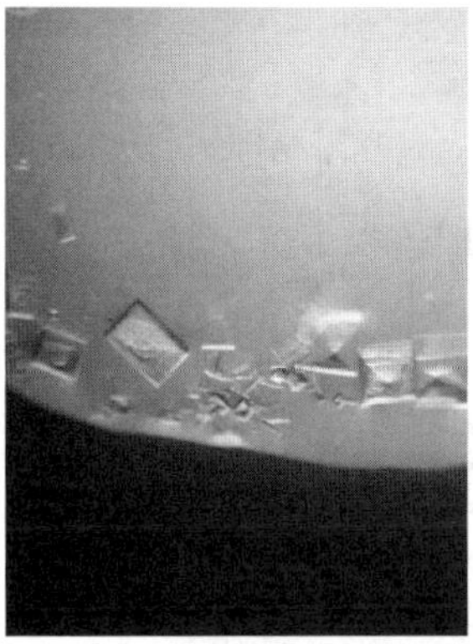

图 3-1-12 食盐晶体析出

图 3-1-13 食盐晶体结构

3. 物理课堂：观察电子元件、物体表面及三原色。

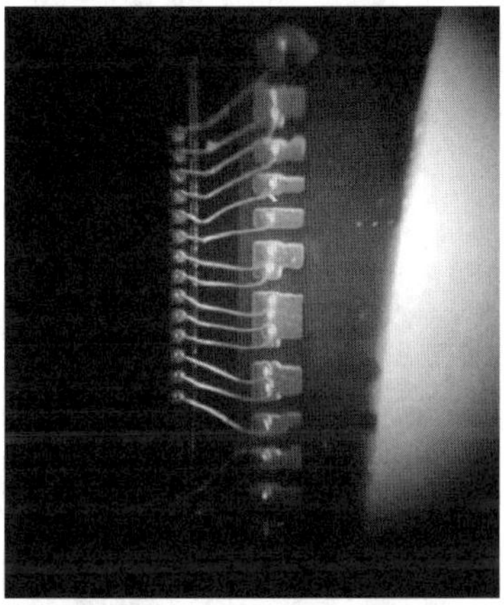

图 3-1-14 摄像头内部元件

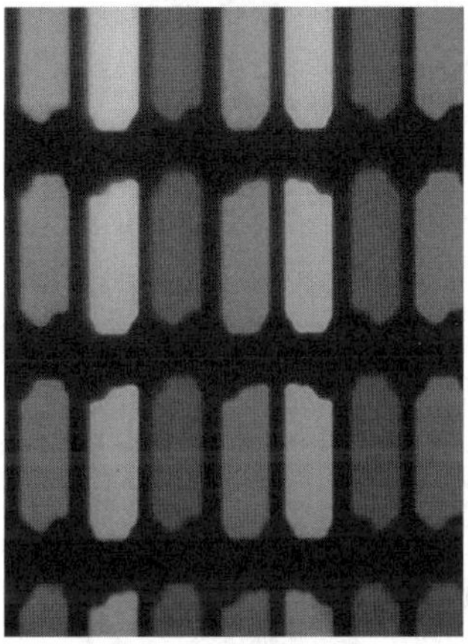

图 3-1-15 电脑三原色

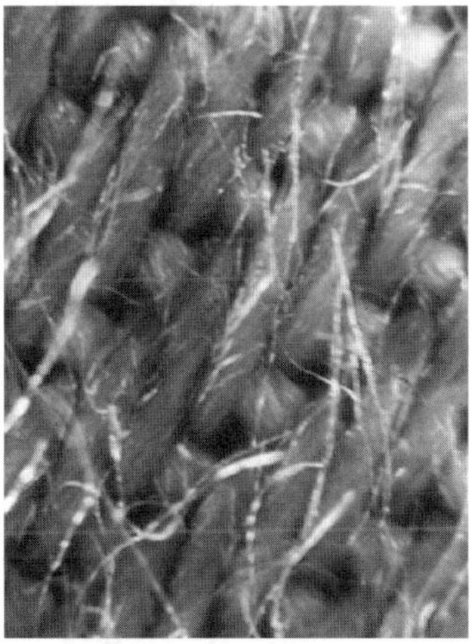

图 3-1-16 衣服表面

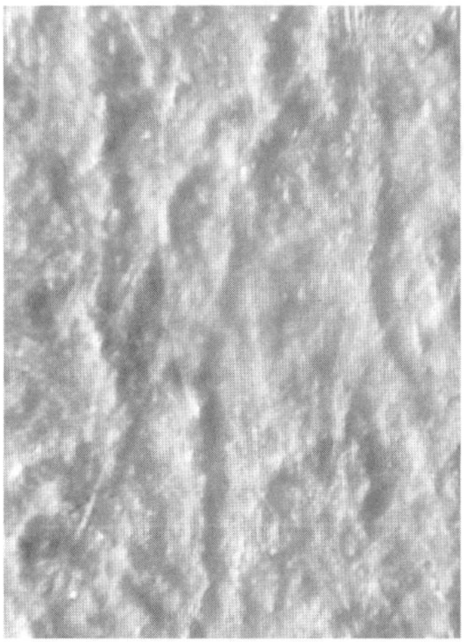

图 3-1-17 纸张表面

## 四、制作材料

1. 简易版：手机摄像头、亚克力板、水管塑料内丝、螺丝、小灯。
2. 精细版：手机摄像头、亚克力板、标尺、升降台、螺丝、小灯。
3. 高清版：摄像头、升降台、标尺、螺丝、小灯。
4. 移动版：内窥镜探头、标尺、螺丝、支架、小灯。

图 3-1-18 手机摄像头

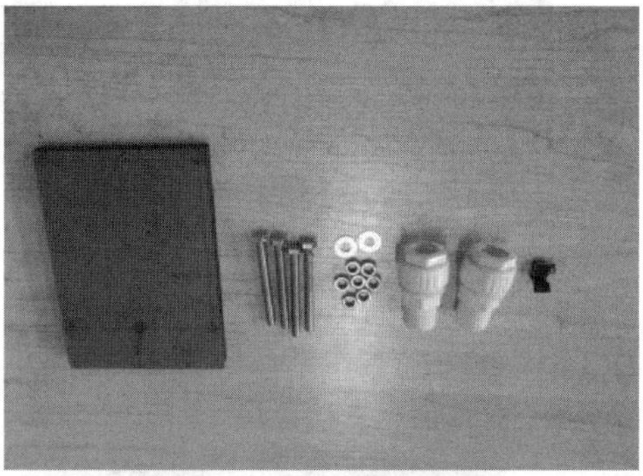

图 3-1-19 简易版材料

图 3-1-20 高清版摄像头

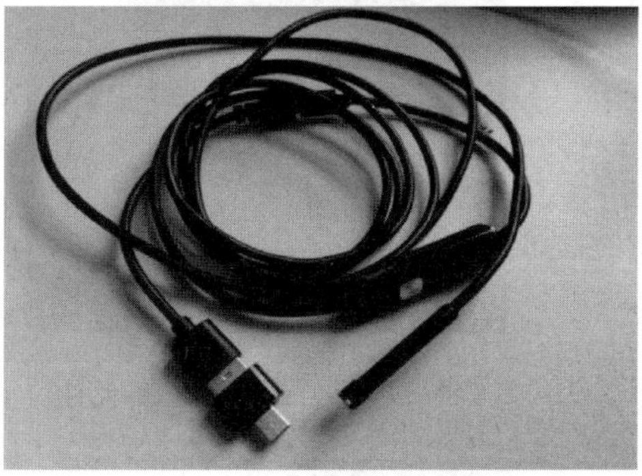

图 3-1-21 移动版内窥镜探头

## 五、制作方法

### （一）简易版

1. 在亚克力板上画线、打孔。
2. 用螺丝杆制作好支架，中间装入改造的塑料螺母，用于调焦。
3. 拆出手机摄像头的镜头，并镶嵌在上层亚克力板上。
4. 下层装入小灯(也可不用，直接用手机灯光)。

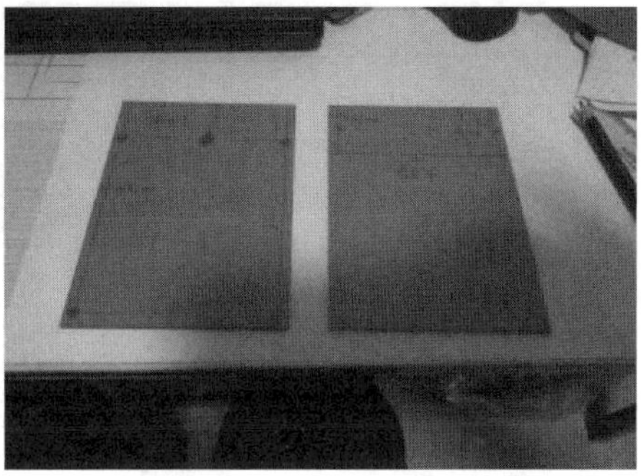

图 3-1-22 画线

图 3-1-23 打孔

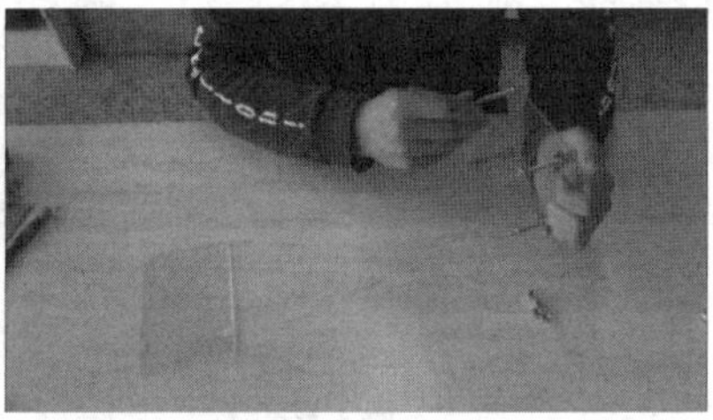

图 3-1-24 组装

图 3-1-25 镶嵌摄像头

### （二）精细版

配制了小升降台作为 *Z* 轴，调整上下。显微镜标尺用来调整 *X*、*Y* 轴，实现切片的前后左右移动。改进后装置更方便、更精细。

### （三）高清版

电脑外置摄像头改造的显微镜头，配上显微镜标尺，装置更清晰。

### （四）移动版

使用内窥镜改造的组合镜头作为显微镜，可以随时取下，移动使用，也可以在室外使用（室外使用时可以连接手机和平板电脑）。

### （五）遥控版

配备了 3 个电机和驱动板，实现对 *X*、*Y*、*Z* 轴的调整，同时配有遥控主板，可以实现远距离操作。

## 六、使用方法

1. 手机通过希沃授课助手（或 360 手机助手）与电脑同屏显示，电脑与教室多媒体连接（如图 3-1-26 所示）。

2. 将要观察的物体放置在载物片上（如图 3-1-27 所示），手机摄像头与显微镜头重合，打开相机功能，调焦后即可使用（如图 3-1-28 所示）。教室白板同屏显示，全班实时共享。

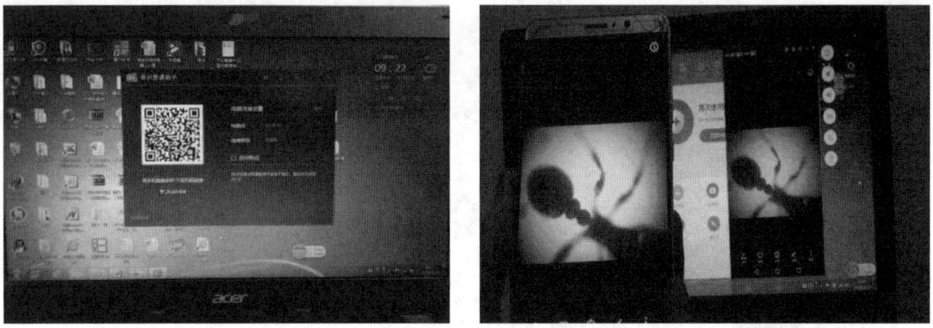

图 3-1-26

图 3-1-27

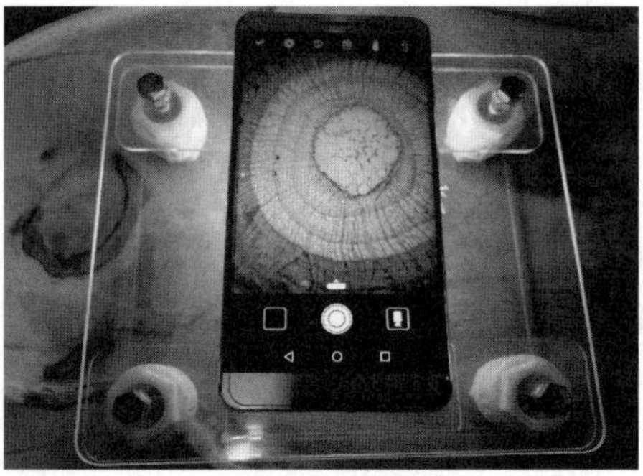

图 3-1-28

3. 高清版或移动版：连接电脑或手机，调焦，直接就可以显示在屏幕上(如图 3-1-29 所示)。

图 3-1-29

# 3.2 光合作用影响因素的探究实验专用装置

上海市闵行区教育学院 戴 赟
上海市闵行第三中学 汪婷婷 黄建书

## 一、教具的教学意义和价值

"探究影响光合作用的因素"是上海高中《生命科学》教材第1册第4章第2节中的实验，属于课标要求的唯一的C级水平的学生探究实验。教材提出了两个可参考的实验方案——真空渗水法和溶解氧传感器测定法。在实际教学中，真空渗水法因对设备要求不高而被教师广泛采用。其方案的主要思路是：利用注射器负压逐出叶肉细胞间的空气使叶圆片下沉，然后叶圆片置烧杯中进行光合作用而上浮，上浮所需时间越短则光合作用越强。但真空渗水法方案用于引导学生实验探究，尤其是设计多组实验，常常遇到实验仪器、试剂准备工作量大，实验中操作步骤多、变量控制难、实验耗时长等问题，给教师组织实验教学和学生实验带来一定的困扰。为此，笔者专门设计了本装置，辅助学生便捷地运用真空渗水法进行方案设计和实验实施。

利用本装置，教师可以组织学生进行多种单因素实验探究，还可以进行多种双因素实验探究，并确保学生能在一节课上完成较完整的探究。依据科学探究实验的一般流程，逐步引导学生观察生活、提出问题、设计实验、实施实验、分析结果、得出结论，并进行实验总结与拓展，使学生在探究的过程中找到解决问题的方法，在获得成就感的同时提高生物学学科核心素养。

## 二、教具装置图

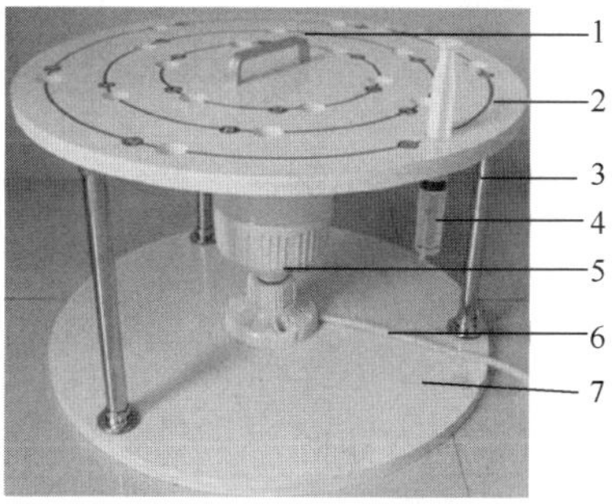


1—把手；2—上圆盘；3—支撑柱；4—注射器；5—LED灯；6—电源线；7—下圆盘(含灯座)。

图 3-2-1 侧面图

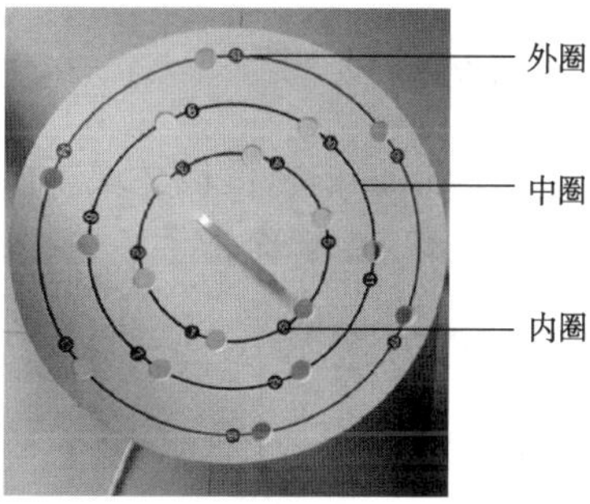


图 3-2-2 俯视图(示上圆盘)

## 三、仪器特点及用途

### (一)特点

1. 经济、安全。实验装置使用的材料简单、制作容易。相比原装置中 100 mL 的烧杯需要倒入 30~40 mL 的 $NaHCO_3$溶液，本装置用 20 mL 的注射器只要 15 mL $NaHCO_3$ 溶液即可，大大减少了试剂使用量；相比玻璃注射器，塑料注射器成本更低且不易碎，安全性更高。

2. 操作便捷、省时。用注射器通过真空渗水法使叶圆片下沉后，可以直接用注射器进行叶圆片光合作用上浮实验，节省了转移叶圆片的时间。同时，推拉注射器的活塞可以轻松排出原溶液并定量吸取所需溶液，使更换溶液简单、省时。通常 20 mL 的注射器抽 4 下就可以使 4 个直径为 5 mm 左右的叶圆片下沉，叶圆片上浮的时间则基本可以控制在 10~20 min。

换用不同瓦数的 LED 灯，配合改变使用的 $NaHCO_3$溶液的浓度，教师能轻松调控学生实验所需时间，以进一步组织各种深入研讨。

使用本装置进行探究实验，无须准备很多烧杯，能大大减少实验前后准备和整理的工作量。

3. 能更好地控制变量，实验成功率高。本装置中的 LED 灯能有效地控制温度、光照强度等实验变量。实验架由内至外各圈层光照强度递减明显，同时不影响温度，实验条件控制较好，实验误差小，实验成功率高。

4. 能进行多种单因素和双因素实验探究，丰富学生实践经历。利用本装置既可探究光合作用影响因素的多种单因素实验(如光照强度、$CO_2$浓度、光质、温度、叶龄等因素对光合作用的影响)，也可增加难度，探究光照强度、光质、$CO_2$浓度、温度、叶龄等因素中任意 2 种的交互作用，丰富学生学习经历，深入理解实验原理、灵活运用实验设计原则，在自主探究的过程中提高学科核心素养。

### (二)用途

本装置为光合作用影响因素的探究实验专用装置，既可用于教师组织学生实验，也可用于学生自主实验探究和课题研究。

## 四、制作材料

厚度为 1.5 cm 的密度板 2 块、LED 灯、注射器若干、不锈钢支撑柱、LED 灯灯座、电线、开关、插头、铝合金把手、电线、彩色贴纸等。

## 五、制作方法

1. 取密度板，截取成厚度为 1.5 cm、半径为 23 cm 的 2 块圆盘。

图 3–2–3 密度板

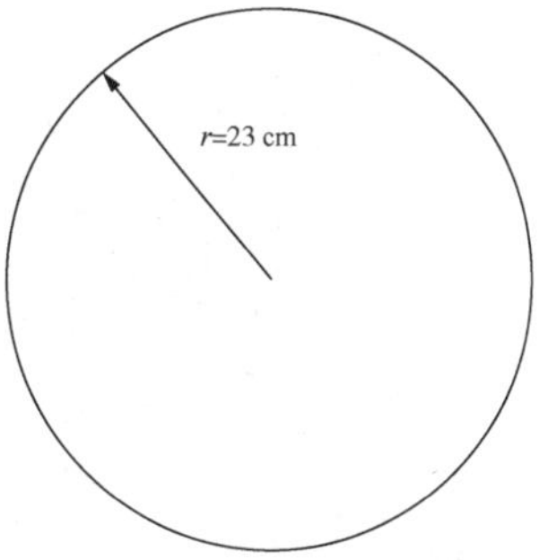


图 3–2–4 密度板圆盘

2. 上圆盘用专用打孔器打孔 18 个，每圈 6 个，共 3 圈，半径分别为 10 cm、15 cm、20 cm。各圈小孔均匀分布，且呈镶嵌状排列，小孔直径为 2.25 cm。

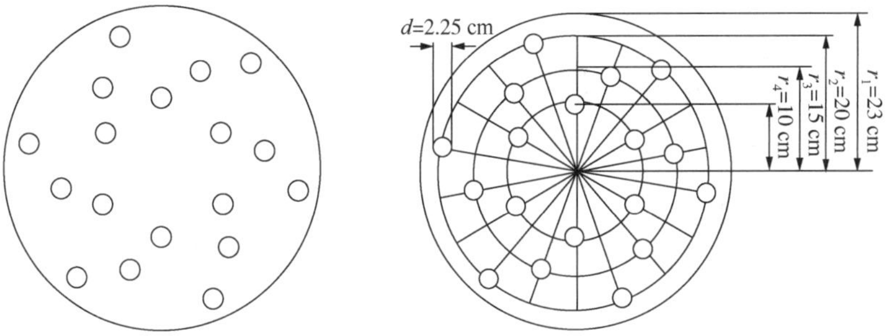


图 3–2–5 上圆盘孔位

3. 先在电脑上完成上圆盘的制图，由内到外用红、绿、蓝 3 种颜色分别标注 3 个同心圆，为每个小孔进行编号以便快速定位，再用彩色贴纸打印。将打印好的彩色贴纸粘贴在上圆盘上，用小刀抠掉小孔位置的贴纸。在上圆盘的中心装上铝合金把手，方便手拎。

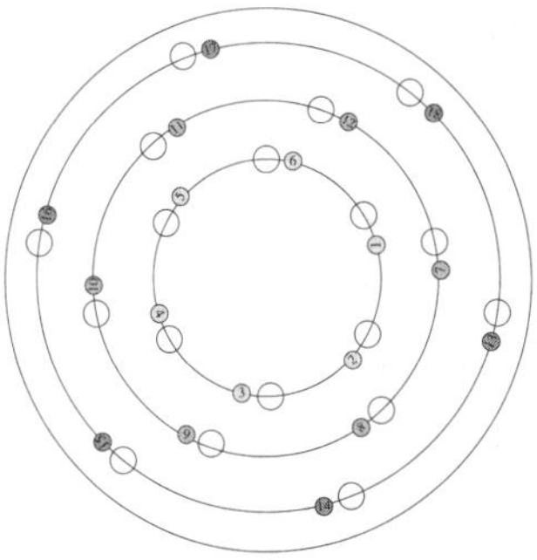

图 3–2–6 打印的彩色贴纸

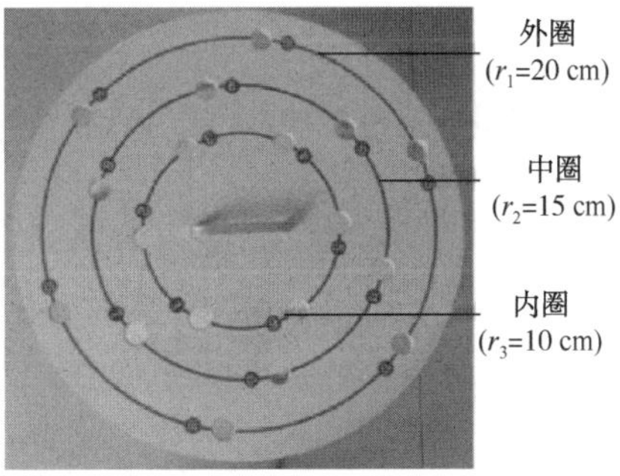


图 3–2–7 上圆盘三圈层

4. 下圆盘接上灯座，灯座连接电线，电线连有开关、插头；在灯座上装 LED 灯，完成实验架制作。

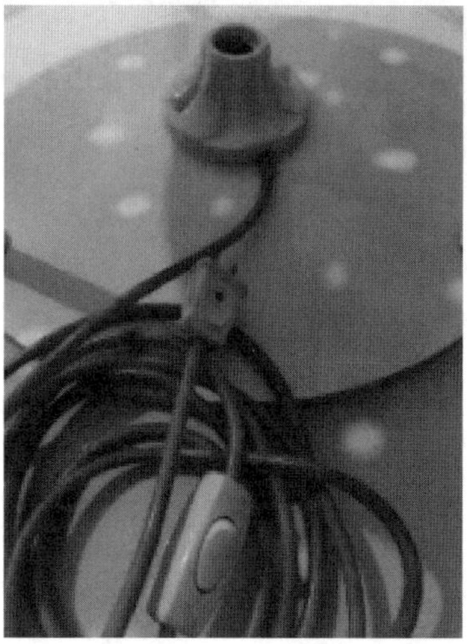

图 3-2-8　下圆盘灯座

图 3-2-9　下圆盘灯座上安装 LED 灯

5. 用 4 根等长的不锈钢支撑柱将两个圆盘连接起来，高度设计为 25 cm。

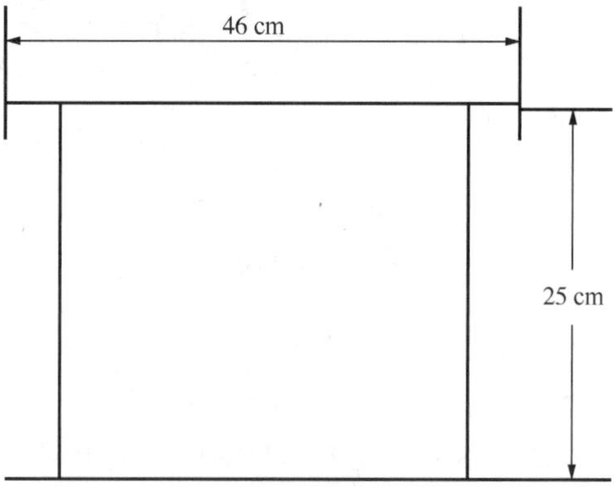


图 3-2-10　上下圆盘连接尺寸图

6. 准备筒外径为 2. 1 cm 的 20 mL 塑料注射器若干。

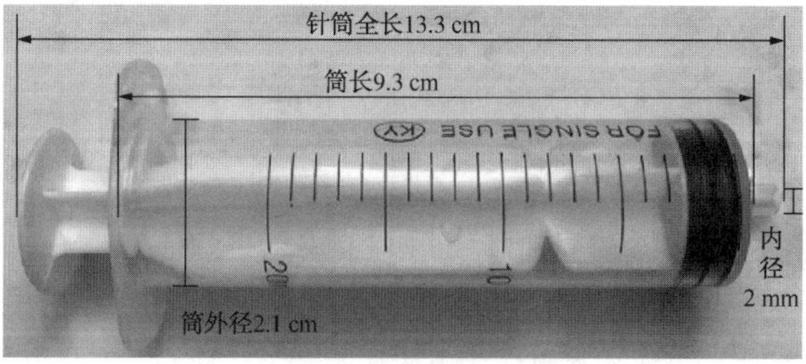


图 3-2-11　20 mL 塑料注射器及其尺寸

7. 将实验架和注射器组合成完整的教具。

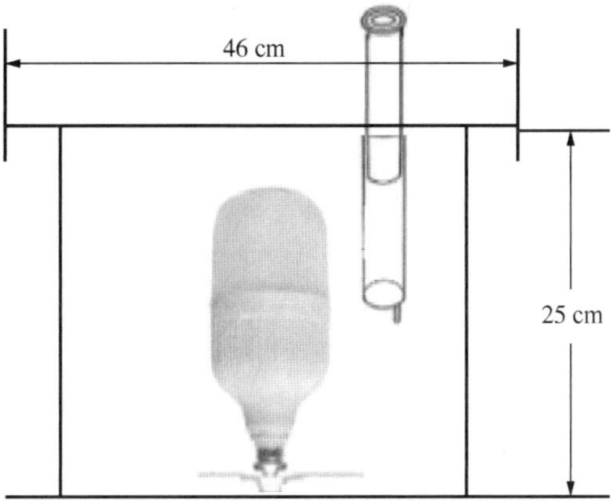


图 3-2-12　完整教具的平视结构图

## 六、使用方法

### （一）单因素实验

1. 探究光照强度对光合作用的影响。将注射器分别置于上圆盘的内圈、中圈和外圈以获得 3 种不同的光照强度，如图 3-2-13 所示，设计 1、7、13 号小孔相互对照，同时确保各注射器内放有等量相同的叶圆片和等量相同浓度的 $NaHCO_3$溶液（或煮沸后迅速冷却的水）。利用整个圆盘的小孔，最多可以设置 6 组重复实验，取均值以减小误差。若需要研究更多种强度的光照，可以增加圈层数，或将 1、2、3 号小孔打通成孔槽以设置多个、连续的光照强度（如图 3-2-14 所示），只要确保各注射器不互相遮挡光线即可。

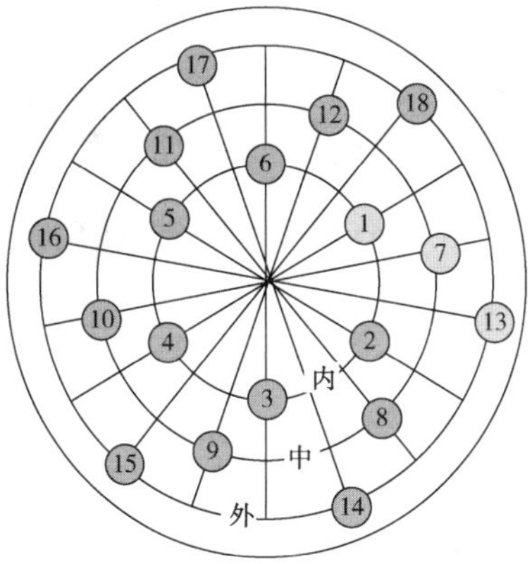


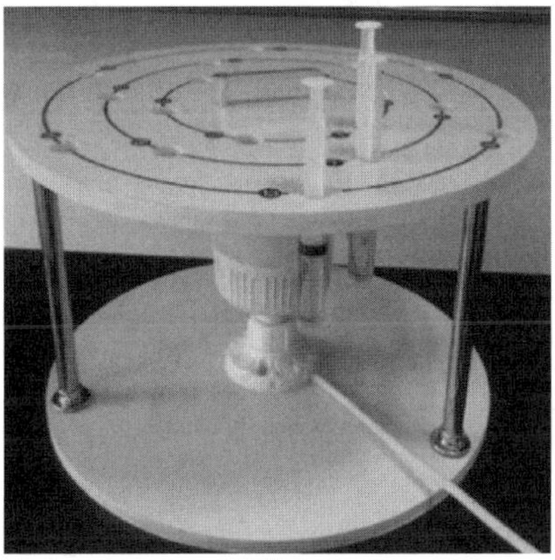

图 3-2-13　光照强度对光合作用的影响探究实验分组设计图和实物图

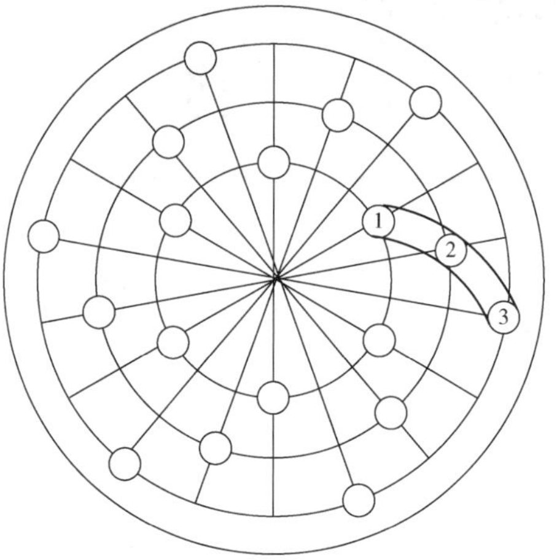


图 3-2-14　获得多个、连续变化的光照强度的上圆盘设计

2. 探究 $CO_2$ 浓度对光合作用的影响。可以在注射器内吸取等量不同浓度的 $NaHCO_3$ 溶液，分别置于上圆盘的同一圈层中，确保各组间光照强度和温度一致。本装置最多可进行 6 个浓度梯度的 $NaHCO_3$ 溶液探究(如图 3-2-15 所示)，能满足常规探究实验中浓度梯度的需求。相比其他圈，置于内圈小孔能相对较快地看到叶圆片上浮的现象。

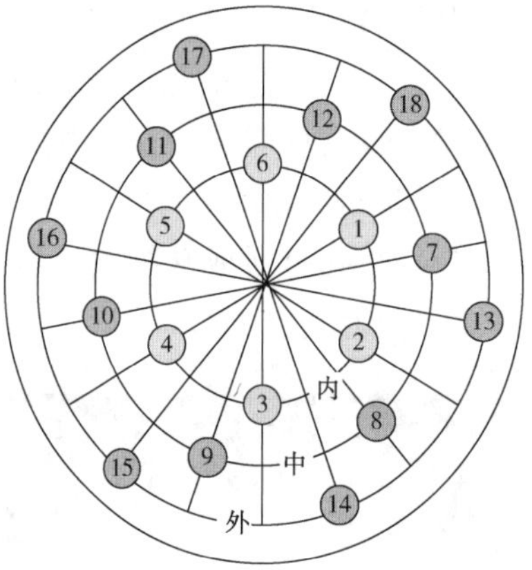

图 3-2-15　$CO_2$ 浓度对光合作用的影响探究实验分组设计图和实物图

3. 探究光质或温度对光合作用的影响。要探究光质对光合作用的影响，可以将 LED 灯更换成能产生不同光质光源的灯，1 个实验架 1 种光质，几个实验架几种装置相互对照，分别置于暗箱中进行实验。为确保光照强度一致，每个实验架中的注射器应置于相同圈层的小孔中。

同样，若探究温度对光合作用的影响，可以在使用原 LED 灯的情况下，1 个实验架 1 个温度，多个实验架分别置于不同的温度环境中。每个装置除了温度有别外，其他变量都保持一致，如确保每个实验架中的注射器置于相同圈层的小孔，使光照强度一致。

4. 探究叶龄对光合作用的影响。叶龄是影响植物光合作用的一个重要内因。不同叶龄叶片所含的色素和酶等不同，因而光合作用的能力不同。本装置可以在控制 $CO_2$ 浓度(相同浓度 $NaHCO_3$ 溶液)、光照强度(放于相同圈层)、温度等外因保持一致的条件下，分别取不同叶龄叶片(如老叶、壮叶、新叶)的等量叶圆片进行光合作用影响因素的实验。

### (二) 双因素实验

以探究光照强度和$CO_2$浓度对光合作用的综合影响为例，若需要设置3种光照强度和3种$CO_2$浓度，可以按表03-02-01设计9个注射器，分别置于如图3-2-16所示的上圆盘1~3号、7~9号、13~15号小孔中。若设置6个浓度梯度的$NaHCO_3$溶液，则需要使用整个上圆盘的18个小孔。

表3-2-1 探究光照强度和$CO_2$浓度对光合作用综合影响的实验分组

| | 光照强度1(内圈) | 光照强度2(中圈) | 光照强度3(外圈) |
|---|---|---|---|
| 浓度1的$NaHCO_3$溶液 | 1号孔 | 7号孔 | 13号孔 |
| 浓度2的$NaHCO_3$溶液 | 2号孔 | 8号孔 | 14号孔 |
| 浓度3的$NaHCO_3$溶液 | 3号孔 | 9号孔 | 15号孔 |
| …… | …… | …… | …… |

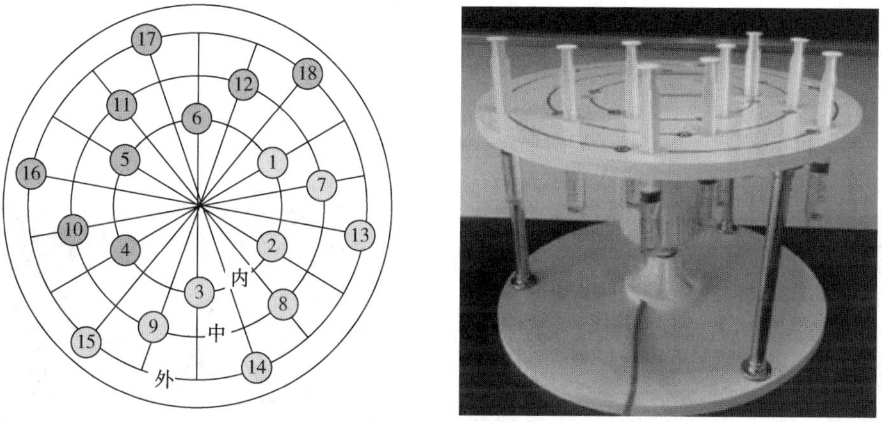


图3-2-16 探究光照强度和$CO_2$浓度对光合作用影响的实验分组设计

# 3.3　光合作用实验箱

江苏省扬州中学　杨成龙

## 一、教具的教学意义和价值

本装置适于探究式教学，通过探究不同因素对光合作用强度的影响，帮助学生进一步理解光合作用的原理和过程，同时通过实验设计、变量控制、数据统计与分析等探究过程培养学生的科学探究、科学思维能力。

实验过程中，探究不同生态类型植物的结构及其光合作用能力，有利于学生建立结构与功能观、物质与能量观等生命观念，形成对生命系统的整体认识。

最后，通过定量分析实验结果，让学生直观认识到绿色植物的生态价值，提升环境保护的责任意识。

## 二、教具装置图

图 3-3-1

图 3-3-2

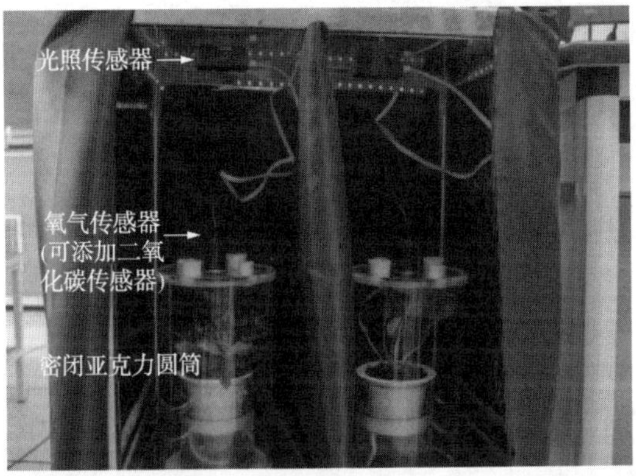


图 3-3-3

## 三、仪器特点及用途

### (一) 特点

本装置充分利用实验室现有条件，取材容易，制作简单。

本装置具有较强拓展性，可连接多种传感器，拓展更多探究实验。

本装置利用多种电子传感器，充分整合信息技术，定量分析实验结果。

本装置适于探究式教学，有利于培养学生的创新精神和实验能力。

### (二) 用途

本装置可探究多种与光合作用有关的实验，如：探究光照强度对植物光合作用的影响；探究光质对植物光合作用的影响；探究温度对植物光合作用的影响(温度传感器与室内空调联动，实现温度控制)；探究二氧化碳浓度对植物光合作用的影响(圆筒内增加 $NaHCO_3$ 溶液)；记录植物一天的总初级生产量、净初级生产量；探究不同植物的光补偿点；探究阔叶植物和窄叶植物光合作用能力的差异；探究景天科植物的光合作用特点。

本装置经简单改装后，还可以用于探究植物呼吸作用与蒸腾作用的影响因素。

## 四、制作材料

小推车 1 辆，LED 灯带 2 条，黑色遮光布 1 块，定制亚克力圆筒 2 个，光照传感器 2 个，氧气传感器(二氧化碳传感器)2 个，温度传感器 1 个，AI 语音音箱 1 台，等等。

## 五、制作方法

1. 将 LED 灯带用双面胶粘贴在实验箱顶端。将光照传感器用双面胶粘贴在实验箱顶端中心处。

图 3-3-4

2. 用黑色遮光布包围实验箱，防止外来光线干扰。

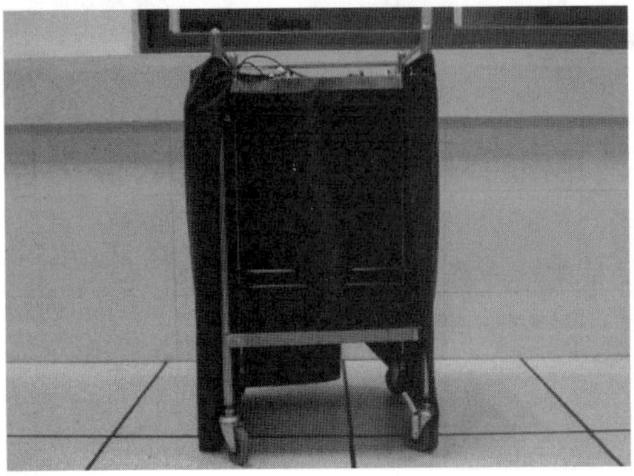

图 3-3-5

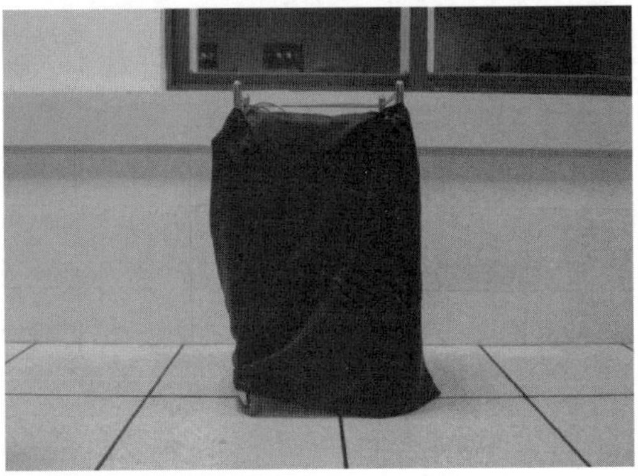

图 3-3-6

3. 将盆栽置于定制亚克力圆筒内，盖上盖子，使用凡士林密封边缘。

图 3-3-7

图 3-3-8

4. 将氧气传感器与亚克力圆筒的顶端接口相连。

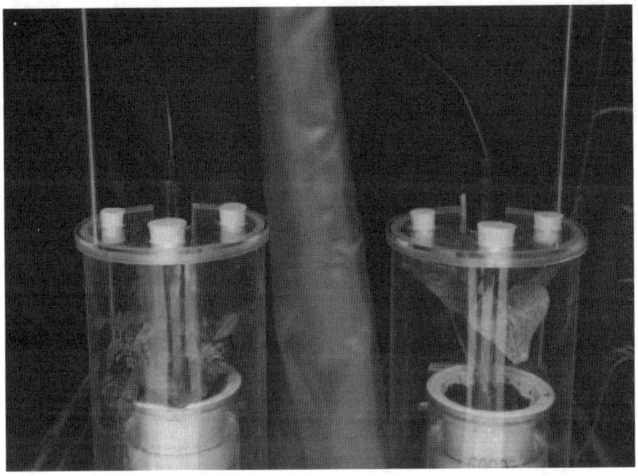

图 3-3-9

5. 将氧气、光照传感器与计算机相连。

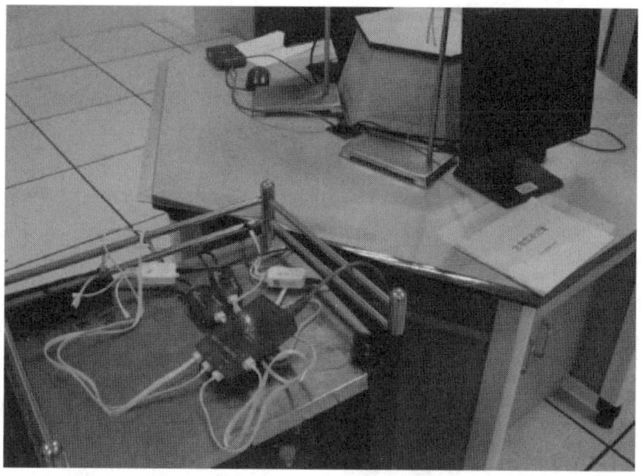

图 3-3-10

6. 调试 AI 语音音箱与温度传感器。

图 3-3-11

7. 设置局域网，连接 AI 语音音箱、计算机、传感器、LED 灯带。

图 3-3-12

## 六、使用方法

1. AI 语音音箱、计算机、传感器、LED 灯带位于同一局域网中，可通过语音或手机 App 精确控制实验条件，如光源的颜色、亮度、光照时间、环境温度等。复杂的实验条件设定好后可存储起来，下次使用时一键调用。

图 3-3-13

图 3-3-14

2. 利用计算机软件实时记录实验数据，定量分析实验结果。

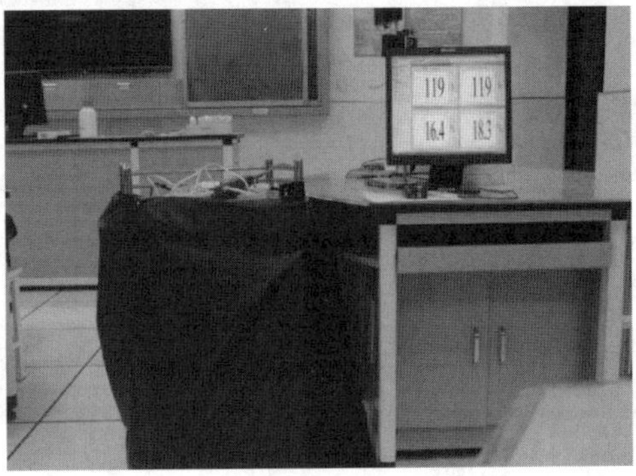


图 3-3-15

3. 通过远程管理软件，远程控制实验条件、记录实验结果。

图 3-3-16

# 3.4 数字化酶活性实验装置

福建省莆田市莆田第二中学 王美钦 郑远平 林清霞

## 一、教具的教学意义和价值

人教版教材将酶的高效性实验和影响酶活性的条件的实验均设定为定性实验，而教材中又多处出现通过大量定量实验得出的结论，如“大量实验数据表明，酶的催化效率大约是无机催化剂的107～1013倍”“科学家采用定量分析的办法，分别在不同温度和pH条件下测定同一种酶的活性，根据所得数据绘制成曲线图”。定性的实验设计与定量的结论分析使得学生在知识获取上存在断层，不利于深度学习，也让教师的教学存在困难。

对于酶的高效性实验，利用本装置能测得不同催化剂的反应速率比值，计算机软件可以检测到两条曲线最终重合，还能直观说明催化剂并没有改变反应平衡点；对于不同pH条件下酶活性的影响实验，利用本装置，能清楚看到不同组别曲线的斜率(根据公式，斜率代表化学反应速率)不同，根据实验结果，学生可自己绘制酶活性随pH变化的曲线图。利用本装置，通过设计和完成实验，让学生运用批判性思维和创造性思维，对教材的定量结论进行实验论证，体会科学研究的方法，对生物科学研究产生兴趣，逐步树立起严谨的实验态度，提高实践能力，加强团队合作，勇于创新。

## 二、教具装置图

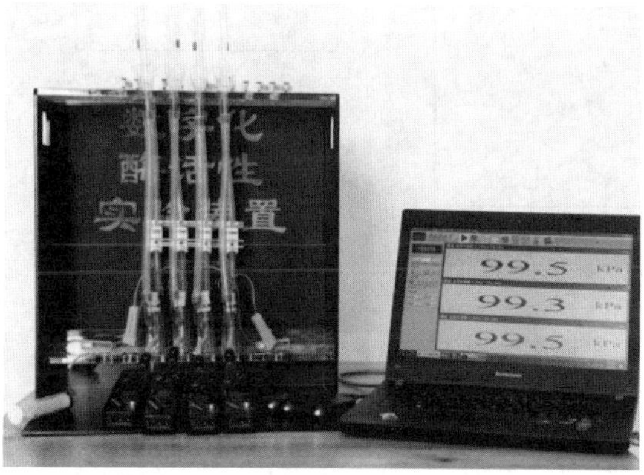


图3-4-1 装置正面图

图3-4-2 装置背侧面图

## 三、仪器特点及用途

### (一) 特点

本教具利用压强传感器实时检测反应容器内氧气的产生量，借用数据处理系统获得曲线及斜率。根据公式，曲线斜率可代表化学反应速率。本装置可以定量比较不同催化剂、不同 pH 条件下化学反应速率(酶活性)的大小，可以对教材中的定量结论进行实验论证。

### (二) 用途

本教具可适用于以下实验：定量探究酶的高效性；探究酶“只改变反应速率，不改变反应平衡点”的特性；探究 pH 对酶活性的影响；探究不同实验材料中过氧化氢酶活性的大小；预留 pH 传感器接口，可用于生物维持 pH 稳定的机制探究。

## 四、制作材料

有机玻璃、具支玻璃试管、三角锥加液瓶(盛液锥)、塑料软管、硅胶塞、直角弯头接、阻断阀、压强传感器、采集器、计算机、不同规格的注射器、组硅胶塞、加压止气阀门、3D 打印快插直通接头等。

## 五、制作方法

1. 利用有机玻璃制成上、中、下三层箱式结构(如图 3-4-3 所示)，规格为 40 cm×15 cm×40 cm。上层用于固定盛液锥，方便加液，中层用于固定具支试管，下层放置压强传感器，背面粘贴放置注射器的支架(如图 3-4-2 所示)，各个零件分类陈放，装置整齐美观。

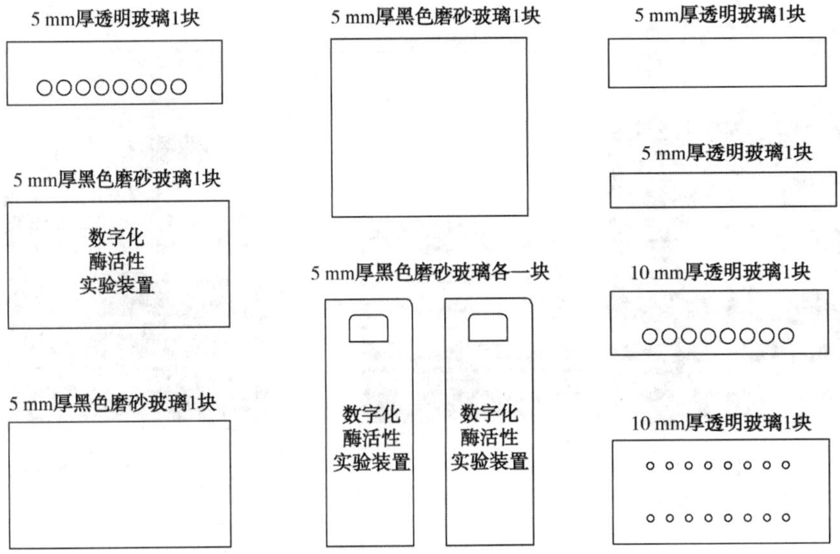


图 3-4-3　支架制作过程图

2. 试管作为反应容器，设计 3 个分支来满足不同功能。分支一连接压强传感器，将目测改为传感，精确定量分析密闭装置中的压强变化；分支二(斜支)连接加液管，上面设计有同流阀，实现装置先密封再加液，且不同组别可同步加液；为避免液体残留，在加液管上方与试管中间设计分支三连接恒压管，确保溶液的上下方压强相同，让溶液顺利流下。同时预留 pH 传感器口径，可用于 pH 相关探究。

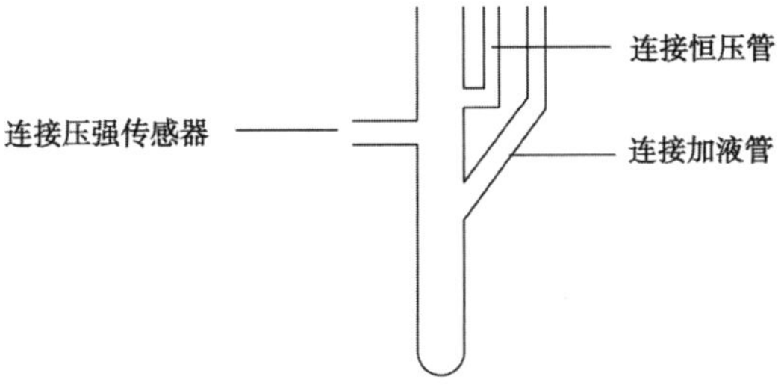


图 3-4-4　具支试管

3. 压强传感器非常灵敏，给整套装置的气密性带来了挑战，为此笔者设计了加压装置，可以有效检测气密性。实验前，加液密封后，用注射器给装置加压到实验可能达到的最大气压值(120 kPa)之上。关闭阀门，若气压长时间不变，说明气密性良好。

4. 为减小误差，采用专管专用的注射器精准加液。

5. 3D 打印快插直通接头，巧妙设计连接结构，操作简单、便捷。

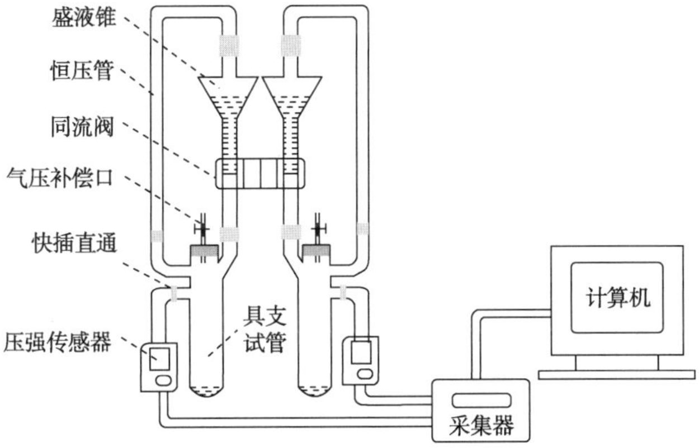


图 3-4-5　装置原理图

## 六、使用方法

1. 加入催化剂。往不同的具支试管中加入催化剂或不同 pH 溶液+过氧化氢酶，再塞紧试管口活塞。

2. 加入反应底物过氧化氢。关闭加液管中间的同流阀，往不同组别的盛液锥中加入等量的 2 mL 过氧化氢溶液。

3. 连接压强传感器、密封装置并检查气密性。分支三连接压强传感器，连接各个快插接头以及阀门，密封整个装置，用注射器加压到实验过程可能达到的最高压之上(125 kPa)。

关闭阀门，等待一段时间，若数值没有变化，说明装置气密性良好。若一开始不同装置的气压不一样，也可以通过这样的方式进行气压补偿。

4. 开始反应并用 DIS 采集、整理数据，获得结果。松开加压阀门，排出气体之后再关闭加压阀门。打开同流阀，实现不同组别反应物与催化剂的混合液同时反应。借助采集器获得反应曲线图，利用软件快速获得斜率即反应速率。

# 3.5 探究多因素对光合作用强度影响的动态观测实验装置

山东省东营市河口区第一中学 付桂玲 崔利国
山东省东营市河口区教育局教学研究室 刘利霞

## 一、教具的教学意义和价值

教材中的实验装置是白炽灯和烧杯，操作简单，但是光源易造成烧杯实验组内温度改变；学生白天实验，实验室外来光线无法避免，虽然也能勉强得出结论，但是科学性不够，自变量和无关变量的控制不严谨、不科学，造成实验结果并不准确。

为了方便学生实验，弥补教材实验不够完善、效果不理想的缺陷，为生物学界同人提供可利用的装置，笔者研发了本实验装置。本装置可以模拟多因素对光合作用强度的影响并记录动态的因变量变化，通过手机或平板电脑实时观察实验过程及实验结果。

表 3-5-1 移动版教材实验装置与新型改进装置效果对比

| 项目 | 移动版教材实验装置 | 新型改进装置 |
|---|---|---|
| 实验时间 | 无法同时研究多因素对光合作用强度的影响，耗时过长 | 可以同时研究多因素对实验结果的影响并多组平行重复，30分钟内得出实验结果 |
| 实验场所 | 实验仪器数量多且大多为玻璃仪器，装置烦琐且仅能在实验室进行实验 | 装置轻巧，在教室或宿舍等场所都可以进行实验，打破了空间上的限制 |
| 实验结果 | 肉眼观察统计数据，容易视觉疲劳，数据填写在纸上 | 相机实时传输动态影像到手机或平板电脑上，便于监测因变量，且可以保存影像，便于后期观察 |
| 变量控制 | 实验操作中选择白炽灯容易影响温度；烧杯和注射器作用独立；充 $CO_2$ 浓度难以控制 | 智能遥控 RGB 变色灯（LED 冷光源），可以调节光照强度和光质；装置归并，不再使用烧杯，注射器真空渗水处理叶圆片后吸入不同浓度 $NaHCO_3$ 溶液充当反应容器 |

## 二、教具装置图

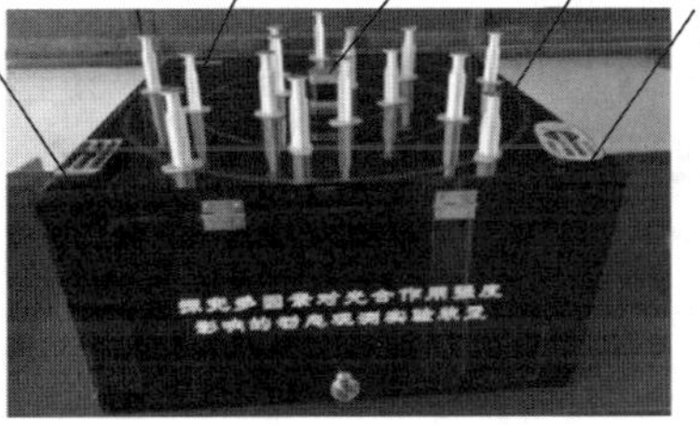

图 3-5-1 本装置实物图

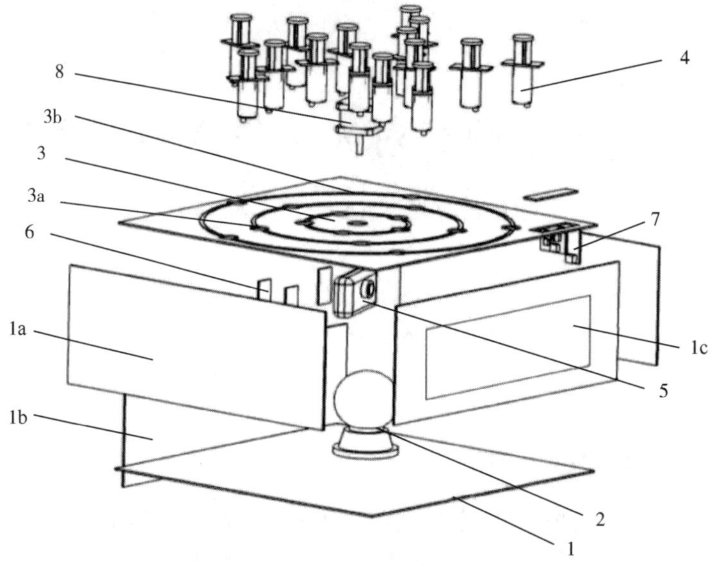


1—遮光壳；1a—观察窗；1b—遮光板；1c—活动门；2—变光灯；3—顶板；3a—固定孔；3b—同心环；4—光合作用反应结构；5—相机；6—光传感器；7—监控装置；8—摄像转动电机。

**图 3-5-2 装置爆炸图**

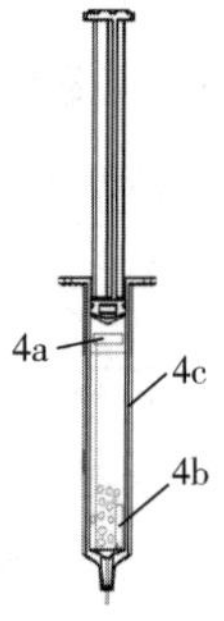


4a—氧气传感器；4b—电加热器；4c—反应筒。

**图 3-5-3 光合作用反应结构示意图**

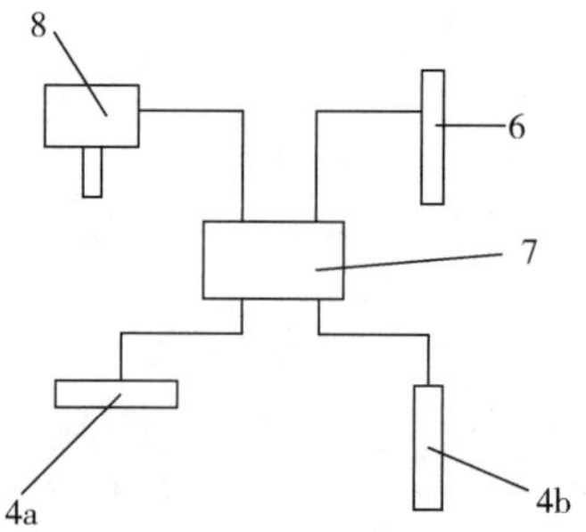


**图 3-5-4 监控装置的电连接关系示意图**

## 三、仪器特点及用途

### （一）特点

既可以研究单一因素对光合作用的影响，也能实现多个因素同时设置，每个变量做 3～5 组实验，相互对照获取结果，使学生更容易比较归纳不同环境因素对光合作用的影响。利用相机动态记录整个实验过程，与手机或平板电脑通过 Wi-Fi 连接，师生可以在屏幕上实时记录相应数据，还可以回放实验过程，利于后期学生的复习巩固。

### （二）用途

本教具可模拟以下实验现象：

1. 探究光照强度、$CO_2$浓度、光质、温度、叶龄等单一因素对光合作用强度的影响。
2. 探究光照强度、$CO_2$浓度、光质、温度、叶龄等任意双因素对光合作用强度的影响。
3. 实现对照实验和重复实验。

## 四、制作材料

3 mm 厚的黑色亚克力板切割 50 cm×50 cm×30 cm 长方体的 5 个面，另一个面为 50 cm×30 cm 的单向透视玻璃，组合成一个长方体。箱体侧面开一个30 cm×15 cm 的长方体门。门上安装一个小型推拉按钮并刻上装置名称。顶面设置半径分别为 8 cm、16 cm 和 24 cm 的 3 个同心圆，3 个小型光照强度传感器分别安装在 3 个同心圆上，随时监测光照强度的变化。3 个同心圆上设置互相交叉的注射器小孔，每个圆上设置 5 个，共 15 个小孔，保证各个小孔在同心圆上均匀分布，镶嵌排列，互不遮挡。叶圆片盛载装置选择的是 20 mL 塑料注射器。

## 五、制作方法

1. 将黑色亚克力用激光切割出 3 个 50 cm×30 cm 和 2 个 50 cm×50 cm 的面，在其中一个 50 cm×50 cm 的面上构建 3 个大小不同的同心圆，每个同心圆钻取 5 个孔(直径 2.5 mm)，均匀、交叉排布(如图 3-5-5 所示)。

2. 将含有同心圆的这个面作为装置顶部，圆心位置设置 20 mm 步进电机(如图 3-5-6 所示)。这 5 个亚克力面与 1 个 50 cm×30 cm 的单向透视玻璃共同组成一个长方体。

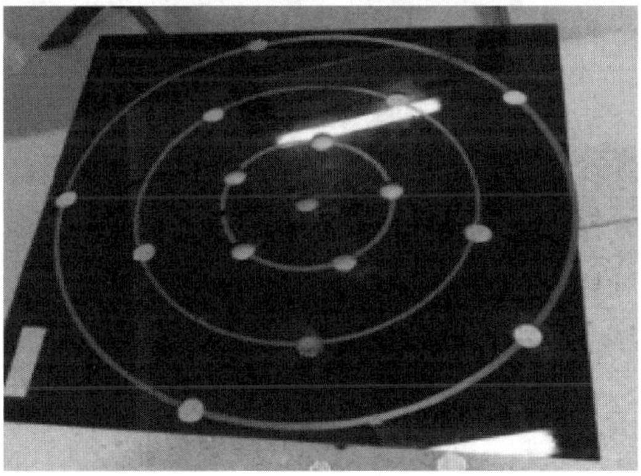

图 3-5-5

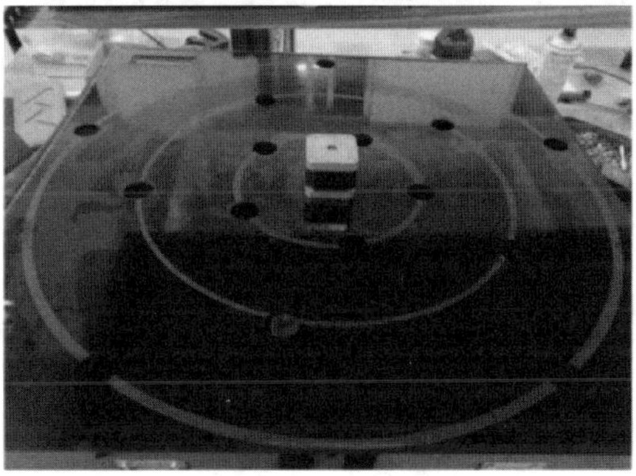

图 3-5-6

3. 将 3 个小型光照传感器安装在 3 个同心圆上，测量不同距离的光照强度，随时监测光照强度的变化。底面圆心位置安装功率 12 W 的 RGB 光源(如图 3-5-7 所示)。顶部左上角安装光照传感器显示屏(如图 3-5-8 所示)。

图 3–5–7

图 3–5–8

4. 顶部圆心位置内侧连接相机(如图 3–5–9 所示)。

5. 步进电机遥控器和 RGB 光源遥控器单独放置(如图 3–5–10 所示)。

图 3–5–9

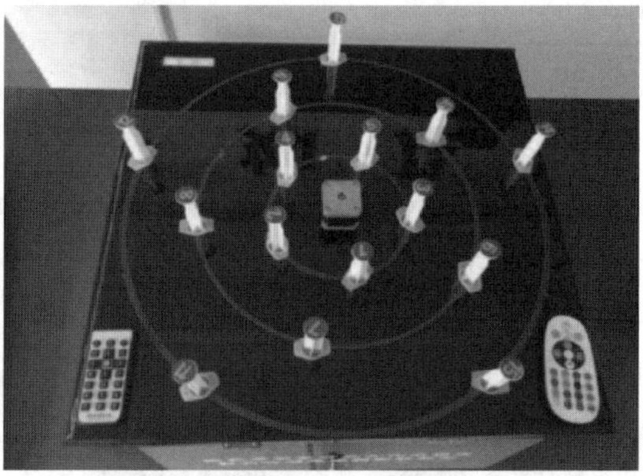

图 3–5–10

## 六、使用方法

### (一) 探究单一因素对光合作用强度的影响

1. 光照强度对光合作用的影响如表 3–5–2 所示。把盛有等浓度 $NaHCO_3$溶液和等数量叶圆片(建议选择油菜幼嫩叶片，每个注射器装 10 个叶圆片)的相同规格的注射器分别放在距离圆心8 cm、16 cm 和 24 cm 的小孔中，构建不同的光照强度对光合作用的影响(利用相同时间内叶圆片上浮的数量来衡量光合作用强度)。为了保证准确性，同一个半径的圆上设置 5 个小孔，可同时做 3～5 组实验，取每个光照强度下叶圆片上浮的平均值以减小误差。注射器 1～15 中盛有等量等浓度等温度的 $NaHCO_3$溶液(建议质量分数 2%)。

表 3-5-2 光照强度对光合作用的影响

| 光照强度 | 不同注射器叶圆片上浮数量(时间： ) | | | | | 叶圆片上浮平均值 |
|---|---|---|---|---|---|---|
| 强度 1(内圈) | 1 | 2 | 3 | 4 | 5 | |
| | | | | | | |
| 强度 2(中圈) | 6 | 7 | 8 | 9 | 10 | |
| | | | | | | |
| 强度 3(外圈) | 11 | 12 | 13 | 14 | 15 | |
| | | | | | | |

2. $CO_2$ 浓度对光合作用强度的影响如表 3-5-3 所示。在上圆盘同一半径的小孔中放入盛有等量叶圆片和不同浓度 $NaHCO_3$ 溶液(构建不同 $CO_2$ 浓度)的注射器(5 组)，确保各实验组的温度、叶圆片叶龄等其他无关变量一致。相同半径保证了相同光照强度，同一半径上的 5 个小孔中分别放置装有 5 个不同浓度梯度 $NaHCO_3$ 溶液的注射器，以满足对照实验的组数要求。

表 3-5-3 $CO_2$浓度对光合作用强度的影响

| 注射器编号 | $NaHCO_3$溶液浓度/% | 叶圆片上浮数量(5 min) | 叶圆片上浮数量(10 min) |
|---|---|---|---|
| 1 | 0 | | |
| 2 | 0.5 | | |
| 3 | 1.0 | | |
| 4 | 1.5 | | |
| 5 | 2.0 | | |

3. 光质对光合作用强度的影响如表 3-5-4 所示。在自制装置底座圆盘的圆心安装 RGB 变色节能灯模拟不同光质，使用冷光源以避免对温度的干扰。该灯泡可以遥控操作，通过灯泡发出的不同颜色的光，对比得出不同光质对光合作用强度的影响。把盛有等浓度 $NaHCO_3$溶液和等数量叶圆片的相同规格的注射器放在距离光源相同半径的 5 个小孔中，进行 5 组实验，取平均值。学生将手机和装置内的相机摄录装置与 Wi-Fi 连接，观看实验过程并记录实验结果。

表 3-5-4 不同光质对光合作用强度的影响

| 光的颜色 | 不同组注射器的叶圆片上浮情况(5 min 或 10 min) | | | | |
|---|---|---|---|---|---|
| 白光 | 1 | 2 | 3 | 4 | 5 |
| | | | | | |
| | 5 组叶圆片上浮数量平均值: | | | | |
| 红光 | 1 | 2 | 3 | 4 | 5 |
| | | | | | |
| | 5 组叶圆片上浮数量平均值: | | | | |
| 紫光 | …… | | | | |
| 蓝光 | …… | | | | |
| 绿光 | …… | | | | |
| …… | | | | | |

4. 叶龄对光合作用强度的影响。在上圆盘同一半径的小孔中放入盛有不同叶龄叶圆片的注射器，确保各实验组的光照强度、温度和 $CO_2$ 浓度等其他无关变量一致。相同半径保证了相同的光照强度，5 个小孔可以设置 5 个实验组，满足对照实验的组数要求。

5. 温度对光合作用强度的影响。在上圆盘同一半径的小孔中放入盛有等量叶圆片、不同温度蒸馏水配置的等浓度 $NaHCO_3$ 溶液(构建不同温度梯度)的 5 个注射器，保证其他无关变量一致。相同半径保证了相同的光照强度，5 个小孔可以设置 5 个实验组，满足组数要求。

### (二) 探究双因素对光合作用强度的影响

利用本装置可以探究光照强度、$CO_2$ 浓度、光质、叶龄和温度等因素中任意 2 种对光合作用强度的影响。以探究光照强度和 $CO_2$ 浓度对光合作用的影响为例(如表 3-5-5 所示)。可以同时在距离圆心 8 cm、16 cm 和 24 cm 的小孔中放入注射器，构建不同光照强度的自变量；同时，8 cm 半径圆圈上的 5 个注射器中放置不同浓度的 $NaHCO_3$ 溶液，16 cm 半径圆圈的 5 个小孔中放置不同浓度的 $NaHCO_3$ 溶液，24 cm 半径圆圈的 5 个小孔中放置不同浓度的 $NaHCO_3$ 溶液，这样就构建了不同 $CO_2$ 浓度的自变量。保证光质、温度等无关变量统一，就可以实现双因素对光合作用强度的影响实验。

表 3-5-5 光照强度和 $CO_2$ 浓度对光合作用影响的分组设计表

| $NaHCO_3$ 溶液浓度/% | 强度 1(内圈) | | 强度 2(中圈) | | 强度 3(外圈) | |
|---|---|---|---|---|---|---|
| | 注射器编号 | 叶圆片上浮数量(10 min) | 注射器编号 | 叶圆片上浮数量(10 min) | 注射器编号 | 叶圆片上浮数量(10 min) |
| 0.25 | 1 | | 6 | | 11 | |
| 0.50 | 2 | | 7 | | 12 | |
| 0.75 | 3 | | 8 | | 13 | |
| 1.00 | 4 | | 9 | | 14 | |
| 1.25 | 5 | | 10 | | 15 | |

# 3.6 重组 DNA 分子的模拟操作模型

湖南省益阳市第一中学 谌理述 谭仲秋 罗 凛

## 一、教具的教学意义和价值

本教具弥补了学校实验教具的不足。选材多为五金和工业使用材料，方便易得。模型结实耐用，不易损毁，可循环使用，解决了纸质教具耗材大且每次教学都需重新打印的问题，经济效益高，便于推广。

本教具提高了教师的教学效率和质量。针对重组 DNA 分子教学中过程中存在的问题，如学生理解困难等，设计并制作了新型重组 DNA 分子的模拟操作模型，化抽象为具体，提高教学效率和质量。

本教具锻炼了学生的动手实践能力。学生使用本教具有利于加强对知识点的理解，提高学习质量；有利于提高学生的动手能力，促进全面发展，成为符合新时代要求的高质量人才。

本教具探索了跨学科合作。本教具的制作是生物和通用技术学科融合的优秀范例，有利于促进跨学科交流，提高教学效率。为学科融合提供了借鉴，拓宽了合作通道，为将来其他方向的学科融合打下了基础，有利于促进各学科共同进步，形成新时代基础教育强师团队。

本教具促进了教具的开发。跨学科合作教具有利于推动新认知、新教具的出现，完成创新与创造。运用通用技术的学科优势，可以提供设计思考的策略和物化途径的技术支持。这种合作会打破以往教具制作集中在特定学段和特定科目的局面，拓展自制教具的发展和交流，有利于探寻学科自制教具的创新深度，拓宽自制教具的学科种类。

## 二、教具装置图

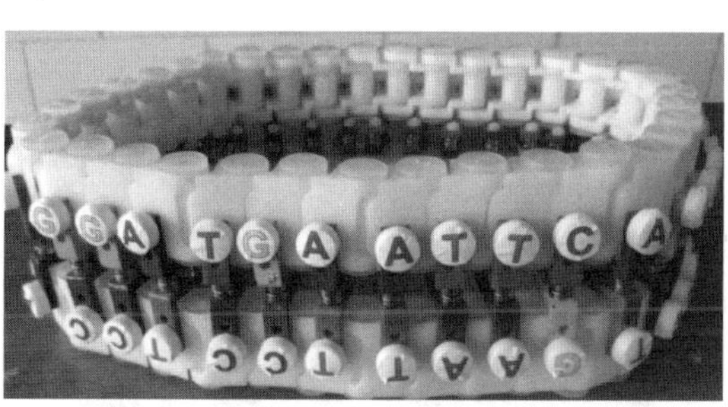


图 3-6-1

## 三、仪器特点及用途

### （一）特点

本教具有以下几个特点。

1. 多选择五金和工业使用材料，如坦克链、角件、螺丝和小磁铁等，材料易得、结实耐用、不易损坏、可循环使用。

2. 模型的组成结构单元化，若有局部零件损坏，更换新的单元件也不损伤整体。

3. 利用小磁铁的磁性组合代表碱基互补配对（A=T，C≡G），符合生物学科学实际，非配对碱基不能完全重合。

4. 模型能更好地展示 DNA 分子的双链结构，有立体感，整体排列紧密，碱基种类及序列清晰可见。同时，为更好地展示质粒和目的基因，模型用不同的颜色和形状加以区分。其中，质粒为灰色环状，目的基因为白色链状。

5. 模型操作简单，能够很好地模拟和展示重组 DNA 分子的构建过程。

### （二）用途

本教具可模拟以下微观现象。

1. 提取目的基因和运载体。
2. 用限制酶切断 DNA 过程，切口的结构展示。
3. 展示 DNA 分子的双链结构，呈现碱基互补配对（A=T，C≡G）。
4. 目的基因与运载体结合过程。

## 四、制作材料

坦克链 3 m、8 cm×3 cm 带沉孔小磁铁 150 个、“L”形角架 150 个、螺丝螺母若干、贴纸。

## 五、制作方法

1. 截取铝合金槽一条（如图 3-6-2 所示）。

2. 钻孔。用电钻在坦克链和角件内外钻好固定磁铁和角件的孔（如图 3-6-2、图 3-6-3 所示）。

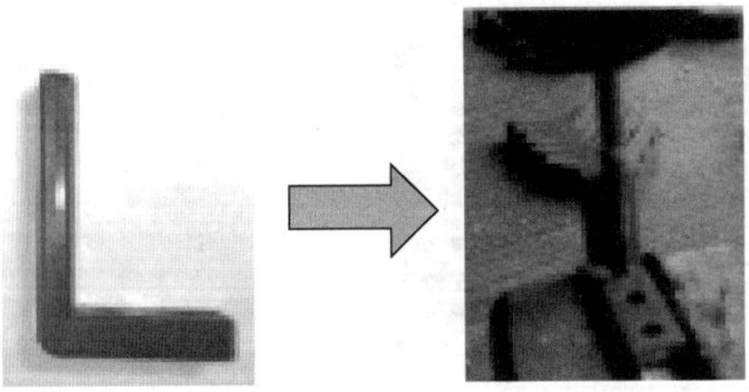

图 3-6-2

图 3-6-3

3. 将小磁铁分成两个一组，按照排列组合分成四种情况，分别对应 A、T、C、G(如表 3-6-1 所示)。

表 3-6-1

| DNA 分子 | 1 号孔磁铁 | 2 号孔磁铁 | 2 号孔磁铁 |
|---|---|---|---|
| A | N | — | N |
| T | S | — | S |
| C | N | S | S |
| G | S | N | N |

4. 把“L”形角架按颜色对应 A、T、C、G。用螺丝螺母将小磁铁固定在角架上，并且按碱基数量和表 03-06-1 的极性固定好(如图 3-6-4、图 3-6-5 所示)。

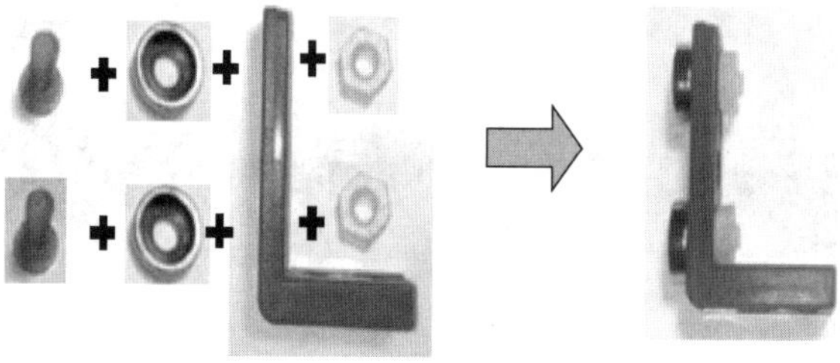

图 3-6-4

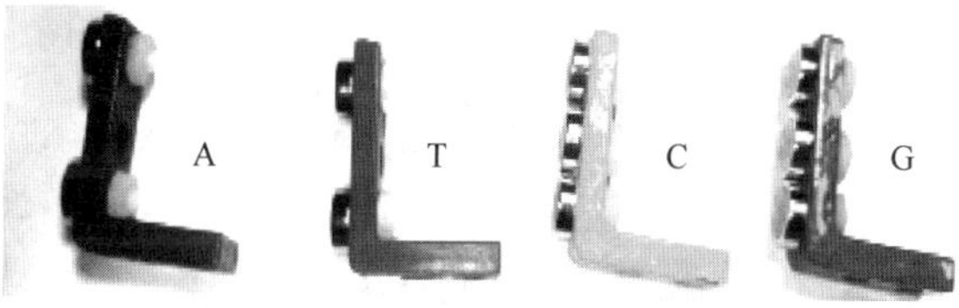


图 3-6-5

5. 在盖帽上贴好字母，如图 3-6-6 所示。

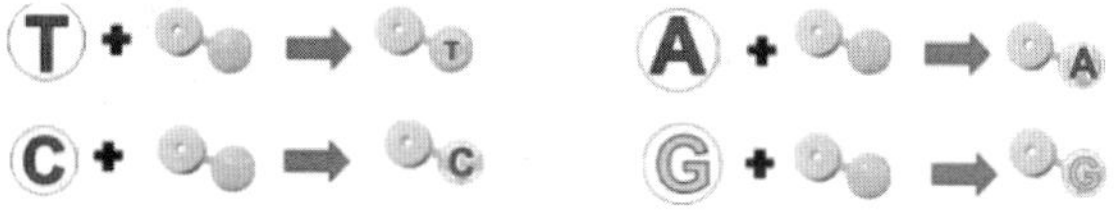


图 3-6-6

6. 用螺丝螺母和盖帽将组装好的角件固定成最小单元件。把 4 种组合都组装好(如图 3-6-7 所示)。

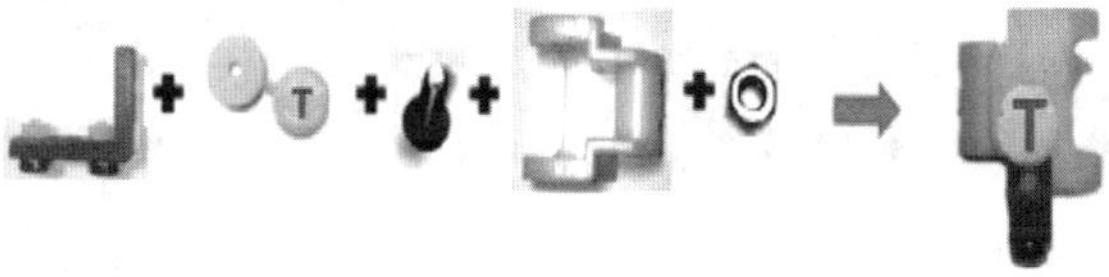


图 3-6-7

7. 用字母螺丝套装将单元件拼接成链，组装一条直链、一条环链，注意碱基对的对应。保证 A-T、C-G 对应，同时序列要包含 GAATTC-CTTAAG 和 CCCGGG-GGGCCC 组合(如图 3-6-8、图 3-6-9 所示)。

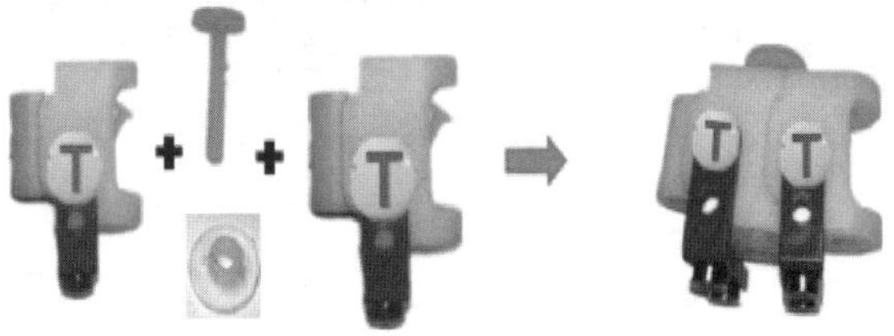


图 3-6-8

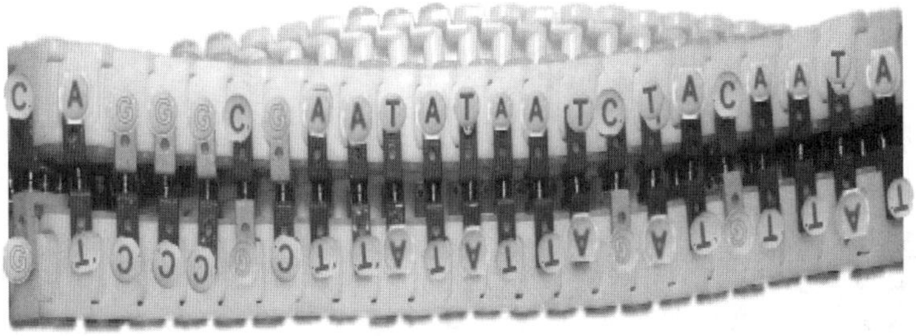

图 3-6-9

8. 用螺丝刀代替不同的 DNA 限制酶(如图 3-6-10 所示)。

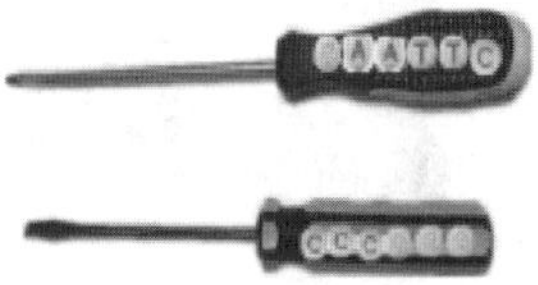

图 3-6-10

## 六、使用方法

1. 将“质粒”“运载体”从“细菌”中取出，同时将含有“目的基因”的“DNA”从“细胞”中取出。将整体展示在学生面前(如图 3-16-11、图 3-6-12 所示)。

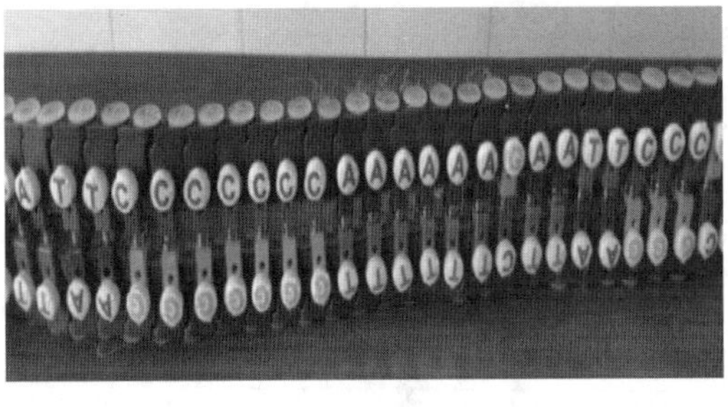

图 3-6-11

图 3-6-12

2. 用“DNA 限制酶”(螺丝刀)分别切割“质粒”“运载体”和“目的基因”。寻找到对应的编码，然后在对应连接处断开。将“目的基因”的切口和“质粒”的切口展示给同学们看(如图 3-6-13~图 3-6-15 所示)。

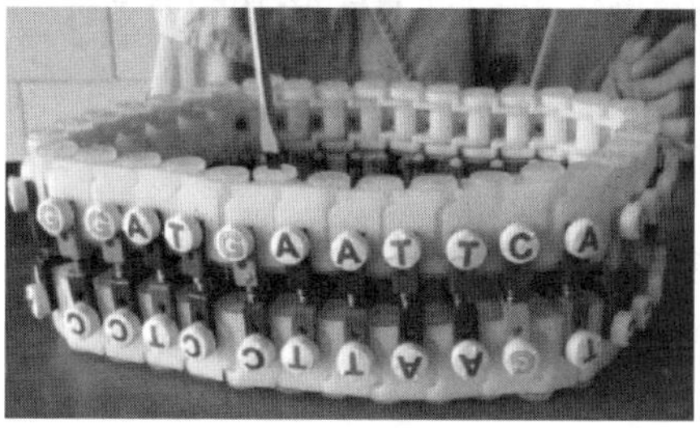

图 3-6-13

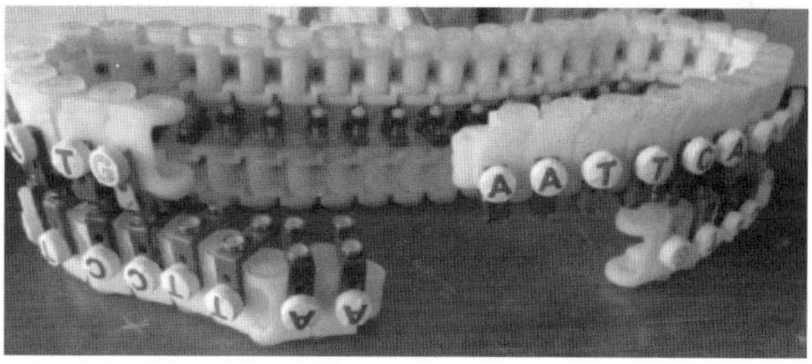

图 3-6-14

图 3-6-15

3. 将“目的基因”和“运载体”连接。先连接碱基对，再用螺丝刀代替 DNA 连接酶，将其固定(如图 3-6-16 所示)。

图 3-6-16

4. 展示给学生观察(如图 3-6-17 所示)。

图 3-6-17

5. 任意组装，可以演示多种切口，探讨目的基因和质粒连接后的可能性。

# 3.7 “探究环境因素对光合作用强度的影响”的实验教具设计

广东省珠海市广东实验中学金湾学校　陈　丹

## 一、教具的教学意义和价值

探究环境因素对光合作用强度的影响是人教版高中生物必修 1 中的探究实验，但因原实验采用的“小圆叶片上浮法”操作较复杂，所以实验的开出率不高。本教具可以简化实验操作，并能探究多个环境因素的影响，让学生将探究实验的重点放在实验设计中变量的控制和探究环境因素对光合作用强度的影响上，帮助学生更好突破重难点。本教具还能够量化实验结果，通过得到的数据衍生出相关问题，在课堂上进行讨论，培养学生的科学思维。

## 二、教具装置图

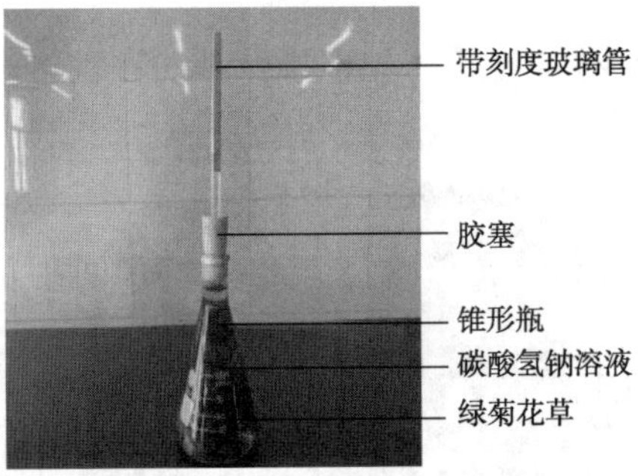


图 3-7-1　测定植物光合作用强度的装置

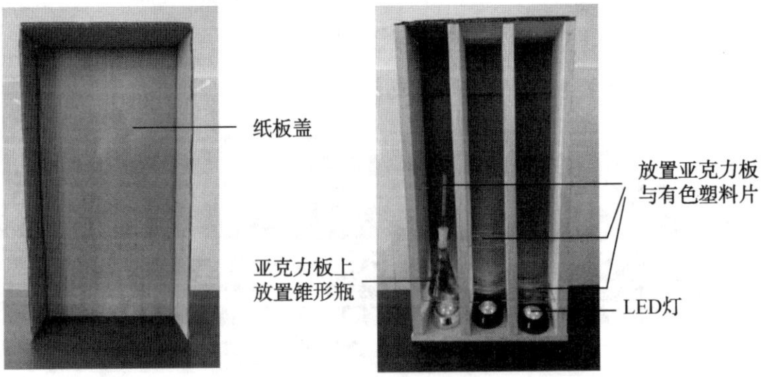


图 3-7-2　控制光合作用环境因素装置

## 三、仪器特点及用途

### （一）特点

本教具可以用来探究多个不同环境因素对光合作用强度的影响，改变环境因素的操作简单、省时。同时，用玻璃管液面上升高度量化植物光合作用的强度，使实验结果清晰明了，方便进行数据分析。

### （二）用途

本教具可以探究不同环境因素对光合作用强度的影响，从而得出光合作用强度随环境因素变化的规律。

1. 探究光照强弱对光合作用强度的影响。
2. 探究光质对光合作用强度的影响。
3. 探究二氧化碳浓度对光合作用强度的影响。

## 四、制作材料

长宽高为500 mm×80 mm×20 mm的木板4块，长宽高为320 mm×80 mm×10 mm的木板1块，长宽为500 mm×520 mm的纸板1块，长宽为500 mm×320 mm的纸板1块，钉子若干，边长为80 mm正方形的亚克力板3块，红色、绿色、无色透明塑料片各1张，牙签24根，LED灯3个，100 mL锥形瓶3个，胶头滴管的玻璃管3根，胶塞3个，带刻度的纸胶带1卷。

## 五、制作方法

本装置分为两部分。第一部分是测定植物光合作用强度的装置。由锥形瓶、胶塞、带刻度的纸胶带、胶头滴管的玻璃管构成。将胶头滴管的玻璃管贴上带刻度的纸胶带，将玻璃管垂直插入胶塞，将实验材料如绿菊花草放入锥形瓶中，锥形瓶装满碳酸氢钠溶液以提供光合作用所需二氧化碳，然后用胶塞塞住瓶口，玻璃管与锥形瓶内部溶液相连通（如图3-7-1所示）。

第二部分是控制光合作用环境因素的装置。主体结构是一个由木板、牙签做成的支架，支架与无色透明亚克力板、LED灯泡、彩色透明塑料片、纸板盖等配件配合使用。支架由纸板和木板搭建而成（出于环保和减轻装置重量的考虑，支架顶部和背面材料使用纸板代替木板），均分为3个宽度为80 mm的纵隔。3个纵隔在50 mm的高度插有4个牙签，另外中间纵隔、左边纵隔分别在150 mm、200 mm的高度各有4个牙签。牙签用于支撑亚克力板以放置锥形瓶。LED灯置于支架最底部，用于提供光源。纸板盖用于隔绝外界光线，防止干扰实验结果（如图3-7-2所示）。

## 六、使用方法

### （一）探究光照强弱对光合作用强度的影响

在纵隔上从右往左，依次在50 mm、150 mm、200 mm高的牙签上放上3个亚克力板，然后放上 3 个测定植物光合作用强度装置的锥形瓶。打开 LED 灯，盖上纸板盖，反应 15 min，记录下反应前后的液面高度，得到差值(如图 3-7-3 所示)。锥形瓶离光源越近，瓶中植物接受的光照自然也就越强，反之越弱。液面高度差值可以反映出光合作用强度。

图 3-7-3 探究光照强弱对光合作用强度的影响的教具使用方法

### (二) 探究光质对光合作用强度的影响

将 3 个亚克力板放在 3 个纵隔 50 mm 高度的牙签上，在亚克力板上分别放上绿色、红色、无色塑料片，然后放上 3 个测定植物光合作用强度装置的锥形瓶。打开 LED 灯，盖上纸板盖，反应 15 min，记录下反应前后的液面高度，得到差值(如图 3-7-4 所示)。本实验中使用有色透明塑料片改变光质，可比较在绿光、红光、白光的照射下，植物的光合作用强度的差异。

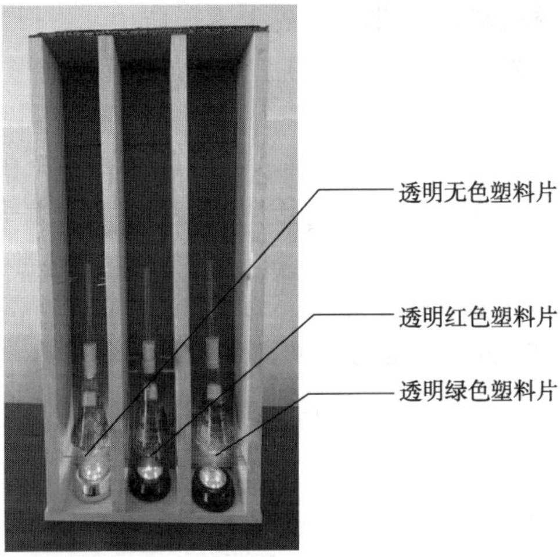


图 3-7-4 探究光质对光合作用强度的影响的教具使用方法

### (三) 探究二氧化碳浓度对光合作用强度的影响

将3个亚克力板放在3个纵隔50 mm高度的牙签上，往锥形瓶中分别加入0.5%、1.0%、1.5%碳酸氢钠溶液，然后放上3个测定植物光合作用强度装置的锥形瓶。打开LED灯，盖上纸板盖，反应15 min，记录下反应前后的液面高度，得到差值(如图3-7-5所示)。本实验可以用来探究不同二氧化碳浓度对光合作用强度的影响。

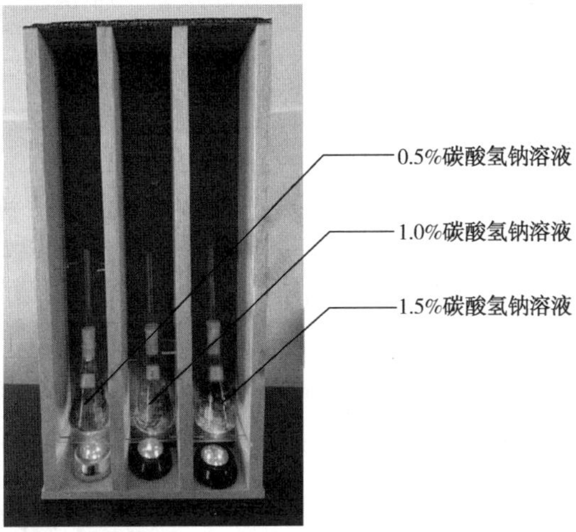


图3-7-5 探究二氧化碳浓度对光合作用强度的影响的教具使用方法

# 3.8 透反射双模充电智能数码显微镜

四川省射洪中学校 唐凤英
四川省射洪市教育科学研究室 周裕志

## 一、教具的教学意义和价值

本装置能突出解决传统显微镜不能观察“厚而不透”标本，以及不能有效呈现与分享显微视野，进行互动交流的两大问题。本装置具备数码显微镜“呈现示例视野，规范操作技能”“呈现问题现象，敦促习惯培养”“呈现优秀成果，激发学习激情”“呈现真实视野，塑造科学态度”四大使用效果，还能超越数码显微镜，呈现“厚重”视野，拓展实验探究，从而激发学生学习兴趣，拓宽学生知识面，提升科学探究等生物学学科核心素养。

## 二、教具装置图

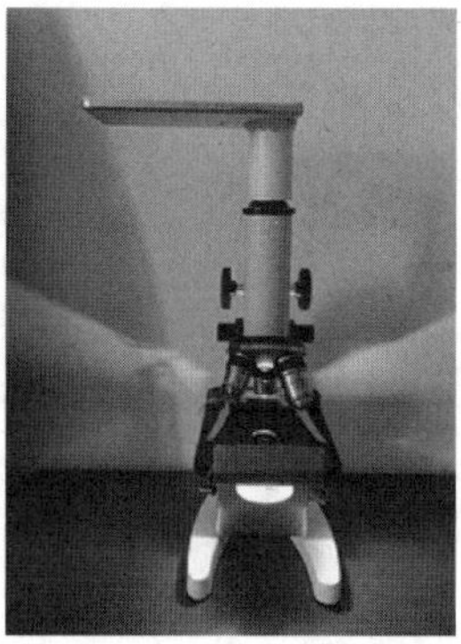

图 3-8-1 正面图(透射照明)

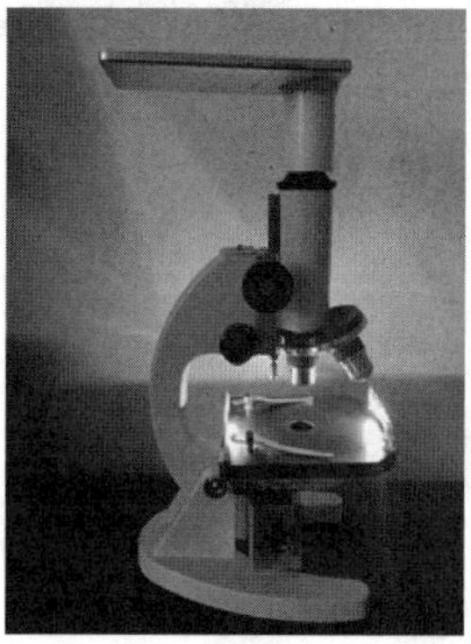

图 3-8-2 侧面图(反射照明)

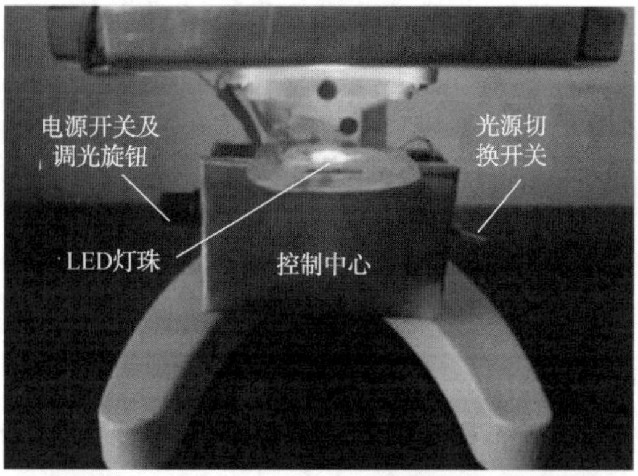


图 3-8-3 透射照明及控制中心特写

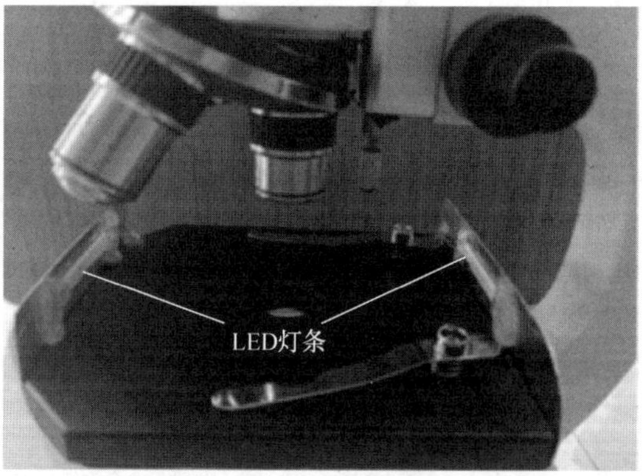


图 3-8-4 反射照明特写

## 三、仪器特点及用途

### （一）特点

自带电源，拥有透射、反射双模照明系统，能观察“薄而透明”和“厚而不透”两类标本，且操作不受外界光线条件的限制；拥有显微视野数码呈现功能，能根据需要联网分享显微视野并进行互动。

### （二）用途

在各类光线条件下利用“薄而透明”和“厚而不透”两类标本，进行显微实验教学；利用此两类标本进行生物学探究，探寻微观世界的奥秘，满足学生求知欲望，增强学生学习兴趣。

## 四、制作材料

普通光学显微镜，智能手机，手机电池，PVC 给水管（$d=3.2$ cm），热熔胶，铝板，导线，焊锡丝，COB LED 灯珠、灯条，调光模块、充电模块等透反射光源相关配件。

## 五、制作方法

1. 普通光学显微镜拆除遮光器和反光镜。
2. 设计、绘制透射光源和反射光源照明系统电路图（如图 3-8-5 所示）。

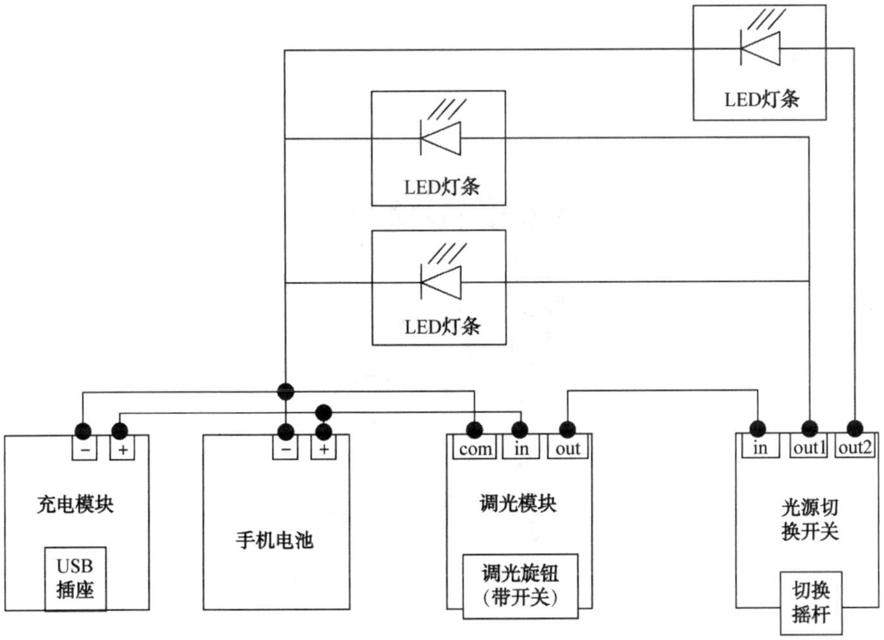


图 3-8-5　照明系统电路示意图

3. 用铝板制作小盒，将手机电池、充电模块、调光模块、光源切换开关等按图 03-08-7 连接组装后放入其中，形成充电式光源控制中心(简称“控制中心”)，固定于载物台下方(如图 3-8-3 所示)。

4. 用铝板制作支架，将 2 条 3.7 V、3 W COB LED 灯条分别固定于载物台前后两端 1 cm高度处(如图 3-8-4 所示)，1 颗 3.7 V、3 W COB LED 灯珠固定于通光孔正下方3 cm处(如图 3-8-3 所示)，结合控制中心，分别构成“反射照明系统”和“透射照明系统”。

5. 截取 4~5 cm 长 PVC 给水管，用热熔胶将其固定在手机摄像头(或手机壳上摄像头位置正前方)，形成视野呈现与分享组件(简称“呈现组件”，如图 3-8-6 所示)(若有手机壳，将手机装入壳内即形成呈现组件)，并将其套在目镜上，完成组装。

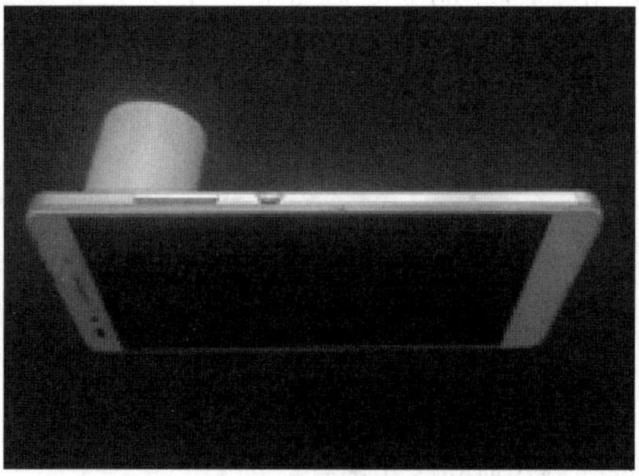

图 3-8-6　呈现组件

## 六、使用方法

1. 将本装置放在实验台的适当位置。若观察的标本“薄而透明”，打开电源开关，向下拨动电源切换开关选择“透射照明系统”(如图 3-8-7 所示)。

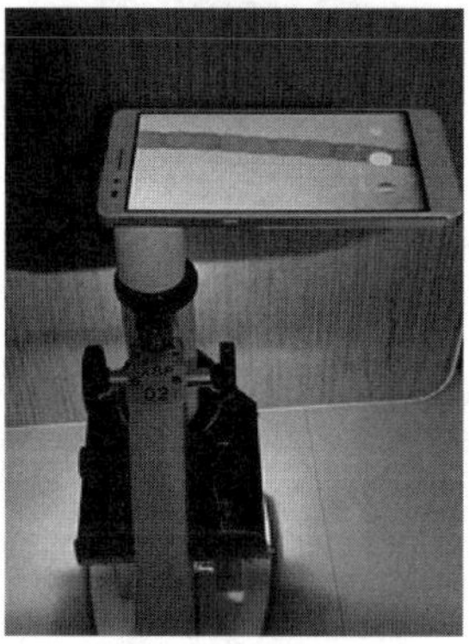

图 3-8-7　透射模式下观察水绵

2. 打开手机中的照相机，转动电源调光两用开关调节视野亮度，按普通显微镜操作，移动玻片标本，调节焦距，即可对显微视野进行多人同时观察、拍照或录像等。

3. 若要联网分享互动，先行打开希沃授课助手移动展台，点击“拍照”上传，即可实现显微视野的静态呈现与分享。或者点击移动展台“直播”选项，实现显微视野的动态呈现与分享。

4. 若观察标本是“厚而不透”的昆虫等，向上拨动电源切换开关选择“反射照明系统”，再按普通光学显微镜操作，观察与分享视野(如图 3-8-8、图 3-8-9 所示)。

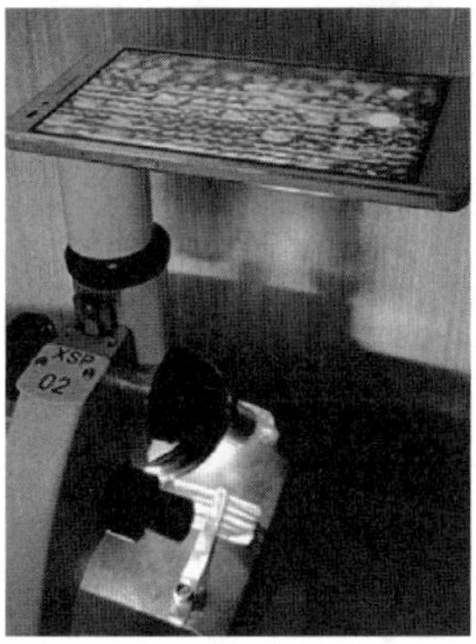

图 3-8-8 反射模式下观察百合叶片下表面

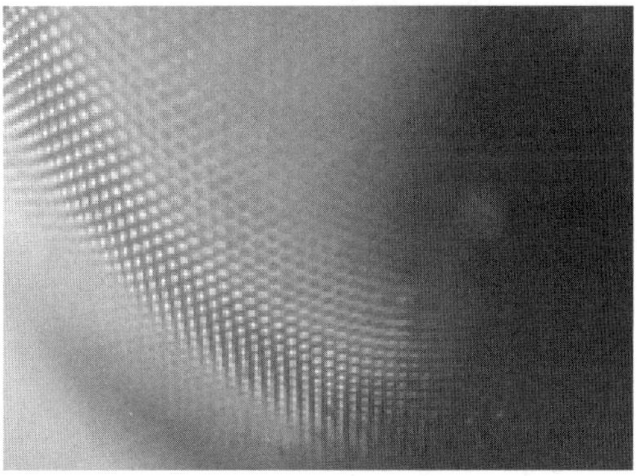

图 3-8-9 苍蝇复眼

# 4 数学一等奖作品选编

# 4.1 多功能组合尺

山西省吕梁市孝义市中阳楼中心校 武重芬 王冬爱 吴海龙

## 一、教具的教学意义和价值

本教具在教学中能吸引学生注意力，激发学生学习兴趣，在很大程度上活跃了课堂气氛，同时能培养学生观察和形象感知能力、动手操作能力，开发了学生思维。节约了教学时间，优化了课堂结构，提高了教学效果。

## 二、教具装置图

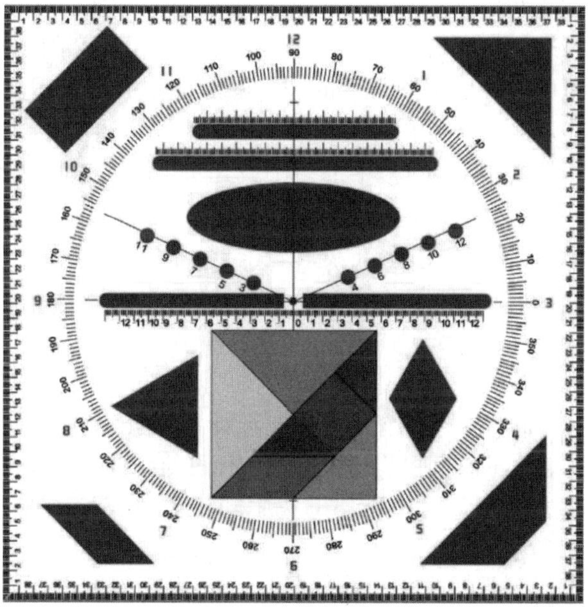

图 4-1-1

## 三、仪器特点及用途

本教具最大的特点就是能够旋转，功能齐全。尺子通常用来画线和测量长度，用法比较单一，无法满足小学数学学习中其他的画图需要。而本教具完美解决了“画什么图找什么工具”的问题，将尺子、三角板、量角器、圆规巧妙地融为一体。在此基础上，又增添了钟表和七巧板的功能，既实用又益智。根据方圆理念，将教具设计成外方内圆的构造。最外面是直尺，可以测量长度，画出不同长度的线段，里面是一个可以旋转的圆，与外围相接的部分是360°量角器和钟表模型，中间的圆又设计了画圆小孔，可以画出不同半径的圆。还有椭圆，可以画出椭圆、圆柱、圆锥。三条长短不一的内槽，可以画出长方形、正方形。边上不同的图形，可以利用中间七巧板中的一个或几个图形拼成。本教具基本能满足整个小学阶段数学学习中画图的需要、认识钟表的需要，还能利用七巧板设计美丽的图案。

## 四、制作材料

亚克力塑料。

## 五、制作方法

1. 准备亚克力塑料，用专业机器切割出一个边长为 40 cm 的正方形，每条边都标好刻度。在四个直角处分别雕刻出大小适宜的长方形、等腰直角三角形、梯形、平行四边形几种图形。

2. 在这个正方形中间画一个圆形，将圆心处穿个小孔，便于固定钟表的指针。

3. 将圆平均分成 360 份，做成一个 360°环形量角器。度数外面对应位置标好 1~12 几个数字，作为认识钟表使用。

4. 圆心两侧留有适于粉笔或白板笔书写宽度的两条空心槽，标有刻度，既能画线段，又能画角或其他图形的边。在圆心左上、右上 30°方向各留 5 个画圆小孔，将笔放入不同的画圆小孔，旋转一周可以画出不同半径的圆。圆形上方留两条不同长度的槽。

5. 在这个圆形的其余部分分别雕刻出椭圆、正方形、等边三角形、菱形几个图形。其中正方形具有七巧板功能，利用七巧板中的一个或几个图形可以拼成教具外围的任意一个图形。

6. 将圆环与正方形底座固定，把圆形旋转盘卡到中间，可以自由旋转。

## 六、使用方法

1. 认识钟表。根据指针所指数字，判断对应的时刻。

2. 七巧板。利用其中的一个或几个图形自主设计各种图案。

3. 画平面图形的方法。(1) 画圆：将笔放入不同的画圆孔内旋转一周，就能画出半径不同的圆。(2) 画正方形：利用教具外围或中间正方形直接画图，也可以将第二条内槽旋转几次，分别画出正方形各条边。

4. 画立体图形方法。(1) 画圆柱：利用教具中的椭圆画出圆柱的上下底，连接两边，就得到一个圆柱。(2) 画长方体：利用教具中的平行四边形，画出长方体的上底，再利用外面直角及刻度画出长方体四周各面，最后连接下面各边，得到长方体。

5. 量角的方法。将中间旋转内圆的水平线与外圈的 0 刻度线对齐，再和角的一条边重合，看另一条边对应的刻度，就是所测量的角的度数。

6. 画角的方法。先利用内槽画一条射线，保证中心点与射线的端点重合，将这条内槽调整需要的刻度位置，直接画出角的另一条边。

7. 画美丽的图案。利用教具，可以自主设计。

# 4.2 数学立体图册(教具书)及三维图形动态展示

辽宁省鞍山市岫岩满族自治县岫岩高级中学 王 俊 徐坤哲 张明军

## 一、教具的教学意义和价值

立体几何启蒙课的“柱体的认识及正方体侧面展开图和正方体的截面图形系列展示问题探究”是立体几何教学的重要环节。但教材中仅有几个图形展示、使用PPT不可触摸、学生空间想象力不强等问题，为立体几何的启蒙增加了巨大难度。目前教学过程中通常采用的单纯口述和手指比画以及斜二测画法展示柱体及截面的方法，已经无法满足学生对空间问题可视化学习的需求。这是当下教学过程中亟待解决的实际问题。为突破这一教学“瓶颈”，笔者研发了立体几何教具书。本教具分为教师端和学生端两部分，两部分内容同步配合使用。

教师端：为打破以往柱体认识和截面教学探讨的深度与广度受到一定局限的“瓶颈”，笔者创新性地辅以同步电子教具(几何画板)进行教师端动态演示。不仅将立体几何中柱体的认知、分类通过教师电子教具展示与学生手中实物认知和切截的操作同步结合，更突破性地实现了对一个平面对正方体无限次切截过程的模拟。切割过程中可以动态展示截面形状，快速计算截面面积，高效且直观地解决了对柱体结构特征认知不充分的问题，最大限度地解决并弥补了原有教具只能进行有限次切截的不足，更有利于学生发现截面的产生和变化规律，有利于提高学生探索问题的能力，拓展学生的数学思维。

学生端：利用纸及塑料板，借助雕刻技术、镂空处理等方式，制成一本厚约7 cm的教具书。书本展开后，柱体等几何体会立体化地呈现在学生面前。不仅实现了立体几何问题的可触摸性，更通过纸质几何体的透视化处理，帮助学生迅速建立点、线、面位置关系的空间联系，构建空间思维能力。本教具能够帮助学生多角度、全方位、透视化地摸、看、学柱体及截面问题，从根本上解决了学生只能想象几何体特征及正方体截面变化情况，而始终无法真正看到真实结构及截面形状的问题。本教具在处理空间立体几何问题时具有很大的优越性和灵活性。

## 二、教具装置图

图 4-2-1　教具书全貌

### (一) 第一部分——柱体的认识及分类

图 4-2-2　立体几何图册第一页
——柱体的认识

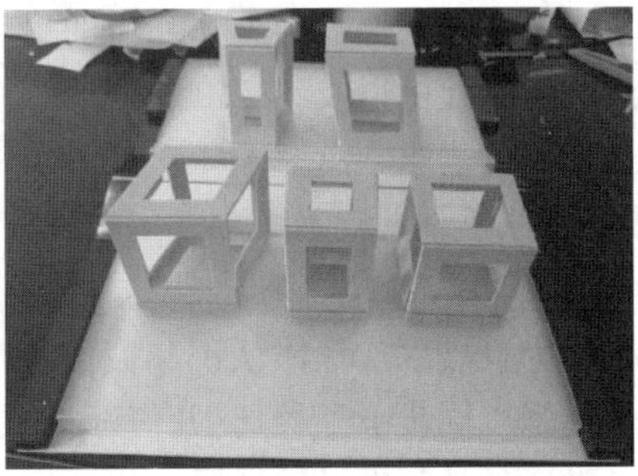

图 4-02-3　立体几何图册第二页
——柱体的分类

教师端配套几何画板展示三维立体图电子教具，从各角度观察几何体特征。

### (二) 第二部分——正方体的展开图

如图 4-2-4 所示，学生学具为可以任意拆装、各个面可以任意旋转的透明正方体。如图 4-2-5 所示，任意面可展开，可展成不同的图形。

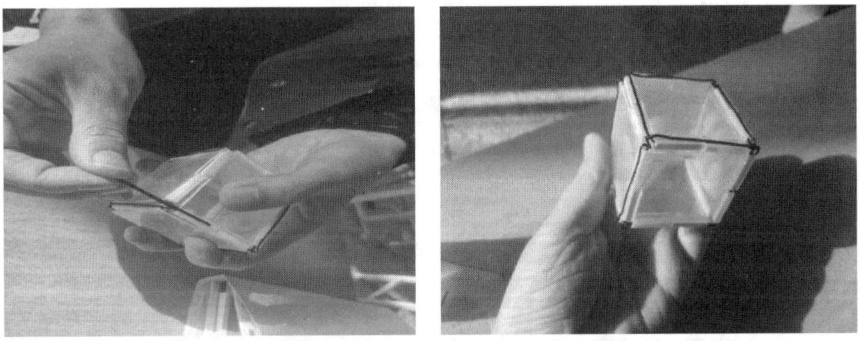

图 4-2-4　学生学具(1)

图 4-2-5 学生学具(2)

教师端配套几何画板展示三维立体图电子教具，展现正方体不同类型展开图汇总。

**(三) 第三部分——正方体的截面图探究**

如图 4-2-6 所示，用皮筋卡在不同的位置，形成不同类型的截面，直观、通透、易操作。

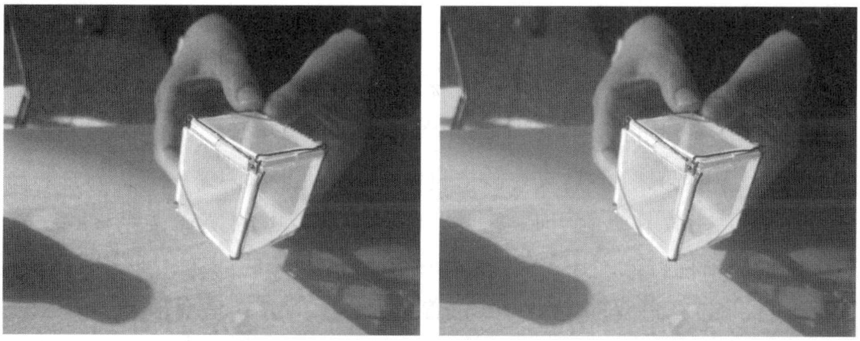

图 4-2-6 学生学具(3)

教师端配套几何画板展示三维立体图电子教具，展现正方体截面的无限次切截，展示截面动态变化、瞬时截面面积及截面面积最值情况。

图 4-2-7 立体几何图册第三页——展示常见截面的形状及特征

### (四) 第四部分——电子教具三个、实物教具一个

1. 柱体认识 PPT 配套几何画板展示：呈现立体翻转，展示、多维度呈现柱体特征。
2. 正方体侧面展开图几何画板展示：呈现立体翻转，全面展示所有情况。
3. 正方体截面几何画板展示：无限次切截正方体，动态呈现截面形状、面积。
4. 正方体截面的实物：实物现场切割，呈现不同的截面图形和切割方式。

## 三、仪器特点及用途

### (一) 特点

本教具包含立体教具书和动态电子教具(几何画板)两部分，两者有机结合，打破了以往固化的教学模式。立体呈现在纸面上的直观感受，衔接电子教具的多维度展示，使得立体几何的学习更加灵活，有利于帮助学生理解柱体形成结构特征、正方体侧面展开图种类、正方体截面变化规律等系列知识，使学生在实物探索与数字学习中不断拓展数学思维。

### (二) 用途

在柱体认识、正方体侧面展开图、正方体截面探究三个问题的教学中，本教具实现了立体教具书和动态电子教具同步结合使用，实现了教师端和学生端的同频共振，真正让学生成为课堂的主人，让教具、学具成为学生自主探究的最佳助手。

1. 柱体空间构型在教具书打开后立即呈现在眼前，可触摸式镂空设计，能帮助学生 360°全方位认知柱体结构特征。还可解决不同视角看几何体的问题，即三视图问题。

2. 立体教具书通过红色皮筋定位特殊位置截面形状的方式呈现正方体截面的不同形状，将教科书中斜二测画法呈现的截面图形立于纸面上。耳目一新的教具呈现，不仅提升了课堂效率，更从本质上突破了以往全凭想象的困境，帮助学生充分经历知识生成、探究和应用的过程，使得学生对新知识的认知更具深度、广度、延展度。

3. 教师端电子教具的呈现将以往数学课堂中不能解决的问题逐一攻克。

4. 立体教具书具有便携性，可作为教科书附带的教具书。

## 四、制作材料

蓝色卡纸、白色硬卡纸、发卡若干、塑料连接件、塑料纸板、胶水。

## 五、制作方法

1. 裁剪蓝色卡纸进行镂空处理、接缝处黏结。

图 4-2-8 立体几何图册制作过程(1)

2. 将镂空几何体穿插固定在纸面上。

图 4-2-9 立体几何图册制作过程(2)

3. 制作各个面可以旋转的塑料透明正方体。

图 4-2-10

## 六、使用方法

1. 将本教具书放置在水平桌面上，翻开教具书第一页，常见柱体以立体形态立在纸面上(镂空设计能清晰体现出柱体结构特征)。

2. 翻阅教具书第二页，常见柱体(三棱柱、棱柱、平行六面体等)以立体形态立在纸面上。

3. 探究正方体的展开图。

首先，本教具中正方体的各个侧面都能够沿着任意一条侧棱展开。每次展开得到不同图形后立即用笔描绘出来，可全面地探究出正方体的展开图类型。

其次，打开电子教具，呈现平面对正方体的展开图，体会正方体展开图的多样性。

4. 白色透明塑料卡纸制作的镂空正方体，可伸缩折叠为纸张厚度，便携性强。

首先，用红色皮筋变换位置，展现不同的正方体截面图形。

其次，翻开教具书第三页，不同的正方体截面图形会以立体形态立在纸面上。

最后，打开电子教具，呈现平面对正方体的无限次切截，认识正方体截面的动态变化过程及最值情况。

# 4.3 正方体的巧拆分

吉林省长春市农安县实验中学 李连成 邢艳英 陈 莹

## 一、教具的教学意义和价值

立体几何是一门让学生体验数学“美”、锻炼空间想象能力以及逻辑思维能力的科学。例如，几何体的平面展开图可以把空间问题转化为熟悉的平面几何问题，简单明了，不仅可以增加趣味性，还能激发学生的学习兴趣，让学生主动去思考、钻研。

本教具遵循由具体到抽象的转化过程，有助于发展学生的空间思维能力、空间想象能力、几何直观能力。通过操作实物教具模型，更能增强学生的直观感知，降低立体几何学习的门槛。

在笔者所在学校的教学中，模型已进入课堂，学生学习数学兴趣大增，模型已成为辅助教学和提高教学效果的有效手段。

## 二、教具装置图

正方体是立体几何中的一个重要图形，是研究其他几何体的载体。通过构造正方体模型，可以解决一些立体几何问题。例如，《九章算术》中将底面为正方形且有一条侧棱与底面垂直的四棱锥称为“阳马”，将四个面都为直角三角形的四面体称为“鳖臑”（如图 4-3-1 所示）。在研究“阳马”“鳖臑”问题时，正方体模型可以起到搭桥铺路的作用，使复杂问题简单化、抽象问题直观化。

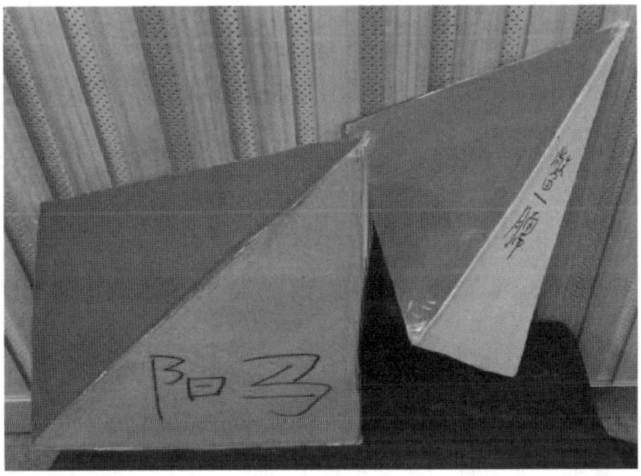


图 4-3-1

## 三、仪器特点及用途

### （一）特点

本教具制作环保。借助教具模型，赋予立体几何新的活力，使立体几何问题的学习更加灵活新颖，给予学生更加广阔的想象空间，激发学生的学习潜能。

### （二）用途

1. 当一个平面将正方体分成两个体积相等的几何体时：（1）正方体被拆分成完全相同的正四棱柱，截面为正方形；（2）正方体被拆分成两个完全相同的三棱柱，截面为矩形；（3）正方体被拆分成两个完全相同的六面体，截面为菱形；（4）正方体被拆分成两个完全相同的七面体，截面为正六边形（如图 4-3-2 所示）。2013 年高考题中出现过这样一个背景：在密闭的正方体容器中放入一定量的水且水的体积是正方体体积的一半，正方体可以任意摆放，水面形状即为正方形、矩形、菱形、正六边形。

图 4-3-2

当一个平面将正方体分成体积不相等的两部分时，截面可能是三角形、等腰梯形、五边形（如图 4-3-3 所示）。

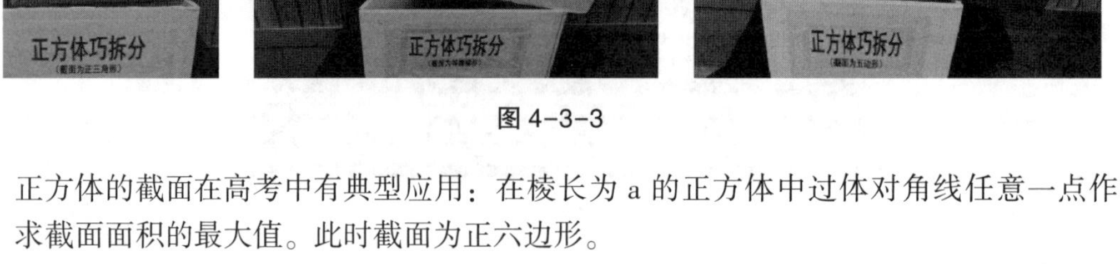


图 4-3-3

正方体的截面在高考中有典型应用：在棱长为 a 的正方体中过体对角线任意一点作截面，求截面面积的最大值。此时截面为正六边形。

图 4-3-4

正方体任意转动，在水平面的投影面积最大时，投影也为正六边形。

2. 除了正方体的截面图形外，拆分后的立体图形也同等重要，能够充分说明锥体之间体积关系以及锥体与正方体的体积关系。

正方体可以拆分成 3 个完全相同的四棱锥，四棱锥的体积即为正方体体积的 1/3，恰当地解释了棱锥的体积公式。

正方体还可以拆分成 4 个完全相同的正三棱锥和 1 个正四面体，能够推断出正三棱锥的体积是正方体体积的 1/6，正四面体的体积恰好占正方体的 1/3，进而推导出正四面体和正三棱锥的体积之比为 2∶1。且正四面体内还有一个正八面体，那么正方体的内切球就是正四面体的棱切球、正八面体的外接球。这样就把正四面体、正八面体、正方体的切、接球问题巧妙地连接在一起。

这种从整体到局部的安排遵循人类认识世界的过程，也符合学生的认知特点。

图 4-3-5

3. 本教具还可以解决几何概型问题。例如，有一只小蜜蜂在一个棱长为 3 的正方体内自由飞行，若蜜蜂在飞行过程中与正方体 6 个表面的距离均大于 1，被称为“安全飞行”，则蜜蜂“安全飞行”的概率为 1/27。如果养蜂人为蜜蜂建造了这样一个“秘密通道”，那么蜜蜂“安全飞行”的概率即为通道所占体积 7/27。

4. 本教具的巧妙之处还体现在，正方体可以作为载体，去研究切割后得到的其他几何体。例如，将一个正方体的 8 个角各切掉一个四面体，得到的图形其表面由 8 个等边三角形和 6 个正方形构成。这个几何体是 14 面体，也被称为半正多面体。半正多面体问题曾在 2019 年全国卷Ⅱ高考题中出现过。阿基米德发现了全部 13 个可能的半正多面体，所以半正多面体也被后人称为“阿基米德多面体”(如图 4-3-6 所示)。

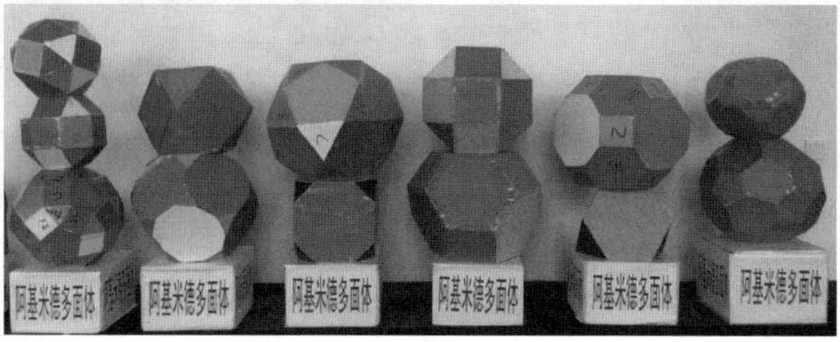


图 4-3-6

## 四、制作材料

硬纸壳、彩纸、胶带、双面胶。

## 五、制作方法

1. 利用平面展开图剪裁平面图形。
2. 使用胶带、双面胶进行粘贴。

## 六、使用方法

1. 将正方体放在桌面上，演示不同截面将正方体分成的两部分的特点。既有截面可以把正方体分成体积相等的两部分，如正方形、矩形、菱形、正六边形；又有截面可以将正方体分成体积不相等的两部分，如正三角形、等腰梯形、五边形。

2. 正方体还可以拆分成 2 个柱体(堑堵)、3 个完全相同的四棱锥(阳马)、4 个全等的正三棱锥(墙角四面体)加 1 个正四面体(内核)。

# 4.4　初中数学创新教具之几何直观系列

江苏省连云港市灌云县图河中学　崔　群

## 一、教具的教学意义和价值

本系列教具能为学生“做数学”提供物质载体，让学生积极主动地参与数学活动，在观察、操作、想象、交流等活动中，积累数学活动经验，发展空间观念。本系列教具能将抽象的数学原理直观可视化，发展学生的直观想象能力，能够培养学生的创新意识和创新能力。学生在操作活动中能具体感知空间与平面图形之间的内在联系，感受到转化的数学思想。在活动过程中，学生手脑协同，可以达到启思明理、提高学习效率的目的，对学生的全面发展有积极作用。本系列教具对提高数学教学质量具有重要意义和创新价值。

## 二、教具装置图

本系列教具主要由“随心调正方体截面图形探究演示器”(如图 4-4-1 所示)、“长方体中最短路径问题探究演示器”(如图 4-4-2 所示)、“圆柱、圆锥中最短路径问题探究演示器”(如图 4-4-3 所示)、“三视图探究演示器”(如图 4-4-4 所示)、“线、面、体形成探究演示器”(如图 4-4-5 所示)组成。

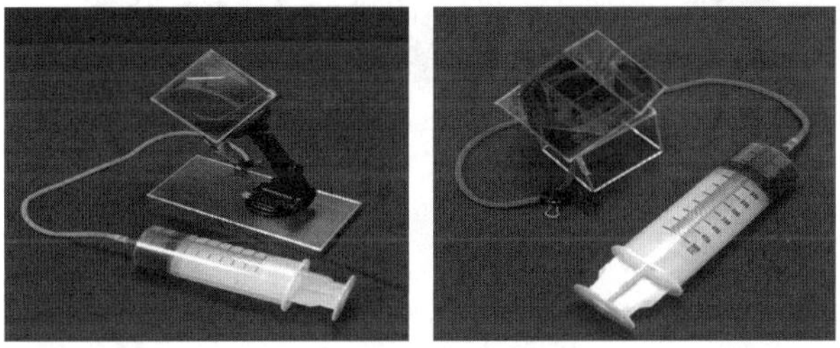

图 4-4-1

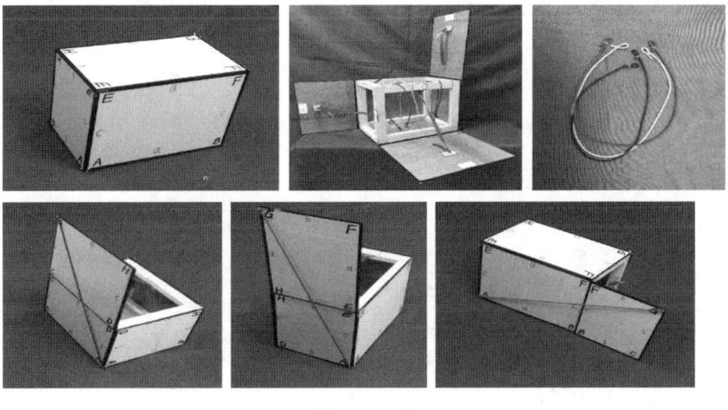

图 4-4-2

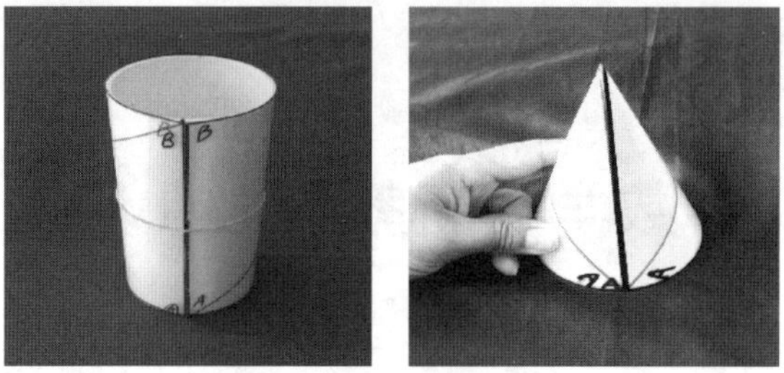

图 4-4-3

图 4-4-4

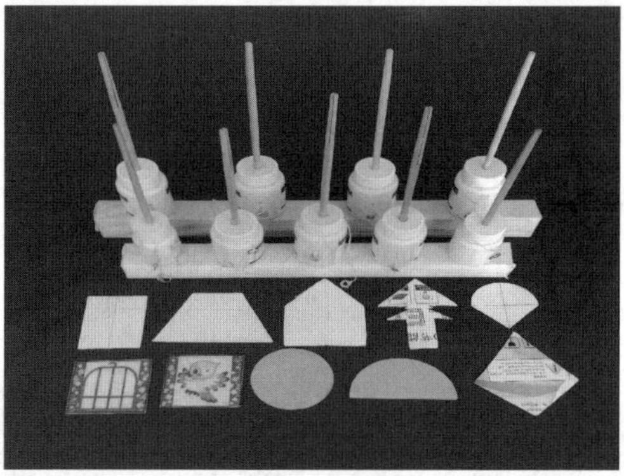

图 4-4-5

## 三、仪器特点及用途

### （一）特点

学生能够进行自主探究，操作方便，直观形象，易于发现规律，使单纯依靠想象难以解决的问题变得浅显易懂。

### （二）用途

本系列教具可解决以下教学问题。

1. 随心调正方体截面图形探究演示器。本教具可以探究正方体被平面所截的截面形状，知道“是什么”以及“为什么”，培养学生的空间想象能力，发展几何直观。

2. 长方体中最短路径问题探究演示器。本教具可帮助学生探究长方体中蚂蚁觅食最短路径问题。蚂蚁从顶点 $A$ 处出发到顶点 $G$ 处觅食，有不同的路径，不过两点之间线段最短，因此可以化立体为平面，通过计算、比较大小来做出判断。

（1）从点 $A$ 出发，经过后(前)面与下(上)面到达点 $G$，$l=\sqrt{a^2+(b+c)^2}$；

（2）从点 $A$ 出发，经过左(右)面与上(下)面到达点 $G$，$l=\sqrt{b^2+(a+c)^2}$；

（3）从点 $A$ 出发，经过前(后)面与右(左)面到达点 $G$，$l=\sqrt{c^2+(a+b)^2}$。

通过操作计算比较，发现最短路径。另外，还可以引导学生分类讨论当 $a\neq b\neq c$ 时、$a=b\neq c$ 时、$a=b=c$ 时的不同情况，并赋予具体的值，让学生通过计算体会最短路径问题。

3. 圆柱、圆锥中最短路径问题探究演示器。本教具将透明软皮备课夹封面做成与所给圆柱、圆锥侧面展开图等大的形状(圆锥侧面展开图为了便于操作，保留多余的边料部分)，为探索“枯藤缠树”、从圆锥底面圆周上一点出发绕圆锥一周的最短路径等问题提供几何直观。

4. 三视图探究演示器。用本教具进行实验操作，可以方便地验证学生的猜想。学生在实践中掌握正方体、圆柱、圆锥、球、六棱柱等常见几何体的三视图，加强数学与生活的联系，培养学生的空间想象与抽象能力。

5. 线、面、体形成探究演示器。本教具可以让学生直观地看到点动成线、线动成面、面动成体的现象，学生可以自由观察不同情况，探索图形之间的变换关系，发展空间观念。

## 四、制作材料

1. 随心调正方体截面图形探究演示器：厚度为 2 mm 的透明亚克力板、亚克力专用胶水、200 mL 注射器、注射用皮条等。

2. 长方体中最短路径问题探究演示器：截面约 2 mm×40 mm、长约 360 cm 的松木 2 根，5 mm 厚免漆背板 1 块，自攻丝 12 根，丝带 3 根，橡皮筋 3 根，强磁铁 6 块，502 胶水 1 瓶，记号笔 1 支，透明胶带 1 只。

3. 圆柱、圆锥中最短路径问题探究演示器：透明软皮备课夹封面 1 张，圆锥模型 1 只，直径 75 mm、长 160 mm 的 PVC 管 1 根。

4. 三视图探究演示器：PVC 板 1 张，常见几何体(圆柱、圆锥、球、正方体、六棱柱)铁盒子。

5. 线、面、体形成探究演示器：塑料药瓶 1 只、竹筷 1 根、棉线 2 根、卡片若干。

## 五、制作方法

### (一) 随心调正方体截面图形探究演示器

1. 用亚克力板制作一个棱长为 6 cm 的正方体盒子。
2. 在盒子的一组对面上分别钻一个直径为 2 mm 的气孔和一个直径为 3 mm 的注射孔。
3. 在盒子的注射孔位置粘上注射嘴(注射皮条的一端能与注射器连接)。
4. 配 200 mL 注射器一只、红水一瓶、手机支架底座一套。

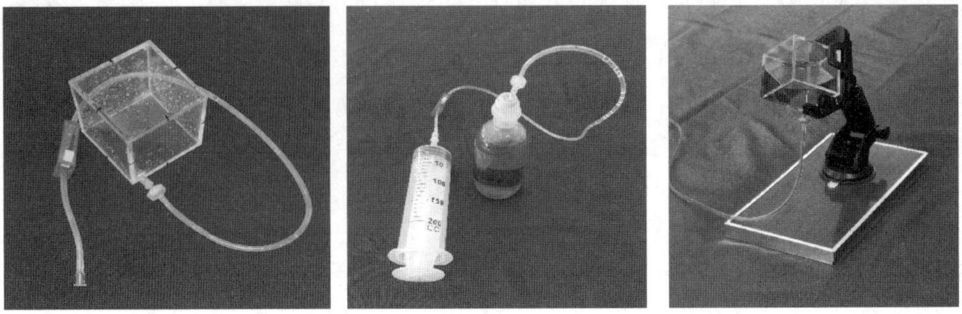

图 4-4-6

### （二）长方体中最短路径问题探究演示器

1. 用松木做一个长、宽、高分别为 20 cm、24 cm、30 cm 的长方体骨架。

2. 用面漆背板做长方体的 6 个面，共 3 组对面，将每组中的一块用 502 胶水粘在骨架的对应位置，相对的一块则将其中一条棱用透明胶带粘在骨架上，便于学生沿该条棱自主打开。

3. 如图 4-4-7 所示，在相应位置嵌上强磁铁，拧上自攻丝，装上长度适合的丝带，保证既方便打开，又能合起来吸得住。

图 4-4-7

4. 在顶点 $A$(3 个面的公共顶点)处装上自攻丝，3 个面各 1 根，共 3 根。同样，在顶点 $G$ 处也装上 3 根自攻丝。

5. 取长度适当(约 45 mm)、颜色各异的橡皮筋 3 根，并将两端打扣，便于套在自攻丝上。

### （三）圆柱、圆锥中最短路径问题探究演示器

1. 用透明软皮备课夹封面做一张圆柱侧面展开图(长方形与圆柱形水管侧面等大)和一张圆锥模型侧面展开图(扇形)。

2. 用记号笔将圆柱侧面展开图的一条对角线连接起来，将圆锥侧面展开图的两条半径与最大弦连接起来。

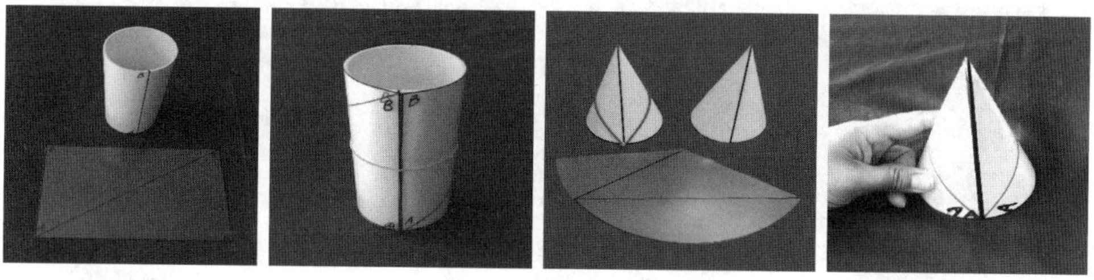

图 4-4-8

### （四）三视图探究演示器

1. 用 PVC 板制成长、宽合适的长方体盒子。

2. 在盒子的上面开设与正方体、圆柱、圆锥、球、六棱柱等常见几何体的主视图、左视图、俯视图等大的孔。

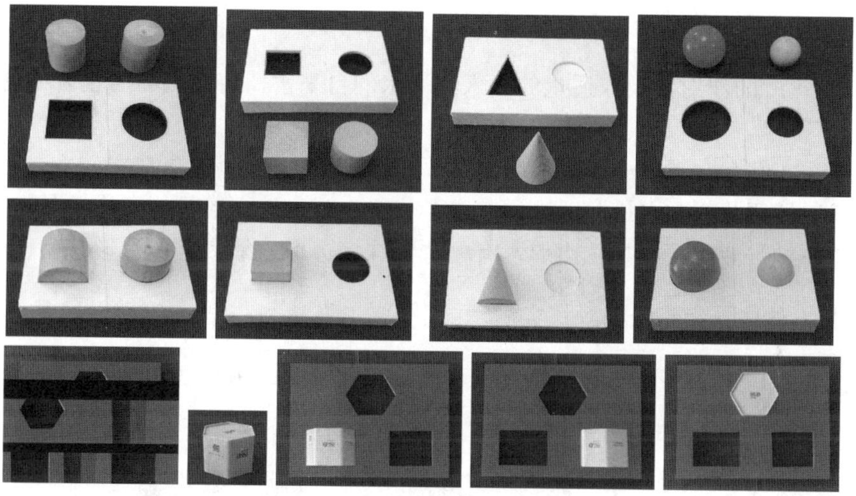

图 4-4-9

### （五）线、面、体形成探究演示器

1. 取一个塑料药瓶，分别在底面圆心和瓶盖圆心处钻一个直径 6 mm 的孔。

2. 取一根竹筷，一端开口便于夹住卡片，另一端削成圆柱状便于插到瓶底轴孔，制成转轴。

3. 在药瓶中间合适位置相隔 1 cm 开两个线孔，大小适当。

4. 将两根棉线分别穿过线孔，从瓶口处拽出，分别按两个方向、间隔 1 cm 左右绕在转轴上。将转轴插入瓶中，从瓶底穿出。瓶盖从上端套到转轴上。

5. 瓶外两根线头分别系上一个小扣子，便于拉线。

6. 设计相应的卡片。

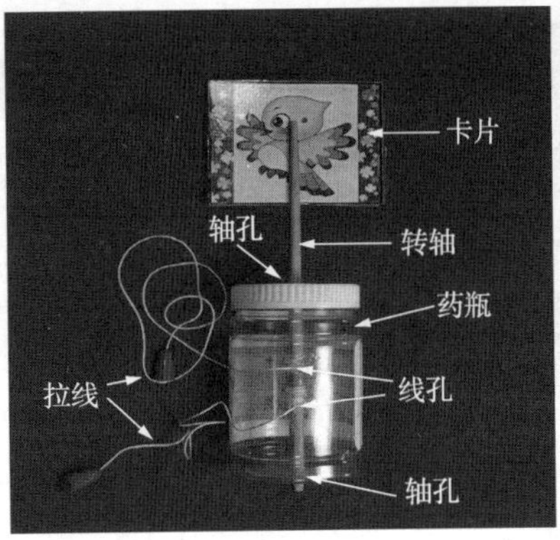

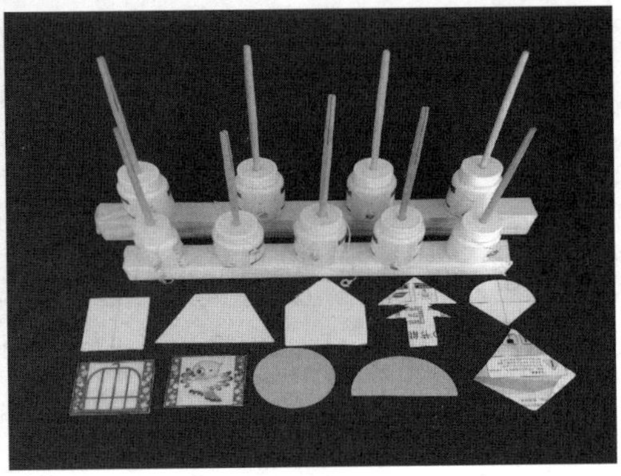

图 4-4-10

## 六、使用方法

### (一) 随心调正方体截面图形探究演示器

1. 将 200 mL 的注射器吸入适量的滴入红墨水的自来水，将注射器与正方体盒子的注射嘴相连接。
2. 缓慢注入红水，观察液面的形状。
3. 用注射器调节盒内水量并适当调节盒子位置，观察液面形状的变化情况。
4. 思考总结：液面可以是几边形？有哪些特殊多边形？最多是几边形？为什么？

### (二) 长方体中最短路径问题探究演示器

1. 如图 4-4-11(a) 所示，打开后面，将橡皮筋一端固定在下面的顶点 $A$ 处，另一端固定在后面的顶点 $G$ 处，则橡皮筋 $AG$ 的长 $l=\sqrt{a^2+(b+c)^2}$。

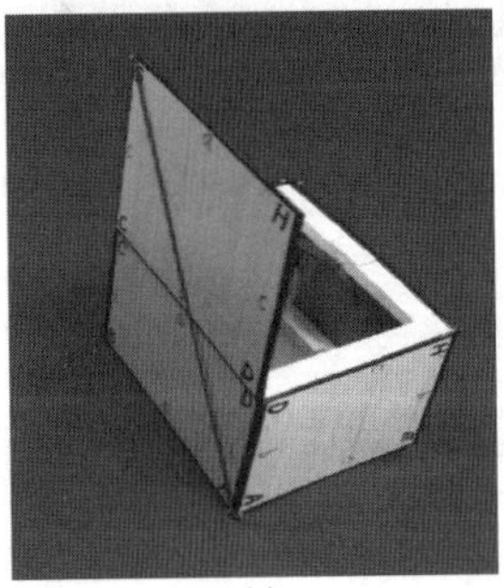
(a)
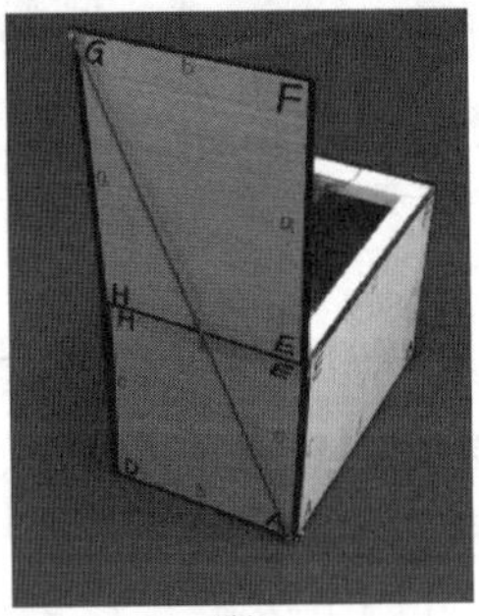
(b)
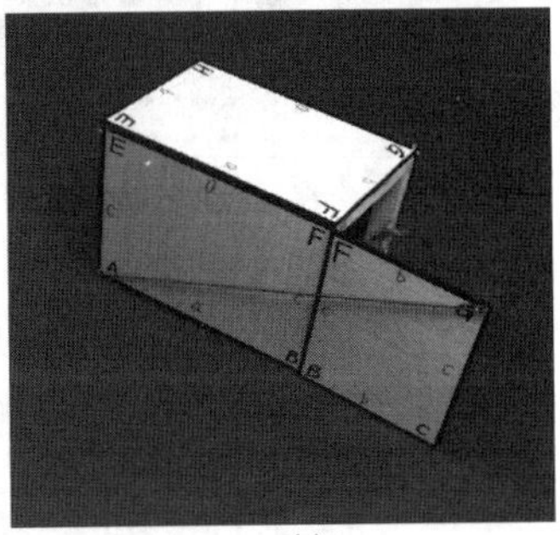
(c)

图 4-4-11

2. 如图 4-4-11(b) 所示，打开上面，将橡皮筋一端固定在左面的顶点 $A$ 处，另一端固定在上面的顶点 $G$ 处，则橡皮筋 $AG$ 的长 $l=\sqrt{b^2+(a+c)^2}$。
3. 如图 4-4-11(c) 所示，打开右面，将橡皮筋一端固定在前面的顶点 $A$ 处，另一端固定在右面的顶点 $G$ 处，则橡皮筋 $AG$ 的长 $l=\sqrt{c^2+(a+b)^2}$。
4. 将 $a$、$b$、$c$ 的值分别代入，比较哪一种情况下的值最小。

### （三）圆柱、圆锥中最短路径问题探究演示器

1. 如图 4-4-12 所示，将圆柱侧面用长方形塑料皮包住，理解“枯藤缠树”一周的含义。将侧面展开，根据“两点之间线段最短”，连接矩形对角线，对角线的长度则为“枯藤”的最短长度。

2. 将圆锥的侧面展开图(扇形)包住圆锥模型的侧面，理解蚂蚁从圆锥底部边缘出发绕圆锥一周的含义。根据“两点之间线段最短”，连接扇形的两条半径的外端，所得弦长即为最短路径长度。

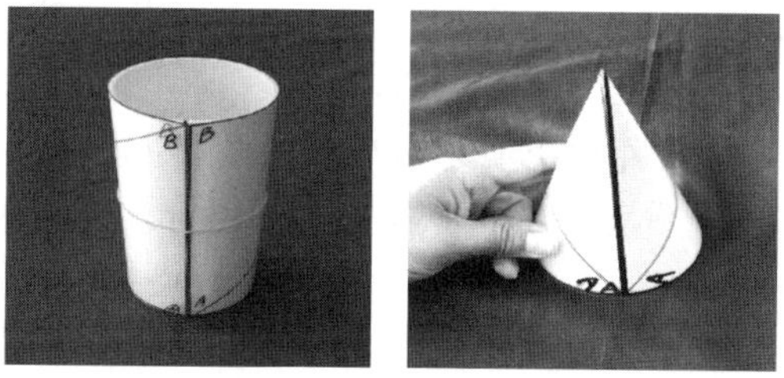

图 4-4-12

### （四）三视图探究演示器

1. 猜想圆柱、圆锥、正方体、球、六棱柱等几何体的三视图。

2. 如图 4-4-13 所示，将提供的圆柱、圆锥、正方体、球、六棱柱等常见几何体放入相应形状的孔，验证相应几何体的三视图是否为自己猜想的图形。

图 4-4-13

### （五）线、面、体形成探究演示器

1. 如图 4-4-14 所示，在筷子一端的开口里插上事先准备好的卡片。
2. 以适当速度交替抽拉棉线，可以直观地看到点动成线、线动成面、面动成体的现象。
3. 学生可以自由替换卡片或改变卡片的转轴，观察不同情况，探索图形之间的变换关系。

图 4-4-14

# 4.5 偏向距离测量仪

安徽省阜阳市临泉县兴业路实验学校 马超林 朱俊亚 洪昆鹏

## 一、教具的教学意义和价值

在教学北师大版小学数学五年级下册第六单元“确定位置”时，需要用量角器、直尺等测量工具多次测量。而本教具不是这几种工具的简单组合。方向测量盘不仅具有量角器的功能，还设有方向坐标，更方便数据的读取。距离测量尺把刻度测量线设计在尺子中间，能够更好地贴合被测图形，数据刻度线和刻度数据设计在测量线两侧，更方便数据的读取。

## 二、教具装置图

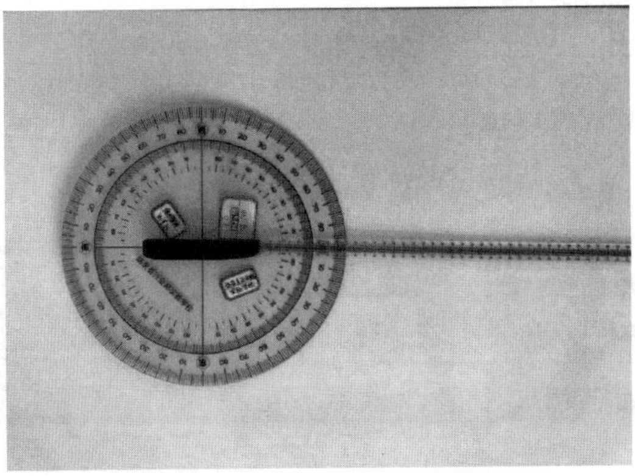

图 4-5-1

## 三、仪器特点及用途

### （一）特点

学生一旦确定了观测点，就能使用本教具十分便捷地测定物体的方向和距离。

### （二）用途

本教具的设计结缘于北师大版小学数学五年级下册第六单元“确定位置”，也能在小学二年级“方向的认识”及六年级“比例尺的应用”等课中使用，较为方便、更为直观。

## 四、制作材料

方向测量盘 1 个（直径为 150 mm 的 PVC 材质透明圆盘）；距离测量尺 1 把（20 mm×50 mm 的 PVC 材质透明长方形尺）；黑色塑料手柄 1 个；螺丝钉 1 枚；塑料轴套 2 个。

## 五、制作方法

1. 画图设计，制作模型(如图 4-5-2、图 4-5-3 所示)。

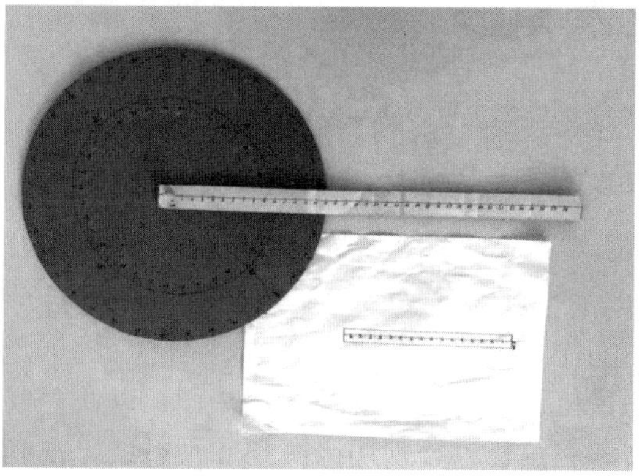

图 4-5-2

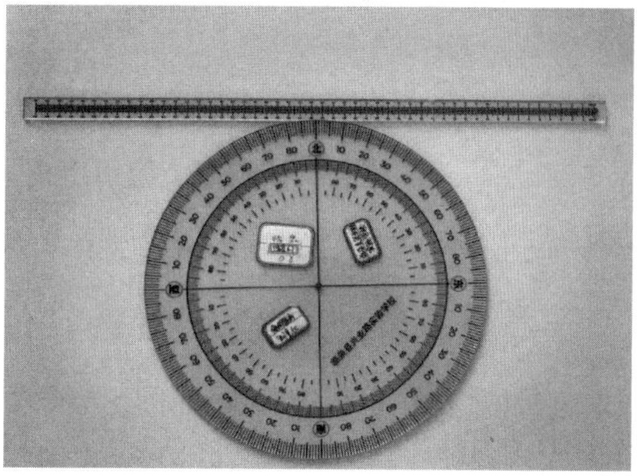

图 4-5-3

2. 打孔、安装塑料轴套及手柄。

## 六、使用方法

1. 将本教具中心点与观测点对齐(点对点)。
2. 转动方向测量盘，使它的方向标与观测点的方向标方向一致(向对向)。
3. 将距离测量尺的测量线，与被观测点和观测点之间的连线对齐(线对线)。
4. 从表盘上找到被观测点的方向和距离(读取数据)。

# 4.6　三维量角器

福建省厦门市杏南中学　杨金水　刘　宇
福建省厦门市集美区乐安中学　陈　洋

## 一、教具的教学意义和价值

在教学中，老师需要规范作图，给学生好的示范；学生需要规范快速作图，以便养成好的学习习惯。数学教师最常用的工具有量角器和三角板，分别用来画角和平行线。现有的量角器虽然可以画角，但是操作复杂，需要多次描点。现有的三角板虽然能画直线，但是画不出绝对水平线；目前画平行线的方法是两块三角板平推，一个人难以操作，步骤烦琐。

本教具作为一种创新型、实用型教具，解决了老师和学生便捷、规范作图问题，利用水准气泡、小钢珠以及指南针的相关原理，能够在三维面(水平面、竖直面、斜面)上便捷地画出平行线、任意角和水平线。通过标准的作图操作，能够培养学生良好的作图习惯。

## 二、教具装置图

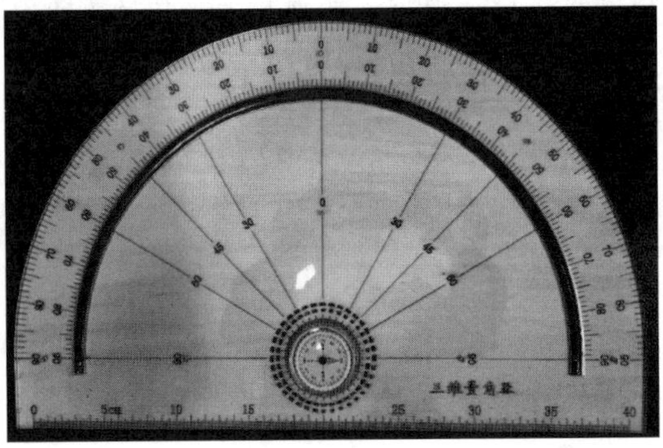

图 4-6-1

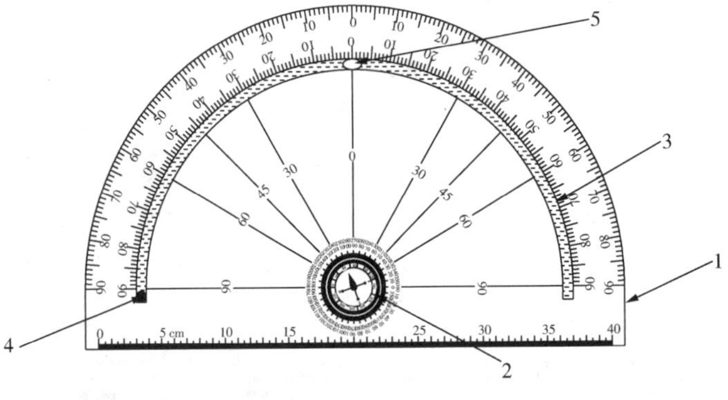


1—量角器本体；2—罗盘指南针；3—弧形管；4—钢珠；5—气泡。

图 4-6-2

## 三、仪器特点及用途

### (一) 特点

本教具涉及教学器具领域，包括半圆形的量角器本体、指南针和弧形管；量角器本体上设有可置入弧形管的弧形槽，弧形管呈半圆形设置，弧形管的圆心与量角器本体的圆心重合，弧形管的内壁直径为 5 mm，弧形管内装有液体和可在液体内自由滚动的钢珠，弧形管内还设有一气泡；指南针设于量角器本体的圆心位置。本教具具备外形美观、结构简单、操作方便的优点。

### (二) 用途

本教具利用水准气泡、小钢珠以及指南针的相关原理，能够在三维面(水平面、竖直面、斜面)上便捷画出平行线、任意角度和水平线。

1. 量角器本体直线底边朝下，气泡朝上，竖直放置，可画出平行线和任意角，误差小；水平放置，可画出平行线和任意角。因此，既能作出水平和竖直的直线，也能作出标准的平行线或者平行四边形，还能作出任意角度的角和任意角的平分线。

2. 本教具既设有钢珠，也设有气泡。不熟悉操作要求的教师可以将量角器的直线边朝上，以钢珠为参照点；熟悉的教师可照常参照气泡位置。适用人群广泛、人性化，既考虑到年轻教师，又考虑到保留原有习惯的教师。

## 四、制作材料

亚克力板、椴木板、透明软管、油质绿色透明液体、小钢珠、指南针。

## 五、制作方法

1. 在 CAD 工程软件设计出本教具下面板结构图，如图 4-6-3 所示；用激光雕刻机对椴木板进行雕刻，实物如图 4-6-4 所示。

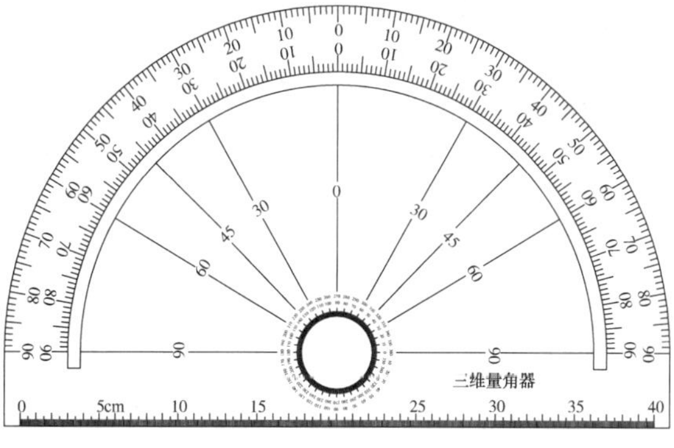


图 4-6-3

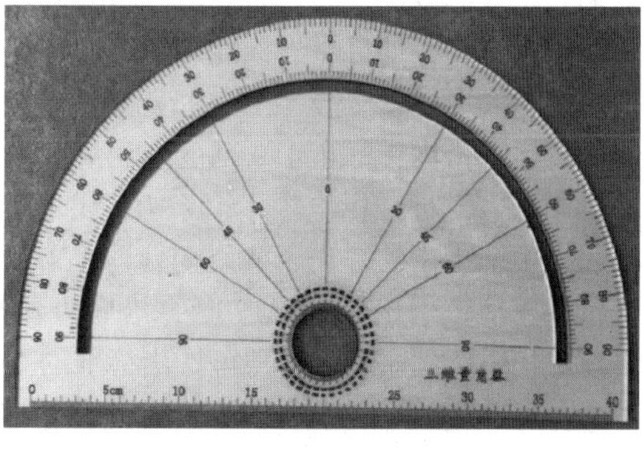

图 4-6-4

2. 在 CAD 工程软件设计出本教具上面板结构图，如图 4-6-5 所示；用激光雕刻机对亚克力板进行雕刻。

3. 将雕刻的椴木板放在下面，亚克力板放在上面，用螺丝锁住，然后安装透明软管、油质绿色透明液体、小钢珠和指南针，如图 4-6-6 所示。

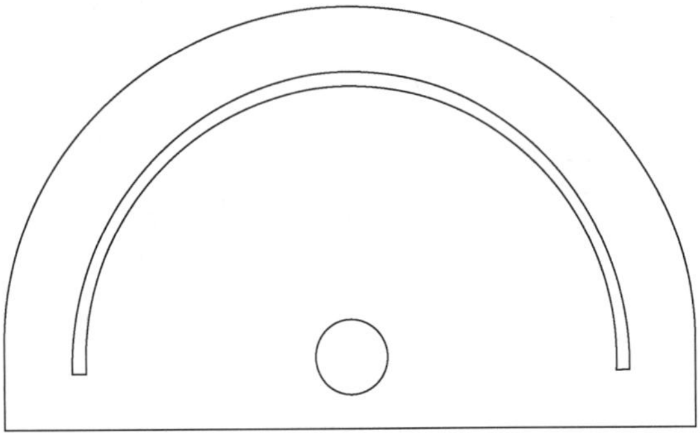

图 4-6-5

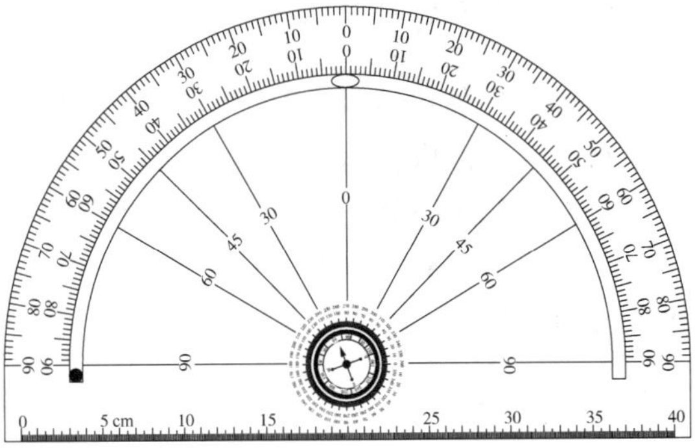


图 4-6-6

## 六、使用方法

1. 三维量角器直线底边朝下，气泡朝上，竖直放置。

（1）当气泡静止于 0 刻度处，沿底边画出线 1，线 1 即为与地面平行的水平线。

（2）以水平线 1 为其中一边，旋转三维量角器使气泡静止于某个刻度（如 30°）处，沿底边画出线 2，线 2 与线 1 的夹角即为所画角。

（3）当气泡静止于某刻度处（如 30°），沿底边画出线 3，上下移动三维量角器使气泡重新静止于该刻度（30°）处，沿底边画出线 4，线 4 与线 3 即为一组标准的平行线；重复画出另一组平行线，即可作出标准的平行四边形。

2. 三维量角器直线底边朝上，钢珠朝下，竖直放置。

（1）当钢珠静止于 0 刻度处，沿底边画出线 5，线 5 即为与地面平行的水平线。

（2）以水平线 5 为其中一边，旋转三维量角器使钢珠静止于某个刻度（如 30°）处，沿底边画出线 6，线 6 与线 5 的夹角即为所画角。

（3）当钢珠静止于某刻度处（如 30°），沿底边画出线 7，上下移动三维量角器使钢珠重新静止于该刻度（30°）处，沿底边画出线 8，线 8 与线 7 即为一组标准的平行线；重复画出另一组平行线，即可作出标准的平行四边形。

3. 三维量角器水平放置，指南针固定指向地磁南北方向。

（1）当指南针静止于 0 刻度处，沿底边画出线 9，旋转三维量角器使指南针静止于某个刻度（如 30°）处，沿底边画出线 10，线 10 与线 9 的夹角即为所画角。

（2）当指南针静止于某刻度处（如 30°），沿底边画出线 11，左右移动三维量角器使指南针重新静止于该刻度（30°）处，沿底边画出线 12，线 12 与线 11 即为一组标准的平行线；重复画出另一组平行线，即可作出标准的平行四边形。

4. 三维量角器倾斜放置，操作方法参考竖直放置情形。

# 4.7 新型圆规

江西省宜春市奉新县干洲学校　舒　斌　崔爱华
江西省宜春市奉新县教体局　帅　玲

## 一、教具的教学意义和价值

能够使比较复杂的画图、测量过程变得简单，易于学生理解和实际操作。能够便捷、迅速、准确地画圆、画角、画扇形、测定位置与方向、测定角度等，具有多功能画图作用。

## 二、教具装置图

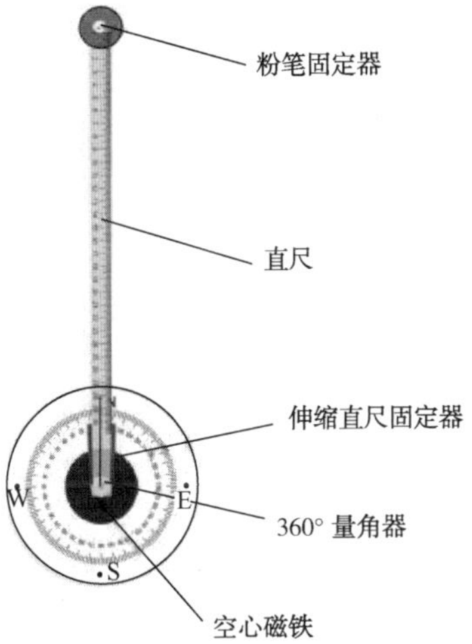

图 4-7-1

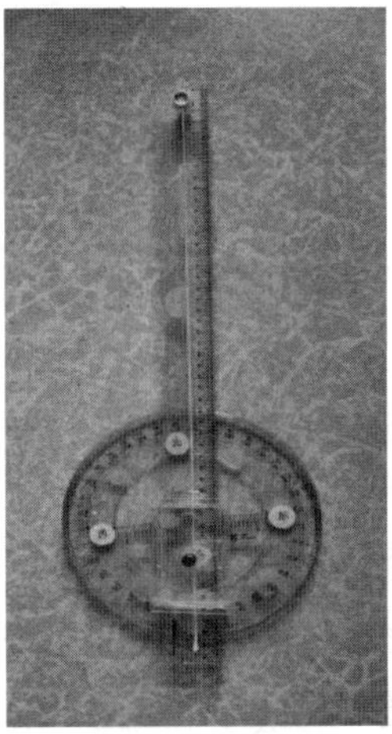
图 4-7-2　实物图

## 三、仪器特点及用途

### (一) 特点

操作便捷、迅速、准确，功能多样。

### (二) 用途

画圆、画角、画扇形、画直线、量长度、测定位置与方向、测定角度。

## 四、制作材料

空心磁铁，外径 5 cm、内径 2.5 cm；360°量角器，直径 20 cm；伸缩直尺固定器，长

9 cm、宽 6 cm、高 1.5 cm；直尺，长 50 cm；粉笔固定器(类似空心管)，上口直径 0.8 cm、下口直径 1 cm。

## 五、制作方法

1. 取一块大小合适的空心磁铁(如图 4-7-3 所示)。

2. 把一块 360°量角器用胶枪固定在空心磁铁上(空心中点与量角器圆心重合)(如图 4-7-4 所示)。

3. 在圆心位置安装可旋转的直尺固定器(如图 4-7-5 所示)。

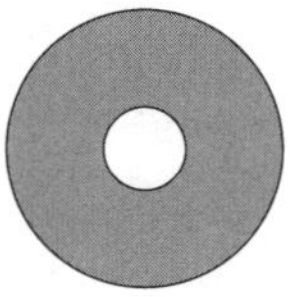

图 4-7-3

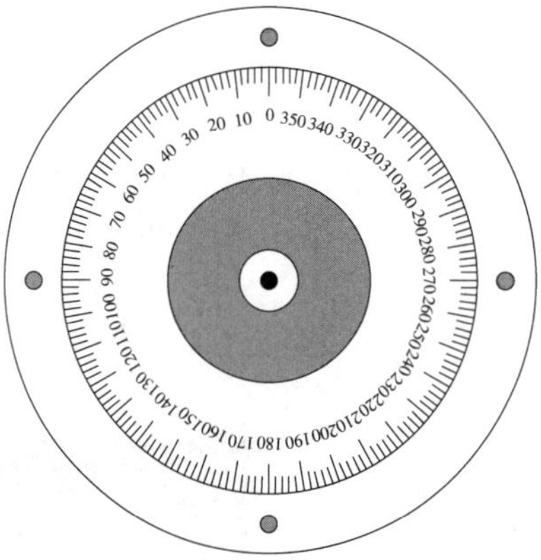

图 4-7-4

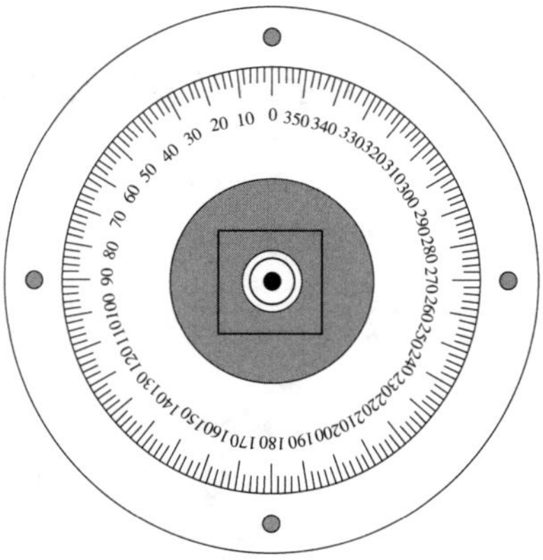

图 4-7-5

4. 在直尺固定器上安装直尺(如图 4-7-6 所示)。

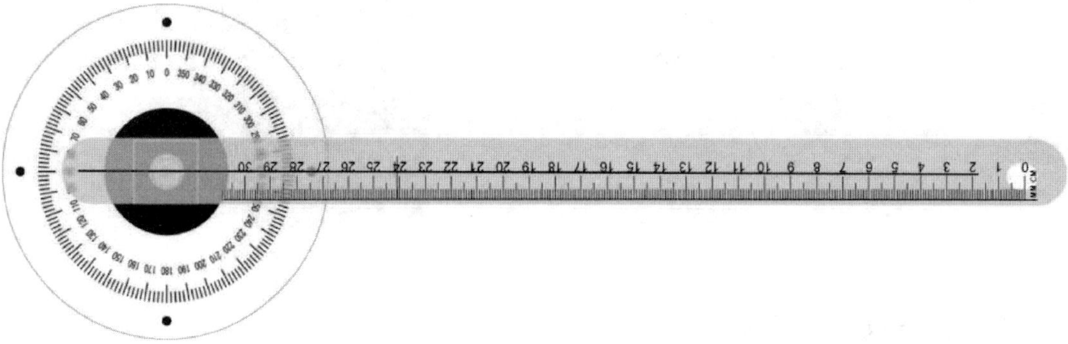

图 4-7-6

5. 安装粉笔固定器(如图 4-7-1 所示)。

## 六、使用方法

1. 画圆。(1) 把磁铁吸在黑板上，对准要画圆的圆心；(2) 需要几厘米的半径就把伸缩刻度尺拉出来几厘米，并在固定器上固定好刻度尺；(3) 左手按住磁铁一端，右手用粉笔固定器旋转一周(如图 4-7-7 所示)。

图 4-7-7

2. 画扇形。(1) 把磁铁吸在黑板上，对准要画扇形的圆心；(2) 扇形需要几厘米的半径就把伸缩刻度尺拉出来几厘米，并在固定器上固定好刻度尺；(3) 左手按住磁铁一端，粉笔从 0 开始旋转到需要的角度；(4) 弧形画好后，用刻度尺画好两条半径。

3. 画角。方法与画扇形类似。

4. 量角度。方法与画角类似。

5. 位置与方向及距离的测量。以测量甲点到乙点的方向及距离为例。(1) 在甲点标好坐标线；(2) 将圆规圆心对准甲点；(3) 上北下南线与坐标线重合；(4) 直尺旋转与乙点重合；(5) 通过直尺与量角器的夹角读出方向角度；(6) 圆心与乙点的直尺距离为图上距离。

# 4.8 行程的秘密

山东省淄博市淄博高新技术产业开发区第五小学 杨德伟 肖华业

## 一、教具的教学意义和价值

在小学数学教学中，行程问题是一个难点。本教具用遥控装置控制物体的运动方向，演示直观、形象，既方便了教学，又利于学生理解，可以帮助学生尽快弄清和掌握速度、时间与路程的关系，追及，以及相遇/相背等行程问题。本教具让学生有了更为深刻的学习体验，将观察和探究、直观操作和逻辑推理结合起来，把抽象的数学生活化，为小学数学教学提供了强有力的帮助。

## 二、教具装置图

图 4-8-1

## 三、仪器特点及用途

### （一）特点

本教具属于一种多用途的数学教具，通过遥控物体运动直观演示各种行程问题，具有科学性、趣味性、可操作性等特点。

### （二）用途

本教具可演示以下行程问题：速度、时间和路程的关系，追及问题，相遇/相背问题。

## 四、制作材料

1.2 m长的轨道2条、白色亚克力板若干、滑轮8个、小功率电机1个、5号电池盒2个、5号电池4节、电子遥控板1个、黑色合金条4米、木板1块、磁力贴2张、演示小车2个、演示小猪2个、小磁铁若干、长细麻线5米、电机小皮带3根、亚克力黏合胶、油性胶、热熔胶棒等。

## 五、制作方法

1. 用木板制作长方体底座(如图4-8-2所示)。

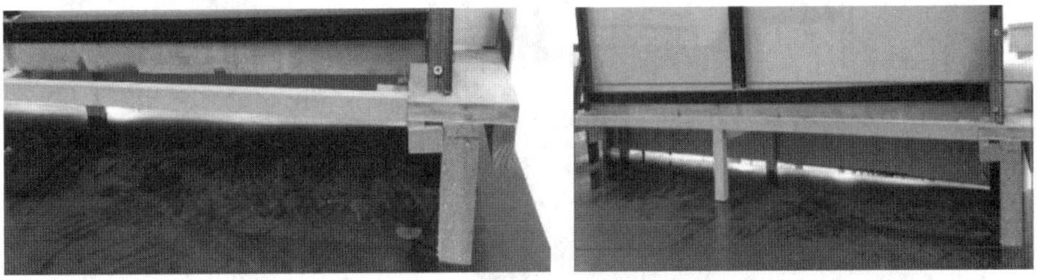

图4-8-2

2. 将黑色合金条焊接成120 cm×45 cm的框架，并截取118 cm×44 cm白色亚克力板，组装成背景板(如图4-8-3所示)。

图4-8-3

3. 固定2条1.2 m长的轨道和5个滑轮(4小1大)，安装轨道传送线(如图4-8-4所示)。

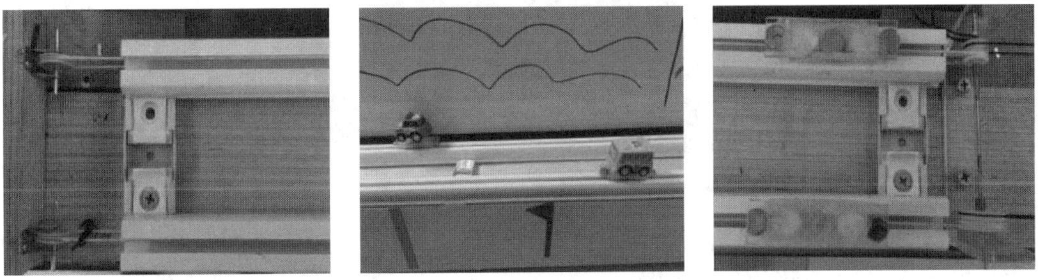

图4-8-4

4. 安装小电机和3个滑轮(1大2小)，并固定3根电机小皮带(如图4-8-5所示)。

图 4-8-5

5. 连接遥控装置并做调试(如图 4-8-6 所示)。

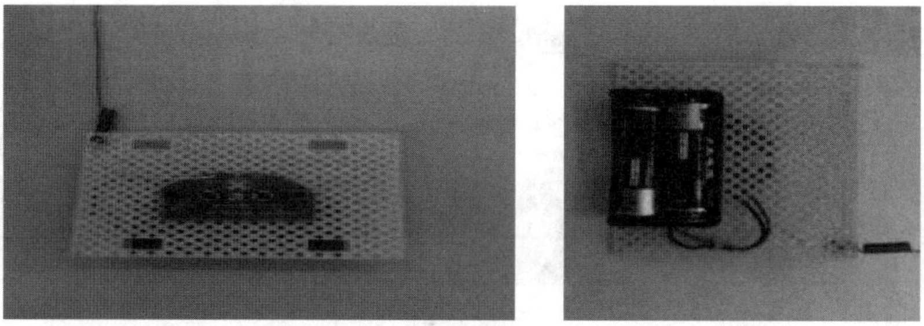

图 4-8-6

6. 完善教具制作，如截取亚克力板制作记忆板、制作记忆磁力数字、制作运动轨道两端的装饰盒等。

## 六、使用方法

将本教具放置在水平桌面上，根据不同用途展示不同的使用方法。

### (一) 速度、时间和路程的关系

1. 把 1 根电机小皮带安装在一条轨道滑轮和小电机的滑轮上，可以根据演示的速度选择大小滑轮(如图 4-8-7 所示)。

图 4-8-7

2. 根据学生年龄特点，将 1 个演示汽车或小猪放置到轨道上。

3. 先标注汽车/小猪的起始位置(动作)，再用遥控器控制汽车/小猪运动。

4. 边运动，边标注汽车/小猪运动距离(动作)，再遥控运动，再标注。通过这种方式直观演示运动时间越长距离越远，和学生一起探究速度、时间和路程三者之间的关系。

### （二）追及问题

1. 把 2 根电机小皮带按“O”形安装在一条轨道滑轮和小电机的滑轮上(保证运动方向相同)，可以根据演示的速度选择大小不同的滑轮(如图 4-8-8 所示)。

图 4-8-8

2. 将 2 辆小汽车放到 2 条轨道上。
3. 对 2 辆小汽车起始位置进行标注(动作)，用遥控器控制小汽车运动。
4. 当小蓝车追上小黄车时，进行标注和讲解。
5. 继续遥控 2 辆小汽车前进，进一步直观演示追及问题。

### （三）相遇/相背问题

1. 把 2 根电机小皮带安装在一条轨道滑轮和小电机的滑轮上(其中 1 根电机小皮带按“8”字形安装，保证运动方向相反)，可以根据演示的速度选择大小滑轮(如图 4-8-9 所示)。

图 4-8-9

2. 根据学生年龄特点，将 2 辆小汽车或 2 个小猪放到 2 条轨道上。
3. 先标注 2 辆小汽车/小猪起始位置(动作)，用遥控器控制小汽车/小猪运动。
4. 当 2 辆小汽车/小猪相遇时进行标注，并进行讲解，直观演示了相遇问题。
5. 也可以继续控制小汽车/小猪运动，演示相背运动。

# 4.9 乘除法运算板

湖南省东安县职业中专学校　郭雅林
湖南省永州市教学仪器站(永州市电化教育馆)　李天国　蔡小旺

## 一、教具的教学意义和价值

本教具为乘除法教学而设计，用形象生动的方式将抽象的数学知识具象化。它结构精巧、演示精确、形象生动、制作简便，有利于大范围推广使用。它既可作为教具供教师演示乘除法的运算，也可以作为学具供学生自己学习探索乘除法的实质，并且能很好地体现数与形的关系，有利于学生初步建立面积、坐标系等概念，更是学生从一维思维升华到二维思维的一次飞跃。

## 二、教具装置图

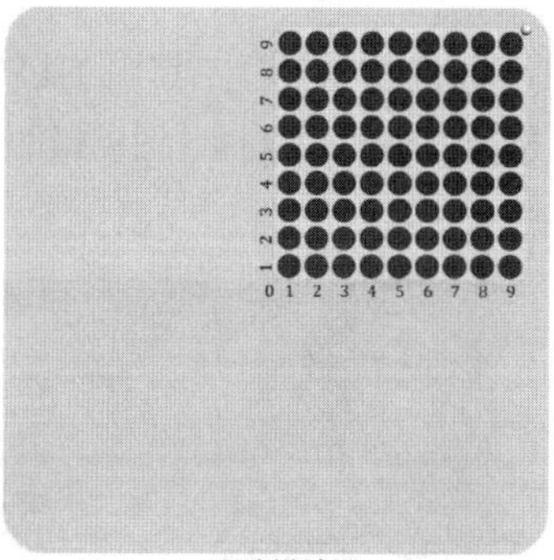


理论设计图

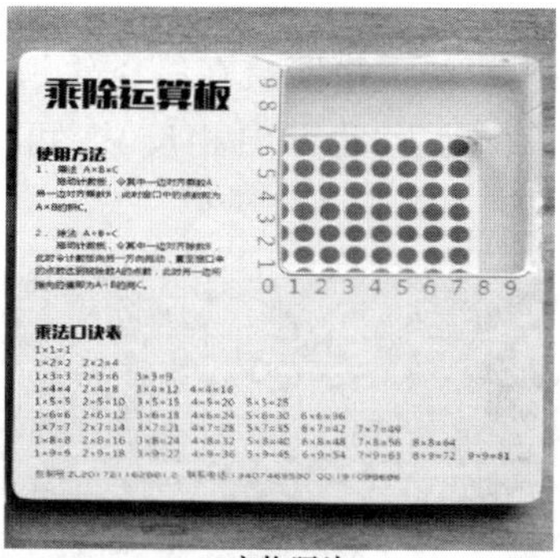


实物照片

图 4-9-1

## 三、仪器特点及用途

### (一) 特点

本教具利用矩形面积(面积=长×宽)运算来体现乘数和积的关系，使数学知识形象化，科学严谨、生动有趣。

### (二) 用途

本教具可用于运算乘法、除法。

## 四、制作材料

边长约 15 cm 的空心盒子一个，盒子右上角开一边长约为 7 cm 的窗口，一个边长略大于 7 cm 的计数板，计数板右上角设有推拉杆。

## 五、制作方法

1. 塑料制作方法。(1)设计模具；(2)制作模具；(3)注塑生产(目前采用 3D 打印制作)。

2. 纸板制作方法。(1)设计打印图案；(2)打印在克重较大的卡纸(200 g 左右)上；(3)按设计裁剪、折叠、粘贴。

## 六、使用方法

### (一) 乘法：A×B=C

移动计数板，令其中一边对齐乘数 A，另一边对齐乘数 B，此时观察窗中计数板呈现的点数即为 A×B 的积 C(如图 4-9-2 所示)。

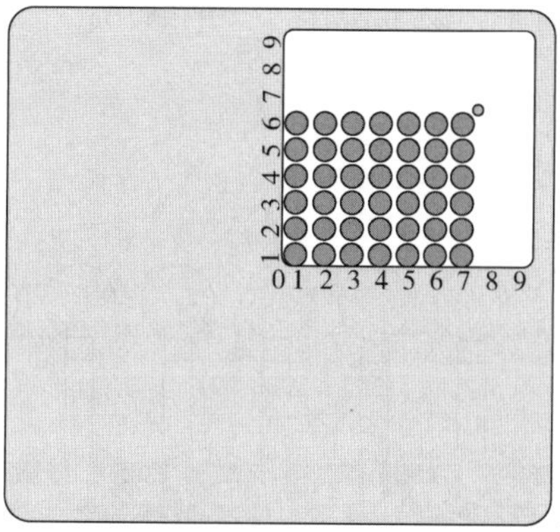


图 4-9-2

### (二) 除法：A÷B=C

先向一个方向移动计数板，令其中一边对齐除数 B，然后向另一方向移动计数板，直到观察窗内计数板呈现的点数为被除数 A，此时计数板另一条边所指向的刻度即为 A÷B 的商 C(如图 4-9-3 所示)。

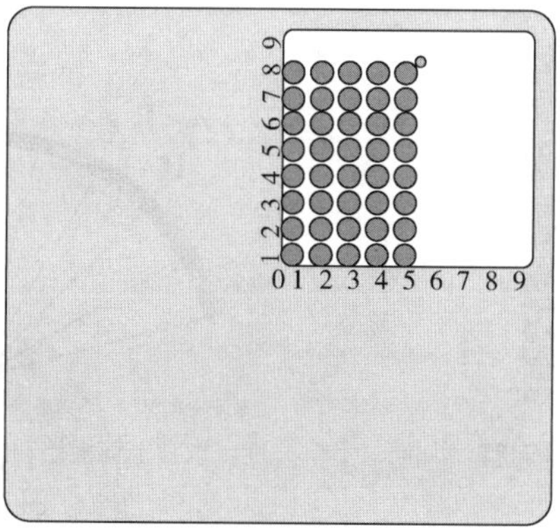


图 4-9-3

# 4.10 植树问题及组合图形规律演示器

湖南省华容县实验小学 吴荣华 张利军

## 一、教具的教学意义和价值

“植树问题及组合图形”是小学数学教学中的重点内容之一，此阶段学生思维主要是形象思维，怎样建立起间隔问题的数学模型成为教学中的难点。本教具有效解决了相关教学难点，填补了小学教具的空白。

本教具取材方便，制作简单，易于操作，安全耐用；一具多能；适宜学生动手操作，激发学习兴趣。

## 二、教具装置图

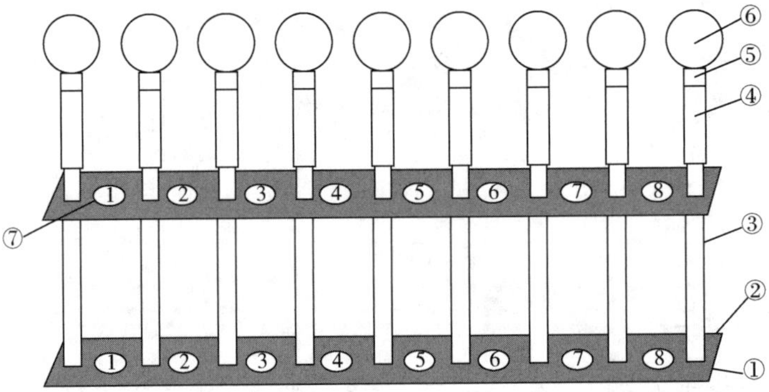


①—橡胶板底座；②—木板；③—伞杆；④—伞杆套管；
⑤—“树”托盘；⑥—“树”象征件；⑦—间隔数标签。

图 4-10-1

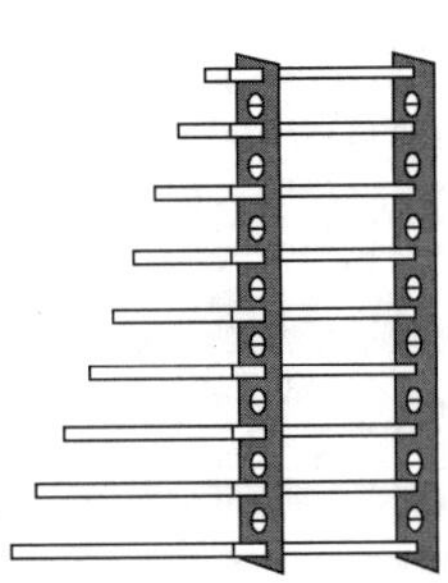

注：演示器侧立演示登楼等问题。

图 4-10-2

注：取掉上面横档和托盘后弯曲使之成为扇形。

图 4-10-3

## 三、仪器特点及用途

### （一）特点

1. 取材容易，设计合理。

2. 美观，一具多能，演示效果直观形象。

3. 虽为植树问题和组合图形规律设计，但在实践中发现，还可用于演示数组、小数点的移动等。

### （二）用途

1. 演示四种情形下的植树问题及规律。

2. 演示登楼、锯木、敲钟问题及规律。

3. 演示多个角、扇形、线段、三角形、四边形等几何图形组合的规律。

4. 演示代数中数位、数级、计数单位、小数点的移动、单位之间的进率等。

5. 演示图形的对称、平移、旋转，编制简单艺术图。

## 四、制作材料

可收缩雨伞杆 10 根，小螺钉和胶塞各 10 个。570 mm×60 mm×5 mm 规格的橡胶板和木板各 2 块。细金属丝杆（长 1000 mm，直径 4 mm）1 根，配螺母 9 个。彩色橡皮筋和棉签各 1 包，彩色漆 2 小瓶。长方体小积木 8 个，算珠若干颗。

## 五、制作方法

1. 取伞杆的下端两段，缩拢，在每支上按 40 mm 的间距钻直径约 3 mm 的对穿孔（如图 4-10-4 所示）。

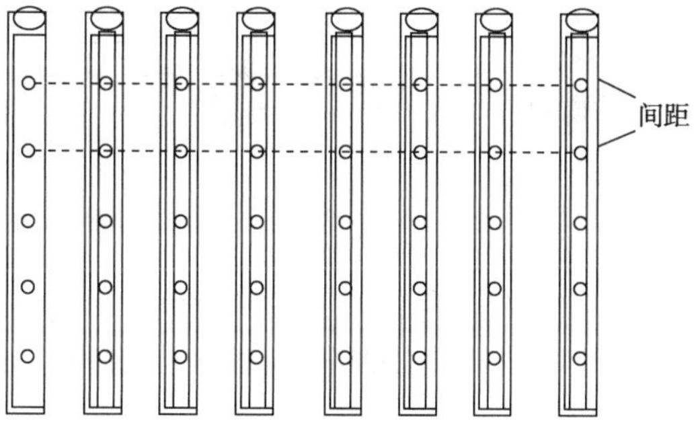


图 4-10-4

2. 在 2 块橡胶板上按 80 mm 的间距打孔，两端各留 5 mm 再打孔（如图 4-10-5 所示）。

3. 在 A 木板上按 80 mm 的间距钻直径 10 mm 的孔，将 B 木板侧面各钻直径约 3 mm 的小孔，用两枚铁钉将两根带孔伞杆固定（如图 4-10-5 所示）。

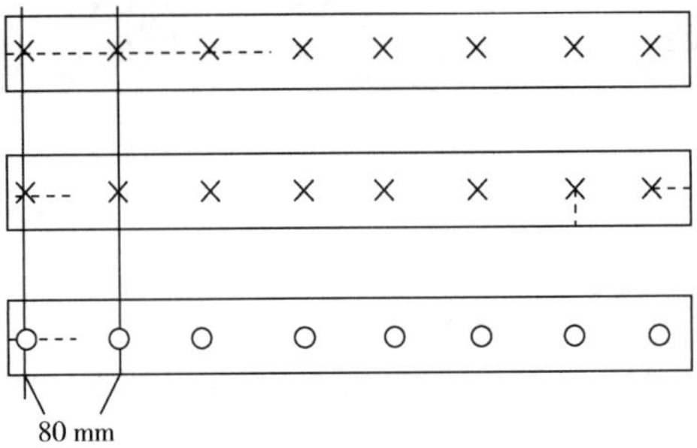


注：三条板上孔与孔中心间距 80 mm，“×”表示在橡胶板上打 3 mm 直径孔，

“○”表示在木板上钻 10 mm 直径孔。

图 4-10-5

4. 将细金属丝杆按图纸尺寸截好（如图 4-10-6 所示）。

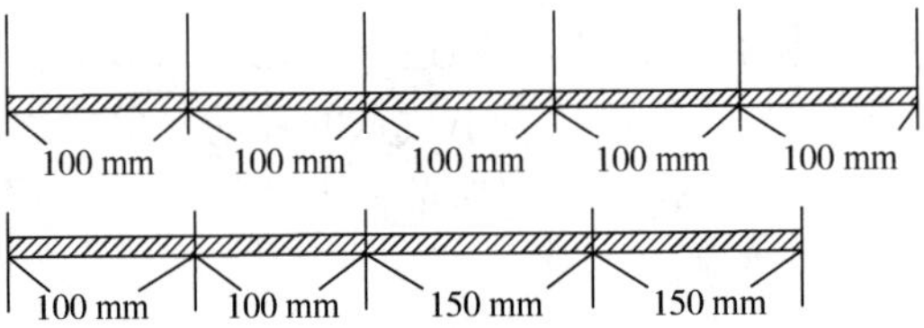


注：每根金属丝杆的一端留 15 mm 折弯成 90°。

图 4-10-6

5. 将 8 根伞杆一端塞进胶塞，再用螺丝钉固定在打孔的橡胶板上。将钻有 8 个孔的木板套到伞杆上，木板放到最底下，用两根橡皮筋将木板与橡胶板固定（如图 4-10-7 所示）。将另一块橡皮板侧立，把 7 根丝杆短的一端插进孔中，用螺母拧紧（如图 4-10-8 所示）。

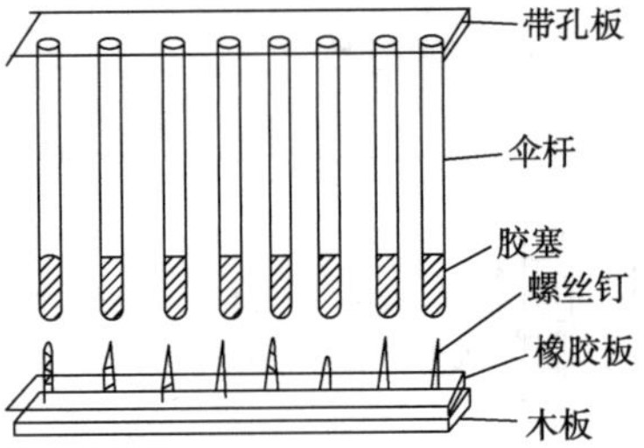


图 4-10-7

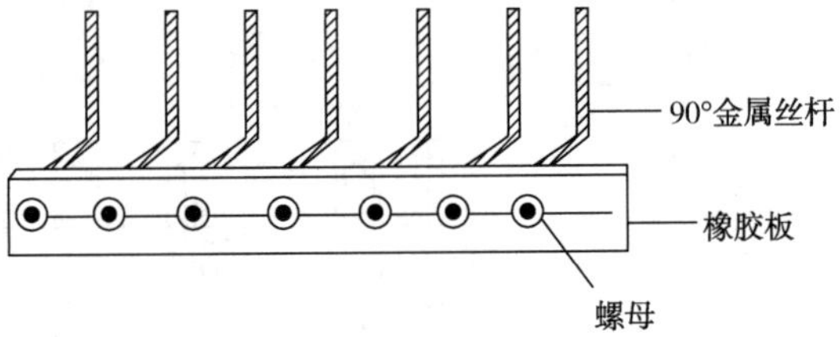


图 4-10-8

6. 为了美观，将演示器正面漆成蓝色，背面漆成黄色。

7. 在 8 个小积木两端钻直径 9 mm 孔（如图 4-10-9，伞杆能穿过去）。

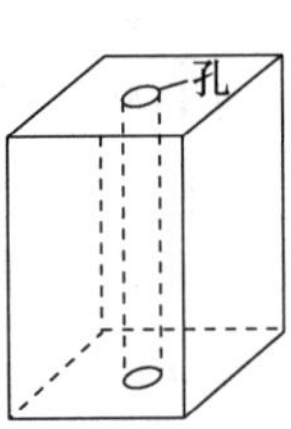


图 4-10-9

## 六、使用方法

### （一）演示植树问题

将本教具放置在水平桌面上，拿出预备的“树”(或乒乓球)插入伞杆上端。

1. 两端栽树：植树棵数=间隔数+1(如图 4-10-10 所示)。

2. 两端不栽：植树棵数=间隔数-1(如图 4-10-11 所示)。

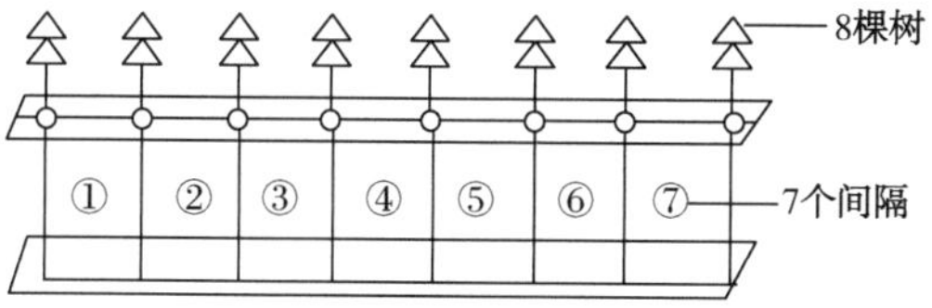


图 4-10-10

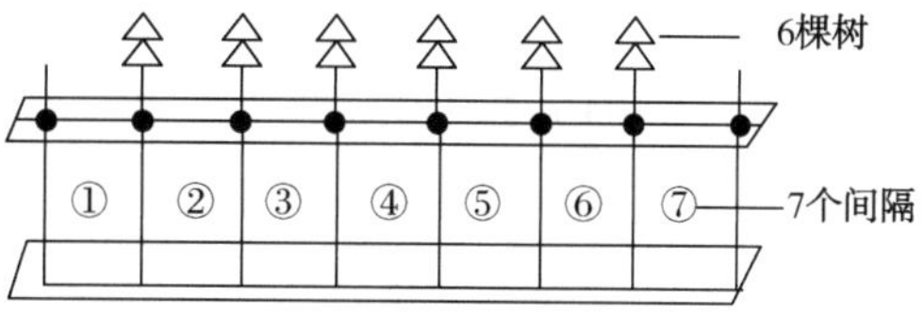


图 4-10-11

3. 一端不栽：植树棵数=间隔数(如图 4-10-12 所示)。

4. 封闭图形上植树：植树棵数=间隔数(如图 4-10-13 所示)。

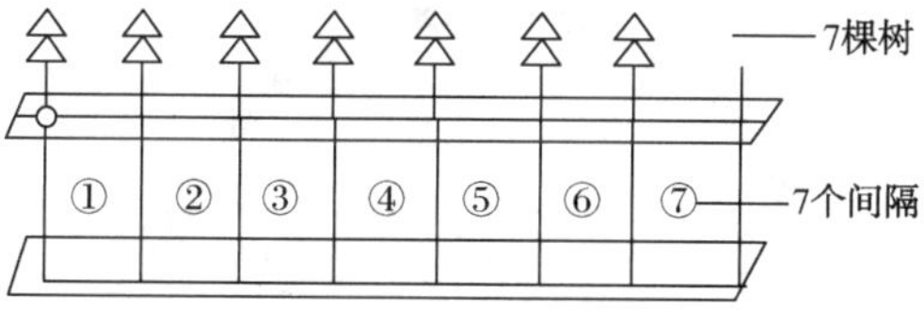


图 4-10-12

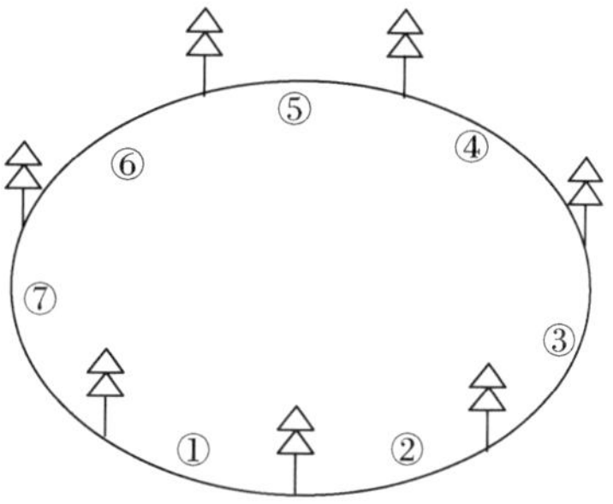


图 4-10-13

### （二）演示登楼问题、锯木问题、敲钟问题

1. 登楼问题。将本教具侧立，将最下面的伞杆拉至最长，上面依次缩短，呈楼梯状。举例：8 层楼经过几层楼梯呢？(8-1)层。9 楼呢？就有 8 层楼梯。登楼的楼梯层数=楼数-1。

2. 锯木问题。锯木次数同样要比段数少 1，可以用本教具的杆表示“段数”，用间隔数表示锯木次数。

3. 敲钟问题。举例：上午八时整，时钟敲 8 下，每隔 2 秒敲一下，从敲第一下到第八下敲完，共要多少秒？学生观察只有 7 个间隔，所以答案是(8-1)×2=14(秒)。上面三种演示如图 4-10-14 所示。

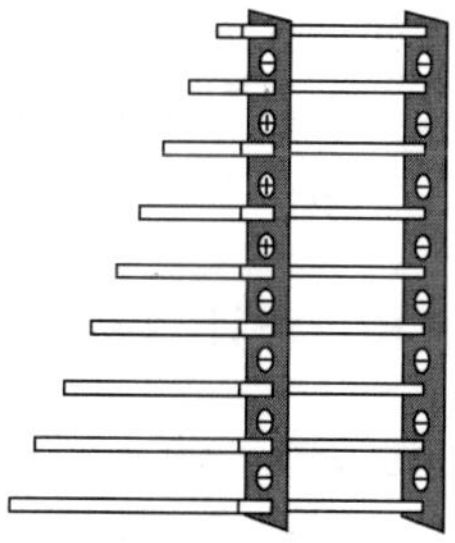

图 4-10-14

### (三) 演示组合图形的叠加规律

将本教具平放，上框下移到第二节伞杆的上端，把每根柱的第一节伞杆按下，与上框面齐平。要求显示几段线段，老师按从右往左的顺序依次抽起伞杆上面一节。下面有多少条线段？如图 4-10-15 所示，抽到“2”时，1 条；抽到“3”时，1+2 条；依此类推。得出线段图形规律：线段共有 1+2+3+4+5+6+7 条；如图 4-10-16 所示，四边形，上一层 1+2+3+4+5 个，下一层 1+2+3+4+5 个，上下两层合起来的组合图又有 1+2+3+4+5 个，所以总共有 45 个。又例如，找角的扇形规律。如图 4-10-17 所示，共有多少个角或扇形呢？有 1+2+3+4+5+6+7+8+9+10 个角或扇形。

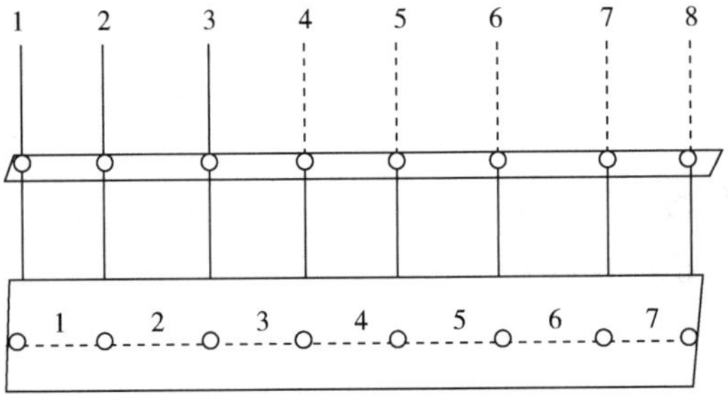


图 4-10-15

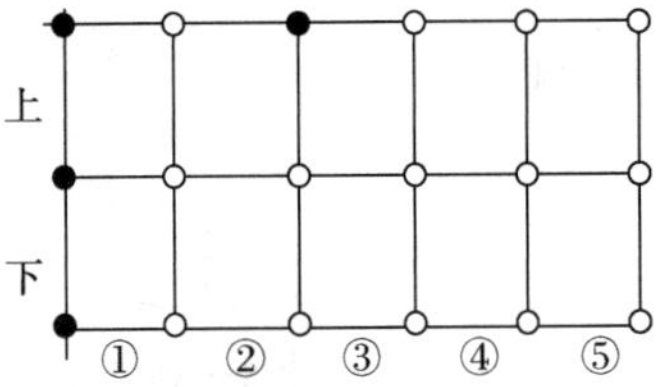


图 4-10-16

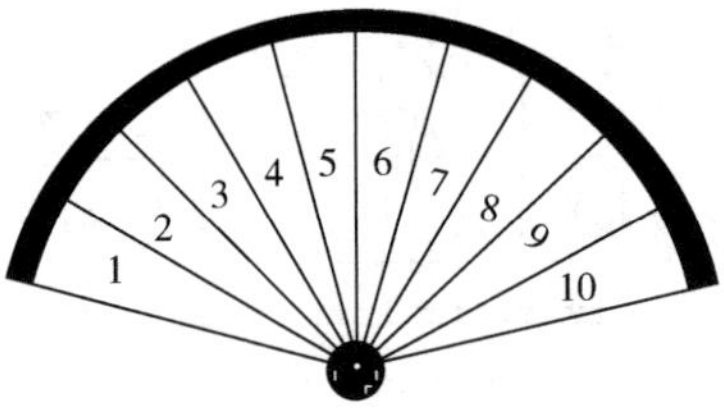


图 4-10-17

### (四) 演示三角形稳定性、四边形不稳定性

将厚些的底垫木板上的两支金属条按图 4-10-18 竖立，插入一根相配的金属丝杆在伞杆上端，左右摇动图形，可以得出三角形稳定、四边形不稳定的结论。

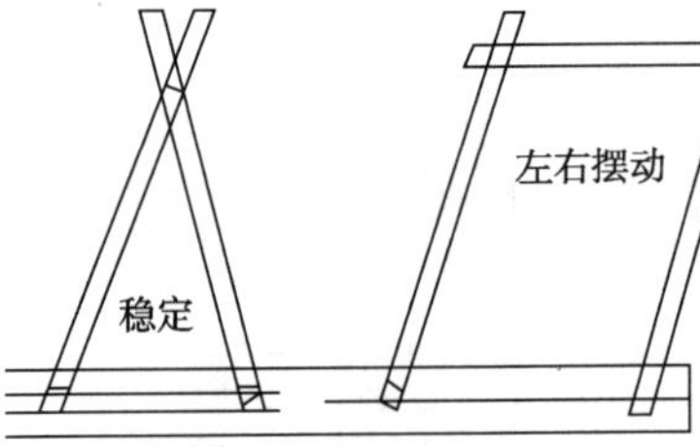


图 4-10-18

### (五) 演示图形的对称、平移、旋转，设计简易图形

在本教具立杆的小孔上插梯形的旋转图，插入棉签若干根，将彩色橡皮筋套上棉签就能设计对称图形，如梯形的对称图。本教具上有多个平行孔，可以演示图形的平移和旋转。

将几种图形组合，可以生成艺术图，如图 4-10-19 上的“2021”。

图 4-10-19

（六）附加功能

1. 演示数位、数级、进率、小数点移动引起数的变化规律，以及简单和倍、差倍问题（如图 4-10-20 所示）。

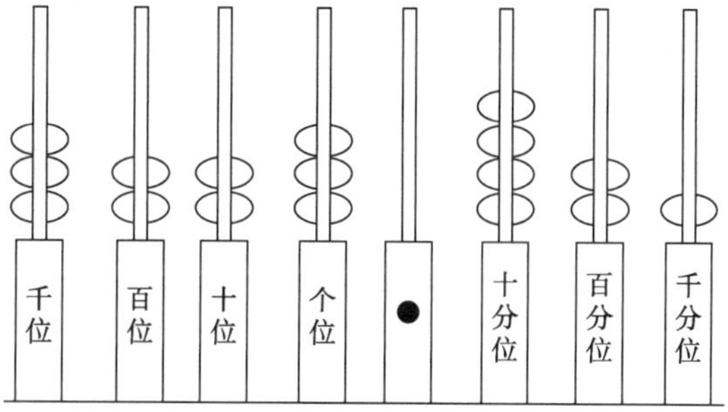


图 4-10-20

在每根立杆上分别按数位顺序放置积木，通过移动算珠或添加算珠来教学数位、数级、进率，讨论小数点向左、向右移动引起原数大小的变化(注：许多计数器还没有个位后的数位，学生没有直观形象)。

2. 在伞杆内放入细线彩灯，在有电源的情况下小孔放射光芒，抽动上面的管子，可产生灯光闪烁的效果。

# 4.11 筑城高手

广东省深圳市南山区文理实验学校(集团)文理学校 韦潞莹
广东省华南师范大学 曾育芬

## 一、教具的教学意义和价值

本教具的情境设置与财商教育相契合。侧重利用身体实践与时空的联系来进行学习环境的创新和设计，以“建筑”这一“微”现实情境，让孩子在“建造城池”中，获取租赁费、拆迁费与各类费用，领会如何理财，如何进行金钱、时间等资源的分配和管理。

本教具能够综合测评孩子一学年数学学习的情况。这是一款基于南山区721评价模式设计的小学数学一年级期末表现性评价教具，在使用过程中，老师可以有效训练和测试孩子的前后左右、十进制、100以内加减法等知识点。

本教具能把学生带入一个充满趣味性的数学世界之中。低年级的孩子正处于具体形象思维阶段且注意力集中的时间短，较难全身心地投入数学学习，而本教具能够让学生在游戏中巩固数学知识，在玩乐中感受数学的乐趣，进而激发数学学习兴趣。

## 二、教具装置图

1. 放置游戏底板(图4-11-1中①)。
2. 每位同学选取一个人物标记，放置在底板上对应颜色的起始位置。

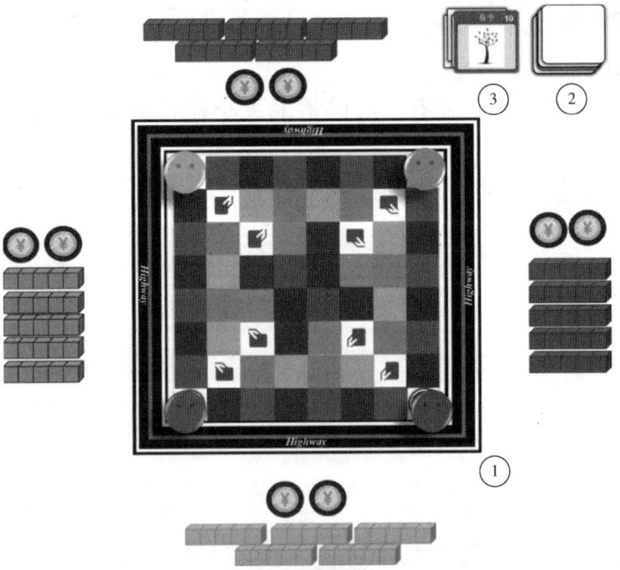


图4-11-1 “筑城高手”教具装置示意图

3. 每位同学拿取人物对应颜色的建筑物和20元金币(两人游戏时，每人20个建筑物；三人游戏时，每人15个建筑物；四人游戏时，每人10个建筑物)。

4. 洗匀所有机会牌，背面朝上，叠放在底板旁(图4-11-1中②)。

5. 将季节卡按春、夏、秋、冬顺序叠放，春季卡在最上面，表示当前回合为春季(图4-11-1中③)。

## 三、仪器特点及用途

### (一) 特点

本教具与具身认知理论分享了共同的观念与主题，主张身体在课程实践中的回归，并构建身体与精神共同参与的整体课程实施模式。主要具有涉身体验性、情境卷入性与人际互动性三大特点。

1. 涉身体验性。本教具尝试将传统的视听课堂转变为操作性的体验课程，将“脖子以上的学习”发展迁移为“全身心的融合学习”。充分利用具身认知的涉身性特点，在教学过程中学习者需要亲身参与“实战”，在每一步“操作与执行”的实践中去体验。就教育性而言，本教具将抽象、复杂的方位、计算的数学知识整合转化为相对具体的感性认知，即成为学习过程中能够看、听、触的建筑情景；另外，本教具本身的趣味性能够吸引学生全情投入游戏中，学习者运用四季组块、金币、机会牌、四季卡、人物、骰子、建筑物等道具，借助各种功能，或同伴合作，或单独作战，与对手进行各种对抗，最终在完成具体任务中结束游戏，完成学习目标。

2. 情境卷入性。学生学习过程中左右教学效果的一个重要因素就是情境。本教具的情境与财商教育相契合，侧重利用身体实践与时空的联系来进行学习环境的创新和设计，以“建筑”这一“微”现实情境，让学生依托实物道具尽可能地在趣味性的“建造城池”的情境中感知、探索、实践，习得这个情境之中的知识与技能；在获取租赁费、拆迁费与各类费用的情况下，领会如何合理安排资源、分配资金，在实现自身数学运算能力、空间能力的发展的同时，发展理财观念。

3. 人际互动性。本教具最大的特征之一就是师生和生生之间直接真实的互动，能够为学习者提供面对面交流、配合、观察、博弈等互动机会。教师在这个学习过程中仍然起主导作用。首先，教师介绍本教具的情境与规则，唤起学生参与的主动性；其次，教师依据学生的游戏情况进行引导，以维持学生的体验过程；最后，对游戏过程的反思能够使学生很好地应用知识，实现知识的迁移。同时，学生同样作为环境的组成部分，对本教具的机制、规则、游戏过程等作出或表现出不同的反馈，也影响教师的体验。本教具的教学过程已经从单维的知识流动转变为双向的、互动的、分享式的过程，并且教学过程中双方的体验远远超越个人身心体验的局限，互动的体验进一步激活并完善着教师与学生的身心体验，最终不仅能达成学生个人的学习，也促进了教师的学习成长。

### (二) 用途

本教具在综合测评一年级数学学习情况的基础上，可以培养学生的理财观念。具体可以测评如下内容：

1. 数学思维与基础知识。空间能力：通过在“建造城池”的情境中观察、思考，认识前后左右的位置与顺序，体会前后左右的相对性。运算能力：在购房、买房的过程中，练习十进制，巩固 100 以内的加减法。

2. 学习兴趣：通过呈现丰富的建筑情境、运用实物道具完成任务等，激发学生的数学学习兴趣。

3. 社会发展：为生生、师生提供面对面交流、配合、观察、博弈等互动机会。以双方互动的、分享式的交互过程，促进学生社会交往能力的发展。

4. 理财观念：让学生在“建造城池”中，领会如何进行金钱、时间等资源的分配和管理。

## 四、制作材料

底板(20 cm×20 cm)、季节组块(16 cm×16 cm)、金币、机会牌(6 cm×6 cm)、四季卡牌(6 cm×6 cm)、人物、骰子、四色建筑物(棱长为 2 cm 的正方体)，如图 4-11-2 所示。

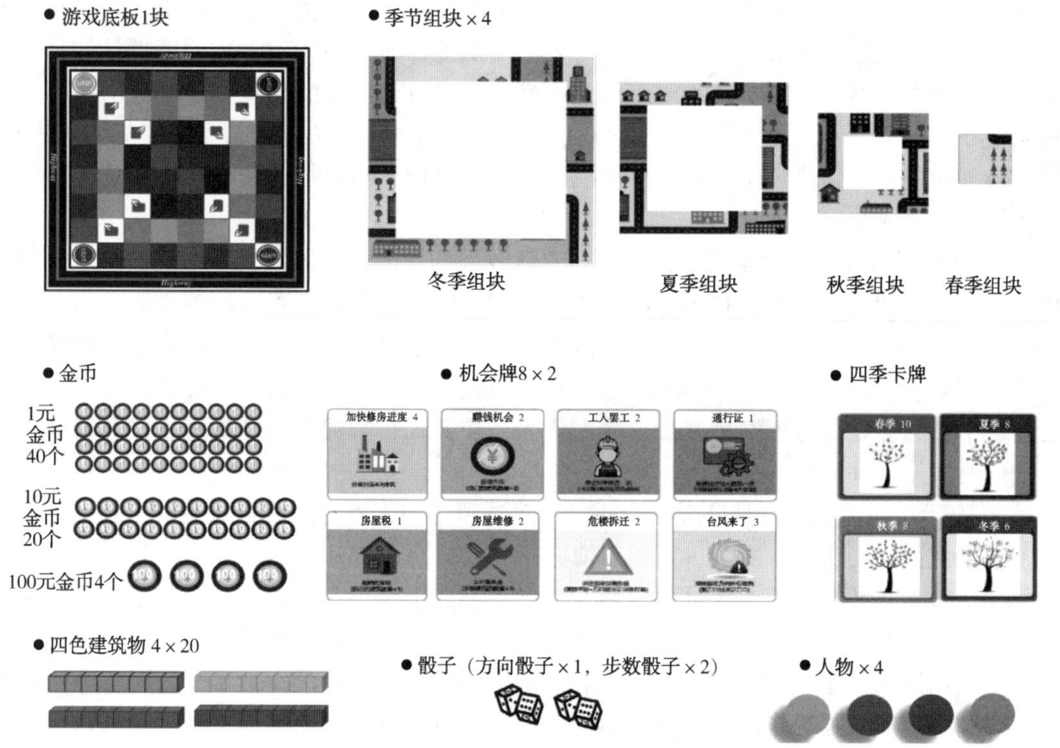


图 4-11-2 制作材料示意图

## 五、制作方法

彩色打印制作材料，将底板、季节组块、金币、机会牌、四季卡牌剪下来。另准备 3 个骰子(方向骰子 1 个、步数骰子 2 个)、四色正方体建筑物各 20 个、4 个人物(如图 4-11-3 所示)，即可使用。

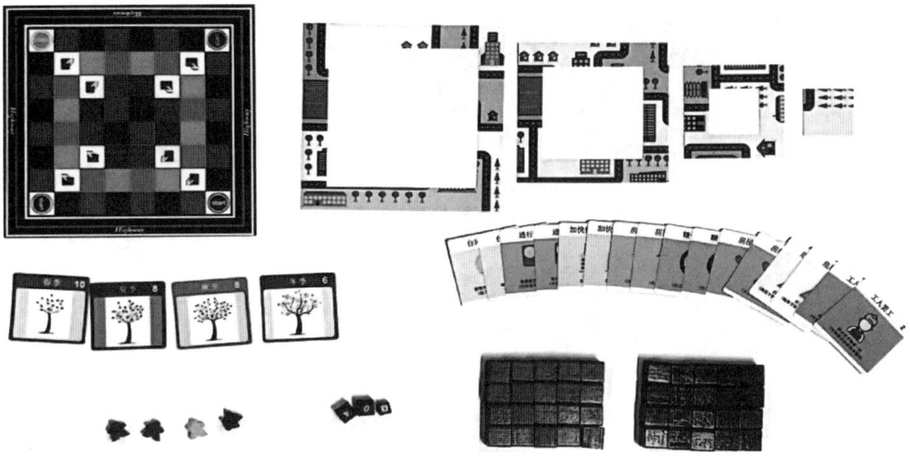

图 4-11-3 材料完成图

## 六、使用方法

本教具的使用过程会经历四个季节，每个季节又包括规划、建筑和检查三个阶段，其间经历多个回合。季节结束时会进行结算，学生获得拆迁费。

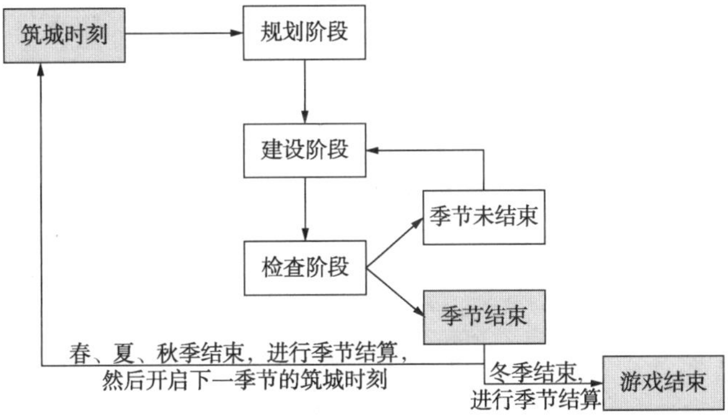


图 4-11-4

### （一）筑城时刻

1. 规划阶段。

各个季节开始时，每位学生可以选择一定数量的建筑放置在游戏底板的任意位置。其中有三点注意事项：(1)数量上，不同季节的规划阶段有所不同。春季 4 个、夏季 2 个、秋季 1 个、冬季 1 个，放置时可少于等于规定数量。(2)位置上，不能放置在空白(如图 4-11-5 中 a 所示)、起始区域(如图 4-11-5 中 b 所示)。如果学生是第一次游戏，可按如下方案进行放置。春季时，在夏(红色)、秋(黄色)、冬(蓝色)四个圈层上分别放置 1、1、2 个建筑；夏季时，在秋、冬圈层上分别放置 1、1 个建筑；秋季和冬季时，分别在冬圈层上放置 1 个建筑。(3)建筑规则上，不可修建多层建筑(如图 4-11-5 中 c 所示)或接壤建筑(如图 4-11-5 中 d 所示)。

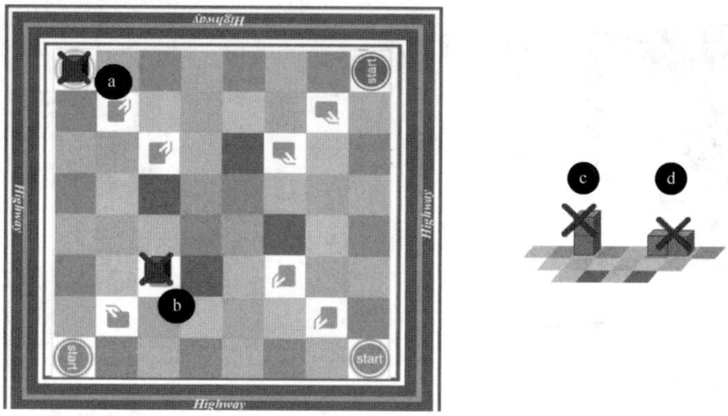


图 4-11-5

2. 建设阶段。

从任意学生开始，按顺时针方向轮流行动。每个学生依次执行下列行动。

掷骰子，选取其中的一个方向骰子与一个步数骰子组合前进，前进到指定位置后，可能会有如图 4-11-6 所示的三种行动方式。

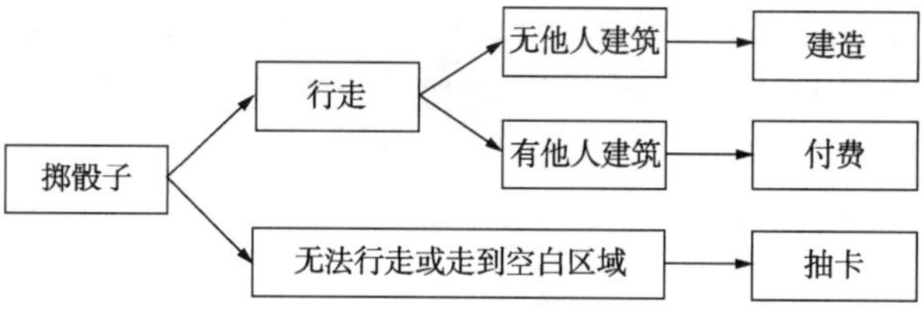


图 4-11-6

需要注意的是，前进的方向以学生的位置为参照标准。图 4-11-7 展示的是黄色玩家后退三步的情形。

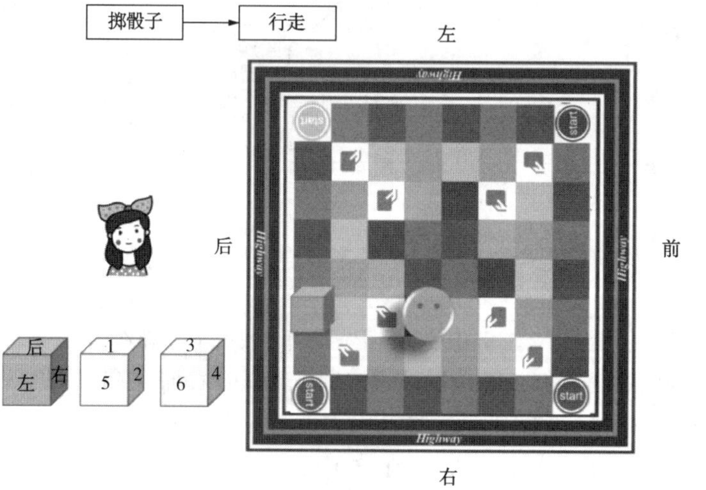


图 4-11-7

行动方式 1：前进到指定位置后，如果没有他人建筑，就可修建自己的建筑，也可放弃修建机会。若在附近有自己的建筑，则可以修建接壤建筑(如图 4-11-8 中 e 所示)。若已有自己的建筑，则修建第二层或第三层(如图 4-11-8 中 f 所示)，最多不超过三层。

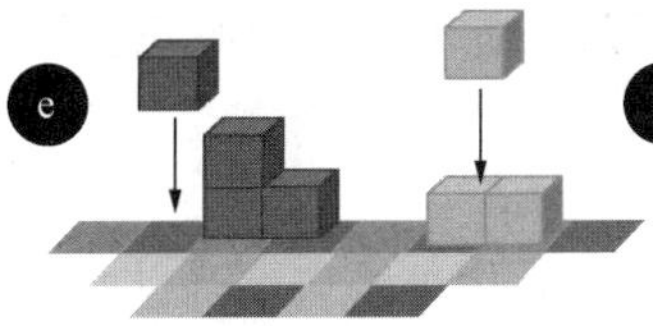


图 4-11-8

行动方式 2：前进到指定位置后，如果已有他人建筑，则需要依据规则缴费。缴费规则：第一层每个建筑 1 元；第二层每个建筑 5 元；第三层每个建筑 10 元。如图 4-11-9 中 g 所示，学生 A 抵达学生 B 的建筑群，该建筑第一层有 2 个建筑，每个 1 元，1+1=2(元)，该层得 2 元；第二层有 1 个建筑，每个 5 元，该层得 5 元；所有层数分数之和，共计 2+5=7(元)。

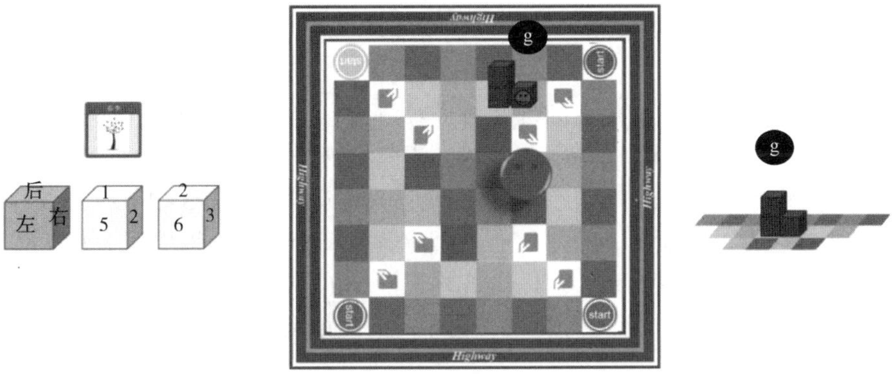


图 4-11-9

行动方式 3：如果前进到空白处、无法前进或投到机会面，则抽取中间的机会牌，然后回到起始位置，等待下次前进(八类机会牌使用方式如图 4-11-10 所示)。

可以在自己的原有房屋处，在任意加盖4块建筑。

房屋总占地面积×1小金币。

指定位置为危楼，强制拆迁。掷骰子确定拆迁位置。

可以任意一轮停止对手修房，只能使用一次。

房屋总占地面积×2小金币。

台风摧毁指定方向所有建筑，掷方向骰子确定台风方向。

房屋损坏需花钱维修。

某次经过别人的房屋不用缴费，玩家可保留通行证机会牌，等到想要使用时打出。

注：1. 房屋税：抽取到该卡的玩家自己交税，使得玩家的钱币可以有进有出，运用到加减法；2. 危楼拆迁：掷 1 步数、1 方向骰子，以主动玩家/掷骰子玩家为参照系的指定位置的房屋拆除；3. 台风来了：掷 1 方向骰子，以主动玩家/掷骰子玩家为参照系的指定方向的所有房屋拆除；4. 房屋维修：2 层/3 层的建筑，每栋/群支付 3 元维修费。

图 4-11-10

注意：机会牌每次使用后，不放回牌堆，放回游戏盒待用(当所有机会牌都用完时，如果游戏还没结束，可洗匀再次使用)。

3. 检查阶段。

每次抽取机会卡后，需检查该季节是否结束。当前季节卡上显示的时间即为本季节的结束时间。例如，春季的结束时间为 10。将当前所有机会牌右上角显示的时间值相加。如果总和小于结束时间，则当前季节继续，返回建设阶段。如果总和等于或大于结束时间，则当前季节结束，进入季节结束阶段。季节结束后，已使用的机会卡不放回。

### (二) 季节结束

1. 季节结算。

每个季节结束时，代表该季节的组块要被“征收”，这个组块所有的房屋都获得拆迁费。拆迁费=2 倍缴费规则。

图 4-11-11 呈现了几种情况下的拆迁费计算方式。值得注意的是，如果某个房子(建筑群)的一部分既在拆迁区域也在未拆迁圈内，需整栋拆迁。如图 4-11-11 中 h 所示，第一层有 2 个建筑，每个 1 元，1+1=2，该层得 2 元；该栋建筑共获得 3×2 = 2+2+2 = 6(元)拆迁费。如图 4-11-11 中 j 所示，第一层有 1 个建筑，每个 1 元，该层得 1 元；第二层有 1 个建筑，每个 5 元，该层得 5 元；该栋建筑共获得 3×(1+5)= 6+6+6-18(元)拆迁费。如图 4-11-11 中 i 所示，第一层有 1 个建筑，每个 1 元，该层得 1 元；该栋建筑共获得 3×1 = 3(元)拆迁费。

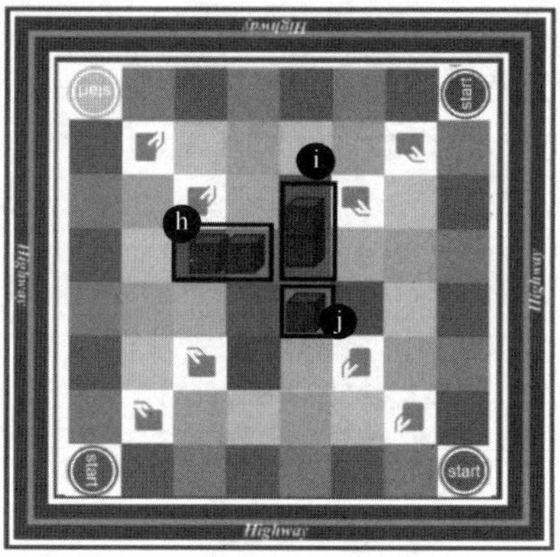


图 4-11-11

2. 季节切换。

结算拆迁费后，该季节组块上的建筑物回到对应学生手中。季节组块拿掉，露出底板，或者升级为“建筑模型”。后续该季节组块上将不能盖房子。

### (三) 游戏结束

冬季结束后，游戏进入结束阶段。除了计算该季节所得拆迁费外，每名学生还需计算自己所得金币总和。金币最多者获胜，得到“筑城高手”称号。

# 4.12 数学教学多功能转盘

云南省昆明市云南师范大学附属小学 徐 瑾

## 一、教具的教学意义和价值

自制教具有利于培养学生的学习兴趣，激发求知欲，也有利于培养教师的创新意识和动手能力。对于小学生来说，游戏是他们酷爱的一种活动，本教具将游戏和教学相结合，能让学生在玩中学、学时乐。转盘游戏在数学教学中的应用很广，本教具利用圆形特点，把转盘游戏结合到钟表、分数、可能性、圆等内容中，让学生在游戏中获取知识，充分调动学生学习数学的积极性，营造更加活跃的数学课堂氛围，教学效果倍增。在探究新知时穿插利用本教具，加强记忆，能增强演示效果，完善教学效果。利用本教具在游戏中进行口算等练习，提升趣味性，让枯燥的练习变得有趣。

## 二、教具装置图

图 4-12-1

图 4-12-2

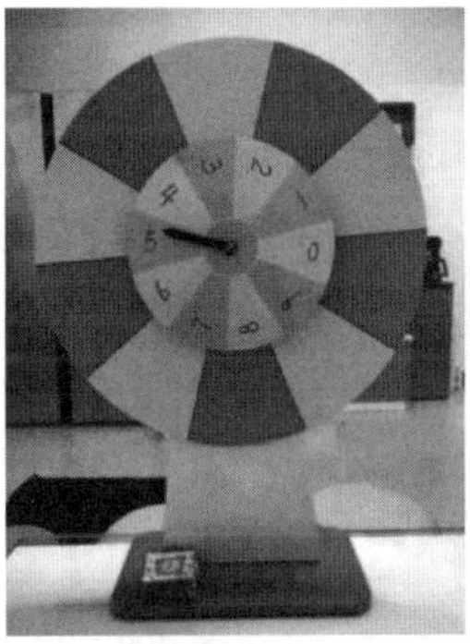

图 4-12-3

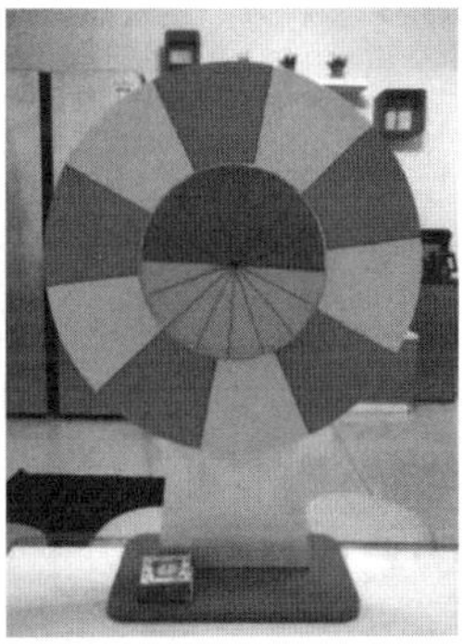

图 4-12-4

## 三、仪器特点及用途

### (一) 特点

本教具是数学教学活动中的常用教具，有使用范围广、利用率高、趣味性强的特点。本教具纳入不同数学课程中的学习元素，将多个转盘合为一体，可以在不同课程中重复应用，打造趣味数学课堂。

### (二) 用途

利用转盘是一个圆的特点，本教具以圆盘为载体，将钟表、分数、可能性、圆等方面的教学内容与转盘游戏相结合。设计了两对一大一小的圆盘，可以叠加使用，也可以单独使用，每个圆盘的正反两面均能使用，四个板面样式不一，可根据需要进行选择。

作为钟面使用时，装上分针、时针用于认识时间的教学。还设置了起床、早餐、午餐、学习等 12 张贴牌，可以用于时间管理的活动教学。

作为"转盘游戏"使用时，根据需求，选择分成不同份数的板面进行安装，在板面上用白板笔写上需要的内容后，便可用于分数、可能性的教学以及日常口算练习。

在"圆的面积"教学中使用时，设置了一个平均分成 16 份的圆盘，可以进行粘贴、拆卸，拆下后可以拼成一个近似平行四边形，可用于探究圆的面积公式的推导。

在日常教学中，为了让学生在趣味中学习，经常会把转盘游戏和练习相结合，但转盘上的题目往往是固定的。本教具中的两块板面使用了防水、光滑的贴纸材料，可以用白板笔在上面填写自己需要的内容，便于灵活使用转盘进行不同内容的教学。

## 四、制作材料

木板 2 块(50 cm×20 cm 的长方形底座板，高 50 cm、上底 15 cm、下底 25 cm 的梯形支架板)、KT 板 2 块(制作大圆直径 60 cm，小圆直径 30 cm)、硬纸板 3 块(裁出直径 30 cm 的圆、30 cm×20 cm 的长方形)、3 套直径大于 1 cm 的螺母螺丝、直径2 cm 的轴承、直径 5 mm 的圆形磁铁。

## 五、制作方法

### (一) 制作底座支架

底座需要承重，所以选用较硬、较厚的纸板或者木板为材料。裁出一块长 50 cm 左右、宽 20 cm 左右的长方形板子作底座，裁出一块高 50 cm、上底 15 cm、下底 25 cm 的梯形板子作支架。在距离支架板上底 1 cm 的正中间处穿一个可以插进螺丝的小洞。在下底留出一节宽 1 cm 左右、长 15 cm 左右的凸出部分，在底座上挖出一条长 15 cm 左右的凹槽，将凸出部分对准凹槽安插进去，底座支架就完成了。还可以用卡纸或贴纸贴在表面，使它更美观。

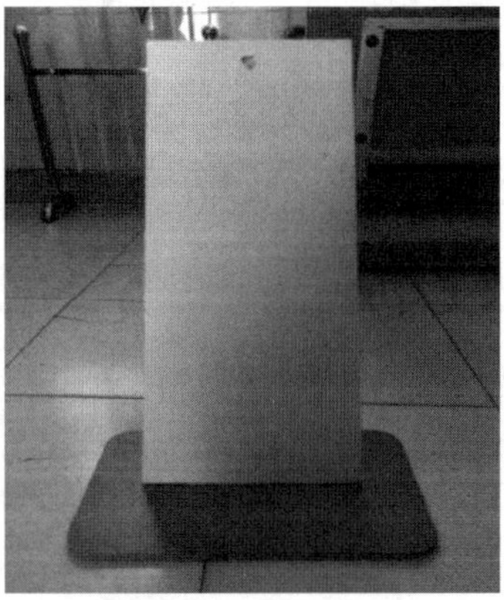

图 4-12-5

### （二）制作转盘的圆盘

选用纸板或 KT 板(纸板需要贴一张白色卡纸)，裁剪出两大两小的圆盘，笔者制作的大圆直径 60 cm，小圆直径 30 cm。根据需要在圆盘上画出等分的扇形，并涂上相间的颜色。小圆的背面画钟面。每个板面可以不同。为了便于重复使用，用防水的可贴纸打印出圆盘备用。

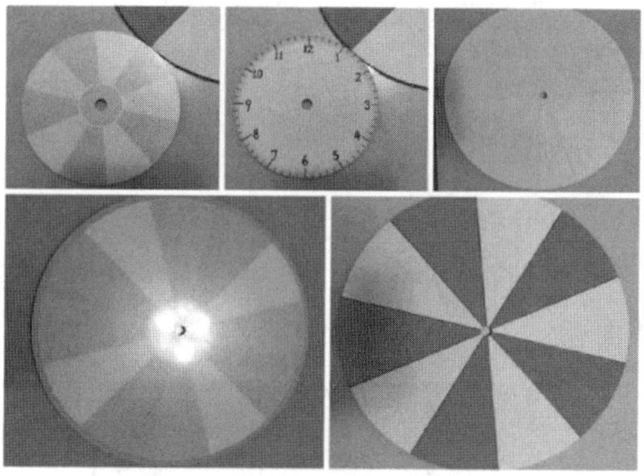

图 4-12-6

### （三）制作零件组合

如图 4-12-7 所示，用长螺丝、轴承、两个螺母、两块小磁铁粘连成 1 号零件，3 号零件同样用这种方式制作，2 号螺母备用。用铁片、塑料大螺母和磁铁粘连成 4 号零件；用铁片和垫圈粘连成 5 号零件；用铁片、宽螺丝和磁铁粘连成 6 号零件；用螺母和纸板制成的指针粘连成 7 号零件；用纸板制成的细长指针和磁铁粘连成 8 号零件；用纸板制成的粗短指针和磁铁粘连成 9 号零件。(粘贴时注意，1 号零件的磁铁要和 3 号、4 号零件的磁铁相吸，6 号零件的磁铁要和 8 号、9 号零件的磁铁相吸。)

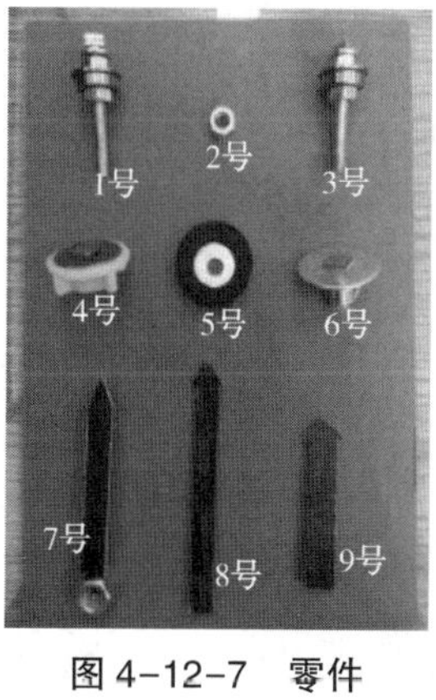


图 4-12-7　零件

### （四）制作卡牌

在纸板上贴上白纸，画出需要的图案并剪下来。用大透明胶带塑封后，在背面贴上双面胶(透明胶表面光滑易拆卸)。可以用相同的方法制作出多个数字、符号卡牌。

图 4-12-8

### （五）制作“圆的面积”分割圆盘

在纸板上贴上彩色卡纸，用两种不同颜色拼成一个圆，在圆上画出 16 等份（也可以是 8 等份、32 等份、64 等份……），将每种颜色的半圆沿半径从圆心剪开（不剪断），用透明胶固定连接处，背面贴上双面胶。

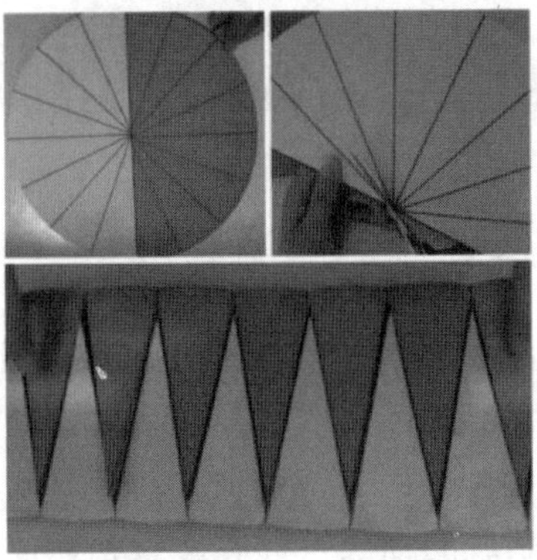

图 4-12-9

### （六）安装转盘

不用钟面的安装方法：1. 将支架插入底座凹槽内，选择需要的面为正面。2. 将 1 号零件从大圆正面插入，背面用 5 号零件固定，背面螺丝插入支架孔，用 2 号零件扭紧固定。3. 选择小圆正面，将 3 号零件从背面插入，从正面拧进 7 号零件拧紧固定。4. 将大圆盘的正面和小圆盘背面对准中心吸住。

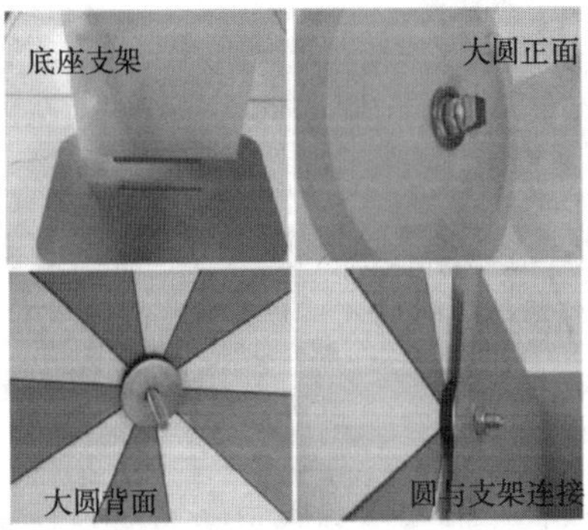


图 4-12-10

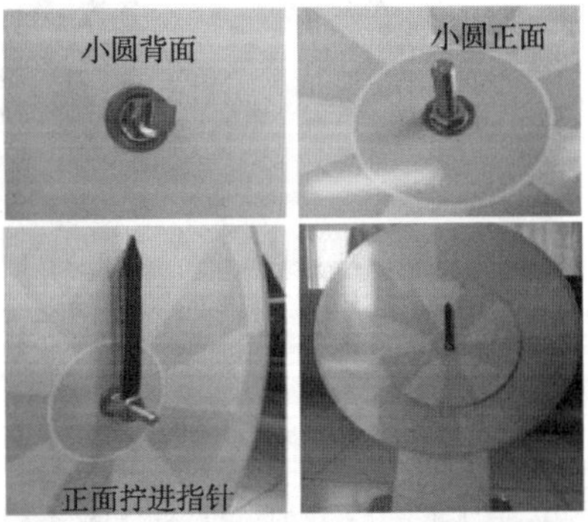


图 4-12-11

使用钟面的安装方法：第 1、2 步同上。3. 选择钟面为正面，将 6 号零件从正面插入，用 4 号零件从背面拧紧固定，从正面拧进 7 号零件拧紧固定。4. 将大圆盘的正面和小圆盘背面对准中心吸住。5. 将 8 号、9 号零件的磁铁面吸在钟面正中间。

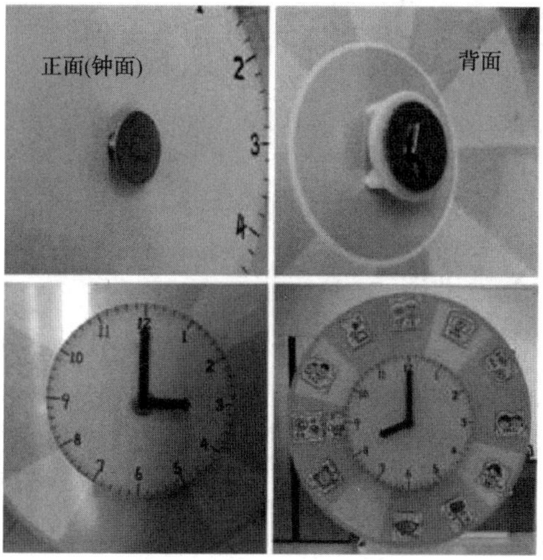


图 4-12-12

## 六、使用方法

4 个板面样式不一，可根据需要进行选择并自由组合。

作为钟面使用时，可拨动分针、时针进行“认识时间”的教学。画有起床、早餐、午餐、学习等的 12 张贴牌可以在时间管理的活动教学中使用，让小朋友上台说说对应的时间，再贴一贴。

作为“转盘游戏”使用时，根据需求，选择分成不同份数的板面进行安装，在板面上用白板笔根据自己的需要填写，内容可以是数字、符号、算式、汉字等，写过后还可以擦掉重写。写上需要的内容后，可用于分数、可能性的游戏活动教学以及日常口算练习。

在“圆的面积”教学中使用时，用 16 等份圆盘，进行粘贴、拆卸，拆下后可以拼成一个近似平行四边形，可用于探究“圆的面积公式”的推导。

# 4.13　四边形多功能演示圆规尺

甘肃省定西市安定区公园路中学　张富强　朱占江　焦　鹏

## 一、教具的教学意义和价值

本教具是一种一具多用的教学用具，不但是一个演示教具，还是一个集直尺、刻度尺、三角尺、圆规(笔夹可任意收放，适用于白板笔、粉笔和圆珠笔等)于一体的教学作图工具，能演变出多种三角形、四边形，既适合教师演示，又适合学生动手操作，克服了师生以往只能用单个模型演示而无法系统展示的局限，给教师的课堂教学和学生的学习实践提供了方便，大大提高了课堂教学质量和教学效果。

## 二、教具装置图

图 4-13-1　四边形多功能演示圆规尺正面图

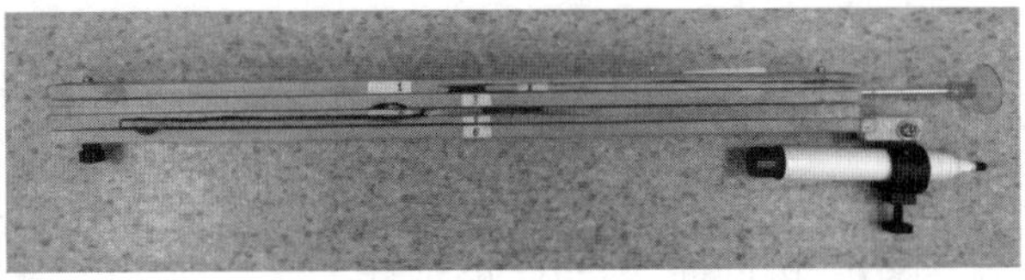

图 4-13-2　四边形多功能演示圆规尺侧面图

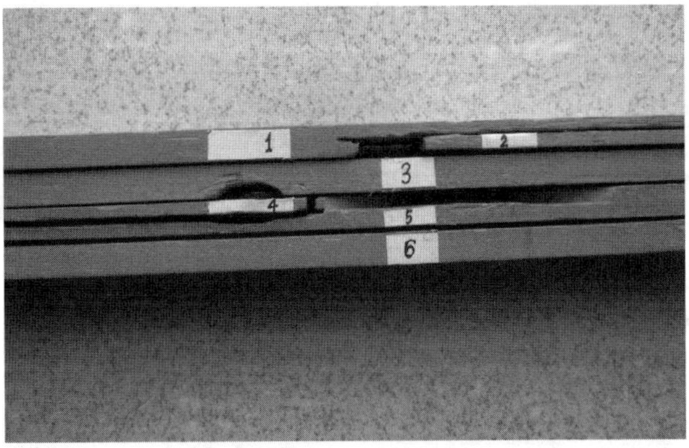


图 4-13-3　四边形多功能演示圆规尺构造侧面放大图

## 三、仪器特点及用途

### （一）特点

本教具制作材料简单，设计巧妙，制作精细，一具多用，使用灵活，携带方便。既适合教师演示，又适合学生动手操作，是一个综合教学作图工具和多种演示教具。

### （二）用途

1. 本教具可以作为直尺、刻度尺、三角板使用。
2. 本教具可以作为圆规使用，适用于各种黑板、电子白板。
3. 本教具可以作为演示教具，能演变出多种形状的三角形、四边形，用来说明三角形的稳定性和四边形的不稳定性，让学生感受四边形由不稳定变稳定的过程。更重要的是，通过不断变形，可以将四边形→平行四边形→矩形（菱形）→正方形之间的转化过程以及它们之间的联系直观地展示给学生。

## 四、制作材料

6 根薄木板：长 40 cm、厚 0.7 cm、宽 28 cm 的 3 根（图 4-13-4 中标号 1、3、6）；长 37 cm、厚 0.34 cm、宽 28 cm 的 1 根（图 4-13-4 中标号 5）；长 19 cm、厚 0.34 cm、宽 28 cm 的 2 根（图 4-13-4 中标号 2、4）。14 副四合扣，1 个铆钉，1 个可 360°旋转真空吸头，可任意收放的多用笔夹（适用于白板笔、粉笔和圆珠笔等），1 副带帽的螺钉，小磁铁。

## 五、制作方法

6 根薄木板排列顺序从上到下标号为 1—2—3—4—5—6（如图 4-13-4 所示）。

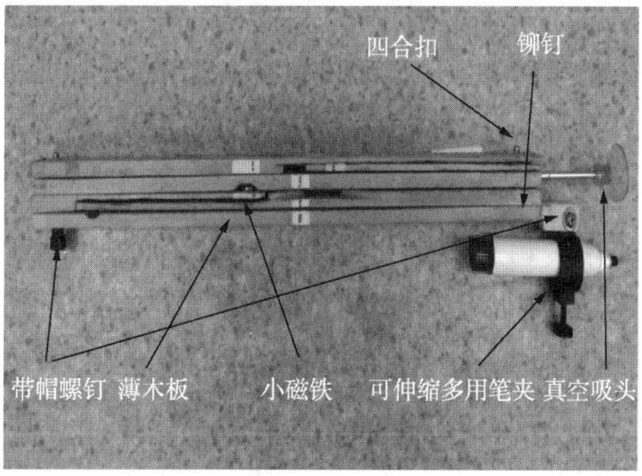


图 4-13-4 制作材料分布图

木板 2 用铆钉嵌在木板 1 的 19 cm 右下方，木板 4 左端对齐，正好嵌在木板 5 的左端 15 cm 处的左上方，木板 5 右端对齐，木板 2 和木板 1 接合处厚度正好 0.7 cm，木板 4 和木板5接合处厚度是0.7 cm，且有一块强力小磁铁吸住，达到一根厚木板的厚度，这样木板之间既能合进去，又接合紧密，基本上没有空隙。同时，为了让木板4能合进去，在带四合扣的地方将木板3挖了一个小槽；为了让木板5能合进去，在带四合扣的地方将木板6挖了一个小槽。为了在演示平行四边形时木板上下活动灵活，将木板5距离两端15 cm处做成相对的两个三角形。在整个演示过程中木板移动时，按所标识的箭头进出，才能活动自由，演示自如。

## 六、使用方法

1. 正面可以当作直尺(如图4-13-5所示)使用，反面可以当作刻度尺(如图4-13-6所示)使用。

图4-13-5　直尺

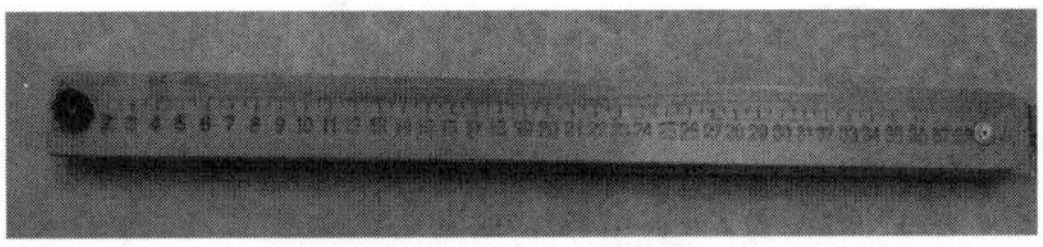

图4-13-6　刻度尺

2. 将木板1、2、3作为一个臂，上面带一个真空吸头，木板4、5、6作为一个臂，上面带多用笔夹一个，可以当作圆规使用(如图4-13-7所示)。

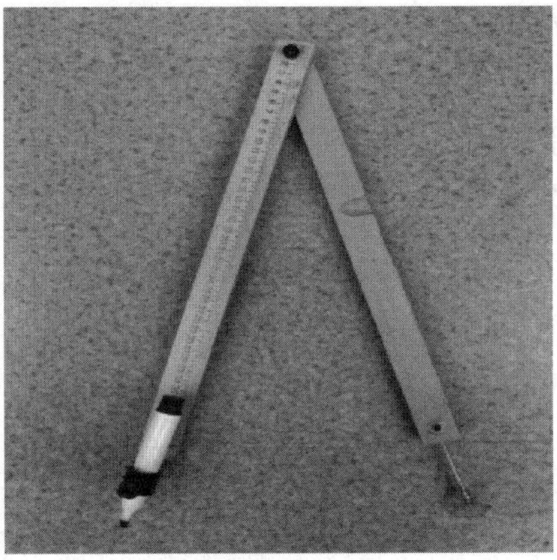

图4-13-7　圆规

3. 将木板4和木板5按箭头方向取出来，把木板5扣在木板4上面就是直角三角板(如图4-13-8所示)；将木板4回到原位，把木板1两端都取下来正扣在木板3和木板5的上面，制成一个普通三角形(如图4-13-9所示)。此项演示体现出三角形具有稳定性。

4. 把木板4的右端移出来，将木板1的两端反扣在木板4和木板5上面就是一个任意的四边形(如图4-13-10所示)，可以任意改变形状。此项演示体现出四边形没有稳定性。把木板3的右端取下来，扣在与它相邻的四边形顶点处就将该四边形变分成两个三角形，原四边形由不稳定变得稳定。(如图4-13-11所示)

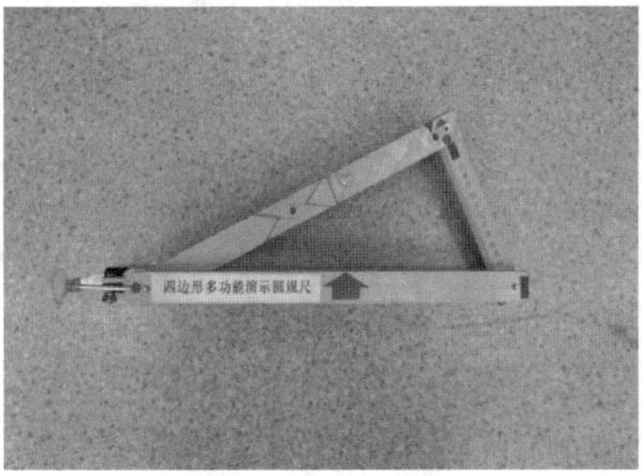


图 4-13-8 三角板

图 4-13-9 三角形

图 4-13-10 四边形不稳定性

图 4-13-11 四边形变稳定

5. 将木板 3 刚才移过来的端点扣到原位，再把木板 1 和木板 2 的右端从木板 5 上取下来扣在木板 5 的中间，就形成一个平行四边形(如图 4-13-12 所示)；将一个角变成直角，就变成矩形(如图 4-13-13 所示)(此项演示体现出，有一个角为直角的平行四边形便为矩形)；把木板 2 的右端从木板 1 上取下，扣到木板 3 和木板 6 之间(注意要将木板 3 的右端从木板 5 上扳起，把木板 2 伸进去后再扣上)，变成正方形(如图 4-13-14 所示)(此项演示体现出，有一组邻边相等的矩形是正方形)；再回到图 4-13-12 的位置，把木板 2 的右端从木板 1 上取下，扣到木板 3 和木板 6 之间，就变成菱形(如图 4-13-15 所示)(此项演示体现出，有一组邻边相等的平行四边形是菱形)；改变菱形的一个角让它变成直角，该菱形便变成正方形(如图 4-13-14 所示)(此项演示体现出，有一个角为直角的菱形是正方形)。

图 4-13-12 平行四边形

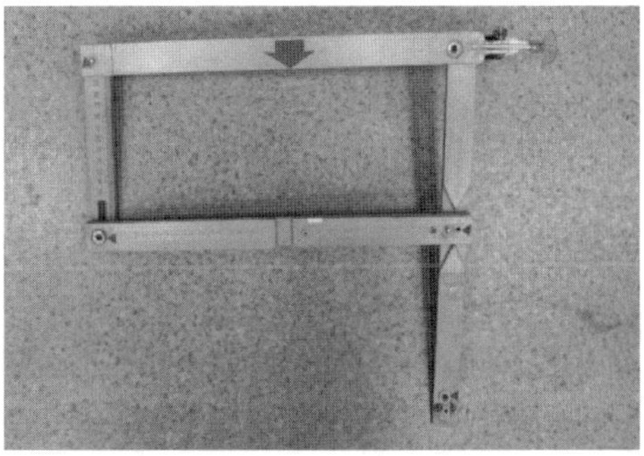

图 4-13-13 矩形

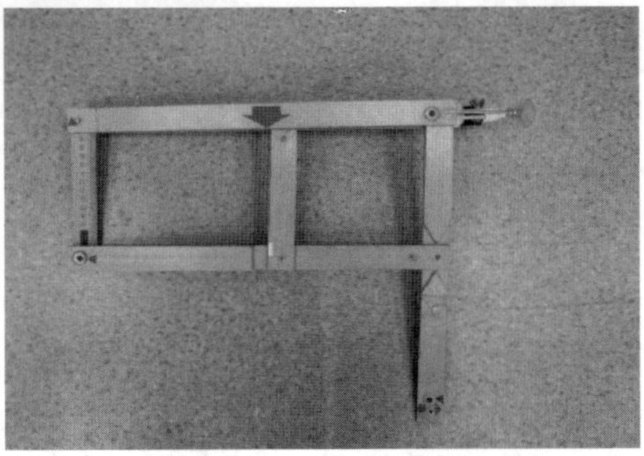

图 4-13-14　正方形

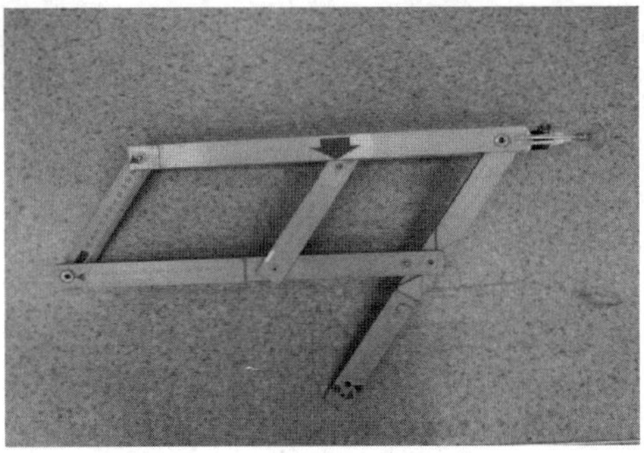

图 4-13-15　菱形

利用该教具演示，不须提前练习，只需按照教具上标注的标号操作就可以了，使用方便，操作简单，学生观看起来很直观。

# 4.14 24时计时法

甘肃省酒泉市敦煌市七里镇青海油田第二小学　包菊青

## 一、教具的教学意义和价值

本教具中的钟表演示器含时针和分针，在实际教学中，可以充分发挥教具作用，在钟表模型上拨动时针，让学生认识 1 日 = 24 小时。

本教具中间设计了一个时间尺，时间尺上的刻度与时间一一对应，逻辑清晰。时间尺的周围设计了滑槽，滑槽里设计了一个滑块，可精确显示所需时间点。下方的文字说明了普通计时法转换成 24 时计时法的方法。

## 二、教具装置图

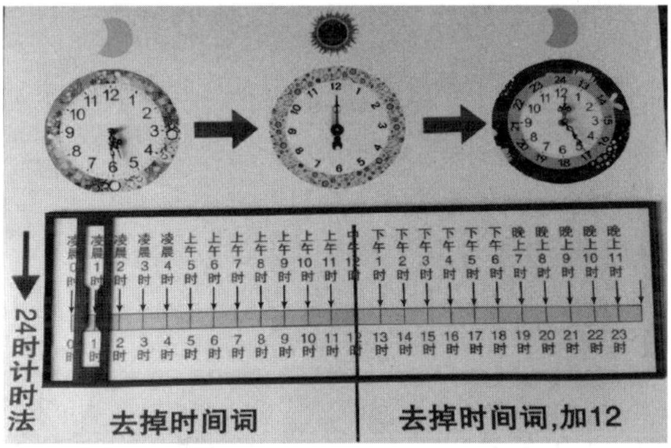


图 4-14-1

## 三、仪器特点及用途

### (一) 特点

时间点与刻度一一对应，逻辑清晰。

### (二) 用途

在钟表模型上拨动时针两圈，让学生认识 1 日 = 24 小时。在学习普通计时法与 24 时计时法的相互转换时，在时间尺上推动滑块，上下一一对应，让学生理解它们之间的转换方法。

## 四、制作材料

木板、指针。

## 五、制作方法

1. 先制作一个电子模板(如图 4-14-2 所示)。

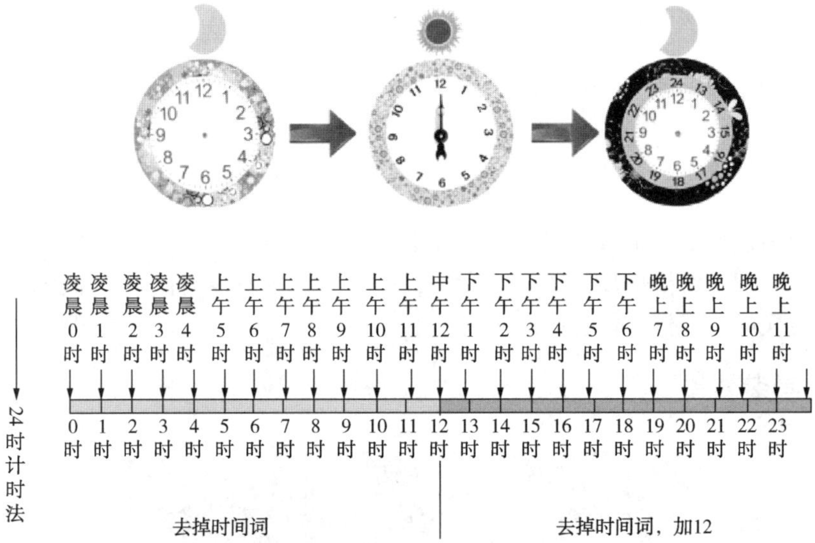


图 4-14-2

2. 把电子模板打印在塑料纸上。
3. 把打印好的塑料纸粘贴在木板上。
4. 给第一、第三个钟表模型装上时针和分针(如图 4-14-3、图 4-14-4 所示)。

图 4-14-3

图 4-14-4

5. 在时间尺周围做卡槽，再做一个滑块(如图 4-14-5 所示)。

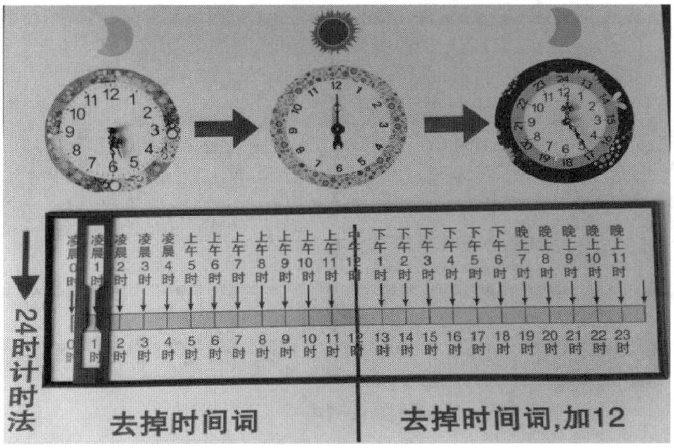


图 4-14-5

## 六、使用方法

1. 教具上设置钟表演示器。钟表演示器无秒针，可以拨动分针和时针。深夜 12 时(时针和分针重合在 12)是一天的开始。1 天有 24 小时，可分为两段。从深夜 12 时开始，时针在钟面上转动一周(第一圈)就到了中午 12 时；从中午 12 时开始，时针在钟面上转动一周(第二圈)就到了深夜 12 时。这就是生活中的普通计时法(12 时计时法)。

2. 图 4-14-6 是一个 24 时计时法的钟表，可以拨动分针和时针。从 0 时开始(内圈 12 时)，时针在钟面上转动一周(第一圈)就到了 12 时；从 12 时开始(外圈)，时针在钟面上转动一周(第二圈)就到了 24 时。这就是生活中的 24 时计时法。

图 4-14-6

3. 图 4-14-7 是一个展开的时间尺，上面是普通计时法，下面是 24 时计时法，普通计时法和 24 时计时法的刻度一一对应。推动时间尺上的滑块，即可看到普通计时法与 24 时计时法的时间点对应关系。时间尺下面的提示文字是普通计时法转换成 24 时计时法的方法：去掉时间词，钟表第一圈的时刻不变，第二圈的时刻加 12。比如，凌晨 1 时，转换成 24 时计时法就是 1 时；下午 1 时，转换成 24 时计时法就是 13 时；深夜 12 时，转换成 24 时计时法就是 24 时，是一天的结束，也是新一天的开始。

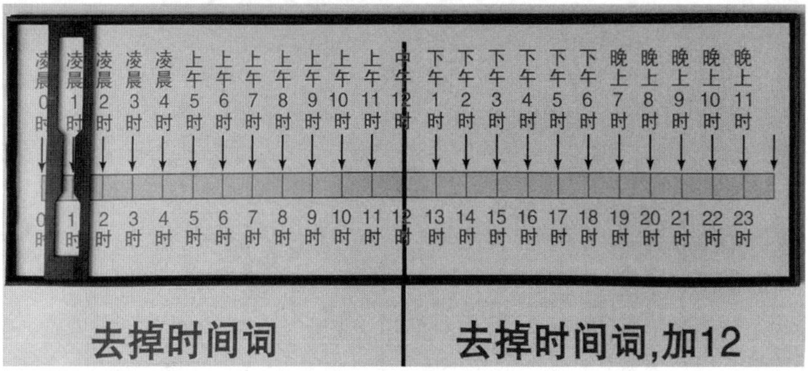
凌晨2时 凌晨3时 凌晨4时 上午5时 上午6时 上午7时 上午8时 上午9时 上午10时 上午11时
下午1时 下午2时 下午3时 下午4时 下午5时 下午6时 晚上7时 晚上8时 晚上9时 晚上10时 晚上11时
2时 3时 4时 5时 6时 7时 8时 9时 10时 11时
13时 14时 15时 16时 17时 18时 19时 20时 21时 22时 23时
去掉时间词
去掉时间词,加12

图 4-14-7

# 4.15 可变圆——圆周率演示器

宁夏回族自治区吴忠市同心县预旺镇中心学校 白玉彪

## 一、教具的教学意义和价值

本教具补充了小学数学教具的不足，完善了研究圆周率演示的方法论，弥补了研究圆周率所需的理论方法。与传统教具相比更加便捷。

传统教具只能演示给定的两个圆，本教具为课堂演示提供了无限多的圆，克服了传统教具演示次数的局限性。

传统教具采用滚动法得到圆周长，误差大，演示速度慢。本教具在理论上采用绕线法，通过弹性刻度尺直接获取圆周长，更为直观、快捷。利用垂直的直尺获得圆直径，利用小计算器快速准确地计算圆周长与直径的倍比关系。通过形象直观的感性认识，有利于增强学生对“圆周率”概念的理解，也有利于培养学生的空间思维能力、发散思维能力。

传统教具形式单一，演示次数受到限制，演示结论缺乏说服力。本教具演示短、频、快，可以获得大量数据。

本教具节约了课堂教学时间，提高了课堂教学质量。提高课堂教学质量是课堂教学的核心价值，教育学用小学数学工程问题中“效率”一词的意义即“单位时间里完成工作量的多少”来衡量课堂教学效率。教师与学生在课堂中节约出来的大量教学时间，可以用来完成其他教学内容与教学环节。

本教具使抽象的数学理论直观化，使复杂的数学知识简单化。学生通过动手操作增强了感性认识，使理性认识得到“升华”。由于数学知识比较抽象，学生学习起来枯燥乏味。而一个外表精美的教具能够吸引学生的眼球，引起学生的兴趣，使学生趣中生奇、奇中生疑。当趣与疑相互作用时，学生就会主观能动地在疑惑中探索，在探索中解惑，在解惑中体验学习的快乐；当趣与疑找到良好的契合点时，二者就会相互促进，发挥良性刺激作用，实现培养学生学习数学兴趣的目的。

## 二、教具装置图

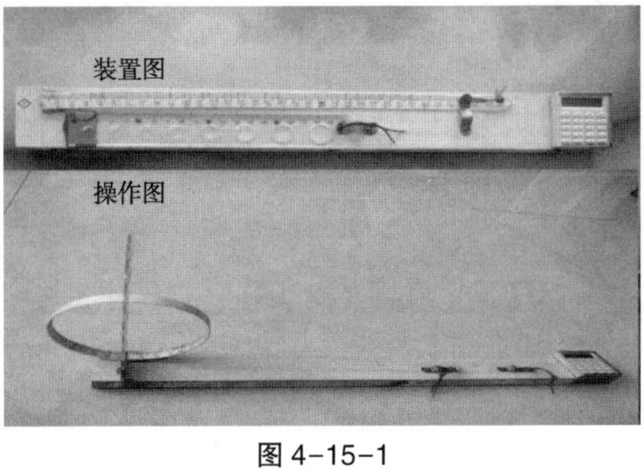


图 4-15-1

## 三、仪器特点及用途

### （一）特点

1. 演示速度快。

2. 演示结论精确度高，误差在 0.1 之内。

3. 演示的操作方法简单。

4. 演示次数“无限多”，获得的“圆周率”更具代表性、客观性、科学性。还可以演示圆形生活用品的圆周率。

5. 性能稳定、构思新颖、设计独特、选材简单。

### （二）用途

利用绕带法，在弹性塑料带标出的刻度范围内任意调节圆的大小，测量圆的周长和直径，得出圆周率(圆的周长与直径的比)。

## 四、制作材料

一块 1.5 cm×5 cm×45 cm 木板。一条弹性半径是 3~5 cm 的集装箱塑料包扎带或核磁片等(弹性半径符合要求的复合材料也可)。一个 0.8 cm×5 cm×4.5 cm 的计算器。一小块薄铁皮。一把 20 cm 的刻度尺。

## 五、制作方法

总体制作流程：构思—选材—制作—验证—使用。

1. 1.5 cm×5 cm×45 cm 木板作为底座，并在距一端 2 cm 的地方标出一条基线(如图 4-15-2 所示)。

2. 把一条 1.3 cm×35 cm 的集装箱塑料包扎带加工成弹性半径在 3~5 cm 的圆周刻度尺，并在上面标出 0~35 cm 的刻度(精确到 mm)(如图 4-15-3 所示)。

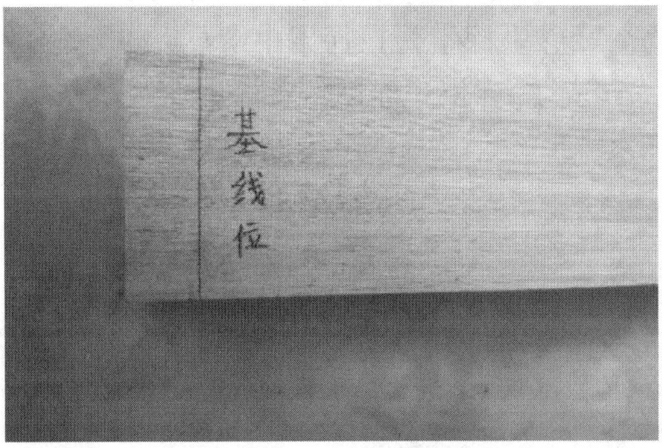


图 4-15-2

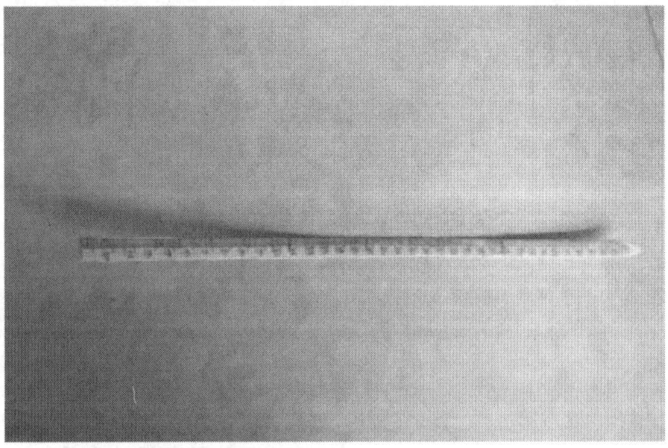

图 4-15-3

3. 用铁皮或合适的材料制作一个孔口为 0.08 cm×1.3 cm 的圆周刻度尺带扣，焊接在圆周刻度尺的起始位置。操作时将圆周刻度尺从中穿过，并能来回推拉(如图 4-15-4 所示)。

4. 用铁皮设计一枚垂直旋转定位器，用来安装测量直径的刻度尺(如图 4-15-5 所示)。

图 4-15-4

图 4-15-5

5. 把圆周刻度尺的带扣安装在底座基线位置(如图 4-15-6 所示)。

6. 把垂直旋转定位器安装在底座基线位置一侧并插入用来测量直径的刻度尺。安装时要注意选择合理的位置(如图 4-15-7 所示)。

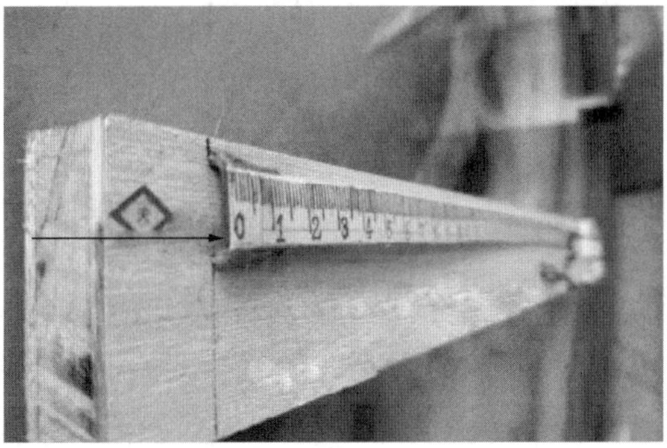

图 4-15-6

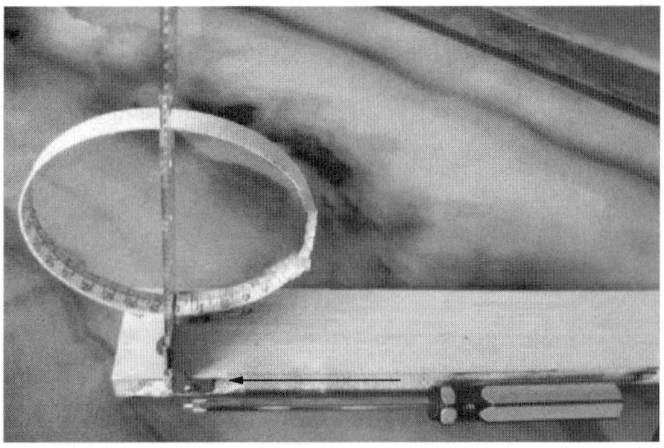

图 4-15-7

7. 用铁皮制作一个固定卡，把计算器安装在底座的一端(如图 4-15-8 所示)。

8. 制作完成后，设计固定卡，固定圆周刻度尺和直径刻度尺，起到保护作用(如图 4-15-9 所示)。

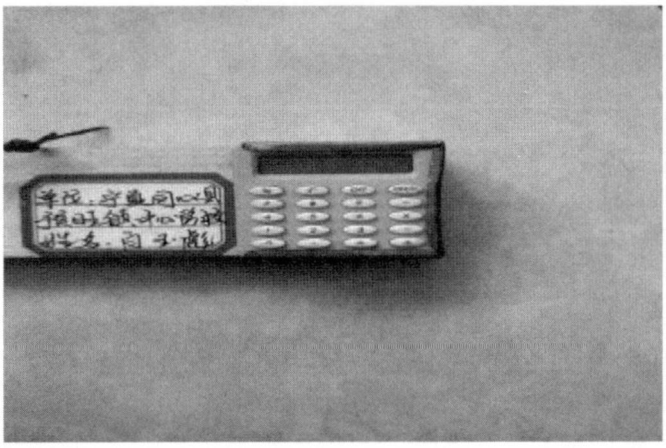

图 4-15-8

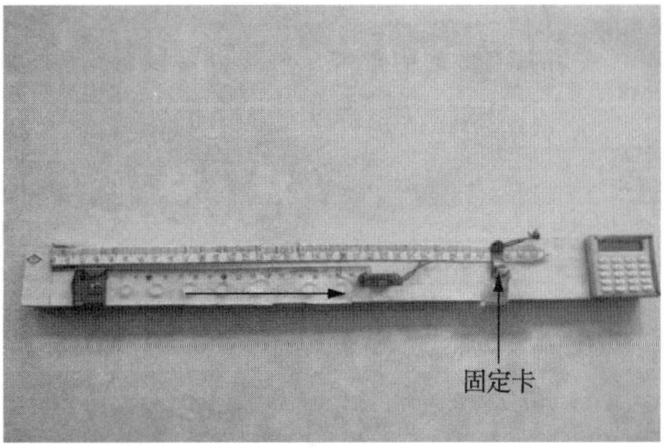


图 4-15-9

## 六、使用方法

### （一）直接利用教具演示

1. 顺时针旋转圆周刻度尺固定卡，松开圆周刻度尺，把一头穿进基线位置的带扣。

2. 顺时针旋转直径刻度尺固定卡，松开直径刻度尺，扶起来，检查并调整到基线位置。

3. 用右手轻轻推拉圆周刻度尺（推拉时已经出现了无数个圆），随机选择一个圆，读出该圆的周长和直径（调整读取直径位置附近的最大数据）。

4. 把数据输入计算器，进行相关计算。

5. 反复实验，获取更加具有代表性的结论。

### （二）使用生活用品演示

1. 选择合适的学生自带的表面是规范的圆形的生活用品，在圆的表面画出直径。

2. 把画出直径的圆形用品套在圆周刻度尺内（注意做到圆的直径与测量直径的刻度尺重合）。

3. 读出圆周长和直径数据，利用计算器进行相关计算。

注意：使用时勿使圆周刻度尺变形，一旦变形，则在教学过程中就利用第二种演示方法进行课堂操作。

# 4.16 定量测数学组合教具

新疆维吾尔自治区阿拉尔市第一师十团中学 陈爱云 宋富平

## 一、教具的教学意义和价值

在人教版小学六年级数学上册第二章“确定位置”、七年级数学上册第四章“角”、七年级数学下册第七章“坐标表示地理位置”及后续的学习中，都会用到方位角的知识。很多学生对此知识点理解困难，测量时多个测量工具同时使用导致手忙脚乱、顾此失彼。本教具的使用，省去了测量时既要量角器又要尺子的麻烦，能帮助学生理解知识，让他们在动手操作中直观地感受方位角的特征、读法。能准确快速地测量出方位角的度数，量出距离，并用角度和距离来描述、确定物体的位置，将枯燥难懂的知识直观化、形象化、实践化。另外，也能用于小学低年级辨认方向的教学。

## 二、教具装置图

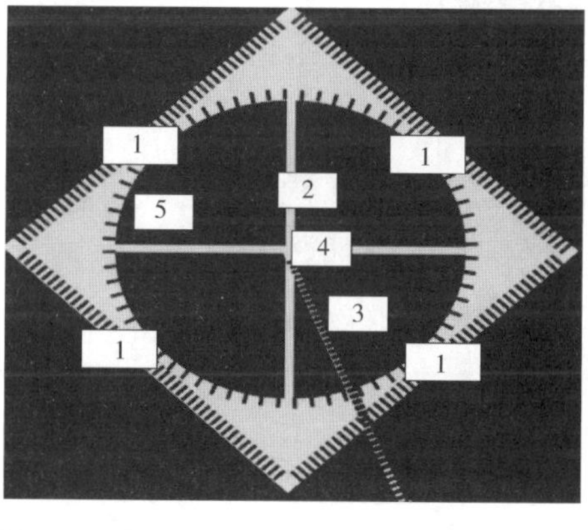


1—刻度尺；2—方向标；3—指针；4—中心轴；5—量角器。

图 4-16-1 教具结构图

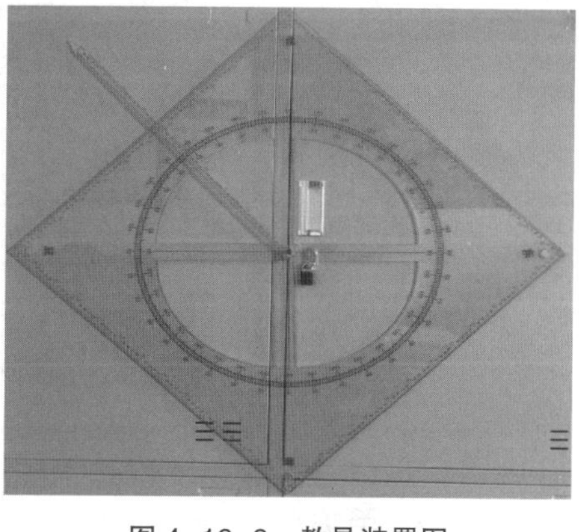

图 4-16-2 教具装置图

## 三、仪器特点及用途

### （一）特点

本教具使用亚克力材质，轻巧透明。在测量方位角时，可根据指针条的转动方向快速准确地读出方位，圆形量角器量出方位角的度数，指针条上的刻度测出距离，省去了既要量角器又要尺子的麻烦。让学生在动手操作中直观地感受方位角的特征、读法，并用方向和距离来描述、确定物体的位置，将枯燥的知识直观化、形象化、实践化。在轴中心处嵌入可吸式磁吸针头，背面四角粘有磁吸扣，可吸附在黑板上，便于教学时的操作、学生的观察和不用时的悬挂收藏。

### (二) 用途

本教具集刻度尺、量角器、“十”字方向标于一体，可用于测距离、量角度、辨方向、演示方位、测方位角。

## 四、制作材料

一块 50 cm×50 cm×0. 5 cm 亚克力板、高清 UV、磁吸扣 5 个、中轴活动吸杆 1 根、可吸式磁吸针头 1 个。

## 五、制作方法

1. 用高清 UV、激光雕刻在 50 cm×50 cm×0. 5 cm 亚克力板面四周雕刻刻度尺，中间板面雕刻出两个量角器，对角线四端点处雕刻出方向。
2. 雕刻出 1 根 55 cm 长的指针条。
3. 背面四角、指针条尖端分别嵌入磁吸扣。
4. 在面板中心处用中轴活动吸杆、可吸式磁吸针头将指针条嵌入轴中心。

图 4-16-3

## 六、使用方法

1. 本教具四边是刻度尺，可量长度。
2. 本教具中间圆形由两个量角器构成，可量角的度数。
3. 本教具正方形两对角线互相垂直，可充当方向标，可辨方向、演示方位。
4. 本教具根据指针条的转动方向，能快速准确地读出方位，圆形量角器可量出方位角的度数，指针条上的刻度可测出距离，可测量方位角。

# 5 小学科学一等奖作品选编

# 5.1 植物光合强度探究仪

河北省石家庄市南马路小学 贾聪聪
河北省石家庄市中山西路小学 何公鑫
河北省石家庄市桥西区教育局 梁忠辉

## 一、教具的教学意义和价值

本教具主要针对六年级科学“植物与能量”一课内容。课本上，该课主要通过阅读资料的方式认识植物的光合作用，本教具的应用使学生在分组实验中进行探究，便于学生更直观地进行知识建构。本教具具有以下特点：

1. 简易性。材料简单易得，是实验室中常见的甘油注射器、胶头滴管、铁架台等材料；加工工具为热熔胶枪、电钻、电烙铁等。制作简易。

2. 创新性。(1)利用注射器密封性良好的特点，用来盛放植物器官。(2)推进器的使用实现了自动化控制，避免人工操作的误差。(3)使用氧气、二氧化碳传感器，便于动态观察光合作用过程中气体浓度的变化。

3. 安全性。本教具灯源使用 12 V 低电压，并装有学生开关，避免实验操作中的用电风险。

4. 教学性。在教学中，学生对光合作用有很大兴趣，但由于其抽象性，不利于学生理解。本教具的使用让学生在分组实验探究中认识了植物的光合作用，极大地激发了学生探究光合作用及光合强度的积极性。

5. 多用途性。本教具可以探究多种因素对光合作用强度的影响，同时可以探究光合呼吸强度的关系对比。

## 二、教具装置图

本教具分为两个模块：学生分组实验模块(如图 5-1-1 所示)和气体含量测量模块(如图 5-1-2 所示)。

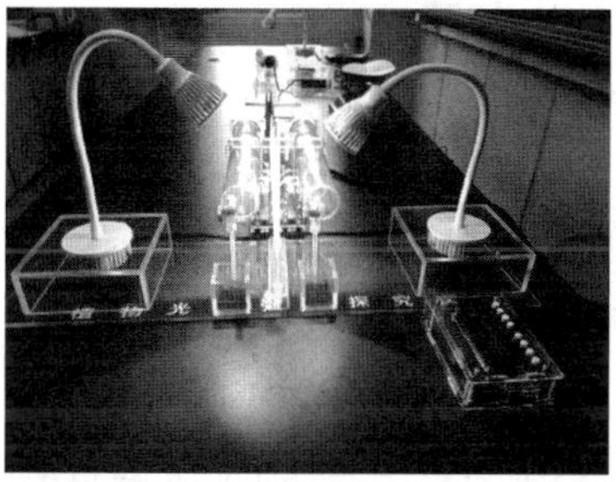

图 5-1-1 学生分组实验模块

图 5-1-2 气体含量测量模块

## 三、仪器特点及用途

### （一）特点

本教具通过胶头滴管内液柱的位置变化，来模拟植物光合作用的强弱、呼吸作用与光合作用强弱的关系，并通过传感器测量动态显示光合作用过程中气体含量的变化。实验现象明显，也更为有趣。

### （二）用途

本教具可探究以下有关光合作用的学习内容：

1. 探究进行光合作用的主要器官。
2. 探究不同植物叶片的光合作用强度。
3. 探究不同光照强度对植物光合作用的影响。
4. 探究不同距离光源对植物光合强度的影响。
5. 探究不同颜色光源对植物光合强度的影响。
6. 探究不同生育期叶片光合强度关系对比。
7. 探究喜阴植物、喜阳植物光合作用强度关系对比。

还可探究植物呼吸、光合强度对比。

## 四、制作材料

三通管和 1 mL 胶头滴管各 1 个，连接玻璃针筒；推进器 1 个，活塞固定器 1 个；不同颜色滤片各 1 个，用滤片支架固定在灯源上；灯源 4 个(分别为 3 个 7 W、1 个 5 W)及灯源底座 4 个；传感器固定盒 1 套。

## 五、制作方法

1. 玻璃针筒连接三通管和胶头滴管，并将其密封好(如图 5-1-3 所示)。

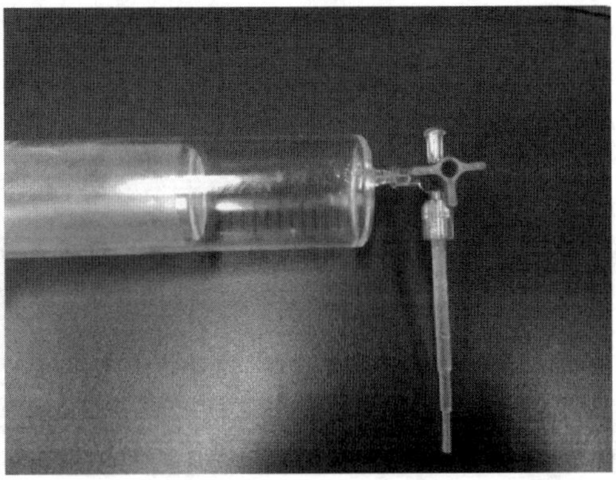

图 5-1-3

2. 制作推进器吸液卡板(如图 5-1-4、图 5-1-5 所示)。三通道推进器只能将针筒内液体推出，不能实现向管内吸液，因此要制作卡板将注射器同推进板固定。前期用 6 mm 亚克力材料切割制作吸液卡板，后期用3D打印技术制作推进器吸液配件。

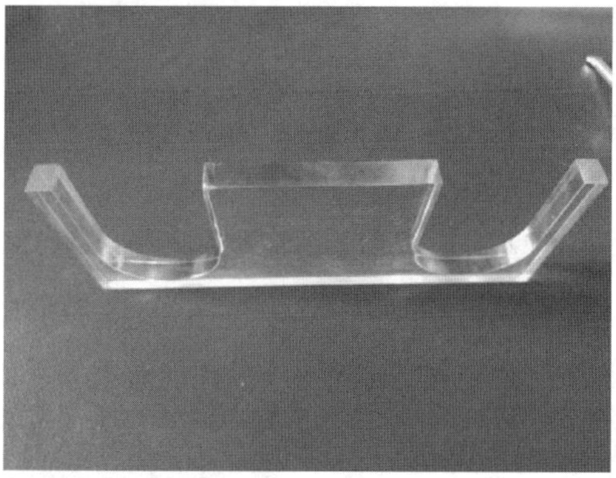

图5-1-5 亚克力卡板

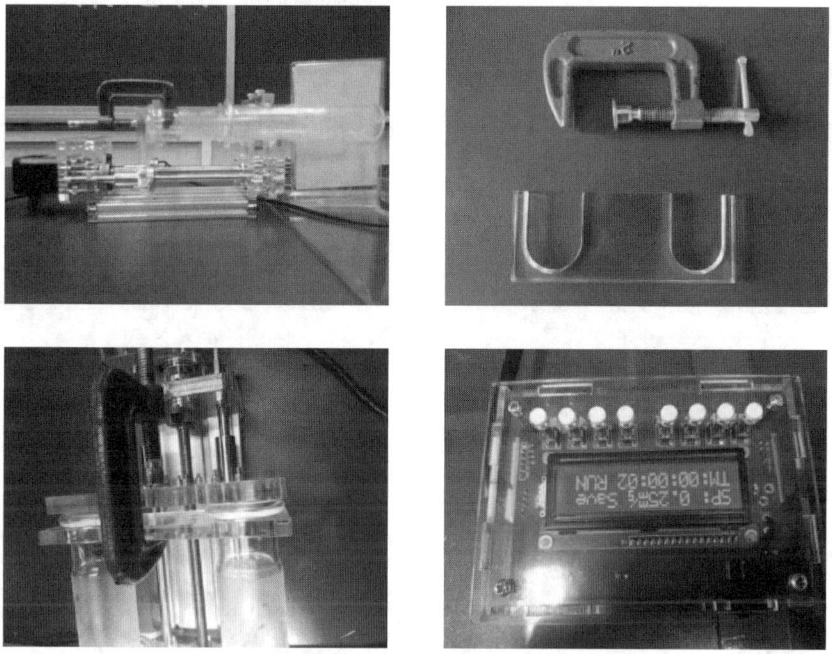


图5-1-5 推进器及配件

3. 安装支架及灯源支架座，并在支架外侧标明刻度位置。

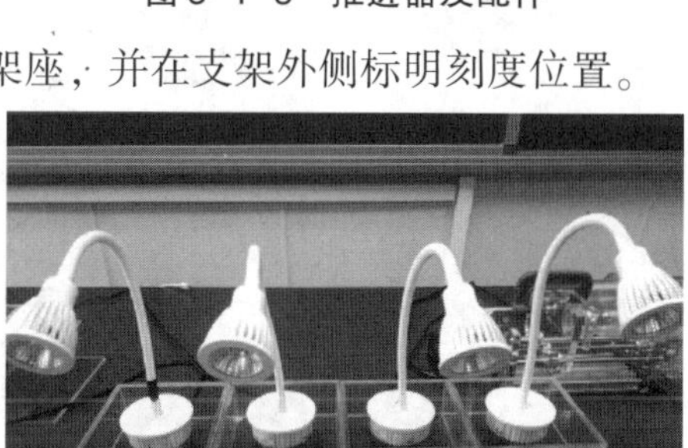

图5-1-6 灯源及底座

## 六、使用方法

本教具使用分为分组实验模块和测量模块两部分。

### （一）分组实验模块

1. 称重：称取相等质量的植物叶片和茎，或数取相同数量的植物叶片(如图 5-1-7 所示)。

2. 装管：将植物的叶片或茎等器官盛放在玻璃针筒内(如图 5-1-8 所示)。

图 5-1-7　称重

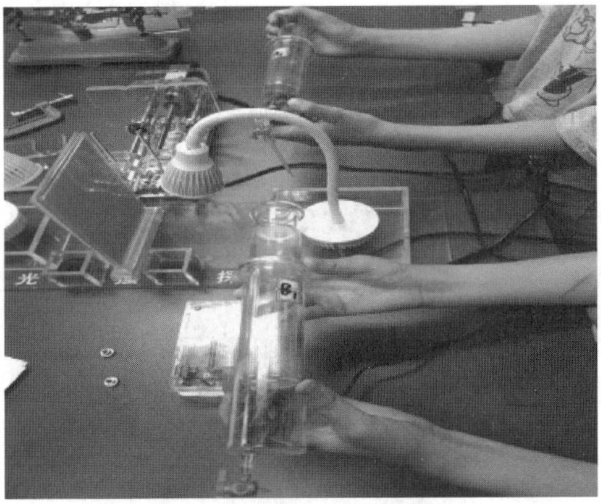

图 5-1-8　装管

3. 固定：将针筒固定在推进器上(如图 5-1-9 所示)。

4. 吸液：调节推进器吸液卡板，向胶头滴管内吸取相等的液体(如图 5-1-10 所示)。

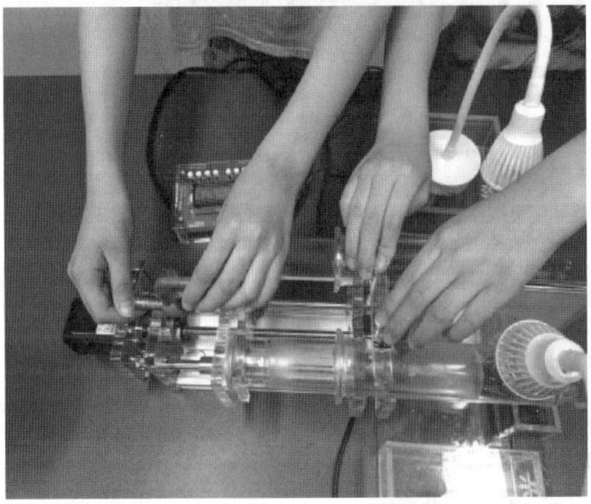

图 5-1-9　固定

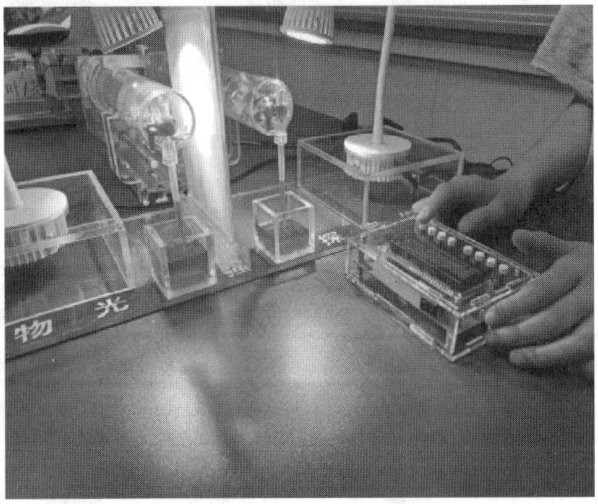


图 5-1-10　吸液

5. 照灯：同时打开灯源，照射玻璃针筒(如图 5-1-11 所示)。

6. 观察：5 分钟后，观察胶头滴管内液柱的位置变化(如图 5-1-12 所示)。

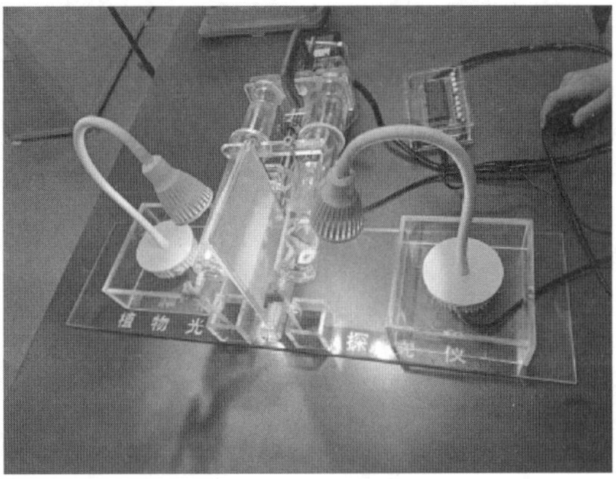

图 5-1-11　照灯

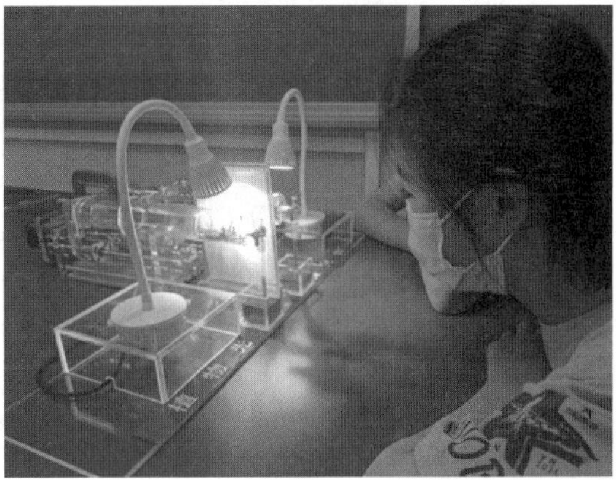

图 5-1-12　观察

## （二）测量模块

1. 装瓶：将植物的叶片或茎等器官装在生化密封瓶内(如图 5-1-13 所示)。
2. 连接：密封瓶两端分别连接传感器，将瓶密封好(如图 5-1-14 所示)。

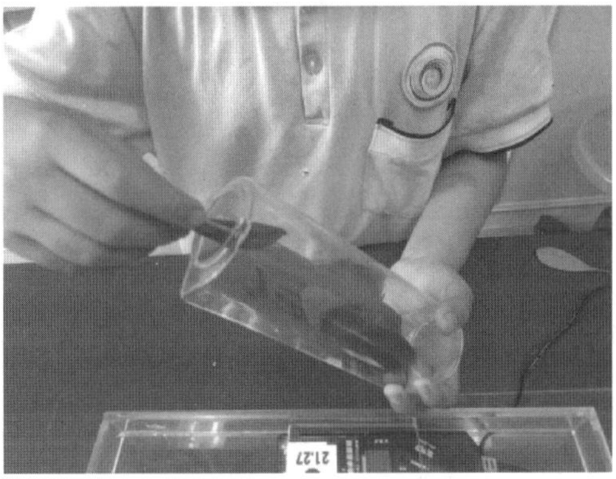

图 5-1-13　装瓶

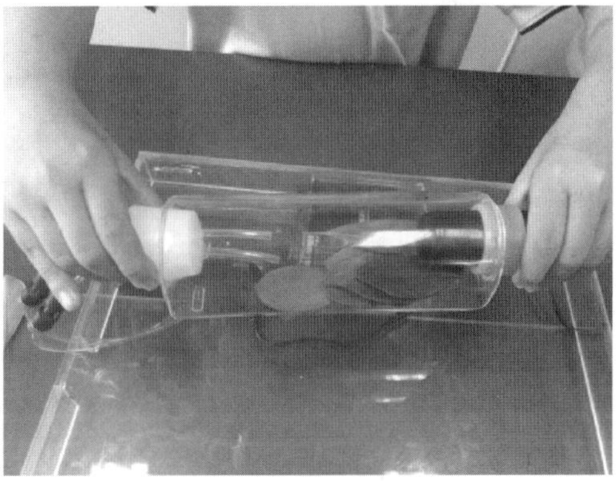

图 5-1-14　连接

3. 照灯：打开灯源开关，照射密封瓶(如图 5-1-15 所示)。
4. 测量：打开数据显示模块并扫描传感器码，连接手机软件(如图 5-1-16 所示)。

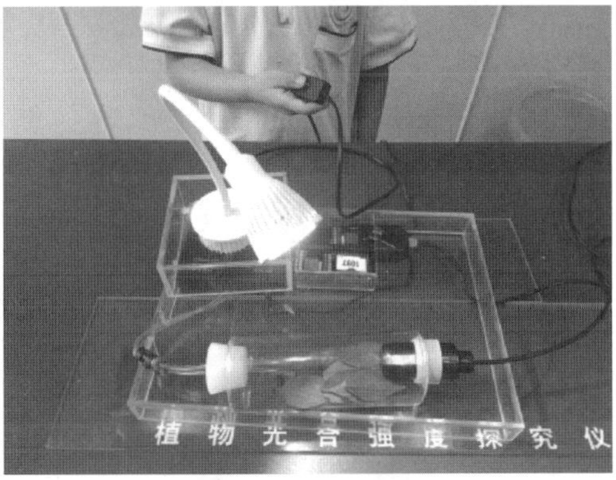


图 5-1-15　照灯

图 5-1-16　测量

5. 记录：动态记录光合作用过程中氧气和二氧化碳含量的变化(如图 5-1-17 所示)。

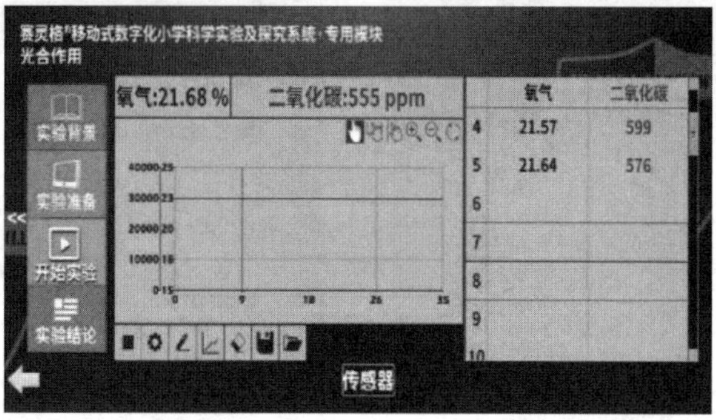


图 5-1-17　记录

# 5.2 多用途显微投影仪

河北省秦皇岛市昌黎县昌黎镇第六完全小学 徐 兴 孙晓静

## 一、教具的教学意义和价值

这是一套教学演示用的综合性教具，主要设计意图为小学科学实验教学中对各种物体和实验现象进行显微投影或放大观察，也可用于中学生物实验中各种显微效果的展示。

本系列教具力求打造一个通用的显微成像观测平台，可以根据教学需要对显微镜切片、各种标本、动植物或微生物样品等进行显微放大成像。本教具具有投影成像清晰、学科通用性强、操作简单等特点，可以观察到物体的细节以及细微的变化。

本教具采用大功率 LED 白光射灯做光源，配合可调焦超广角镜头，能够使被观察的微小物体清晰成像，效果非常好。在不断地改进和完善中增加了生物显微镜和体视显微镜的功能，不仅可以对透明、半透明的物体进行显微放大投影，还可以对不透明的物体进行细节观察。通过加装 Wi-Fi 装置，不论是高倍显微效果还是低倍放大效果，都可以用移动终端进行接收、观察、拍照、录像、保存，不但为观测带来了便利，而且可以将观测结果通过手机、平板电脑等移动设备进行分享，或上传网络平台进行网课教学。

本套教具采用模块化设计，分为调焦与镜头组件、LED 光源与聚光透镜组件、载物台与被观测物组件三大部分。载物台为开放式设计，可以加载多种教学应用。

从小学科学对昆虫、晶体、标本、水样中微生物活动、各种切片的观察，到物理教学中对布朗运动(花粉、烟雾悬浊液中无规则运动)的观察，以及生物教学中对比较大的植物细胞(如番茄细胞)、微生物(如酵母液中微生物)、水样(不同杂质的水)的观察都可以用这套教具来完成。

特别是在小学科学六年级下册第一单元“微小世界”以及第四单元“环境和我们”第七节考察家乡自然水域的教学中，本套教具可以在教师进行集体授课时很方便地将微小物体展示出来，供学生共同观察、交流、发现问题。教师可以直接在放大的影像上指给学生看各种细节并进行讲解，方便教师带领学生共同发现问题，共同讨论交流，共同解决问题，让授课更加灵活高效。

## 二、教具装置图

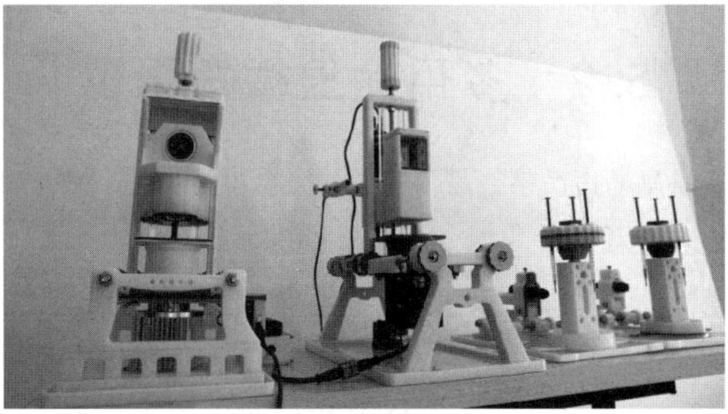

图 5-2-1

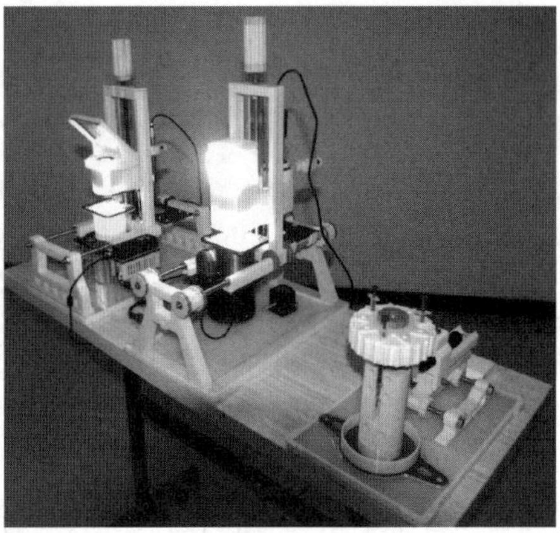

图 5-2-2

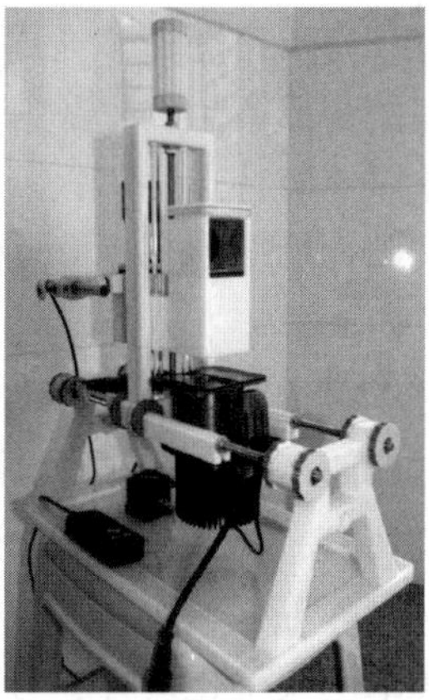

图 5-2-3

## 三、仪器特点及用途

### (一)特点

本系列教具由两种结构功能的设备组成。

一种为液滴式显微投影装置。采用激光笔做光源，利用水滴放大镜原理将激光束放大成一个大面积光斑投射在墙上，显微镜下各种微生物的运动便呈现出来。液滴式显微投影装置适用于小学科学六年级第四单元“环境和我们”第七节考察家乡的自然水域的教学中，对学生采集的不同水样进行对比观察。本装置结构简单，效果明显，激光笔随处可得，易于学生自行操作，给学生的实验观察和探究活动带来了便利和乐趣。

另一种为 LED 射灯投影成像装置。本装置采用大功率 LED 白光射灯做光源，配合可调焦超广角镜头，能够使被观察的微小物体清晰成像，效果比液滴式显微投影有了显著提高。本装置放大倍数大，现象明显，能将昆虫的细微身体结构、切片、水中微生物的活动等微观现象展现在学生眼前，给实验教学活动带来很多便利。同时，没有显微镜的学生也可以在学校、家里观察多种实验现象，极大地提高了学习兴趣。

### (二)用途

本教具主要教学应用和可观察现象如下：

配合小学科学六年级教材中对昆虫、晶体、标本、水样中微生物活动、各种切片的观察；物理教学中的布朗运动(花粉、烟雾悬浊液中无规则运动)；生物教学中比较大的植物细胞(如番茄细胞)、微生物(如酵母液中微生物)、水样(不同杂质的水)的观察；等等。

## 四、制作材料

3D 打印耗材——1. 75 mm 聚乳酸(PLA)、数码相机超广角镜头 1 个、全反射直角棱镜 1 块、激光笔 2 根、LED 灯珠变压器组件及铝散热器、聚光透镜 2 个、Wi-Fi 盒子 1 个、电子目镜 1 个、显微镜物镜 1 个、8 mm 轴承 6 个、M8 丝杆 5 根、螺母若干、环氧树脂胶及固化剂若干、针管及平头点胶针头。

## 五、制作方法

### (一) 液滴式显微投影装置

用激光笔发出的强光束照射旋转罗盘上的针管挤出的液滴，产生放大影像的效果，以观察悬浊液内部微小的悬浊物体(如图 5-2-6 所示)。其主要原理是水滴放大镜原理，每个水滴都是一个高倍放大镜，水滴内(表面)的物体经水滴放大后再经过大功率激光笔强光束的照射，在屏幕上投影出水滴内悬浊物体的影像。平时肉眼看不到的微小物体经本装置放大后可以清晰地观察到物体轮廓和结构。

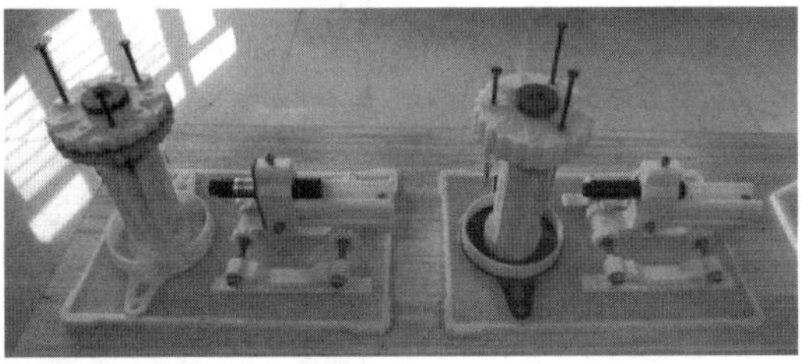

图 5-2-6

### (二) LED 射灯投影成像装置

本装置各零部件采用 3D 设计软件进行 3D 建模设计，并使用 3D 打印机打印成型，尺寸精确，外形美观(如图 5-2-4、图 5-2-5 所示)。零件内部预制空腔注入环氧树脂增加强度，使教具结实耐用。发热部分铝连接件使用 CNC 数控机床加工。教具制作原理为大功率白色 LED 灯投射的强光，经聚光透镜汇聚后，照射到载物台上的被观测物体；广角镜头与全反射棱镜整合在一起，置于调焦导轨上；旋转手柄调节镜头与载物台的距离，可使被观察物体在不同距离上成像，距离越远，成像越大。在实际教学展示中和共同探究、交流活动中，比单人显微镜更加灵活方便。调焦导轨的另一侧通过标准接口增加了 Wi-Fi 盒子和体视显微镜，体视显微镜与 Wi-Fi 盒子相连接，可用移动设备接收 Wi-Fi 信号进行观察和保存。

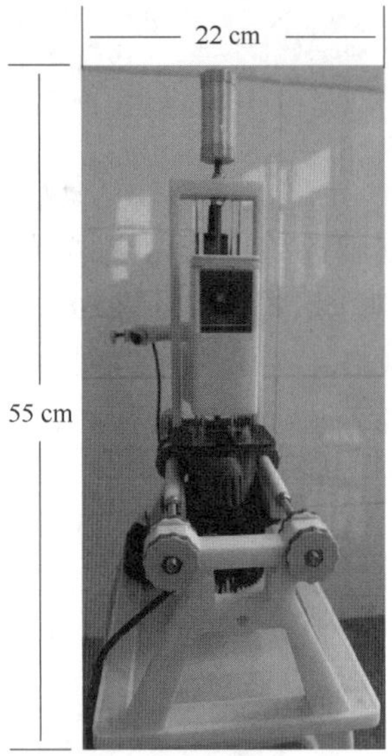


图 5-2-4

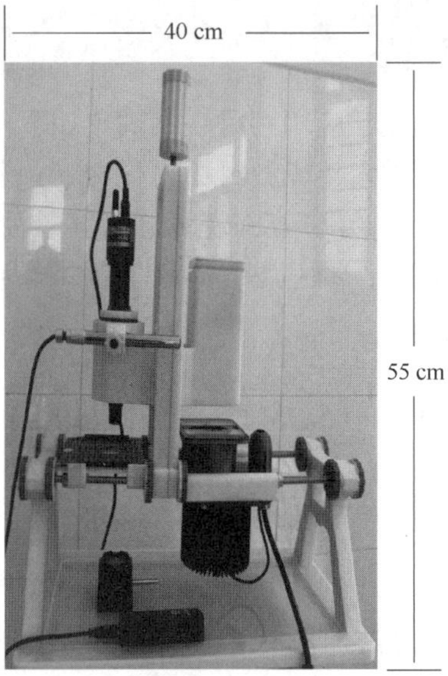


图 5-2-5

## 六、使用方法

### (一) 液滴式显微投影装置

在针管中吸入被观测水样，插入旋转罗盘定位孔中，每个罗盘最多可安装 9 个针管。打开激光笔，挤出一滴液体停留在针头末端，通过丝杆上的手动螺栓调节激光束的左右和上下位置，直到激光束穿过液滴形成投影，就可以进行观察了(如图 5-2-8、图 5-2-9 所示)。

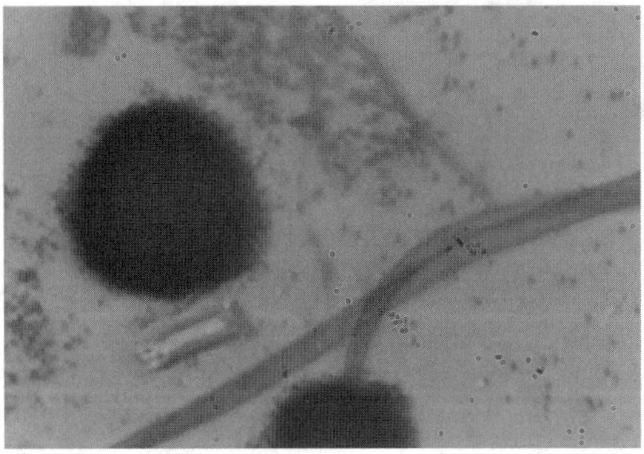

图 5-2-8

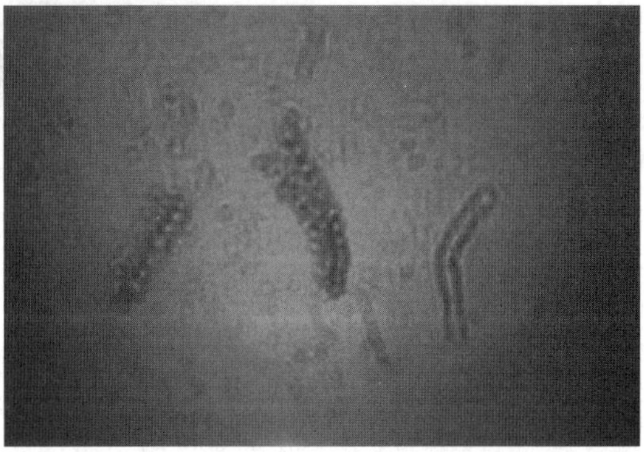

图 5-2-9

### (二) LED 射灯投影成像装置

打开投影仪电源开关，将被观察物体放在载物台的聚光透镜孔上。旋动调焦手柄，上下调整镜头位置使成像清晰(成像位置越远，调节清晰后像的尺寸越大，不过像大了，光线分散，会相对暗淡，要在大小和亮度之间找一个平衡)。

调焦导轨的另一侧增加了 Wi-Fi 盒子和体视显微镜。打开 Wi-Fi 盒子开关，用移动设备连接 Wi-Fi，就可在软件中进行观察，也可录像或拍照保存观察结果(如图 5-2-7 所示)。

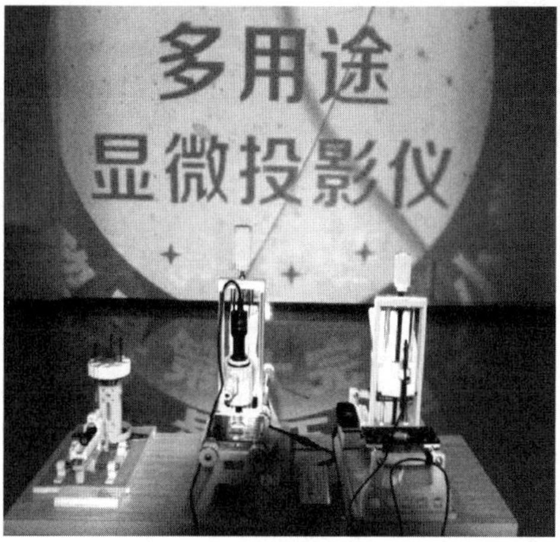


图 5-2-7

# 5.3 能量的控制工作原理系列演示器

河北省邯郸市永年区刘汉乡总校 李 立 霍丽荣 胡 彬

## 一、教具的教学意义和价值

“能量的控制”是冀教版小学科学六年级上册第二单元的内容。本课贴近生活实际，学生学习兴趣浓厚，但受活动的实验器材使用限制，有些知识只能通过图片或者文字进行了解，从而影响了学生对科学知识的开发。为了使学生更生动、形象、直观地了解生活中各种能量控制装置的工作原理，便于学生亲身参与“探究—体验”获得新知，笔者设计制作了本系列教具。

## 二、教具装置图

图 5-3-1

## 三、仪器特点及用途

### (一) 特点

本系列教具将生活中的能量控制装置分为三大类，便于学生将知识化繁为简，更轻松地掌握、探究。

1. 控制能量的有无：红外线遥控可视装置、人体红外感应控制装置、磁控报警器门、光控装置。

2. 控制能量的时间：电扇定时装置、自动饮水机装置、磁控时控一体装置、空气热胀冷缩沙漏演示器。

3. 控制能量的大小：铅笔芯滑动变阻器、非线性电阻、石墨旋转变阻器、智能家居控制装置。

最后，拓展方面，还有 Wi-Fi 智能家居装置。

（二）用途

辅助学生更好地了解生活中各种能量控制装置的工作原理，亲身参与“探究—体验”，获得新知，开阔视野。

## 红外线遥控可视装置

### 一、教具装置图

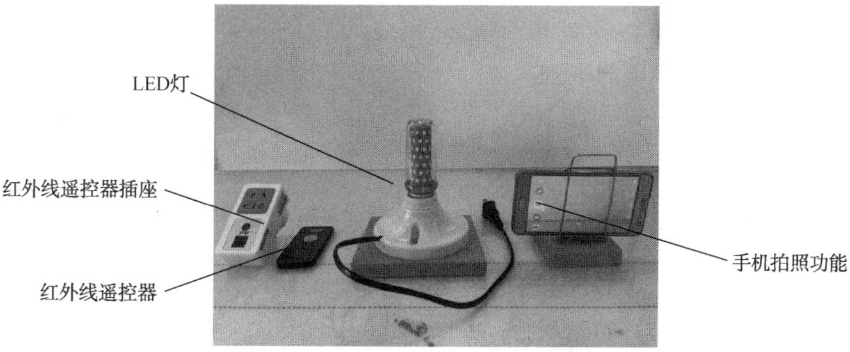


图 5-3-2　红外线遥控可视装置

### 二、制作材料

红外线遥控器插座、红外线遥控器、手机、纸盒、LED 灯。

### 三、制作方法

1. 在遥控器前固定好手机。
2. 调整摄像头位置，使摄像头可以拍到遥控器发射出的红外线(如图 5-3-3 所示)。

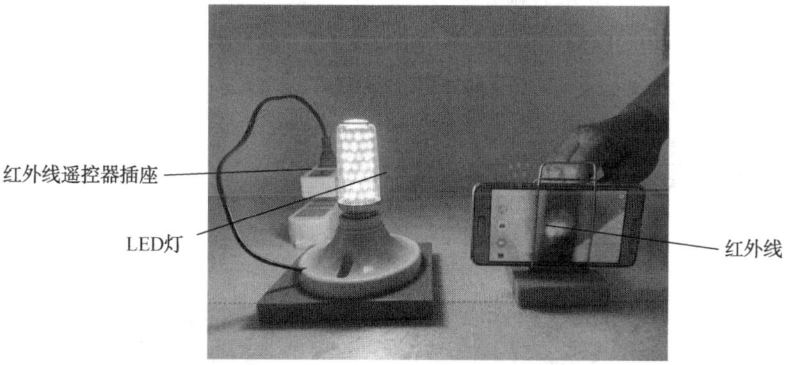


图 5-3-3

### 四、使用方法

1. 将 LED 灯插在红外线遥控器插座上。
2. 遥控器对准红外线遥控器插座即可控制 LED 灯。

3. 打开手机拍照功能，按住遥控器按钮，对准摄像头，即可看到红外线。

## 人体红外感应控制装置

### 一、教具装置图

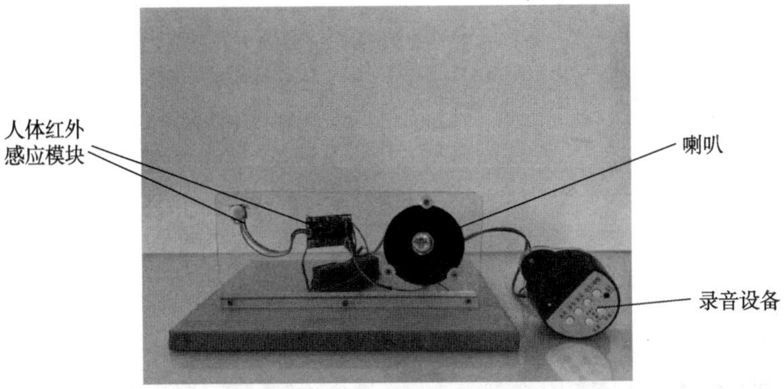


图 5-3-4　人体红外感应控制装置

### 二、制作材料

人体红外感应模块、喇叭、录音设备、导线。

### 三、制作方法

1. 将喇叭、录音设备与人体红外感应模块用导线连接好。
2. 可根据需要，用录音设备录好警示音。
3. 进行美化，将喇叭、人体红外感应模块安装在亚克力透明塑料板上。

### 四、使用方法

人进入感应模块区域，警示音响起；人离开后，继电器自动关闭，警示音停止。

## 磁控报警器门

### 一、教具装置图

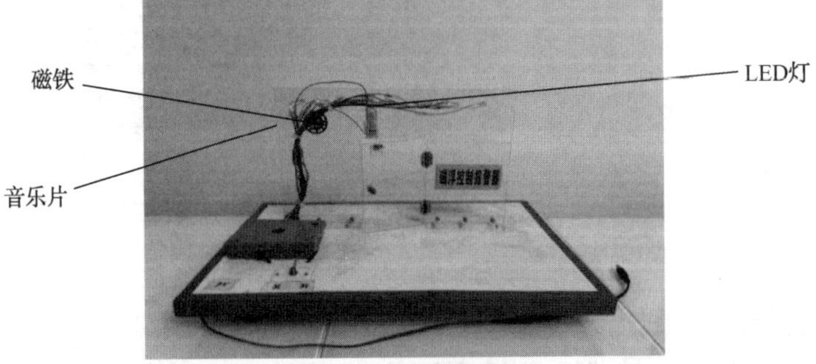


图 5-3-5　磁控报警器门

## 二、制作材料

电池、2 块磁铁、LED 灯、木板底座、亚克力透明塑料板、音乐片。

## 三、制作方法

1. 将亚克力透明塑料板制成门的造型。
2. 在门框和门的上部边缘两个部位分别装上磁铁。
3. 安装连接 LED 灯和音乐片。

## 四、使用方法

接通电源。当门关闭时，由于同极相斥、异极相吸的原理，上下磁铁相斥，报警线路被切断；当门推开时，上方磁铁落下，报警器线路接通，警报响起。

# 光控装置

## 一、教具装置图

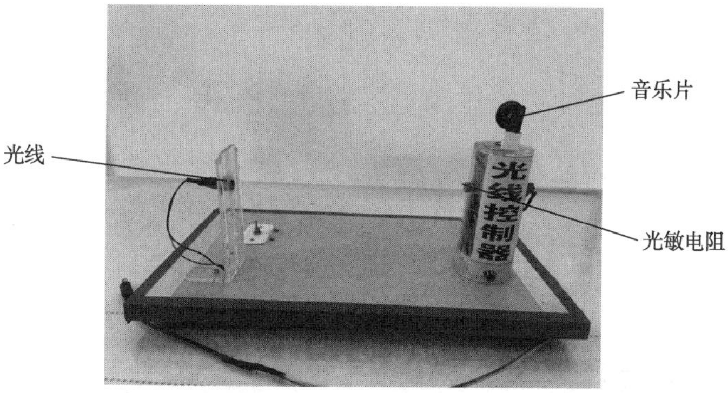


图 5-3-6　光控装置

## 二、制作材料

光敏电阻、音乐片、灯光、导线。

## 三、制作方法

将光敏电阻、音乐片用导线连接，进行组装(如图 5-3-7 所示)。

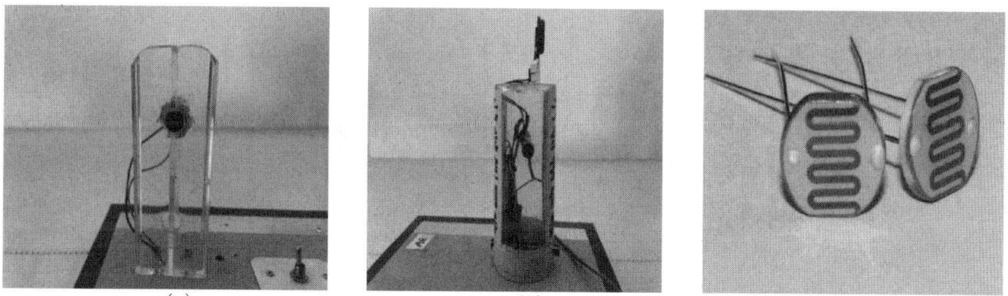

(a)　(b)　(c)

图 5-3-7

## 四、使用方法

接通电源，音乐响起。障碍物从中间遮挡，线路切断，音乐停止。

# 电扇定时装置

## 一、教具装置图

图 5-3-8 电扇定时装置

## 二、制作材料

小电风扇、定时器、箱体。

## 三、制作方法

将定时器安装于箱体内，进行线路连接、组装(如图 5-3-9 所示)。

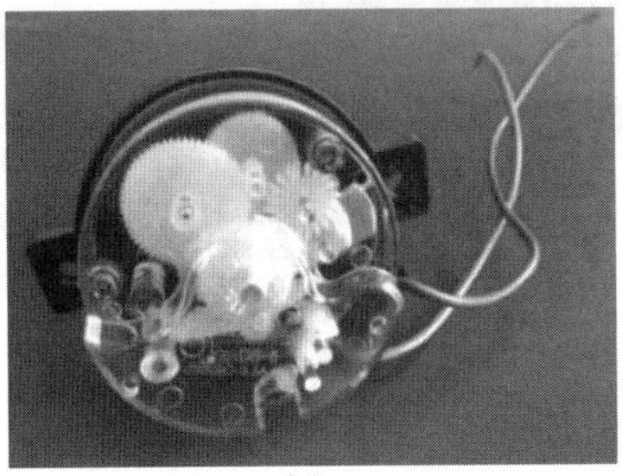

(a)

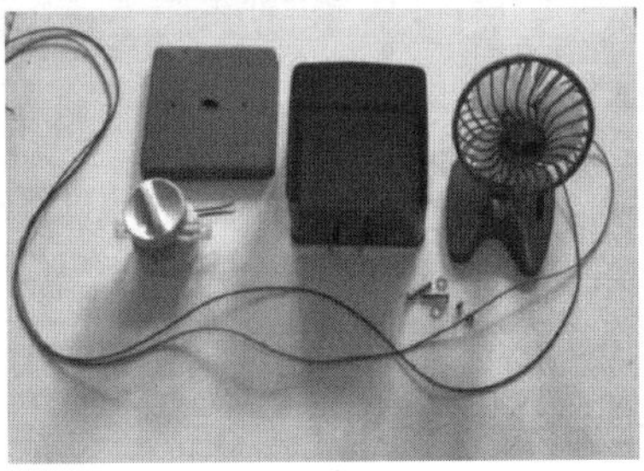

(b)

图 5-3-9

## 四、使用方法

接通线路，将定时器旋钮扭到某一时刻。扭到某一时刻，相当于给定时器发条施加了能量，这时导通电流的弹片被压紧，通电。定时器像钟表一样通过摆轮慢慢释放能量，直到释放完毕，导通电流的弹片被释放，停电。

# 自动饮水机装置

## 一、教具装置图

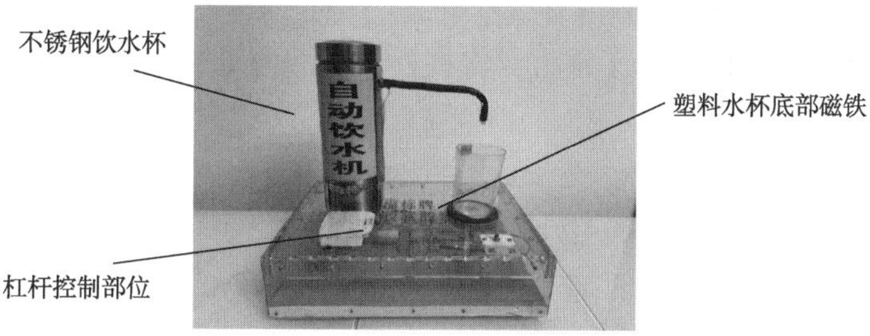


图 5-3-10 自动饮水机装置

## 二、制作材料

磁铁、不锈钢饮水杯、塑料水杯、磁铁、铜线、杠杆。

## 三、制作方法

1. 在塑料水杯底部安装磁铁[如图 5-3-11(a)所示]。
2. 塑料水杯的圆盘底座，用铜线包裹铁片[如图 5-3-11(b)所示]。

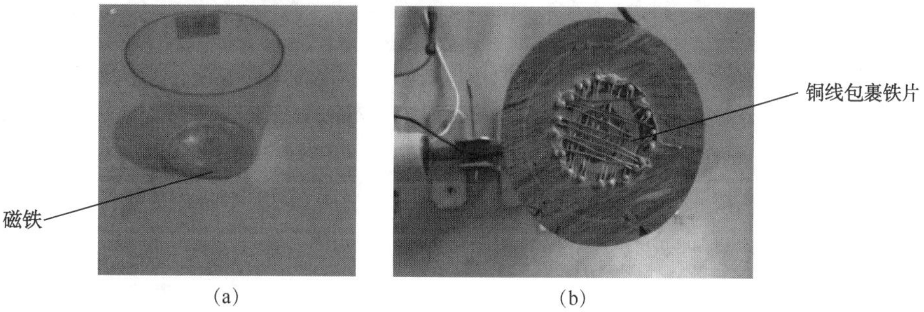


图 5-3-11

3. 将以上装置与杠杆控制部位进行组装(如图 5-3-12 所示)。

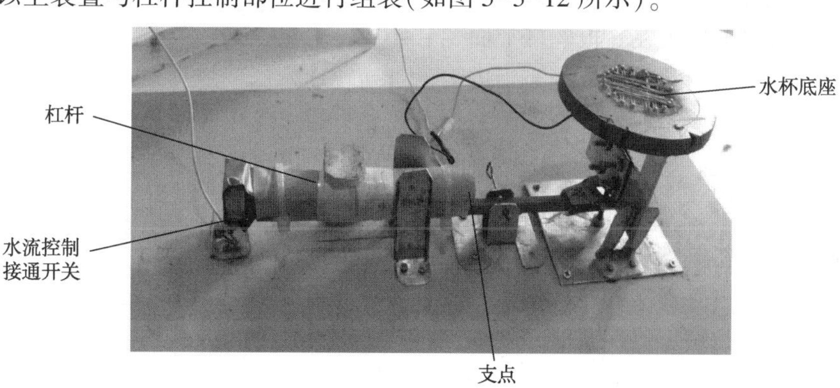


图 5-3-12

## 四、使用方法

1. 接通电源，打开开关。向不锈钢水杯中注入水。

2. 将塑料水杯放在底座上，底部磁铁将底座吸上来，铜线接通电源，形成闭合电路。水流自动从不锈钢水杯中流入塑料水杯。

3. 当水流流入一定量时，由于重力，将杠杆一端底座部位压下，另一端水流控制开关翘起，线路切断，水流停止。

# 磁控时控一体装置

## 一、教具装置图

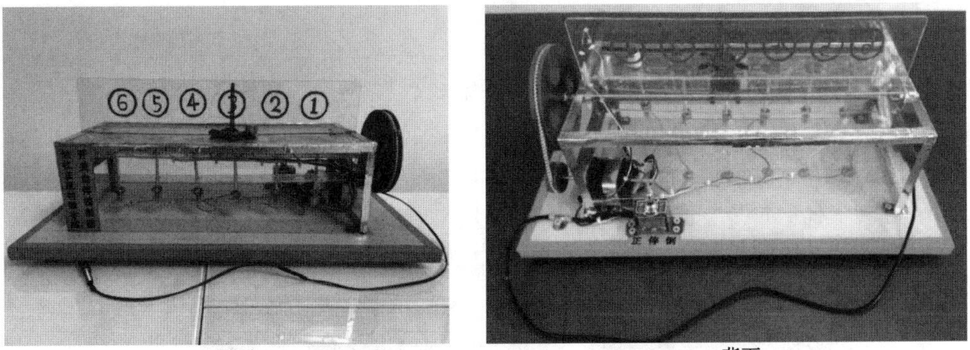


正面　　背面

图 5-3-13　磁控时控一体装置

## 二、制作材料

丝杠 6 根、螺母 6 个、磁铁、电机、LED 灯、木板、皮筋、有机玻璃。

## 三、制作方法

1. 将 6 根丝杠按照一定距离并列排开。
2. 将 6 个螺母分别装在 6 根丝杠上面。
3. 将木头打磨成轮状，用皮筋充当皮带，带动转动。
4. 割裁有机玻璃，制成外罩，用于装饰美化。将每根丝杠对应的数字编码贴上。

## 四、使用方法

1. 接通电源，将磁铁放在指定的数字编码上，下面的螺母被吸上来。
2. 拨动开关，电路连接，丝杠向指定的数字编码移动。
3. 当到达指定数字编码位置时，磁铁被推开，螺母落下，线路切断，丝杠停止移动。

# 空气热胀冷缩沙漏演示器

## 一、教具装置图

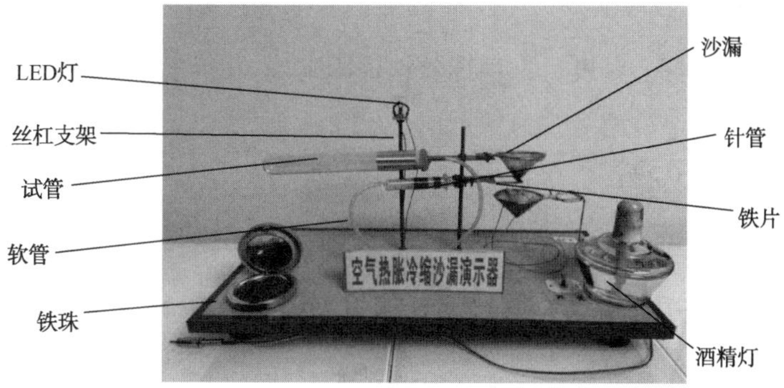


图 5-3-14 空气热胀冷缩沙漏演示器

## 二、制作材料

铁珠、试管、酒精灯、LED 灯、针管、软管、铁片、纱网沙漏 2 个、丝杠支架 2 个。

## 三、制作方法

1. 将试管与针管用软管连接好，分别装于 2 个丝杠支架上。
2. 将 2 个沙漏分别用螺丝固定在试管和针管上。
3. 组装线路，连接 LED 灯。

## 四、使用方法

1. 向上方沙漏放入适量铁珠。
2. 点燃酒精灯，对试管加热。
3. 沙漏下方铁片受热膨胀，铁珠漏到下方，线路连接，LED 灯发光。

# 铅笔芯滑动变阻器

## 一、教具装置图

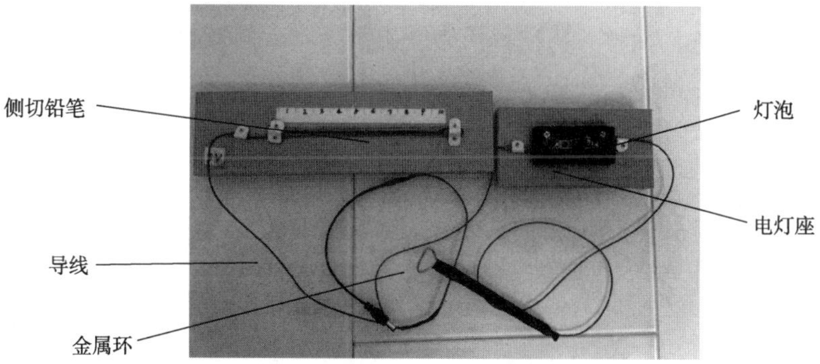


图 5-3-15 铅笔芯滑动变阻器

## 二、制作材料

螺丝、铁片、铅笔、金属环、电灯座、导线、灯泡、电池。

## 三、制作方法

1. 将铅笔侧切开，标上刻度尺，用螺丝铁片固定好。
2. 连接电灯座，装上灯泡。
3. 将电池装入盒内，将侧切铅笔和电灯座分别固定在各自的盒子上。

## 四、使用方法

接通电源，左右滑动金属环，即可观察到灯泡的明暗变化。

# 非线性电阻

## 一、教具装置图

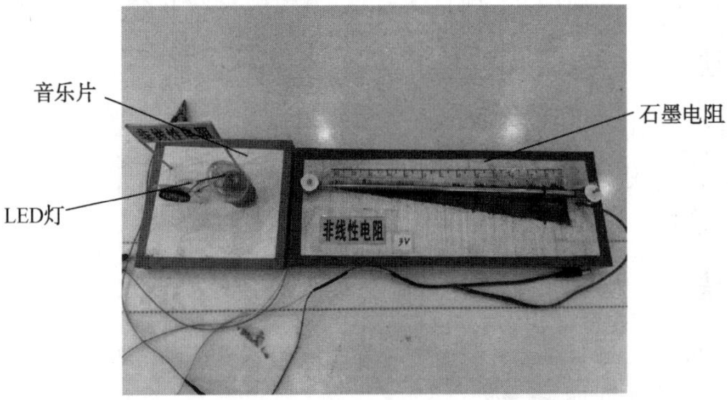


图 5-3-16　非线性电阻

## 二、制作材料

石墨、铁片、水泥、沙土、LED 灯、音乐片、导线、电池。

## 三、制作方法

1. 将石墨和水泥进行搅拌，边搅拌边用欧姆表进行电阻测量。
2. 将石墨注入梯形槽中，塑形。
3. 安装连接 LED 灯和音乐片。

## 四、使用方法

接通电源，滑动金属铁片，即可观测灯光明暗、听到声音大小的变化。

# 石墨旋转变阻器

## 一、教具装置图

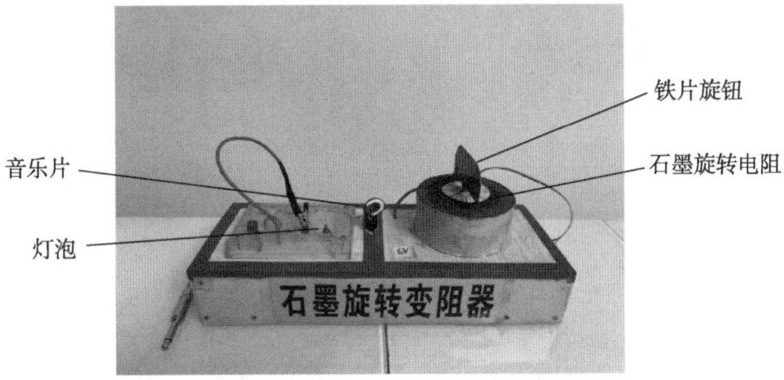


图 5-3-17　石墨旋转变阻器

## 二、制作材料

石墨、铁片、水泥、沙土、小灯泡、音乐片、导线、电池。

## 三、制作方法

1. 将石墨和水泥进行搅拌，边搅拌边用欧姆表进行电阻测量(如图 5-3-18 所示)。

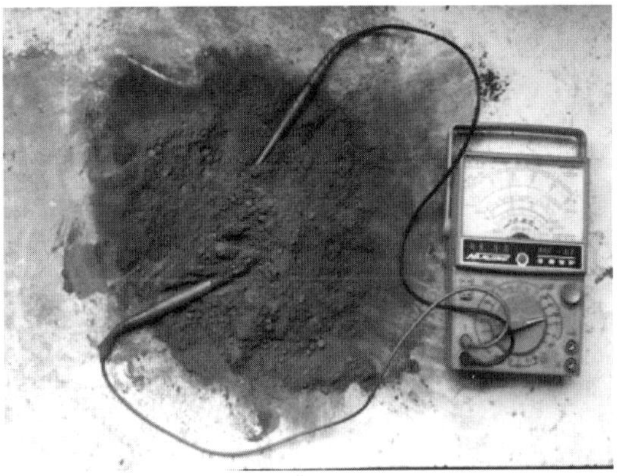

图 5-3-18

2. 将石墨放入沙土旋转模型容器中，进行凝固[如图 5-3-19(a)所示]。将沙土从背面倒出[如图 5-3-19(b)所示]。将沥青从背面注入，修理打磨成型[如图 5-3-19(c)、图 5-3-19(d)所示]。

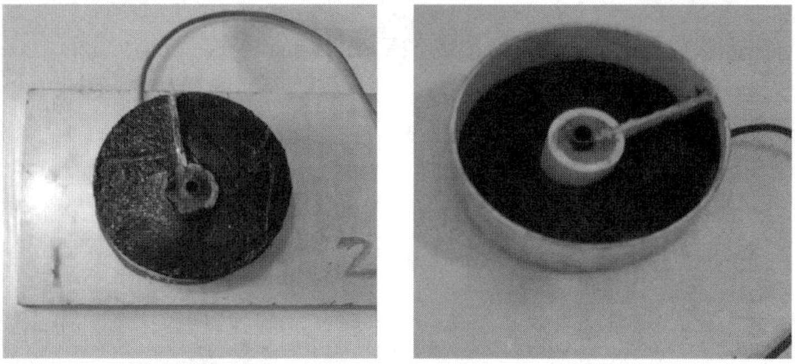

(a) 石墨沙土成型　　(b) 倒出沙土

(c) 铸入沥青　　(d) 修理打磨

图 5-3-19

## 四、使用方法

接通电源，旋转铁片旋钮，即可观测灯光明暗、听到声音大小的变化。

# 智能家居控制装置

## 一、教具装置图

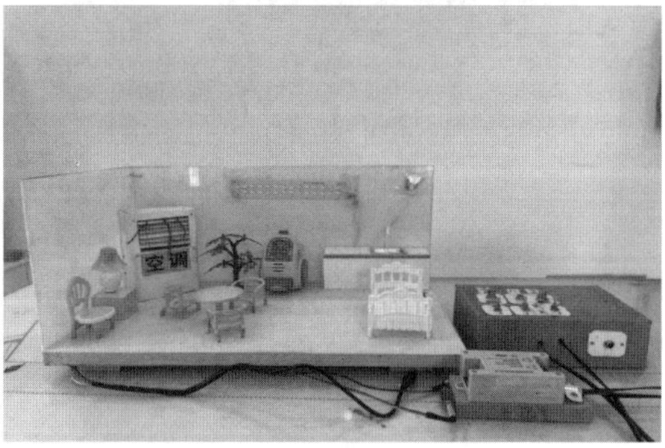


图 5-3-20　智能家居控制装置

## 二、制作材料

木板，灯座，灯泡，电风扇，定时器，床头灯、洗衣机、空调等模型，智能开关。

## 三、制作方法

1.“Wi-Fi 远程遥控开关”智能模块：可以利用手机遥控设备工作，如图 5-3-21 所示。将手机与智能模块连入同一个网络，在手机上下载智能模块配套 App，就能使用 App 对智能模块进行远程控制。

图 5-3-22 标出了智能模块的结构名称，了解它们的用途，可以顺利使用手机遥控家电(床头灯、洗衣机、空调)。

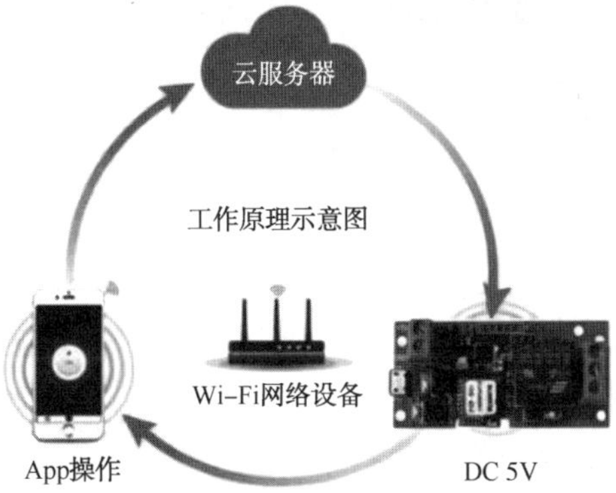

图 5-3-21

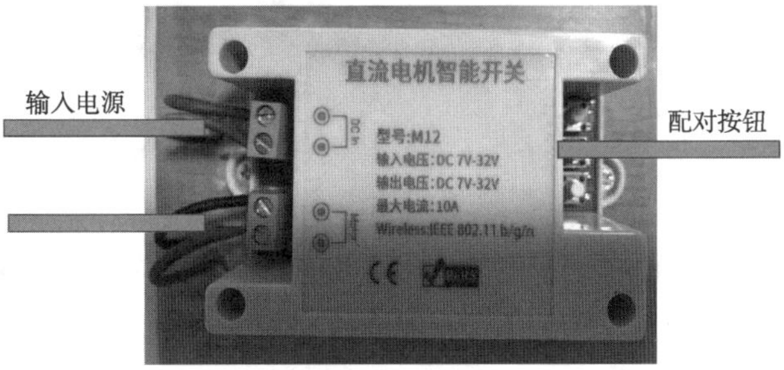

图 5-3-22

2. 将要遥控的家电(床头灯、洗衣机、空调)部分原件与智能模块连接在一起，智能模块需要单独电源供电，智能模块及其电源共同组成了智能开关部分。

## 四、使用方法

1. 连接网络。手机下载智能模块指定 App，打开 App，长按智能模块上“配对”按钮，直到红灯快速闪烁，松开。点击 App 上“添加”按钮，输入手机当前连接的 Wi-Fi 账户和密码。最后给设备命名，完成添加(如图 5-3-23 所示)。

2. 测试使用。完成手机连接后，智能模块上的红灯变为常亮状态。打开手机 App，点击开关图示即可控制模块设备通断电，实现对家电的远程控制(如图 5-3-24 所示)。

图 5-3-23

图 5-3-24

3. 造型美化。将家电外壳组装好加以装饰美化。

4. 在此基础上，连接其他电器(如灯泡、风扇)，用手机智能控制(如图 5-3-25 所示)。

(a)　(b)

图 5-3-25

5. 模块组合。在灯泡的中间连接一个旋钮模块，可以调节灯光的明暗；在电扇的中间连接一个延时器模块，可以智能操作定时(如图 5-3-26 所示)。

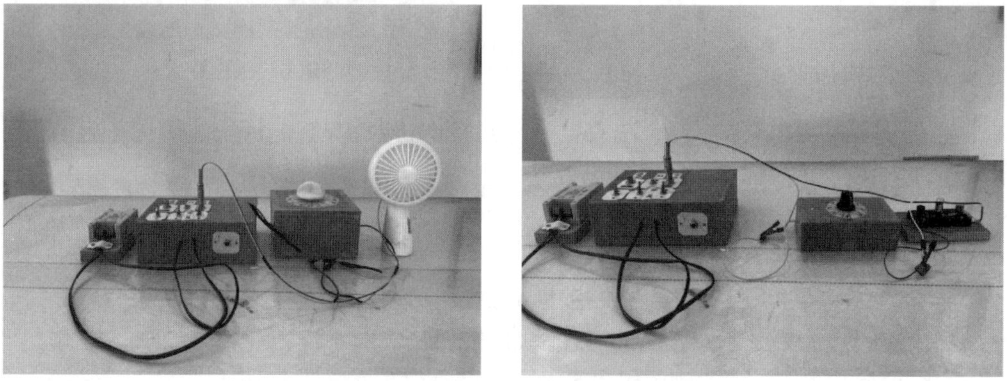

(a)　(b)

图 5-3-26

6. 触摸开关控制。利用人体部位(如手指)接近开关时产生的电容或电阻波动，给芯片指令，由芯片控制开关电路(如图 5-3-27 所示)。

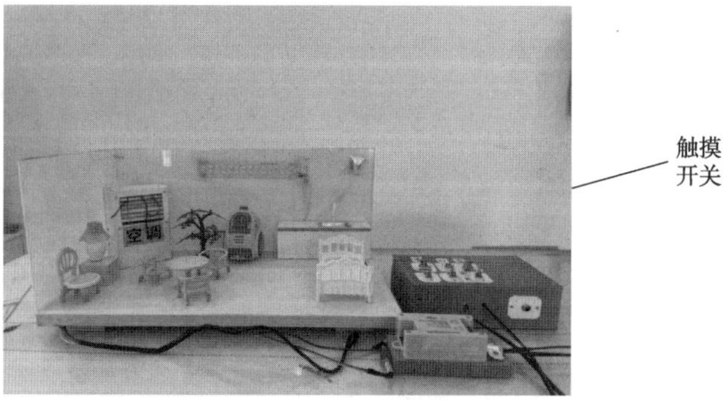


图 5-3-27　智能家居控制装置

# 5.4 多功能光学演示器

辽宁省丹东市朝阳小学 宋 伟
辽宁省丹东市元宝区教师进修学校 姜 艳
辽宁省丹东市朝阳小学 孙艳玲

## 一、教具的教学意义和价值

因为光线的特殊性，学生无法直接观察到光的直线传播以及平行光线穿过凸透镜、凹透镜之后方向的变化。教材设置的演示实验用带有小孔的遮光板，让学生通过观察最终落在光屏上的光点来理解光在空气中沿直线传播的现象。同样地，在课堂教学中，教师也是采用凸透镜聚焦的方式演示光线穿过凸透镜之后的光路汇聚，通过观察光线穿过凹透镜后在光屏上的落点之间的距离来讲解凹透镜对光线的发散作用，无法让学生清晰直观地观察到光线本身的光路，因此学生对相关知识的理解有一定困难。本教具使用激光光源模拟一束光线，采用在封闭容器内添加烟雾的方式使光路可见，可以直观地向学生展示光在空气中沿直线传播的现象以及平行光线穿过凸透镜、凹透镜之前和之后的光路变化；与多种专用配件组合使用，还可以向学生展示光在相同密度的水中沿直线传播，以及折射与反射现象，增强学生对相关知识的感知程度，加深学生对相关知识的印象，提高课堂教学效率。

本教具及其组合配件可以演示小学阶段几乎所有光学实验，初中学段也可以使用。

## 二、教具装置图

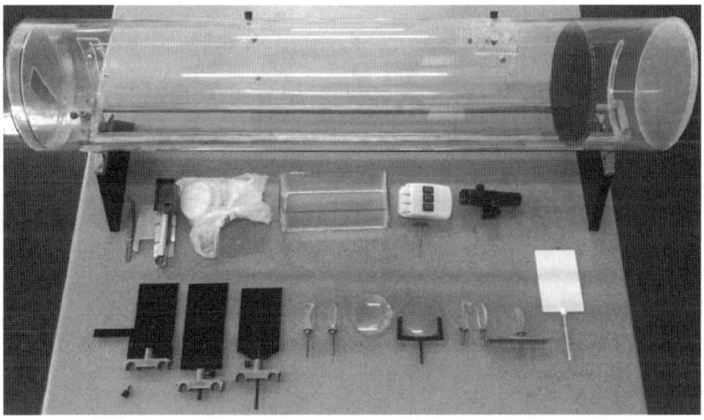

图 5-4-1

## 三、仪器特点及用途

### （一）特点

本教具对传统光具座进行改进，加装近乎封闭的透明有机玻璃管，不仅可以演示传统光具座所能演示的全部光学现象，还可以通过向有机玻璃管中注入烟雾，使光线可见，进而清晰直观地展现多种光学现象。

### （二）用途

本教具可演示的实验包括但不限于以下几种。

1. 小孔成像。
2. 凸透镜、凹透镜成像，测量凸透镜、凹透镜的焦距。
3. 光在空气中沿直线传播；光在空气中的折射、反射。
4. 光在水中沿直线传播；光在水中的折射、反射。

## 四、制作材料

长度近 100 cm 传统光具座 1 个，长 100 cm、直径 20 cm 两端带盖的有机玻璃管，20 cm×8 cm×8 cm 长方形玻璃水槽 1 个，凸透镜 1 个、凹透镜 1 个、柱状凸透镜 1 个、柱状凹透镜 1 个、柱状凹凸面镜 1 组，激光发射器 2 个（红色三线、绿色一线），烟雾生成及添加装置 1 个。

## 五、制作方法

对传统光具座的底座进行加高处理（如图 5-4-2 所示），并将原滑块进行切割（如图 5-4-3 所示）。加高光具座可使教师在有机玻璃管的下方空隙处进行实验操作。传统光具座的滑块是环形结构，不可随意拆装，切割后，教师在演示时可随时更换配件。

图 5-4-2

图 5-4-3

准备一根长 100 cm、直径 20 cm 的透明有机玻璃管，玻璃管两端配盖子。将玻璃管按照光具座横杆的宽度进行切割，挖出镂空长槽（如图 5-4-4 所示）。透明有机玻璃管可以形成一定程度的密闭空间，将注入的烟雾更好地聚集在光线周围，提升演示效果。

制作柱状凸透镜、凹透镜、凹凸面镜的底座并黏结牢固(如图 5-4-5 所示)。

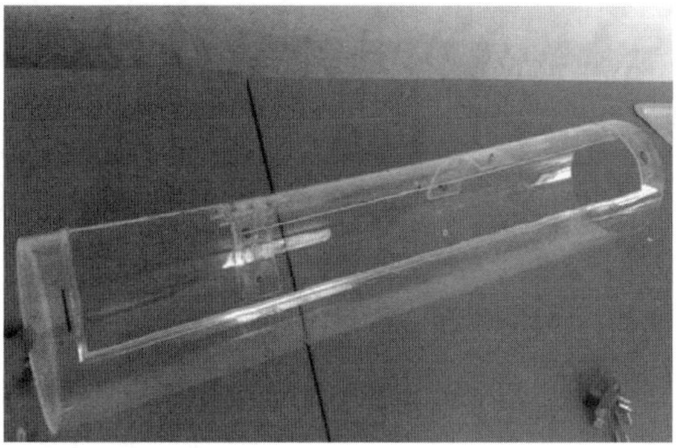

图 5-4-4

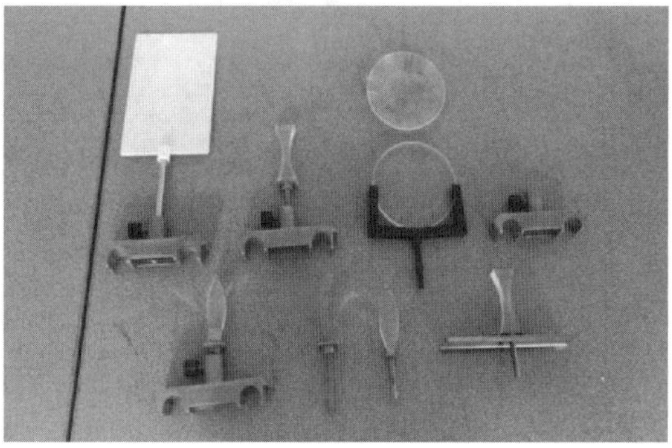

图 5-4-5

制作长方形玻璃水槽并黏结牢固(如图 5-4-6 所示)。

制作激光发射器支架(如图 5-4-7 所示)。

图 5-4-6

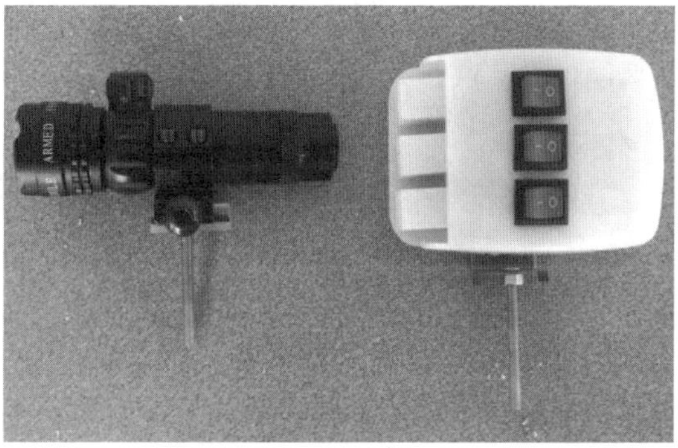

图 5-4-7

制作注烟器[如图 5-4-8(a)所示]。准备适量无毒烟饼[如图 5-4-8(b)所示]。

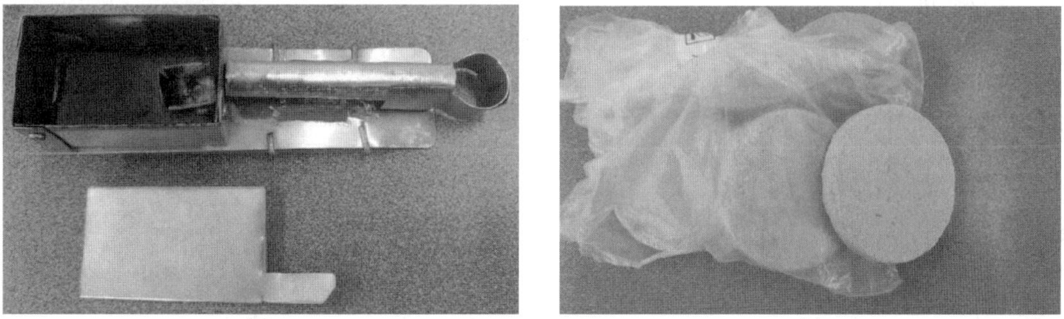

(a)　　(b)

图 5-4-8

组装光具座和有机玻璃管，将激光发射器、透镜、光屏安装在合适位置(如图 5-4-9 所示)。

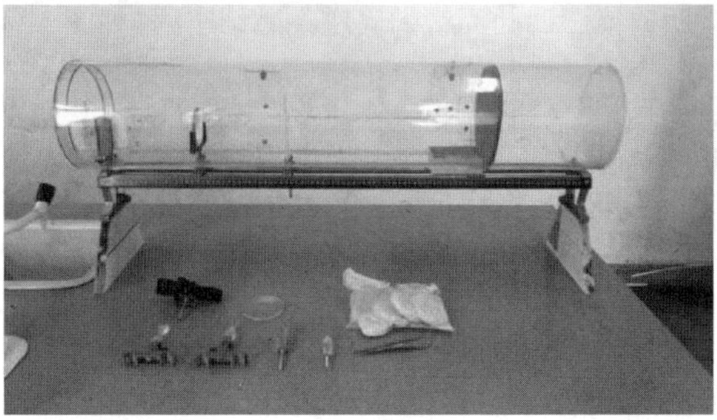

图 5-4-9

## 六、使用方法

### (一) 演示平行光线穿过凸透镜、凹透镜之前和之后的光路变化

将本教具放置在水平桌面上，调整激光发射器，发射出平行的三线激光束，使上线激光束穿过凸透镜上部，中线激光束穿过凸透镜中心，下线激光束穿过凸透镜下部(如图 5-4-10 所示)。

图 5-4-10

调整光屏与凸透镜的距离，找到凸透镜的焦距，使三线激光束穿过凸透镜以后汇聚成的一点光斑恰好投射在光屏上(如图 5-4-11 所示)。此时学生只能观察到光屏上的光斑，无法观察到光线在凸透镜前段的平行状态和穿过凸透镜之后的汇聚过程(如图 5-4-12 所示)。

图 5-4-11

图 5-4-12

取适量烟饼放入注烟器[如图 5-4-13(a)所示]。点燃烟饼[如图 5-4-13(b)所示]。可以通过调节注烟器盖开口大小调整烟雾罩内烟雾的浓度[如图 5-4-13(c)所示]。

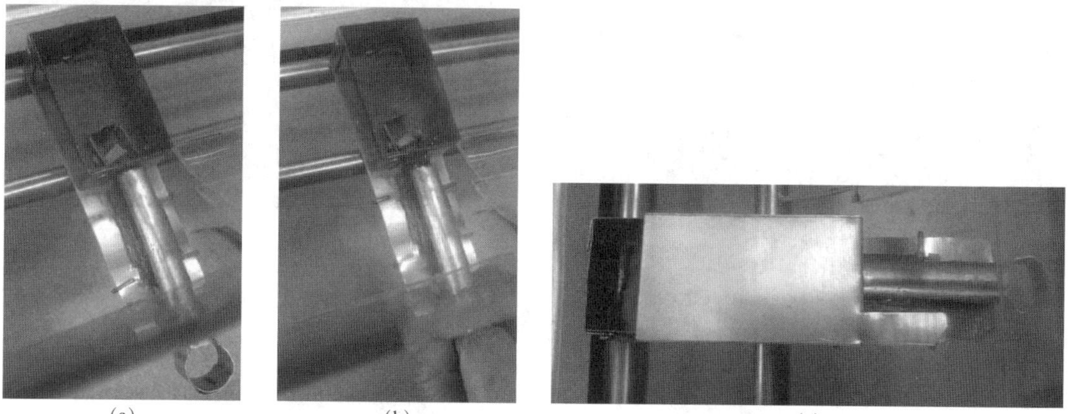

(a) (b) (c)

图 5-4-13

烟雾使激光束显现出来，学生可以直观地观察到凸透镜左侧光路的平行状态和右侧光路的汇聚变化，理解凸透镜的特点(如图 5-4-14 所示)。

图 5-4-14

更换凹透镜(如图 5-4-15 所示)、柱状凸透镜(如图 5-4-16 所示)、柱状凹透镜(如图 5-4-17 所示)、柱状凹凸面镜(如图 5-4-18、图 5-4-19 所示)，调节光屏至合适位置，可以让学生清晰且直观地观察到各种光线的折射与反射现象。

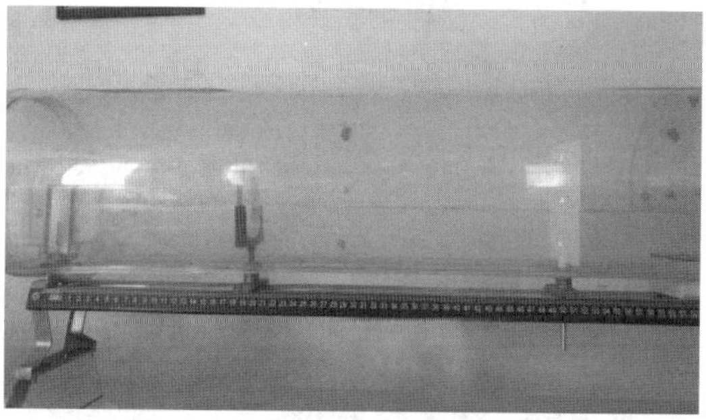

图 5-4-15

图 5-4-16

图 5-4-17

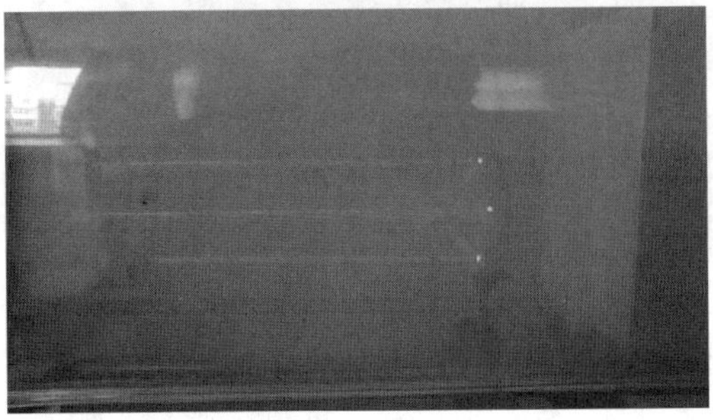

图 5-4-18

图 5-4-19

利用激光发射器与长方形水槽的组合，演示光在同一密度的水中的直线传播现象（如图 5-4-20 所示），再与凸透镜（如图 5-4-21 所示）、凹透镜（如图 5-4-22 所示）、凹凸面镜（如图 5-4-23、图 5-4-24 所示）进行组合，可以演示光在水中的折射与反射现象。

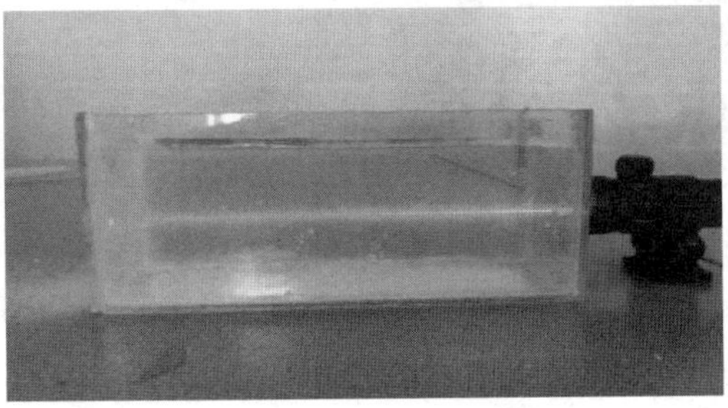

图 5-4-20

图 5-4-21

图 5-4-22

图 5-4-23

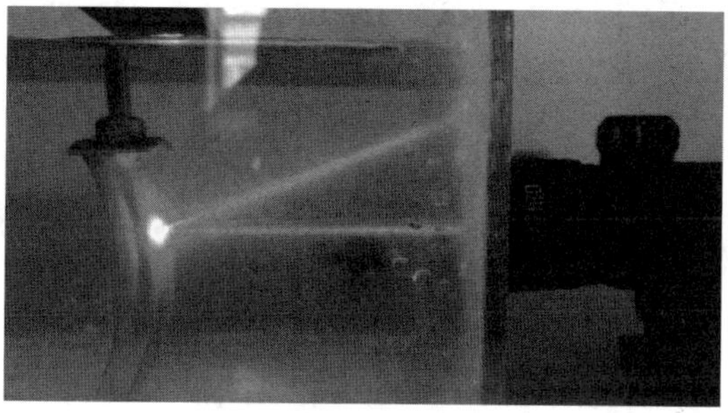

图 5-4-24

## （二）演示光在空气中沿直线传播

将本教具放置在水平桌面上，用激光发射器发射一束激光，模拟一束光线在空气中行进，注入烟雾使光线清晰可见(如图 5-4-25 所示)。

在光具座的横杆上放置 3 个可以向 *X* 轴、*Y* 轴、*Z* 轴移动的带有小孔的遮光屏，最后再放置一个光屏。调整 3 个遮光屏的位置，分别前后、左右、上下移动 3 个遮光屏，使 3 个小孔不在一条直线上。此时光线被遮光屏遮挡，光线不能投射到光屏上(如图 5-4-26、图 5-4-27 所示)。

调整 3 个遮光屏的位置，使 3 个遮光屏上的小孔在一条直线上。此时激光束可以穿过所有小孔投射到光屏上(如图 5-4-28 所示)，进而证明光在空气中是沿直线传播的。

图 5-4-25

图 5-4-26

图 5-4-27

图 5-4-28

# 5.5 “季节的形成”系列教具

上海市嘉定区马陆小学　李淑丹
上海市嘉定区普通小学白银路分校　吴佳宁
上海市嘉定区戬浜学校　王　丹

## 一、教具的教学意义和价值

本教具凸显了学生在探究活动中的主体地位，启发学生在观察的基础上结合所学知识作出假设，注重学生实验设计、数据处理、逻辑推理等能力的发展，培养学生严谨的实证意识和科学态度。

本教具将“传统”和“技术”相结合。地球公转演示模型既强化了学生作出假设的意识，也为最终得到四季的成因提供了实验基础；“阳光不同角度照射时温度变化的测量”模拟装置，利用 DIS 传感器及配套软件，可同时呈现温度变化的曲线和数值，提升学生分析处理数据的能力，也能使小组实验数据成为全班的“大数据”，在数据共享的基础上得出更为普遍的实验结论。

本教具使实验资源更加丰富多样，改变了学生科学探究的时空。课堂科学探究时空的变化，使得本节课在作出假设、数据分析、解释问题等科学探究过程中的作用得以放大。

## 二、教具装置图

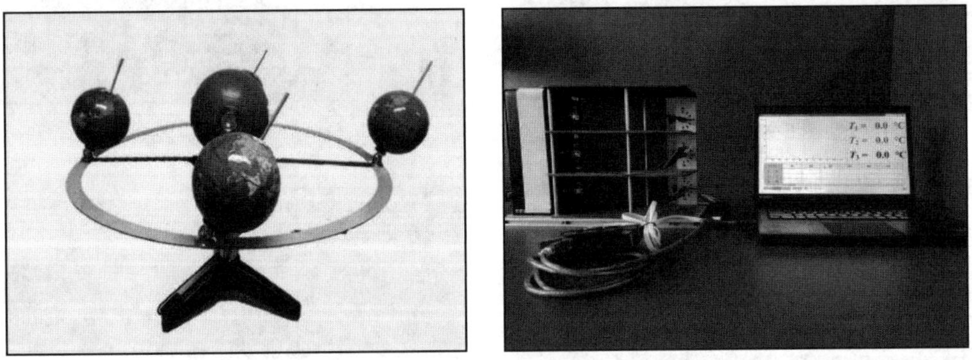

图 5-5-1 “季节的形成”系列教具

## 三、仪器特点及用途

### （一）特点

本教具从外观上看是一个立体模型，太阳的 4 个点上安装射灯，增强了光线效果；突出地球绕日轨道，延长地轴，使抽象的问题具体化；在对应春分、夏至、秋分、冬至的 4

个位置安装地球仪，地球仪可灵活拆装，在多个授课课时中使用；地轴的方向灵活可变，便于学生用逆推的方式得出正确结论。使用 3 个 50 W 的射灯来模拟太阳光照，使用隔热板来减少射灯之间的光线干扰，3 张不同角度摆放的黑卡片位置可以更形象地模拟地球球面，立体直观。3 张黑卡片的中线在同一竖直平面上，避免 3 只射灯照射黑卡片的光线距离不同，造成误差。使用 DIS 温度传感器即时反映 3 张黑卡片的温度变化，既可以看到温度升高的幅度，又可以看到温度变化的过程，使抽象的知识简单、直观。本教具充分考虑了教具的安全性，隔温板采用圆角设计，灯座包住防止触电，调节角度采用旋钮避免划伤。

### （二）用途

本教具可模拟以下现象：

1. 利用地球公转演示模型，比较春分、夏至、秋分、冬至时地球上同一位置小棒影子的长短，猜测气温变化的原因，提出假设：(1)温度变化与日地距离有关——日地距离近，气温高；日地距离远，气温低。(2)温度变化与直射、斜射有关。太阳直射，气温高；太阳斜射，气温低。

2. 利用“阳光不同角度照射时温度变化的测量”模拟装置搜集实验证据。调节黑卡片，使其与光线呈现直射和不同斜射角度，打开射灯，照射黑卡片，观察软件界面温度数据变化情况。学生发现：被直射的黑卡片温度升高幅度较大，斜射角度较大的黑卡片温度升高幅度较大，斜射角度较小的黑卡片温度升高幅度较小。

## 四、制作材料

三角支架凳子 1 个、铁片、地球仪 4 个、磁力车载支架 4 个、铁棍 4 个、灯罩 1 个、5 W 射灯 4 个、接收器 4 个、遥控开关 1 个、普通开关 1 个、隔热板 4 块、50 W 灯 3 个、铁质灯罩 3 个、温度传感器 3 个、数据采集器 1 个、铝制底板 1 块、DIS 软件。

## 五、制作方法

本教具为系列教具，分为两个主体部分，第一部分为地球公转演示模型，第二部分为“阳光不同角度照射时温度变化的测量”模拟装置。

### （一）地球公转演示模型

1. 底座和模拟太阳制作。为了使整个结构看起来更加立体直观，使用实验室三角支架凳子作为底座。底座的上面有 4 个螺丝孔，将灯罩固定在 4 个螺丝孔的中间，在灯罩的四周等距离开 4 个孔，将 4 个控制器分别与 4 盏射灯相连，并与开关无线连接，将射灯卡在灯罩外面开孔处。为了使白色灯罩更有太阳的感觉，将灯罩用丙烯颜料涂成橙红色。4 盏射灯可通过遥控开关分别控制，减少强光对学生眼睛的伤害，同时使实验现象更明显。

2. 轨道制作。采用图形图像设计软件制图，使用激光切割钢铁片，制成环形轨道和中间交叉的支架，在支架上打 4 个孔，便于和凳子上的螺丝孔固定。环形轨道外圈直径 80 cm，内圈直径 74 cm，轨道宽 3 cm，十字形支架宽 1.5 cm(如图 5-5-2 所示)。由于地球绕日公转的平面被称为“黄道平面”，因此用油漆将轨道喷成棕黄色。将支架涂成黑色，便于辨识各个部分。

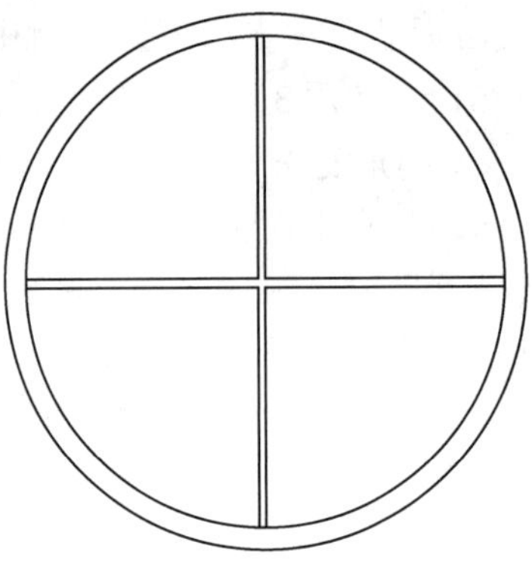

图 5-5-2　环形轨道制图

3. 地球仪的改装。为了便于学生提出假设，在 4 个地球仪上立一个小棒，打开射灯的时候，小棒会产生影子，用以帮助学生理解直射和斜射导致了四季温度不同。为了便于将地球仪固定在轨道上，使用磁性车载支架和铁棍焊接。为了增强学生对地轴概念的理解，以及看清楚地轴的指向方向和角度，使用加长的铁棍和车载支架焊接。车载支架有类似骨骼的窝状结构，便于地球仪朝四个方向转动。学生通过操作可逆推出太阳光照射角度不同是地球公转、地轴倾斜、地轴指向方向不变导致的。

4. 将底座、轨道和改装后的地球仪进行组装，形成地球公转演示模型。

### (二)"阳光不同角度照射时温度变化的测量"模拟装置

1. 灯座及传感器支架制作。使用计算机辅助设计软件作图，激光切割亚克力板，等距离切割直径与射灯灯罩直径相同的圆洞(如图 5-5-3 所示)，3 盏 50 W 射灯套入铁质灯罩，再装入亚克力板的圆洞内。为了保证 3 盏射灯的光照量尽量接近，将射灯并联，使用 3 个开关控制 3 盏射灯，接入 220 V 电压。使用铁质保护灯罩，并有散热孔。使用计算机辅助设计软件作图，制作温度传感器支架，激光等距离切割 3 个圆洞(如图 5-5-4 所示)，3 个圆洞的圆心与射灯的圆心在同一水平面上一一对应。在圆洞四周分别标出角度数值，将传感器底部用按钮连接，便于学生旋转操作。

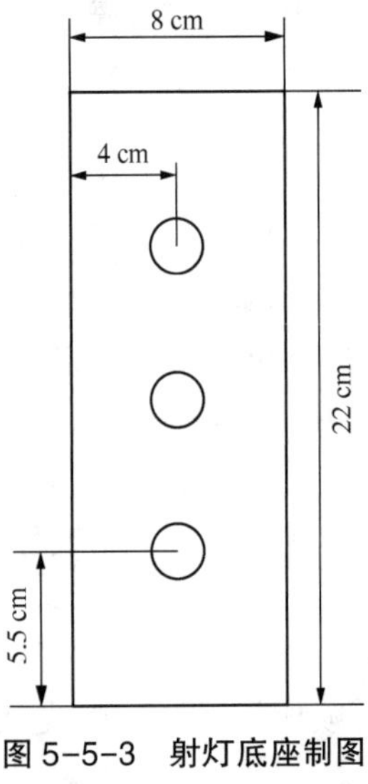


图 5-5-3　射灯底座制图

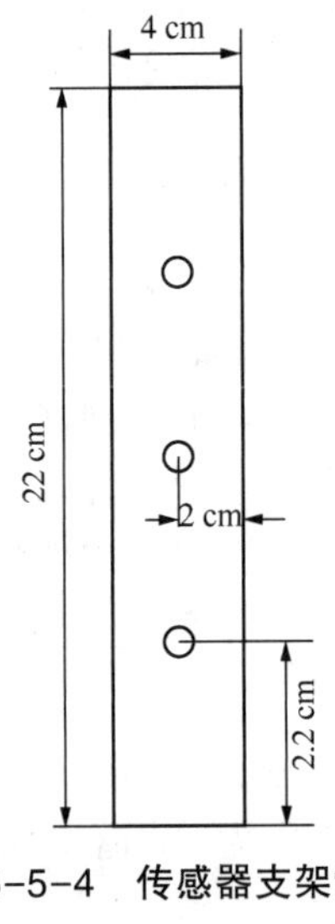


图 5-5-4　传感器支架制图

2. 隔热光线通路。由于射灯两两之间的光线会产生交叠，使每个通光光路的亮度不同，因此需要使用隔热板进行隔光。采用计算机辅助设计软件作图(如图 5-5-5 所示)。为加快光照引起卡片升温的速度，在隔热板一侧加盖透明亚克力材质隔板。

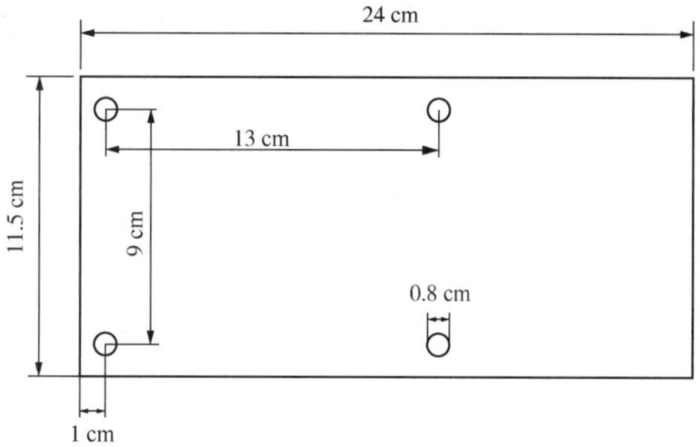


图 5-5-5 隔热板制图

3. 传感器、采集器及软件。将 3 支温度传感器与 3 块大小相同的黑色纸卡片相连，将温度传感器的感温前段置于同一垂直方向，水平方向与射灯圆心保持同一高度。使用朗威公司提供的采集器，使用免费的赛灵格学习软件平台。

4. 将灯座及传感器支架、隔热光线通路、传感器、采集器进行组合，并连接软件平台。

## 六、使用方法

1. 将地球公转演示模型放置在水平桌面上，使地球仪上的小棒对准 4 盏射灯，观察小棒的影子，引导学生提出假设。

2. 将“阳光不同角度照射时温度变化的测量”模拟装置放置在水平桌面上，调节温度传感器旋钮，使与温度传感器相连的 3 张黑卡片与水平照射过来的光线成 30°、90°、60°夹角。打开射灯，观察电脑上温度变化情况。

3. 将地球公转演示模型放置在水平桌面上，学生先后取下 3 个地球仪、将 4 个地球仪的地轴竖直、使 4 个地球仪的地轴不指向同一方向，采用反证的方式得出结论：地球不公转、地轴不倾斜或地轴空间指向混乱，就不能产生阳光照射角度周期性变化，也就不能形成四季。

# 5.6 海陆风成因演示实验装置

上海市同济黄渡小学　单晓斌
上海市嘉定区第一中学附属小学　周　娴
上海市嘉定区德富路小学　钱晓斌

## 一、教具的教学意义和价值

上海远东出版社小学五年级第一学期自然第三单元第三课“风”中的主要教学内容为探究风的形成及海陆风的成因。海陆风是由于阳光照射下海洋与陆地升温不同造成空气流动而形成的。白天太阳照射的情况下，沙子升温快，其上方的空气同样升温快；水的温度也在上升，但升温较慢，其上方的空气同样升温慢一些。夜晚没有太阳照射的情况下，沙子降温快，其上方的空气温度降得也快；而水降温较慢，其上方的空气温度同样下降得慢一些。正是海洋和陆地间的这种温度差异形成了海陆风。受时间、空间的条件限制，这一自然现象仅凭简单的学生实验很难达到预期的教学效果，因此制作了本装置。

本装置以射灯模拟阳光，以沙子模拟陆地，以盐水模拟海洋，借助 DIS 感温探头实时记录数据变化。通过数据图表可以将看不到的物理现象用数据变化的方式展现出来，让学生清晰地看到海洋、陆地两者的气温变化差异，通过对数据变化的分析，理解白天、夜晚的不同风向，认识海陆风的成因。

## 二、教具装置图

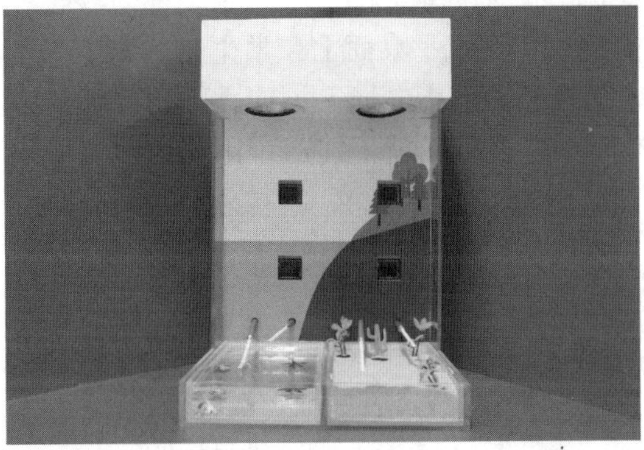

图 5-6-1

## 三、仪器特点及用途

### （一）特点

本教具借用射灯来模拟阳光，用沙子和盐水分别来模拟陆地和海洋，借助 DIS 设备实时记录数据变化。通过对温度曲线的观察与分析，发现白天沙子上方的空气比水上方的空气升温快，从而分析出沙子上方的空气较热，而水上方的空气较冷。根据风的成因，冷空气会自动补充到热空气的底部，从而形成风，因此可以得知在白天，风将从海洋吹向陆地，形成海风。陆风的观察同理。

### （二）用途

本教具可模拟海陆风现象：

1. 海风：打开射灯，模拟白天阳光照射，DIS 设备记录白天升温数据。
2. 陆风：关闭射灯，模拟夜晚没有阳光，DIS 设备记录夜晚降温数据。

## 四、制作材料

厚度为 7 mm、高度为 520 mm、底座为 300 mm×410 mm 的亚克力方形架子 1 个，厚度为 7 mm、高度为 60 mm、长为 300 mm、宽为 205 mm 的透明亚克力容器 2 个，50 W 射灯 2 盏，DIS 温度传感设备 4 套。

## 五、制作方法

1. 用亚克力制作方形架子(如图 5-6-2、图 5-6-3 所示)。

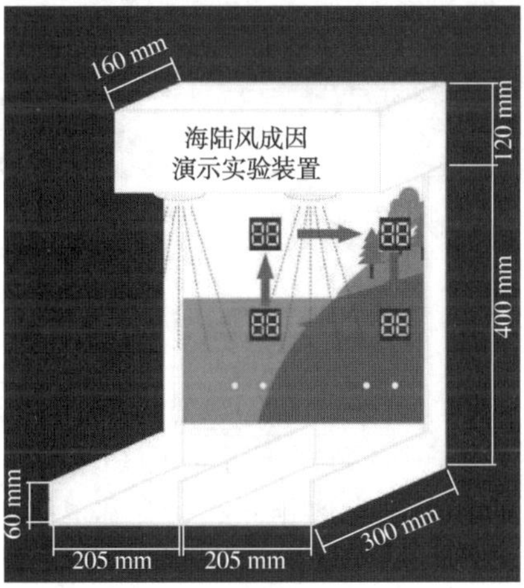


图 5-6-2　设计图

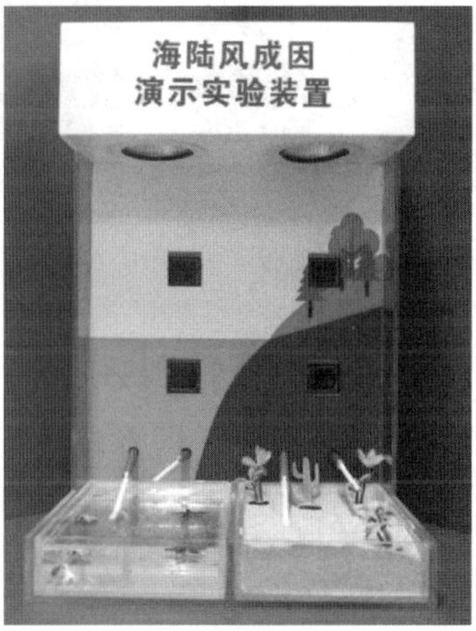


图 5-6-3　实物图

2. 在亚克力架子上方安装 2 个同款射灯(如图 5-6-4 所示)。

图 5-6-4

3. 在架子下方加入 2 个方形槽，分别放盐水和沙子(如图 5-6-5、图 5-6-6 所示)。

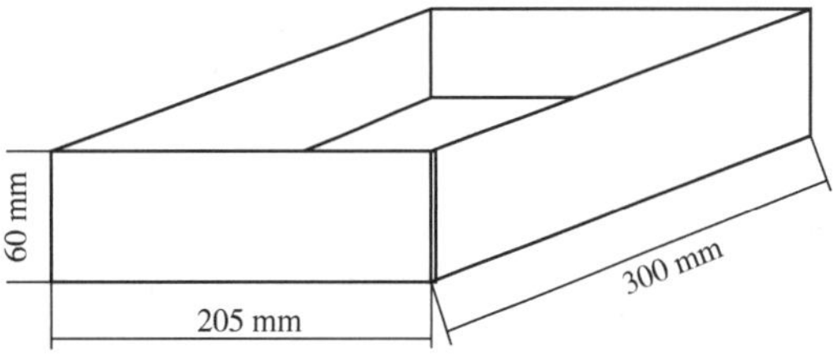


图 5-6-5　设计图

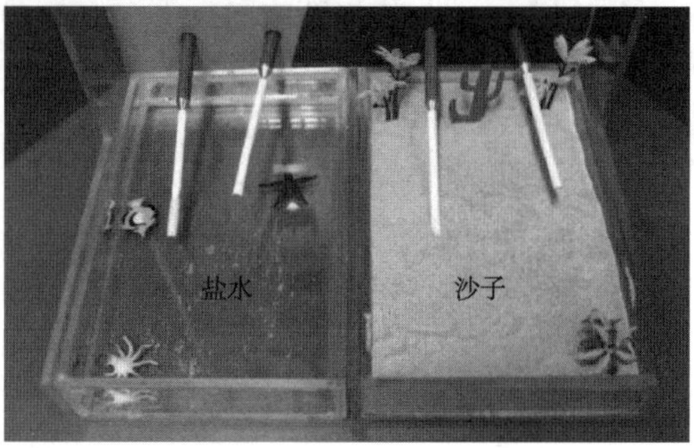


图 5-6-6

4. 在中间卡槽内放入 DIS 数据显示模块(如图 5-6-7 所示)，将 DIS 感温探针分别放置于水中、水面上方、沙子中、沙子上方(如图 5-6-8 所示)。

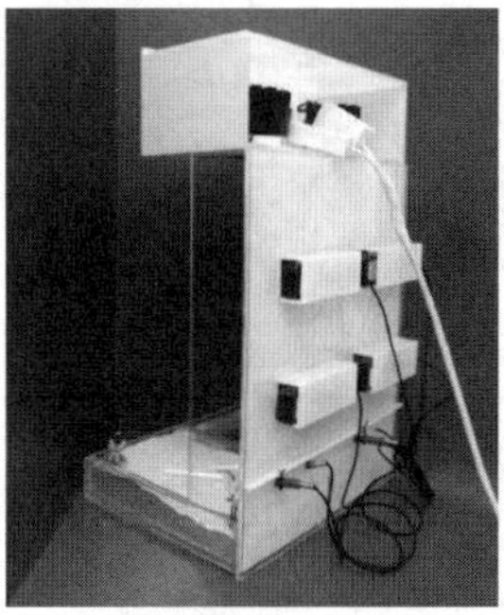

图 5-6-7

图 5-6-8

## 六、使用方法

1. 将本教具放置在水平桌面上，使方形槽内的水与沙子稳定放置。检查 DIS 感温探针的位置，使 4 根探针分别处于水中、水面上方、沙子中、沙子上方 4 个区域。

2. 打开 DIS 显示模块，此时 4 个显示模块的数据应大致相同。打开赛灵格软件，扫描模块背面二维码，模块连接电脑，准备记录实时数据。

3. 分别记录 4 个区域的初始温度后，同时打开 2 盏射灯，模拟白天阳光照射，观察各区域温度数据的变化。

4. 分别记录 4 个区域的初始温度后，同时关闭 2 盏射灯，模拟夜晚没有阳光，观察各区域温度数据的变化。

5. 将步骤 3、4 中的数据图表进行分析比较，认识海陆风的成因。

# 5.7 水的三态变化演示器

江苏省淮安市金湖县戴楼街道中心小学 冀叶亮 李先飞

## 一、教具的教学意义和价值

"水的三态变化"是小学科学教材中非常重要的内容，在中学、大学也涉及这方面的知识。长期以来，水的三态实验教学没有成型、成套的实验仪器，尤其是水蒸气无色透明的物态，学生无法观察到，教师只能通过讲解使学生抽象感悟水蒸气的物态特征。本教具将水的三态变化实验集成在一个教学仪器中，清晰揭示水的三态变化规律，并能清晰观察到水蒸气的存在，直观揭示水蒸气与"白汽"的不同，提高实验的直观性和科学性，让学生在实验探究中领悟知识，掌握技能，提升科学探究能力。本教具方便学生实验探究，方便老师准备器材，方便实验器材管理，有较好的实用价值和推广价值。

## 二、教具装置图

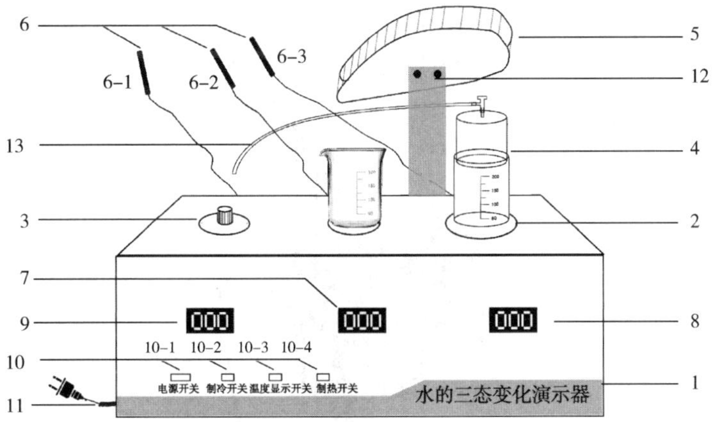


1—机箱；2—电热盘；3—制冷盘；4—水蒸气观察组件；5—仿云降雨罩；6—温度传感器；7—液态水温度显示；8—气态水温度显示；9—固态水温度显示；10—控制开关；11—电源；12—仿云降雨罩支架；13—导气管。

图 5-7-1

## 三、仪器特点及用途

### （一）特点

本教具利用制冷盘制冰，用电热盘加热制水蒸气，用透明集气筒观察水蒸气，用仿云降雨罩模拟降雨，用制冷盘模拟结霜，用数显温度表显示温度变化，能清晰精确地揭示水的三态变化规律。

### （二）用途

适用于小学科学“水”的实验教学及中、高等学校水的三态变化实验教学研究。如教科版三年级上册“水沸腾了”一课中水蒸发变成水蒸气实验及水蒸气体积变大实验；教科版三年级上册“水到哪里去了”一课中水和水蒸气的比较观察实验；教科版三年级上册“水结冰了”一课中水结冰实验及水结冰体积变大实验；教科版三年级上册“冰融化了”一课中冰融化体积变小实验；水蒸气凝结成水(小水点、雨)的观察实验；水蒸气受冷结霜实验；水的三态变化循环实验；水的升温、降温实验。

## 四、制作材料

12 V、100 W 半导体制冷机 1 个，300 W 电热盘 1 个，12 V(-50~110 ℃)数显温度表 3 只，250 V、10 A 控制开关 4 只，20 cm×50 cm 陶瓷板 1 块，透明胶片 1 块，直径 20 mm 强磁块 4 块，180 mm×250 mm 铁皮 1 块，开关电源 1 个，直径 80 mm 乳胶管 80 cm，50 cm×25 cm×25 cm 机箱 1 个，直径 50 mm 铝质制冷盘 1 个，直径 80 mm×100 mm 玻璃水蒸气观察组件 1 套，等等。

## 五、制作方法

1. 在机箱的孔位上分别安装电源线、控制开关、数显温度表等，引出接线。
2. 将铝质制冷盘装在半导体制冷机的制冷芯片上，紧密配合(如图 5-7-6 所示)。

图 5-7-2

3. 将制冷机安装在机箱对应的位置上，缝隙用保温发泡材料填实。
4. 将电热盘装在机箱对应的孔位上。
5. 连接导线，引出温度传感器。
6. 安装开关电源及控制开关，连接 12 V 直流电和 220 V 电源线(如图 5-7-3 所示)。
7. 用透明胶片制成云形的仿云降雨罩，在一侧粘上 2 块强磁块。
8. 将 80 mm×250 mm 铁皮折弯、装上强磁块，制成仿云降雨罩支架。
9. 贴上功能标签，装饰美化。整体结构如图 5-7-4、图 5-7-5 所示。

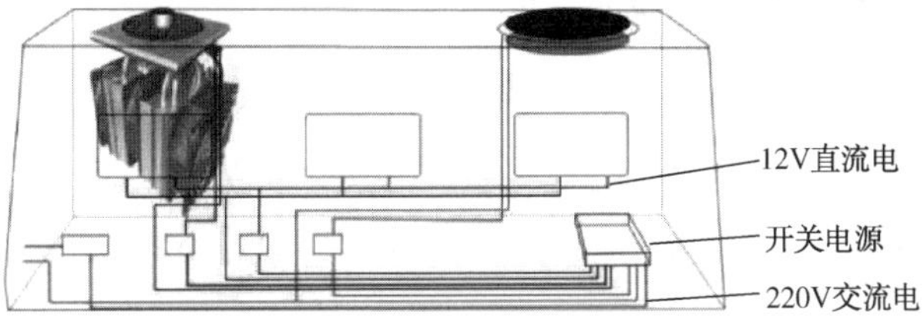


图 5-7-3 装配及电源接线图

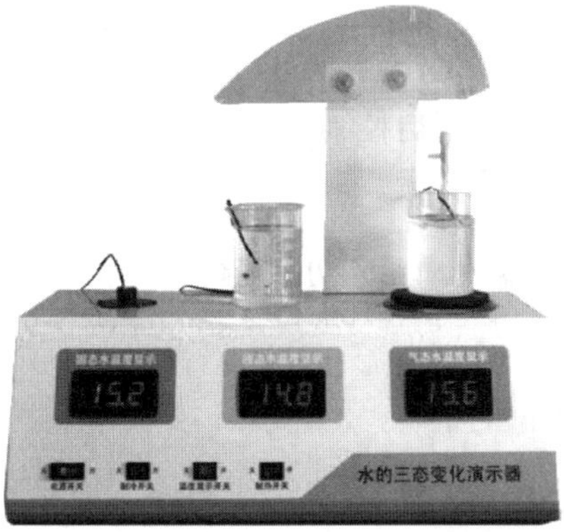


图 5-7-4

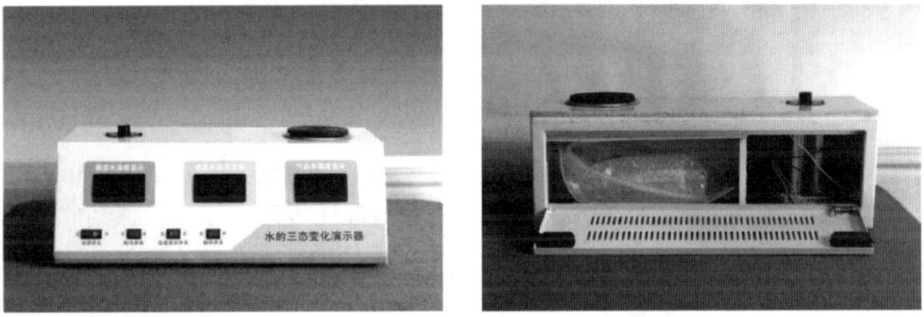


图 5-7-5

## 六、使用方法

将本教具放置在水平桌面上，向内侧打开机箱后门的黑色门锁，打开箱门，取出内部存放的组件。接上电源。

### (一)“水沸腾了”一课中水蒸发变成水蒸气实验及水蒸气体积变大实验

用 200 mL 烧杯取 100 mL 水，将烧杯放置在电热盘中间。取出温度传感器 6-3，将其放入烧杯内的水中。打开控制开关 10-1、10-4，加热烧杯中的水，观察数显温度表中温度的变化，观察烧杯中水的变化。

取出水蒸气观察组件，在下部的烧杯中装入 100 mL 水，将组件中的集气筒放入水中，将其放置在电热盘中间。取出温度传感器 6-3，将其放入烧杯内的水中。打开控制开关 10-1、10-4，加热烧杯中的水，观察数显温度表中温度的变化，观察集气筒的变化。随着水蒸气的增多，集气筒渐渐上浮，说明气体体积变大。

### （二）“水到哪里去了”一课中水和水蒸气的比较观察实验

取出水蒸气观察组件，在下部的烧杯中装入 100 mL 水，将组件中的集气筒放入水中，将其放置在电热盘中间。取出温度传感器 6-3，将其放入烧杯内的水中。打开控制开关 10-1、10-4，加热烧杯中的水，观察数显温度表中温度的变化，观察集气筒的变化。随着水蒸气的增多，水蒸气占据空间使集气筒渐渐上浮，观察集气筒内的水蒸气。

### （三）“水结冰了”一课中水结冰实验及水结冰体积变大实验

将水倒满制冷盘的制冰池中，开启控制开关 10-1、10-2，观察水结冰体积变化。发现冰面鼓出制冰池，说明水结冰体积变大。

### （四）“冰融化了”一课中冰融化体积变小实验

承接水结冰体积变大实验，关闭电源，让冰慢慢融化，观察制冰池中的冰又恢复为一满池水，说明冰融化成水，体积变小。

### （五）水蒸气凝结成水（小水点、雨）的观察实验

打开机箱后门，取出仿云降雨罩及支架，将其磁吸安装在电热盘的上方，执行“水蒸发变成水蒸气实验及水蒸气体积变大实验”操作步骤，观察仿云降雨罩上形成雾气，水珠变大、下落的情形。

### （六）水蒸气受冷结霜实验

在水蒸气观察组件上接上导气管，在水蒸气观察组件的烧杯中装入 100 mL 水，将组件中的集气筒放入水中，将其放置在电热盘中间。取出温度传感器 6-3，将其放入烧杯内的水中。打开控制开关 10-1、10-4，给水加热；将温度传感器 6-1 放入制冰池中，开启控制开关10-2，使制冷盘工作；待导气管一端有水汽冒出，将它对着制冷盘的制冰池；观察制冰池外表面结霜。

### （七）水的三态变化循环实验

按水蒸发实验、水蒸气凝结实验、水结冰实验操作步骤操作，最后关掉电源，观察冰、霜融化成水，实现水的三态变化循环演示。

# 5.8 “为什么一年有四季”自制教具

浙江省绍兴市越城区少儿艺术学校　金菊琴

## 一、教具的教学意义和价值

在教学教科版小学科学五年级下册第四单元第七节“为什么一年有四季”时，教材中模拟地球公转的实验，看似简单，实则困难重重：1. 对实验材料的准备要求高(要求强光源)；2. 对实验方法的指导要求细(要求逆时针公转、地轴倾斜角度不变、标杆正对光源、光源与地球间距合适等)；3. 对学生的动手操作要求高。

针对这些问题，笔者制作了本教具。本教具可以轻松解决以上问题，降低实验操作难度，看清实验现象，帮助学生理解在地球公转中，因为地轴倾斜，太阳直射点有规律地变化，从而形成了四季。通过对比，加深对地轴倾斜对四季形成影响的认识。

## 二、教具装置图

图 5-8-1

## 三、仪器特点及用途

### (一) 特点

本教具通过制作地球公转模型，直观形象地观察一年中同一地点杆影的变化，以及地球公转中太阳直射点的变化，模拟现象更为科学，学生易观察、易接受。

## （二）用途

1. 演示 A、B、C、D 四个位置的杆影变化（如图 5-8-2 所示）。改进后的教具可以明显地看到四个位置影长的变化，得出 A、B、C、D 四个位置的节气和季节。

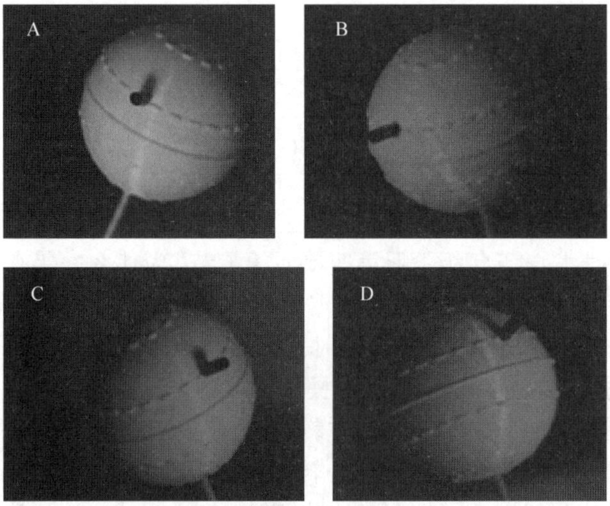


图 5-8-2

2. 演示地轴不倾斜时的影长变化（如图 5-8-3 所示）。通过对比演示，可以发现：地轴不倾斜，影长无变化，说明四季的形成与地球公转和地轴倾斜有关。

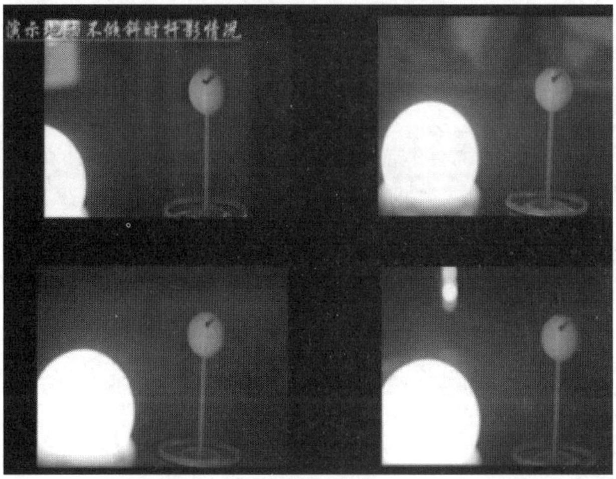

图 5-8-3

3. 演示一年中太阳直射点的变化。用一个激光直射光源代替发散光源。在地球公转中，可以明显看到，太阳直射点在南北回归线之间有规律地变化。而地轴不倾斜时，直射点一直在赤道上，没有变化。进一步强化认识四季与地轴倾斜息息相关。

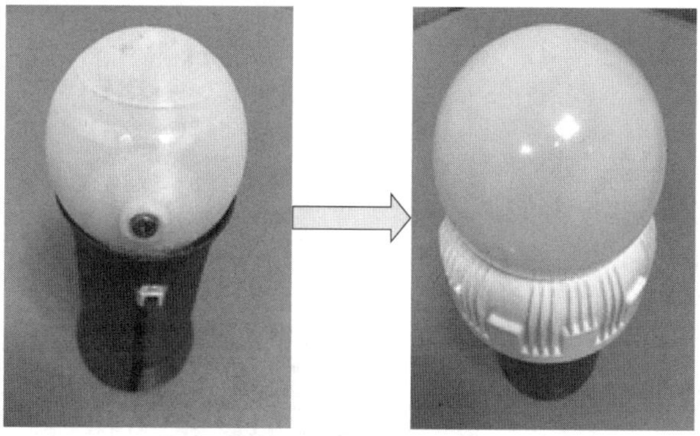

图 5-8-4

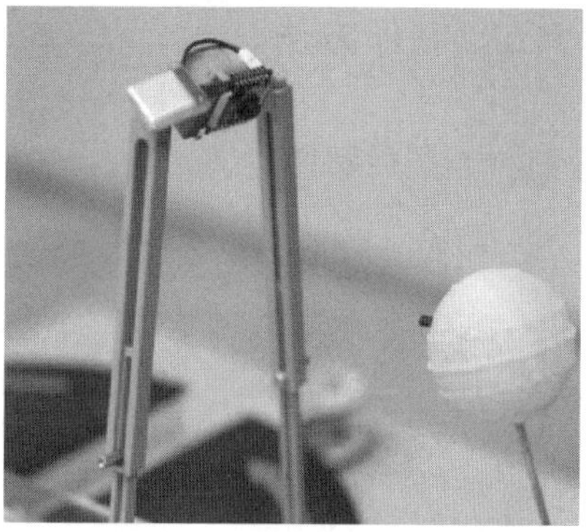

图 5-8-5

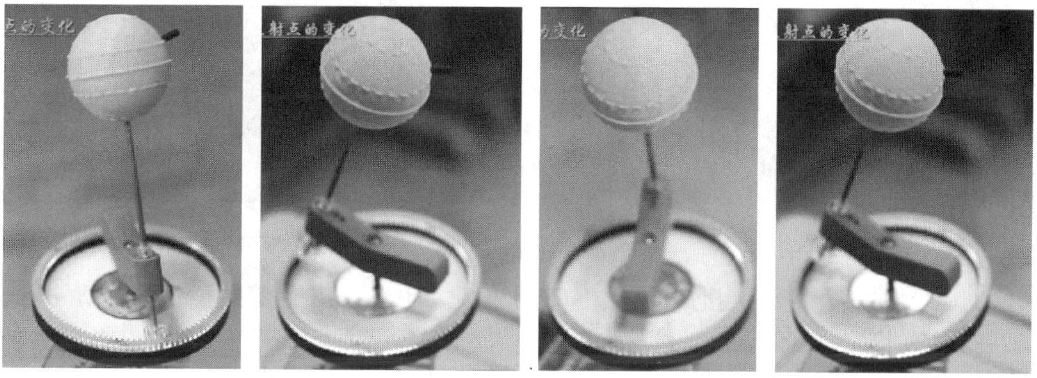


图 5-8-6

4. 投屏展示实验效果。在演示实验时，可以通过摄像头和无线网络将实验效果展示在手机和电脑等屏幕上，大大提高教学效率。

图 5-8-7

综上，改进后的实验设计很好地解决了教学疑难点，帮助学生理解为什么一年有四季。

## 四、制作材料

截面直径为 450 mm 的圆盘和中间轴、步进电机、芯片主控板、散热风扇、电机驱动板、降压模块、红外接收头、微触开关、亚克力板、摄像头各 1 个，螺丝若干。

## 五、制作方法

### (一) 底盘制作

1. 用激光软件制作直径为 450 mm 的圆盘和中间轴并安装。

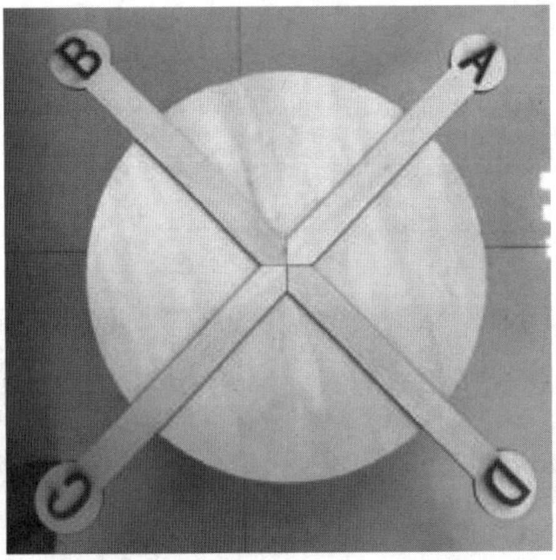


图 5-8-8

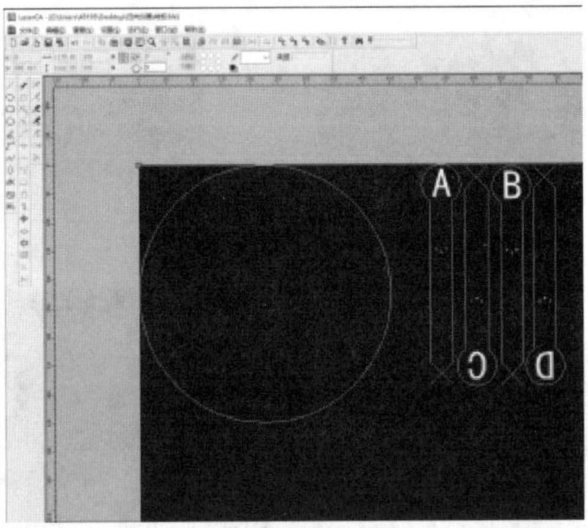


图 5-8-9

2. 圆心本打算架一个大扭矩的 360°舵机，但是 360°舵机虽然解决了整圈转动的问题，却失去了方便固定角度的优势。最后选择步进电机，既可以 360°旋转，又可以将电脉冲转化为角位移从而控制旋转角度。设计步进电机的固定支架，按电机上方的螺丝孔设计固定件。切割四边，取外框叠加固定到中间，放入步进电机。

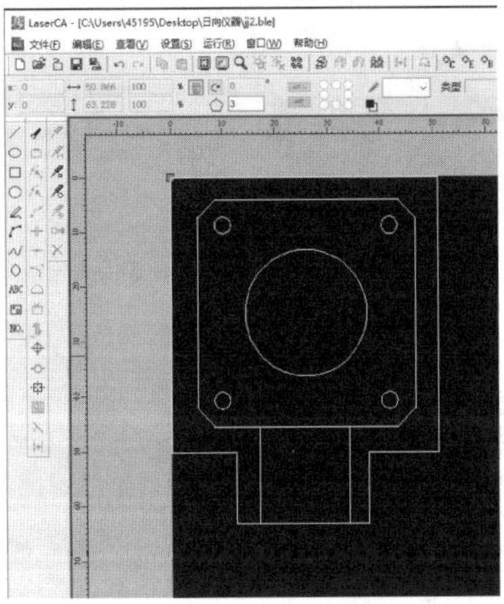

图 5-8-10

图 5-8-11

3. 垫高容器制作，方便放置元器件和日向仪的配件。

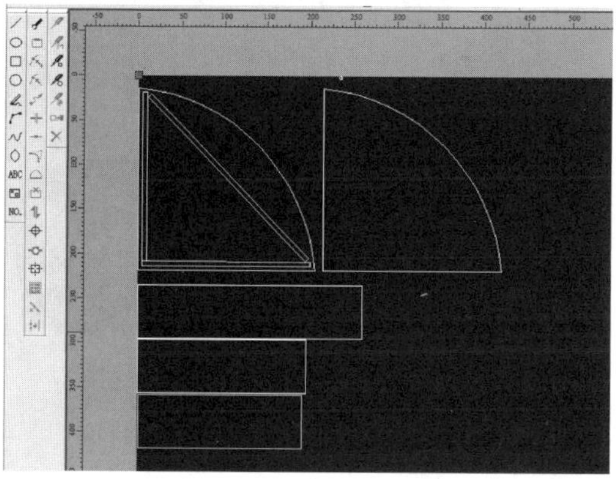

图 5-8-12

图 5-8-13

4. 底座上色。

图 5-8-14

5. 完成硬件拼搭，调试步进电机是否能正常运行。硬件包括芯片主控板、散热风扇、电机驱动板、步进电机、降压模块、红外接收头、微触开关等。

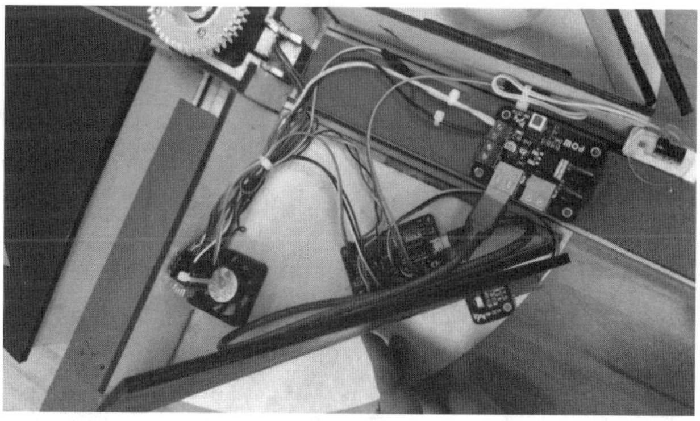

图 5-8-15

## （二）地球模型设计

使用三维建模设计了一个地轴倾斜 23. 5°的地球和一个地轴垂直的地球及地球配件（自转支架）。

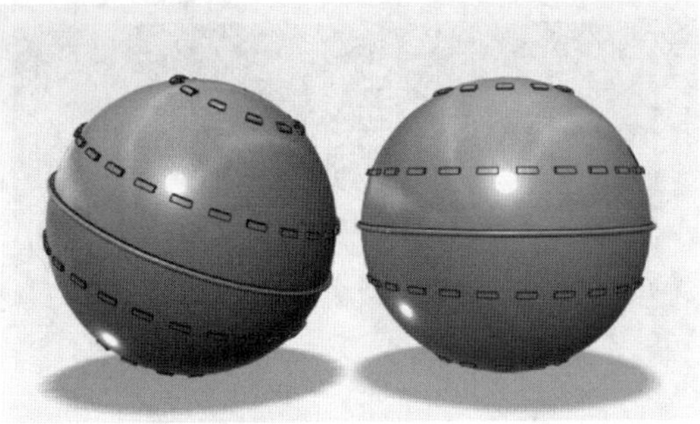

图 5-8-16

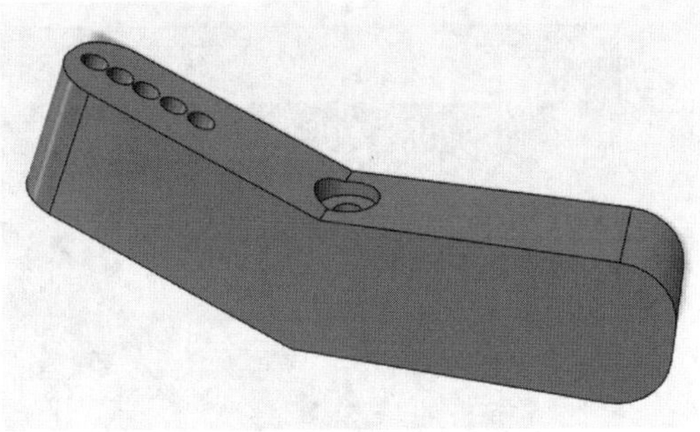

图 5-8-17

（三）转轴制作

这是整个日向仪的制作难点，需要保证地轴一直朝北，地球侧光影的轴固定面朝中间，同时地球逆时针围绕太阳公转。一个步进电机只能往一个方向旋转，为了同时满足逆时针公转和顺时针自转，使用齿轮传动最精准。

1. 制作 16 齿、直径为 105 mm 的齿轮，齿轮之间齿间距较大，旋转角度误差太大，失败。

图 5-8-18

2. 制作 40 齿、直径为 58 mm 的齿轮，齿轮中间使用铜柱和 M3 螺丝固定，摩擦力太大，失败。

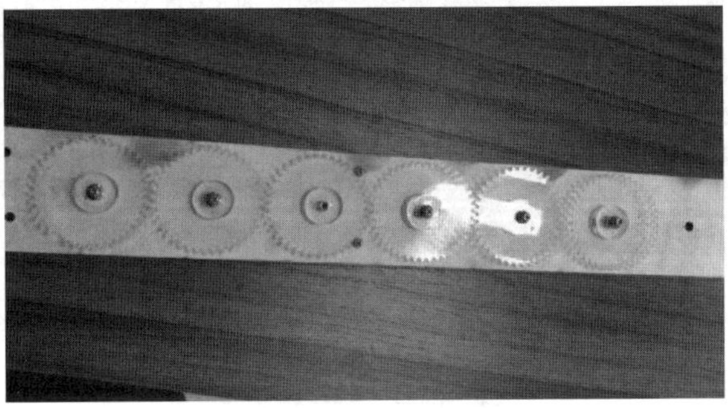

图 5-8-19

3. 改中间铜柱为轴承，转动流畅，成功。

图 5-8-20

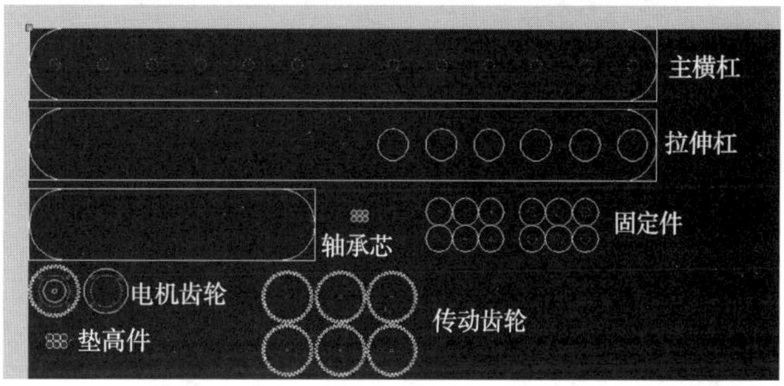


图 5-8-21

4. 解决了公转问题，开始制作自转的逆时针转盘。内齿轮的齿数需要是小齿轮的 9 倍，这里使用 108 齿和 12 齿的搭配。

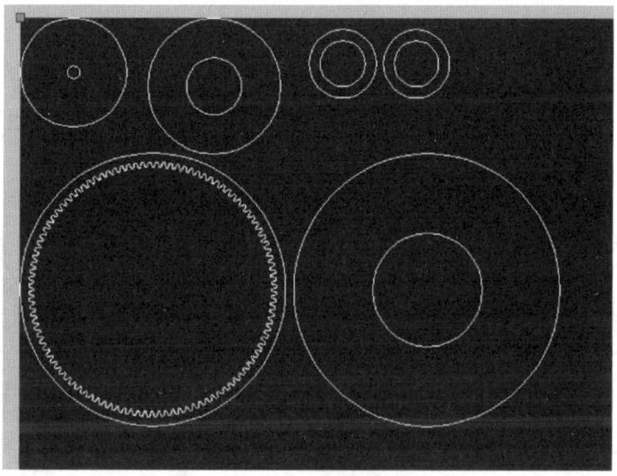

图 5-8-22

5. 组装转轴。

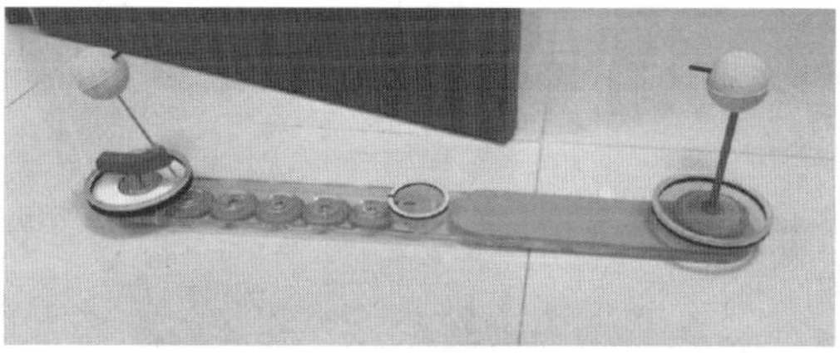

图 5-8-23

### （四）程序调试

通电之后初始化步进电机逆时针转动，按下限位开关进入主程序。设函数“一步”为转动 45°，“一小步”为逆时针转动齿轮的一齿，“退一小步”为顺时针转动齿轮的一齿。遥控板按下“OK”键执行“一步”，按下“↑”执行“一小步”，按下“↓”执行“退一小步”，按下“#”执行一直顺时针转动。不断修改延时和步长直到调准角度。

### （五）光源制作

模拟太阳光制作一个发散光源和一个直射光源，高度略低于地球模型。

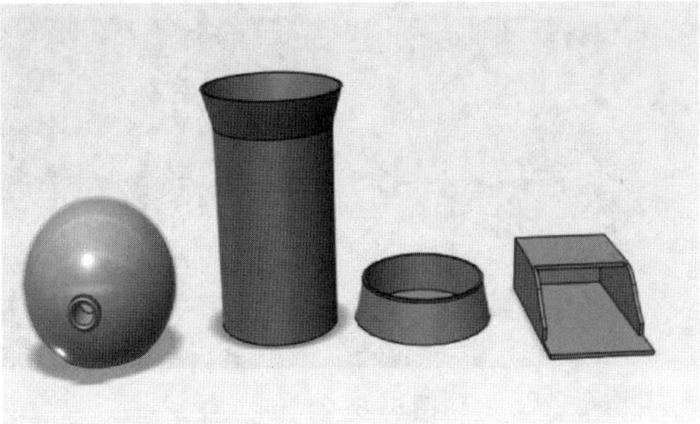

图 5-8-24

图 5-8-25

（六）摄像头制作

摄像头既要照射到地球转动光影的变化，又不能影响两种光线照射过来，为此设计了高架，配有夹子，可以调节前后距离，也可以旋转摄像头调节上下距离。

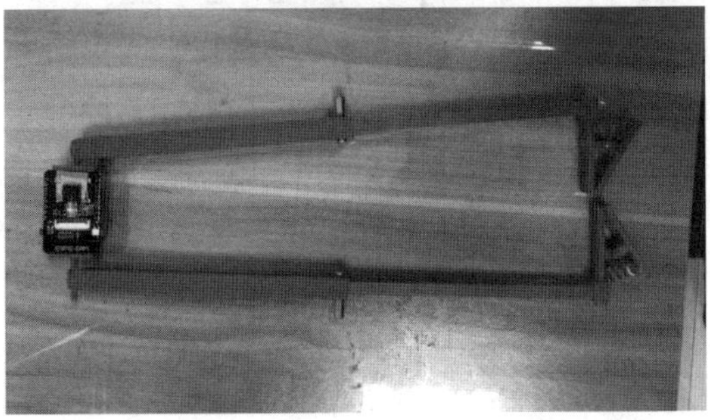

图 5-8-26

（七）组装

图 5-8-27

## 六、使用方法

将本教具放置在水平桌面上，通电，启动。

连接无线网络，启动摄像头，打开教室电脑和投屏软件。

关闭教室电灯，可以手动操作模拟地球公转，也可以电动操作。观察在地球公转中，地球上同一地点杆影的变化。

用激光电源替换球形灯泡电源，模拟、观察一年中太阳直射点的变化。

# 5.9 多功能透镜研究装置

福建省厦门市仙岳小学 何星源

## 一、教具的教学意义和价值

苏教版小学科学五年级上册第二单元“光与色彩”第三课“研究透镜”中，教材安排如下“让阳光穿过凸透镜，观察聚焦情况”实验。教材建议的实验方法和要求是：让镜面与光线垂直，调节镜片与纸的距离，使光斑最小、最亮。

笔者在教学时发现，学生要做好这个实验存在以下几个问题：由于太阳光的传播方向不容易准确辨识，学生手持透镜达到“镜面与光线垂直”的要求很难。个别学生在碰到困难时，甚至会直接将透镜对着太阳光进行观察，存在重大安全隐患。在室外实验时，容易受到风力影响，加上手持透镜难以稳定，光斑的形状和大小会不断改变，聚光点无法固定，不容易观察到“光斑最小、最亮”的现象。如长时间观察，光斑的强光容易伤害眼睛。根据学生学情和实验存在的难点，有必要改进教材所示的实验。经过不断研究与改进，笔者自主设计出本装置，解决了实验中的难题，让学生顺利建构起有关透镜聚焦的科学概念。本教具功能丰富，并可拓展用于相关的实验教学。

## 二、教具装置图

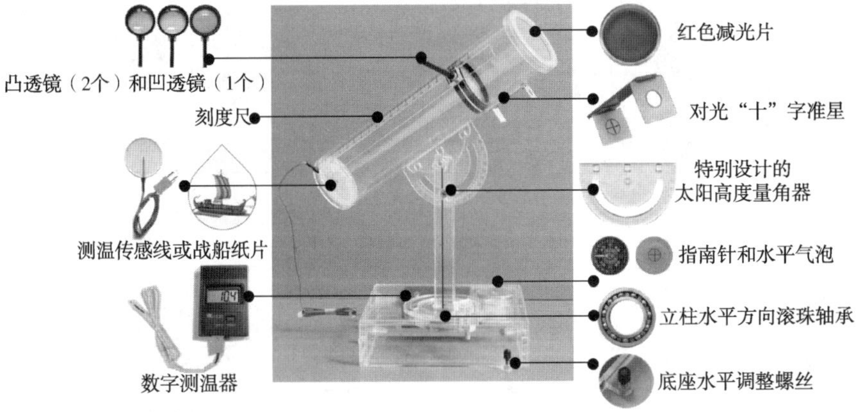


图 5-9-1

## 三、仪器特点及用途

### (一) 特点

本装置功能多，体积小，解决了教科书上凸透镜聚光实验中的难题。

1. 对光准：可以上下调整角度、水平灵活转动的圆筒，加上辅助对光“十”字准星，可以快速对准太阳光，解决了太阳光线垂直于透镜的难题。

2. 透镜位置调节又快又准：透镜置于圆筒内部，并可以灵活移动，圆筒外壁带有刻度尺，可以实时了解透镜的位置。

结合了“太阳高度测量仪”和“带有刻度的透镜移动圆筒”，底座带有水平调整功能，使得原本不易操作的凸透镜聚光实验变得安全高效。

## （二）用途

本装置使得原本不易操作的凸透镜聚光实验变得易于操作，效果清晰，操作安全，实验高效。本装置拓展性强，灵活利用配件组合装置，还能进行以下多种研究或实验。

1. 变为望远镜：在圆管内放入凹凸两种透镜，可以变为望远镜。

图 5-9-2

2. 变为照相机：在凹槽中放入磨砂屏，与透镜结合，可以变为简易照相机，用以研究透镜成像。

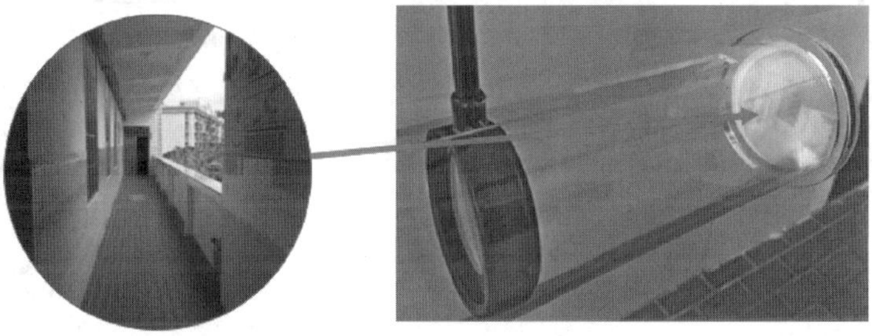

图 5-9-3

3. 探究凸透镜聚光能量：在凹槽中放入纸片，当凸透镜聚焦时，可以观察到纸片变黑直至烧穿，直观感受到焦点的高温。将数字测温度传感插针线放在焦点的位置，通过数字测温器可以看到温度的变化，温度以数字的形式呈现，效果直观。

图 5-9-4

4. 探究颜色和吸热的关系：装入不同颜色纸片，比较起燃穿孔的时间，探究颜色与吸热之间的关系。

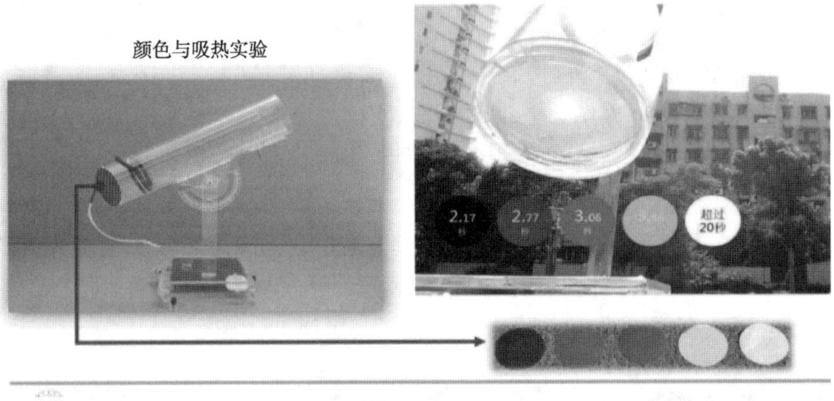


图 5-9-5

5. 太阳高度测量仪：这是本教具的创新之处。配合水平气泡仪的指示，调整仪器底座达到水平状态，再结合指南针和特制的量角器，测得的太阳高度更加精确，操作更方便。

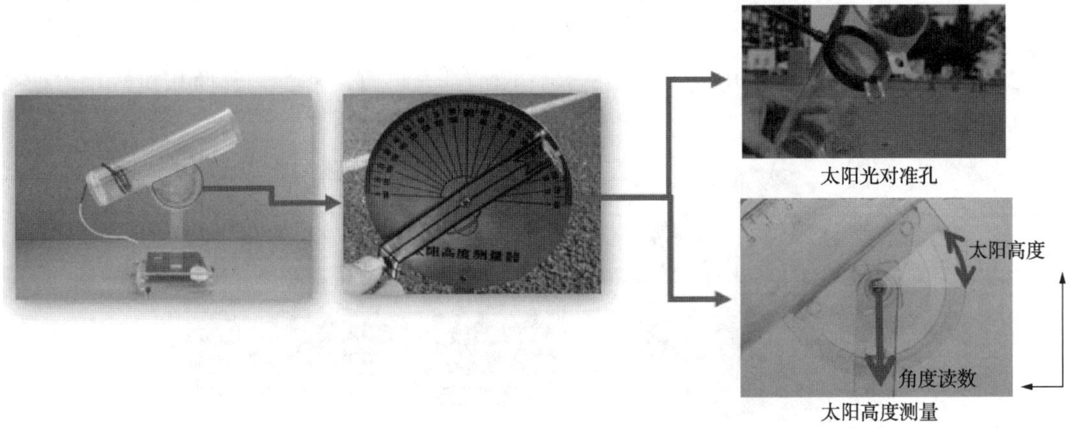


图 5-9-6

## 四、制作材料

外壳主要材质为透明亚克力，内部附加的零组件分别有凸透镜、数显测温器、指南针、滚珠轴承等。

## 五、制作方法

本教具主要由底座、立杆、圆筒三部分组成。

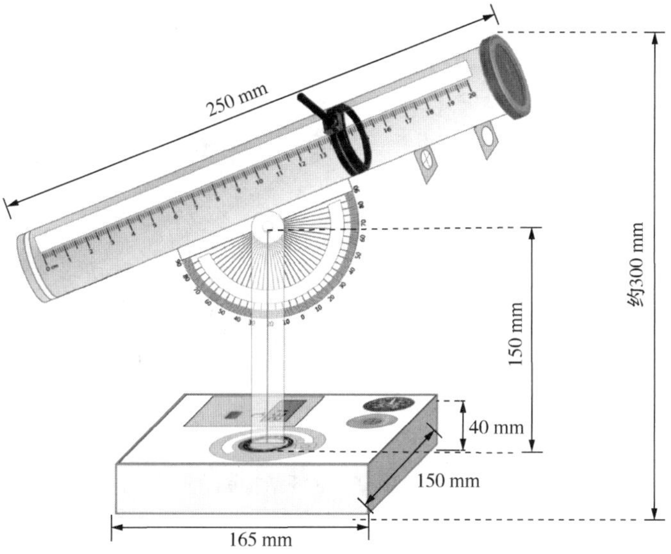


图 5-9-7

主体材质大部分为透明亚克力，精美、耐用、透明，恰好是光学实验所必需的。

### （一）底座

底座为扁平状长方体透明盒子，用亚克力材质制作，内嵌指南针、水平测量仪、数显测温器、水平旋转轴承及锁定螺丝。轴承上粘有亚克力立杆，底座装有水平调整螺丝(如图5-9-8 所示)。滚珠轴承可以确保装置灵活寻找太阳光，锁定螺丝可保证寻光后锁定光线入射角，腾出手做进一步的实验，简单方便。

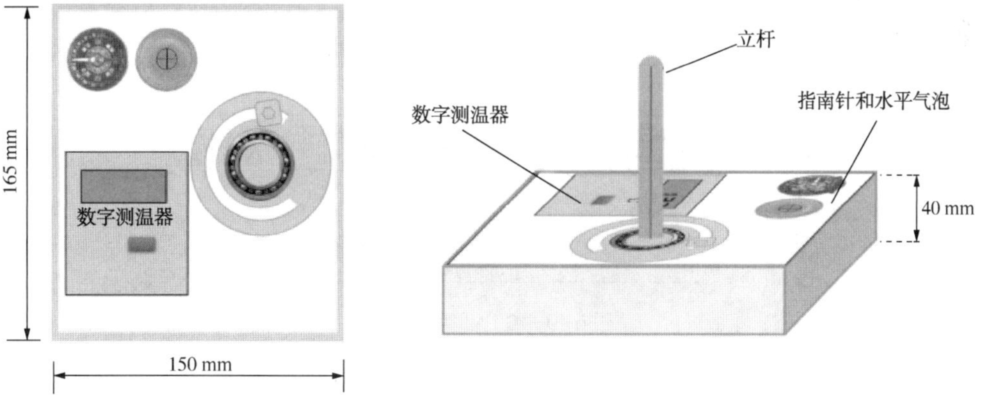


图 5-9-8　底座结构图

### （二）连接底座和圆筒的立杆

立杆下端连接底座上的金属轴承，使圆筒可随太阳方位的变化水平旋转，配合锁定螺丝，可以锁定方位角。立杆顶部连接一个特制的量角器，量角器两头标注为 90°，中间标注为 0。量角器上半环形凹槽可以使圆筒随太阳高度变化上下旋转，配合锁定螺丝，可以锁定特定太阳高度(如图 5-9-9 所示)。

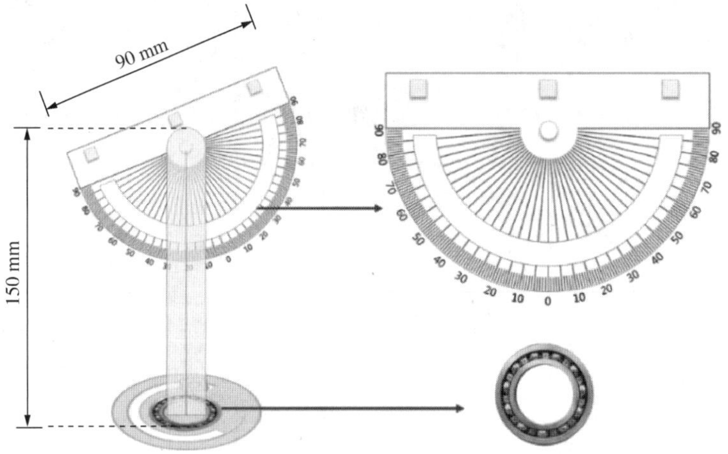


图 5-9-9　立杆结构图

### (三) 可嵌入透镜的透明圆筒

如图 5-9-10 所示，该部分由透明圆筒、圆形插槽、刻度尺、红色减光片和对光“十”字准星组成。透明圆筒上用激光切割出长度为 20 cm 的长方形小窗，使用时将透镜直接嵌入圆筒内壁，透镜手柄通过长方形小窗伸出到圆筒外部，方便学生手持透镜并根据需要移动透镜位置。管壁上附有刻度尺(透明胶上印刷有刻度值，粘贴上去)，用以直接测量焦距。圆筒底部有圆形插槽，用以插入磨砂成像屏(亚克力材质，用砂纸打磨成磨砂屏)，也可以插入圆形纸片或者数字测温度传感插针线。圆筒前端可套上红色减光片护眼(红色减光片为普通红色垫板裁切而成)。圆筒前端底部有黑色亚克力材质的对光“十”字准星。

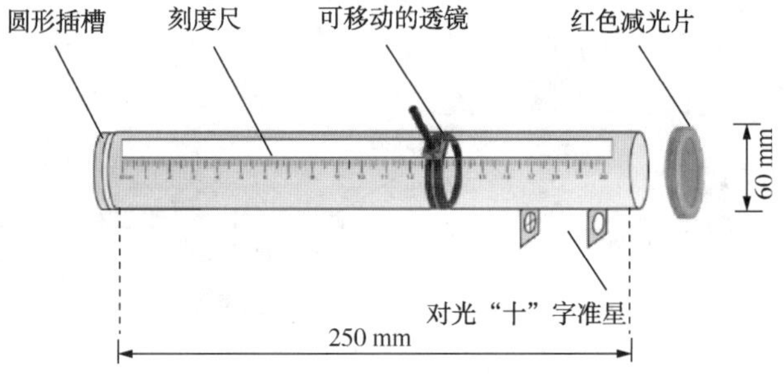


图 5-9-10　圆筒结构图

## 六、使用方法

### (一) 基本使用方法

1. 实验前仪器的调整。(1) 仪器底部配有调整螺丝，可以根据地形调整仪器的水平状态(如图 5-9-11 所示)。(2) 根据太阳的大致方位，水平旋转和上下转动圆筒，使太阳光穿过圆孔并对准对光“十”字准星(如图 5-9-12 所示)。(3) 锁定水平旋转和上下旋转的螺丝(如图 5-9-13 所示)。

图 5-9-11 根据地形调整仪器的水平状态

图 5-9-12 太阳光穿过小孔并对准圆形“十”字

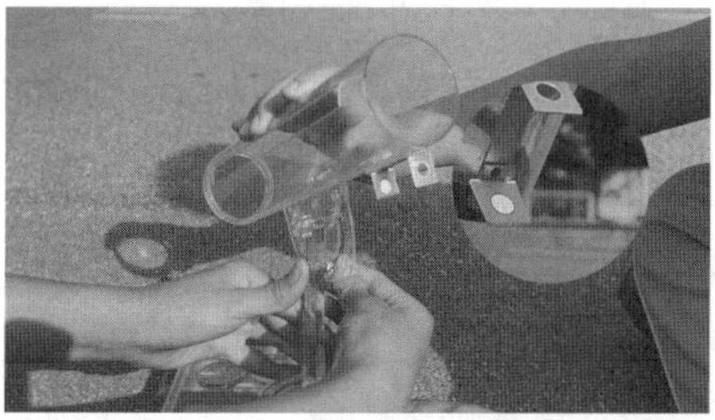

图 5-9-13 锁定水平旋转和上下旋转螺丝

2. 将透镜插入圆筒内。实验前，在圆筒前端带上红色减光片，减少强光对眼睛的伤害。圆筒末端插入战船纸片(如图 5-9-14 所示)。

图 5-9-14

3. 移动透镜的位置，观察战船纸片上光斑的变化，读出透镜到纸的距离，并做实验记录(如图 5-9-15 所示)。

图 5-9-15

### (二) 拓展探究——感受焦点的温度

学生使用数字测温器，将测温传感线放到聚光点的位置，进行测量及实验记录(如

图 5-9-16 所示)。

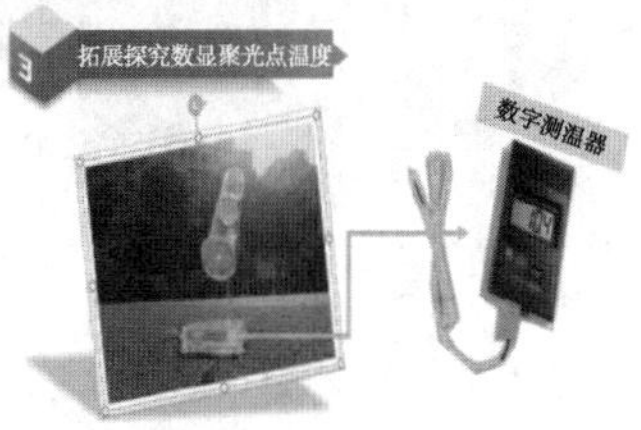

| 指标 | 凸透镜1 |
|---|---|
| 聚光点温度/℃ | 140~160 |
| 透镜与纸的距离/cm | 8.5 |

图 5-9-16

### (三) 平行激光组穿过凹凸两种透镜补充演示实验

即使遇到阴雨天气，在室内也可以使用平行激光组分别穿过凹凸两种透镜进行演示实验，光路明显，效果直观(如图 5-9-17 所示)。

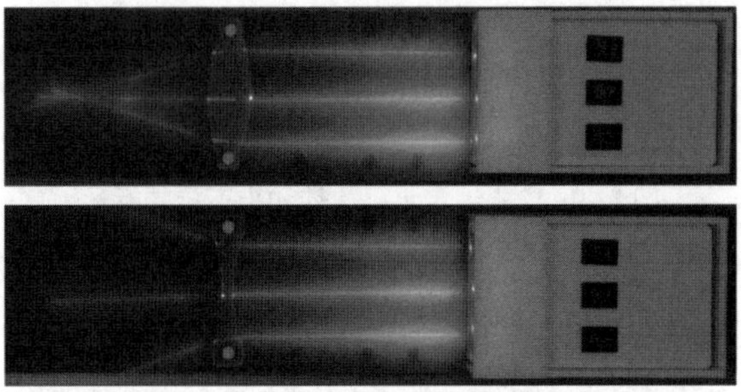

图 5-9-17

# 5.10 摆对比演示仪

山东省青州市西苑小学 孟庆伟

## 一、教具的教学意义和价值

小学科学“摆”一课要实验探究“摆的快慢与什么因素有关”，传统方法为细线下挂一个重物，来回摆动，多人操作，人工计时、计数，要实验 27 次，效率低，误差大。广大师生迫切需要一种能够精简实验步骤、减少实验时间的器材。

本教具应用于小学科学“摆”的实验教学，3 个摆同时对比实验，原本需要多人操作 27 次的实验，单人操作 9 次即可完成，节约 2/3 的时间；模拟钟摆摆动，直观形象，自动计时、自动计数，实验精确；12 V 锂电池供电，电磁铁过热则断电保护，单人一键操作，简单方便；坚固耐用，安全可靠。本教具在教学中提高了教学效率，推广价值极高。

## 二、教具装置图

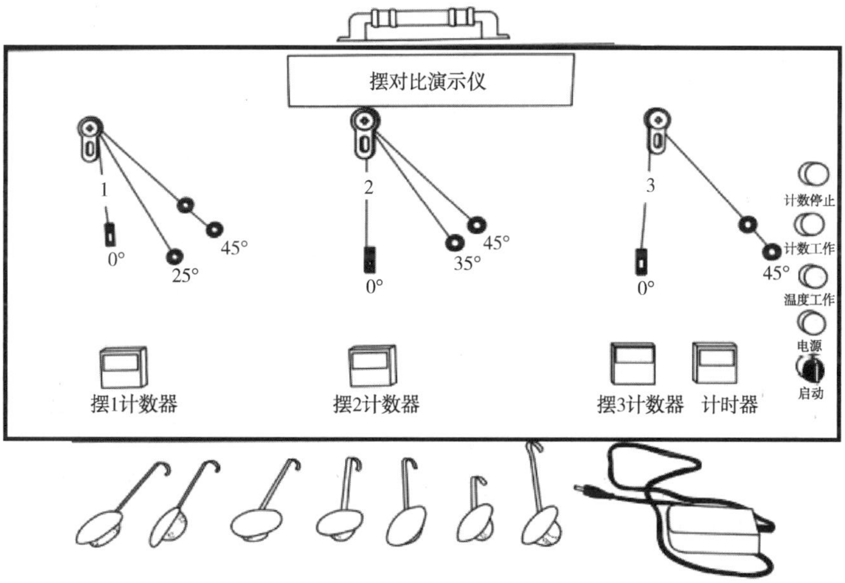


图 5-10-1

## 三、仪器特点及用途

### （一）特点

本教具应用物体经过光电感应器会产生电信号并传递到计数器记录数据的科学原理，

模拟摆钟的钟摆制作了 7 个不同摆重、摆长的摆，配以自动计时、计数的电子元件研制而成。

### （二）用途

本教具应用于小学科学“摆”的实验教学。

## 四、制作材料

计时器 2 个、计数器 3 个、光电感应器 3 个、12 V 电磁铁 7 个、12 V 锂电池 1 个、充电器 1 个、汤勺 7 把、12 V LED 指示灯 4 个、启动开关 1 个、悬挂摆的装置 3 个、木板 2 $m^2$、把手 1 个。

## 五、制作方法

1. 用木板制作长 90 cm、高 50 cm、厚 15 cm 的立体箱体。

2. 用电砂轮将 7 把汤勺磨制成 7 个摆，其中 1 号、2 号、3 号摆的摆长都是 16 cm，摆重都是 24 g；4 号摆的摆长是 16 cm，摆重是 20 g；5 号摆的摆长是 16 cm，摆重是 28 g；6 号摆的摆长是 12 cm，摆重是 24 g；7 号摆的摆长是 20 cm，摆重是 24 g。

3. 安装电子元器件。(1) 按照图 5-10-1 所示在箱体正面相应位置并联镶嵌电磁铁 7 个。(2) 用螺丝钉固定悬挂装置 3 个，间距 30 cm。(3) 计时器和 3 个光电感应器串联在一起，3 个光电感应器分别控制 3 个计数器。(4) 不同颜色的 LED 指示灯 4 个。黄灯为电磁铁工作指示灯，绿灯为电源指示灯，蓝灯为计数工作指示灯，红灯为计数停止指示灯。(5) 三段位启动开关 1 个。向左旋转接通电磁铁电源，旋转至中间位置为断开所有用电器电源；旋转至右侧为接通计数器、感应器电源。(6) 内置 12 V 锂电池 1 个，用于供电；内置计时器 1 个，用于控制电磁铁通电时间。

## 六、使用方法

将 3 个计数器归零，计时器设定计时 15 s。

1. 打开电源。

2. 逆时针旋转“启动”旋钮一个挡位，启动电磁铁。

3. 把 1 号、2 号、3 号摆分别吸附在 25°、35°、45° 3 个不同摆角的电磁铁上，研究摆角与摆的快慢的关系。

4. 顺时针旋转“启动”旋钮两个挡位，计数开始，15 s 后，计数停止。记录数据。

5. 把 1 号、3 号摆更换为 4 号、5 号摆，2 号摆不变。摆角都是 45°，重复 2、4 步骤，研究摆重与摆的快慢的关系。

6. 把 4 号、5 号摆更换为 6 号、7 号摆，摆角都是 45°，3 个摆摆长分别为 12 cm、16 cm、20 cm。重复 2、4 步骤，研究摆长与摆的快慢的关系。

7. 实验结束，关闭电源。

8. 得出实验结论：摆的快慢与摆重和摆角无关，与摆长有关，摆长越长摆得越慢，摆长越短摆得越快。

9. 摆的次数的计算方法：摆经过平衡位置再回到平衡位置为摆动 1 次。计数器若设置为单次计数，经过平衡位置计数 1 次，回到平衡位置再计数 1 次。若最后显示的次数为偶数，除以 2 就得到摆的次数；若是奇数，说明经过了平衡位置没有回到平衡位置就到时间了，先减 1，再除以 2 就是摆的次数。计数器若设置为双次计数，则经过平衡位置不计数，回到平衡位置计数 1 次，最后计数器显示的次数就是摆的次数。

本教具采用的是单次计数器。

# 5.11 水中微生物投影箱

湖北省宜昌市夷陵区实验小学 罗 斌

## 一、教具的教学意义和价值

用简单材料自制教具，能生动清晰地呈现水中微生物的样子，激发了学生探究的欲望和兴趣。既能演示实验，又可以让学生分组实验，并且不受教学环境的影响。

## 二、教具装置图

图 5-11-1 用包装纸盒制作的简易教具

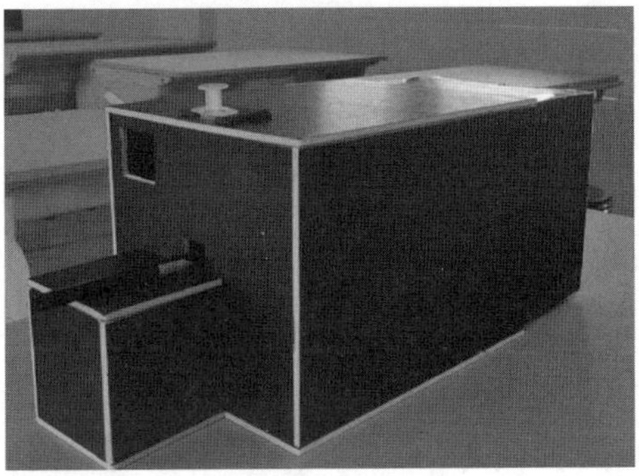

图 5-11-2 KT 板自制教具背面

图 5-11-3 KT 板自制教具正面

## 三、仪器特点及用途

### (一) 特点

能将微生物影像放大约 1000 倍，现象呈现生动清晰，教具制作简单。

### (二) 用途

本教具可呈现微生物的样子，激发学生兴趣，非常适合小学生进行探究活动。

## 四、制作材料

KT 板若干、20 mL 一次性注射器 1 支、激光笔 1 支、玻璃纸约 30 cm×30 cm。

## 五、制作方法

1. 截取 30 cm×22 cm KT 板 2 块、30 cm×21 cm KT 板 2 块、21 cm×21 cm KT 板 1 块，用双面胶组装成 5 面的暗箱。在侧面距离边缘1 cm 处挖一个 2 cm×2 cm 的孔(让注射器通过)，在后面中间挖一个 3 cm×3 cm 的孔(让激光通过)、左上角挖一个 5 cm×5 cm 的孔(让操作者观察)(如图 5-11-4 所示)。

图 5-11-4

2. 截取 20 cm×21 cm KT 板 2 块、30 cm×30 cm KT 板 3 块，用双面胶组装成 5 面的暗箱，在 20 cm×21 cm 的面上挖出一个 19 cm×19 cm 的孔洞并用玻璃纸蒙起来，如图 5-11-5 所示。

图 5-11-5

3. 用 KT 板做一个 12 cm×12 cm×12 cm 的方盒，用于放置激光笔，如图 5-11-6 所示。

图 5-11-6

4. 教具组装，将小暗箱插入大暗箱。如果环境光线较亮，将玻璃纸屏幕置于大暗箱内(如图 5-11-7 所示)；如果环境光线较暗，可以将玻璃纸屏幕置于外面(如图 5-11-8 所示)。

图 5-11-7　环境光线较亮时

图 5-11-8　环境光线较暗时

## 六、使用方法

1. 将本教具放置在桌面上。
2. 用注射器吸取水样标本，轻推活塞形成水滴放入暗箱内。
3. 打开激光笔开关并用透明胶固定在方盒上，调整激光笔位置并靠近通光孔。
4. 让激光穿透水滴，从观察孔观察，上下调节注射器高度直至形成清晰影像，用卡纸垫片固定注射器位置。
5. 认真观察，记录实验现象。可以换一滴水再进行观察，让实验现象更加丰富。

# 5.12 研究光的强弱与温度关系实验装置

湖北省武汉市武昌区何家垅小学　余逸君

## 一、教具的教学意义和价值

学生利用本装置研究光的强弱与温度的关系，发现“对于同一种热光源，光强温度高，光弱温度低”的规律。

本装置操作方便，学生配合简单，实验现象明显，耗时短，有利于学生发现规律。

## 二、教具装置图

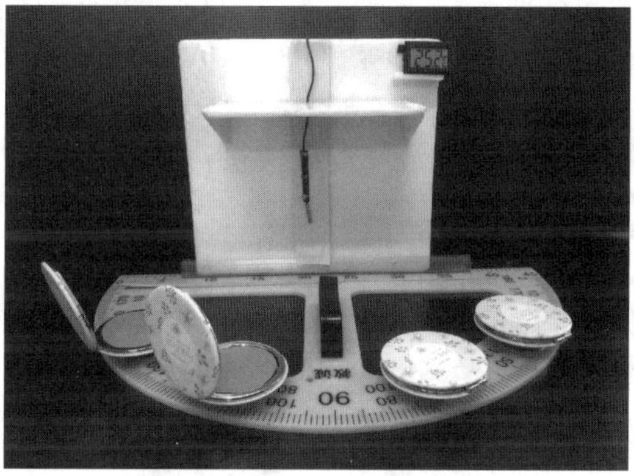

图 5-12-1

## 三、仪器特点及用途

### （一）特点

1. 镜子支架固定，解放学生双手。
2. 镜子沿圆弧排列，上下左右可转动，易调光。
3. 只需要打开相应数量的镜子即可改变镜子数量，操作简单。
4. 温度传感器比温度计更灵敏，显示器可拆卸，读数方便。
5. 投屏近，占用场地小；自带遮阳棚，环境要求低。

### （二）用途

学生利用本装置，改变平面镜的数量，即分别用一面镜子和多面镜子将阳光反射到屏上温度传感器探头处，得到光的强弱不同的光斑，并读取不同光斑处的温度，进而发现光的强弱与温度的关系。

## 四、制作材料

量角器 1 个、KT 板、温度传感器 1 个、抽杆夹 1 个、环形磁铁 8 个、磁贴、热熔胶、纸、剪刀。

## 五、制作方法

1. 用热熔胶将环形磁铁和抽杆夹的夹子固定在量角器上(如图 5-12-2 所示)。

2. 用热熔胶将环形磁铁固定在平面镜上，平面镜的磁极与量角器上方的磁极相反(如图 5-12-3 所示)。

3. 用 KT 板制作屏，利用磁贴将温度传感器安装在屏上，并用热熔胶和 KT 板在屏上制作遮阳棚(如图 5-12-4 所示)。

4. 将制作好的屏插入抽杆夹内，将平面镜吸在量角器上方的环形磁铁上即可(如图 5-12-5 所示)。

教具尺寸可根据需要调整，故不注明具体尺寸。

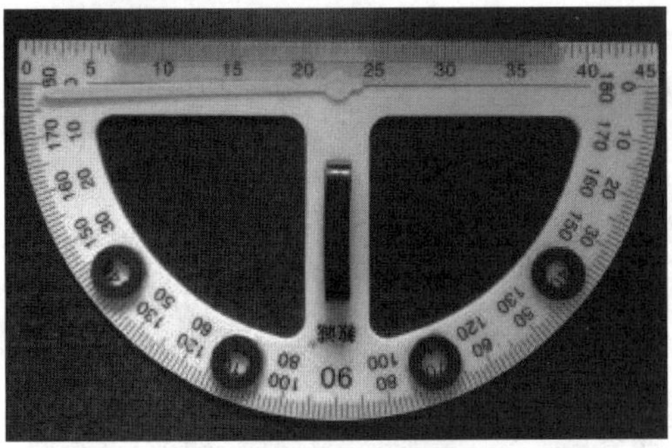

图 5-12-2

图 5-12-3

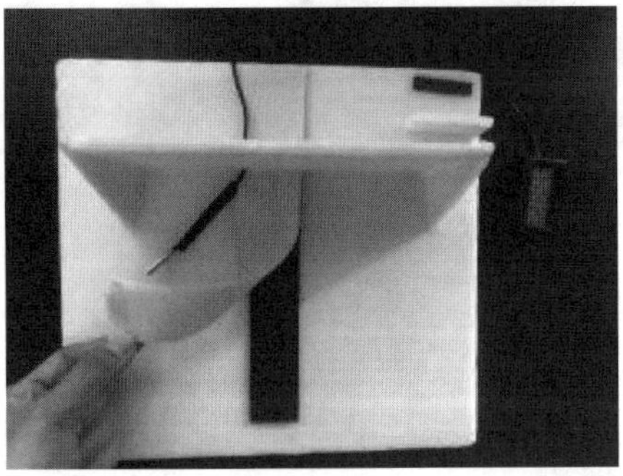

图 5-12-4

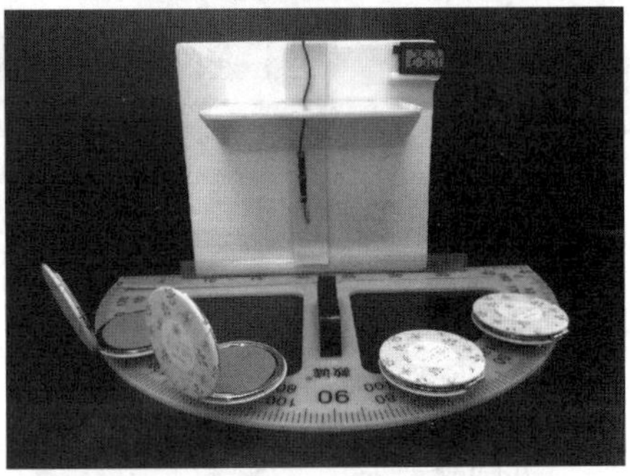

图 5-12-5

## 六、使用方法

1. 将实验装置放置在阳光下。

2. 打开一面平面镜，调整镜子角度，让阳光反射的光斑照在温度传感器的探头上，待数字显示屏示数稳定后读取温度。

3. 用同样的方法，依次打开第二面、第三面和第四面平面镜，调整反射光至同一位置并记录温度读数。

# 5.13 单摆演示器

湖南省湘南学院附属小学 陈 盈 钟 荣 张显华

## 一、教具的教学意义和价值

在小学科学课堂学习中，“摆”是教科版五年级下册的科学实验探究学习中的一项重要内容，是学生学习的重点和难点。

教材原有的摆的模型是由铁架台、细绳、螺母组成的简单的单摆，在实际教学中，这种简单的单摆在研究摆的运动快慢与摆长、摆锤重量和摆幅的关系时，遇到了不少问题：1. 用螺母作为摆重，增加或减少重量时，难以把握重心位置。2. 摆绳的长度不好控制。学生改变摆绳长短时，绳结需反复拆解，学生操作困难。具体表现为绳子系不紧、系绳子花费的时间过长。3. 在改变摆幅时，因为缺少标尺，摆动的幅度只能靠学生估算，数据不准确。4. 在实验中，学生一边计时一边计数，很难准确地测量出数据。

以上种种因素致使实验难以保证探究的科学性和严谨性，为此笔者对教具进行了改进。

## 二、教具装置图

图 5-13-1 单摆演示器

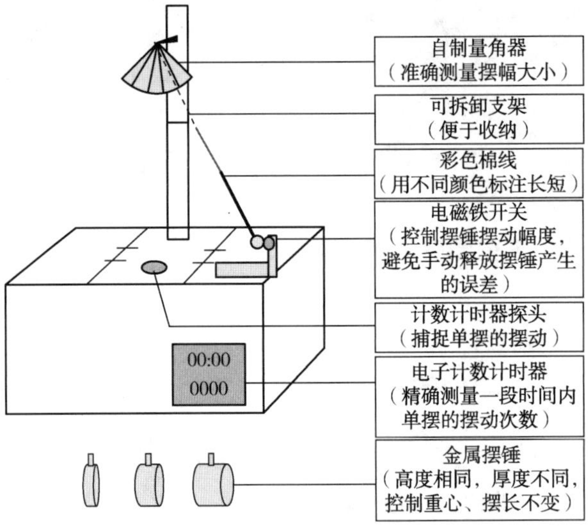


图 5-13-2

## 三、仪器特点及用途

### （一）特点

本教具将信息技术融入科学教学实践活动，借用计数计时器准确测量单摆单位时间内摆动的次数，让学生的探究活动有据可依，使单摆的教学具象化，演示现象更为科学、严谨、有趣。

1. 计时计数科学准确。在单摆底部安装了自制计数计时器。该装置能精确、客观地测量出单摆在单位时间内摆动的次数，更科学、严谨地展示单摆在不同情况下摆动的情况，方便学生开展“不同情况下摆的快慢”研究活动。

2. 改变摆锤重量，重心不变。利用截面大小相同、重量 1∶2∶3 的摆锤代替螺母。这样，摆锤的重心不变，摆的摆长也相同。

3. 摆绳长短变化清晰。把绳子分成若干等份，并涂上不同的颜色，制成彩色摆绳。利用彩色摆绳和固定夹辅助学生控制摆绳长度。

4. 摆的角度变化准确可量。支架上方安装量角器，可以准确测量摆幅大小。

5. 摆的摆动幅度直观准确。利用电磁铁来控制摆的摆动幅度，并代替手来放开摆锤，避免手释放摆锤时对摆锤产生力的作用。

### （二）用途

本教具可演示多种单摆探究实验：

1. 量角器与单摆结合，可测量摆线长度和摆角。
2. 探究摆线长度对单摆周期的影响。
3. 探究摆球质量对单摆周期的影响。
4. 探究摆角对单摆周期的影响。
5. 探究摆幅对单摆周期的影响。

## 四、制作材料

环保木板、电子计数计时器、合页、电磁铁、金属重物、棉线、夹子、彩笔。

## 五、制作方法

1. 用环保木板做成盒子，预留计数计时器的屏幕孔。盒顶部两端利用合页和磁铁做出开口，方便收纳。

2. 在盒内固定电子计数计时器，使探头朝向单摆运动的中心，显示屏朝向观测者。

3. 安装电磁铁及底座，调节电磁铁位置。

4. 取不锈钢管作为支架，顶端安装量角器，取彩色棉线作为摆绳，取金属重物作为摆锤。

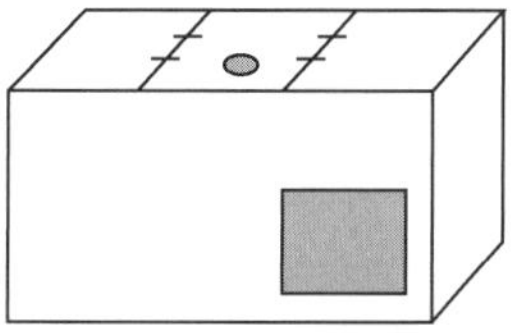

图 5-13-3

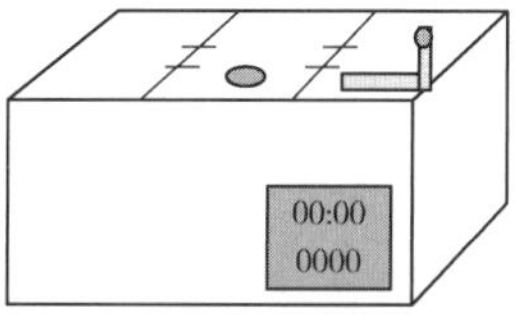


图 5-13-4

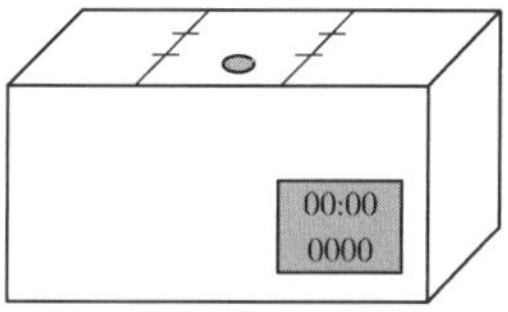


图 5-13-5

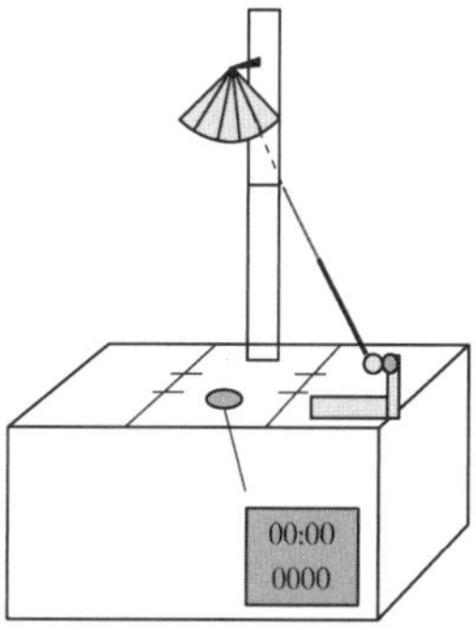


图 5-13-6

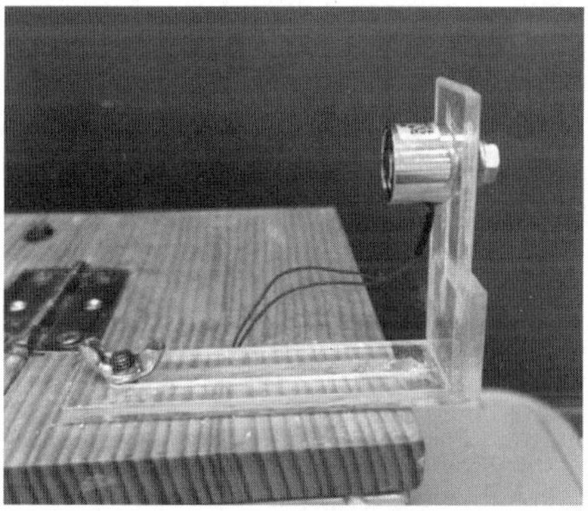

图 5-13-7　可移动电磁铁

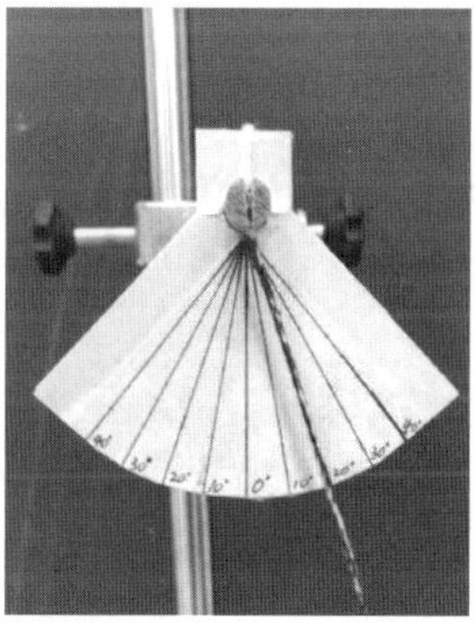

图 5-13-8　量角器

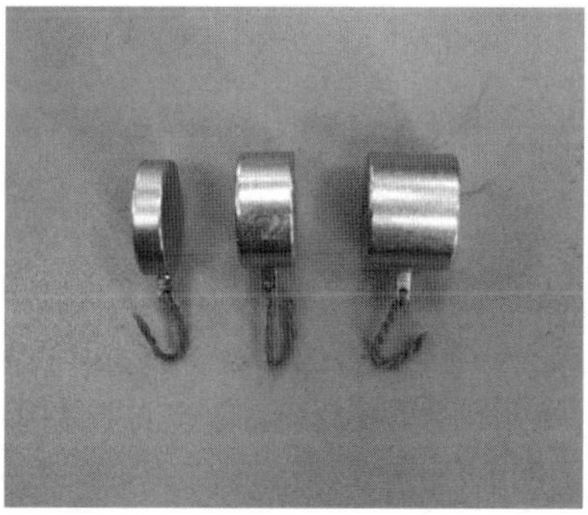

图 5-13-9　重量 1∶2∶3 的金属摆锤

## 六、使用方法

1. 将本教具放置在水平桌面上。
2. 用不锈钢管拼接成支架。
3. 打开盒子，取出量角器、棉线、金属重物，安装摆绳(棉线)、摆锤(金属重物)。
4. 打开电子计数计时器，断开电磁铁，使单摆运动。
5. 记录并分析数据，比较单摆在不同情况下摆动的快慢。

# 5.14 自制齿轮传动系列教具

广东省中山市三乡镇新圩小学 练海燕 袁运强

## 一、教具的教学意义和价值

一般的机械结构总是由许多零部件通过不同种类的接合部联结而成，齿轮则是机械结构中的重要部件之一，利用齿轮制造的传动机械在生活、工业、国防等方面起着举足轻重的作用。小学科学课程标准要求小学生观察常见的传动装置，了解其作用；通过探究知道齿轮传动的特点，并注意观察生活中的带传动和链传动。

但是目前以“齿轮传动”为代表的常见的机械传动装置教学中，出现了一些问题：尽管生活中普遍存在齿轮传动装置，如闹钟、电脑光驱、汽车变速器、变速马达等，但是学生普遍没有细致地观察过这些齿轮传动装置，更别提拆开这些传动装置，观察其内部结构。生活中普遍存在的这些齿轮传动装置并不能直接应用于教学，一方面是因为这些齿轮传动装置普遍较小，实验演示效果不明显；另一方面是因为这些齿轮传动装置普遍较为复杂，在授课的过程中难以被学生接受。

可见，目前关于传动装置的教具存在实验效果不直观、实验改装性差等问题。为了解决这些问题，笔者制作了本系列教具（分别有砂轮切割机模型、多功能齿轮传动探究装置、时钟模型和修正带模型），贴合一线教学，具有系列化、直观化、多功能化、可拆卸等特点。

## 二、教具装置图

图 5-14-1 砂轮切割机模型

图 5-14-2 多功能齿轮传动探究装置

图 5-14-3　时钟模型

图 5-14-4　修正带模型

## 三、仪器特点及用途

### （一）特点

1. 系列化：本系列教具涵盖了引入环节的砂轮切割机模型、探究环节的多功能齿轮传动探究装置以及拓展应用环节的修正带模型等三大教学环节的四项教具，实现了系列化、易开展的特点。

2. 直观化：砂轮切割机模型直观化了真正的砂轮切割机过程，让学生真正“看见”生活中机械内部的齿轮传动结构，为学生聚焦齿轮传动特点的探究做铺垫。多功能齿轮传动探究装置中齿数及圈数的数字化也使探究更直观明显。因此，本系列教具以直观化为突出特点进行了设计制作。

3. 多功能、可拆卸：多功能齿轮传动探究装置既能探究齿轮传动时齿轮传动方向的特点，又能探究齿轮传动速度的关系，拆卸组装后还能成为时钟模型，初步探究多级齿轮传动的特点，实现了多功能、可拆卸等特点。

### （二）用途

砂轮切割机模型主要应用于课堂教学的导入环节，通过直观化的齿轮传动装置引发学生疑问：“为什么加了齿轮来驱动后就提高了带有小齿轮的砂轮转速呢？齿轮之间是怎样改变转速的呢？”带着问题，顺势进入新课的学习。

多功能齿轮传动探究装置主要应用于探究相互啮合的两齿轮传动的方向及速度的关系。

时钟模型主要作为拓展探究，引导学生在组装时钟的过程中初步感受多级齿轮的传动关系。

修正带模型主要应用于引导学生探究了解其他传动方式、组合传动方式在生活生产中的应用，为以后的学习做铺垫。

## 四、制作材料

砂轮切割机模型：砂轮片、电动机、齿轮、转轴、轴承、螺母、螺杆、联轴器、滑动轨道、木板、电线、开关、开关电源。

多功能齿轮传动探究装置：霍尔传感器、感应磁铁、显示屏、PC 板、纸、轴承、转轴、螺母、木架。

修正带模型：齿轮、木架、布彩带、直角架、手摇柄、转轴、轴承、螺母。

## 五、制作方法

### （一）砂轮切割机模型

1. 利用激光切割机切割 4 个长方体盒子及 1 个底盒作为支架。
2. 将电机固定在支架盒上并通过轴承与大齿轮及砂轮片 a 连接。
3. 将固定了砂轮片 a 的 2 个支架盒装在导轨上，可以左右移动。
4. 用另一根轴与小齿轮及砂轮片 b 连接，固定在导轨的一端。

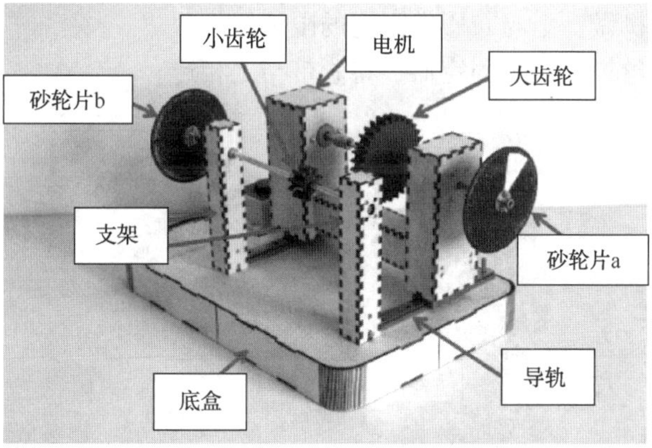


图 5-14-5

### （二）多功能齿轮传动探究装置

1. 利用木板做一个高 50 cm、宽 60 cm 的稳固支架。
2. 利用 PC 板做一个齿数为 40 的蓝色大齿轮、一个 30 齿的红色中齿轮、一个 10 齿的蓝色小齿轮以及一个 10 齿的红色小齿轮。
3. 将蓝色小齿轮与红色中齿轮啮合成“树莓派”，并将蓝色小齿轮通过一根轴连接起来。
4. 在红色中齿轮和蓝色小齿轮上贴上数字标签。
5. 在红色中齿轮和蓝色小齿轮的起始齿（黄色齿）背部粘贴上强磁铁，在支架对准起始齿的位置装上霍尔传感器。
6. 将霍尔传感器与“树莓派”连接起来，并接上圈数显示屏。

图 5-14-6

## （三）修正带模型

1. 利用木板做一个高 20 cm、宽 35 cm 的稳固支架。

2. 将一大一小的两个齿轮相互啮合，分别用轴承连接并固定，再将连接大齿轮的轴与手摇柄连接。

3. 利用激光切割机做一个与布彩带同宽的限位器。

4. 利用木板及螺丝钉做一个固定器，将彩带与之相连。

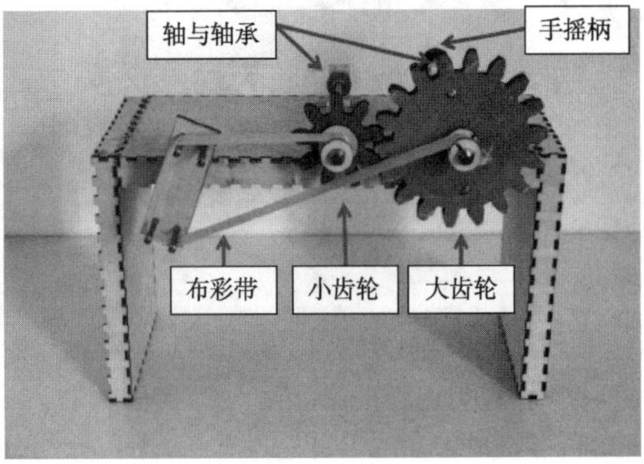


图 5-14-7

# 六、使用方法

## （一）砂轮切割机模型

1. 启动砂轮切割机，用砂轮片 a 切黄瓜，观察黄瓜有没有被切断。结果发现黄瓜才被切了个口（如图 5-14-8、图 5-14-9 所示）。

图 5-14-8

图 5-14-9

2. 加上大齿轮，启动砂轮切割机，用砂轮片 b 切黄瓜，观察黄瓜有没有被切断。结果发现黄瓜被切断了(如图 5-14-10、图 5-14-11 所示)。

图 5-14-10

图 5-14-11

3. 引导学生观察砂轮切割机的工作原理，并思考："为什么加了大齿轮来驱动小齿轮上的砂轮时，就能大大提高小齿轮上砂轮的转速呢？"

### (二) 多功能齿轮传动探究装置

1. 齿轮传动的工作原理。转动多功能齿轮传动探究装置中的红色大齿轮，观察蓝色小齿轮的转动情况(结果发现蓝色小齿轮是被红色大齿轮带动的，结合分析可以得到齿轮传动的工作原理)。

2. 齿轮传动中相互啮合的两齿轮转过齿数的关系。转动多功能齿轮传动探究装置中的红色大齿轮，使其转过 1 个齿，观察到蓝色小齿轮也相应地转过了 1 个齿，记录相同时间内两轮转过的齿数；根据数据分析可知，两个相互啮合的齿轮转过的齿数是一一对应的。

3. 齿轮传动改变转动速度。转动多功能齿轮传动探究装置中的红色大齿轮，使其转过 1 圈，观察到蓝色小齿轮转过 3 圈；继续转动大齿轮，记录两齿轮转过的圈数。分析数据可知，齿数少的小齿轮转过的圈数较多，从而可得相互啮合的两齿轮，齿数少的转速快，齿轮传动能改变齿轮转动的速度。

4. 齿轮传动改变转动方向。转动多功能齿轮传动探究装置中的红色大齿轮，观察两轮的转动方向(一个顺时针，一个逆时针)，引导学生进行分析可知，齿轮传动具有改变转动方向的特点。

### （三）多功能齿轮传动探究装置拓展探究：时钟模型

1. 在原有多功能齿轮传动探究装置上，加装 2 个齿轮。4 个齿轮分成 2 组，一组实现 3∶1 的传动关系，另一组实现 4∶1 的传动关系。2 组之间通过联轴器连接，最终实现 12∶1 的传动比，即实现了手表分针和时针的转速关系，同时直观地演示多级齿轮传动是如何改变转速的。

2. 将 2 个指针分别贴在红色小齿轮和红色大齿轮上，将表盘与 2 个红色齿轮同轴放置，转动红色大齿轮，观察两指针的转动情况（与红色大齿轮相连的指针转过 1 格，与红色小齿轮相连的指针转过 1 圈即 12 格）。

### （四）修正带模型——齿轮传动与带传动

转动修正带模型的手柄，带动大齿轮转动，观察修正带如何离开大齿轮、回到小齿轮，模拟修正带的使用过程——使用过的修正带会被卷回修正带的盒子里。同时体现了齿轮传动与带传动的应用。

# 5.15 相对运动演示仪

广东省中山市黄圃镇对甫小学 武 强

## 一、教具的教学意义和价值

相对运动的描述是小学科学的难点，难度主要源于生活经验的影响。在日常生活中，人们描述物体的运动状态时一般都默认以地面为参照物，所以在描述物体运动时，无法想象以其他物体为参照物的状态。相对运动的现象都是依靠学生想象，无法直观地展示在学生面前，因此学生理解相对运动和相对静止就十分吃力。要想让学生深刻理解物体运动的相对性，就必须创设真实的情境、切换参照物来描述物体的运动。同时，还要直观地将不同的相对运动状态展示在学生面前。

因此，笔者设计了本教具。它由 2 个无线摄像头、3 辆自制动力小车和 2 台平板电脑组成。教具利用无线摄像头模拟人眼，将摄像头安装在动力小车上，实时拍下画面模拟人眼看到的小车的不同运动状态，并通过 2 台平板电脑展示给学生看。这样就可以很好地解决传统相对运动教学中单纯依靠学生想象难以理解这一难题，将原本比较抽象的相对运动状态直观地展示在学生面前，将抽象的相对运动转为可视化的现场实验，学生更容易理解相对运动的不同状态。

同时，本教具还可以通过改变 2 个无线摄像头的位置，模拟所有相对运动的场景，也可以实现相对速度的对比和小车运动速度的测量等运动实验。

## 二、教具装置图

1. 2 辆由马达提供动力的小车，1 辆无动力的小车(如图 5-15-1 所示)。

图 5-15-1

2. 2 个无线摄像头模拟人眼，可以根据需要安装在不同的位置，显示不同的视角(如图 5-15-2 所示)。

图 5-15-2

3. 现象显示器：实时显示摄像头拍到的画面(如图 5-15-3 所示)。

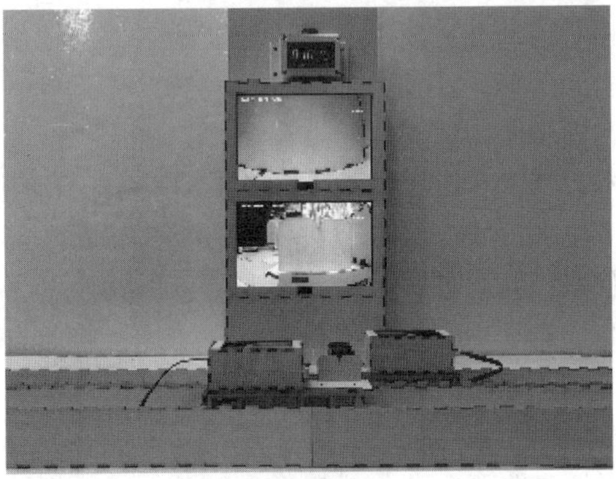

图 5-15-3

4. 计时器：在 1 m 轨道的起点和终点安装 2 个光电传感器，记录小车通过的时间，并显示在计时器的屏幕上。

图 5-15-4　计时器

## 三、仪器特点及用途

### （一）相对静止模拟实验

场景一：以同辆车上的车座为参照物，通过摄像头拍到的画面，可以发现自己并没有运动。

场景二：以同向、同速行驶的汽车为参照物，通过摄像头拍到的画面，可以判断自己并没有运动。

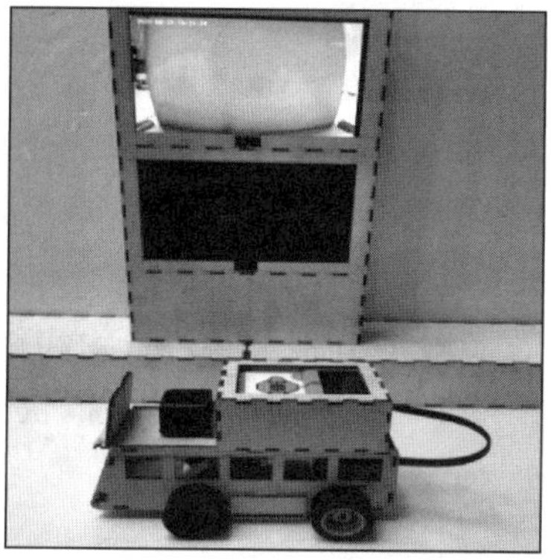
图 5-15-5 场景一

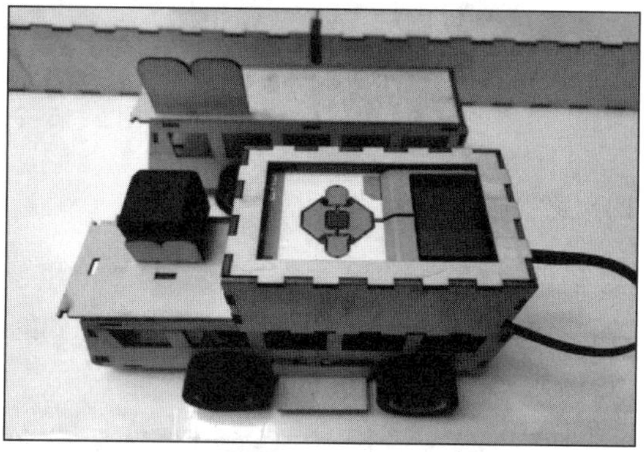
图 5-15-6 场景二

### （二）相对运动模拟实验

场景一：以路边的树木为参照物，通过摄像头拍到的画面，可以判断自己在运动。

场景二：以相向行驶的汽车为参照物，通过摄像头拍到的画面，可以判断自己在运动。

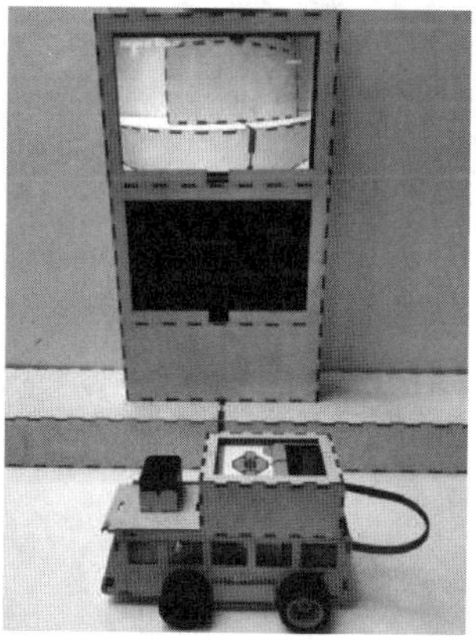
图 5-15-7 场景一

图 5-15-8 场景二

### （三）测量小车的运动速度

将小车放在长度为 1 m 的跑道上，测量小车通过的时间，经过简单的计算就可以得到小车运动的平均速度(如图 5-15-9 所示)。

图 5-15-9

### （四）感受相对速度的快慢

在 2 辆做相对运动的小车车头处安装 2 个摄像头，视角方向分别为路边景物和相向运动的车辆。在相遇的瞬间，通过 2 个摄像头拍到的画面，可以对比相对运动速度的快慢（如图 5-15-10 所示）。

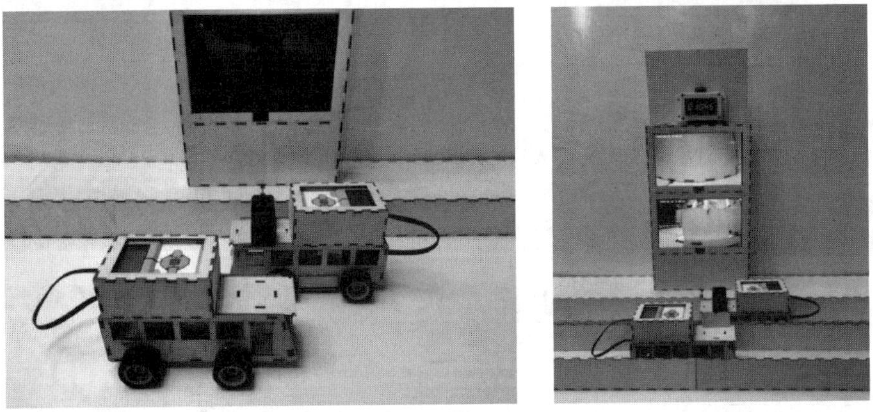

图 5-15-10

## 四、制作材料

无线摄像头、平板电脑、光电传感器、计时器、机器人配件、木板。

## 五、制作方法

1. 利用激光雕刻机自带的绘图软件绘制小车、轨道和观察器设计图（如图 5-15-11、图 5-15-12 所示）。

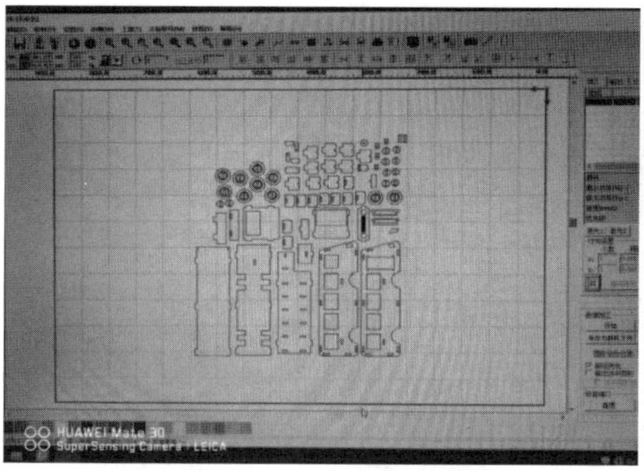

图 5-15-11　小车设计图

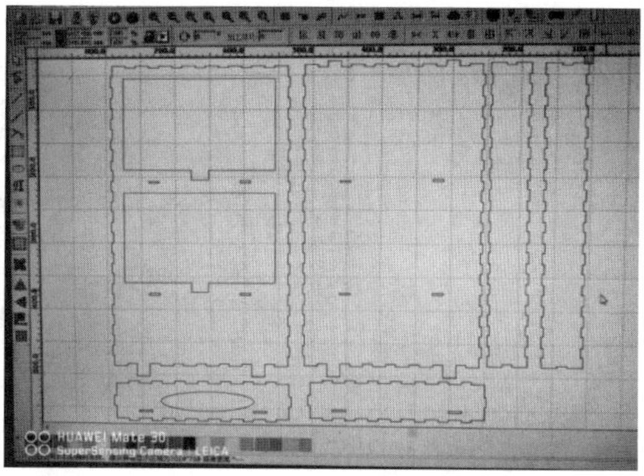

图 5-15-12　观察器设计图

2. 根据画好的图纸，使用激光雕刻机切割木板，拼装出 3 辆小车、2 条轨道和 1 个观察器盒子。

3. 在无线摄像头背部利用热熔枪粘贴小木板，使摄像头可以根据需要调换不同的安装位置（如图 5-15-13 所示）。

图 5-15-13

4. 调试无线摄像头，将无线摄像头分别连接到 2 台不同的平板电脑。

5. 将装有无线摄像头软件的平板电脑放置在观察器的平板架上。

6. 在观察器底座处量取 1 m 距离，在起点和终点分别打孔，安装光电传感器。将 2 个光电传感器和计时器连接，用热熔胶把计时器固定在观察架的顶部（如图 5-15-14 所示）。

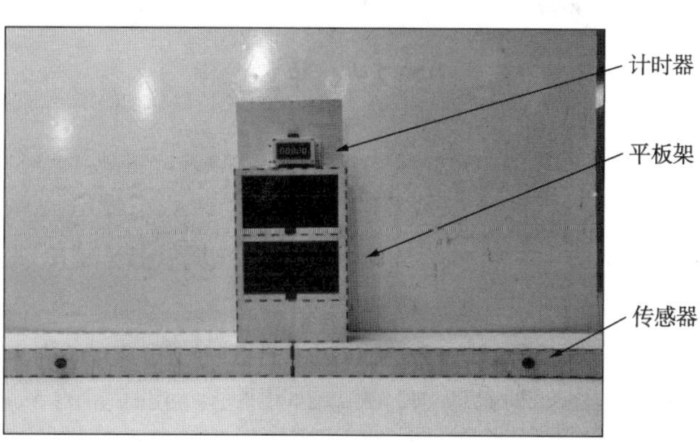


图 5-15-14

7. 拼装 2 个轨道木板，并在轨道底部贴上模拟道路的贴纸(如图 5-15-15 所示)。

图 5-15-15

## 六、使用方法

### (一) 实验前准备工作

将本教具放置在水平桌面上，观察架放在中间，打开 2 个无线摄像头和平板电脑，将平板电脑上连接摄像头的软件打开，调节画面至全屏状态。轨道放在架子前面，起点和终点对齐 2 个光电传感器。

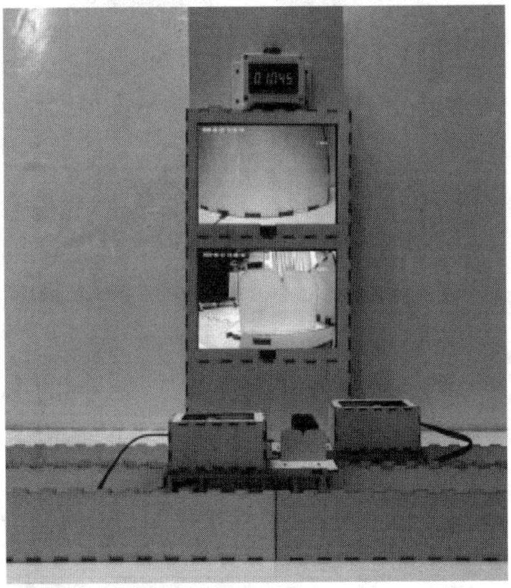

图 5-15-16

### (二) 实验中使用方法

1. 使用 1 个摄像头：

(1) 将摄像头摆放在路边，1 辆小车从摄像头前驶过，可以模拟以路边行人为参照物，观察到路上的车辆是运动的(如图 5-15-17 所示)。

(2) 将摄像头摆放在 1 辆小车上，摄像头对着车辆任意一侧，开动小车，观察车内的画面，可以模拟以路边树木路牌为参照物，发现小车是运动的(如图 5-15-18 所示)。

图 5-15-17

图 5-15-18

（3）将摄像头摆放在小车前面，并在摄像头前安装一块挡板，开动小车，观察摄像头传出的画面，可以模拟以车座为参照物，车上的人是静止的(如图 5-15-19 所示)。

（4）将摄像头摆放在 1 辆有动力的小车上，摄像头对着车辆任意一侧，开动小车，在有摄像头的一侧车辆后方放置另一辆有动力的小车，并将车速调至前车的 2 倍。同时开启 2 辆小车，观察摄像头传回的画面，可以模拟以旁边车辆为参照物，小车是向后运动的(如图 5-15-20 所示)。

图 5-15-19

图 5-15-20

（5）摄像头摆放在小车侧边，并将另一辆无动力小车和装有摄像头的小车并排连接，摄像头正对的地方安装一块挡板模拟无动力小车的司机，开动小车，可以模拟以并排同速行驶的小车上的司机为参照物，小车是静止的(如图 5-15-21、图 5-15-22 所示)。

图 5-15-21

图 5-15-22

2. 使用2个摄像头：

(1) 将2个摄像头背对背安装在一辆有动力的小车上，并与另一辆无动力小车并排连接在一起，无动力小车上安装一块模拟司机的挡板，开动小车，观察画面。可以同时模拟以同速行驶小车和路边景物为参照物的情况，可以从画面中看到一个是静止的，一个是运动的(如图5-15-23所示)。

(2) 2个摄像头背对背安装在一辆有动力的小车上，将另一个有动力的小车放在对面，让两辆小车相向而行，通过摄像头里传回的画面可以观察到真实速度和相对速度，同时可以感觉相对速度比真实速度快(如图5-15-24所示)。

图5-15-23

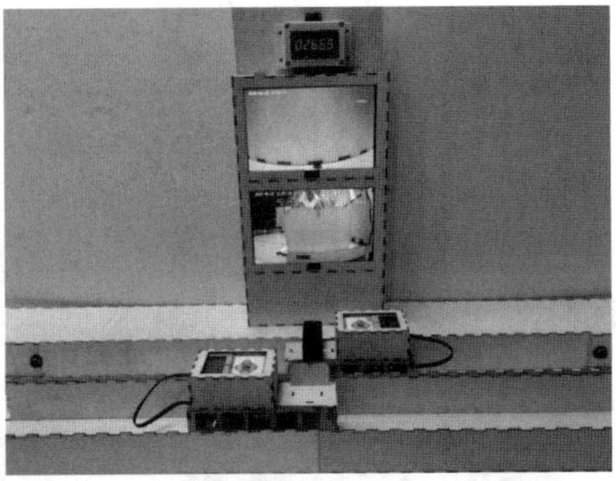

图5-15-24

3. 使用计时器：把1辆有动力的小车放置在轨道起点处，将计时器打开，开动小车，平稳通过终点，记录此时计时器显示的时间。路程为1 m，通过简单的计算就可以得出小车的速度。也可以改变小车的速度进行测量，还可以使用不同动力的小车来测量小车的运动速度。

# 5.16　组合型桥梁教学模型

重庆市九龙坡区玉清寺小学　张宏祥　谭理文
重庆市九龙坡区教师进修学院　潘　波

## 一、教具的教学意义和价值

在教科版科学六年级上册第二单元“形状与结构”中“桥的形状与结构”的教学中，遇到了几个难题。一是这节课没有合适的模型能快速展示教学中要学习的4种桥梁，即拱桥、索桥、梁桥、浮桥。二是在学习拱桥的3种类型时，3种拱形桥梁各自的优点也较难理解。三是2种索桥的桥塔高度与钢索承载拉力也较难研究，学生只能通过板凳来间接感受，多种组合桥梁也没有直观的模型。因此，笔者设计制作了本教具。

## 二、教具装置图

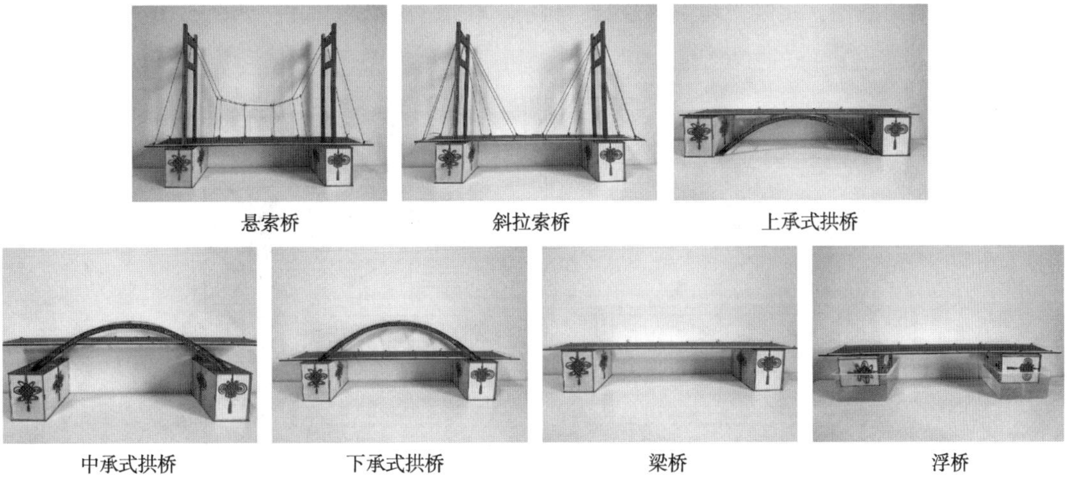


图 5-16-1

## 三、仪器特点及用途

### （一）特点

本教具拆装简单、携带方便，适合教学中使用。一套多用，可在斜面、形状与抗弯曲、拱形的力量、找拱形的教学中使用部分或全部部件。

### （二）用途

1. 能快速直观展示4种基本桥梁模型和多种组合型桥梁模型。

2. 较容易展示 3 种类型拱桥的优缺点，也可利用拱形研究桥墩与拱之间的相对位置关系。

3. 悬索桥桥塔高度与钢索承受拉力能直观读数，可进行模拟实验，有效突破重难点。

## 四、制作材料

平面 100 mm×30 mm、厚度 2 mm 的条形松木板 10 张，激光雕刻机，控制板，超声波传感器，拉力传感器，压力传感器。

## 五、制作方法

1. 根据实际需要设计各部件的草图(如图 5-16-2 所示)。

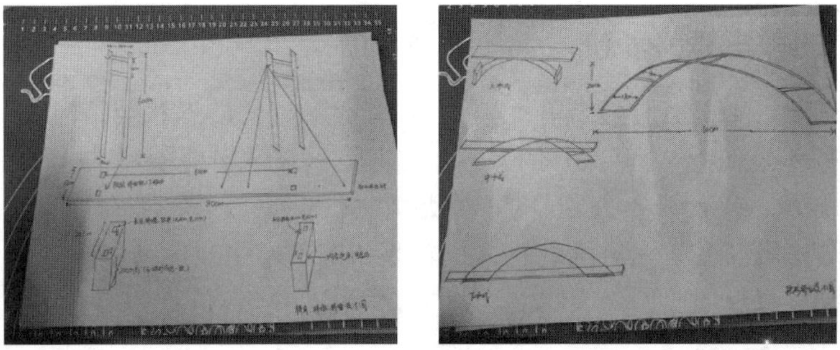

图 5-16-2

2. 电脑绘出图像，用激光切割出桥身、桥塔、桥墩、拱形等部件(如图 5-16-3 所示)。

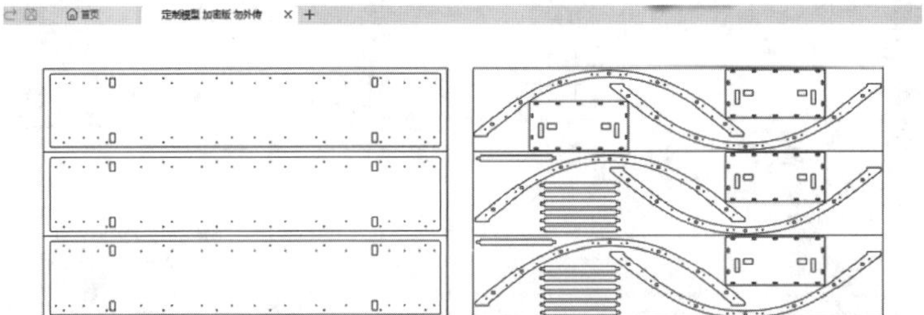

图 5-16-3

3. 安装桥塔、桥墩、拱形及桥身，并用棉线和磁铁组合成缆索(如图 5-16-4 所示)。

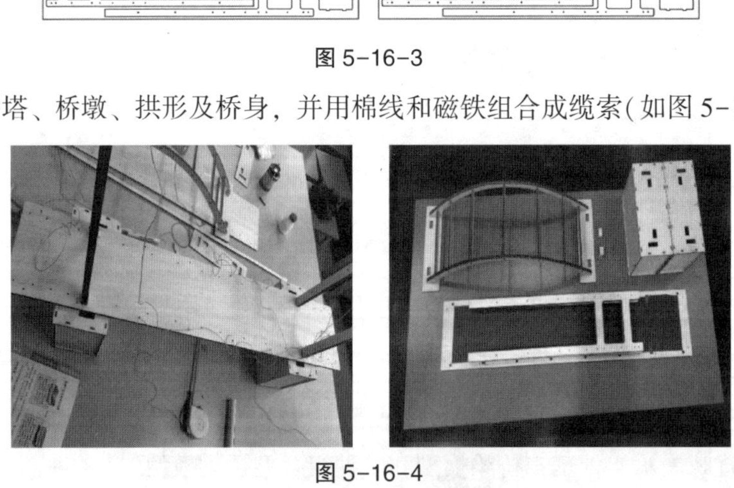

图 5-16-4

4. 完成电子硬件(超声波传感器、压力传感器、拉力传感器)的安装和调试(如图 5-16-5 所示)。

5. 编写软件(如图 5-16-6 所示)。

图 5-16-5

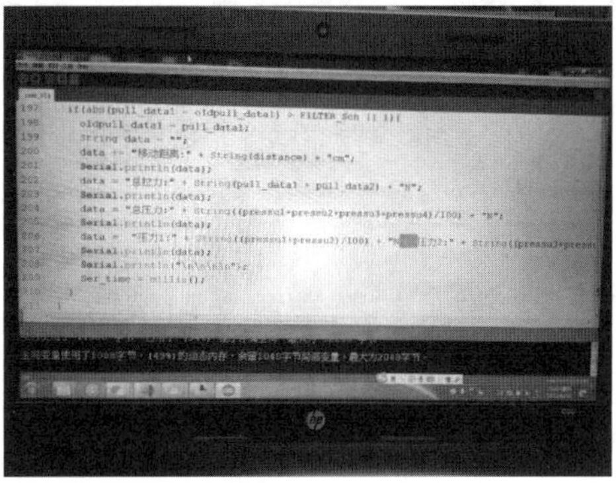

图 5-16-6

6. 与多媒体实时互通和优化(如图 5-16-7 所示)。

7. 检查设备和零件(如图 5-16-8 所示)。

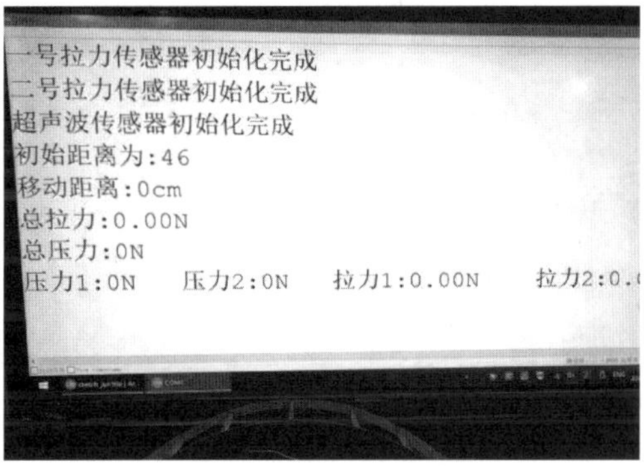


图 5-16-7

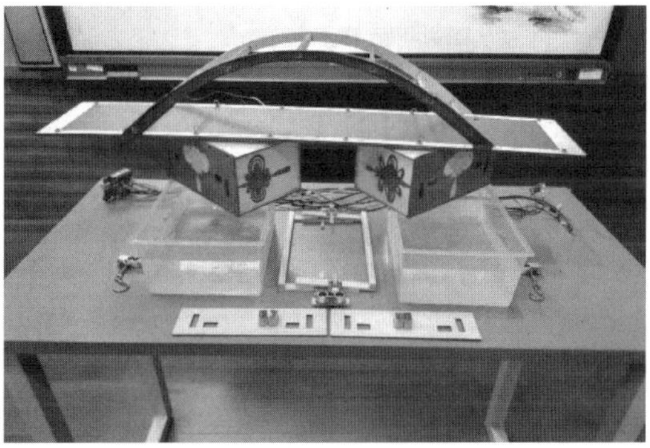

图 5-16-8

## 六、使用方法

1. 将本教具放置在水平桌面上，用桥墩、桥身和桥塔对孔组合，与线缆组合成索桥。

2. 用桥墩、桥身对孔组合成梁桥。

3. 用桥墩、桥身、拱形对孔组合成拱桥。

4. 用桥墩、桥身、水槽对孔组合成舟桥。

5. 用组合好的悬索桥，在两端用弹簧测力计测出桥身高度不同时钢索承受的拉力情况。学生读数并分析数据。

6. 用组合好的下承式拱桥，手压拱的上部，模拟桥承受压力，观察拱产生的形变。学生对照普通拱形在承受压力时产生的形变，分析用桥身拉住拱足的变化。

7. 可进一步实时输出实验数据，佐证猜想，或利用数据拓展教学(用超声波传感器匹配距离，用软件编写程序，用控制板输出数据)。

# 5.17 金属热传递实验演示仪

重庆市铜梁区玉泉小学校 刘时友

## 一、教具的教学意义和价值

一个实验可以同时显示三种实验现象，一是灯泡有秩序地亮灭，二是电子数显温度计测得各块温度高低不同，三是变温油墨材料的颜色由深变浅。三种现象有力地说明了金属热传递方向。观察结果精确度高，误差小，便于统计。

操作简单，安全省时，效果明显，有效提高了实验效率。变抽象为直观形象，更符合小学生的认知特点。实验材料可重复使用，节约资源，成为可循环资源。充分运用新奇的科学材料，不断改进实验，既使课堂变得高效，又能激发学生的科学探究兴趣和创新精神。

## 二、教具装置图

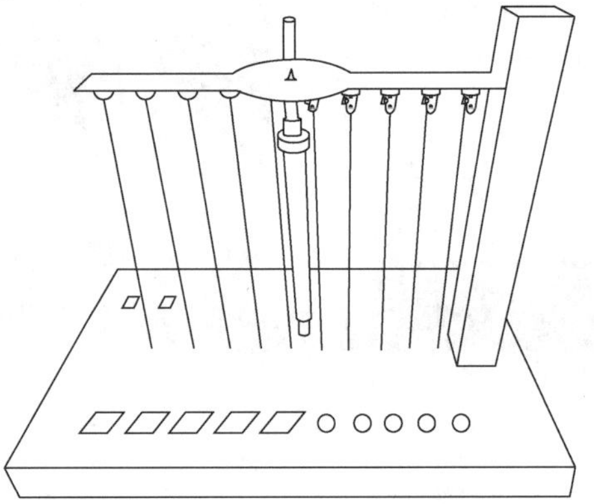

图 5-17-1 设计图

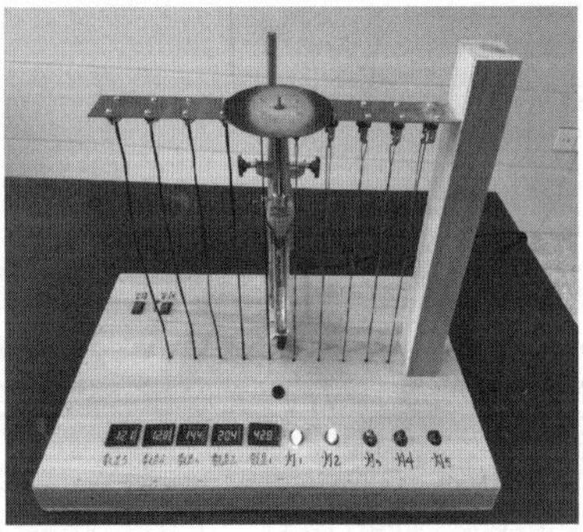

图 5-17-2 实物外观 1

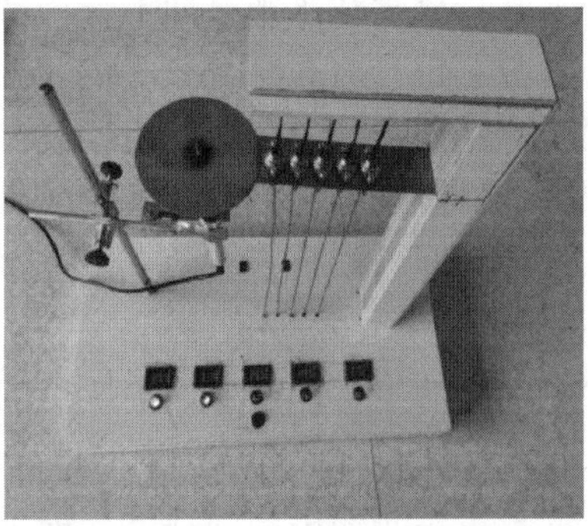

图 5-17-3 实物外观 2

## 三、仪器特点及用途

### (一) 特点

三种实验现象得出一个结论，现象一目了然，实验安全、成功率高，突破了本节课的重难点。

### (二) 用途

演示热在金属中的传递方向。

## 四、制作材料

铁架台、电烙铁、温控开关、灯泡、数显温度计、温度计探头、热敏变温油墨、电池盒、开关，木质平台。

## 五、制作方法

1. 截取一块长 30 cm、宽 4 cm 的铜片，在铜片中间固定一个直径为 10 cm 的圆形铜片，以圆心为中心，间距 3 cm，分别打 5 对直径为 0. 3 cm 的小孔。

2. 把温控开关和温度计探头用螺丝固定在铜片上。在中间直径为 10 cm 的圆上涂上变温油墨。

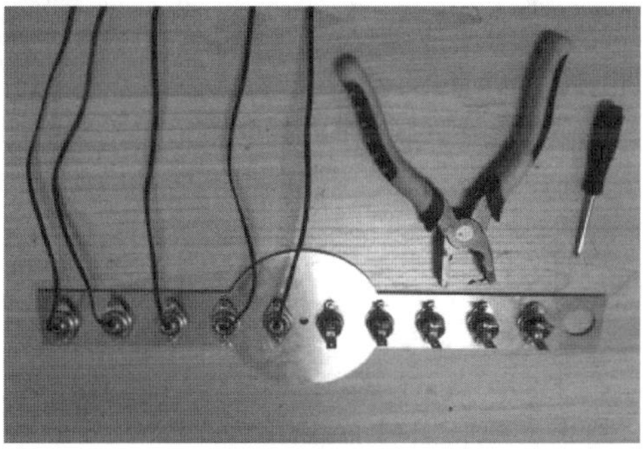

图 5-17-4

图 5-17-5

3. 用木料做一个长 50 cm、宽 35 cm、高 5 cm 的演示平台，在前边缘处分别设置 5 盏小灯泡和 5 个数显温度计。

图 5-17-6

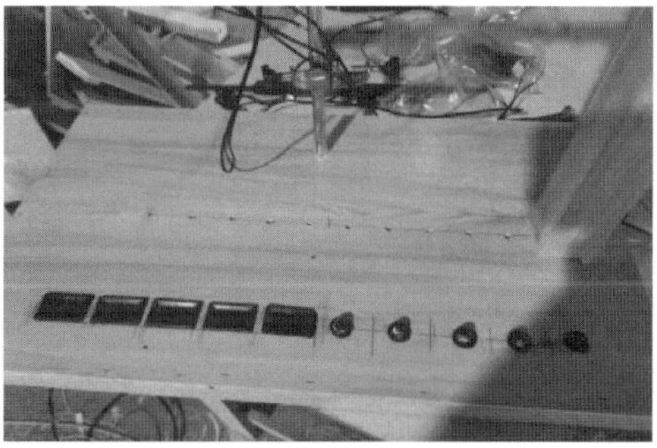

图 5-17-7

4. 在恰当位置安装铁架台并固定好铜片。以电烙铁位置恰好可以为铜片加热为宜。

图 5-17-8

5. 分别连接好温控开关、灯泡、数显温度计、温度计探头、电池盒以及开关的线路。

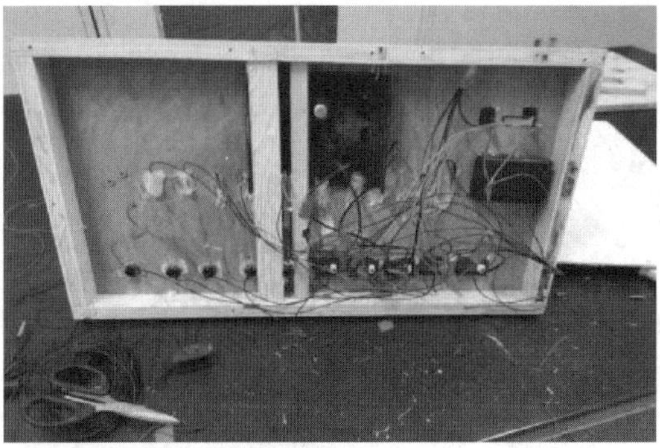

图 5-17-9

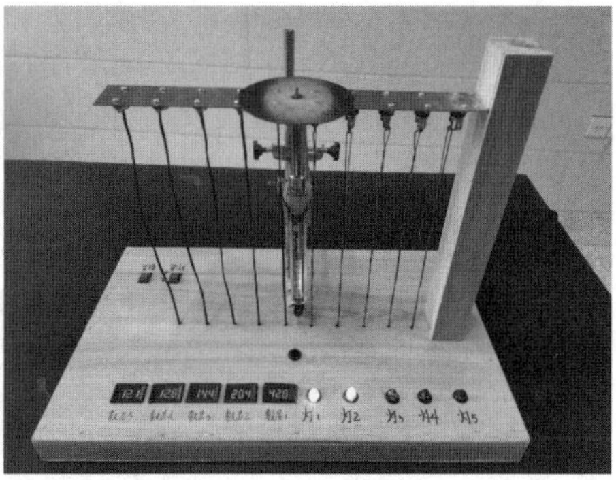

图 5-17-10

## 六、使用方法

1. 将本教具放置在水平桌面上，调试好电烙铁到金属铜片中心的距离。
2. 打开灯泡和数显温度计的开关。
3. 开启电烙铁，让电烙铁发热。
4. 随着铜片温度升高，观察圆片颜色的变化。观察 5 盏灯泡亮的顺序，观察 5 个数显温度计温度变化情况。

# 5.18 超重、失重与能量转化综合演示教具

云南省昆明市云南师范大学附属小学 黄铭卿 柴明智 孙运佳

## 一、教具的教学意义和价值

超重与失重这两个非常重要的物理现象是很难在课堂上讲清楚的，传统的方法是讲述生活中的例子来让学生思考、领悟，缺乏直观和量化的感受。本教具的第一部分装置可设计出三个可操作性较强的实验，通过对实验的观察、实验数据的对比，可以让学生认识到物体在下落过程中感受到的力的变化，分析物体落到不同地面时加速度的变化规律。

能量间的相互转换是一个重要却抽象的概念，无法通过直观的实物展示，学生不容易理解。一般采用死记硬背的方式学习，教学效果差，不利于学生对概念的理解。本教具的第二部分装置可以演示热能、电能、声能、机械能、光能、化学能之间的转换，同时学生可自己动手操作，加深对知识的理解，拓展认知的宽度，激发学习兴趣，有助于学生更好地认识和理解能量转化的概念。

在教具制作过程中，学生参与整个设计和制作过程，教师提出想法引导学生，同时解决制作过程中遇到的难题。学生在掌握课本知识的基础上，综合校内外所学知识，锻炼了动手技能，培养和提高了综合能力，体现了学校素质教育的浓厚氛围。

## 二、教具装置图

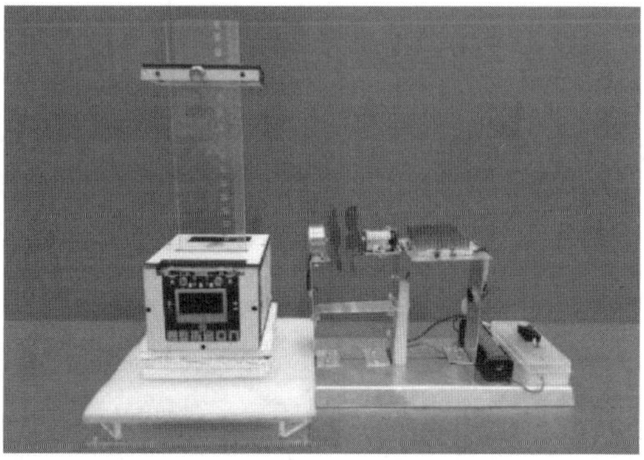

图 5-18-1 教具全貌

整个教具分为两个部分，第一部分为超重与失重实验装置，细节如图 5-18-2 所示，第二部分为能量转换演示装置，细节如图 5-18-3 所示。

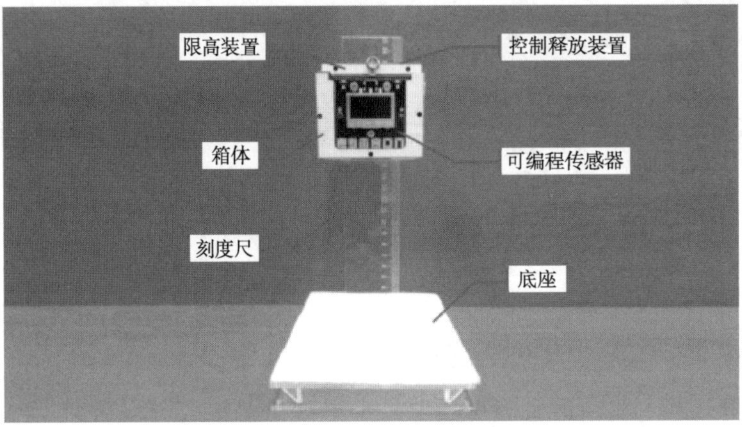


图 5-18-2　超重与失重实验装置

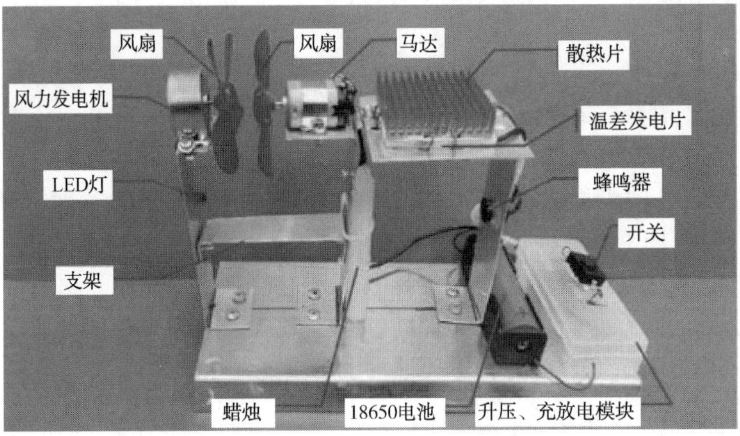


图 5-18-3　能量转换演示装置

## 三、仪器特点及用途

### （一）特点

1. 超重与失重实验装置：(1)离线数据采集，减少实验误差。(2)自动记录并保存实验数据，保证了数据的准确性。(3)可对单一变量进行对比分析。(4)多个实验集合，完成对相关知识点的探究。(5)自带电源模块，可外接电源进行充电。(6)实验操作简单快捷，可用于教师演示和学生自主探究，实验效果明显。

2. 能量转换演示装置：(1)通过声、光、电多种可视效果，展示多种能量间的相互转换，趣味性强，扩展了传统的能量转换演示用具的演示范围，有利于教师的教学和学生的理解，效果显著。(2)自带充电接口，可对锂电池进行充电，可以多次反复使用。(3)取材容易，结构简单，易于操作，性能稳定，通用性强，安全可靠，便于自制推广。

### （二）用途

超重与失重实验装置用于探究物体超重和失重时的加速度变化，以及演示缓冲效果；能量转换演示装置用于同时展示电能、机械能、化学能、热能、光能之间的转换，为学生更好地学习理解能量概念提供帮助。

## 四、制作材料

### （一）超重与失重实验装置

表 5-18-1　超重与失重实验装置材料及使用说明

| 序号 | 名称 | 数量 | 说明 |
|---|---|---|---|
| 1 | 可编程传感器 | 1个 | 加速度传感器，数据采集 |
| 2 | 电源模块 | 1个 | 离线供电用 |
| 3 | 300 mm×300 mm×5 mm 椴木板 | 1块 | 需使用激光切割机按图切割 |
| 4 | 300 mm×200 mm×5 mm 透明亚克力 | 1块 | 需使用激光切割机按图切割 |
| 5 | 磁铁(直径 13 mm) | 2个 | 吸附固定用 |
| 6 | USB 数据线 | 1条 | 上传程序、数据传输 |
| 7 | 紧固件 | 若干 | 结构固定用 |
| 8 | 不同厚度软质泡沫或海绵 | 若干 | 探究缓冲对坠落加速度的影响 |

### （二）能量转换演示装置

表 5-18-2　能量转换演示装置材料及使用说明

| 序号 | 名称 | 数量 | 说明 |
|---|---|---|---|
| 1 | 马达 | 1个 | 演示电能转化为机械能 |
| 2 | 风力发电机 | 1个 | 将风能转化为电能 |
| 3 | LED 灯 | 1个 | 通电时点亮 |
| 4 | 蜂鸣器 | 1个 | 通电时发出声音 |
| 5 | 5 V 升压板 | 1个 | 转换温差发电片的电压 |
| 6 | 锂电池充放电模块 | 1个 | 为 18650 电池充电 |
| 7 | 蜡烛 | 1支 | 演示化学能转化为光能、热能 |
| 8 | 温差发电片 | 1块 | 利用温差产生电能 |
| 9 | 散热片 | 1块 | 降低温差发电片一侧的温度 |
| 10 | 风扇 | 2个 | 产生风能，在风的带动下旋转 |
| 11 | 18650 电池 | 1支 | 储存电能 |
| 12 | 导线 | 若干 | 传输电能 |
| 13 | 铝片 | 若干 | 制作支架 |
| 14 | 导热硅胶 | 若干 | 传输热量 |

## 五、制作方法

### （一）超重与失重实验装置

1. 制作底座支架。底座支架包括刻度尺和底座，刻度尺可以测量下落高度，整个底座采用透明亚克力材料，通过计算机辅助设计软件制图后用激光进行切割，组装后的底座支架如图 5-18-4所示。

2. 制作下落箱体。箱体材料为椴木板，通过计算机辅助设计软件制图后用激光进行切割，组装后的箱体如图 5-18-5 所示。

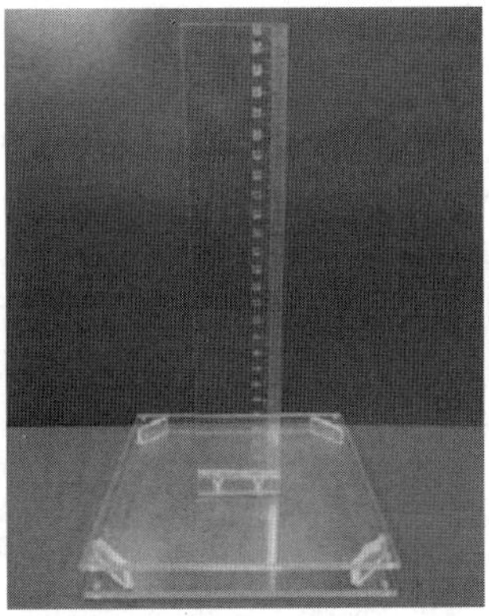

图 5-18-4　底座支架

图 5-18-5　下落箱体

3. 制作限高装置和控制释放装置。限高装置和控制释放装置采用椴木板，通过计算机辅助设计软件制图后用激光进行切割。限高装置固定在支架的刻度尺上，上下移动限高装置可以调整箱体的下落高度(如图 5-18-6 所示)；控制释放装置内镶嵌磁铁(如图 5-18-7 所示)，释放装置与箱体通过磁铁相互吸附固定，撬动装置后箱体自由脱落。

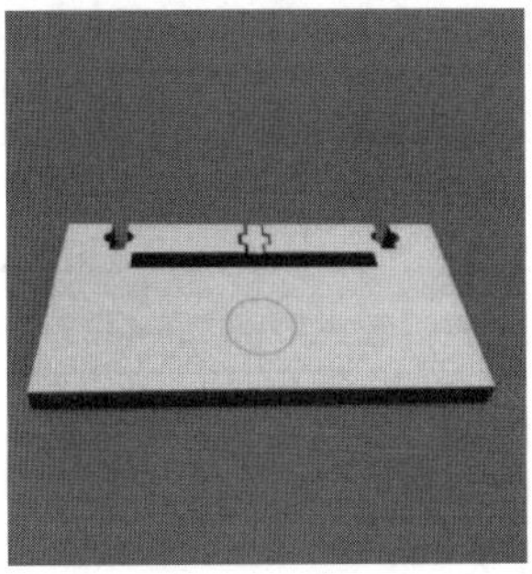

图 5-18-6　限高装置

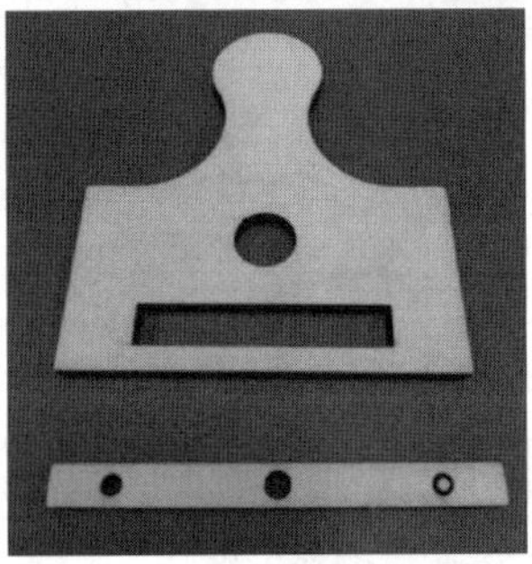

图 5-18-7　控制释放装置

4. 可编程传感器和程序设计。可编程传感器如图 5-18-8 所示，内置加速度传感器，可以通过程序设计读取并保存加速度数值。

根据实验需求，用编程软件设计程序，功能如下：松开传感器按键 A 后，开始记录 $x$ 轴加速度数据并保存到列表，直到记录完 100 个数据点自动停止或按下 B 键停止采集。按下传感器 B 键，将数据列表里采集的数据以 txt 文档的格式保存到传感器的文件系统中，并显示保存进度。触摸传感器 P 键，将实验数据以点线图的形式呈现在软件中。部分程序如图 5-18-9所示。

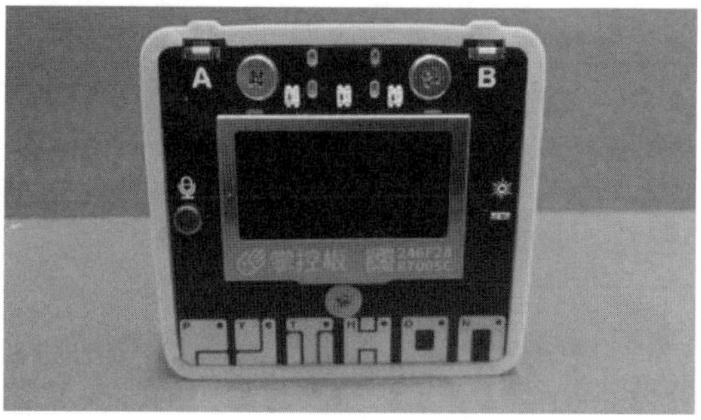

图 5-18-8 可编程传感器

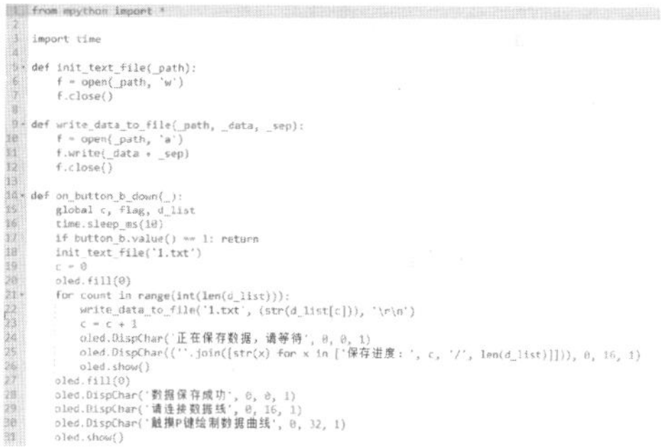

```
from mpython import *

import time

def init_text_file(_path):
    f = open(_path, 'w')
    f.close()

def write_data_to_file(_path, _data, _sep):
    f = open(_path, 'a')
    f.write(_data + _sep)
    f.close()

def on_button_b_down(_):
    global c, flag, d_list
    time.sleep_ms(10)
    if button_b.value() == 1: return
    init_text_file('1.txt')
    c = 0
    oled.fill(0)
    for count in range(int(len(d_list))):
        write_data_to_file('1.txt', (str(d_list[c])), '\r\n')
        c = c + 1
        oled.DispChar('正在保存数据，请等待', 0, 0, 1)
        oled.DispChar((''.join([str(x) for x in ['保存进度：', c, '/', len(d_list)]])), 0, 16, 1)
        oled.show()
    oled.fill(0)
    oled.DispChar('数据保存成功', 0, 0, 1)
    oled.DispChar('请连接数据线', 0, 16, 1)
    oled.DispChar('触摸P键绘制数据曲线', 0, 32, 1)
    oled.show()
```

图 5-18-9 程序设计

## （二）能量转换演示装置

1. 制作温差发电装置。选取铝片，截取 5 cm×5 cm 的正方形；在温差发电片两面涂抹导热硅胶；温差发电片有字的一面安装散热片，无字的一面安装到铝片上(如图 5-18-10 所示)。

2. 安装风扇马达和风力发电机。取铝片，剪去合适长度制作支架。铝片上端弯折 90°，开孔固定风扇马达和风力发电机，并在风力发电机输出口连接红色 LED 灯(如图 5-18-11所示)。

图 5-18-10 温差发电装置

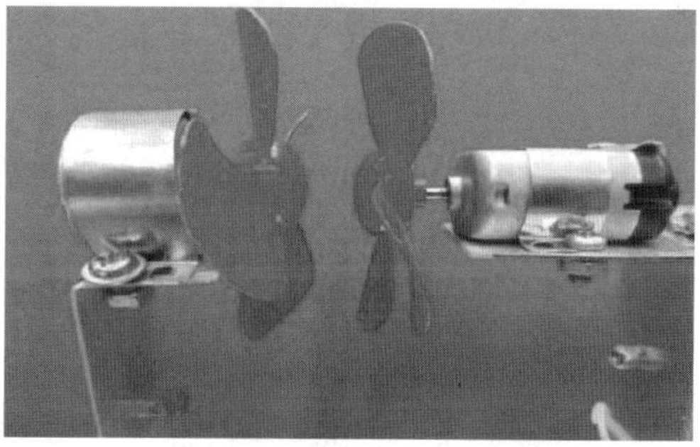

图 5-18-11 风扇马达和风力发电机安装图

3. 组装电路。电路连接框图如图 5-18-12 所示。

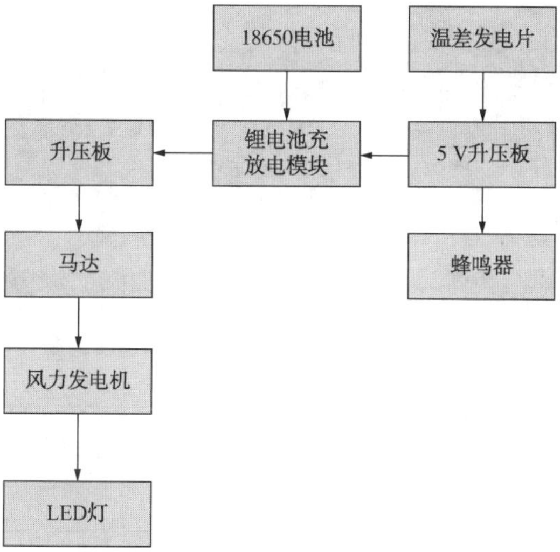


图 5-18-12 电路连接框图

## 六、使用方法

### (一) 探究物体坠落过程中的加速度变化

1. 向传感器上传程序，打开编程传感器电源开关，取下 USB 数据线。
2. 将箱体通过磁铁吸附在支架上。
3. 将释放高度调整到 20 cm 进行箱体坠落实验，并读取记录的数据。
4. PC 端程序将加速度数据绘制成图表，并分析物体从静止到坠落过程中的加速度有几个变化阶段(如图 5-18-13 所示)。

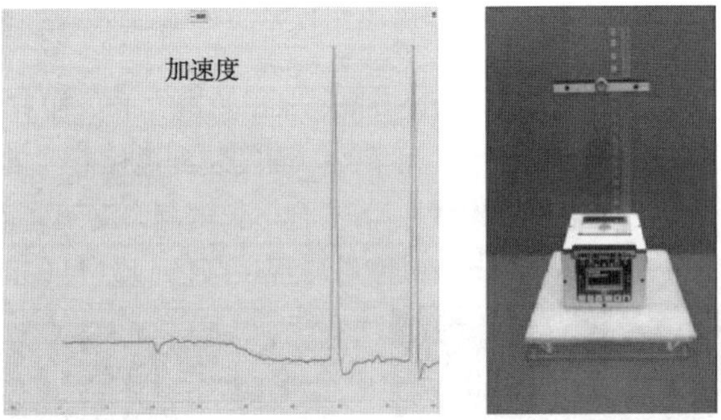


图 5-18-13　物体坠落过程中的加速度变化

### (二) 探究不同高度下箱体落地时的最大加速度

1. 重新编写编程传感器程序，显示屏中显示检测到的最大加速度值。
2. 分别调整下落高度为 10 cm、15 cm、20 cm。
3. 释放箱体，读取液晶屏显示的最大加速度数值，在表格中记录(如图 5-18-14 和表 5-18-3所示)。

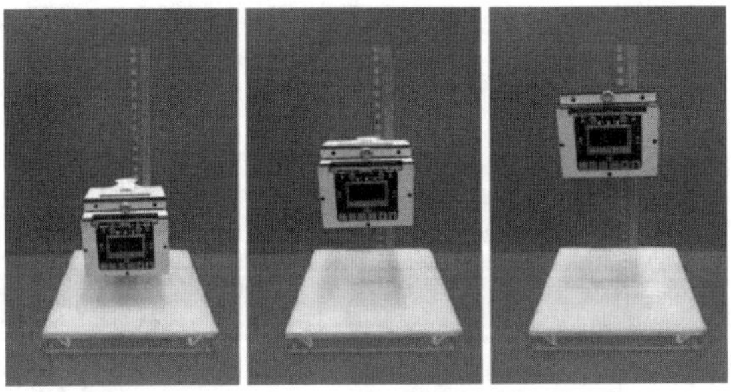

图 5-18-14　不同下落高度最大加速度测量

表 5-18-3　不同下落高度对应加速度值

| 下落高度/cm | 最大加速度值/($m/s^2$) |
|---|---|
| 10 | 3.375 |
| 15 | 10.125 |
| 20 | 15.96875 |

### (三) 缓冲对箱体落地时加速度的影响

1. 调整箱体下落高度为 20 cm。

2. 分别在底座放置 1 块、2 块、3 块缓冲材料，进行下落实验，读出使用不同数量缓冲材料时，传感器记录的最大加速度值(如图 5-18-15 所示)。

3. 对比采集得到的三组数据，分析数据变化的原因。

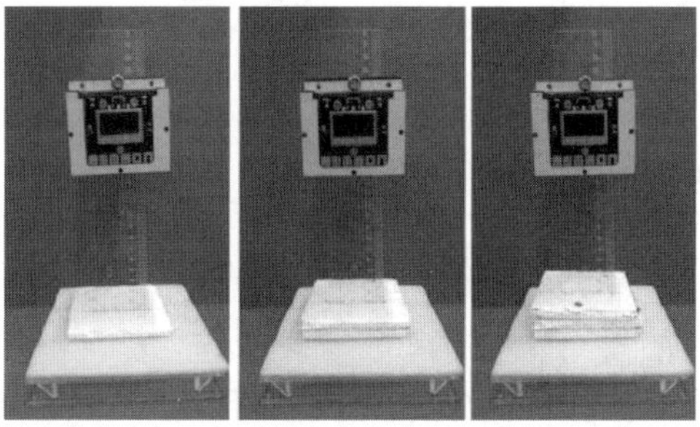

图 5-18-15　不同缓冲的测量

### (四) 电能、机械能、风能、光能转化

1. 按下开关，会看到马达带动电风扇转动，产生风；发电机风扇随之转动，LED 灯被点亮(如图 5-18-16 所示)。

2. 关闭开关，马达停止，风扇随之停止转动，LED 灯熄灭。

3. 用纸板遮挡在两个风扇之间(如图 5-18-17 所示)，会看到马达转动、发电机不转动、LED 灯不亮，引导学生思考原因。

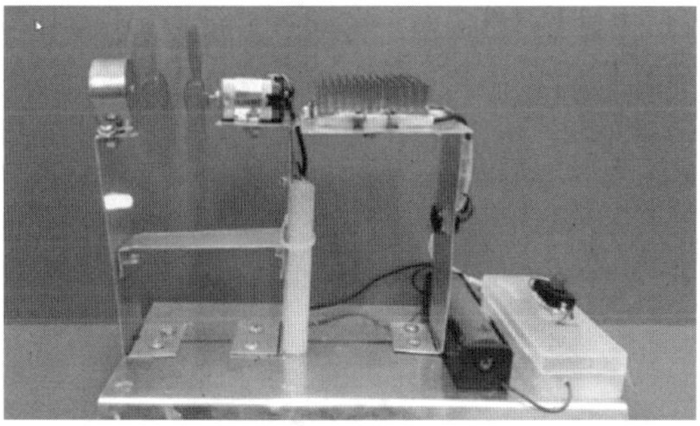

图 5-18-16

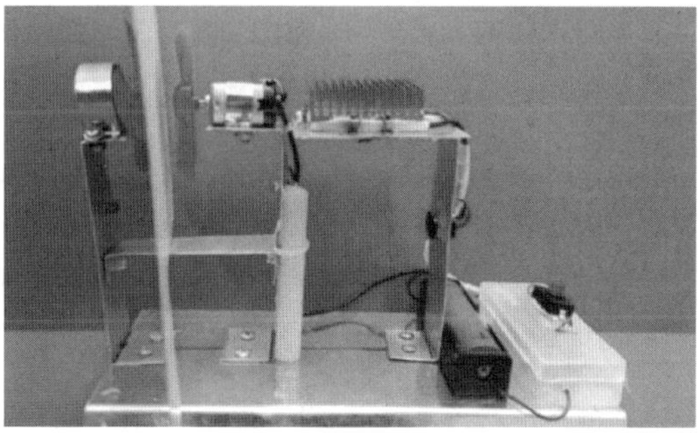

图 5-18-17

### (五) 化学能、光能、热能、电能、声能转化

1. 点燃蜡烛，放到温差发电片下面(如图 5-18-18 所示)，蜂鸣器发出声音。引导学生的思考：能量是从哪里来的?

2. 拿走蜡烛，温度差减小，电能随之减弱，蜂鸣器声音逐渐减弱。

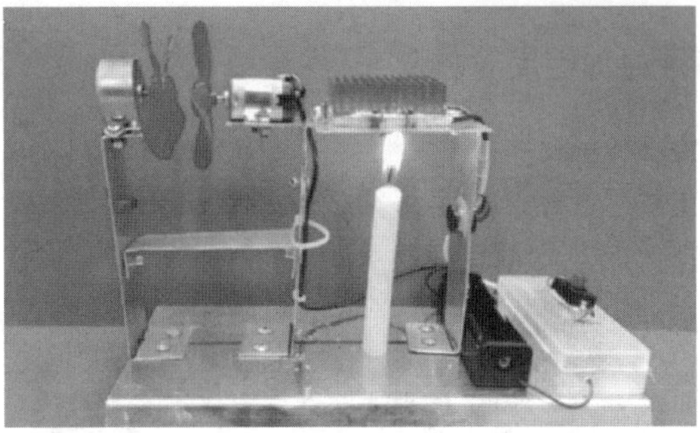

图 5-18-18

### （六）能量转换演示装置电池充电

18650 电池电量不足时，将充电线插入装置右侧的 Micro USB 接口，即可对电池进行充电（如图 5-18-19 所示）。

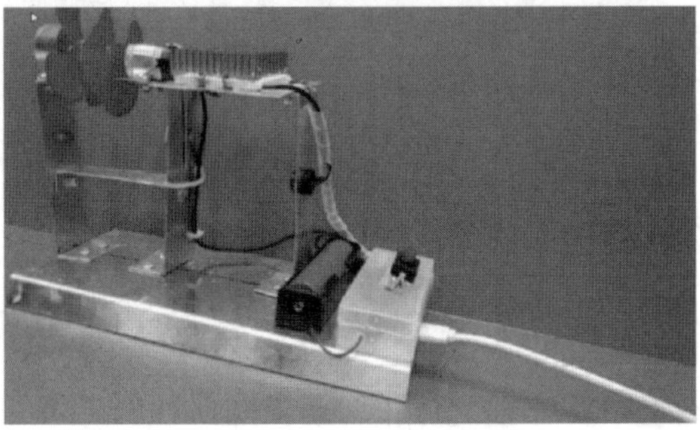

图 5-18-19　充电状态

### （七）能量转换演示装置使用注意事项

蜡烛高度要合适，不要用火焰的外焰接触温差发电装置，以免温度过高烧毁温差发电片。

# 5.19 降落伞下降演示仪

陕西省宝鸡市渭滨区经二路小学 袁萍萍

## 一、教具的教学意义和价值

本教具为学生营造了一种科学探究的氛围，让学生经历了较为完整的科学探究过程。学生借助本教具进行实验操作和比较观察，通过控制变量法进行实验定量分析，从而得出规律。整个探究过程培养了学生自主学习的能力，激发了学生探究科学的兴趣，提高了学生分析问题和解决问题的能力，同时还增强了学生的合作意识。本教具取材容易，结构简单，操作安全方便，现象直观明显，能给予学生视觉上的冲击和思想上的碰撞，与传统的教法相比，可操作性强、趣味性高、安全性好。

## 二、教具装置图

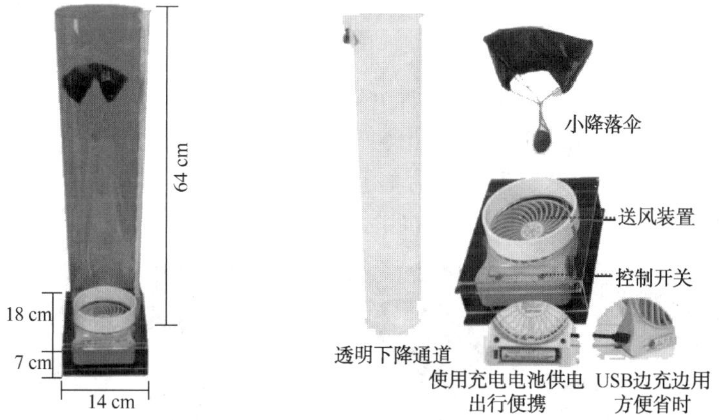


图 5-19-1

## 三、仪器特点及用途

### （一）特点

1. 创新性。降落伞是苏教版小学科学下册第四单元“无处不在的力”中的一课。本课的重点是让学生探究影响降落伞下降快慢的因素及有关原理，难点是制作一个性能良好的降落伞。实际教学中发现四年级学生欠缺操控技能，测量精确性不够，活动安全性存在隐患。本教具针对教学中急需解决的问题而设计制作，融教师的教法与学生的学法为一体。在弥补教学仪器配备品种数量不足、扩大学生动手操作使用教具的机会、培养学生的创新精神和实践能力、改革教学方法、调动学生的智力因素和非智力因素等方面具有重要意义。

2. 探究性。本教具通过控制变量实验，让学生直观地观察到降落伞下降的速度与哪些因素有关，通过采集数据，经历从信息中分析、归纳规律的过程，培养了学生利用实验数据总结规律的能力。

3. 安全性。本教具制作简单，无安全隐患，实验效果明显，与传统的教法相比，可操作性强，更加具有趣味性和安全性。通过对比实验，在了解了伞下降速度和有关原理后，学生对制作降落伞的活动会有更加浓厚的兴趣，制作活动更具有科学意义。

### （二）用途

本教具将小风扇改装成送风装置，模拟大气环境，测试降落伞速度。根据数据，分析影响降落伞下降快慢的因素。

1. 悬挂重物相同，降落伞伞面积和下降速度的关系。
2. 降落伞伞面积相同，降落伞悬挂重物的重量和下降速度的关系。
3. 降落伞伞面积相同、悬挂重物相同，降落伞挂绳长度和下降速度的关系。
4. 风速是否会影响降落伞下降速度？

## 四、制作材料

透明塑料、50 cm 拉链、小风扇、亚克力板材、PVC 管材、轻薄塑料袋。

## 五、制作方法

1. 改装小风扇装置(如图 5-19-2 所示)。
2. 切割 PVC 管材，黏合在小风扇上(如图 5-19-3所示)。
3. 给透明塑料安装拉链，形成降落伞下降通道。
4. 把下降通道安装在送风装置上(如图 5-19-4 所示)。

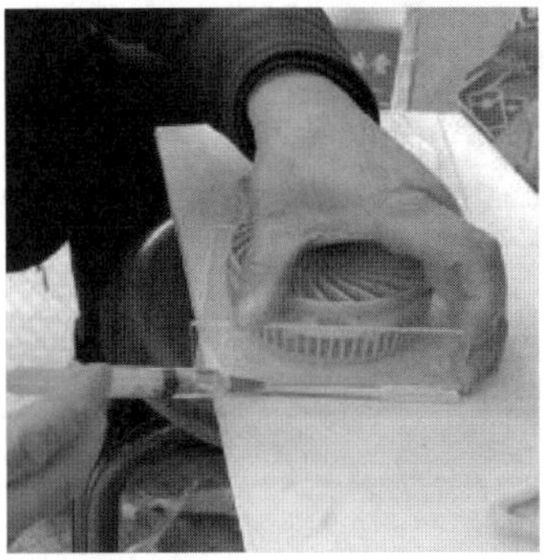

图 5-19-2

图 5-19-3

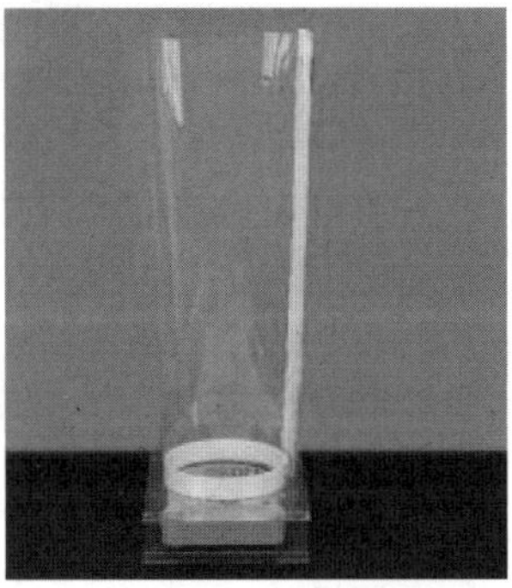

图 5-19-4

## 六、使用方法

4~5 人一组。第一位学生打开开关将风速调到 2 挡，手拿自制降落伞放至下降通道的上方；第二位学生在投放降落伞时开始计时，降落伞重物着地时停止计时；第三位学生记录数据。每一组实验进行三次数据记录，小组统计数据，然后分析数据得出结论（如图 5-19-5所示）。

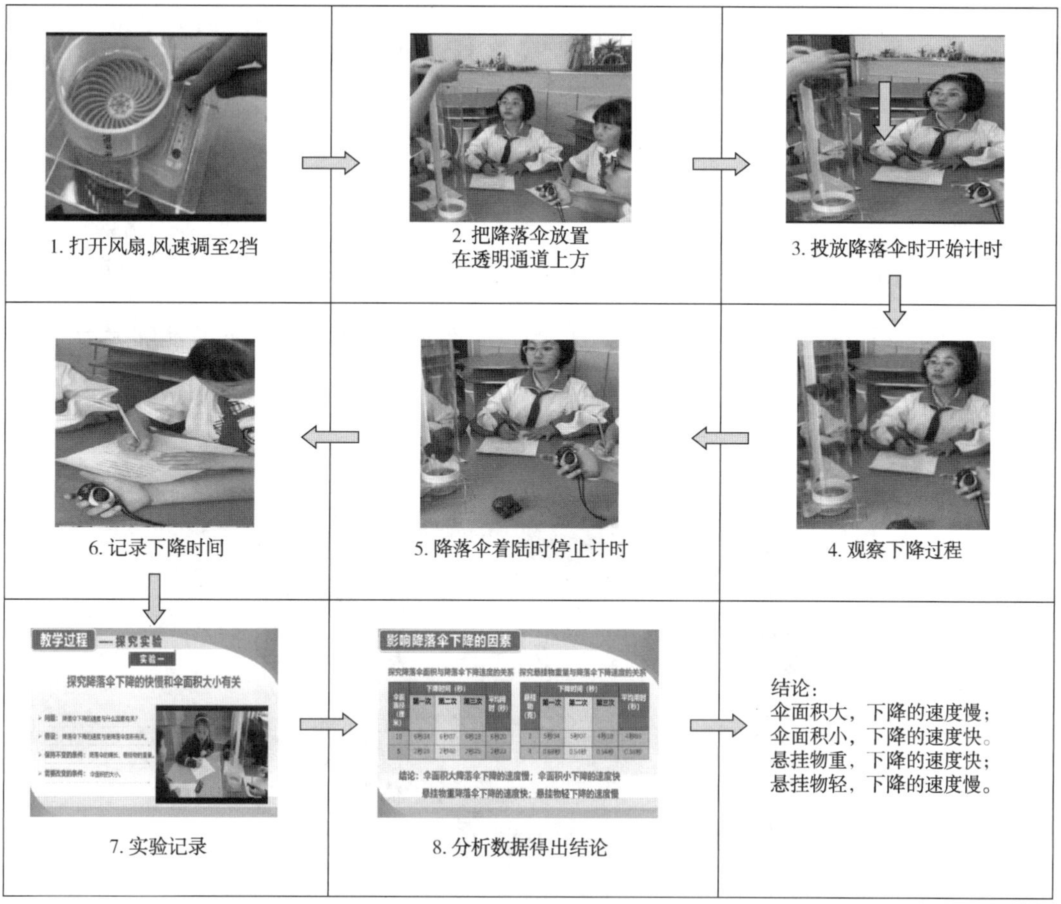


图 5-19-5

# 5.20 探究磁极指向性

陕西省安康市汉阴县凤台小学　易昌炬

## 一、教具的教学意义和价值

本教具能够很好地解决学生在探究磁极的指向性时遇到的困难，同时能够大大缩短探究时间，解决现实教学问题。

## 二、教具装置图

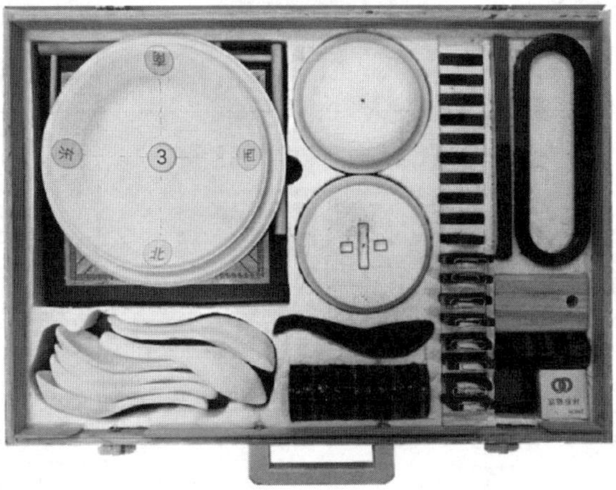


图 5-20-1

## 三、仪器特点及用途

### （一）特点

取材经济便利，操作简单易行，实验时间缩短，现象明显直观。

### （二）用途

用于探究“磁极指向性”。

## 四、制作材料

一次性餐用纸盘(直径 20 cm 左右)、塑料胶盘(直径 10 cm 左右)、聚苯乙烯(泡沫)若干、条形磁铁、环形磁铁、蹄形磁铁。

## 五、制作方法

1. 纸盘的制作：在纸盘中心画“十”字，在纸盘边写上东、南、西、北。

2. 勺子的制作：首先取长 15 cm、宽 4 cm、高 5 cm 的长方体泡沫一块，用笔勾勒出勺子的基本形状，再用美工刀进行造型，最后用 800 目以上的砂纸进行打磨。

3. 托盘的制作：首先取长 10 cm、宽 10 cm、高 2 cm 的长方体泡沫一块，在上面画直径为 9 cm 的圆一个；再用美工刀切出圆柱体，同时将底边处理成圆角边，并用 800 目以上的砂纸进行打磨；最后以圆柱顶面圆心为中心点，挖两个矩形小孔和一个弧形凹槽(尺寸根据磁铁尺寸而定)。

## 六、使用方法

### (一) 模拟司南实验

首先，运用手机或指南针确定纸盘方位(如图 5-20-2 所示)；其次，将塑料盘放在纸盘中心位置(如图 05-2-3 所示)；再次，倒清水，直到将要溢出为止(如图 5-20-4 所示)；最后，将已经放好条形磁铁的泡沫勺子轻轻放入水盘，或旋转或等待，观察勺把所指的方向，并做好记录，得出结论(如图 5-20-5 所示)。

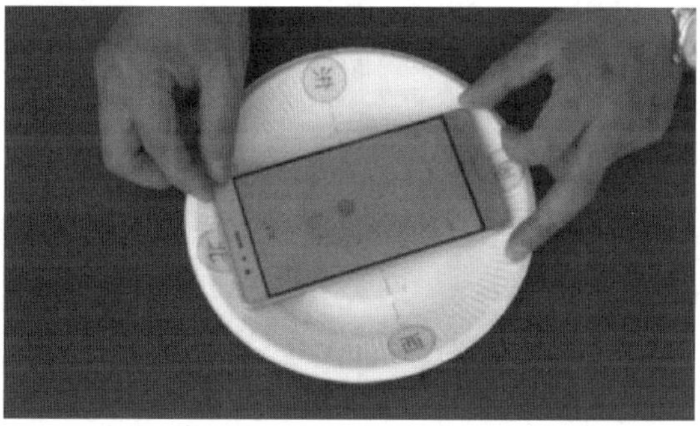

图 5-20-2

图 5-20-3

图 5-20-4

图 5-20-5

### (二) 探究磁铁能指南北实验

首先，运用手机或指南针确定纸盘方位；其次，将塑料盘放在纸盘中心位置；再次，倒清水，直到将要溢出为止；最后，将放好条形磁铁(或环形磁铁、蹄形磁铁)的泡沫托盘轻轻放入水盘，或旋转或等待，观察磁铁磁极所指的方向，并做好记录，得出结论(如图 5-20-6所示)。

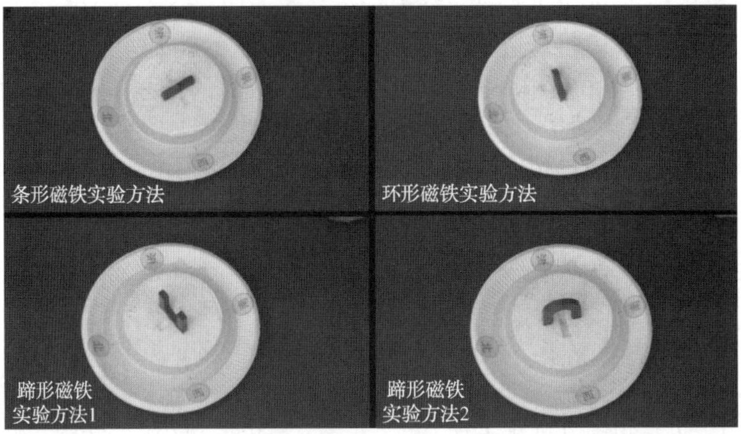


图 5-20-6

# 5.21 凸透镜、凹面镜聚光演示装置

甘肃省武威市凉州区武威新城区第一小学 付程善
甘肃省武威市凉州区发展街小学 吴国霞
甘肃省武威市凉州区武威新城区第一小学 陆文泽

## 一、教具的教学意义和价值

“光与热”是教科版义务教育课程标准实验教材《科学》五年级上册第二单元“光”第五课的教学内容。“光与热”这节课的教学内容包括两部分。第一部分是探究光的强弱与温度的关系，也是本节课的重点，通过对比实验验证光的强弱和温度高低之间的关系。第二部分是知道利用凸透镜和凹面镜汇聚光线。传统实验演示是在太阳光下使用凸透镜和凹面镜汇集光线得到强光和高温，引燃纸张。这一过程，学生只能看到结果，无法直观地看到光线经凸透镜折射汇聚到一点和光线经过凹面镜反射汇聚到一点的过程，因此不能很好地理解光的折射、反射原理。

本教具直观展示了光线的汇聚，用可视化的方法帮助学生理解光的折射和反射原理，将光的折射过程、反射过程清楚地进行了呈现，一目了然，为研究光与热的关系提供了一种更加直观的实验方法，并为后续进一步学习光的有关特性奠定了基础。操作简单，原理清晰，实验结果明显。

## 二、教具装置图

图 5-21-1

## 三、仪器特点及用途

### （一）特点

本教具用可见的红色激光束代替日光，让学生直观感受光经过凸透镜折射或凹面镜反

射汇聚到一点的过程。

### (二) 用途

本教具可演示以下现象。

1. 平行光经过凸透镜发生折射汇聚于一点。
2. 平行光经过凹面镜发生反射汇聚于一点。

## 四、制作材料

40 cm×40 cm 白色 KT 板 1 块，凹面镜 1 个，凸透镜 1 个，激光发射器 1 台，小铁片 4 块。

## 五、制作方法

1. 将 KT 板一面切开后围成三角基座，并用双面胶固定(如图 5-21-2 所示)。
2. 在 KT 板基座一侧根据凹面镜形状开槽，插入凹面镜(如图 5-21-3 所示)。

图 5-21-2

图 5-21-3

3. 在 KT 板基座另一侧根据凸透镜形状开槽，插入凸透镜(如图 5-21-4 所示)。
4. 在 KT 板基座两侧合适位置放置小铁片，可用背胶纸固定(如图 5-21-5 所示)。具体位置以方便打开激光器测试，并完整展示光路汇聚为准。

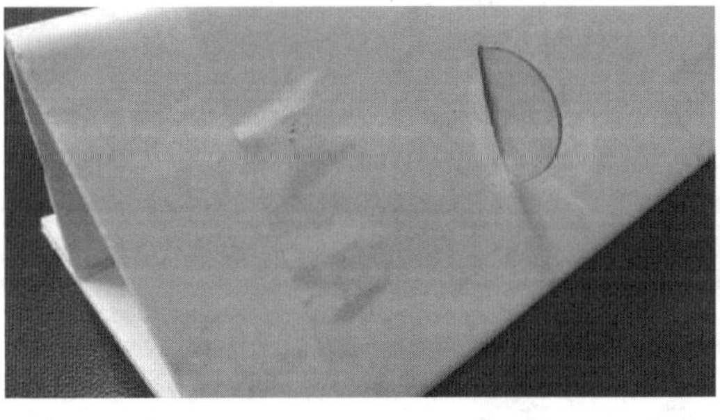

图 5-21-4

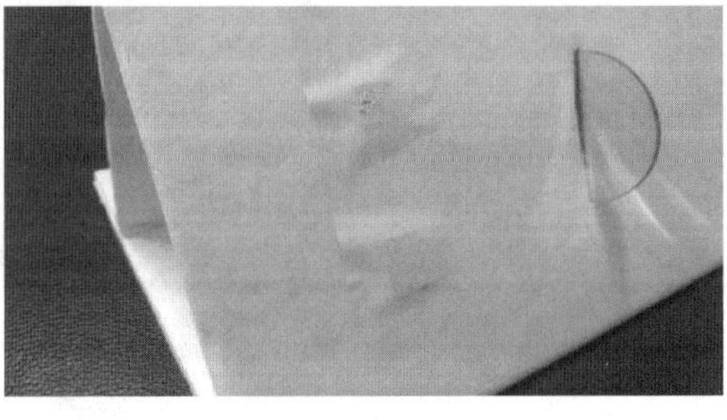

图 5-21-5

## 六、使用方法

1. 演示凸透镜聚光原理时，将激光发射器放置在凸透镜一侧铁片上。打开激光发射器，

3 束平行的红色光线经过凸透镜的折射汇聚到一点(如图 5-21-6 所示)。

2. 演示凹面镜聚光原理时，将激光发射器放置在凹面镜一侧铁片上。打开激光发射器，3 束平行的红色光线经过凹面镜的反射汇聚到一点(如图 5-21-7 所示)。

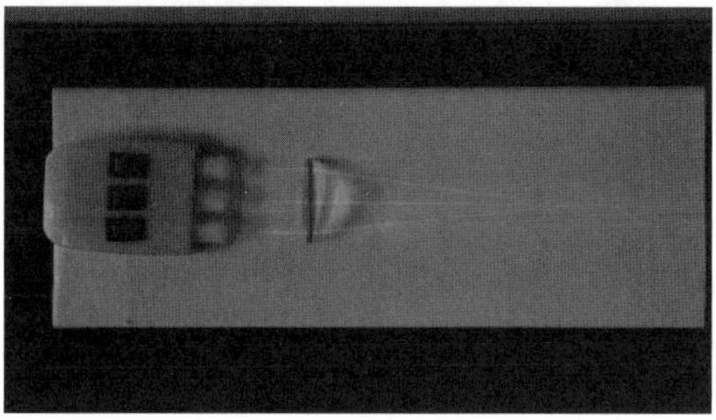

图 5-21-6

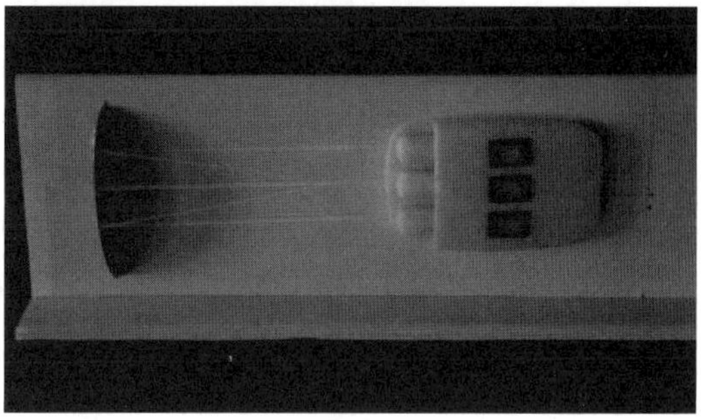

图 5-21-7

# 6 地理一等奖作品选编

# 6.1 月相变化观察模型

忻州市忻州师范学院附属外国语中学 冀 晴 王丽娟 谢晓蕾

## 一、教具的教学意义和价值

本教具效果立体直观，能充分调动学生的积极性，培养学生的动手能力，提高学生的地理实践力，让学生直观理解抽象的月相成因，教学效果显著。同时，结合有关月相的古诗词，传承中华优秀传统文化。

## 二、教具装置图

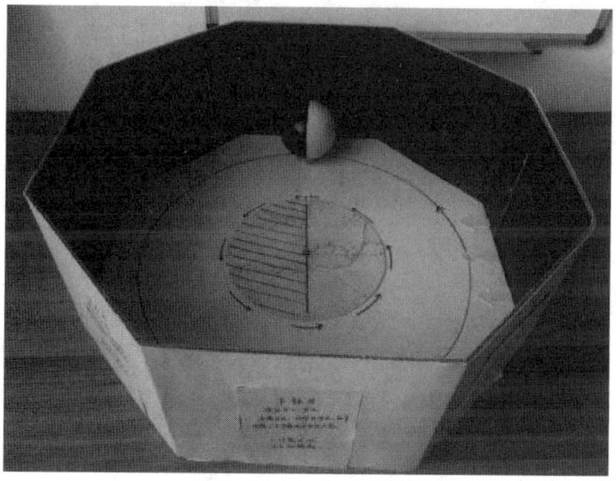

图 6-1-1 月相观测模型

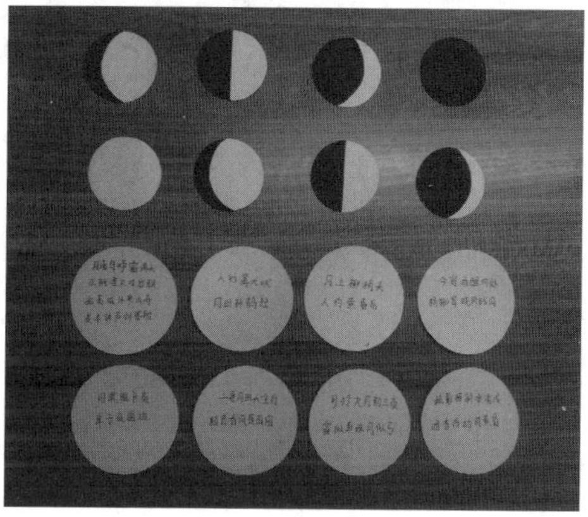

图 6-1-2 月相卡和诗词卡

## 三、仪器特点及用途

### （一）特点

本教具通过俯视和侧视两种视角，使月相变化及成因的教学形象化、立体化，模拟效果生动有趣，充分调动了学生的积极性和能动性，提高了学生的地理实践力。

### （二）用途

学生通过本教具可以：

1. 判断地球北极俯视光照图上各地的地方时。
2. 模拟地球自转方向。
3. 观察得出每个位置的月相，找出相应月相卡，摆放到相应位置。
4. 找出月中天时间，并推测月出、月落时间。
5. 根据前面所得信息判断出诗词中反映的月相。

## 四、制作材料

泡沫板 1 块、纸箱若干、灯罩 1 个、黄色卡纸 3 张、黑色卡纸 3 张、A4 纸 1 张、透明塑料书皮 1 张、图钉 1 枚、胶带、双面胶、圆规、三角板、美工刀、剪刀、铅笔、黑色马克笔、指甲油等。

## 五、制作方法

### （一）底板制作

将泡沫板制切裁一个边长为 20 cm 的正八边形（如图 6-1-3 所示）。

### （二）地球模型制作

用 A4 纸、圆规、剪刀做一个圆，用铅笔画出北极俯视图（如图 6-1-4 所示），将透明塑料书皮剪成圆形，用黑斜线标出夜半球，标出 8 条经线的地方时，分别为 12 时、15 时、18 时、21 时、24 时、3 时、6 时、9 时（如图 6-1-3 所示）。做好后用图钉固定在底板中心。

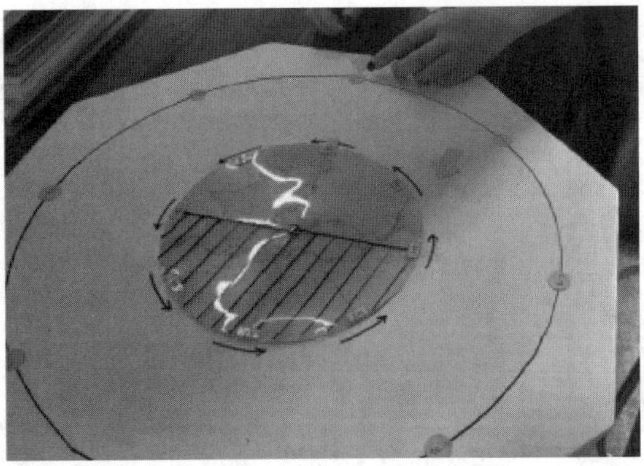

图 6-1-3　底板

图 6-1-4　地球模型制作

### （三）月相模型制作

用黑色马克笔将带底座灯罩的一半涂成黑色，代表月球的夜半球；另一半用指甲油涂成杏色，代表月球的昼半球（如图 6-1-5 所示）。

图 6-1-5　月相模型

### （四）黑色星空背景和观测口制作

用硬纸箱制作 8 个 20 cm×18 cm 的纸板，背面贴黑色卡纸(模拟星空背景，便于观察月相)，正面贴黄色卡纸，写月相名称和对应古诗。制作好后，每个小板开一个大小适宜、可开合的观察窗口，以观测月相。最后用胶带将 8 个纸片垂直固定于底板上(如图 6-1-6 所示)。

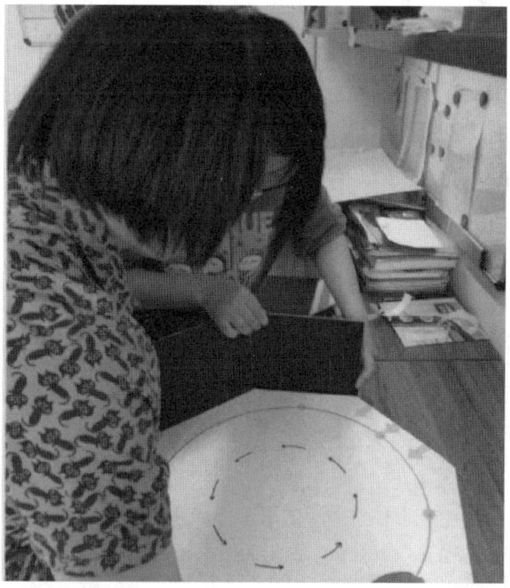

图 6-1-6 星空背景和观测窗口制作

### （五）月相卡和古诗卡制作

用黄色卡纸剪出 8 个经典月相卡。配有若干个含各种月相的古诗卡(如图 6-1-7、图 6-1-8所示)。

图 6-1-7 月相卡和诗词卡制作

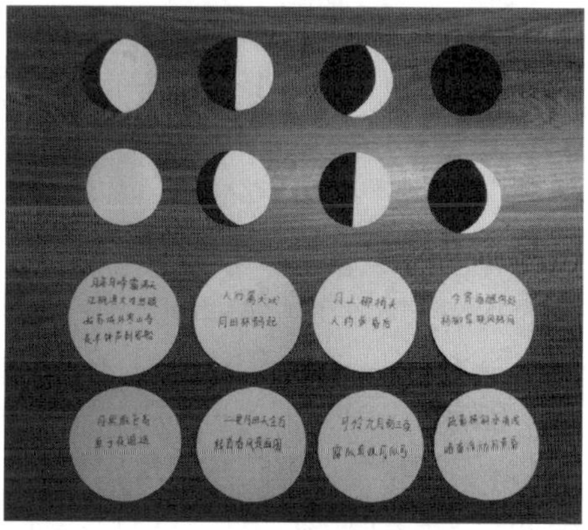

图 6-1-8 月相卡和诗词卡

## 六、使用方法

### （一）作品构成及原理

3个黄色箭头代表太阳光照；中间是北极视角俯瞰的地球，自西向东、逆时针自转，被太阳光照亮的部分为白天，另一半为黑夜，在月相变化的一个周期内，太阳和地球的相对位置不变。教具以二分日为例，地球上各地昼夜相等。依据光照图上判断时间的方法，可以得出地球上昼半球的中央经线地方时为12时，顺着自转方向依次为15时、18时、21时、24时、3时、6时、9时。当然，因为地球自转，地球上各地时间是动态变化的；外侧的大圆是月球绕地公转轨道，同样北极俯视(自西向东)逆时针旋转，我们选取了8个位置进行月相的观察(如图6-1-9所示)；最外侧的8个竖板是便于观察月相的黑色背景板，竖板上都开有月相的观测窗口；在竖板的另一侧写有对应的月相、日期、月出月落月中天时间，以及反映相应月相的古诗词。灯罩代表月球，黑半球代表月夜，白半球代表月昼。

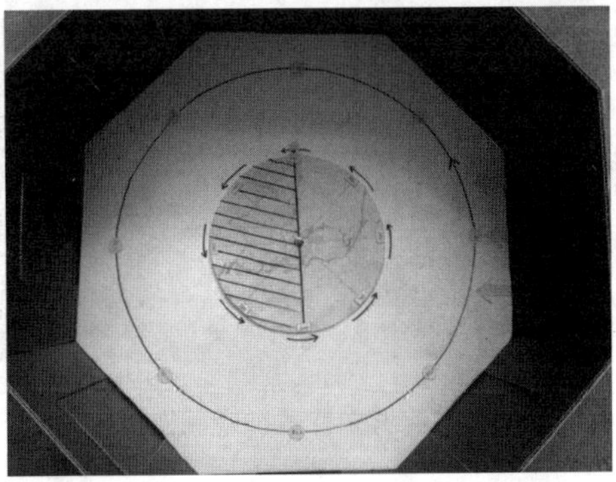

图6-1-9　教具的底板组成

天文学将地球上看到的月球被太阳光照亮的不同形象称为月相。“月有阴晴圆缺”，“圆缺”指的就是月相变化。由于月球的自转周期和公转周期一样，太阳始终照亮月球固定的半面。随着月球在公转轨道中的位置变换，月球被太阳照亮的一面有时会向着地球，有时会背着地球，有时部分向着地球，且这部分时大时小。我们把月球连续两次呈现同样月相所经历的时间称为一个“朔望月”，周期约为29.53天，我国农历就是以此为依据编制的。

### （二）操作使用

1. 观察月相和月中天时间。当月球处于太阳和地球之间时，月球被太阳照亮的部分背着地球，那我们能看到什么样的月相呢？打开对面这个观测口，地球上的观察者看不见月球的亮面，即为新月，农历初一(又称朔)。在教具中还可以看出，此时新月位于地球观察者的头顶，也就是月中天的时间为12时，依据日月星辰东升西落的规律，推断出清晨月出、黄昏月落，月亮与太阳同升同落，整夜不见。

顺着月球公转方向，农历初三前后，地球上观察到月球亮面开始出现，形如镰刀，称“蛾眉月”，月面朝西，15时中天、日出后月出、日落后月落，日落后见于西方天空。农历初七、初八，可见月球西半边亮，称“上弦月”，18时中天、正午月出、子夜月落，上半夜见于西方天空。农历十二日前后，月球西边被照亮的部分大于一半，称“盈凸月”，21时中天、正午后月出、清晨前月落，大半晚可见。农历十五、十六日，看到的是满月，又称“望”，24 时中天、黄昏月出、清晨月落，整夜可见。农历十八日前后，又变成凸月，月面朝东，称“亏凸月”，3 时中天、黄昏后月出、正午前月落，大半晚可见。农历二十二、二十三日，可见东半边亮，称“下弦月”，6 时中天、子夜月出、正午月落，下半夜见于东方天空。农历二十六日前后，可观察到的月球亮面进一步减小，再次如镰刀状，月面朝东，称“残月”，9 时中天、子夜后月出、黄昏前月落，清晨前见于东方天空。月球继续公转再次回到太阳和地球之间，完成一次月相周期(如图 6-1-10 所示)。

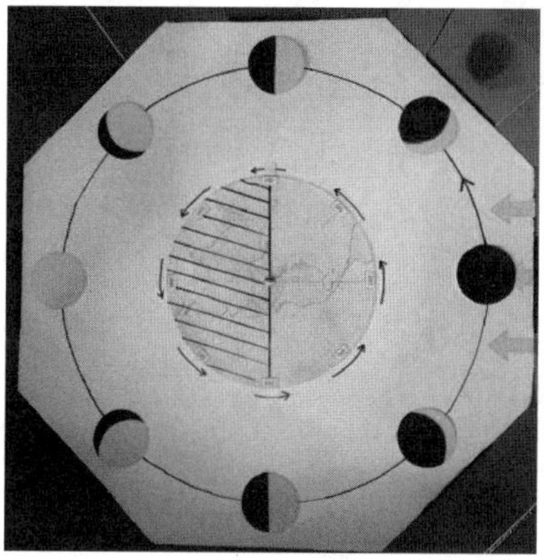

图 6-1-10　一个周期的月相变化

2. 月相卡、诗词卡的使用。邀请学生参与教具使用，并提供反馈。学生们各自抽取一个日期，通过观察相应位置的月相，找出月相卡并摆放到相应位置，在诗词卡中也找出反映相应月相的诗词并解释。

# 6.2 增强现实沙盘

江苏省常州市第一中学 孙 旭 赵 越
江苏省常州市横山桥高级中学 宁本冉

## 一、教具的教学意义和价值

本教具制作门槛低，易于操作。增强现实、虚拟现实等新兴技术的应用，目前高中阶段很少涉及，主要是因为技术和经费等方面存在问题。而增强现实沙盘在技术方面比较简单，等高线色彩生成只需要通过探测距离就可以实现，教师只需具有 C++程序的初级编写水平即可，硬件设施的搭建主要是体力工作。本教具的制作及调试由笔者独立完成，同时本教具操作简单，程序调试好之后，学生就可以自主学习，不用进行任何培训。

本教具形式新颖，能够吸引学生注意力。增强现实沙盘是一个新鲜事物，可以通过计算机呈现多样性的内容，并与现实相结合。玩沙子、塑造地形的趣味性，可以带给学生极大的学习兴趣和乐趣。

本教具直观形象，易于培养学生空间理解力。通过增强现实沙盘学习等高线，完全在三维立体环境下完成，有利于提升学生的空间理解力，并且实现了等高线与地形的完整表达，可使学生在较短的时间内掌握不同地形的等高线曲线特征。

本教具有利于学生地理实践力的培养。使用增强现实沙盘学习，交互性强，学生在学习的过程中不仅动脑，更多的是动手来获得自己想要的结果，有助于学生动手实践能力的提高。虽然没有身在野外，却获得了接近于真实的自然环境场景，使学生知识掌握更加深入，进而提升地理实践力。

## 二、教具装置图

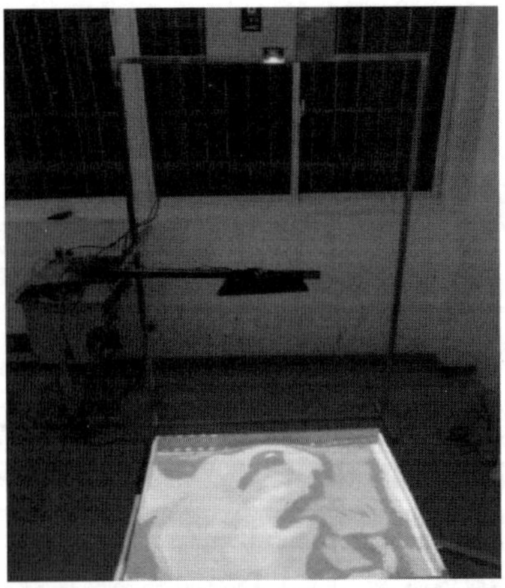

图 6-2-1

## 三、仪器特点及用途

### （一）特点

本教具使用家用游戏机的外设摄像头进行编程开发制作。当摄像头置于沙盘的正上方，沙子被塑造成不同地形的时候，起伏的地形便会和摄像头产生不同距离，摄像头会自动拍摄下方地形的深度图像，再通过编程让图像变为根据深度数据显示不同颜色的分层设色地形图。将影像通过投影仪投影在沙盘上相吻合的位置时，虚拟的色彩图像就与真实的地形相结合，从而完成了增强现实沙盘。改变沙盘的地形，摄像头会探测到距离的变化，投射的色彩会随之发生变化，进而产生等高线的变化。

### （二）用途

本教具可以用于与等高线地形相关的任意章节内容的教学之中。

## 四、制作材料

摄像头 1 个、安装支架 1 套、70 目白色石英砂 50 斤、80 cm×90 cm 沙子盒 1 个、投影仪 1 台、笔记本电脑 1 台。

## 五、制作方法

### （一）编写程序

了解了原理之后，制造增强现实沙盘的主要困难就集中在程序开发方面。开发前的各项准备活动包括为摄像头配置专用变压器，为电脑安装开发程序驱动程序、开发工具包、开发环境。

这是一个以实用性为主的程序，所以窗体设计尽可能简单明了，除了必备的关闭按钮，窗体中仅包含一个图片框用于展示摄像头拍摄的深度流图像。使用时，双击程序图标就能运行，不用时，直接关闭窗体即可。

为了让虚拟图像与真实地形能够完美重叠，我们了解了电脑屏幕、投影仪，以及深度流图像的分辨率，确定当电脑与投影仪连接时，宽屏显示器会自动两边留黑。以长宽比4∶3、分辨率 1024 ppi×768 ppi 输出图像信号与长宽比、分辨率相同的投影仪相匹配，而深度流图像默认分辨率仅为 640 ppi×480 ppi。为了让深度流图像占满整个屏幕以获得最佳显示效果，将图片框大小设置为 1024 ppi×768 ppi，让原始深度流图像在长宽比不变的情况下自动拉伸到 1024 ppi×768 ppi 的分辨率。

1. 图片框设计。示例代码 1（图片框大小设置）：

```
<Image Height="768" Name="DepthImage" Width="1024" />
```

2. 核心程序设计。利用摄像头获取深度图像的数据流。示例代码 2（获取深度数据流）：

```
private void kinectSensor_ DepthFrameReady(object
sender, DepthImageFrameReadyEventArgs e)
 {
      using (DepthImageFrame depthImageFrame = e.OpenDepthImageFrame())
      {
```

```
        if(depthImageFrame ! = null)
        {
            pixelData = new short \ [depthImageFrame. PixelDataLength \ ];
            depthImageFrame. CopyPixelDataTo(pixelData);
            this. depthFrame32 = new byte \ [depthImageFrame. Width *
                                    depthImageFrame. Height * 4 \ ];
            this. depthFrame32 = ConvertDepthFrame(pixelData,
                                    ((KinectSensor)sender). DepthStream);
            this. DepthImage. Source =
                                        BitmapSource. Create(depthImageFra
                                        me. Width, depthImageFrame. Height,
                                        96, 96,
                                        PixelFormats. Bgr32, null,
                                        depthFrame32,
                                        depthImageFrame. Width * 4);
        }
    }
}
```

3. 呈现彩色地形图。成功获取原始深度流图像后，将不同的深度数据对应为相应的地形，填充上相应的颜色。即读取每一个像素的深度数据，利用分支结构为这些像素重新上色。示例代码 3(呈现彩色地形图)：

```
int tooNearDepth = depthStream. TooNearDepth;
int tooFarDepth = depthStream. TooFarDepth;
int unknownDepth = depthStream. UnknownDepth;
for (int i = 0, j = 0; i < depthFrame. Length && j < this. depthFrame32. Length; i++, j += 4)
{
    int realDepth = depthFrame \ [i \ ] >> DepthImageFrame. PlayerIndexBitmaskWidth;
    if (realDepth <= 860)
    {
        this. depthFrame32 \ [j + RedIndex \ ] = 254;
        this. depthFrame32 \ [j + GreenIndex \ ] = 245;
        this. depthFrame32 \ [j + BlueIndex \ ] = 240;
    }
     else if(realDepth > 860 && realDepth <= 880)
     {
        this. depthFrame32 \ [j + RedIndex \ ] = 222;
        this. depthFrame32 \ [j + GreenIndex \ ] = 204;
        this. depthFrame32 \ [j + BlueIndex \ ] = 218;
     }
```

```
    //继续设置其他颜色
}
return this. depthFrame32;
```

### (二) 选择沙子

因为需要将投影直接投射在沙盘之上，所以沙子必须能够更好地反映真实的影像色彩，对颜色和颗粒大小都有一定的要求，颜色越白越好，而颗粒较大会造成沙盘表面过于粗糙，沙子和沙子之间会出现空隙、吸色，对投影效果造成干扰，颗粒过小又会造成扬尘。所以最后选择的是 70 目(0.212 mm)的白色石英砂(基本上，直径在 0.2~1 mm的石英砂效果都较好)，基本保证了幕布的展示效果。

### (三) 支架设计

绘制展架草图，定制框架。本教具主要分为主体和沙盘盒两个部分。主体部分用来安装投影仪和摄像头。由于投影仪可以进行纵轴偏移投影，所以把投影仪紧贴框架安装。而摄像头必须位于沙盘正中心上方才能保证探测准确度，所以采用外悬臂的方式，让其可以悬挂在沙盘正中心上方。外悬臂还考虑了相应的尺寸，避免对投影仪造成遮挡。考虑到需要将投影与摄像头探测范围重叠，在安装投影仪的架子上预留了上下调整的空间，可以在镜头焦距调整到极限后继续调整投影画面的大小(如图 6-2-2 所示)。为了保证摄像头的探测范围并避免遮挡投影仪的光线，把安装的外悬臂设计成可以自由活动的类型，保证可以及时矫正误差。

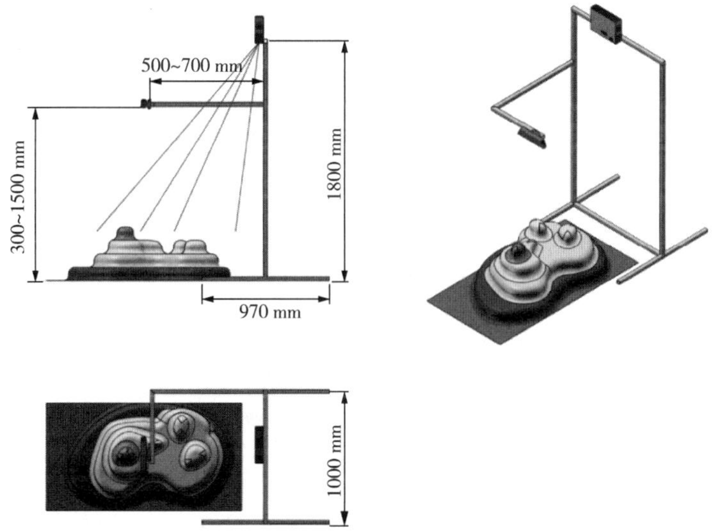


图 6-2-2　增强现实沙盘装置图

### (四) 组装

将投影仪、沙盘、摄像头安装在相应的位置即组装完毕。

## 六、使用方法

1. 打开投影仪确定投影区域和沙盘盒范围吻合。

2. 将摄像头与电脑连接，打开所编写软件，对外悬臂的摄像头进行上下左右调试，使其探测区与沙盘盒范围吻合。

3. 在沙盘中挖出两个低点和一个高点，当投影中的高低海拔色彩和沙盘完全吻合时，便可以正式使用增强现实沙盘。

4. 根据教师教学及学生学习的需要，在沙盘上进行地形塑造，投影仪会自动匹配相应的等高线及色彩(如图 6-2-3 所示)。直接塑造地形进行学习活动即可。

图 6-2-3

# 6.3 第三代地理运动教学简易动态演示仪

江苏省盐城市滨海县八滩中学 范贵龙

## 一、教具的教学意义和价值

本教具采用动态的方法形象直观地展示地球运动的26种地理现象，使深奥的地球运动变得简单直观，易于理解；使地理知识变得生动有趣，从而调动学生学习地理的兴趣；通过对地球自转的双向设计、公转的手动设计以及太阳高度角的野外实测，培养和考查学生的地理实践操作能力；可以根据教学需要，选取相应的组件来演示相关地理现象。

## 二、教具装置图

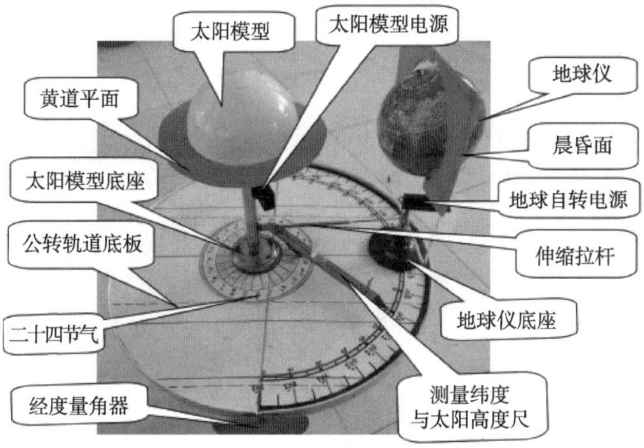


图6-3-1 第三代地球运动教学简易动态演示仪

## 三、仪器特点及用途

### （一）特点

本教具操作方便，演示迅速，通俗易懂；可以根据教学需要，选取相应的组件来演示相关地理现象；既可用于教师的课堂演示，又可用于学生的分组演示。

### （二）用途

本教具可广泛应用于初、高中地球运动教学中，可模拟以下微观地理现象：演示地球绕地轴自转的现象及自转的方向、日月星辰东升西落的现象及原因；演示昼夜现象（昼半球、夜半球）及昼夜交替现象、晨昏圈及晨昏圈在一天内的运动规律；演示地球公转轨道（黄道平面）；演示黄赤交角；演示日地距离的变化、近日点与远日点的位置；演示地球在公转轨道上的公转速度的变化，以及夏半年和冬半年天数不一样的原因；演示太阳直射点及其周年运动规律；演示昼夜长短及其变化；演示北半球极昼和极夜现象及其周年变化规律、极昼和极夜现象与太阳直射点的运动关系；演示二十四节气及其与地球公转的关系；演示地球运动教学中的一些“假设”情况；演示地球仪上的纬度与经度的确定方法；实地测量太阳高度(包括正午太阳高度)；等等。

## 四、制作材料

地球仪($d=14$ cm)、铁质支架、塑料球($d=16$ cm)、不锈钢管及铁片条、亚克力板、PVC 板、天线伸缩杆、木螺钉、螺钉、白纸板、万向水平泡、内径 16 mm 的轴承 3 个、地球仪自转电动机(20 r/min)、太阳光源(直流电源及 5 W LED 灯泡)、红外线射灯等。

## 五、制作方法

### (一) 公转轨道底盘的设计

1. 用亚克力板制作一个接近正圆的椭圆(长轴 55 cm，短轴52 cm)，并沿短轴把该椭圆板锯成 2 等份；
2. 用铰链把 2 个半椭圆重新固定(在一面固定，以便 2 个半椭圆能够收起与展开)；
3. 在长轴的一个焦点两侧安装 2 个木螺钉(用来固定太阳模型的底座)；
4. 在椭圆板的外缘加上边条，边条凸出底板 1 cm。

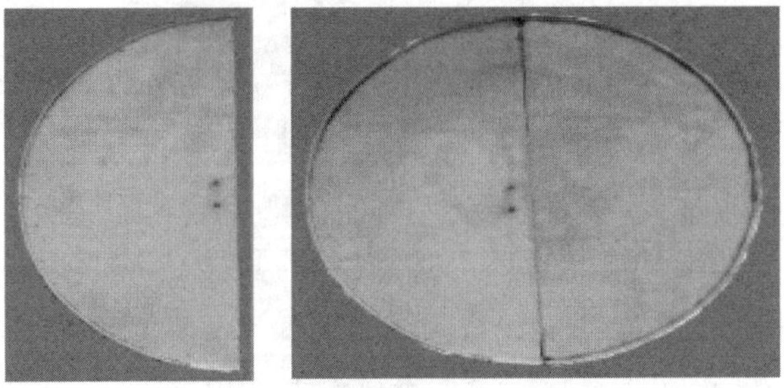

图 6-3-2　公转轨道

### (二) 纬度测量器刻度、太阳高度测量器刻度及二十四节气表的设计

在底盘上制作赤道、南北回归线、南北纬 30°、南北纬 60°、南北极圈等特殊纬线；在底盘的边缘处分别制作纬度刻度和太阳高度刻度；在白纸板上逆时针制作二十四节气的名称和日期，并粘贴在底盘上，纸板的圆心和底板的焦点圆心重合，用刀片沿底盘短轴方向把纸板切开。

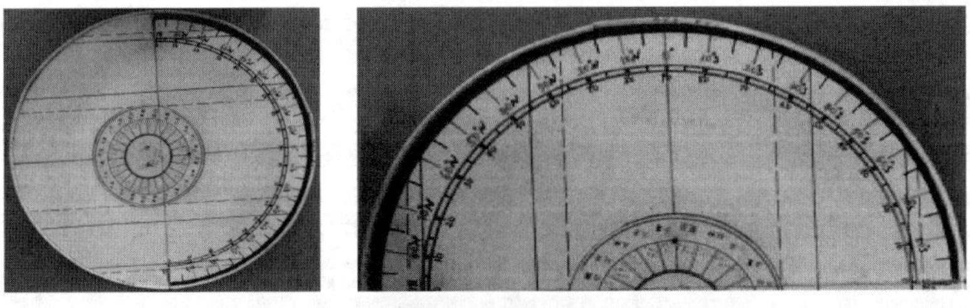

图 6-3-3　特殊纬线、纬度与太阳高度测量

### （三）制作纬度测量指针（太阳高度角测量指针）、经度量角器

取一小木条作为指针，一端削尖，使尖头正对木条中线。再取两铁片，做成直角。在其中一个上端打一小孔，在另一个同一高度画“十”字号。将两铁片沿木条中线固定，其中，把小孔直角铁片固定在木条尖头端，另一直角铁片固定在距小孔铁片 2/3 处，并在其背面固定一水平仪球泡。在木条的末端用一打孔的铁片固定。

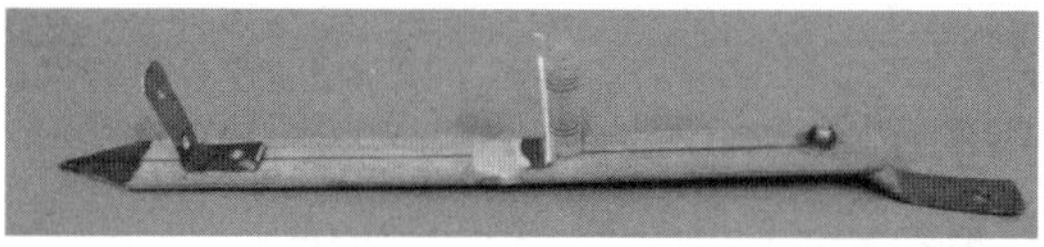

图 6-3-4　纬度测量指针（太阳高度角测量指针）

用 PVC 板制作一量角器，作为经线的经度量角器。

图 6-3-5　经度量角器

### （四）地球仪支架的设计

1. 取一个地球仪的塑料底座。
2. 将小钢筋焊成如图 6-3-6 所示的地球仪支架及地轴。

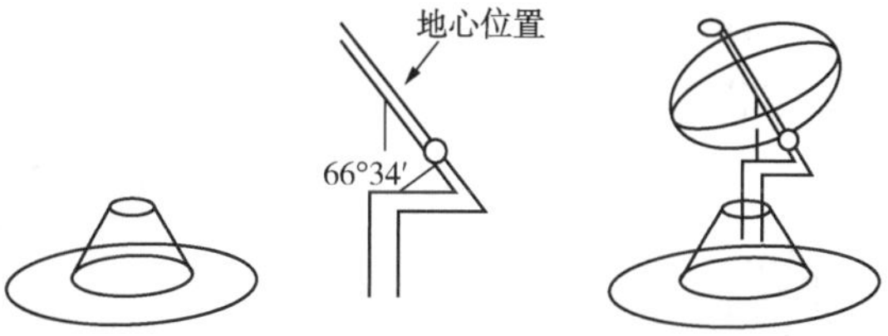


图 6-3-6　地球仪支架

3. 取一个直径 14 cm 的地球仪，对赤道、南北回归线、南北极圈进行醒目设计，并在北极圈上打一小孔，装上内径 6 mm 轴承，作为晨昏圈的活动固定点，使相关地理现象更明显。

4. 在地球仪南极点处安装固定齿轮，安装 20 r/min 的直流正、反转电动机，遥控控制地球的自转方向。

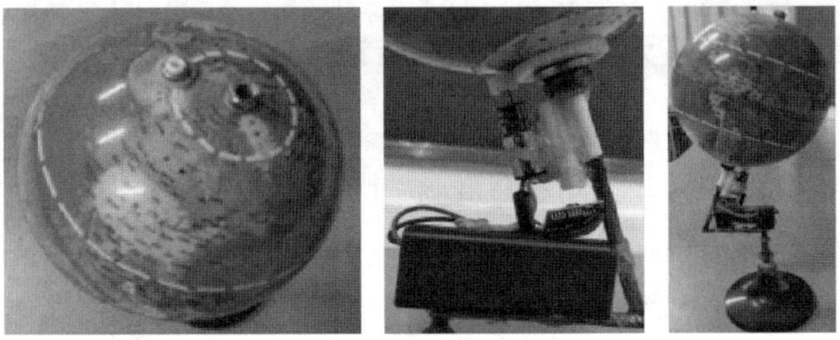

图 6-3-7　遥控式

### （五）太阳模型和支架的设计

1. 把较大半径的钢管焊在 1 个圆形铁皮上，作为太阳模型的底座。

2. 在底座上打 2 个小孔（2 个小孔的距离正好与椭圆板上木螺钉的间距一致，以便固定太阳模型底座）。

3. 在较小半径的钢管上焊一个 2 cm 的钢条，并在钢条上打一小孔。

4. 取直径为 16 cm 的 PVC 球（两半球）作为太阳模型；在球内安装 5 W 以上的 LED 灯泡，并把开关固定在小钢管上；在模型半球交界点处安装红外线射灯。

5. 太阳模型固定在小钢管的一端，使红外线灯保持水平照射，把小钢管套在底座上。

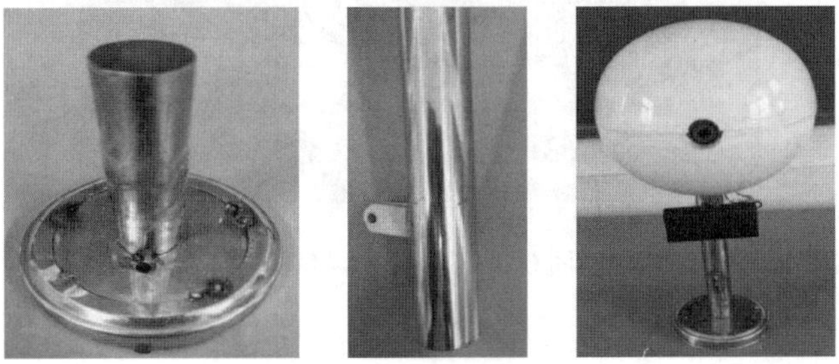

图 6-3-8　太阳模型

### （六）太阳模型支架与地球仪支架之间的连接杆与晨昏圈支架设计

用 AB 胶把 3 个内径 6 mm 的轴承进行黏结，再把天线伸缩杆黏结在轴承外，在轴承两侧各黏螺母一枚，要求螺母与伸缩杆垂直。

取螺帽、螺丝钉、空笔芯若干，用 AB 胶黏结成晨昏圈支架。

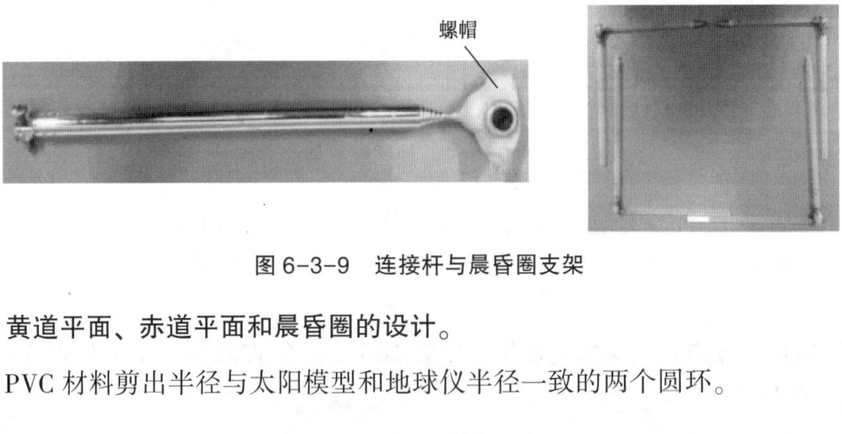


图 6-3-9　连接杆与晨昏圈支架

### （七）黄道平面、赤道平面和晨昏圈的设计。

1. 用 PVC 材料剪出半径与太阳模型和地球仪半径一致的两个圆环。

2. 用 PVC 材料制作如图 6-3-10 所示的晨昏圈。

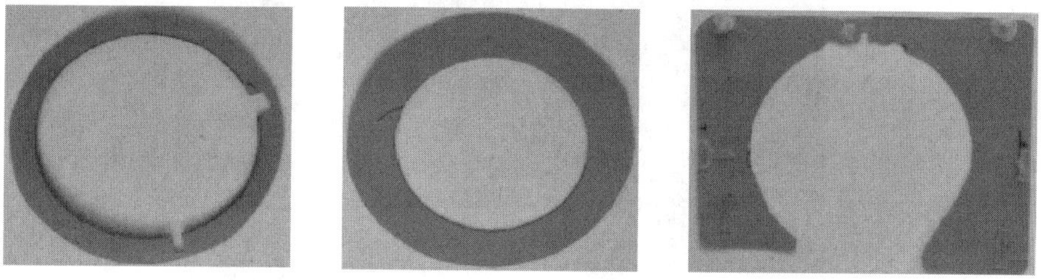

图 6-3-10 黄道平面、赤道平面和晨昏圈

## 六、使用方法

本教具结构简单，便于学生直观观察，可以演示高中地理地球运动教学中 26 种地理现象或规律。在教学中，可以根据需要，选取不同的组件。

### （一）演示地球绕地轴自转的现象及自转的方向、日月星辰东升西落的现象及原因

把地球仪组装好后，打开地球自转电源，长按遥控器 A 键，观测到地球绕地轴自转及自转的方向；以地球为参考物，可以得出日月星辰东升西落的现象及原因。

让学生分别按遥控器 A、B 键（正、反转），尝试判断正确的地球自转方向，总结地球自转方向的规律，考查学生对地球自转方向的掌握情况。

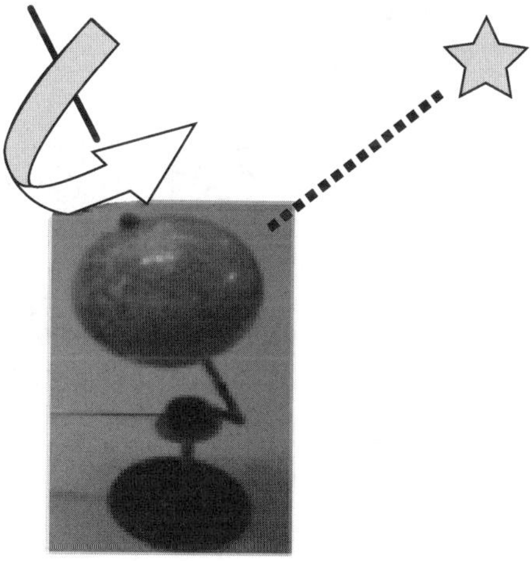

图 6-3-11 演示自转、日月星辰东升西落的现象

### （二）演示昼夜现象（昼半球、夜半球）及昼夜交替现象、晨昏圈及晨昏圈在一天内的运动规律

打开太阳模型电源开关，可观测昼夜现象（昼半球、夜半球）和晨昏圈；同时打开地球自转电源开关和太阳模型电源开关，可演示昼夜交替现象；以地球为参考物，可以得出晨昏圈在一天内的运动规律等。

图 6-3-12　演示昼夜现象(昼半球、夜半球)及昼夜交替现象

### (三) 演示地球公转轨道(黄道平面)

把地球仪底座与太阳模型底座用伸缩杆连接好后，再把太阳模型底座固定在公转轨道底座的两个木螺钉上，然后转动地球仪底座，使地球仪沿公转轨道底座的外缘绕太阳运转(注意：在公转过程中，必须保持地轴方向不变)。这就是地球绕日的公转。

让学生动手操作地球的公转，考查学生对地球公转与自转关系的掌握情况——地球在公转过程中地轴始终指向北极星。这也是对本教具进行非机动(手动)设计的目的之一。

图 6-3-13　演示地球公转轨道(黄道平面)

### (四) 演示黄赤交角

把赤道平面套在地球仪上，把黄道平面套在太阳模型上，可以轻易发现，赤道平面与黄道平面明显不在一个平面上，它们之间存在一个夹角，就是黄赤交角。

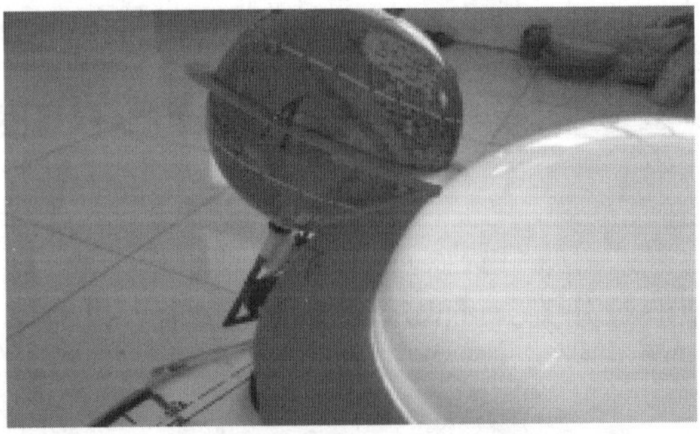

图 6-3-14　演示黄赤交角

## (五) 演示日地距离的变化、近日点与远日点的位置

转动地球仪底座，使地球仪沿公转轨道底座的外缘绕太阳运转(注意：在公转过程中，要保持地轴方向不变)。这时会发现，伸缩杆的长度在发生变化(也可以直接观测日地距离的变化)。日地距离最近时为近日点(1 月初)，日地距离最远时为远日点(7 月初)。

图 6-3-15　演示日地距离的变化、近日点与远日点的位置

## (六) 演示地球在公转轨道上的公转速度的变化，以及夏半年和冬半年天数不一样的原因

从近日点(1 月初)开始，地球公转速度渐渐变慢，到远日点(7 月初)公转速度最慢；然后，公转速度渐渐变快，再到近日点(1 月初)时最快。

打开地球自转开关，可以解释夏半年和冬半年天数不一样的原因。以北半球为例，打开地球自转开关，长按遥控器 A 键，实现地球自转，同时，用手操作，使地球从春分日(3 月 21 日前后)向秋分日(9 月 23 日前后)进行公转。因为北半球夏季时转到远日点时(7 月初)，地球的线速度为 29.3 km/s，为一年中最小，北半球冬季时转到近日点时(1 月初)，地球的线速度为 30.3 km/s，为一年中最大。而地球自转的速度不变，所以在夏半年，地球多自转了几圈，而在冬半年，地球少转了几圈。因此，北半球夏半年为 186 天，而冬半年为 179 天。

## (七) 演示太阳直射点及其周年运动规律

1. 组装好教具后，打开太阳直射点电源开关，即可观测到太阳直射点。

图 6-3-16　演示太阳直射点及其周年运动规律

2. 打开太阳直射点电源开关，进行地球公转运动，即可观测到太阳直射点的周年变化规律：(1) 6 月 22 日前后，太阳直射点在赤道以北的北回归线上[如图 6-3-17(a)所示]；(2) 随着地球自西向东公转，太阳直射点逐渐靠近赤道(向南移动)，到 9 月 23 日前后，太阳直射到赤道上[如图 6-3-17(b)所示]；(3) 太阳直射点继续向南移，到 12 月 22 日前后，直射到南回归线上[如图 6-3-17(c)所示]；(4) 太阳直射点向北移，到第二年的 3 月 21 日前后，直射到赤道上[如图 6-3-17(d)所示]；(5) 太阳直射点继续向北移，到 6 月 22 日前后，再次直射到北回归线上[如图 6-3-17(a)所示]。

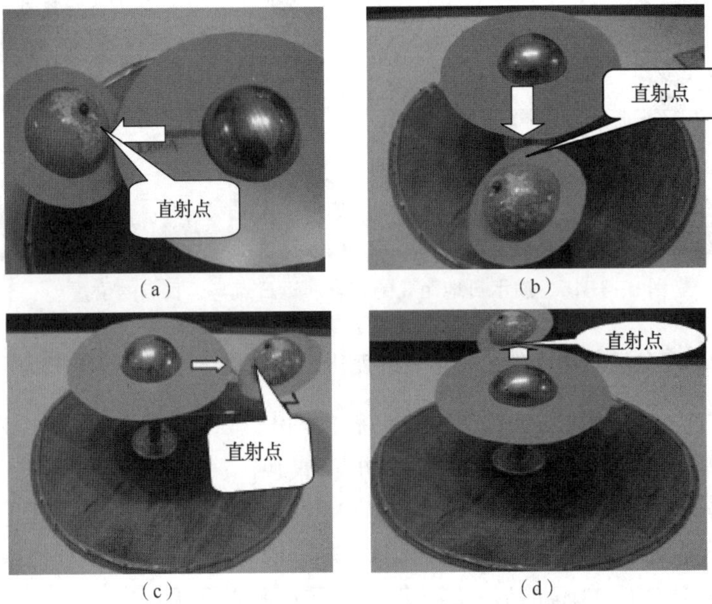


(a) (b) (c) (d)

图 6-3-17　演示太阳直射点及其周年运动

### (八) 演示昼夜长短及其变化

转动地球仪至公转轨道的任一位置，根据晨昏圈的位置，观察任一纬线上的昼弧与夜弧的比例，可得该纬线上的昼夜长短情况；持续进行公转运动，观察任一纬线上的昼弧与夜弧的比例的变化情况，可得该纬线上的昼夜长短的变化情况。

图 6-3-18　演示昼夜长短及其变化

### （九）演示北半球极昼和极夜现象及其周年变化规律、极昼和极夜现象与太阳直射点的运动关系

套上晨昏圈，用手带动地球仪围绕太阳进行公转运动，可以观测北半球极昼和极夜现象及其周年变化规律、极昼和极夜现象与太阳直射点的运动关系：

(1)12 月 22 日前后，太阳直射在南回归线上，北极圈及其以北地区为极夜；随着地球的公转，太阳直射点向北移动，北半球的极夜范围逐渐变小[如图 6-3-19(a)所示]。(2)到次年的 3 月 21 日前后，太阳直射点移动到赤道上，北半球极夜现象消失，北极点开始出现极昼现象[如图 6-3-19(b)所示]。(3)随着直射点的继续北移，直射点进入北半球，北半球的极昼范围逐渐变大；到 6 月 22 日前后，太阳直射到北回归线，北半球的极昼范围最大，整个北极圈及其以北地区全部为极昼[如图 6-3-19(c)所示]。(4)随着地球的公转，太阳直射点开始南移，北半球的极昼范围逐渐变小；到 9 月 23 日前后，太阳直射点再次到达赤道上，北半球的极昼现象结束，开始进入极夜[如图 6-3-19(d)所示]。(5)随着地球的继续公转，直射点继续南移并进入南半球，北半球的极夜范围逐渐变大；到 12 月 22 日前后，太阳直射到南回归线，北半球的极夜范围最大，整个北极圈及其以北地区全部为极夜[如图 6-3-19(a)所示]。

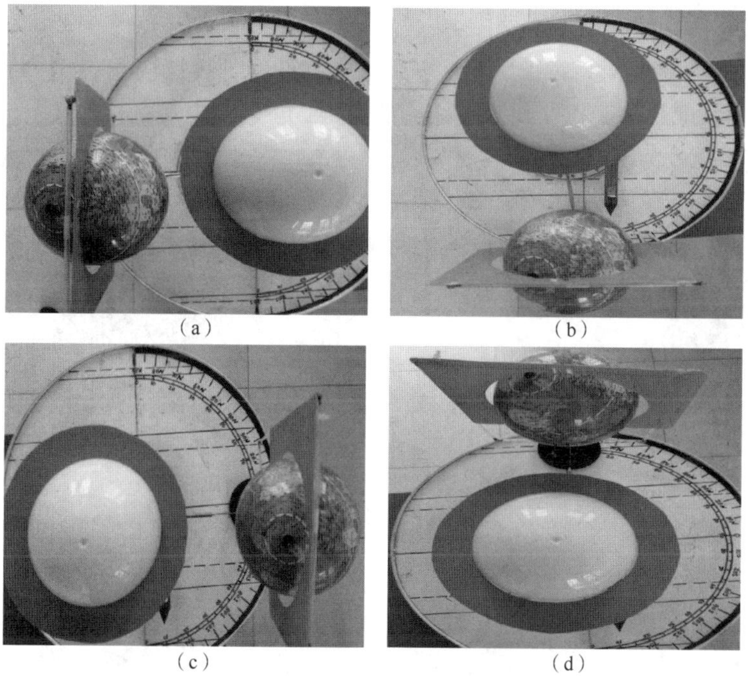

(a)　(b)　(c)　(d)

图 6-3-19　演示极昼和极夜现象及其周年变化规律

### （十）演示二十四节气及其与地球公转的关系

带动地球仪作公转运动，可以观测到地球处于公转轨道的不同位置，并观测所处的节气和各节气的日期。

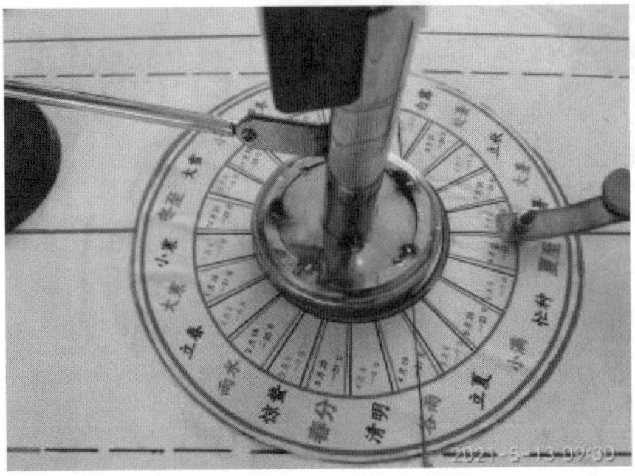


图 6-3-20　演示二十四节气及其与地球公转的关系

### （十一）演示地球运动教学中的一些“假设”情况

本教具还可以模拟假设地球只公转不自转时的昼夜交替周期现象，假设地球自转方向相反而公转方向不变、地球自转方向不变而公转方向相反、地球自转方向和公转方向都相反等情况下的日月星辰和太阳直射点的运动变化规律，等等。

### （十二）演示地球仪上的纬度与经度的确定方法

1. 演示地球仪上的纬度确定方法。转动纬度测量指针，读出指针与赤道之间的夹角。指针所指纬线的纬度数等于指针与赤道之间的夹角。

图 6-3-21　演示地球仪上的纬度确定方法

2. 演示地球仪上的经度确定方法。把底盘板反过来，调好 0°经线的板，转动另一面板，读经度量角器的数值，即为该面板代表的经线的经度。

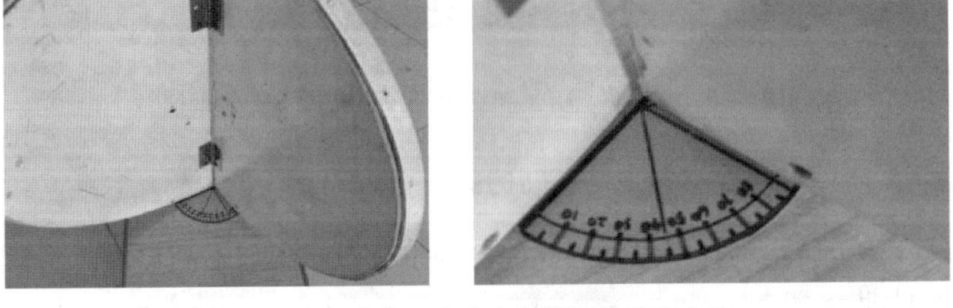

图 6-3-22　演示地球仪上的经度确定方法

## (十三)实地测量太阳高度(包括正午太阳高度)

把底盘板对折并垂直于水平面，调整底盘位置，使水平仪气泡位于中央，并转动测高指针，使太阳光穿过小孔，并投影到“十”字号上。读指针的数值，即为此时的太阳高度角。

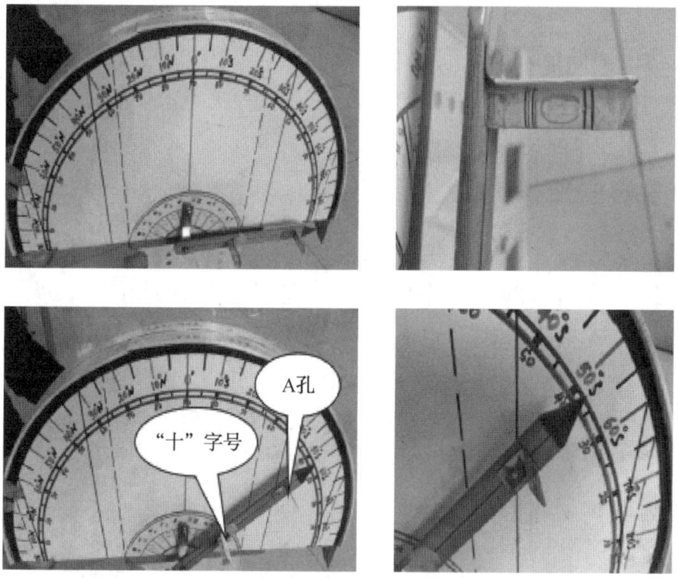


图 6-3-23　实地测量太阳高度(包括正午太阳高度)

# 6.4　三圈环流

西宁市青海师范大学附属第二实验中学　安丽娜

## 一、教具的教学意义和价值

三圈环流是高中必修一“大气运动”中重要的知识点。该知识理论性强，看不见摸不着，并且建立在全球近地表及高空的立体空间之上，是具有规律性的全球大气运动，而现行教材只用平面示意图的方式呈现。由于高一学生缺乏空间感，更不要说二维到三维的转化能力，因此在教学中发现，这部分知识学生难理解、难记忆、难运用，成为高中大气环流学习的一大“瓶颈”。而该知识与整个大气运动乃至全球气候的分布和成因都有直接联系，因此笔者设计并制作了本教具，经过教学实验后又做了改良。本教具实现了三圈环流的转化，能让学生观察到环流圈是如何形成并运动的，并且能使学生看到三圈环流是由近地表和高空三维空间中空气的运动共同构成的。

通过立体动态呈现，学生可以先建立三圈环流的模型，再利用高纬环流圈完成从立体到平面的转化。高纬环流圈整体呈现，可立起，也可平放，让学生理解教材或试卷上的平面图是如何转化而来的，完成三圈环流的构建与平面立体的转化，再利用教具侧面的三圈环流平面示意图让学生建立完整的概念。

本教具操作简单，可作为学习工具使用，可让学生自己演示并讲解三圈环流，使用效果良好。

## 二、教具装置图

图 6-4-1

## 三、仪器特点及用途

### （一）特点

本教具可使三圈环流立体化、动态化、可视化。地表空气受热膨胀上升，在教具中用明显的红色箭头表示上升空气。极地地区受热少，高空空气下沉，用蓝色箭头表示。空气水平方向的运动用黄色箭头表示。三组箭头组成环状，这样整个环流圈就能立体并动态呈现。通过转动就可完整体现出低纬环流圈的运动过程。同理解释高纬环流圈。两个环流圈的转动方向正好相反，能使学生观察到环流圈是如何形成并运动的，并且能使学生看到三圈环流是由近地表和高空三维空间中空气的运动共同构成的。

### （二）用途

本教具可模拟：

1. 赤道低气压上升。
2. 副热带高气压带空气下沉。
3. 近地表高空大气的水平运动。
4. 7 个气压带，6 个风带。
5. 近地表风向箭头。

## 四、制作材料

呼啦圈 1 个、固定线卡 18 个、板材 1 张、支架杆及支架座各 24 个、套管 16 个。

## 五、制作方法

1. 截取板材 7 条，利用线卡固定在支架杆上（如图 6-4-2 所示）。
2. 在侧边固定气压带、风带（如图 6-4-3 所示，注：间距要均匀）。

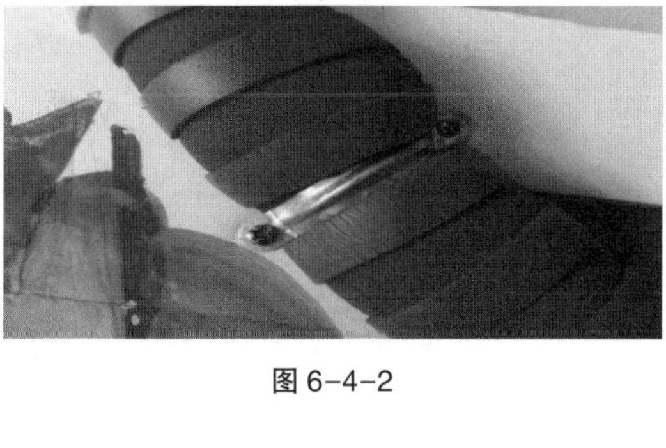

图 6-4-2

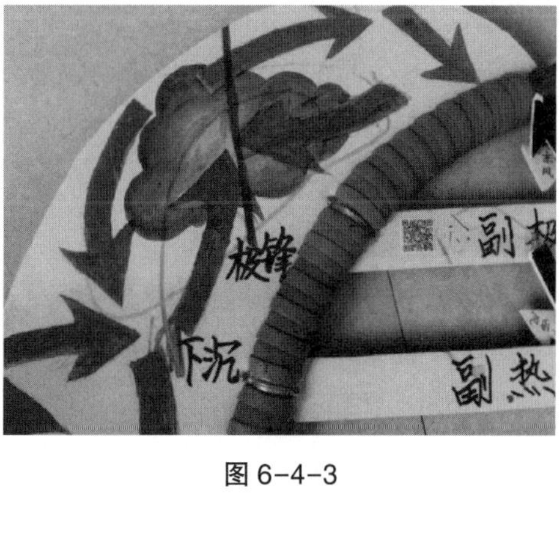


图 6-4-3

3. 安装支架杆及支架座，完成三圈环流（如图 6-4-4 所示）。
4. 制作高纬环流圈及风向箭头（如图 6-4-5 所示）。

图 6-4-4

图 6-4-5

5. 完成侧面三圈环流示意图。

## 六、使用方法

1. 利用横向标注的纬度及气压带名称，演示和讲解气压带的空间分布。

2. 利用赤道低气带和副热带高气压带之间的旋转轮演示低纬环流，其中红色箭头代表垂直方向空气运动，蓝色箭头代表水平方向空气运动，顺时针拨动转轮模拟低纬环流圈空气环流。

3. 副热带高气压带与副极地低气压带之间的转轮模拟中纬环流，逆时针拨动转轮可模拟出中纬环流圈空气环流运动。

4. 副极地低气压带与极地高气压带之间的环状箭头代表高纬环流，红色箭头代表上升空气，蓝色箭头代表下沉空气，立起环流箭头演示三维空间环流圈，平放转为平面二维环流圈，可使学生实现三维模型到二维图形的转化。

5. 气压带之间的可转动白色箭头代表气压带之间的风带，箭头方向可转动使教具与学具相结合，既可以用于演示受地转偏向力形成的风带，也可作为学具让学生演示风带中风向的变化。

6. 教具最左侧为教材中三圈环流平面示意图，学生可将教具与教材相结合，将立体三圈环流平面化。

# 7 技术与实践一等奖作品选编

# 7.1 现代农村蔬菜大棚模型

辽宁省鞍山市海城市温香镇第二初级中学 王 鑫 王义会 万福义

## 一、教具的教学意义和价值

可以提升学生学习兴趣，便于学生理解现代农村蔬菜大棚的工作原理，直观形象地向学生展示大棚采光原理。

## 二、教具装置图

图 7-1-1

## 三、仪器特点及用途

### （一）特点

本教具为仿真现代农村蔬菜大棚模型，外部有遥控卷帘机，通过遥控电机运行，节省人力，保证安全。棚内有运菜小车，按动遥控器可使小车在轨道内前进、倒退，模拟运菜的过程。

### （二）用途

本教具用于讲解现代农村蔬菜大棚的基本结构、工作原理和采光原理等知识。

## 四、制作材料

铁条 12 根、空心方钢条 14 根、轻薄布料 1 个、儿童电动车电机齿轮箱 1 个、变压插头

1个、薄泡沫板4块、电机遥控器1个、遥控小车及遥控器1套、细绳2根、铁棒1根、空心铁管1根、可降解透明塑料薄膜若干、电线若干、细铁丝若干、限位器2个(选用)、线控开关1个(选用)。

## 五、制作方法

1. 用空心方钢条作为骨架，铁条作为支撑棚面的支架，通过钻孔、穿铁条、螺丝固定构成大棚的框架结构(如图7-1-2所示)。

2. 大棚顶部空心方钢条连接电机、铁棒和转动轴(如图7-1-3所示)。

图7-1-2

图7-1-3

3. 薄泡沫板分别粘贴在大棚框架的底部、后部和两侧，制成大棚的围墙。大棚正面附着可降解透明塑料薄膜便于大棚透光；用底边四框上安装的卡槽和卡簧固定可降解透明塑料薄膜(如图7-1-4所示)。

图7-1-4

4. 用轻薄布料铺盖在大棚正面的薄膜上，布料下沿套有空心铁管用于负重，用两根细绳将轻薄布料底端和卷帘电机上的铁棒相连(如图7-1-5、图7-1-6所示)。

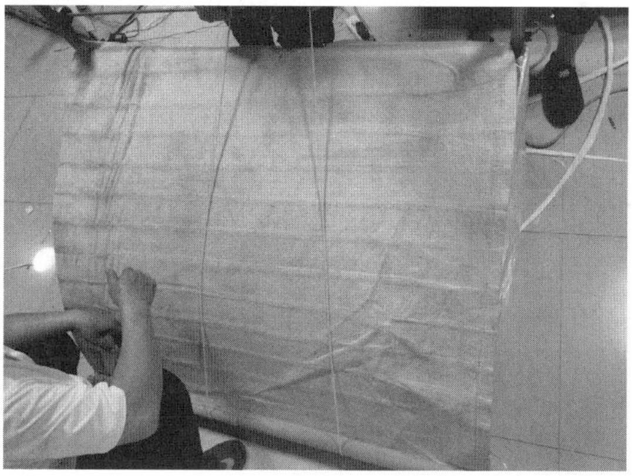

图 7-1-5

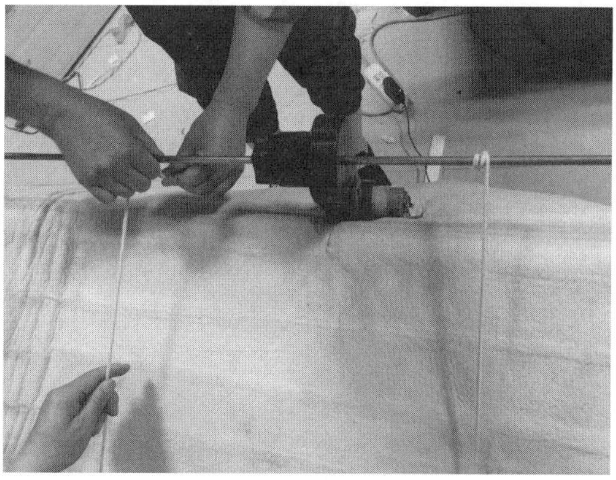

图 7-1-6

5. 大棚内侧安置滑道，用螺丝固定在大棚底座上，供遥控运菜小车移动(如图 7-1-7 所示)。

图 7-1-7

6. 限位器(选装)。大棚上沿顶端和下沿底端各安置一个限位器，当轻薄布料被完全卷起和放下的时候，触碰限位器开关，起到控制电机自动关闭的作用(如图 7-1-8、图 7-1-9 所示)。

图 7-1-8

图 7-1-9

## 六、使用方法

1. 变压插头接通电源，将 220 V 电源转化为 6 V 电源供电机使用，确保使用电压安全。

2. 遥控器按“▲”键是卷帘(轻薄布料向上卷动)，观察轻薄布料到达指定位置；按停止键“■”，电动机停止工作。按遥控器“▼”键是放帘(轻薄布料向下卷动)，观察轻薄布料到达底部；按停止键“■”，电动机停止工作。

3. 棚内有运菜小车，按动遥控器可以使小车在轨道内前进、倒退来模拟运菜的过程。

# 7.2 扭矩与无人机控制探究平台

上海市大同中学 李 樑

## 一、教具的教学意义和价值

“航空科技创新课程”是上海市大同中学的 CIE 校本课程，“扭矩与无人机控制”是第二阶段工程结构类中的一节。

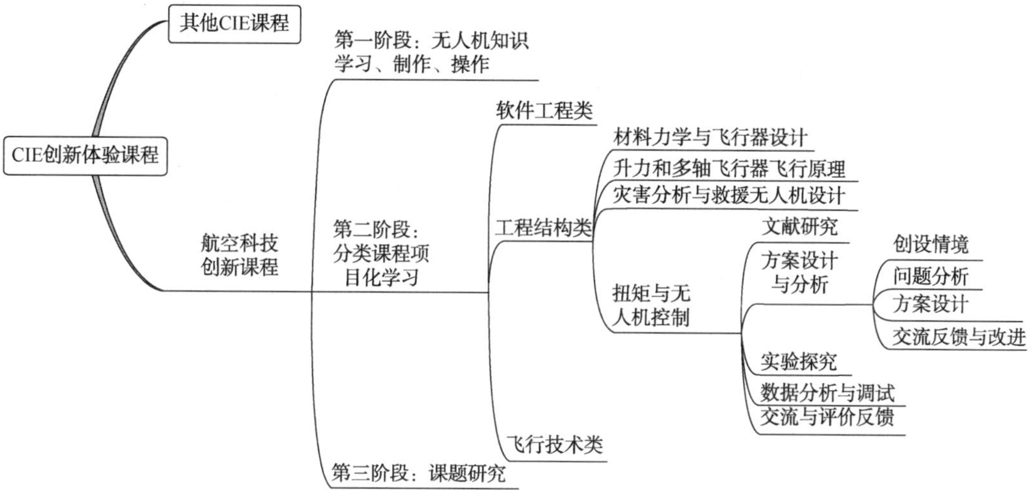


图 7-2-1

扭矩与无人机控制探究实验，以试飞自制无人机发现的故障为情境，探究旋翼飞行器机身反扭矩产生的主要原因；运用自主研发制作的飞行控制测试平台，结合力矩及其平衡原理，在多旋翼无人机稳定控制问题中进行应用，运用“观察情境—分析问题—抽象特征—分析特征—设计方法”的工程实践性思维，通过设计探究实验方案，实施实验方案，理解扭矩及其与飞行器平衡相关的知识。通常飞行器扭矩失衡会导致坠机等后果，失控旋转过程往往时间短暂，不易进行实验探究，因此相关的教学以前都是以理论和电影视频为主。

运用自制设备 1，学生可以直观地观察到飞行器扭矩失衡导致的失控旋转现象，培养学生观察和提炼问题的能力，从而体验工程实践性思维应用。运用自制设备 2，借助信息化手段开展定量实验，用计算机控制电路调整螺旋桨转速，通过传感器测量扭矩数据，用计算机处理数据，将扭矩平衡的结果进行较准确的测量，数据显示和处理通过计算机直观清晰地呈现，既完成了实验定量探究任务，也训练了学生信息技术应用能力。

运用本教具的实验课，通过创设情境发现并解决问题的项目化学习，团队合作设计方案，通过交流评价改进方案，实施方案再进行评价反馈，体验了团队合作的优势。

## 二、教具装置图

图 7-2-2　自制设备 1：
无人机扭矩控制演示仪

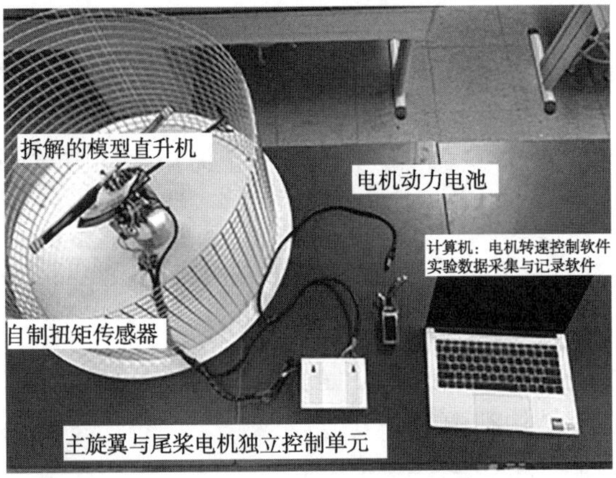


图 7-2-3　自制设备 2：飞行控制测试平台

## 三、仪器特点及用途

### （一）特点

运用自制设备 1，学生可以直观地观察到飞行器扭矩失衡导致的失控旋转现象，使原先只能在电影片段中看到的现象直观、生动。

运用自制设备 2，借助信息化手段开展定量实验，用计算机控制电路调整螺旋桨转速，通过传感器测量扭矩数据，用计算机处理数据，将扭矩平衡的结果进行较准确的测量，便于更深入了解飞行器航向控制原理。

### （二）用途

本教具可用于探究飞行器扭矩平衡原理。自制设备 1 用于演示和探究四轴飞行器的扭矩平衡或失衡现象。自制设备 2 用于定量探究直升机模型主螺旋桨与尾桨各自产生的扭矩平衡时的定量关系。

## 四、制作材料

自制设备 1：一台四旋翼无人机及遥控器固定底座和转台，拆卸螺旋桨工具。

自制设备 2：一个直升机缩比模型，加上模型固定装置与安全笼，自制扭矩传感器（直升机主旋翼电机与尾旋翼电机动力控制单元、尾桨输出传感器、实验数据收集控制单元、实验数据显示与记录软件、计算机）。

## 五、制作方法

1. 自制设备 1 以一台四旋翼无人机及遥控器为基础，将其固定在带固定底座的转台上，辅以拆卸螺旋桨工具即可。

2. 自制设备 2 以一个拆解的直升机缩比模型为基础，加上模型固定装置与安全笼，用自制扭矩传感器，包含直升机主旋翼电机与尾旋翼电机动力控制单元、尾桨输出传感器、实验数据收集控制单元、实验数据显示与记录软件、计算机。

图 7-2-4 拆解的模型直升机

图 7-2-5 安全笼与安全顶盖

图 7-2-6 自制扭矩传感器

图 7-2-7 主旋翼电机动力控制单元

图 7-2-8 尾旋翼电机动力控制单元

## 六、使用方法

1. 自制设备 1 接通电源，当螺旋桨安装正确，启动时无人机稳定；当拆卸对角一对螺旋桨后，启动时无人机向一侧持续加速旋转；装回这对螺旋桨，拆卸另一对螺旋桨后，启动时无人机向另一侧持续加速旋转。

2. 自制设备 2 盖上安全笼上盖，接通电源，连接计算机，打开数据采集软件与无人机控制软件。

3. 启动主旋翼，控制到转速 1，读取扭矩传感器数据 A，并记录，然后关闭主旋翼。

4. 启动尾旋翼，控制到转速 2，令扭矩传感器数据 B = 数据 A，并记录，然后关闭尾旋翼。

5. 同时启动主旋翼和尾旋翼，分别控制到上述转速 1 和转速 2，观察扭矩传感器读数是否为 0。

6. 重复上述步骤 3、4 和 5，采集五组实验数据。

7. 观察实验数据，作出扭矩平衡时主旋翼与尾旋翼转速关系图线，总结规律。

# 7.3 桌面型农业物联网实训平台

浙江省湖州市现代农业技术学校 邱 良 吴英美 唐根宝

## 一、教具的教学意义和价值

本教具提供了农业物联网的核心实操、架构体验和真实应用。编程与算法是农业物联网的核心，通过图形化编程与代码编程的实践，真正理解农业物联网的核心算法，从而理解智慧农业中的“智慧”。从真实的数据采集，到移动设备端的远程控制，到网页端的数据监视，全面展示农业物联网的各个环节，让学生体验完整的农业物联网架构。本教具的桌面大棚，能进行小型花卉盆栽的种植与养护，实现真实的农业物联网应用。

本教具提升了实操的便捷性。通过无线的物联网编程，远程对控制器进行修改，从而更加方便地进行农业物联网的编程实训。

本教具增强了实训的真实性。通过能够真正运行的、实时互动的物联网系统，学生在教室中就可以理解农业物联网的运行方式和原理。

本教具增加了“智慧”的完整性。通过移动设备端对物联网系统进行控制，通过网页端对物联网环境进行视频和数据的监视，并通过数据分析进行进一步研究，从而理解完整的物联网农业的架构，体验农业运用的智慧。

## 二、教具装置图

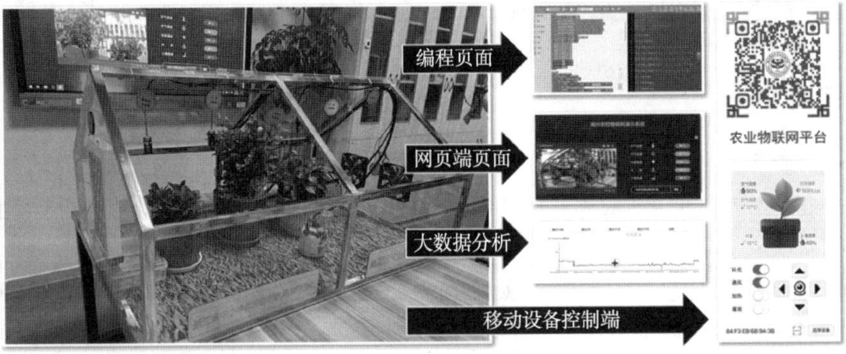


图 7-3-1

## 三、仪器特点及用途

### (一) 特点

本教具结合物联网电子硬件，使用在线图像化编程，构建了移动端控制小程序，制作了网页数据展示查看页面。

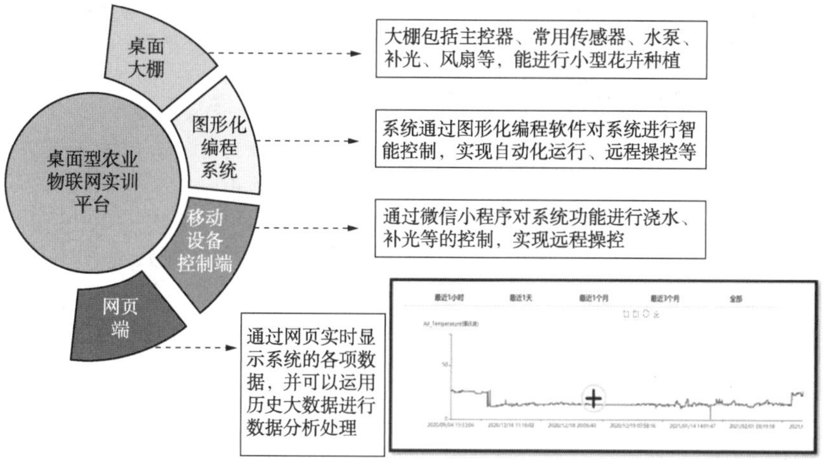


图 7-3-2

## （二）用途

本教具可模拟以下微观现象：

1. 农业物联网演示。控制器、传感器、执行器、摄像头等的实物搭建；移动设备控制端的远程查看和操控；网页端的视频、数据的查看和监视。

图 7-3-3

2. 农业物联网编程实操。学生通过电脑网页可以对主控器进行编程，根据实际需要进行多变量组合控制，实现桌面大棚的智能化。

图 7-3-4

3. 农业物联网盆栽种植实验。学生在桌面大棚内种植小型盆栽花卉，进行农业物联网种植实验，并通过温湿度、光照的数据分析，研究适合植物生长的环境条件。这一过程不仅构建了物联网，更对物联网的数据进行了深度应用。

## 四、制作材料

1. 物联网开发板主板、扩展板、温湿度传感器、光敏传感器、土壤湿度传感器、水温传感器、补光灯带、水泵、小风扇(电机)、摄像头、大棚框架、激光雕刻木板、3D 打印耗材 PLA、其他线材等。
2. 编程页面：网页无线编程。
3. 移动终端小程序。

## 五、制作方法

1. 设计整体框架(如图 7-3-2 所示)。
2. 搭建电子硬件(如图 7-3-5 所示)。

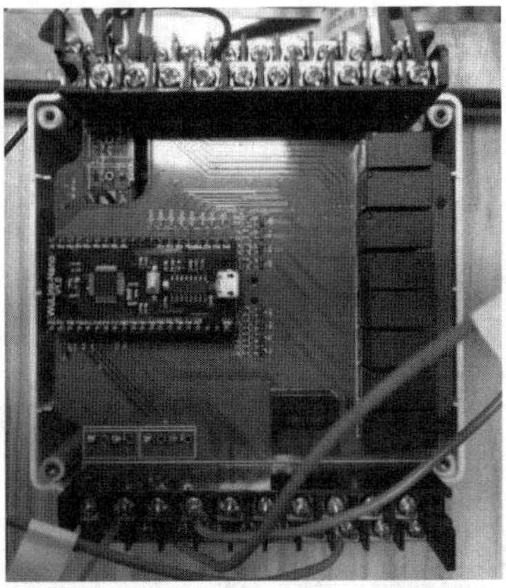

图 7-3-5

表 07-03-1　控制器端口分配

| 模块 | 端口 |
|---|---|
| DHT11 温湿度模块 | P27 |
| 亮度传感器模块 | A0 |
| 大棚：LED 白色灯组 | P26 |
| 大棚：LED 红色灯组 | P25 |
| 大棚：风扇 | P35 |
| 喷灌：土壤湿度模块 | A1 |
| 喷灌：DS18B20 防水型温度传感器 | P24 |
| 喷灌：水泵(12 V) | P05 |

表 07-03-2　调试与现象

| 序号 | 测试项 | 对应模块 | 现象 |
|---|---|---|---|
| 1 | 空气温度 | DHT11 温湿度模块 | 返回当前环境温度 |
| 2 | 空气湿度 | DHT11 温湿度模块 | 返回当前环境湿度 |
| 3 | 光照强度 | 亮度传感器模块 | 返回当前环境亮度 |
| 4 | 水温 | DS18B20 防水型温度传感器 | 返回水箱水温 |
| 5 | 土壤湿度 | 土壤湿度模块 | 返回喷头下面空间湿度 |
| 6 | 补光 | LED 白色灯组 | 能控制灯亮灭 |
| 7 | 通风 | 风扇 | 风扇能转动，吹动窗帘 |
| 8 | 加热 | LED 红色灯组 | 能控制灯亮灭 |
| 9 | 灌溉 | 水泵 | 能控制水泵通断，同时调节好阀门，控制出水范围 |
| 10 | 云台控制 | 云台 | 云台能上下左右移动 |
| 11 | 摄像头 | 摄像头 | 电视机上能实时显示当前沙盘 |

3. 网页端编程。
4. 构建小程序。

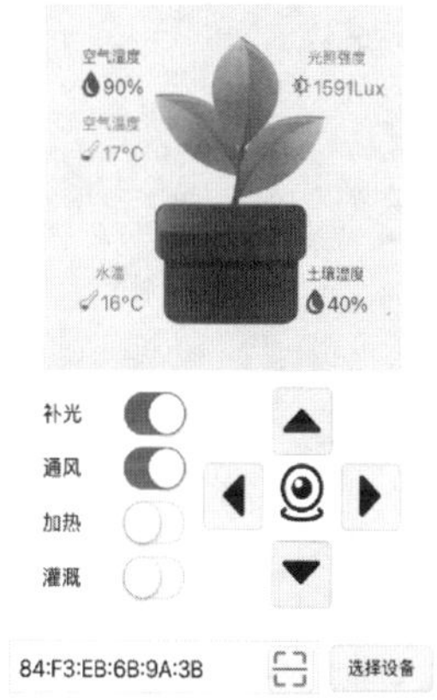


图 7-3-6

5. 搭建实体大棚。

图 7-3-7

6. 改进。

图 7-3-8

## 六、使用方法

1. 物联网展示。结合大棚、网页端数据，展示物联网的构成、原理，结合农业的应用。

2. 物联网编程。打开物联网编程页面，输入序列号，利用图形化对主板进行编程。结合实物进行调整。

3. 小型花卉苗木实验。在大棚中放置花卉，设计编程，进行实验，观察数据，结合生长情况，改进编程设计。

# 7.4 雨控开关窗装置模型

广西壮族自治区柳州市第九中学 韦双舒 韦小阳 杨秀冬

## 一、教具的教学意义和价值

教材通过光控灯、雨控窗、游泳池注水、自动门、车辆超速检测系统这几个案例来分析系统的工作过程与方式，同时通过活动猴的制作让学生了解开环控制系统的输入与输出。在实际教学过程中，要准备教材中几个案例的实验有一定难度且成本较高，且本课题内容专业性较强，将案例运用 PPT 以图片和文字的形式进行讲解，学生在理解上有很大的困难。而通用技术学科的特点是“做中学”，学生在“做”的过程中进行深入的探究和学习，因此本节内容的教学安排为，学生通过实验操作来深入分析控制系统的工作过程与方式，安排 2 个实验课时完成本节课题教学。

教材提出的参考实验操作是活动猴的制作及操控。在教学实践中发现，活动猴只能完成简单开环控制系统的演示，不能进行闭环控制系统的对比实验，而开环控制系统与闭环控制系统的过程与方式是本节也是本单元的重难点，活动猴的实验不利于突破重难点。且活动猴作为低龄儿童的玩具，对高中生的吸引力不大，会影响学生动手实验的积极性。

在教材所给的几个案例中，笔者选取了学生有直接生活经验的雨控开关窗案例制作教具，有利于学生突破本节重难点。

教具使用过程涉及电路图的理解与线路连接，线路连接方式简单且布局清晰明确，需要学生融合物理学科知识进行深入思考和探究完成操作，有利于学生对控制过程以及方式的深度理解。

教具能够完成开环控制系统与闭环控制系统的演示，由易到难的探究过程以及对比实验的直观呈现有利于学生深入理解控制系统的过程和方式。教具将窗户模型、雨控感应开关、减速电机、限位开关、电池、齿条组合成一个完整的装置，方便学生进行操作，同时学生能观察到每个部分及其运行状态，有助于学生理解控制系统的过程与方式。

下雨自动关窗的装置是学生实际需要的，学生对装置有积极探索的兴趣，并且该装置模型经过一定程度地放大和改进后能够运用到实际场景中，激发学生对智能化生活的思考和憧憬。

## 二、教具装置图

图 7-4-1　教具正面

图 7-4-2　教具背面

## 三、仪器特点及用途

### (一) 特点

本教具是基于解决生活实际问题制作的雨控开关窗模型，能够引导学生将知识与实际生活进行联系以解决实际问题。自制教具能够完成开环控制系统和闭环控制系统多个实验探究，实验操作层层递进，直观的现象对比有利于学生深入理解。各部分组合成系统装置，在方便操作的同时，能观察到每个部分的运行状态。

### (二) 用途

本教具可演示开环控制系统、闭环控制系统、自动控制系统。

1. 电机连接电源打开或关闭窗户，演示了控制系统和开环控制系统的工作过程与方式。

2. 连接电源、限位开关和电机，窗户打开或关闭到位后电机停止转动，演示了闭环控制系统的工作过程与方式。

3. 将控制器部分加入整个控制系统完成线路连接，演示由手动控制到自动控制的过程。

## 四、制作材料

PVC 板、控制器、1 个减速电机、2 个限位开关、电池盒、齿条、齿轮。

## 五、制作方法

窗户模型具体尺寸可以根据实际情况做出调整。

1. 切割 4 块 24.5 cm×9.5 cm 的 PVC 板。在其中一块面板上画上电路图(利用激光雕刻机)，在每个元器件接线的地方打孔，作为顶部面板使用(如图 7-4-5 所示)。1 块25 cm×25 cm 的面板，挖去可移动窗户部分面积。将切割好的面板拼成如图 7-4-3、图 7-4-4所示的窗户模型。

图 7-4-3　黏结后的正面

图 7-4-4　黏结后的背面

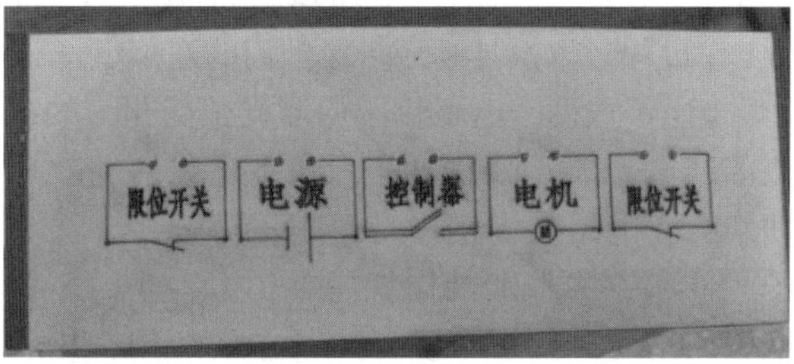


图 7-4-5　顶部面板

2. 切割 1 块 23.5 cm×12.5 cm 的亚克力板，并在一端装上齿条，用小螺丝固定，作为移动窗(如图 7-4-6 所示)。

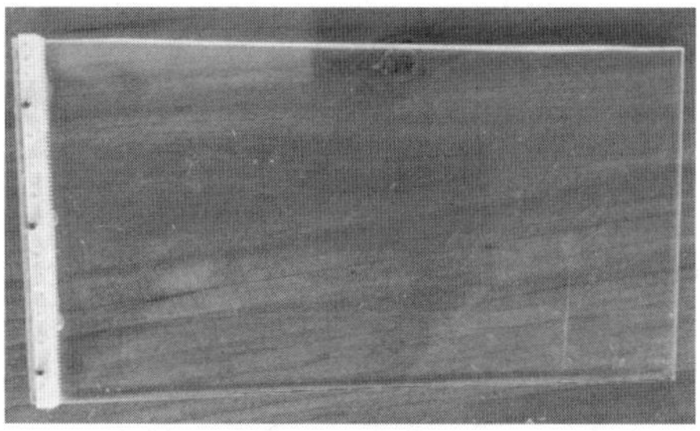

图 7-4-6　可移动的半边窗户

3. 在顶部粘上线夹，在模型中装入窗户，装上限位开关和控制器，完成线路的连接。

## 六、使用方法

1. 将本教具放置在桌面上，用导线连接相应接口完成线路连接。

2. 电机连接电源打开或关闭窗户，反接电机关闭窗户，演示了控制系统和开环控制系统的工作过程与方式。

3. 连接电源、限位开关和电机，窗户打开或关闭到位后电机停止转动，演示了闭环控制系统的工作过程与方式。

4. 将控制器部分加入整个控制系统完成线路连接，演示由手动控制到自动控制的过程。

# 7.5 闭环控制系统演示器

贵州省黔南州都匀一中　万　婷　刘本旭　陆议钦

## 一、教具的教学意义和价值

地质版教材《技术与设计 2》第四章“控制与设计”中“闭环控制系统”部分没有相应的教具应用于课堂教学中，所以笔者设计并制作了本教具。通过本教具学生能够直观感受到闭环控制系统的组成以及工作过程。本教具利用一对常用的双声道音频放大芯片作为控制器，四个定值电阻和四个光敏电阻组成两个电桥用于检测光强变化。本教具电路原理简单，制作容易，学生能自主按图制作完成，因此可作为学生实践活动教学，在实践中学习到木工制作知识、机械传动知识、电路图识别以及电子元件焊接方法及技巧，使学生得到充分发展。通过几个电子元件和一些木工操作就能制作出一个闭环控制演示装置，说明知识就是力量，学生也能深刻感受到知识在实际生活中的应用，有助于激发学生学习的兴趣，提高学习积极性。

## 二、教具装置图

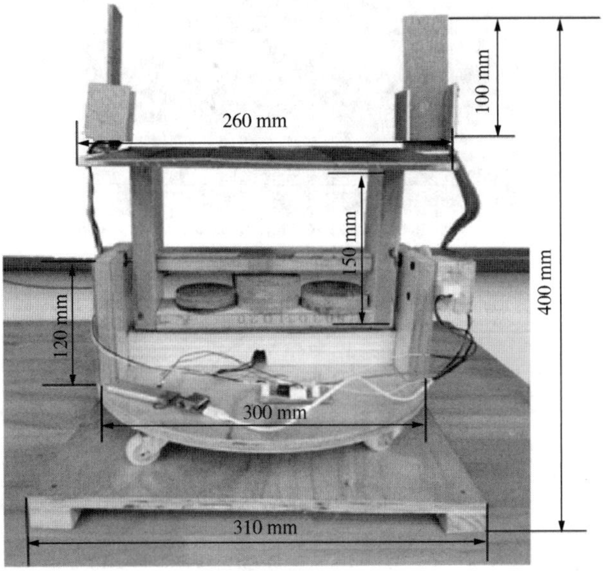


图 7-5-1

## 三、仪器特点及用途

### （一）特点

本教具所用材料简单，容易制作，通过本教具的演示，能够让学生学习到闭环控制系统的组成以及工作过程，有利于直观教学。

### （二）用途

本教具可用于学生实践活动教学，在实践活动中能学习到木工制作知识、机械传动知识、电路图识别以及电子元件焊接方法及技巧。本教具能跟踪太阳方向，始终将太阳能电池板正对太阳，保持大功率。通过制作本教具，学生可以感受到知识就是力量，深刻领悟到知识在生活中的实际应用。

## 四、制作材料

1. 控制电路部分：双声道音频放大芯片 2 个，光敏电阻 4 个，10 kΩ 电阻 4 个，N20 减速电机 2 个，IC 插座 16P 脚 1 个，4P 带扣直针接插件 4 个，覆铜板 1 块，电源，导线若干。

2. 机械部分：400 mm×400 mm×10 mm 实木板 2 块，300 mm×400 mm×15 mm 实木板 1 块，300 mm×400 mm×2 mm 薄木板 1 块，万向轮 4 个，大齿轮 2 个，小齿轮 2 个，蜗杆 1 个，实心铁棒，等等。

## 五、制作方法

### （一）控制电路部分

1. 取约 40 mm×60 mm 的覆铜板一块，根据电路图将覆铜板设计成印刷电路（如图 7-5-2所示）。

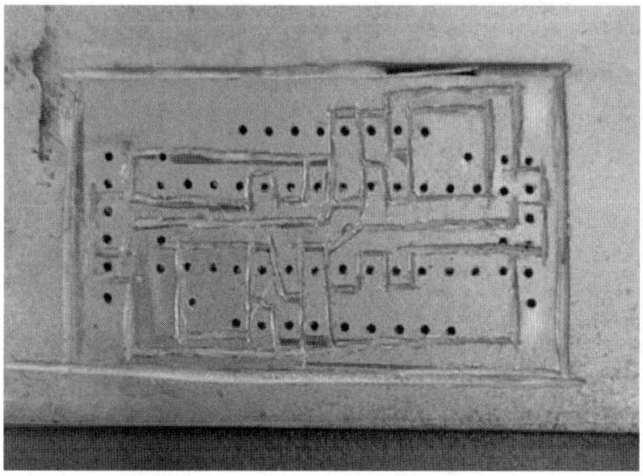

图 7-5-2

2. 准备好焊锡丝和烙铁，加热之后，先将 IC 插座焊接好，再将 4 个直针接插件根据电路图相应位置分别焊接好，接着将电阻焊接在相应位置（如图 7-5-3、图 7-5-4 所示）。

图 7-5-3

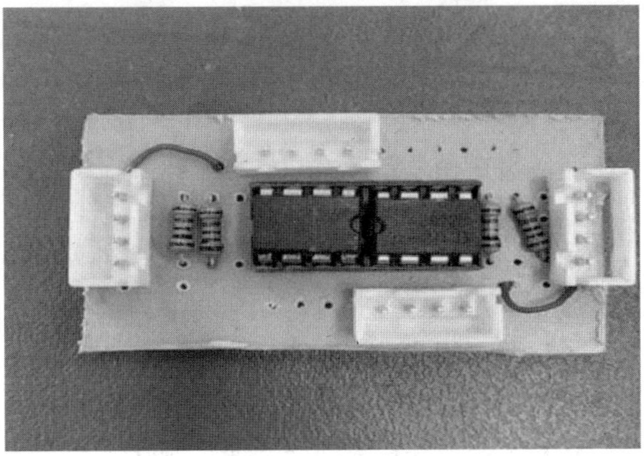

图 7-5-4

（二）机械部分

1. 将实木板按照需求切割成一块规格为 310 mm×310 mm×10 mm 的方木板作为底板，中心处连接一根铁棒作为 $y$ 轴，轴上连接一个大齿轮(如图 7-5-5 所示)；切割一块直径约为 300 mm 的圆形木板，圆形木板的底端边缘处连接 4 个万向轮，中心位置与 $y$ 轴相连，旁边取一个方槽刚好能固定好电机 1(如图 7-5-6 所示)；电机轴上安装一个小齿轮，目的是绕 $y$ 轴实现齿轮减速传动(如图 7-5-7 所示)。

图 7-5-5

图 7-5-6

图 7-5-7

2. 在圆形木板直径两端固定好两块约为 120 mm×100 mm×15 mm 的方形木板，作为 $x$ 轴的固定板，取一根直径约为 5 mm、长度为 250 mm 的实心铁棒作为 $x$ 轴，在 $x$ 轴下方的木板上放几块石块作为配重石块，使重心尽量在 $x$ 轴上，减少 $x$ 轴齿轮的负载均衡(如图 7-5-8所示)；其中一块木板上安装好电机 2，电机末端连接一个蜗轮杆，在与它垂直的方向安装一个齿轮，以实现 $x$ 轴的蜗轮蜗杆减速传动(如图 7-5-9 所示)。

图 7-5-8

图 7-5-9

3. $x$ 轴两端连接高度约为 150 mm 的两块木条，顶端放置一块约为 200 mm×260 mm×2 mm的薄木板，上方再放置一块太阳能板，薄木板左右两端用导线分别连接 2 个光敏电阻。右边 2 个光敏电阻(光敏电阻 1 号和光敏电阻 2 号)作为该闭环控制系统绕 $x$ 轴转动的传感器，左边 2 个光敏电阻(光敏电阻 3 号和光敏电阻 4 号)作为该闭环控制系统绕 $y$ 轴转动的传感器。电阻中间用一块高约 100 mm、宽 30 mm 的薄木板隔开，以减少光线对另一个电阻的干扰(如图 7-5-10 所示)。

4. 控制电路部分和机械部分都制作好以后，将 4 个光敏电阻、太阳能控制板、2 个减速电机接入电路主板中并把电路板固定在圆形木板上。光敏电阻作为传感器，电路主板作为控制器，电机是执行器。闭环控制系统制作完成(如图 7-5-11 所示)。

图 7-5-10

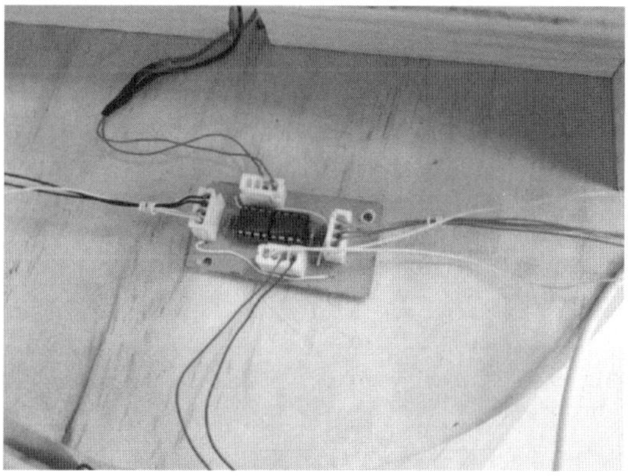

图 7-5-11

## 六、使用方法

1. 将本教具水平放置在桌面上，接通电源，在周围光线强度一样的情况下，本教具将处于一个平衡状态，此时 $x$ 轴和 $y$ 轴都不会发生偏转。

2. 若用手挡住右边 2 号光敏电阻，此时 1 号和 2 号两个光敏电阻检测到的光线强度不一样，本教具会绕 $x$ 轴顺时针方向转动；若挡住 1 号光敏电阻，则本教具绕 $x$ 轴逆时针方向转动。

3. 若用手挡住左边 4 号光敏电阻，本教具绕 $y$ 轴顺时针转动；若用手挡住 3 号光敏电阻，则绕 $y$ 轴逆时针转动。

4. 将本教具放在光线强度不一样的地方，此时本教具的 $x$ 轴和 $y$ 轴都会发生偏转，会指向光线强度最强的方向。

5. 太阳能板正对太阳光时功率最大，太阳能电池通过导线对电池充电，以供给系统使用。

# 7.6　基础木工制作台

宁夏回族自治区银川市唐徕回民中学西校区　王晓琼　纳少波　张　娜

## 一、教具的教学意义和价值

本教具是结合劳动与技术“木工基础”内容在教学实践活动中经总结而设计制作的，是突破教学活动中难点问题的教具。

本教具让有角度的切割变得准确；方便黏结，特别是榫卯结构的加工尤为便捷；设计了六边形制作模板，为摩天轮、水车、轮子的制作提供了便利；设计了“人”字形黏结台，为学生制作小房子、小木屋等创造了便利条件。在教学活动中一经使用就受到学生的欢迎，降低了制作难度，激发了学生动手制作的兴趣，打破了以往教学中的沉闷气氛。同时，制作台的使用提高了学生按尺寸、按角度剪裁的速度，提高了学生黏结材料的准确度和效率，提高了完成作品的课堂实效，使手工制作向着专业化的方向转变。

## 二、教具装置图

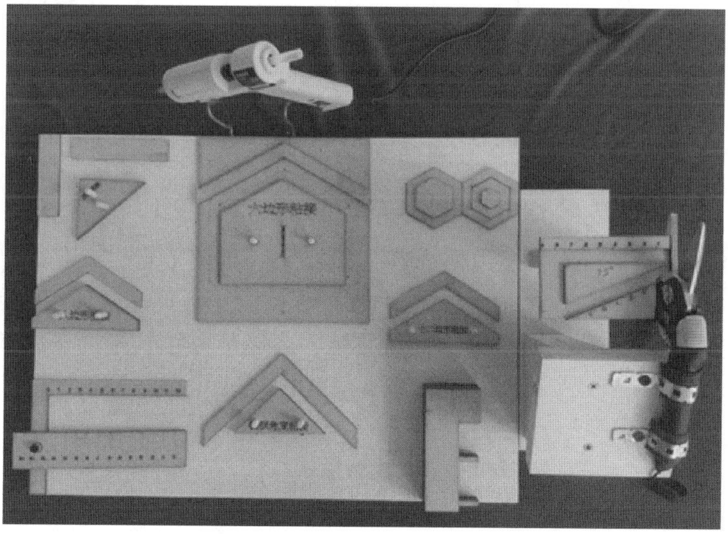

图 7-6-1

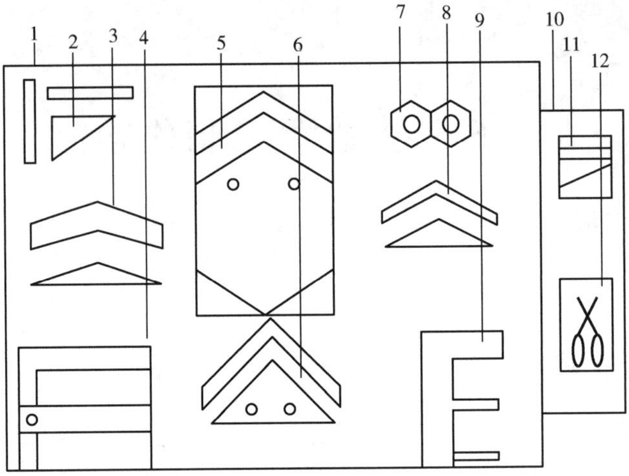


1—“丁”字形黏结；2—四边形黏结；3—木轮毂黏结；4—八边形黏结；5—平面黏结；
6—镜框黏结；7—十二边形黏结；8—榫卯黏结；9—角度模板；10—剪刀台；
11—黏结底座(45 cm×35 cm)；12—剪裁台底座(25 cm×7 cm)。

图 7-6-2

## 三、仪器特点及用途

### (一) 特点

1. 复合性：剪裁与黏结的结合；多元复合，将满足不同需要的各种角度模板黏结在一起。

2. 创新性：本教具的创新点表现在设计了固定的剪裁台，保证了剪裁尺寸和角度的准确性。

3. 实用性：降低了剪裁材料的难度，提高了黏结材料的速度和准确性。

### (二) 用途

本教具的外形是一个长方体。由两个部分组成：一是剪裁台，二是黏结台。剪裁台的高度约 15 cm，剪刀水平固定在斜面上，与角度模板吻合，互相配合使用。黏结台综合了木工基础的各种需求，将“丁”字形黏结、直角黏结、多边形黏结、平面黏结和榫卯加工集合在一起。

## 四、制作材料

制作角度模板的材料为厚度 2.5 mm 的复合板；制作底座和支架的材料为厚度 18 mm 的木工板。

## 五、制作方法

1. 使用计算机辅助设计软件对所需辅助材料进行绘制，并进行激光切割。

图 7–6–3

2. 用激光雕刻机刻出所用配件。

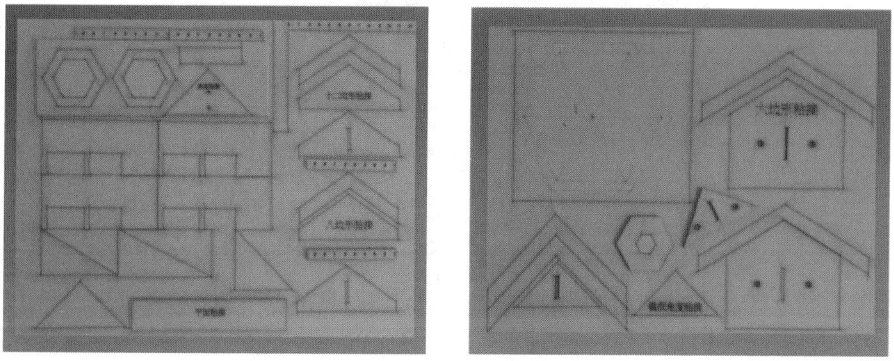

图 7–6–4

3. 在长度为 45 cm×35 cm 的木工板上固定角度黏结板。

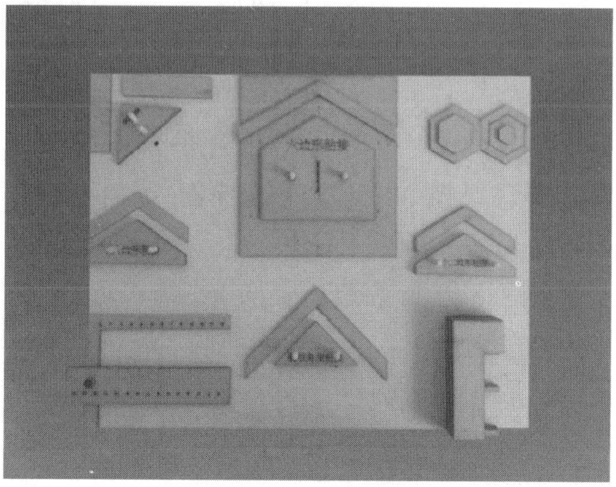

图 7–6–5

4. 制作剪裁台。剪裁台分成剪刀台和角度台两部分。剪裁台的剪刀是固定的，角度台可以根据需要调整。

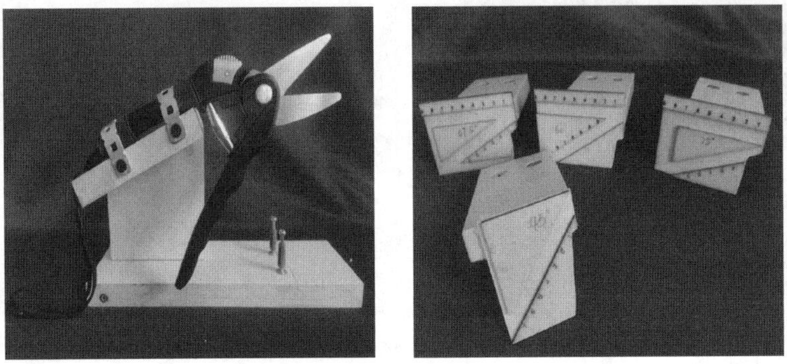

图 7-6-6

5. 组合剪裁台和黏结台，安装胶枪支架。

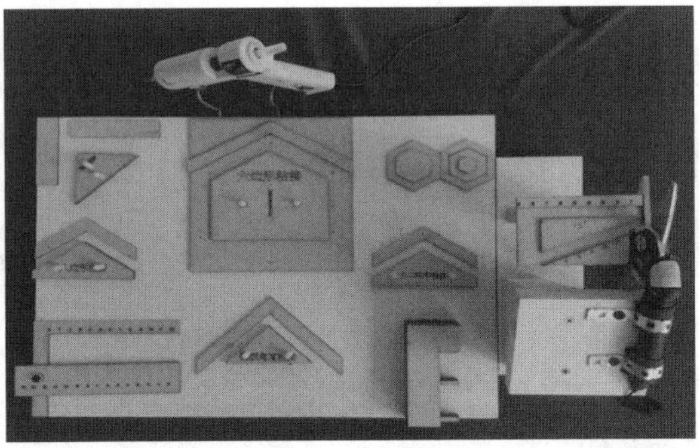

图 7-6-7

## 六、使用方法

1. 材料的剪裁。准备好一定数量且长度适当的雪糕棒。将剪台上的角度槽换成设计要求角度(如直角、30°角、45°角等)的角度槽，即可使用。剪裁的材料角度准确，剪裁速度快。

2. 黏结槽的使用。工作台上设计了 7 个黏结槽：垂直或“丁”字形槽、120°黏结槽、平面黏结槽、90°黏结槽、多边形黏结槽、六边形黏结槽、宽雪糕棒黏结槽。只要将剪裁好的材料放进黏结槽，把胶涂在黏结口上，晾干就可以了。这些槽可以基本满足雪糕棒基础木工的制作要求，如直角黏结、特殊角度黏结、墙面黏结、多边形黏结等。用工作台黏结的优点是可以保证角度、平整度的准确性。

3. 胶枪架用来架设胶枪，取用比较方便。

# 8 其他一等奖作品选编

# 8.1 埙系列自制教具

河北省衡水市饶阳县白池小学 刘鹏超
河北省衡水市教育技术装备站 张晓蒙

## 一、教具的教学意义和价值

通过埙的指孔大小比例更好地诠释音高中全音、半音的概念，使学生更快地理解音乐中音高的概念，把抽象的音律形象地展示出来。在吹奏过程中，气流在埙内，随着气团变小，声音越来越高。

本套教具激发了学生的学习兴趣。笔者在讲授民族乐器“埙”时，利用本教具，使学生对“埙”的认知更深；边学边玩，寓教于乐，引起了学生强烈的探究欲望，学生兴致倍增。

巧用教具能增强学生的注意力，提高课堂教学效率。在介绍“埙”时利用“简易埙”使音乐教学过程变得生动、形象、直观、有趣。避免了学生只能通过呆板、单一的“聆听”的手段来理解内容，学习音乐，而可以更直接、生动、形象地理解所学内容，从而加深印象，强化乐感。

巧用教具能很好地拓宽学生视野，培养学生良好的探究习惯。在学习民族乐器时，“竹埙”很好地展示了民族音乐的魅力，让学生了解到更多音乐律制及构成，开阔眼界，丰富知识。

巧用教具可以丰富教学手段，达到预设的教学目的。在学习民乐合奏及音乐表演时，让学生使用教具“新竹埙”，简单易学，能很快掌握，从而达到预期教学效果。

巧用教具使学生在体验上更加容易走进音乐，能够调动学生学习的积极性。让学生做音乐的践行者、制造者，感受美、体验美、发现美、制造美。不仅对音乐知识进行了很好的学习，还进一步增加了教学的趣味性，使学生的音乐素养得到较大提升。

## 二、教具装置图

图 8-1-1 简易埙(直径 5 cm、长 10 cm)

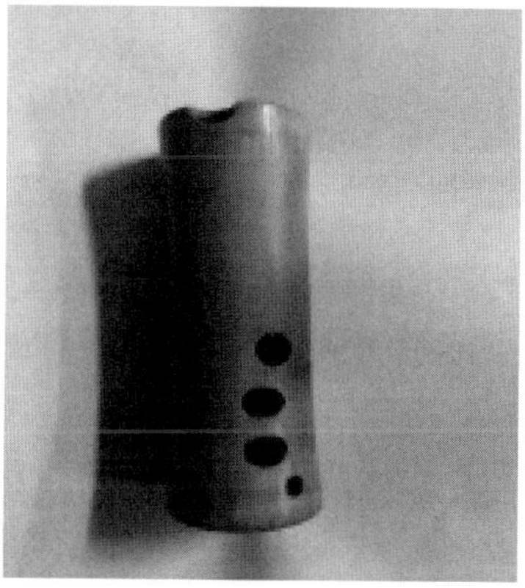

图 8-1-2 竹埙(直径 5 cm、长 15 cm)

图 8-1-3　新竹埙
(直径 5 cm、长 10 cm)

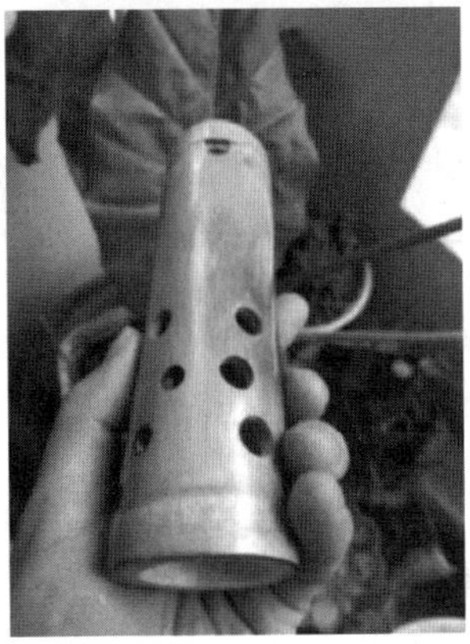

图 8-1-4　新竹埙升级版
(直径 5 cm、长 15 cm)

## 三、仪器特点及用途

### (一) 特点

纯手工制作，精细，美观，实用，使用方便。音乐感染力强，能吸引学生注意力，提高学生学习兴趣，使用效果明显。

### (二) 用途

本系列教具主要针对小学生学习民族音乐而设计。以“新竹埙”为例，操作简单，一吹即响，能更好地体会民族音乐。通过指孔各不相同，能更好地理解音高各不相同，从而更好地走进音乐，爱上音乐。本系列教具既可用于课堂分组教学活动，也可用于音乐表演。

## 四、制作材料

矿泉水瓶、竹筒、刻刀、胶水、砂纸、电钻。

## 五、制作方法

以“新竹埙”为例。

1. 把竹筒锯成合适的尺寸。竹筒的外径 5~8 cm，壁厚 6~10 mm，直径和长度比1∶2~1∶3 为宜。
2. 在竹筒上确定并画出吹嘴和音孔的位置和形状(如图 8-1-5 所示)。
3. 开孔并处理吹嘴(如图 8-1-6 所示)。

图 8-1-5

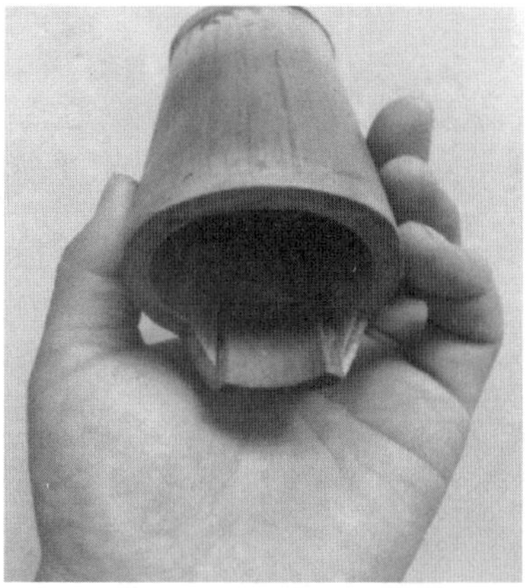

图 8-1-6

4. 对竹筒进行封闭处理(如图 8-1-7 所示)。

图 8-1-7

5. 确定音孔。根据手的大小及音高走向打孔，确定音高并进行反复调音(如图 8-1-8 所示)。

6. 打磨表面，处理完成(如图 8-1-9 所示)。

图 8-1-8

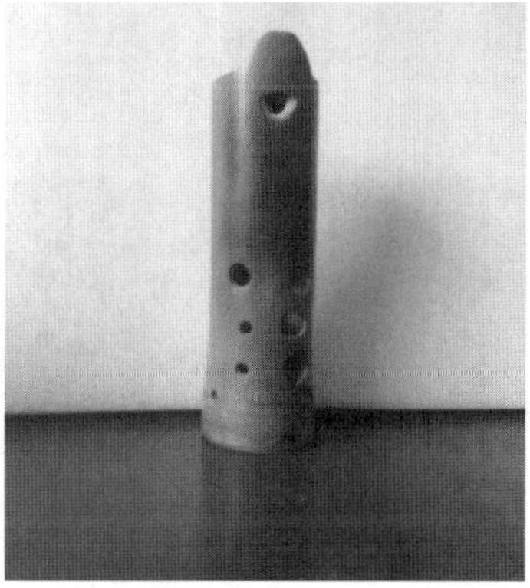

图 8-1-9

## 六、使用方法

1. 根据教学需要运用本教具，调动学生学习兴趣，开展教学活动(如图 8-1-10 所示)。“新竹埙”用于课堂分组教学活动(如图 8-1-11 所示)、练习巩固，也可用于音乐表演(如图 8-1-12、图 8-1-13 所示)。

图 8-1-10

图 8-1-11

图 8-1-12

图 8-1-13

2. 本教具可用于学生分组练习活动，增强课堂参与性、趣味性，更好地学习掌握民族乐器埙的吹奏。

(1)“简易埙”吹奏环节演示(如图 8-1-14、图 8-1-15 所示)。

图 8-1-14

图 8-1-15

（2）“竹埙”吹奏环节展示（如图 8-1-16 所示）。

图 8-1-16

# 8.2 多功能唱词琴

浙江省温州市实验小学 周晓秋

## 一、教具的教学意义和价值

温州鼓词属国家级非物质文化遗产，历史悠久，但青少年极少接触。要在课堂普及，首先要解决学习琴的问题。传统唱词琴由 4 件乐器组成，过大过重，全套乐器价格昂贵。本教具突破了以上难点，轻巧便携，具有创新性，破解了温州鼓词进课堂的困难，既可作为一个课堂教学乐器，也可作为专业曲艺人士的便携练习琴。

## 二、教具装置图

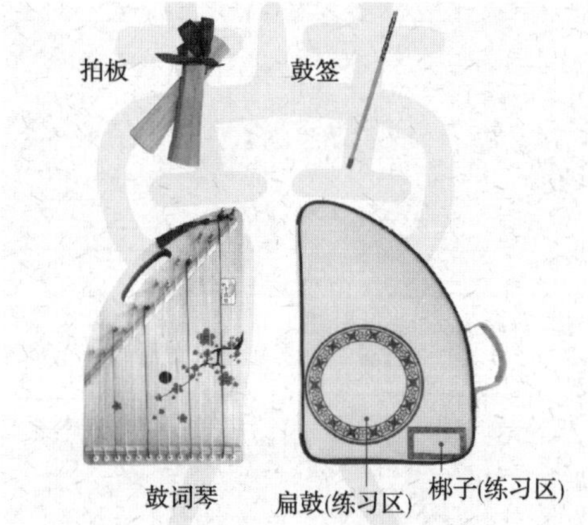


图 8-2-1 专业教具实拍图

图 8-2-2 练习教具

## 三、仪器特点及用途

### （一）专业教具

本教具突破了温州鼓词乐器大、重、贵的难点，轻巧便携，为“进课堂”提供了可行性，也可作为专业曲艺人士的便携练习琴。

1. 唱词琴。(1)轻巧：为学生量身设计，短小，重量轻，迷你型设计，人性化。(2)经济：为鼓词全面进课堂提供可行性。(3)多功能：①弦距较成人琴小 2 mm，符合学生生理特点。②提供了双色彩弦，便于学生认弦，且便于转调。③去掉移动琴码，减小体积，且避免了课中碰撞倒码的情况。④设置把手，便于提携；设置封闭音箱，尽可能增大音量。⑤垫脚底面设胶垫，用于防滑；设置垫脚，可抬起音箱增大音量。⑥琴体边角打磨为圆角，通体弧圆，人性化，不伤手，适合学生。

本教具为多功能乐器，更换琴弦，变换弦音，还可变为儿童弹拨琴、箜篌练习琴、古筝练习琴。

2. 拍板。根据学生手型设计，瘦长，轻巧，易持。

3. 鼓签。(1) 采用普通竹筷为原材料，在尾部缠防滑带。(2) 可在头部加弹性胶头：①可起到改变敲击音色的作用；②可在课间集体练习时起到消音作用；③可解决在桌面上练习击筷基本功的弹力问题，模拟击弦感觉。

4. 多功能琴袋。袋面上设置有“扁鼓”和“梆子”乐器图案，作为乐器练习。

### （二）练习教具

本教具主要立足于学生，让学生自己动手制作，从中探索乐器的特点及性能；制作材料易得，制作方法简单，人人可以制作；易演奏，可用于入门学习阶段；练习效果极佳。

## 四、制作材料

### （一）专业教具

1. 唱词琴所需材料：硬木(制作框)，松木(也可用泡桐或人造木，用于制作面板)，若干琴弦、琴钉(用于调弦)。

2. 拍板所需材料：硬木(制作板)，线与布带(制作绑、穿拍板)。

3. 鼓签所需材料：竹筷(用于敲击)，弹力胶皮(制作弹性胶头)，防滑胶皮(用于防滑)。

4. 多功能琴袋所需材料：防水布料、海绵垫、拉链(制作琴袋)，绘图材料(绘制“扁鼓”“梆子”)。

5. 其他材料：木工制作工具、调弦扳手(与琴弦、琴钉型号配套)。

### （二）练习教具

若干筷子、布带、绳子、胶带纸。

## 五、制作方法

### (一) 专业教具

1. 唱词琴制作方法：(1)用木条(宽约 28 cm，长约 38 cm)钉成内部琴框；(2)在框架上下分别安上面板与背板，与框架紧密粘贴；(3)挖嵌把手和共鸣音孔；(4)在面板上安装前后条形岳山；(5)通体打磨，边角打圆；(6)在琴框上打穿弦槽和穿弦孔，在面板上装上琴钉；(7)在底板上装垫脚，贴胶皮；(8)安装琴弦，画上彩色琴弦；(9)根据需要在面板上绘图(如图 8-2-3 所示)。

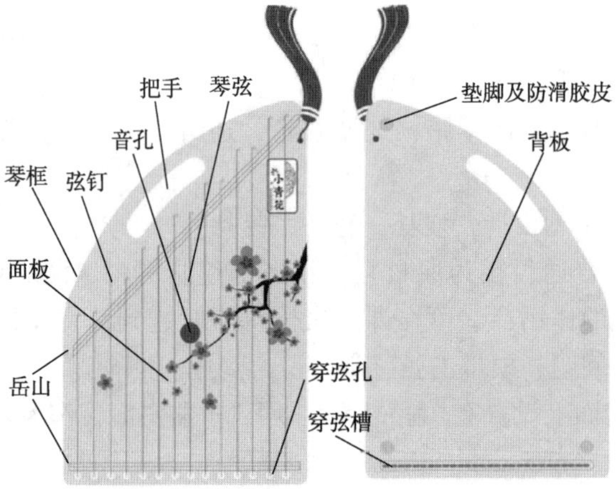


图 8-2-3

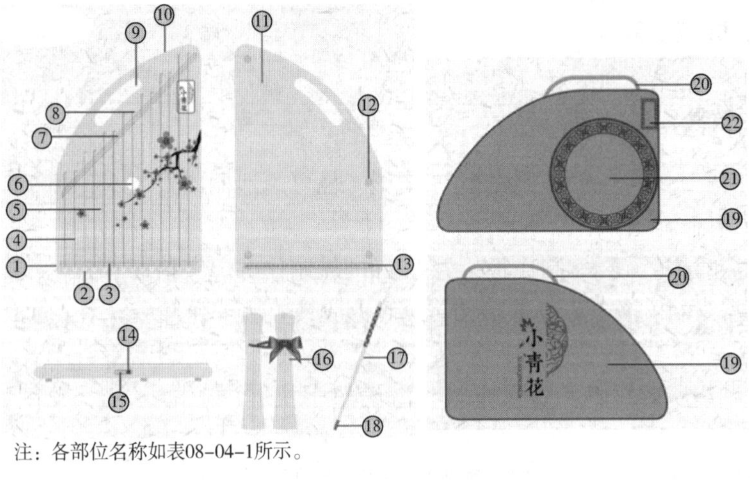


注：各部位名称如表08-04-1所示。

图 8-2-4 教具部位图

表 08-02-1 教具各部位名称

| 编号 | 名称 | 编号 | 名称 | 编号 | 名称 |
|---|---|---|---|---|---|
| 1 | 琴首 | 9 | 把手 | 17 | 鼓签 |
| 2 | 穿弦孔 | 10 | 琴尾 | 18 | 鼓签消音套 |
| 3 | 前弦枕 | 11 | 背板 | 19 | 琴袋体 |
| 4 | 琴弦 | 12 | 垫脚 | 20 | 琴袋提手 |
| 5 | 面板 | 13 | 穿弦槽 | 21 | 琴袋扁鼓练习区 |
| 6 | 出音孔 | 14 | 扳手插孔 | 22 | 琴袋梆子练习区 |
| 7 | 后弦枕 | 15 | 扳手 | | |
| 8 | 弦钮 | 16 | 拍板 | | |

2. 拍板制作方法：(1)削木成板(宽约 5 cm，长约 15 cm)，打孔；(2)用线或胶布固定上面两粒板；(3)用布带绑穿三粒板；(4)调整打结(如图 8-2-5 所示)。

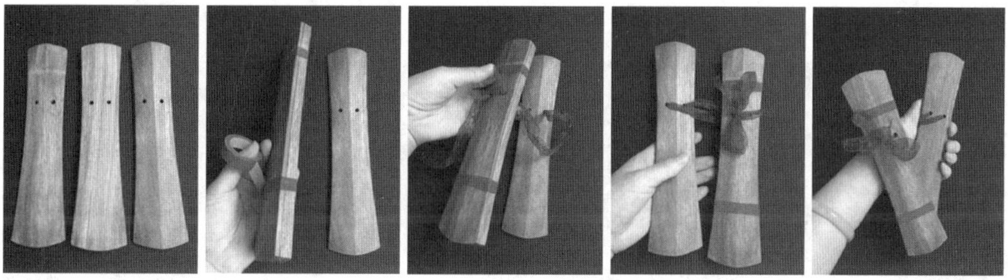

图 8-2-5

3. 鼓签制作方法：(1)挑选一支通体圆的筷子；(2)将筷子头打磨成圆形；(3)在筷子的尾部贴上或缠上防滑胶皮；(4)剪一小段空心弹力胶皮，套在筷头上(如图 8-2-6 所示)。

4. 多功能琴袋制作方法：(1)根据琴体的样子裁剪布料，内置海绵垫、拉链；(2)缝制袋子，注意，海绵垫于袋子夹层，起到撑起袋子保证厚度的作用；(3)绘制或印刷袋子背面的“扁鼓”和“梆子”的乐器图；(4)可根据喜好绘制装饰图(如图 8-2-7 所示)。

图 8-2-6

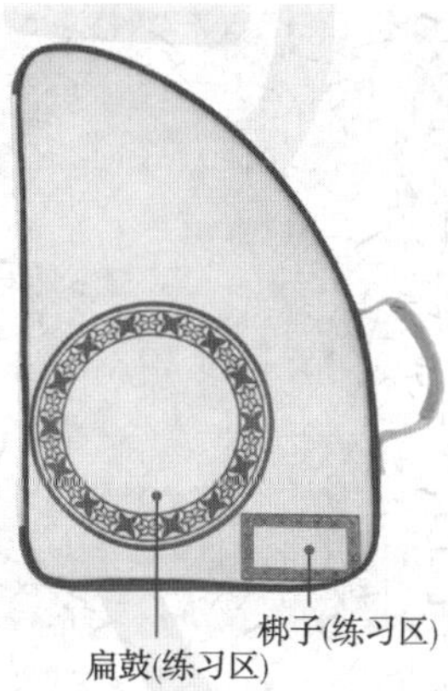


图 8-2-7

### （二）练习教具

1. 简易唱词琴制作方法：(1)用筷子与胶布固定一个框；(2)在框上方按规定弦距依次摆好筷子，固定(如图 8-2-8 所示)。

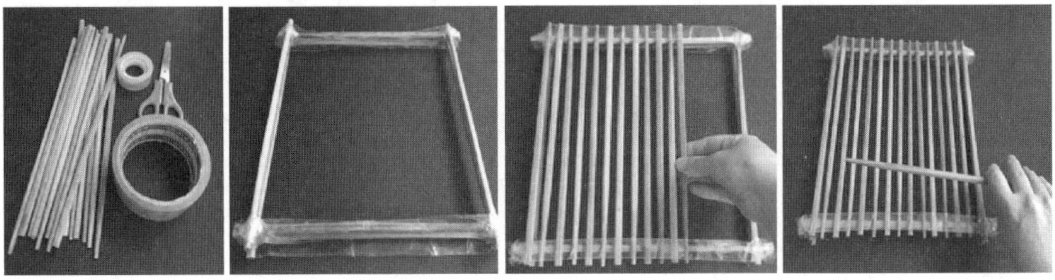

图 8-2-8

2. 简易拍板制作方法：(1)用筷子和胶带平绑成三块筷子板，上部固定；(2)用胶布固定上面两粒筷子板；(3)用布带从底部往上绑穿；(4)用胶带固定筷子板下部；(5)调整，打结(如图 8-2-9 所示)。

图 8-2-9

## 六、使用方法

右手横持一筷，与前琴框前岳山平行，交替击琴、击“扁鼓”“梆子”演奏(如图 8-2-10 所示)；左手持拍板，与右手配合演奏(如图 8-2-11 所示)。

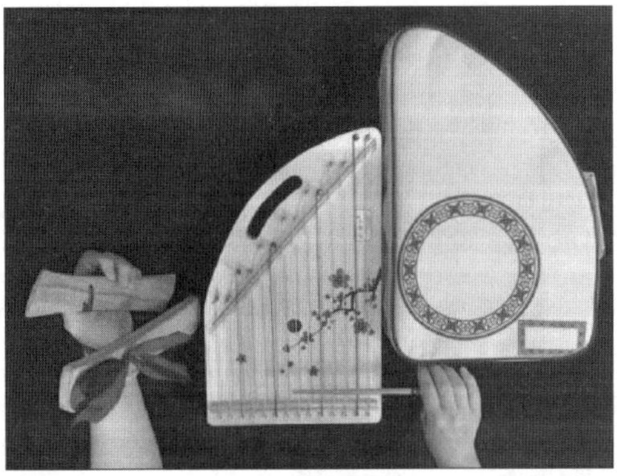

图 8-2-10

图 8-2-11

本教具除了作“唱词琴”外，更换琴弦、改变弦序，稍作调整，就可变为其他多种乐器。具体如图 8-2-12~图 8-2-14 所示。

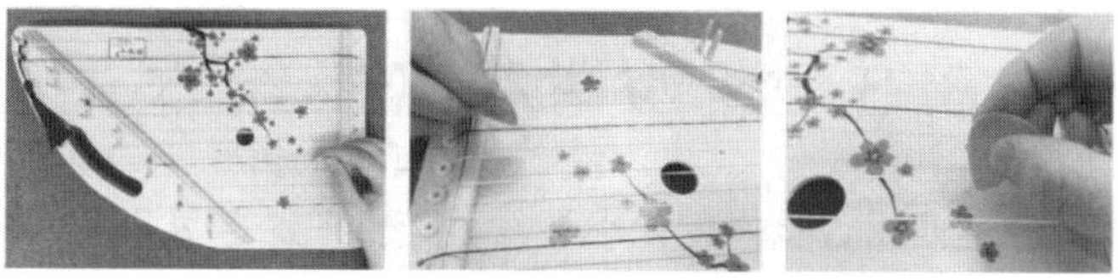

注：横向水平放置，用拨片或手指弹奏。

图 8-2-12　尼龙弹拨琴

注：竖立弹奏，可作箜篌练习琴使用。

图 8-2-13　箜篌练习琴

注：在距后弦枕约 1/4 处放置条形琴码，作迷你古筝练习琴使用；也可不放置条形琴码，作古筝指法练习器使用。

图 8-2-14　古筝练习琴

# 8.3 湘西凿花光影绘本

湖南省湘西州吉首市乾元小学 金 玥 罗春华 陈 磊

## 一、教具的教学意义和价值

本教具绘制的是中国工农红军历经艰苦卓绝的斗争进行武装大迁移，最终胜利会师的长征故事，每一幅剪纸都是一段党史的缩影。本教具用湘西剪纸凿花讲述红军故事，将我国优秀的非物质文化遗产与红军历史带到学生身边。用传统艺术讲述传统故事，同时结合绘本故事、凿花艺术、光影剧场，一本绘本，多种用途。

## 二、教具装置图

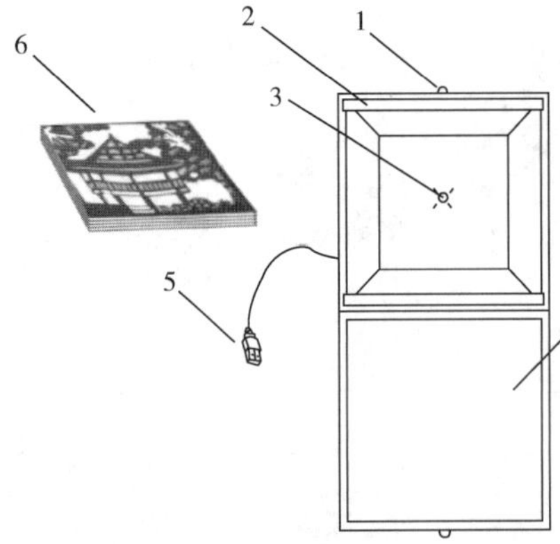


1—活动锁；2—滑动轨道；3—灯光电子元件；
4—活动开合盖；5—USB 电源接口；6—凿花图册。

图 8-3-1

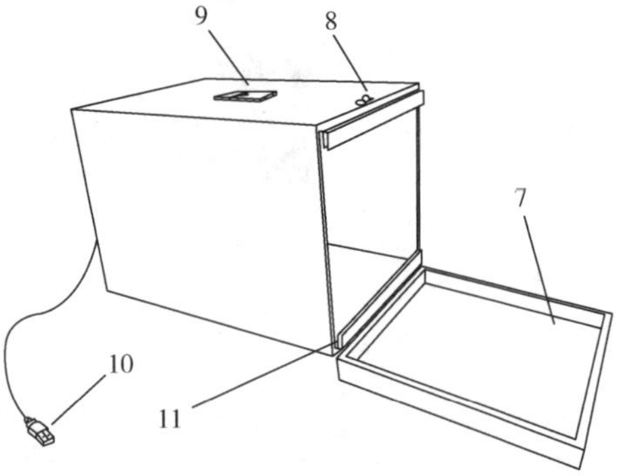


7—活动开合盖；8—活动锁；9—便携式手提；
10—UBS 电源接口；11—滑动轨道。

图 8-3-2

图 8-3-3

图 8-3-4

## 三、仪器特点及用途

### （一）特点

操作性强、学生动手机会多。

### （二）用途

主要用于美术教学。学生可以根据绘本，学习制作光影蕾花、表演光影剧，提升绘画设计能力，发展想象力，提高实践动手操作能力。学生还可以从中探究光和影之间的关系，培养科学探究精神，为物理的学习做铺垫。

## 四、制作材料

三夹板、铜扣、灯泡及电线、铝条 2 条、卡纸。

## 五、制作方法

1. 根据红军长征故事设计脚本，绘制草图，并雕刻出镂空花纹(如图 8-3-5 所示)。

2. 用三夹板拼出木箱形状，并用钉枪固定。底端打孔装上 5 W 的小灯泡，顶端做盖子，用铜扣固定做成活动的盖子(如图 8-3-6 所示)。

图 8-3-5

图 8-3-6

3. 安装铝条，打磨两端至平滑。

## 六、使用方法

1. 现场需要保持一定的暗度。将光影箱放在光影幕布的前端或后端，光影绘本打开放在光影箱卡槽内。

2. 调试光影箱与幕布之间的距离，移动至成像最清楚处。

3. 操作过程中从右到左轻轻拉动光影绘本，缓慢放映。

# 8.4 中国画二十四节气系列教具

云南省普洱市思茅区第六小学 王 远

## 一、教具的教学意义和价值

本教具是将中国画和二十四节气结合制作而成，是主要针对我校五年级国画特色课程制作的教具。首先利用木材搭建一个可以转动的框架，再将二十四节气的国画范画绘制完成、组装到框架上。我校连续 3 年在五年级 6 个班开展中国画特色课程教学。每个班每周两节美术课，两节课连上，课时 80 分钟，学习专业的国画技法。借助本教具，可以充分向学生展示一学年国画课程中国画学习的具体内容和完整的二十四节气知识体系。

## 二、教具装置图

图 8-4-1

## 三、仪器特点及用途

本教具主要按照 4 个季节分为 4 个部分，每个季节分别有 6 个节气，“每月两节不变更，最多相差一两天”。春季：立春、雨水、惊蛰、春分、清明、谷雨；夏季：立夏、小满、芒种、夏至、小暑、大暑；秋季：立秋、处暑、白露、秋分、寒露、霜降；冬季：立冬、小雪、大雪、冬至、小寒、大寒。根据节气特点，选择学生喜闻乐见的绘画题材，如丝瓜、菊花、竹子等，还有节气当中包含的传统节日，如冬至、清明、端午等。学生还可以通过本教具学习到相关的二十四节气知识，如二十四节气的具体时间、二十四节气的起源、二十四节气与地球公转、二十四节气的来历、节气歌等。二十四节气始于立春，终于大寒，周而复始，既是指导农业生产的指南针，也是人们日常预测气候变化、晴雨冷暖的参考。我校学生大部分来自农村，通过学习二十四节气，不但能学习到传统文化知识，还能运用节气知识帮助父母进行农业生产。

## 四、制作材料

截面约 110 cm×9 cm 的木条 3 根(支架横边框)，69 cm×9 cm 的木条 2 根(支架竖边框)，边长为 24 cm 的三角形木片 16 片(三角形框架顶面)，24 cm 的木条 24 根(三角形框架边框)，60 cm 的钢筋螺丝 4 根，23. 5 cm×26. 5 cm 的国画硬卡宣纸 24 张，15 cm×15 cm 的国画扇面 4 个。

## 五、制作方法

1. 利用木条搭建一个可以转动的框架(如图 8-4-2 所示)。

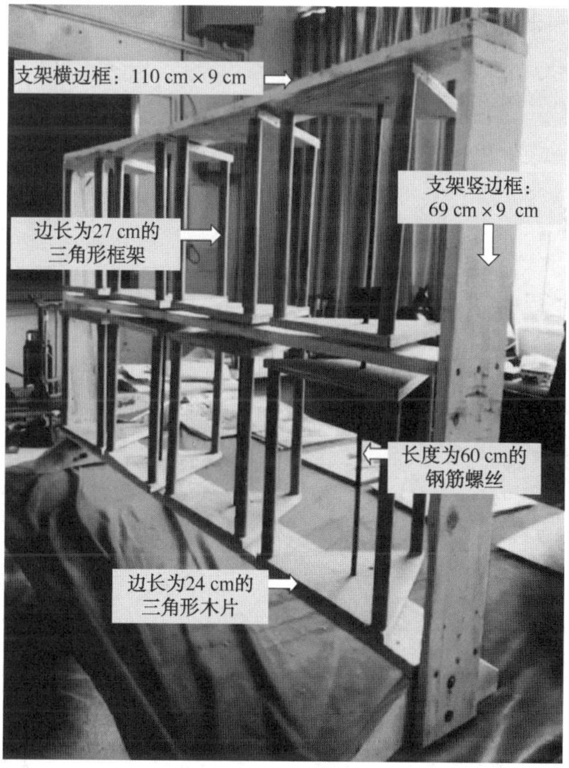


图 8-4-2

2. 将二十四节气的国画范画绘制完成(如图 8-4-3 所示)。
3. 将范画用胶水固定到框架上(如图 8-4-4 所示)。

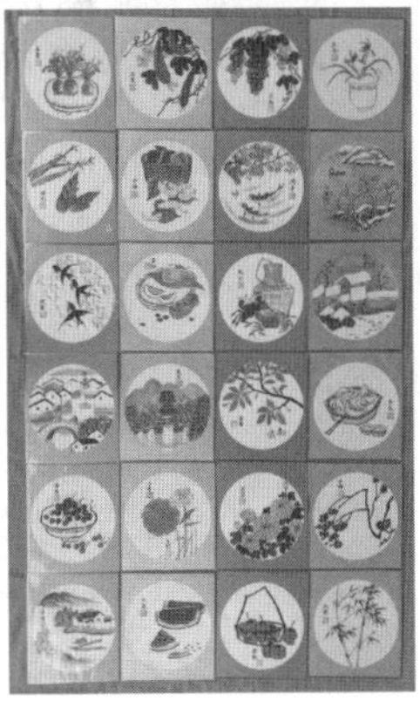

图 8-4-3

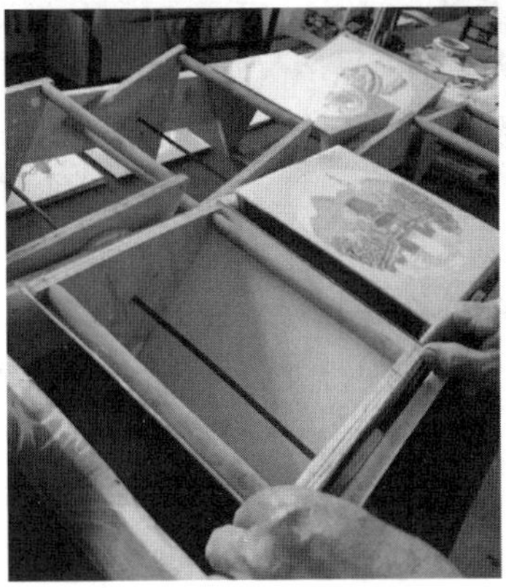

图 8-4-4

## 六、使用方法

将本教具放置在水平桌面上，在中国画课堂上供教师和学生旋转翻阅。

# 8.5 十二生肖换装圆盘

甘肃省庆阳市西峰区新建小学 吴 峰 傅雯婷 莫 震

## 一、教具的教学意义和价值

换装圆盘通过欣赏感知自然界小动物的花纹、色彩美，逐渐引导学生感知人工创作小动物的花纹、色彩美，最终使学生通过想象，学会运用点、线、色块创作绘制出心中的小动物美丽的花衣裳，使学生关注动物世界的花纹美和色彩美，感受生命美，培养学生保护动物的意识。

## 二、教具装置图

图 8-5-1

## 三、仪器特点及用途

### （一）特点

本教具使用轻巧方便，转动卡片即可达到给小动物换装的效果，图案美丽、形象生动、使用有趣。

### （二）用途

本教具可引导学生观察感知小动物的花纹、色彩美，从而学会运用点、线、色块进行创作。

## 四、制作材料

直径约 26 cm 的圆形纸盘 12 个、8 mm×18 mm 的双脚钉 24 个、直径约 7.5 cm 的圆形水彩纸卡片 48 张、铅笔、彩笔、剪刀、刻刀。

## 五、制作方法

1. 取直径约 26 cm 的圆形纸盘 1 个，用铅笔在纸盘背面画出大小适中的动物轮廓(如图 8-5-2 所示)。

2. 用刻刀沿轮廓把纸盘上画好的小动物裁下镂空(如图 8-5-3 所示)。

图 8-5-2

图 8-5-3

3. 用剪刀在水彩纸上剪出刚好能遮挡镂空部位的圆形卡片(如图 8-5-4 所示)。

4. 用彩笔在圆形水彩纸卡片上运用点、线、色块绘制精致的花纹图案(如图 8-5-5 所示)。

图 8-5-4

图 8-5-5

5. 把绘制好的圆形水彩纸卡片用双脚钉钉在圆形纸盘背面合适的位置，并在纸盘上所有圆形卡片转出的合适位置再钉一个双脚钉，防止前面转动了的圆盘转动不到位而影响后面卡片的展示效果(如图 8-5-6 所示)。

6. 在卡片合适的位置画上小动物的眼睛，使其更加传神(如图 8-5-7 所示)。

图 8-5-6

图 8-5-7

## 六、使用方法

1. 将本教具正面面向学生(如图 8-5-8 所示)。

图 8-5-8

2. 用手轻轻转动后面的彩色卡片，先转动最里层贴近纸盘的一张卡片，依次转动外层卡片，以达到给镂空小动物换装的效果。

3. 彩色卡片可以根据个人喜好添加，直到双脚钉的最大装订厚度。

# 8.6 麦昆 & 玛丽大冒险

天津市北辰区特殊教育学校 杜 禹 华 宸

## 一、教具的教学意义和价值

学龄前的孤独症儿童以及智力发育障碍儿童往往存在感觉统合失调的表现，在结合专业器具进行训练的同时，自制感觉统合训练器具也是非常必要的。本教具从孤独症儿童的身心特点出发，旨在改善孤独症儿童前庭觉双侧统合能力、视觉平顺以及视觉追视能力、动作企划能力等。

本教具从选材到情景素材设计都以学生为出发点，贴近生活。本教具可以在家庭中由家长操作，与孩子一起游戏，使感觉统合训练得以应用于家庭中，让感觉统合训练走出专业教室，走进学生家庭，搭建起家校共育的桥梁，更好地康复学龄前孤独症儿童。

## 二、教具装置图

图 8-6-1

## 三、仪器特点及用途

### (一) 特点

本教具共设计了两套游戏素材，充满了多样性的色彩。本教具设计的素材来源于生活，贴近实际；在材料的选择上，不仅利用了身边材料，还加入了动力装置、电路系统、控制系统，使本教具不乏科技性；游戏素材都是手工绘制而成，装饰富有童趣，符合幼儿阶段特点，简单易操作且趣味性浓厚。

（二）用途

本教具可以应用于特教学校的个训课以及学生家庭中，对提升孤独症儿童前庭觉双侧统合能力、视觉平顺以及视觉追视能力、动作企划能力有很大帮助。

## 四、制作材料

100 cm×100 cm 的纸壳、35 cm 长的塑料棒 2 根、A3 打印纸 6 张、一次性筷子、小皮筋、热熔胶、动力马达、开关控制器、转速调控器。

## 五、制作方法

1. 绘制 2 张游戏素材(如图 8-6-2 所示)。
2. 准备 1 块 40 cm×60 cm 的纸壳，把 2 个 5 cm×5 cm 的纸板中间挖空(如图 8-6-3 所示)。

图 8-6-2

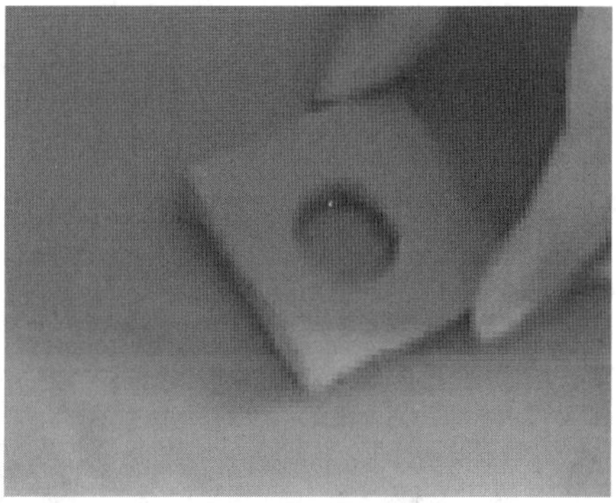

图 8-6-3

3. 把 4 个 5 cm×5 cm 的纸板用热熔胶分别粘在大纸板的 4 个角上(如图 8-6-4 所示)。
4. 在塑料管上缠上几根橡皮筋，并把塑料管插进圆孔里，塑料管的一端连接动力马达(如图 8-6-5 所示)。

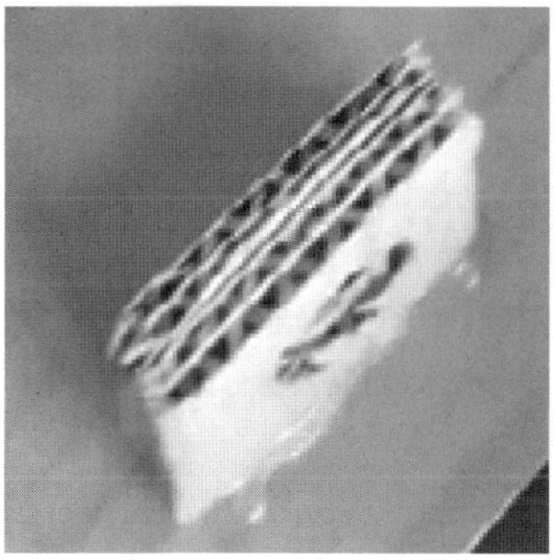

图 8-6-4

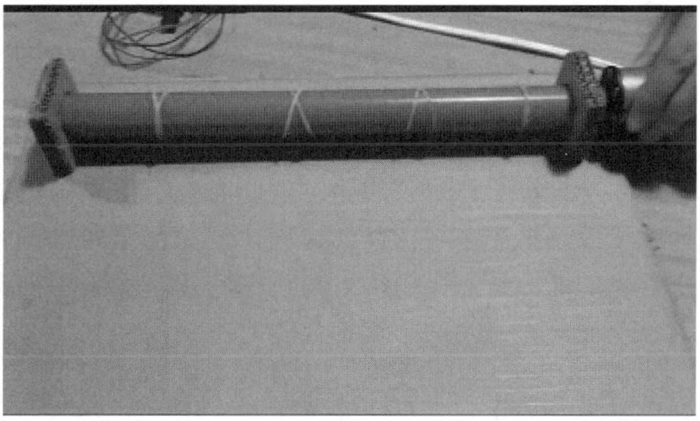

图 8-6-5

5. 将动力装置与总控制器、调速装置进行连接(如图 8-6-6 所示)。
6. 把之前画好的游戏素材缠绕在管子上，两端连接并粘贴好。在塑料棒的前后，用热熔胶将一次性筷子制成的 4 个小柱子分别粘好。制作一个方向转动装置，用线绳把 4 个小柱子缠绕起来(如图 8-6-7 所示)。

图 8-6-6

图 8-6-7

7. 在绳子上固定小汽车，把周围封起来，盖上上顶板，并在顶板上进行装饰(如图 8-6-8所示)。

8. 第二个素材超级玛丽，需要在左右挡板的中间位置打眼。将小皮筋和线连接在一起，一同穿过刚才打的眼并固定好。在固定好的绳子上粘贴超级玛丽即可(如图 8-6-9 所示)。

图 8-6-8

图 8-6-9

## 六、使用方法

本教具根据动力方面的原理一共设置了两个游戏素材——疯狂赛车和超级玛丽。

1. 疯狂赛车。打开开关时，动力装置会带动上面的汽车行驶图，通过传送让纸张动起来，给人一种汽车在行驶的感觉。同时，学生手中也会操作一个活动的小汽车，通过操控方向盘来控制汽车左右行驶的方向，避免与纸张上的汽车相撞。在使用过程中，教师可以根据学生的能力特点操控动力马达的转速，让学生能够在自己的最近发展区有更好的游戏体验，从而改善学生的感觉统合能力。

2. 超级玛丽。素材的使用方法与疯狂赛车大体一致，只不过这次学生需要到教具的左侧进行操作。操作工具是一条小皮筋，通过控制皮筋的松紧，来控制皮筋上的超级玛丽上下移动，实现闯关的游戏体验，从而改善学生的感觉统合能力。

# 8.7 汉语拼音王国

辽宁省阜新市实验小学 曹 静

## 一、教具的教学意义和价值

汉语拼音是一种抽象的表音符号，是小学教学中较为枯燥乏味的内容之一。本教具针对小学语文一年级上学期学生学习拼音遇到的困难而设计。传统在黑板上写音节的做法既浪费时间又比较枯燥，而处于这一时期的儿童理解能力差，擅长形象记忆。基于此，笔者设计了这套拼音转盘，以“游戏”的形式调动学生的学习兴趣，营造活跃欢乐的课堂气氛。设计本教具就是想让学生自己操作转盘来组成各种各样的音节，再将音节与图片和文字组合，增加拼音教学的趣味性和直观性。借助拼音谜语、拼音儿歌、拼音成语、拼音词语、拼音字母分类等辅助教具，帮助学生灵活积极地进行拼读练习，为以后的识字打下良好的基础。

## 二、教具装置图

图 8-7-1

## 三、仪器特点及用途

### （一）特点

本教具趣味性强、整体性好、易操作，有利于学生学习汉语拼音。汉语拼音转盘可以转动，声母、介母和韵母经简单组合后，可以巧妙地在第四圈找到对应的图片和汉字，将抽象无意义的拼音和直观的图像结合起来，让学生在“随手转”中感受发现的惊喜。一个转盘在手，可以任意认读和拼读，结构简单，使用方便。同时配备拼音字词、拼音谜语、拼音儿歌、拼音成语等教具，让学生在大量有趣的拼读实践中进行练习。本教具还可以帮助学生整体学习汉语拼音，让学生在多元的环境中进行学习。

### （二）用途

用于小学一年级学生学习汉语拼音，帮助学生学会汉语拼音。能读准声母、韵母、声调和整体认读音节；能准确拼读两拼音节和三拼音节；能熟练拼读词语、句子等。

## 四、制作材料

A3 图画纸、塑封膜、KT 板、车贴、支架和底座各一个。

## 五、制作方法

1. 用电脑制作模板，按图 8-7-2 所示平均分成 24 份，将汉字和图案画至最外圈(第四圈)。将第二个圆平均分成 24 份，将韵母写入作为第三圈。将第三个圆平均分成 24 份，将介母分别写到 3 个格中，其余为空白，作为第二圈。将最小的圆平均分成 24 份，将 23 个声母写到最内圈，一格为空白，作为第一圈。最上层画一个小男孩，作为读取窗口。压膜制作(如图 8-7-2 所示)。

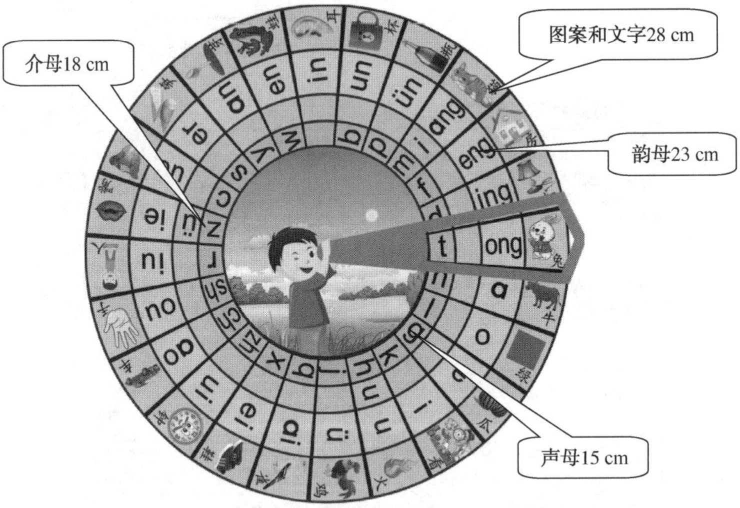


图 8-7-2

2. 用电脑制作模板，按图 8-7-3 所示将第一个圆平均分成 16 份，将汉字和图案画至最外圈；将第二个圆平均分成 16 份，写上整体认读音节，形成一个圆盘。压膜制作。

3. 将以上大小圆以同心圆关系用杆轴固定在一起，形成汉语拼音转盘(如图 8-7-4～图 8-7-6所示)。

图 8-7-3

图 8-7-4

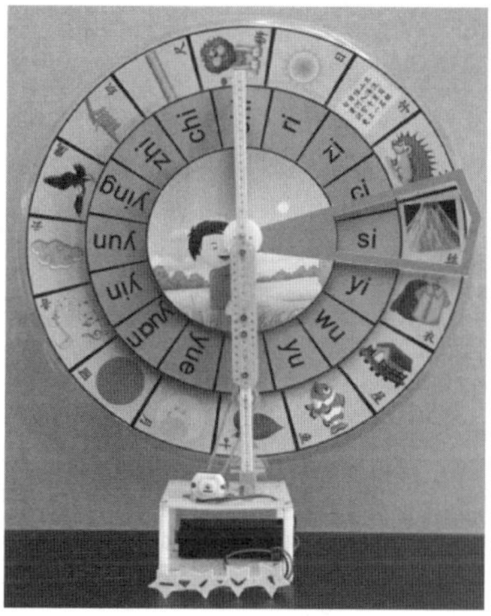

图 8-7-5

图 8-7-6

4. 用电脑制作背景和各种拼音卡片(如图 8-7-7、图 8-7-8 所示)。

图 8-7-7　背景(120 cm×80 cm)

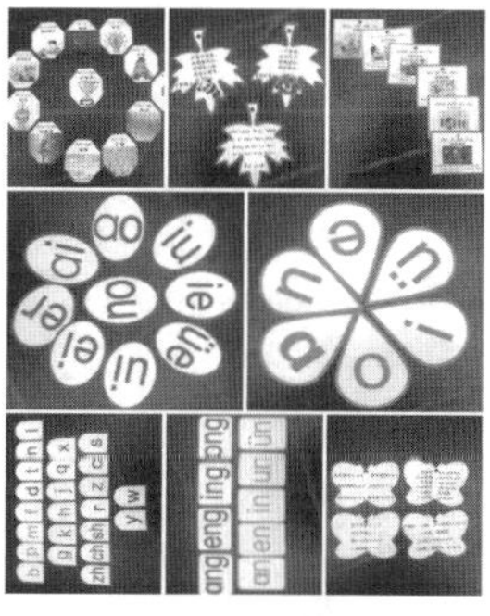

图 8-7-8　拼音卡片

## 六、使用方法

转动汉语拼音转盘时，当拼读的声母和韵母(或介母组成三拼音节)转到读取窗口时，学生即可拼读。通过汉语拼音拼读出的字去找儿歌、成语、词语等，还可以借助词语、成语、谜语、儿歌拼音卡片进行拼读练习。最后可以将拼音卡片进行分类，以“送卡片回家”的游戏方式检验学生的学习情况。教具覆盖所有拼音学习。

# 8.8 清平乐·村居

黑龙江省牡丹江市海南乡汉族中心校 刘海艳

## 一、教具的教学意义和价值

本教具直观、形象地展示了古代人民生活的温馨与恬静，让学生对古代农村生活有了初步的认识，对学习古诗词中比较生僻的字、词很有帮助。学生更加喜欢《清平乐·村居》这首诗词，对理解、背诵都有很大助益。本教具培养了学生的学习兴趣，并且面对本教具还有了动手试做的想法。本教具不仅让学生对语文产生了浓厚的兴趣，也从侧面对学生的审美、思维、分析、理解等起了很大的促进作用。

## 二、教具装置图

图 8-8-1

## 三、仪器特点及用途

### （一）特点

本教具直观、形象地展示了古代人民生活的温馨与恬静。

### （二）用途

能让学生观看到实物模拟的古代人民生活，从而对诗词的意境产生直观的认识，为学生更好地体会作者的思想感情提供了助益。

## 四、制作材料

彩泥、纸板、纸箱、茅草、胶棒、毛笔、颜料、墨汁、剪刀等。其中的黏合都用胶棒。

## 五、制作方法

### (一) 人物制作

以彩泥为主要材料，坐着人物约高 8 cm，站立人物高约 10 cm。首先捏头部、五官、头发、头饰，再捏衣服，腰带，最后捏裤、袜、鞋。根据不同人物特点及动作进行塑造(如图 8-8-2~图 8-8-5 所示)。

图 8-8-2

图 8-8-3

图 8-8-4

图 8-8-5

### (二) 茅屋制作

以纸箱、茅草为主要材料。先用纸箱围成长 23 cm、宽 15 cm 的长方形。在屋的正面分别剪出窗户与门(窗户为边长 3.5 cm 的正方形，上面的部分不能剪开。两窗间距 8 cm，在中间部分做门，门长 8 cm、宽 4 cm，左边不能剪开)。做屋顶，左右两边要先粘上三角形，屋顶要比屋墙长出几厘米。茅屋成型后再装茅草，房顶的茅草要先编起来才更好看。再从上往下摆茅草，一边摆一边用纸箱剪下的长条粘好，进行固定。最后用剪刀进行塑形(如图 8-8-6所示)。

图 8-8-6

### (三) 荷花及莲藕的制作

以彩泥为主要材料。先捏莲藕(莲藕直径约 0. 8 cm)，再捏出每一片荷花瓣(荷花直径约 2 cm)，最后进行组合(如图 8-8-7 所示)。

图 8-8-7

### (四) 树、草、荷叶的制作

以纸板为主要材料。树干要用纸板进行塑形，然后剪出树叶，再进行粘贴。荷叶要先剪出形状，再剪大约 1 cm 长的口子，根据荷叶的深度塑形，涂色，再勾出叶脉。

### (五) 篱笆、牵牛花的制作

以纸箱、彩泥为主要材料。将纸板用剪刀剪成 0. 4～0. 5 cm 宽的长条，大约10 cm长。然后每隔 1. 2 cm 摆成菱形，用胶棒粘上。依此方法，大约达到 12 cm 就可以用剪刀修剪成篱笆。将黄、褐、黑等颜色的彩泥简单捏几下，使其有土的质感，再捏成不规则的薄片，然后把篱笆放上，以能固定住为准。之后用绿色彩泥捏牵牛花的叶子、藤蔓等。花由白色和粉紫色的彩泥捏成，之后再用黄色做花蕊（如图 8-8-8 所示）。

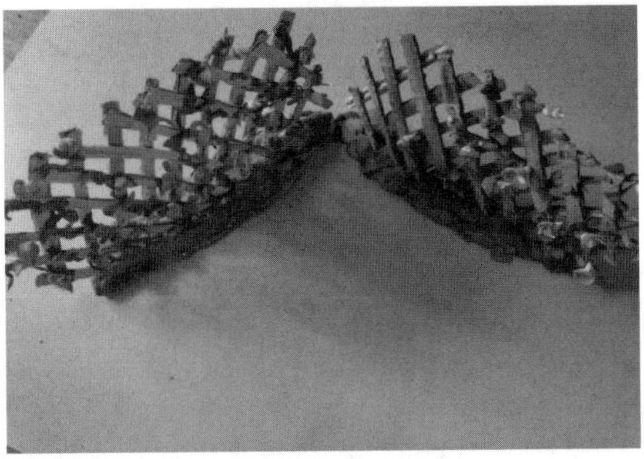

图 8-8-8

（六）鸡的制作

以彩泥为主要材料。小鸡要先揉两个小圆形，一个稍大一个稍小，0.5~0.8 cm，可用黄色、黑色、褐色。黑色的眼睛大约 0.1 cm，嘴巴要用橘红色。用橘红色捏小爪子，因为很小，所以捏时可以稍大些，等彩泥干了后再用剪刀修形。小翅膀可以用剪刀直接剪出来。安腿时也可以用剪刀剪出腿之后再安上小爪子。母鸡先用黑、褐两色混揉，捏出身体后再捏翅膀，安上腿、爪子。然后是眼睛、嘴、鸡冠等。最后要用小工具划出鸡毛的质感（如图 8-8-9所示）。

图 8-8-9

（七）场景制作

以素描纸、颜料为主要材料。用湖蓝色涂溪水和蓝天。用黑色、褐色、黄色、绿色涂地面和山。

## 六、使用方法

1. 先把场景图放在水平桌面上，将背景图放在两个侧面。

2. 将人物、茅屋、树、篱笆等物分别摆放在场景图上就可以。

3. 教师在讲课过程中，可以根据图中的事物，边指边进行讲解。当学生有疑问时，也可以拿起做好的实物进行讲解。这样不仅直观，还有利于学生理解诗词内容，更容易体会作者所要表达的思想感情。

本教具有很强的实用性，比如，荷花、荷叶在学习古诗《小池》、课文《荷花》等与荷花有关的文章时都可以用到。再如，篱笆、茅屋在学古诗《宿新市徐公店》等课文中也能用到。本教具可以根据需要进行组装、拆卸。

# 8.9 琥珀标本系列

浙江省余姚市新建小学 张锦宇

## 一、教具的教学意义和价值

德国作家柏吉尔的《琥珀》是小学语文的一篇课文，出现在多版本的小学语文教材中。本文属于科普作品，以讲故事的形式将深奥的科学知识呈现给学生。但是由于绝大多数学生缺乏对琥珀的直观了解，学习该课文存在一定的困难。

本教具将《琥珀》中的波罗的海琥珀原石标本呈现给学生，学生通过观察琥珀标本建立起对琥珀的实际印象；通过研磨原石，探索琥珀的制作过程；通过摩擦闻气味的方法，知道琥珀是由远古的树脂变化而来的；通过对比盐水和琥珀的密度，知道为什么琥珀会在波罗的海周边被海水冲到岸边；通过观察虫珀内部的动植物的形态，激发学生的想象力，科学与人文交融激荡。本教具将虫珀(含有昆虫的琥珀)标本也呈现给学生，将虫珀内部的昆虫的形态通过放大的照片展示出来，激发学生的学习兴趣，让学生知道琥珀可以完好地保存远古的昆虫，进而凝固数万年前的历史和地球环境生态信息，触摸琥珀就是触摸历史。通过以上观察和活动，弥补学生对琥珀认识上的欠缺，使语文学习变得更加有趣。

## 二、教具装置图

图 8-9-1

## 三、仪器特点及用途

### (一) 特点

1. 琥珀原石标本使用波罗的海琥珀的海漂料(被海水冲到岸边的琥珀)，与课文描述的琥珀为同种琥珀，与衣服摩擦会发出类似松香的琥珀味，可以结合课文内容让学生知道琥珀是由古代树脂变成的，对比琥珀的密度可以知道为什么波罗的海的海边会大量出现琥珀。

2. 虫珀中的昆虫会因为年代久远，与琥珀一起会矿化变小，不利于学生观察。虫珀展示架利用标本与放大照片相结合的展示方式，将琥珀标本内的昆虫放大成照片供学生观察，帮助学生学习课文中虫珀的形成过程及意义。

### （二）用途

1. 提供琥珀标本给学生观察，建立对琥珀的直观认识。

2. 摩擦琥珀标本闻琥珀味，知道琥珀是由古代树脂变化而来的。

3. 对比琥珀密度，知道为什么海水会把琥珀冲到岸边。

4. 提供虫珀标本给学生观察，建立对虫珀的直观认识，探究琥珀内保存的昆虫及数万年前的自然生态信息。

## 四、制作材料

波罗的海琥珀(海漂料)原石标本 40 个，虫珀标本 20 个，与虫珀标本对应的虫珀彩色照片 20 张，7 cm×7 cm 珠宝悬浮展示盒 20 个，11 cm×11 cm 珠宝悬浮展示盒 20 个，A4 幅面亚克力展示架 20 个，双面胶 1 卷，琥珀大原石若干。

## 五、制作方法

### （一）制作琥珀原石标本展示盒

将波罗的海琥珀原石放入 11 cm×11 cm 的珠宝悬浮展示盒中，每盒放 2 块( 如图 8-9-2 所示)。

图 8-9-2

### （二）制作虫珀展示架

从琥珀原石中找出有昆虫的琥珀，打磨成便于观察的虫珀标本，将标本放在显微镜下拍照，拍照完毕后放入 7 cm×7 cm 的珠宝悬浮展示盒中(如图 8-9-3 所示)。

图 8-9-3

将照片夹入 A4 幅面亚克力展示架中(如图 8-9-4 所示)。

将装有与照片对应的虫珀的 7 cm×7 cm 珠宝悬浮展示盒背面粘上双面胶，粘到 A4 幅面亚克力展示架正上方(如图 8-9-5 所示)。

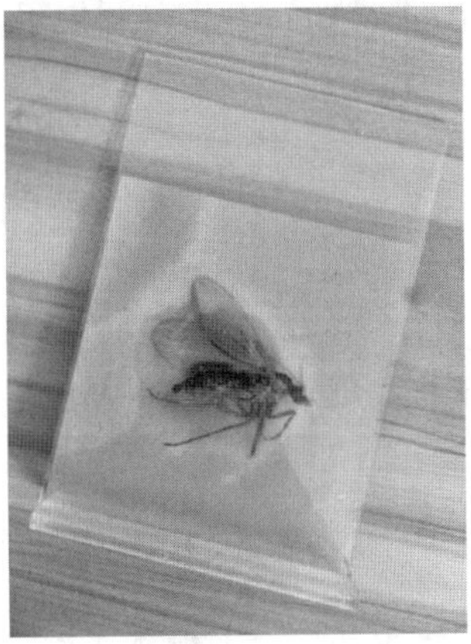

图 8-9-4

图 8-9-5

## 六、使用方法

1. 从展示盒中取出琥珀原石观察，建立对琥珀的直观认识。
2. 将琥珀原石放在衣服上快速摩擦，闻琥珀散发出的琥珀味。
3. 将琥珀原石放在盐水中，琥珀会浮于盐水上，知道琥珀密度小，容易被海水冲到岸边。
4. 观察虫珀和对应的虫珀照片，了解琥珀中昆虫的形态和姿态，学习对应的课文内容。

# 8.10 干支纪年转换钟

安徽省铜陵市实验高级中学 肖尚群 黄云霞 王 晶

## 一、教具的教学意义和价值

天干地支纪年法(干支纪年法)是中国自古以来一直使用的纪年方法，是中国传统文化的重要组成部分，也是中学文言文教学文化常识部分的一大难点。本教具根据“干支表”，即干支顺序相配正好六十为一周，周而复始，循环记录，采用类似钟表的设计，帮助学生理解干支纪年与公元纪年的关系，有利于传承中国传统文化。

## 二、教具装置图

图 8-10-1

图 8-10-2

## 三、仪器特点及用途

### (一) 特点

本教具借用干支纪年与公元纪年的数字联系，使干支纪年的文化常识教学形象化，实现公元纪年与干支纪年的转换，科学、生动、形象、有趣。本教具制作简单、使用方便。

### （二）用途

本教具可模拟干支纪年的原理，实现公元纪年与干支纪年的转换。

1. 公元后的算法：

天干＝年号÷10的余数（小于10的，直接记录年号；正好被10整除的，计为10）

地支＝年号÷12的余数（小于12的，直接记录年号；正好被12整除的，计为12）

2. 公元前的算法：

天干＝年号÷10的余数（小于10的，直接记录年号；正好被10整除的，计为10）

地支＝年号÷12的余数（小于12的，直接记录年号；正好被12整除的，计为12）

## 四、制作材料

边长为60 cm的白色正方形硬纸板1个，25 cm×5 cm硬纸板2个，长螺丝1个，圆规、直尺、铅笔等绘图工具。

## 五、制作方法

1. 在白色正方形硬纸板正背面画3个同心圆，最大的圆形的半径为正方形边长的一半。3个圆形形成的2个圆环宽不超过5 cm，再将正背两面的2个圆环分成12等份（如图8-10-3、图8-10-4所示）。

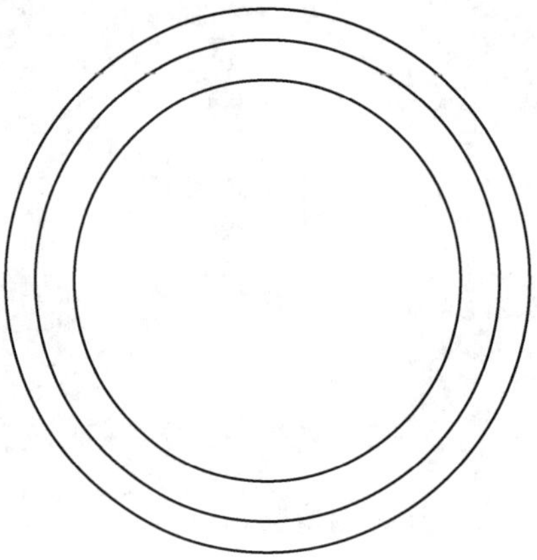

图8-10-3

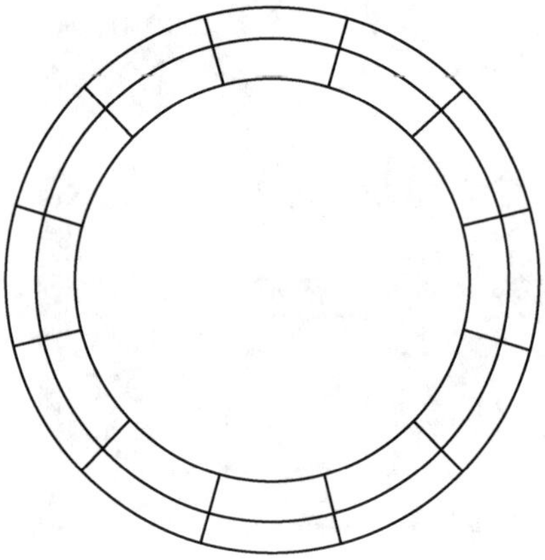

图8-10-4

2. 正面为公元纪年，在内侧圆环内依次标注“甲4”“乙5”“丙6”“丁7”“戊8”“己9”“庚10”“辛1”“壬2”“癸3”；在外侧圆环内依次标注“子4”“丑5”“寅6”“卯7”“辰8”“巳9”“午10”“未11”“申12”“酉1”“戌2”“亥3”。背面为公元前纪年，在内侧圆环内依次标注“甲7”“乙6”“丙5”“丁4”“戊3”“己2”“庚1”“辛10”“壬9”“癸8”；在外侧圆环内依次标注“子9”“丑8”“寅7”“卯6”“辰5”“巳4”“午3”“未2”“申1”“酉12”“戌11”“亥10”（如图8-10-5、图8-10-6所示）。

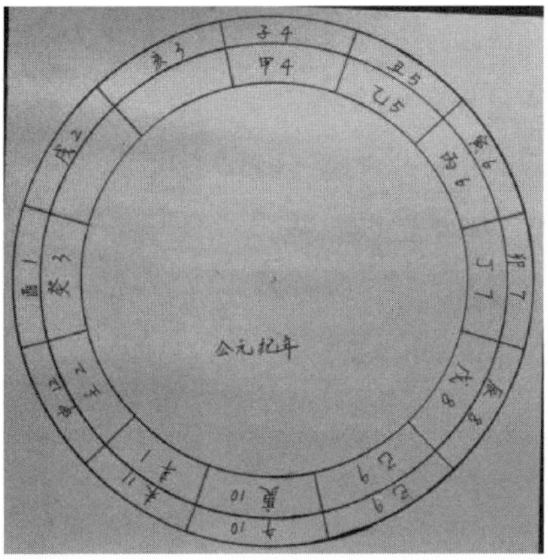


图 8-10-5

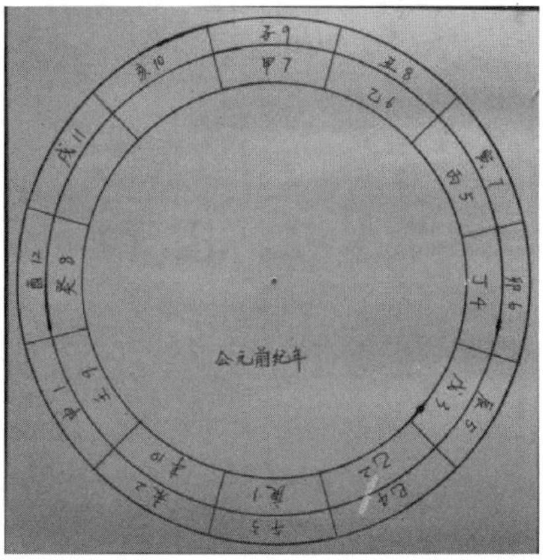


图 8-10-6

3. 制作天干、地支指针，以内环为半径制作天干指针，以外环为半径制作地支指针，用螺丝固定在钟盘正背面。为了美观，可涂上颜色。

## 六、使用方法

本教具分为正背钟面和两根指针，正面进行公元纪年转换，背面进行公元前纪年转换。具体使用方法如下：

### (一) 公元纪年转换为干支纪年(对应转换钟正面)

将天干与数字一一对应：甲—4、乙—5、丙—6、丁—7、戊—8、己—9、庚—10、辛—1、壬—2、癸—3。

将地支与数字一一对应：子—4、丑—5、寅—6、卯—7、辰—8、巳—9、午—10、未—11、申—12、酉—1、戌—2、亥—3。

如要将公元纪年换算成干支纪年，在确定钟面后，以公元纪年的尾数在天干中找出相对应的数字，用天干指针对应。然后，将公元纪年除以 12，用余数在地支中找出所对应的地支数字，与地支指针对应。这样，两根指针就将公元纪年转换为干支纪年。

例如：公元 2009 年，天干为 $2009 \div 10 = 200 \cdots 9$，天干指针对着 9，天干即为“己”；地支为 $2009 \div 12 = 168 \cdots 3$，地支指针对着 3，地支即为“亥”；2009 年干支纪年即为“己亥年”。

### (二) 公元前纪年转换为干支纪年(对应转换钟背面)

将天干与数字一一对应：甲—7、乙—6、丙—5、丁—4、戊—3、己—2、庚—1、辛—10、壬—9、癸—8。

将地支与数字一一对应：子—9、丑—8、寅—7、卯—6、辰—5、巳—4、午—3、未—2、申—1、酉—12、戌—11、亥—10。

例如：公元前 22 年，天干为 $22 \div 10 = 2 \cdots 2$，天干指针对着 2，天干即为“己”；地支为 $22 \div 12 = 1 \cdots 10$，地支指针对着 10，地支即为“亥”；公元前 22 年干支纪年即为“己亥年”。

# 8.11 彩虹魔法箱

广东省广州市越秀区启智学校　李蕙伶　钟杰锋　康慧卿

## 一、教具的教学意义和价值

本教具基于学生数概念、逻辑推理能力、观察能力、空间构建能力教学而设计，根据学生的不同水平设计不同层次的活动，不仅能提升学生认知学习能力(如配对、颜色分辨、唱数、点数、报数、标志分辨、大小分辨、形状分辨等)，在“医教结合”理念的指引下，还具备了缺陷补偿活动的作用(如图 8-11-1 所示)。

图 8-11-1

在“吸管插插乐”活动中，通过箱体颜色与吸管颜色相同色提示，底板数字与吸管上数字配对提示，能够让学生发展数与数的配对的能力，提升数与量的认知能力、点数和报数能力以及颜色分辨能力等。插吸管的操作过程还能提高学生手眼协调性、手部稳定性与手部动作的控制能力。通过训练，学生还可以根据数字进行唱数、点数、报数活动，发展学生的数概念。不同孔位大小对应吸管粗细不同，提升学生分辨粗细的能力(如图 8-11-2 所示)。

图 8-11-2

在“欢乐螺丝钉”活动中，通过数字的配对视觉提示，让学生能找到匹配的螺丝钉，拧螺丝的操作过程既能发展学生的手部精细动作，又能让学生学会分辨不同物品(如螺丝钉)的长短、粗细和大小(如图 8-11-3 所示)。

图 8-11-3

在“海底总动员”活动中，通过使用不同材质构成三种不同图案的多元感官设计，结合多元触觉感官刺激，能有效地提升学生的视觉敏感度以及对图形的推理和逻辑判断能力。通过粘贴不同主题的图片认识各种不同的图案，如小鱼、海草、海浪等。在推理和观察后进行拼接活动，可以提升学生的图案拼接和空间构建能力(如图 8-11-4 所示)。

图 8-11-4

在“神奇的橡皮筋”活动中，教师通过提供几何图案卡片或让学生自主创作空间图形，发展学生的空间能力、观察能力和逻辑思维能力，提升学生的手部控制能力，启发其创造力，提升其专注力(如图 8-11-5 所示)。

本教具主要根据特殊学生的个别化教育理念而设计，富有较强的针对性和功能性。针对人群是数概念、空间概念、逻辑推理和观察能力较弱的特殊学生。根据学生的年龄发展需求、认知需求和缺陷补偿需要，实行个别化辅助和教育教学模式。

1. 在特殊学生智能发展的理念下，提升认知及审美能力。数学能力是人类智能结构中最重要的基础能力之一。人类认识自然界的一个重要方面就是了解自然界的各种数量关系和形状、空间概念，并利用这些数量关系和形状、空间概念改造自然。本教具根据特殊学生的智能发展需求，不仅结合学生的年龄、认知发展需要，更根据每个学生的不同能力、接受知识方式进行阶梯式设计和训练。

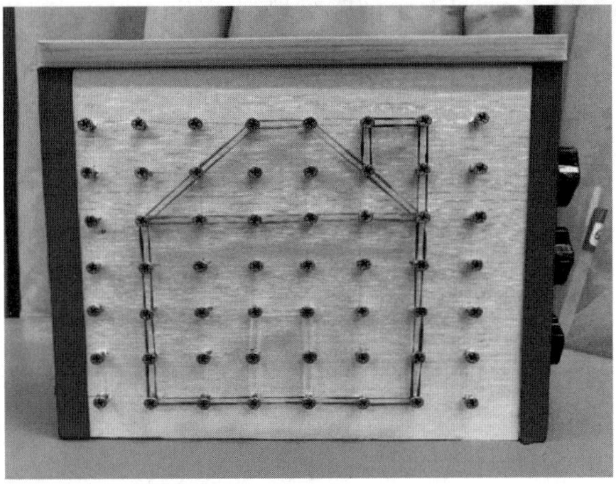

图 8-11-5

为了提升特殊学生的智能发展需求，本教具能使学生善于运用双手生产或改造事物。学生在使用本教具时，能提升认知类知识学习能力(如配对、颜色分辨、唱数、点数、报数、空间构建、大小分辨、粗细分辨、形状分辨等)。

通过颜色深浅、明暗的变化，培养学生分辨渐进色的能力，初步建立起审美观念。本教具还能与其他辅具结合使用(如点读笔)，帮助学生提升认读能力。

2. 多元活动整合，提升教具的趣味性和适用性，落实个别化教育教学。本教具的使用方式和活动方式具有多样性、灵活性、实践性的特点。本教具由三个高低不一、呈阶梯状的小木盒子组成。三个小盒子既可以分开单独使用进行单一目标训练，也可以合并成为一个大盒子进行综合目标训练，充分展现了本教具的趣味性和训练阶梯性，大大改变了学生对传统教具的刻板印象(如活动单一、形式单一等)，有效增强了学生使用的兴趣，并让学生在使用时注意力高度集中，不仅能使学生更好地关注到教具的活动上，还能提升学生参与活动的持久度，让学生真正在活动中训练，在活动中学习。

本教具不仅可以反复训练，还能有针对性、系统性地进行阶梯式活动，适合特殊学生的认知学习特点，进而达到“小步子多循环”的教学效果和灵活运用的目的。结合落实不同辅助下的补偿缺陷活动，以达成最终的全面发展为目标。

3. 在“医教结合”的理念下，提供缺陷补偿性活动。在提升智力障碍学生的综合教育质量的同时，在“医教结合”理念的指引下，本教具除了具备认知类的教学内容外，还具备了缺陷补偿作用。特别对于脑瘫或手功能较弱的学生，如手指分化不完全、手部稳定性和手眼协调能力存在不同程度的缺陷的学生，可以通过本教具在进行认知活动的同时，进行薄弱能力部分的补偿活动。

## 二、教具装置图

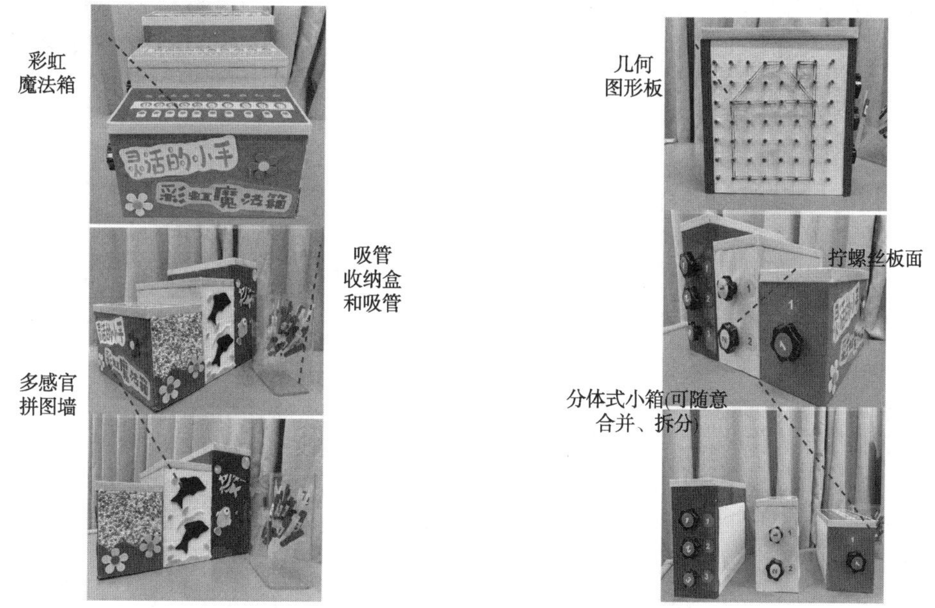


图 8-11-6　彩虹魔法箱

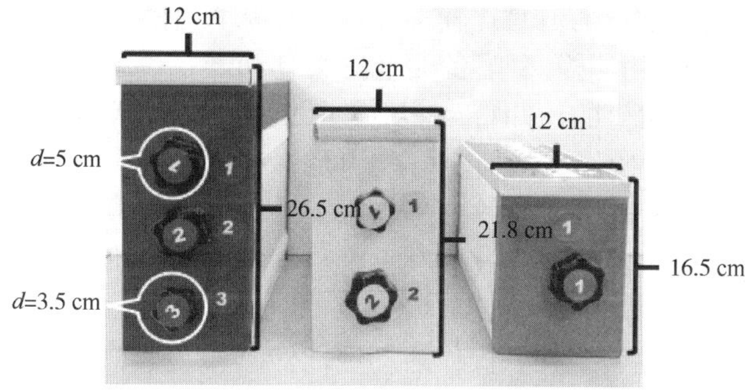


图 8-11-7

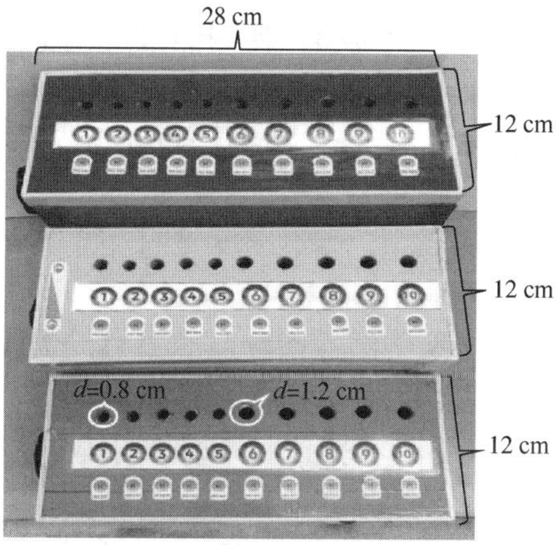


图 8-11-8

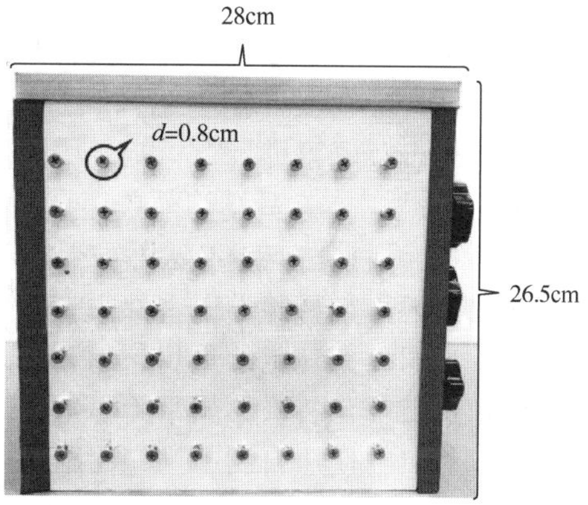


图 8-11-9

## 三、仪器特点及用途

“彩虹魔法箱”改进了常规的教学方法和教育观念，是学生训练目标和教师自身科学知识、教学经验、操作技能的智慧结晶。本教具设计巧妙，取材方便，构造简单，容易制作，方便教学，是一个十分适合特殊学生使用的教具。

### （一）特点

1. 教育针对性。在教育教学过程中针对教学的重点、难点和急需解决的问题而设计制作，融合教师的教法与特殊学生的认知能力。本教具有效地弥补了学生不同的认知及操作障碍，扩大了学生动手操作使用教具的机会，培养了学生的创新精神和实践能力，积极培养了师生的创新精神和实践动手能力。不仅改变了教学方法，更在调动学生的智力因素和非智力因素等方面具有十分重要的意义。

2. 灵活创新性。“彩虹魔法箱”紧密结合了学生的 IEP 目标和教学目标，让师生在使用时可以达到理想的训练效果。本教具从设计构思到具体制作，都进行了精心的筹划，既可观察、触摸、实验，又可根据实际需要，任意拆卸、组装；也可以边讲边做，边学边做，同时可以利用休闲时间进行训练活动。本教具设计独特，可以合起来操作，也可以分开单独进行一对一的学习训练。本教具还能结合沟通辅具进行使用，帮助学生通过更多不同的方式进行表达，以适应灵活的教学方法。这是其他教学用具无法比拟的，也是信息技术与传统教具有机融合的创新设计。

3. 科学广泛性。普通学校的教具比较多，但在特殊教育教学学习上，真正适用特殊学生的教具较少。其实特殊学生更需要配备大量的教具和器材设备辅助学习。这不仅有助于学生在“玩中学”，更贴合学生的认知特点。本教具能适应特殊学生的训练和教学要求，根据学生的不同能力进行组合使用，从而更好地满足多种教学需要。通过教具的使用能让学生树立起科学意识，并掌握科学的学习方法。在新一轮培智教育课程改革中，要求改革旧的教育观念，全面推进新的教学方式、教学手段和学习方式的转变。因此，本教具能满足多维度的训练需求和多元的教育教学活动需要。

4. 直观启发性。直观性表现在，操作活动上能让学生更直观地感受和操作。这不仅可以使知识具体化、形象化，更为学生感知、理解和记忆知识创造了必要条件。直观感受和学习能促使学生的具体感知与抽象思维相结合，减少学生掌握抽象概念的难度，帮助其形成明确的概念，有助于发展学生的观察能力和思维能力。通过操作使用能激发学生的学习兴趣和主动思考，适用于探究式教学。有利于学生主动参与实践操作，充分激发了学生的动手操作能力，让学生在操作中感知和感悟教学点，在实际操作中加深对知识点的感悟。通过触摸、使用、分解等进行空间能力和认知能力的学习。

5. 实用环保性。本教具结构简单、易于操作、性能稳定。本教具主要选用生活中常见的材料制作而成，所选材料具有天然环保、结实耐用、容易加工等特点。

选择木材的原因是特殊学生手部力量控制较差，容易推倒或因物品容易移动而无法进行稳定操作。木材具有一定的重量，易于稳定，并且取材方便。本教具设计使用了三种学生常见的颜色进行美化装饰，能带给学生较好的视觉感受。本教具能让教师用较低的成本，制作出精良的教具，便于自制和推广使用。

（1）三大箱体可单独分开使用，亦可组合进行多功能使用（如图 8-11-10、图 8-11-11 所示）。

图 8-11-10

图 8-11-11

（2）箱体颜色与吸管同色提示，底板数字与吸管数字配对提示，有利于学生找到吸管的正确孔位(如图 8-11-12 所示)。

图 8-11-12

（3）数字底板伴有语音提示(可调节音量)，无口语能力学生亦能掌握唱数、点数（如图 8-11-13所示)。

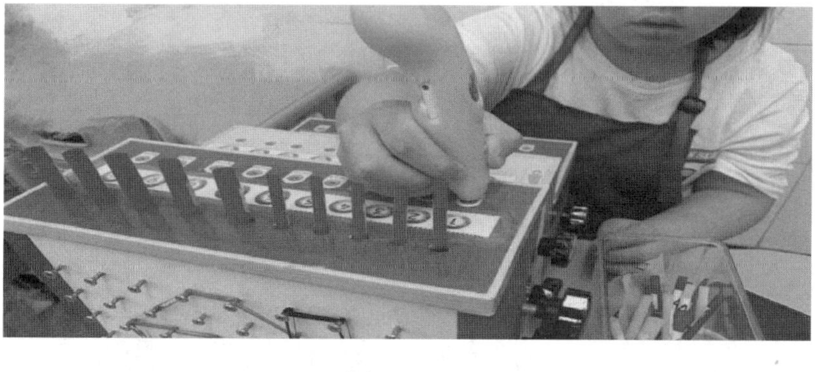

图 8-11-13

（4）多感官拼图墙上的图案可移动、更换，在进行图形拼接的同时亦可进行多元感官的触觉训练（如图 8-11-14 所示）。

图 8-11-14

（5）螺丝钉与底板相同的数字配对提示，能让学生快速找到正确的螺丝钉（如图 8-11-15所示）。

图 8-11-15

（6）几何图形板钉子密度高，距离短，便于学生利用橡皮筋构建目标图形，能激发学生的创造性，并有效减少操作使用上的困难（如图 8-11-16 所示）。

图 8-11-16

### （二）用途

在认知层面上，通过操作活动，将难以理解的数学知识具体化、形象化，使特殊学生易于理解。让特殊学生通过使用本教具初步形成数量概念（数字配对 1~10、点数和报数 0~30），并训练出对粗细、形状、大小的逻辑思维能力，同时有助于提升特殊学生的比较能力、理解能力、判断能力。通过操作本教具还能提升特殊学生的观察、分类能力（颜色、粗细、形状、大小），有效培养特殊学生空间概念（空间与图形、上下、左右），从而建立起对几何图形的理解和认知，并能自由拼组，有助于提升学生的空间创造力（拼接图画、几何图形创作），并从中提升认读能力。

通过对本教具的学习和使用，在满足学生认知能力的基础上，可同时进行不同维度的缺陷补偿训练，让不同能力的特殊学生通过使用本教具都可以进行活动训练，并学有所得。通过使用教具的可以促进特殊学生多种感官能力的发展，如本体觉、视觉、触觉等。通过操作使用本教具可以培养学生的视觉辨别能力及手眼协调能力，同时可以提升学生的注意力。通过训练还能增强特殊学生手部大小肌肉的灵活性（如手部稳定性、力量控制、精细动作等）。最后，结合沟通辅具的多元应用训练，可以提升学生的综合表达能力。

通过本教具在活动中的使用，在情感上能激发学生的学习兴趣和提升学生的自主学习能力，并能初步培养特殊学生的自控能力、自主性、专注力、自信心，增强环保意识。

本教具可单独使用，亦可组合使用，并且都有其训练步骤和顺序。不论在设计上还是在使用方法上，都是由简单到复杂，适合特殊学生的认知规律和认知方式。通过让学生了解和遵循本教具的使用步骤和方法，培养学生重视秩序的观念，间接地培养其“内在纪律”。

## 四、制作材料

表 08-11-1　制作材料及数量

| 物品材料 | 数量 | 物品材料 | 数量 |
|---|---|---|---|
| 28 cm×26.5 cm 木板 | 2 张 | 海绵纸 | 3 张 |
| 28 cm×21.8 cm 木板 | 2 张 | 黑色、白色、黄色魔术贴 | 各 1 张 |
| 28 cm×16.5 cm 木板 | 2 张 | 瓦楞纸 | 2 张 |
| 28 cm×12 cm 木板 | 3 张 | 点读笔贴纸 | 30 张 |
| 12 cm×16.5 cm 木板 | 2 张 | 直径 5 cm 螺丝钉 | 4 颗 |
| 12 cm×21.8 cm 木板 | 2 张 | 直径 3.5 cm 螺丝钉 | 2 颗 |
| 12 cm×26.5 cm 木板 | 2 张 | 直径 0.8 cm 螺丝钉 | 56 颗 |
| 直径 0.8 cm 吸管 | 15 根 | 彩色橡皮筋 | 100 条 |
| 直径 1.2 cm 吸管 | 15 根 | 泡沫粒 | 100 颗 |
| 数字条 | 3 个 | 海绵花 | 4 朵 |
| 红色、黄色、绿色封箱胶带 | 各 1 卷 | | |

## 五、制作方法

1. 切割出 28 cm×26.5 cm 2 块、28 cm×21.8 cm 2 块、28 cm×16.5 cm 2 块、28 cm×12 cm 2 块、12 cm×16.5 cm 2 块、12 cm×21.8 cm 2 块、12 cm×26.5 cm 2 块木板。然后装订成 3 个箱子，分别封上红、黄、绿 3 种颜色的封箱胶带，在箱子的正背面贴上魔术贴(如图 8-11-17所示)。

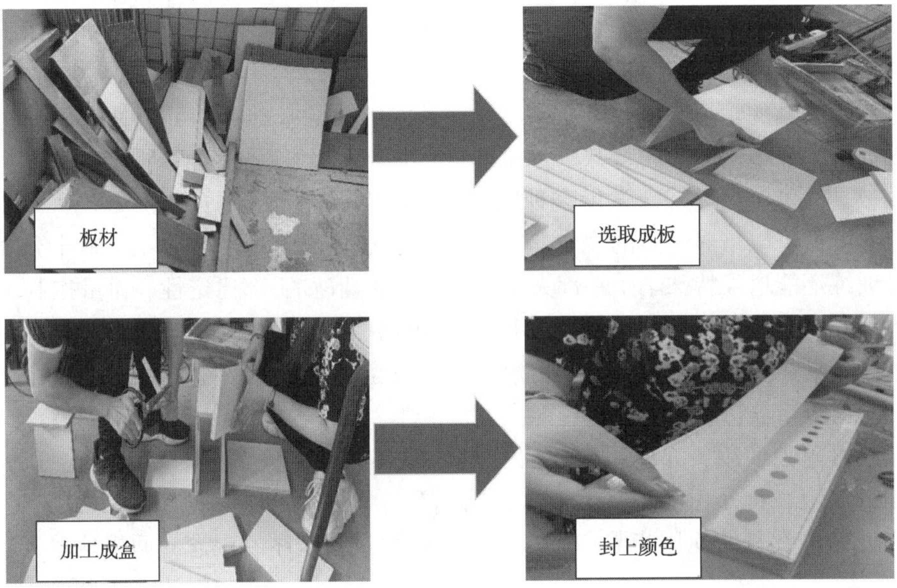


图 8-11-17

2. 在每个箱子的顶板上分别钻出大小不一的洞各 10 个。贴上彩色封箱胶并开孔。最后贴上相应的数字 1~10 和点读笔语音贴(如图 8-11-18 所示)。

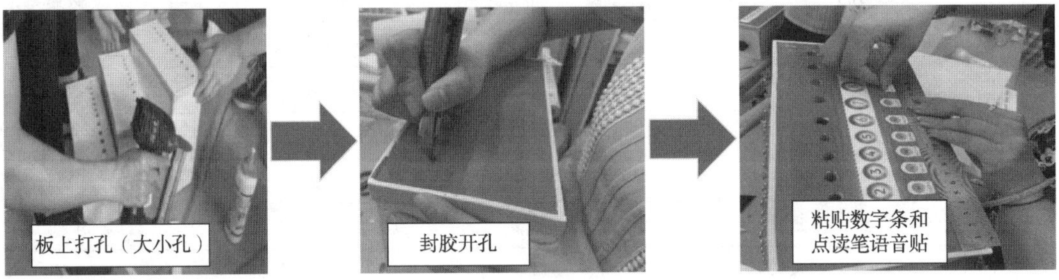


图 8-11-18

3. 在每个箱子的左侧板上按箱子的高度分别钻出 1~3 个大小不同的孔，然后镶上螺母，根据难易程度选择相应的螺丝拧进去，并贴上数字(如图 8-11-19 所示)。

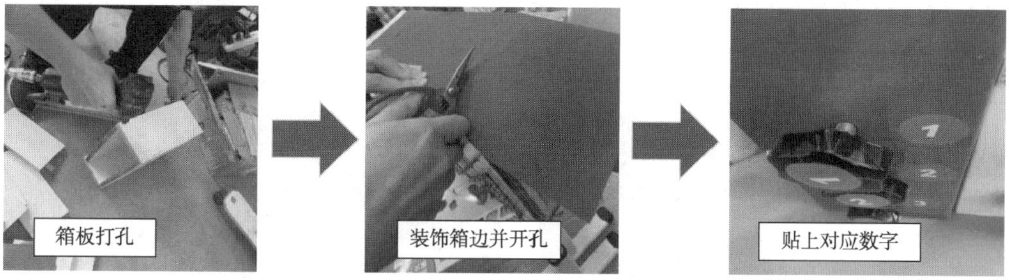


图 8-11-19

4. 在 26.5 cm×28 cm 的板面上，钉上 56(7×8)颗钉子(如图 8-11-20 所示)。

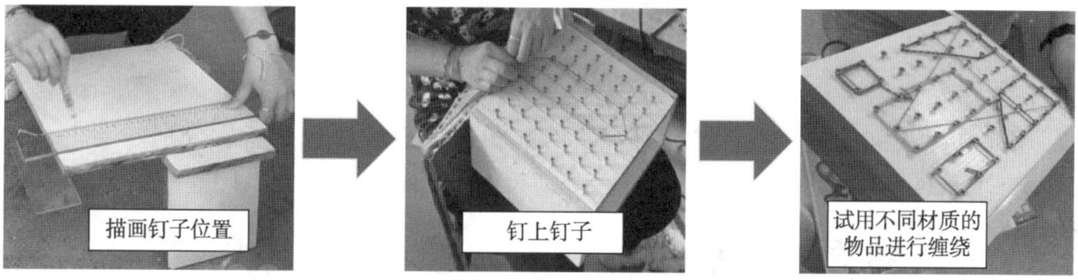


图 8-11-20

5. 在最矮箱子的右侧的多感官拼图墙上，贴上双面胶，把彩色小泡沫粒粘上去，再把瓦楞纸贴在底部，并贴上海绵花装饰(如图 8-11-21 所示)。

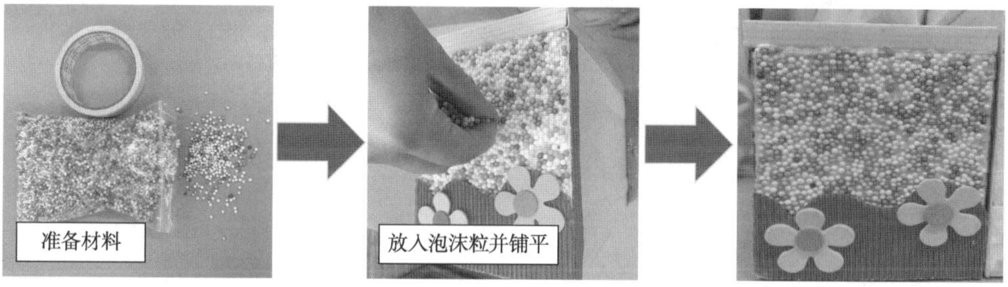


图 8-11-21

6. 在中间的箱子右侧贴上白色的魔术贴作为底板，用黑色的魔术贴剪出 2 个海豚，用蓝色的魔术贴剪出波浪和水滴(如图 8-11-22 所示)。

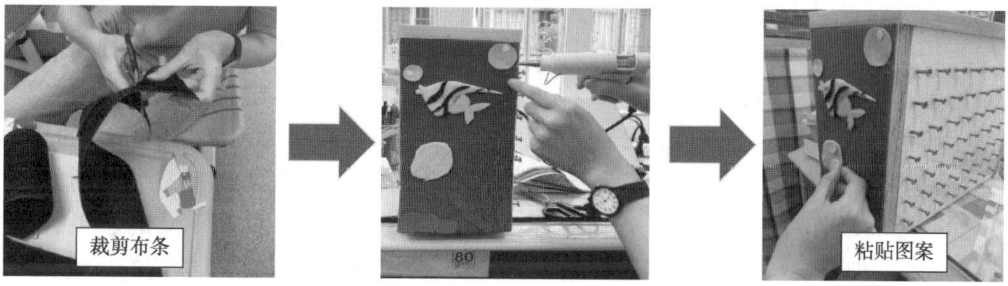


图 8-11-22

用蓝色的海绵纸做底板，用黑、白、黄色的魔术贴剪出鱼，用瓦楞纸剪出海草，用棕色卡纸剪出石头(如图 8-11-23 所示)。

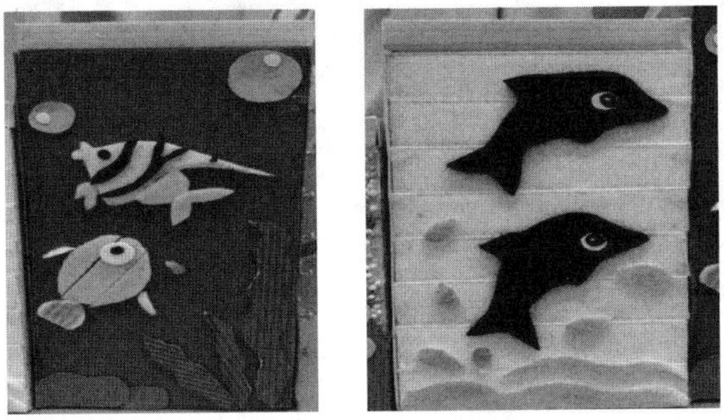

图 8-11-23

7. 拿出粗细不同的两种吸管，分别贴上红、黄、绿 3 种颜色，然后分别贴上 1~10 的数字(如图 8-11-24 所示)。

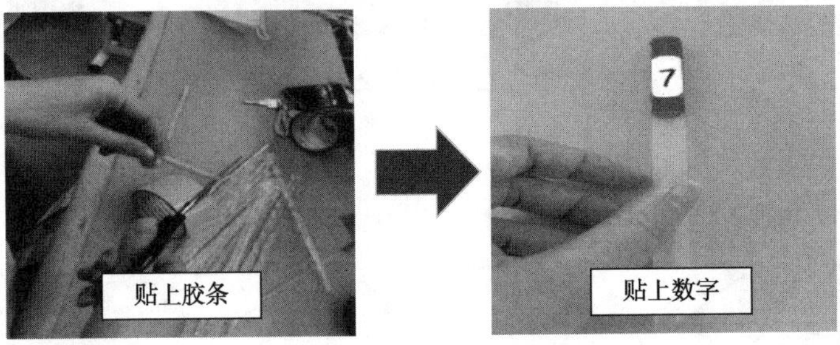


图 8-11-24

## 六、使用方法

### (一) 认知学习

1. 配对能力训练。区别物体的异同是学习能力的基础，而儿童进行配对能力的训练，目的就在于提高他们区别物体异同的能力和对事物进行分类的能力。分类操作是特殊学生思维发展的重要促进手段。

(1) 颜色配对分类。大部分时候特殊学生是通过颜色、形状、大小来区分周围的物品的，颜色是 3 种属性中最容易辨认的一种，特殊学生很容易就能学会利用颜色来对物体进行分类。通常让特殊学生首先认识 2~3 种颜色，并选择对其视觉刺激强度较大的颜色(如三原色)。进行颜色认知训练时一般是从配对归类开始的。本教具上有 3 个不同颜色的管道，不同颜色的吸管对应着与三色管道匹配的插管口，学生可以根据不同的彩色管道找到与其颜色匹配的吸管对应穿插进箱子。箱子旁的螺丝钉，配有不同颜色标记的螺丝帽，需要学生选择对应颜色的螺丝钉拧进对应颜色区域的螺丝帽内(如图 8-11-25、图 8-11-26 所示)。

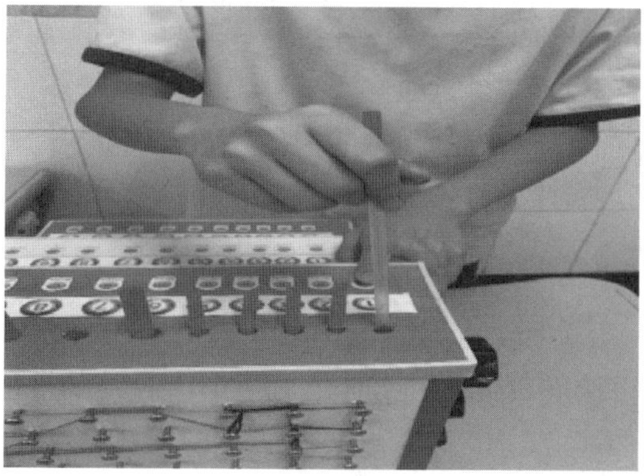

图 8-11-25

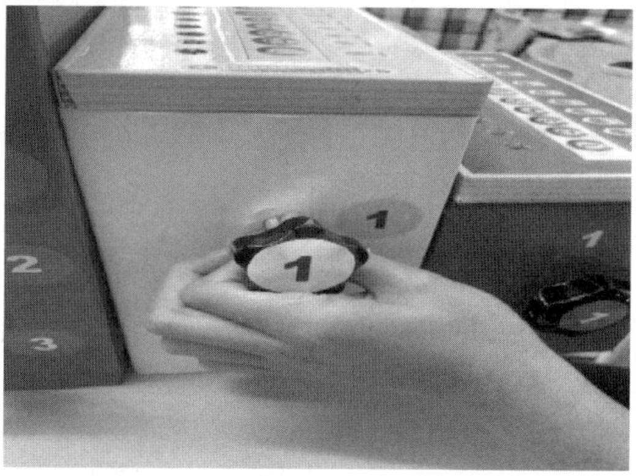

图 8-11-26

（2）形状、大小、粗细等配对训练。形状知觉是视觉、动觉（本体觉）和触觉协同活动的结果，在形状知觉方面，特殊学生的视觉经验和视觉辨别能力不足是其不能准确认知形状的关键，形状认识训练要通过多种感官共同完成。儿童通过观察物品从而进行区分和比较，促进其感知能力、概括能力和逻辑推理能力的发展，对数量概念的理解和掌握，也为学习数学奠定了基础。

学生可以在本教具中发现，吸管盒中的吸管是粗细不一的，吸管穿插孔也有大小之分，学生需要找到与吸管匹配的穿插孔才能把吸管插进去，从而训练学生分辨物品粗细的能力（如图 8-11-27、图 8-11-28 所示）。

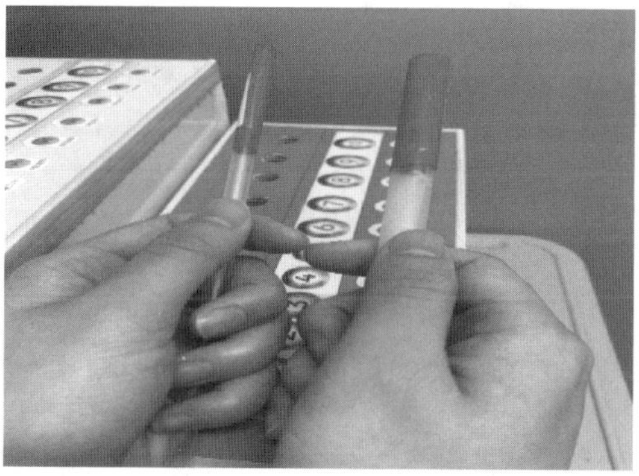

图 8-11-27

图 8-11-28

在“欢乐螺丝钉”模块中，不同螺丝帽有不同的大小，学生需要根据螺丝孔的大小选择合适的螺丝帽，从而提升学生对大小的分辨和理解能力。

2. 数与量概念的训练。特殊学生处在逻辑思维和数概念初步形成和发展的时期。数学知识的逻辑性和抽象性对发展特殊学生的抽象逻辑思维具有特殊的作用，目的在于比较、分析、判断和推理。如：数字配对、口头数数、给物说数、按数取物、掌握简单的数概念。

学生可以运用本教具进行点数和报数。学生可以根据箱子上的数字视觉提示进行点数，通过视觉提示更好地进行数与量的配对认识学习，并能准确进行报数，也可以学会把 3 个箱子的数连续相加。教师可以说出任意数字，让学生插入或取出相同数量的吸管（如图 8-11-29所示）。

图 8-11-29

3. 空间智能训练。空间智能是指准确地感觉视觉空间，并把所知觉到的表现出来的能力。这项智能包括对色彩、线条、形状、形式、空间及它们之间关系的敏感性，也包括将视觉和空间的想法具体地在脑中呈现出来，以及在一个空间的矩阵中很快找出方向的能力。

在触摸墙上有各种不同的图案，如小鱼、海草、海浪等。学生可以在触摸墙上拼接出各种各样的图案，从而训练学生图案的拼接和构建能力。

在“神奇的橡皮筋”模块中，学生可以根据老师给予的图片，使用橡皮筋构建出与图片图案和颜色一样的图案。学生不仅可以根据老师的图片进行活动，还能创作出自己想要的图案，可以充分发挥自身的创造力和空间构建能力（如图 8-11-30 所示）。

图 8-11-30

**（二）缺陷补偿**

1. 感知觉提升活动。感知觉是人脑对当前作用于感觉器官的客观事物的反映。知觉是多种分析器协同活动的结果，依照知觉过程中起主导作用的分析器来划分，则与前述感觉水平种类的外部感觉相接近，可分为视觉、听觉、嗅觉、味觉和触觉 5 种。触觉系统是人体最大的感觉系统，在胎儿的发育过程中，触觉系统是最先发展起来的。特殊学生通过参与各种有针对性的游戏和活动，不断刺激触觉、视觉、听觉等感官来丰富自己的体验，增强兴趣。

（1）触觉提升活动。触觉可以帮助我们调整网状觉醒系统、调节情绪、了解其他感觉信息的意义，促进神经系统的发展。因此本教具的“海底总动员”可以通过多种不同材质的触觉刺激，促进学生触觉能力的发展(如图 8-11-31 所示)。

图 8-11-31

（2）本体觉提升活动。本体觉是指感受肌肉、肌腱、关节和韧带等深部结构的本体感觉。本教具采用比较重的木质材料制作而成，有利于学生在搬动(整理)时，进行本体觉的训练活动，并可以逐步叠加重量进行训练(1 个盒子到 3 个盒子)(如图 8-11-32 所示)。

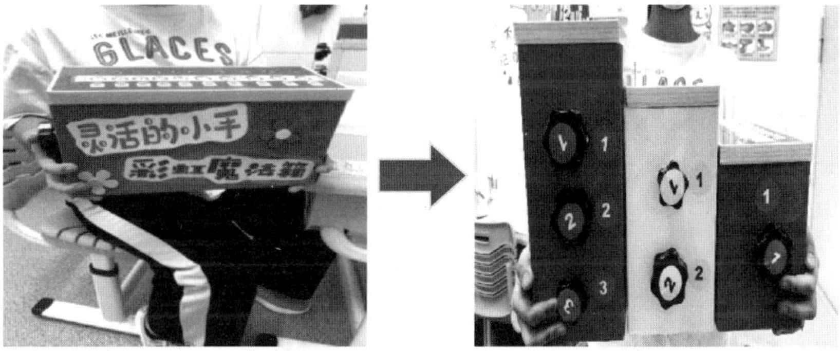


图 8-11-32

（3）知觉动作提升活动。知觉动作是一个在接收、理解并判断感觉信息后，作出正确动作反应的过程与表现。知觉动作是一个基本的心理过程，协调知觉输入与动作输出，包括视觉动作、听觉动作、触觉动作等技巧。帮助学生有机地将知觉信息转变为动作反应的能力就叫作知觉—动作统合能力。学生在使用本教具各模块进行训练时，都需要具备知觉动作的计划能力，从而提升知觉动作能力。

2. 手部肌肉力量提升活动。“吸管插插乐”管道上的孔都是与吸管口大小相匹配的，对于部分脑瘫特殊学生来说，手部肌肉力量较难控制，所以需要进行大量的手眼协调、稳定性、力量大小控制训练。

（1）手眼协调提升活动。本教具在使用时不仅需要集中注意力，更多的是需要在视觉配合下进行手的精细动作的协调性训练，只有保持手部的稳定，才能顺利地完成吸管穿插、图案拼接和几何图形构建(如图 8-11-33 所示)。

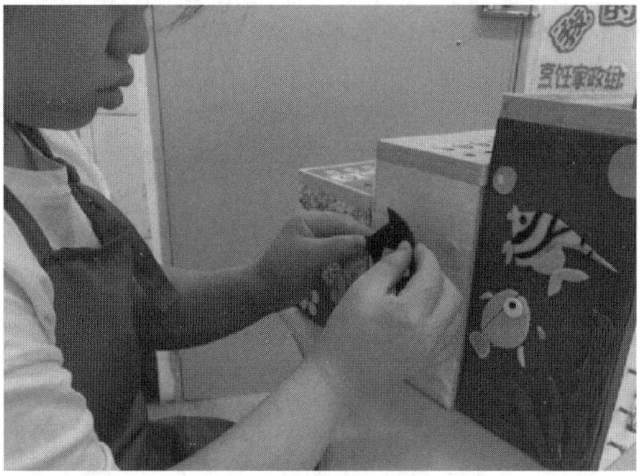

图 8-11-33

（2）手部力量控制提升活动。学生在进行活动时，需要控制手部的力量。如：吸管是很轻的物品，在拿取时需要轻轻地抓握；在“欢乐螺丝钉”模板上，不同的螺丝钉对应的螺丝帽有松紧之分，学生需要根据螺丝帽的松紧，用不同的力度去拧螺丝钉，使螺丝钉能完全拧进螺丝帽里。

3. 精细动作提升活动。精细动作能力指个体主要凭借手以及手指等部位的小肌肉或小肌肉群的运动，在感知觉、注意等多方面心理活动的配合下完成特定任务的能力，不仅是个体早期发展的重要方面，还是个体其他方面发展的重要基础。本教具能帮助学生训练精细动作能力，从掌指抓握到前三指抓握，提升手部和手指灵活操作能力（如拿取橡皮筋、用橡皮筋构建图形等）（如图 8-11-34 所示）。

图 8-11-34

4. 注意力提升活动。注意力是指人的心理活动指向和集中于某种事物的能力。注意是指人的心理活动对外界一定事物的指向和集中。学生在活动中需要高度集中注意力才能完成相对应的活动，如穿插吸管、构建几何图形、螺丝钉对准螺丝帽等。

5. 沟通辅具结合提升活动。对于没有口语能力的学生可以运用点读笔进行点数和报数。点读笔能同时实现点读、复读、跟读等功能，小巧方便，可随时、随处使用，即点即发音。

它将声音加在文字之上，使内容更丰富，使阅读和学习更有趣，可充分实现寓教于乐(如图 8-11-35所示)。

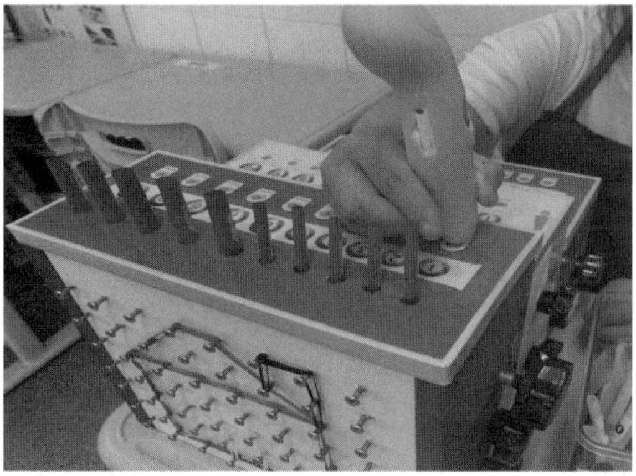

图 8-11-35

# 8.12 蜂鸣式光线定位器

宁夏回族自治区银川市宁夏特殊教育学校 巩 昊 薛 雯 尹小平

## 一、教具的教学意义和价值

视障学生学习物理知识较为困难，尤其是实验方面，很多面向普通教育设计的物理实验在视障学生课堂上是无法完成的。特别在学习八年级上册第四章光现象内容时，抽象的描述无法为学生提供直观的对物理现象的理解。由此，笔者专门为视障学生量身打造了本教具，让光线发声，为光线定位，以此解决视障学生学习光现象的难点痛点。

## 二、教具装置图

图 8-12-1

## 三、仪器特点及用途

### （一）特点

本教具借用光敏电路解决视障学生看不到光的实际问题，简便实用，特殊性教学专用，用信息转化思想创建视障学生实验条件。从无到有，属于刚需实验教具。

### （二）用途

帮助盲童定位光线(激光光路)，帮助完成诸如光的直线传播、光的反射和折射等实验，立足缺陷补偿，从看见光变为“听见”光。

## 四、制作材料

有源蜂鸣器、光敏电阻、信号放大电路、纽扣电池(3~5 V)、激光笔等。

## 五、制作方法

1. 将各个元器件依照图 8-12-2 焊接起来。

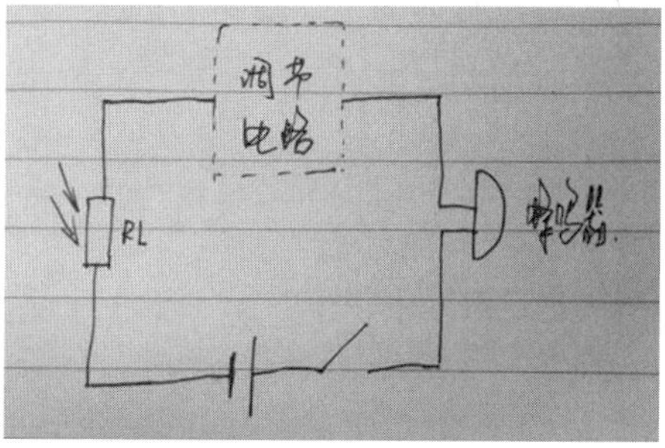


图 8-12-2

2. 制作教具外壳。可以使用 3D 打印制作。

3. 调试。(1)确定有声音。(2)调节感光灵敏度。不同实验对教具感光灵敏度的要求不同，有两种方法调节。一是改变进光量，改变光敏电阻前通光孔的大小；二是使用带有调节电阻的光敏电路(不推荐，因为实验光源和环境光会有干扰)。

## 六、使用方法

总体上，用蜂鸣式光线定位器代替“眼睛”，将光线信息转化为声音信息。以光的直线传播实验为例：

1. 使用泡沫板或盲文纸作为记录面，水平布置光源(激光笔)，使用蜂鸣式光线定位器寻找光线。

2. 在找准光线途径点后，蜂鸣式光线定位器会发出蜂鸣声，视障学生可记录此刻位置(使用盲文笔或者大头照在记录面上标记)。

3. 记录后改变位置，重复多次，记录多个点。

4. “观察”所有点的位置分布，研究光线。

图 8-12-3